U0511784

《马克思主义发展史》（十卷本）
编 委 会

顾　问：陈先达

主　任：靳　诺

副主任：吴付来　齐鹏飞　王　易　郝立新　梁树发

成　员（按姓氏笔画排序）：

王　易　庄福龄　毕于慧　齐鹏飞　杨瑞森

吴付来　张　旭　张　新　张云飞　张雷声

郇中建　郑吉伟　郝立新　侯衍社　郗　戈

秦　宣　陶文昭　黄继锋　梁树发　靳　诺

臧峰宇

马克思主义发展史

第 六 卷

十月革命后苏联的马克思主义与
毛泽东思想的形成发展

（1917—1945）

总主编 庄福龄 杨瑞森 梁树发 郝立新 张 新

本卷主编 郑吉伟　　副主编 王金磊

人民出版社

中国人民大学科学研究基金项目成果

（批准号：15XNLG03 ）

总　序

19世纪40年代，马克思和恩格斯创立了他们的伟大科学学说——马克思主义。马克思主义的产生是人类思想史上的伟大变革。它对自然界、人类社会和人的思维的本质与规律作了科学回答，使社会主义由空想发展为科学，无产阶级革命实践从此有了科学理论的指导。

马克思主义自形成以来，在世界历史、人类生活、科学和思想文化的发展中，在指导无产阶级实现自身解放的伟大斗争中，留下了深刻的印记，形成了一部内容极其丰富、壮观，既充满曲折又创新不止的历史画卷。正如习近平总书记所说："一部马克思主义发展史就是马克思、恩格斯以及他们的后继者们不断根据时代、实践、认识发展而发展的历史，是不断吸收人类历史上一切优秀思想文化成果丰富自己的历史。"①

马克思主义发展史是马克思主义理论研究的基础。马克思主义发展的经验和规律、关于什么是马克思主义和怎样对待马克思主义的确切答案，就在马克思主义发展的历史中，需要通过对马克思主义发展史的研究获得。

一旦我们进入马克思主义发展史研究，就会发现以下事实：

第一，无论是两位马克思主义伟大创始人，还是他们的战友、学生和后继者中的严格的马克思主义理论家，无不重视对马克思主义发展史的研究，无不是马克思主义理论和马克思主义发展史修养兼备的理论家。

第二，马克思主义发展史作为历史进程中发展着的马克思主义，是马克思主义理论发展史和实践发展史的有机统一。也就是说，完整意义上的马克思主义发展史，既不是单纯的马克思主义理论史，也不是单纯的马克思主义实践

---

① 习近平：《在纪念马克思诞辰200周年大会上的讲话》，人民出版社2018年版，第9页。

史。这决定了马克思主义发展史研究和书写的基本方法论原则是理论与实践的统一。

第三，马克思主义发展史的存在形式是具体的和多样的，有实践的也有理论的，有文本性的也有非文本性的。马克思主义创始人和马克思主义理论家们始终在利用一切可能的形式进行他们的马克思主义理论研究、创造、阐释和传播。一部在内容上充分而且准确地反映马克思主义实际发展过程的马克思主义史，必定是对它的尽可能多的存在形式研究的结果。

第四，以马克思和恩格斯的战友、学生为主体的早期的马克思主义研究，其主要形式和成就正是马克思主义发展史研究。具体表现为：

（1）多种版本的马克思主义创始人传记问世。马克思主义创始人、其他马克思主义经典作家和无产阶级革命领袖的传记，是马克思主义发展史的存在形式之一，因而也是它的研究形式之一。它是在关于马克思主义创始人、其他马克思主义经典作家和无产阶级革命领袖的生平、事业、思想、著作的生成、演变与发展的历史记忆和追述中展示马克思主义形成与发展的过程。恩格斯是马克思传记的第一位作者。他的《卡尔·马克思》和其他未出版的马克思传记作品，在详尽介绍马克思作为伟大无产阶级革命家和理论家如何为无产阶级和全人类的解放而斗争一生的同时，阐述了以唯物史观、剩余价值学说为标志的他的理论、思想形成与发展过程。《弗里德里希·恩格斯》是列宁在 1895 年恩格斯逝世一个月后写的一篇悼文，它向读者介绍了恩格斯的生平、活动，特别是他实现哲学和政治转变的过程。《卡尔·马克思》是 1914 年列宁应邀为《格拉纳特百科词典》撰写的一个词条，在这里他提出马克思主义"是马克思的观点和学说的体系"[1]命题，强调了马克思主义的整体性；把阶级斗争和无产阶级使命的理论纳入"新的世界观"范畴，凸显马克思主义哲学的实践性；阐明无产阶级斗争策略是马克思主义理论体系中不可忽视的内容，凸显马克思主义的现实性。

（2）初步提出马克思主义发展规律问题。当考茨基还是一位马克思主义者的时候，他发表了一篇题为《马克思主义的三次危机》的文章，以纪念马克思逝世 20 周年。在这篇文章中，他用 19 世纪中叶以来欧洲发生的"三个事件"的命运——1848 年欧洲革命的失败、1871 年巴黎公社的失败和 19 世纪末修正

---

[1] 《列宁选集》第 2 卷，人民出版社 2012 年版，第 418 页。

主义的出现——说明所谓马克思主义"危机"的发生。在他看来，"危机"虽然不是马克思主义发展中的积极现象，但是也不必把它看作威胁到马克思主义命运的现象。它只是表现了马克思主义发展的曲折性。他认为，在上述每一事件发生的前后，马克思主义其实都经历过一个由高潮到危机、再由危机到高潮的过程，并且在危机被克服之后，马克思主义"总是赢得了新的基地"①。这种关于马克思主义"高潮—危机—高潮"的周期性变化、发展的认识，表明考茨基已经有了关于马克思主义发展规律的意识。同时期德国另一位著名马克思主义理论家罗莎·卢森堡善于在马克思主义发展的历史经验中理解马克思主义发展规律。在《马克思主义的停滞和进步》一文中，她通过对造成马克思主义发展中"停滞"现象的原因的分析而阐明了实质说来是马克思主义理论与实践的关系的独特见解。她认为，一定时期和一定地区的马克思主义发展中的"停滞"，原因往往不在于马克思的理论落后于工人阶级的"现阶段斗争"，而在于"现阶段斗争"以及"作为实际斗争政党的我们"的行为落后于马克思的理论。她说："如果我们现在因此而觉察出运动中存在理论停滞状况，这并不是由于我们赖以生存的马克思理论无力向前发展或是它本身已经'过时'，相反，是由于我们已经把现阶段斗争必须的思想武器从马克思的武库取来却又不充分运用；这并不是由于我们在实际斗争中'超越'了马克思，相反，是由于马克思在科学创造中事先已经超越了作为实际斗争政党的我们；这并不是由于马克思不再能满足我们的需要，而是由于我们的需要还没有达到运用马克思思想的程度。"②这就是说，在理论与实践的关系上，虽然一般说来实践是主要的决定的方面，理论来源于实践，接受实践的检验。但就 19 世纪末 20 世纪初这一时期的马克思主义发展来说，在卢森堡看来，则是实践落后于理论，落后于马克思的"科学创造"。卢森堡的这个观点在马克思主义理论家中引起了争议。曾是德国共产党理论家的卡尔·柯尔施在题为《关于"马克思主义和哲学"问题的现状（1930 年)》中谈到"马克思的马克思主义理论同后来工人阶级运动的表现形式的关系"问题时，对卢森堡的这个观点提出了批评，认为它"头足倒置地改变了理论对实践的关系"③，并把它"变为一种体系"，然后再用这个体

---

① ［德］卡·考茨基：《马克思主义的三次危机》，载《国际共运史研究资料》第 3 辑，人民出版社 1981 年版，第 238 页。

② 《卢森堡文选》上卷，人民出版社 1984 年版，第 476 页。

③ ［德］卡尔·柯尔施：《马克思主义和哲学》，重庆出版社 1989 年版，第 67 页注⑪。

系解释马克思主义"停滞"的原因。他说，马克思主义"不是一种能够神话般地预见将来一个长时期里工人运动的未来发展的理论。因而不能说随后的无产阶级的实际进步，实际上落在了它自己的理论后面，或者它只能逐渐充实由理论给它规定的构架"①。列宁是把马克思主义发展史研究推向新的高度的马克思主义理论家。《马克思主义和修正主义》、《论马克思主义历史发展中的几个特点》、《马克思学说的历史命运》等是关于马克思主义发展史问题的著名篇章，它们从不同方面阐述了马克思主义发展规律。在《马克思主义和修正主义》中，列宁根据马克思主义发展的经验，得出马克思主义"在其生命的途程中每走一步都得经过战斗"②的结论。在《论马克思主义历史发展中的几个特点》中，列宁提出在"具体的社会政治形势改变了，迫切的直接行动的任务也有了极大的改变"的情况下，"马克思主义这一活的学说的各个不同方面也就不能不分别提到首要地位"。③

（3）阐述了马克思主义发展阶段思想。在《马克思主义的三次危机》中，考茨基关于马克思主义在危机与高潮交替中运行与发展的认识实际包含了马克思主义发展阶段思想。他是把马克思主义发展的高潮时期的起点理解为马克思主义发展新阶段的起点。他认为，马克思主义发展的第一个时期是1848年革命失败以前；第二个时期的开端是新高潮在60年代初到来的时候，止于1871年巴黎公社的失败；第三个时期是"1874年德国社会民主党在选举中赢得了辉煌的胜利"和1875年在抵抗普鲁士政府对它的迫害中"敌对的弟兄们"联合起来的时候，止于19世纪末由于修正主义的产生导致的马克思主义的"第三次危机"。考茨基指出，在马克思逝世20周年的时候，马克思主义正处于这次危机的结尾，意味着马克思主义的一个新的发展时期的到来。列宁总是"从世界各国的革命经验和革命思想的总和中"④理解马克思主义的形成和发展，理解马克思主义发展的阶段性。在《马克思学说的历史命运》中，他按照世界历史的"三个主要时期"的划分，即从1848年革命到巴黎公社（1871年），从巴黎公社到俄国革命（1905年），从这次俄国革命至1913年撰写该文时，阐述马克思主义在每一时期的发展状况，并从中得出总的结论："自马克思主

① ［德］卡尔·柯尔施：《马克思主义和哲学》，重庆出版社1989年版，第67页。

② 《列宁选集》第2卷，人民出版社2012年版，第1页。

③ 《列宁选集》第2卷，人民出版社2012年版，第279页。

④ 《列宁全集》第27卷，人民出版社2017年版，第15页。

义出现以后，世界历史的这三大时期中的每一个时期，都使它获得了新的证明和新的胜利。"①

（4）提出正确对待马克思主义的问题。马克思主义发展的经验表明，正确认识马克思主义和正确对待马克思主义是实现马克思主义对于实践的正确指导和在实践中获得发展的两个密切联系的基本原则。就其对于实践的指导和马克思主义的自身发展来说，它们具有同等重要的意义。在马克思主义经典著作研读和马克思主义理论学习中，我们会发现马克思主义经典作家对于正确对待马克思主义问题的强调，较之如何认识马克思主义问题来得更多更为迫切。马克思主义发展史的这一现象其实是有来自现实生活的根据的。首先，它是问题本身与具体的无产阶级实践的关联。这个关联就是如何正确对待马克思主义的问题往往是在具体的实践中提出的，是实践中的问题。在这个意义上，我们说，怎样对待马克思主义的问题，直接地是一个理论与实践的关系问题。其次，它是马克思主义在发展中发生曲折的主要原因。这个原因往往不在于关于马克思主义的认识，而在于对待马克思主义的方式、态度。前面曾经提到的卢森堡关于马克思主义发展中"停滞"问题的分析，"停滞"的原因在卢森堡看来，就是德国共产党人对待马克思主义的方式与态度不正确。列宁关于正确对待马克思主义的思想则更为充分、鲜明。他认为马克思主义者从马克思的理论中"只是借用了宝贵的方法"②；强调"在分析任何一个社会问题时，马克思主义理论的绝对要求，就是要把问题提到一定的历史范围之内"③；主张要保卫马克思主义，使之"不被歪曲，并使之继续发展"④。

俄国十月社会主义革命胜利以后，世界范围的马克思主义发展史研究形势发生了根本性变化，特别表现在研究领域、主题的广泛拓展，研究的科学性和系统性的极大提升，研究中心有了强大的社会主义制度的支撑。这里首先应该提到的是俄国马克思主义科学研究中心的建立。这个中心的基础是于1918年成立的俄国社会主义学院，特别是它所属的成立于1919年的马克思主义理论、历史和实践研究室，在该室基础上1921年1月成立了马克思恩格斯研究院。该院在列宁的支持和协助下开始了马克思和恩格斯的遗著、遗稿和专用藏

① 《列宁选集》第2卷，人民出版社2012年版，第308页。
② 《列宁全集》第1卷，人民出版社2013年版，第166页。
③ 《列宁全集》第25卷，人民出版社2017年版，第232页。
④ 《列宁全集》第6卷，人民出版社2013年版，第251页。

书的搜集、出版，并开展了主题明确的马克思主义发展史研究。此后苏联红色教授学院、斯维尔德洛夫共产主义大学、莫斯科大学和苏维埃共和国其他城市的大学和研究机构也都开展了马克思主义发展史的研究和教学。至第二次世界大战前，苏联在马克思主义发展史研究方面值得提到的主要成就有：马克思和恩格斯的大量著作、文献的发现和系统发表，特别是《马克思恩格斯全集》、《列宁全集》、马克思诞辰和逝世周年纪念文集的出版，以及俄共（布）中央主办的理论刊物《在马克思主义旗帜下》的创刊、马克思恩格斯研究院机关刊物《马克思恩格斯文库》和《马克思主义年鉴》这两个"马克思学"文献的发表。马克思主义经典著作和纪念性书刊和文献的出版，标志着俄国马克思主义从普及到科学研究的过渡；马克思主义发展的列宁主义阶段的提出与共识；马克思主义与其之前优秀思想成果的关系问题的提出和科学阐释，包括马克思的哲学先驱者黑格尔、费尔巴哈和空想社会主义代表人物的著作的出版和研究；关于《西欧哲学史》的讨论使马克思主义哲学的起源和马克思哲学变革的实质问题成为苏联哲学界和理论界注意的中心；"三大重要手稿"（《黑格尔法哲学批判》、《1844年经济学哲学手稿》、《德意志意识形态》）得到集中而深入的研究；马克思主义政治经济学思想的形成与发展、《资本论》创作史研究，以及恩格斯经济学思想研究得到重视；继卢那察尔斯基、梁赞诺夫、阿多拉茨基、波格罗夫斯基、德波林之后，亚历山大罗夫、伊利切夫、康斯坦丁诺夫、米丁、尤金等一批新的马克思主义理论家成长起来，马克思主义史的学者队伍不断形成；《马克思主义形成与发展史略》、《马克思主义哲学的形成（19世纪30年代中期至1848年)》等著作出版。

法国著名马克思主义研究者奥古斯特·科尔纽从20世纪50年代初开始撰写的多卷本的《马克思恩格斯传》，其实是一部马克思和恩格斯思想史著作，特别是马克思主义形成史著作。50年代以后，一批综合性的马克思主义发展史研究著作陆续出版，如A.G.迈耶的《共产党宣言以来的马克思主义》（1954）、R.N.C.亨特的《马克思主义的过去和现在》（1963）、B.D.沃尔夫的《马克思主义学说百年历程》（1971）、S.阿维内里的《马克思主义的不同流派》（1978）。

这里，我们特别要提到国外马克思主义发展史研究的几部著作。第一部是南斯拉夫著名马克思主义哲学家普雷德腊格·弗兰尼茨基的《马克思主义史》，该书先后出了四版。第一版于1961年问世，第二版于1970年出版，1975年发行的第三版是第二版的重印，1977 年出了第四版。1963 年我国三联书店曾分上下卷出版了该书中文版。1986 年和 1988 年根据该书 1977 年版人民出版社先后出版了中文版第一、二卷，1992 年出版了中文版第三卷。弗兰尼茨基的《马克思主义史》（三卷本）是国外较早出版的论述马克思主义发展史的多卷本著作，曾被译成多国文字，在我国和世界其他国家的理论界产生过较大影响。

　　第二部是英国肯特大学政治学教授、国际著名马克思主义研究者戴维·麦克莱伦的《马克思以后的马克思主义》。该书于 1979 年由伦敦和巴辛斯托克麦克米兰出版公司出版。1980 年和 1998 年先后出了第二、三版。1984 年该书根据 1979 年版译成中文，1986 年由中国社会科学出版社出版。著名马克思主义哲学家、马克思主义哲学史家黄枬森教授写了《〈马克思以后的马克思主义〉一书评介》，载于该书。黄枬森教授指出该书有三个特点：它所涉及的范围十分广泛，几乎包括了马克思主义哲学、政治经济学和科学社会主义在马克思逝世后近百年来在世界各国的传播和发展；它用比较客观的态度提供了丰富的思想材料，对作者显然不同意的观点也能如实地进行介绍；它不仅提供了马克思主义发展史的丰富材料，而且提供了进一步研究的线索。2008 年中国人民大学出版社出版了该书第三版。

　　第三部是英国著名马克思主义史学家埃里克·霍布斯鲍姆的《如何改变世界——马克思和马克思主义的传奇》。该书收录了霍布斯鲍姆 1956—2009 年间在马克思主义发展史领域所写的部分作品，它们"实质上是对马克思（和不可分开的恩格斯）思想发展及其后世影响的研究"[1]。全书分两个部分，共 16 章。第一部分是"马克思和恩格斯"，从"今日的马克思"谈起，涉及"马克思、恩格斯与马克思之前的社会主义"、"马克思、恩格斯与政治"等专题，然后是"论"马克思和恩格斯的几部代表性著作文章，但这个论述已经不限于对著作内容、结构和知识点的介绍，而涉及更广泛的内容，特别是它们在国际共产主义运动史和马克思主义发展史上的影响、它们的文献学意义等。第二部分是"马克思主义"。从每一章的标题可以看出，其主题是马克思主义发展史各个时期的重要问题。所以，严格来说，它不是一部我们印象中的系统的马克

---

[1]　［英］埃里克·霍布斯鲍姆：《如何改变世界——马克思和马克思主义的传奇》，中央编译出版社 2014 年版，"前言"第 1 页。

思主义发展史著作，而是关于马克思主义发展史重要问题的研究性著作。但是，这并不影响它的实际的系统性，因为作者讨论的问题所在时期是连贯的。霍布斯鲍姆还乐观地谈到 21 世纪马克思主义前景，指出："经济自由主义和政治自由主义，无论是单独还是结合起来，都不可能为 21 世纪的种种问题提供解决的方案。现在又是应该认真地对待马克思的时候了。"[1]从占有材料的规范性、问题分析的透彻与精到、见解的鲜明与深刻来看，这是一部难得的马克思主义发展史著作。

第四部是莱泽克·科拉科夫斯基的三卷本的《马克思主义的主要流派》。这是一部大部头的马克思主义发展史著作，也是一部颇有争议的著作。该书第一卷写于 1968 年，第二卷和第三卷分别写于 1976 年和 1978 年。全书在英国出版于 1978 年。莱泽克·科拉科夫斯基 1927 年 10 月 23 日出生于波兰，曾担任华沙大学哲学系教授、系主任，系"东欧新马克思主义"代表人物。1968 年被解除华沙大学教职后，先后去了德国、加拿大、美国，最后定居英国，在牛津大学任教。《马克思主义的主要流派》的结构特征是，除个别章节是理论专题外，其他均按人物排列。这些人物都是重要的马克思主义发展史人物，在科拉科夫斯基看来，他们还是某一马克思主义流派的代表。这些人在政治上和理论上当然有其个性，并具有较大影响力，但其中有的硬被说成某一马克思主义流派的代表，或者为其硬要搞出一个所谓马克思主义流派，实属牵强，表明他关于马克思主义流派的划分具有很大的随意性。作为"东欧新马克思主义"代表人物，他的观点与"西方马克思主义"的人本主义流派和西方"马克思学"的观点基本一致，但对于同样坚持人道主义立场的某些"西方马克思主义"人物，如马尔库塞、萨特等，他还是进行了严厉批评，原因很大程度不在于其理论观点，而在于他们与苏联的关系。科拉科夫斯基对社会主义国家的马克思主义和经济、政治体制的认识有很大片面性，许多观点是错误的。但该书在马克思主义发展史研究方面还是提供了丰富的资料，也使我们能够更广泛地了解国外马克思主义发展史研究的动态。

1978—1982 年，意大利埃伊纳乌迪（Einaudi）出版社出版了一部多卷本的《马克思主义史》，霍布斯鲍姆称其是一项"最雄心勃勃的马克思主义史计

---

[1] ［英］埃里克·霍布斯鲍姆：《如何改变世界——马克思和马克思主义的传奇》，中央编译出版社 2014 年版，第 385 页。

划"。他是该书的联合策划者和联合主编，并参加了第一卷的写作。该书没有中文版。

　　总的来说，我国的马克思主义发展史研究起步较晚。1964年6月，原高等教育部根据中共中央决定批准中国人民大学成立马列主义发展史研究所，标志着我国系统的马克思主义发展史研究的开始。建所之初，马列主义发展史研究所的干部和教师以饱满的热情积极投入到马克思主义发展史资料的搜集、翻译和整理工作中。由于"十年动乱"和中国人民大学解散，还没有进入实际过程的马克思主义发展史研究不得不停步。实际的系统的马克思主义发展史研究是在1978年中国人民大学复校后马列主义发展史研究所由外校迁回后开始的。70年代末至整个80年代，马列主义发展史研究所在不太长的时间内发表了一批在学术界有较大影响的研究成果。先后有马列主义发展史研究所组编的《马克思恩格斯思想史》和《列宁思想史》出版；有在国内最早开启的马克思早期思想研究著作《马克思早期思想研究》和《〈资本论〉创作史》的出版，特别是在《马克思主义哲学史纲要》和《科学社会主义史纲》编写基础上，完成并出版了国内第一部综合性的马克思主义发展史著作《马克思主义发展史》，有《马克思主义与当代辞典》的编写和出版。20世纪90年代是研究所的高产期，仅在前半期就有《被肢解的马克思》、《新视野：〈资本论〉哲学新探》、《毛泽东哲学思想史》（三卷本）、《马克思主义经济思想史》、《〈资本论〉方法论研究》、《马克思"不惑之年"的思考》、《恩格斯与现时代》、《第二国际若干人物的思想研究》、《20世纪马克思主义史——从十月革命到中共十四大》、《马克思主义哲学史辞典》和几部马克思主义经典作家传记的出版。这些著作的出版为90年代初启动的四卷本《马克思主义史》的编写做了理论上的准备。四卷本的《马克思主义史》由中国人民大学马列主义发展史研究所组织编写，庄福龄教授主编，人民出版社1995年、1996年出版。这是由国内学者编写的第一部较大部头的马克思主义发展史著作，出版后获中宣部"五个一工程"奖和国家图书奖提名奖。

　　《马克思主义史》（四卷本）的出版距今已近30年，其间经历了世纪交替，马克思主义逐渐从苏联东欧社会主义制度解体造成的冲击和困境中走出并重新活跃起来，马克思主义研究在更广范围内和更深层次上展开并取得重要成果。一方面对马克思主义理论和马克思主义发展史有了新的认识；另一方面积累了马克思主义创新发展的丰富经验，尤其是马克思主义中国化时代化的经验，从而凸显编写一部反映马克思主义发展最新理论成果、内容更加充实、更高质量的马克思主义发展史著作的必要性。参加十卷本《马克思主义发展史》编写者们对完成这一任务的意义有自觉的意识：

第一，它是适应21世纪变化了的世界历史形势和这一形势下无产阶级认识世界和改变世界的伟大实践，特别是当代中国特色社会主义实践需要的。马克思主义的创新发展是在对客观历史形势的正确反映和根据这种反映对世界的积极改造中实现的，是在马克思主义基本原理同各国实际的结合中实现的。马克思主义发展史著作对这个过程的研究、书写，特别是对它的经验和规律的揭示，将为我们正确认识和面对新世纪客观形势的变化，并根据这种变化确定我们的实践主题、发展道路、发展战略提供启示。

第二，它是发展当代中国马克思主义、二十一世纪马克思主义的需要。一般地说，马克思主义发展史的研究对象是历史上的和世界性的马克思主义发展过程，是马克思主义发展的基本经验和规律。但是，从马克思主义的实践的和理论的发展目的出发，这种研究方法又必须是面对现实和面向未来的，因此是"大历史"的，是历史主义与现实主义的统一。而从这一原则和视野出发，我们的马克思主义发展史的研究和书写，一是要特别关注"我们自己正在做的事情"，从理论方面讲，就是要特别关注中国马克思主义的发展，关注马克思主义中国化时代化的历史进程；二是要关注马克思主义的当下发展状况和未来发展趋势。就研究者身在21世纪的现实来说，就是要研究二十一世纪马克思主义。关于"二十一世纪马克思主义"这个命题，我们还是要从总体上认识，即要看到它所表征的总的精神是面向马克思主义的未来发展。它既表明二十一世纪马克思主义主体对未来马克思主义发展、马克思主义命运信心满满，又表征对未来马克思主义发展提出更高要求，即它是能够回答新的时代之问的马克思主义发展新境界。

第三，它是对中国人民大学优良传统的继承和发扬。中国人民大学是中国共产党创办的第一所新型正规大学，有着用马克思主义指导办学的传统和经验。这个传统和经验，首先是坚持政治性与学理性的统一。坚持这个统一，既表现在办学方针，教育和教学的指导思想和根本方法上，也表现在科学研究所应坚持的根本方向、目标和方法上。对于马克思主义研究来说，就是为无产阶级革命、社会主义建设和改革的实践服务。这是我们从事马克思主义教育与研究的宗旨。这个宗旨在马列主义发展史研究所成立时就明确了。

1964 年前后，中央强调系统的马克思主义发展史研究，其直接原因在于当时国际政治形势的变化、国际的和社会主义阵营内部的意识形态斗争。中央批准成立中国人民大学马列主义发展史研究所的直接意图就是为了适应这一需要。对此，马列主义发展史研究所的干部和教师的认识是十分明确的。其次是始终坚持用马克思主义指导学校全面工作，把马克思主义贯彻教书育人的全过程，积极打造和夯实马克思主义教学与研究高地，为推进马克思主义中国化时代化进程贡献力量。这个传统是用中国人民大学师生的具体行动铸成的。中国人民大学为国家输送的马克思主义理论人才、为其他高校和教育单位输送的马克思主义理论教育人才、为高校马克思主义理论教学编写的教材、出版的各类马克思主义理论著作，特别是不同版本的马克思主义发展史著作，发挥了极其重要的作用。继四卷本的《马克思主义史》之后，我们今天编写十卷本的《马克思主义发展史》，既是对中国人民大学传统的继承和发扬，也是作为"人大人"的我们这一代马克思主义理论教育者和研究者的责任。

第四，它是适应马克思主义理论学科发展的需要。马克思主义理论学科有七个二级学科，马克思主义发展史是其中之一。相较于其他六个学科的发展现状，马克思主义发展史学科相对薄弱，这与马克思主义中国化研究和国外马克思主义研究从马克思主义发展史的结构中独立出来有关。原来的学科内容变窄了，但研究难度增加了（特别是马克思、恩格斯和列宁著作的研究难度）；马克思主义中国化研究和国外马克思主义研究这两门离我们时间和空间较近的学科从传统的马克思主义发展史体系中划分出来，使之具有的现实性受到一定程度的影响，降低了学科对学生的吸引力。但是，主要原因在于在马克思主义理论学科建立前国内学界缺乏对马克思主义发展史的研究，以致于在马克思主义理论学科建立后，出现许多学校开不出马克思主义发展史课程，甚至在其学校的马克思主义理论学科中排除马克思主义发展史学科的局面。马克思主义理论学科的专家们没有不说马克思主义发展史学科重要的，但真正从事这一学科研究的学者则相对较少。我们希望《马克思主义发展史》（十卷本）的编写能够对这一学科的发展起到推动作用。

根据 20 余年来我们的作者们关于马克思主义发展史研究成果与研究经验的积累，根据中国人民大学现有研究力量，我们认为完成这一编写任务的条件已经成熟。首先是四卷本《马克思主义史》的主编庄福龄教授提议，然后是学校和学院两级领导的支持和学院广大教师的积极响应，2014 年元月正式启动了十卷本《马克思主义发展史》的编写。

经讨论，我们对《马克思主义发展史》（十卷本）的编写主旨取得共识：在客观准确地反映和阐述马克思主义形成与发展的全过程的基础上，特别着眼于对马克思主义发展的新主题的发掘、新材料的吸收、新观点新思想的阐发和新经验的总结，反映和吸收国内和国际马克思主义发展的最新成果，为时代、为人民、为我们的伟大事业贡献一部高质量的马克思主义发展史著作。

为此，我们对《马克思主义发展史》（十卷本）编写提出以下具体要求：

第一，强化马克思主义形成史研究。在对马克思主义形成过程的研究中，实现对尽可能丰富的马克思主义来源的深刻认识，在将马克思主义的产生放到整个欧洲文化乃至人类文化传统中认识时，注意区分马克思主义的来源与对马克思主义的产生发生影响的文化因素，强化对马克思主义形成中马克思和恩格斯与同时代思想家的关系的研究，着力揭示特定历史条件下新思潮产生和思想变革的规律。为实现这一要求，第一卷的编写在深化对马克思主义的"三个来源"的研究的同时，增加了马克思和恩格斯同时代人鲍威尔、赫斯、卢格、施蒂纳、契希考夫斯基和科本等对他们早期思想发生影响的内容。

第二，坚持以无产阶级革命和社会主义建设与改革的重大实践为主导线索。坚持以问题为中心，贯彻理论与实践、历史与现实相统一的原则。要注意认识和总结中国特色社会主义建设和改革开放过程中取得的马克思主义理论创新成果，特别是新时代中国特色社会主义建设实践中取得的马克思主义理论创新最新成果，还要善于从各个历史时期取得的马克思主义理论创新成果中认识和总结马克思主义发展的经验和规律。习近平总书记在党的二十大报告中指出："坚持和发展马克思主义，必须同中国具体实际相结合。我们坚持以马克思主义为指导，是要运用其科学的世界观和方法论解决中国的问题，而不是要背诵和重复其具体结论和词句，更不能把马克思主义当成一成不变的教条。我们必须坚持解放思想、实事求是、与时俱进、求真务实，一切从实际出发，着眼解决新时代改革开放和社会主义现代化建设的实际问题，不断回答中国之问、世界之问、人民之问、时代之问，作出符合中国实际和时代要求的正确回答，得出符合客观规律的科学认识，形成与时俱进的理论成果，更好指导中国实践。"①习近平总书记在这里提出的坚持和发展马克思主义的根本的方法论原则，也是指导我们从事马克思主义发展史研究的根本的方法论原则，只有坚持这个原则，我们才能写出一部反映马克思主义发展真实过程，适应无产阶级革命和社会主义建设与改革实践要求，适应不断开辟当代中国马克思主义、二十一世纪马克思主义新境界要求的马克思主义发展史。

第三，根据俄国十月社会主义革命胜利后马克思主义发展主题的转换，着重研究社会主义建设和改革的理论及其发展历程，高度重视和阐发中国特色社会主义理论体系的形成与发展对于马克思主义发展的意义，特别是习近平新时代中国特色社会主义思想对马克思主义发展的重大意义。习近平新时代中国特色社会主义思想是马克思主义中国化时代化的最新理论成果。为此，第十卷用主要篇幅充分阐释了习近平新时代中国特色社会主义思想形成、发展过程及其对马克思主义发展的重大贡献。

第四，着眼于国内外马克思主义研究最新成果的发现与研究，尤其是关于马克思主义基础理论、马克思主义文本文献、当代资本主义、当代社会主义、新科技革命、世界发展趋势、当代社会思潮等问题上的研究成果。本来的和完整意义的马克思主义发展史研究是关于马克思主义的过去、现在和未来发展的研究。21世纪以来的马克思主义实践和理论发展自然应该进入我们的研究视野，并成为理解总体的马克思主义发展史的坐标。

第五，立足于马克思主义整体发展的研究，但不忽略对马克思主义的各个组成部分、各个学科发展的研究。马克思主义主要由它的哲学、政治经济学和科学社会主义三大部分构成，马克思主义发展史研究和书写给予其较多关注是应该的，但是不能由此而忽略马克思主义多学科发展事实。例如，第二卷注意揭示"马克思主义的全面拓展过程"，在关注马克思和恩格斯的自然观和科学观形成与发展的同时，也考察了他们在伦理观、宗教观、美学和文艺观、军事理论等方面的发展。第六卷在系统考察马克思主义在哲学、政治经济学方面的发展的同时，还考察了马克思主义在文艺学、史学方面的发展。

第六，在着重认识与阐释马克思主义在革命、建设和改革的实践中发展的

---

① 习近平:《高举中国特色社会主义伟大旗帜　为全面建设社会主义现代化国家而团结奋斗——在中国共产党第二十次全国代表大会上的报告》，人民出版社2022年版，第17—18页。

同时，也对专业性的马克思主义理论研究成果给予必要关注。注意总结不同类型的主体的马克思主义创新经验，注意从不同形式的马克思主义文本中认识马克思主义的新发展。例如，根据包括本卷作者在内的学界最新研究成果，第三卷增加了马克思和恩格斯关于科学技术的社会性质和社会功能、从自然运动向社会运动过渡的理论内容。

第七，关注当代世界马克思主义思潮，在总体的马克思主义发展历史进程中认识国外马克思主义。为此，第七、八、九卷对各国共产党和进步组织、国外各马克思主义研究流派、世界社会主义运动的马克思主义研究等进行了深入考察。要求对它们要有分析、有鉴别，既不能采取一概排斥的态度，也不能搞全盘照搬。

第八，不回避马克思主义研究中的理论难题，敢于以鲜明的态度在重大理论问题上发声。检视在重大问题上的传统认识，善于结合新的实际作出新的判断。既注意总结正确认识马克思主义的经验，也注意总结正确对待马克思主义的经验。着力分清哪些是必须长期坚持的马克思主义基本原理，哪些是需要结合新的实际加以丰富发展的理论判断，哪些是必须破除的对马克思主义的教条式的理解，哪些是必须澄清的附加在马克思主义名下的错误观点。为此，第五卷特别设置了"马克思主义基本原理、本质特征和历史命运的科学阐述"一章，系统阐释列宁的马克思主义观，展示列宁科学认识和对待马克思主义的经验。

本书的卷次划分遵循实践逻辑、历史逻辑和理论逻辑的统一。这个统一特别表现为马克思主义在无产阶级革命和社会主义运动实践中实现发展的若干重要阶段之间的关系。因此，每一卷次标示的时间阶段实质说来不是自然时间，而是历史时间，表征马克思主义发展的一定的阶段性。

阶段的划分是相对的，并且是分层次的。有大阶段，也有大阶段包含的小阶段、次级阶段。马克思主义发展史的大阶段是马克思和恩格斯对马克思主义的创立与发展、列宁主义的形成与发展、以中国马克思主义为标志的当代马克思主义发展。它们分别包含若干小阶段。比如，第一个大阶段包括马克思主义的创立、马克思主义的丰富与系统化、马克思和恩格斯晚年对马克思主义的深化三个小阶段。这三个阶段构成本书的第一至三卷。第二国际马克思主义（1889—1914年）是马克思和恩格斯创立的原初马克思主义与列宁主义之间的过渡。虽然这一时期马克思主义缺乏突出发展，但是由于这个时期的人物、思潮和流派之间的复杂关系以及马克思主义多向演变与发展的可能而凸显其对于马克思主义发展史的特殊意义。基于此，马克思主义在这一时期的发展与演变被设置为独立的一卷（第四卷）。马克思主义发展的列宁主义阶段以俄国十月社会主义革命胜利为界划分为两个阶段，时间段分别为：19世纪末—1917年、1917—1945年。前一阶段是列宁主义的形成及其在十月革命前的发展，后一阶段是列宁主义在十月革命胜利后的发展。这个阶段的内容包括列宁晚年关于社会主义发展道路的探索、苏联社会主义模式的形成。这两个阶段还分别包括马克思主义在中国的初期、早期传播和马克思主义中国化的第一个伟大理论成果——毛泽东思想的形成。这就是本书第五、六卷的内容。第七、九、十卷的内容是马克思主义在第二次世界大战后的发展。它们的时间段分别是：1945—1978年、1978—21世纪初、1989年以来。每一卷所包含的内容都是在相应时间段内马克思主义的发展状况，其中主要是苏联和东欧各国对社会主义的探索、中国共产党人和马克思主义者对中国社会主义发展道路的探索，特别是改革开放以来邓小平理论、"三个代表"重要思想、科学发展观和习近平新时代中国特色社会主义思想的形成与发展。为了体现马克思主义发展的连续性，第九卷在着重阐述邓小平理论形成发展过程外，用适当篇幅阐述了苏东剧变过程中及之后非资本主义国家马克思主义的曲折发展和理论反思，时间延续到21世纪初。为了完整地和集中地阐释马克思主义中国化时代化最新理论成果，第十卷聚焦中国特色社会主义理论体系的跨世纪发展，对当代中国马克思主义、二十一世纪马克思主义做了重点阐释。马克思主义在非社会主义国家的研究情况比较复杂，时间跨度比较长，为方便读者阅读和了解社会主义国家之外的非社会主义国家的马克思主义研究和发展状况，安排第八卷为1923年以来"马克思主义在非社会主义国家的传播与发展"专卷。

　　"实践没有止境，理论创新也没有止境。"① 理论创新没有止境，马克思主义发展史研究就不能停滞不前。十卷本《马克思主义发展史》的出版，不是我们的马克思主义发展史研究的结束，而是新的研究的起点。我们需要根据马克思主义在新的时期新的实践中的发展把马克思主义发展史研究继续下去。

---

① 习近平：《高举中国特色社会主义伟大旗帜　为全面建设社会主义现代化国家而团结奋斗——在中国共产党第二十次全国代表大会上的报告》，人民出版社2022年版，第18页。

　　《马克思主义发展史》（十卷本）的作者们对编写工作提出了很高要求，力求为推动二十一世纪马克思主义发展、开辟马克思主义中国化时代化新境界，奉献一部能够经得起时间考验的马克思主义发展史著作。但是，由于我们的水平有限，马克思主义发展史的有些方面和问题还未完全掌握和深入研究，呈现在广大读者面前的这份研究成果是否能够承担起它应承担的这样一个使命，是否能够为广大读者满意，我们心怀忐忑。我们愿意听到读者的批评意见。

本书总主编

2023 年 9 月 15 日

（梁树发执笔）

目　录

Contents

卷 首 语

　　科学性和革命性的统一是马克思主义的鲜明特征。马克思恩格斯创立马克思主义，不只是为了解释世界，更是为了改变世界。这一鲜明特征使得马克思主义一经诞生便与各国的无产阶级运动相结合，在指导各国的工人运动和无产阶级革命的过程中，既改变了客观世界，又使自身得到了丰富和发展。马克思主义在 20 世纪上半期的发展主要表现为它与两个最重要的东方落后国家——苏联和中国的实际相结合，一方面实现了从理论到实践的飞跃，另一方面在实践中获得了自身的民族形式。本卷运用理论与实践相统一、逻辑与历史相一致的方法，以马克思主义在苏维埃俄国及苏联和中国的发展为主线，考察马克思主义在 1917 年 10 月至 1945 年 5 月，即俄国十月革命爆发到中国共产党第七次全国代表大会将毛泽东思想确立为党的指导思想这一历史时期的发展。

　　俄国十月社会主义革命是人类历史上第一次获得胜利的社会主义革命，打破了资本主义独占天下的局面，开创了人类历史的新纪元，为世界各国无产阶级革命、殖民地和半殖民地的民族解放运动开辟了胜利前进的道路。十月革命后，列宁对俄国的社会主义道路进行了艰辛探索。在 1918—1920 年国内战争时期，苏维埃俄国推行了"战时共产主义"政策。"战时共产主义"是在帝国主义武装干涉和国内战争爆发时期，为适应战争需要而采取的临时措施，为集中国内一切人力、物力粉碎外国武装干涉从而赢得国内战争胜利起了重要作用。但是，作为向社会主义直接过渡的一种尝试，"战时共产主义"存在着许多弊病、过失和错误，甚至是失败。列宁及时总结"战时共产主义"经验教训，从俄国的实际出发，提出了新经济政策。新经济政策重新建立了工业与农业之间正常的经济联系，巩固了工人阶级同农民的联盟，促进了生产力的发展，提供了一种小农经济占优势的落后国家走向社会主义的"间接过渡"方式。列宁去世之后，苏联共产党的领导人展开对列宁主义的阐释和论争。斯大林提出了"一国建成社会主义"理论，并提出终止新经济政策的主张。斯大林在社会主义工业化和农业集体化上与托洛茨基、布哈林等人展开争论。苏联在 20 世纪上半期逐渐形成了斯大林社会主义模式和苏联马克思主义传统。在斯大林的领导下，苏联从一个贫穷落后的农业国迅速崛起为世界第二大工业强国，并建立起体系化的马克思主义哲学社会科学学科，为马克思主义在世界工人阶级中的传播和运用作出了巨大贡献。但是，斯大林社会主义模式存在着对马克思主义的教条化理解，这导致了苏联本国社会主义建设中的挫折，也给国际共产主义运动带来了不良影响。

十月革命后，马克思主义作为一种社会革命理论传入中国，并在同各种思潮的交锋中迅速为中国进步人士所接受。中国共产党的成立是马克思主义与中国工人运动相结合的产物，毛泽东是中国共产党内运用马克思主义解决中国实际问题的杰出代表。以毛泽东同志为主要代表的中国共产党人运用马克思主义的世界观和方法论，从中国的历史与现实出发，不仅正确认识了中国半殖民地半封建的社会性质，准确把握了中国革命的特点和规律，科学阐明了中国革命的对象、任务、动力、性质和道路，创立了无产阶级领导的、人民大众的，反对帝国主义、封建主义和官僚资本主义的新民主主义革命的理论；而且纠正了党内的各种机会主义特别是教条主义错误，提出了马克思主义中国化的历史任务，确立了实事求是的思想路线，创立了包括毛泽东哲学思想在内的毛泽东思想。毛泽东思想是马克思主义中国化的第一次历史性飞跃。党的七大将毛泽东思想确立为党的指导思想，具有里程碑意义。

我们看到，马克思主义在这一历史时期的两条发展主线并不是截然分开的，马克思主义在苏联的发展和马克思主义中国化的理论成果有着密切关联。马克思主义在中国的传播受到十月革命的直接影响。自鸦片战争始，争取民族独立、国家富强、人民幸福就成为中国人民的历史任务。在传统的农民战争走到尽头、不触动封建根基的自强运动和改良主义屡屡碰壁、资产阶级革命派领导的革命和来自西方的其他种种社会方案纷纷破产的情况下，十月革命一声炮响，为中国送来了马克思列宁主义，给苦苦探寻救亡图存出路的中国人民指明了前进方向，提供了全新选择。马克思主义在中国的运用和发展则受到苏联共产党的深刻影响。中国共产党是在共产国际的帮助下成立的，而共产国际是直接受苏联共产党领导的。共产国际对中国共产党和中国革命有过巨大帮助，但由于不了解中国国情，加上苏联共产党对马克思主义本身就有着教条化的理解，所以，共产国际的错误指示也给中国革命带来了重大挫折。在中国革命过程中，中国共产党内先后出现的三次"左"倾错误，都和共产国际的错误指示以及中国共产党内的部分留苏知识分子把苏联经验和共产国际指示神圣化的倾向密不可分。从相当大的意义上说，中国特色革命道路的探索、毛泽东思想的形成，同反对教条主义的斗争，是同一过程的两个方面。正是在突破"城市中心论"的过程中，有了"农村包围城市"的革命道路；正是为了从思想路线上反对教条主义，有了《实践论》和《矛盾论》，有了"马克思主义在中国具体化"的历史任务和实事求是的思想路线；也正是为了进一步肃清革命队伍中的教条主义，有了延安整风这一马克思主义普及教育运动的新形式。所以，研究马克思主义中国化与毛泽东思想，不能忽略共产国际和苏联马克思主义对中国革命的影响。只有紧密结合当时的国际背景，才能深刻理解中国共产党提出马克思主义中国化和毛泽东思想形成的重大意义。

20世纪上半期马克思主义在苏联和中国的发展是国内外学术界长期研究和关注的重要理论问题，也是充满着政治立场分野和歧见的重要领域。本卷在阐释和研究这一问题过程中，努力将马克思主义理论史和共产主义实践史紧密结合起来、将新文献的研究与正确的理论分析结合起来，希望能为正确认识马克思主义在20世纪上半期的发展提供有益参考。

第一章　十月革命的胜利和列宁对于经济文化落后国家向社会主义过渡的初步探索

　　列宁领导的俄国十月社会主义革命是马克思主义发展史上的重大事件，也是人类历史的重要转折点。它建立了世界上第一个无产阶级专政的国家政权，成功实现了科学社会主义由空想到实践的转变，是社会主义运动史上的第二次飞跃，更是对马克思主义理论的创新性运用和发展。同时，十月革命的胜利结束了资本主义一统天下的局面，开创了世界历史由资产阶级民主革命向社会主义革命转变的新时代。它的成功经验也为世界上其他受剥削受压迫民族争取解放提供了有益借鉴，开启了世界范围内无产阶级革命运动的高潮，增强了世界人民争取民族独立、国家发展和自身解放的信心和意志。十月革命胜利后，列宁对在俄国这样一个经济文化落后国家如何在民主政治建设、经济建设等方面向社会主义过渡进行了积极探索。这一实践探索既形成了一些成功的经验，与此同时，也遭遇了一些挫折和失败。然而，这些经验教训却进一步丰富和发展了马克思主义理论学说，也为后来其他国家特别是经济落后国家向社会主义过渡提供了借鉴。

第一节　十月革命胜利的伟大历史意义

　　十月革命发生在 20 世纪初的俄国，它是由列宁领导的人类社会发展史上的第一场无产阶级革命。这场革命的爆发有着深刻的背景，经历了复杂的过程。然而，这场革命胜利的意义是极其重大的。它不仅改变了俄国人民的命运，开辟了俄国社会主义发展的新道路；而且它促使科学社会主义由理论变为现实，实现了世界社会主义运动发展过程中的一次历史性飞跃；同时，它大大改变了世界历史发展的进程，开创了人类历史的新纪元。

一、列宁领导的伟大的无产阶级革命

（一）十月革命爆发的背景

俄国十月革命是在 20 世纪初国际国内极其复杂的社会历史背景下发生的，它的爆发是俄国内部政治、经济等多种因素，各种社会矛盾长期积累的结果，是社会历史发展的必然。

从当时的国际情况来看，第一次世界大战造成的国际局势为俄国十月革命创造了有利的客观条件。19 世纪末 20 世纪初世界资本主义开始逐步向帝国主义过渡，帝国主义国家之间政治经济发展不平衡的规律从根本上导致了第一次世界大战的爆发。这一时期西方主要帝国主义国家之间集中主要精力忙于利益争夺和军事战争，无暇东顾，这就给俄国造成了帝国主义统治的薄弱环节，从而为俄国无产阶级革命创造了极为有利的外部环境。正如后来列宁所说，"如果没有战争，俄国也许会过上几年甚至几十年而不发生反对资本家的革命"。[1]

从当时的国内情况来看，俄国国内各种社会矛盾的激化、无产阶级力量的准备以及无产阶级政党——布尔什维克党的正确领导等都为十月革命的发生创造了有利条件。"一战"前，俄国是一个经济文化相对落后的资本主义国家，并且社会矛盾错综复杂。1861 年，亚历山大二世（1818—1881）推行农奴制改革，这一举措大大促进了国内资本主义工业的发展。自此之后，俄国正式步入资本主义发展轨道。然而，与当时西欧主要发达资本主义国家相比，俄国资本主义的总体水平还十分落后。当时俄国农业生产还占据明显优势，工业生产在国民经济中的比重还不到一半；地主掌握着全国大量土地，保留了大量的农

---

[1] 《列宁全集》第 30 卷，人民出版社 2017 年版，第 27 页。

奴制残余；并且尤为突出的是，俄国在政治上仍然实行封建、落后的沙皇专制统治。因此，"一战"前俄国国内社会矛盾突出，农民与地主、工人阶级和资产阶级、资本主义和社会主义、民族矛盾等各种矛盾相互交织在一起。"一战"爆发后，沙皇俄国追随其他帝国主义国家参战，这使得俄国国内经济状况雪上加霜，人民生活更加困苦不堪，各种社会矛盾进一步激化。在这种情况下，全国各地反对战争、要求和平的呼声越来越高，并且引发了多地农民、工人起义。二月革命推翻沙皇专制统治后，资产阶级临时政府继续执行参战的政策，倒行逆施，违反民意。并且代表大地主、大资产阶级利益的临时政府更没有满足广大人民对和平、民主、土地、面包的渴望。这就为十月革命的爆发创造了有利的客观形势和政治优势。

从阶级力量对比来看，俄国无产阶级的先进性质及其组织力量的壮大为十月革命的爆发创造了有利条件。俄国无产阶级具有以下明显特点和优势：第一，人数虽少但较为集中。十月革命前俄国资本主义发展很不充分，导致无产阶级在全国人口中占据少数。但他们又相对集中，主要聚集在彼得格勒、莫斯科等中心城市和大企业中，便于组织开展各种革命斗争。第二，俄国无产阶级革命性和战斗力较强。特别是与国内无产阶级相比，俄国资产阶级表现出明显的软弱性和妥协性，他们既没有强大的力量又缺乏统治的经验。而俄国无产阶级则表现出彻底的革命性和较强的战斗力，特别是经历过1905年革命、二月革命等多次革命斗争经验的锻炼和洗礼，俄国工人阶级具备了较强的战斗力和丰富的斗争经验。这一点也是俄国工人阶级相对欧洲其他发达资本主义国家工人阶级所表现出来的明显优势。巴黎公社失败后，发达资本主义国家经历了一个相对比较和平稳定的时期。在这一时期，主要资本主义国家开始向帝国主义过渡，并从物质上、政治上等方面对工人阶级作出一些让步，甚至实行拉拢、收买工人阶级的政策，培养了一批为资产阶级代言的工人贵族。因此，这些国家的无产阶级革命性逐渐丧失、退化，并且长时期未经历过实践斗争，思想觉悟和斗争经验严重受损。对此，列宁在十月革命胜利后总结革命胜利的经验并对比西欧发达资本主义工人阶级时曾断言，"世界社会主义革命在各先进国家，不可能像革命在俄国这个尼古拉和拉斯普廷统治的国家那么容易开始"。[1] 第三，俄国工人阶级和农民阶级建立了巩固的工农同盟。俄国是一个小农经济占

---

[1] 《列宁选集》第3卷，人民出版社2012年版，第445页。

据明显优势的国家，农民在俄国人口中占多数，这就使得俄国工人阶级非常注重与农民的合作。特别是在二月革命这场民主革命斗争中，俄国工人阶级与农民进行了密切合作，并且还建立起工农代表苏维埃政权，赢得了农民的支持和信任，实现了对农民的领导权。俄国无产阶级同农民的这种紧密同盟的建立成为十月革命胜利的重要保证。

列宁领导下的无产阶级政党——布尔什维克党的正确领导是十月革命爆发并最终取得胜利的决定性因素。首先，布尔什维克党是一支先进的无产阶级性质的政党组织。十月革命前，俄国国内社会党派林立，存在着诸如社会革命党、立宪民主党、孟什维克和布尔什维克等多个党派和组织。然而，与之相比，只有布尔什维克党能够广泛代表广大受剥削受压迫人民的根本利益，革命性最坚决、最彻底。并且布尔什维克党又是由无产阶级中觉悟程度最高、最先进的分子所组成，是无产阶级的先锋队。"并不是特殊的素质而只是特殊的历史条件使得俄国无产阶级在某一时期，可能是很短暂的时期内成为全世界革命无产阶级的先锋。"①同时，布尔什维克党实行民主集中的组织形式，能够在广泛听取各方意见的基础上保证先进思想和正确决策的实施，这就为十月革命的胜利奠定了重要基础。其次，布尔什维克党有着先进的、充分的理论指导。马克思主义理论是布尔什维克党的理论指导，伴随着国际国内社会历史条件的发展变化，列宁结合本国实际状况进一步丰富和发展了马克思主义理论，为俄国十月革命提供了正确的理论基础。19 世纪末 20 世纪初，伴随着世界资本主义由自由资本主义向帝国主义的过渡，列宁创造性地提出了帝国主义理论。通过对帝国主义经济、政治等方面的细致分析，列宁独具创造性地指出，帝国主义是资本主义发展的最高阶段，同时也是最后阶段，这一社会形态必然被社会主义所取代。第一次世界大战爆发后，列宁结合新形势和特点分析强调，经济政治发展不平衡规律是资本主义的根本规律，正是对这一规律的认识促使列宁对无产阶级革命理论有了新的认识和判断。在他看来，帝国主义国家之间不平衡的发展状况决定了无产阶级革命进程的差异，也就是说，这一革命不可能在帝国主义国家"同时发生"或取得胜利。在此基础上，列宁进一步指出，无产阶级革命实际上将在某一个或多个国家首先取得胜利。列宁"一国胜利论"的提出为后来十月革命的胜利奠定了重要思想基础。二月革命爆发后，基于国内社

---

① 《列宁全集》第 29 卷，人民出版社 2017 年版，第 90 页。

会特点，列宁在其《远方来信》、《四月提纲》等文章中，明确指出俄国革命不能停留在资产阶级民主革命阶段，无产阶级及其政党必须担当历史重任，推动社会主义革命的发展。"我们完全是自觉地、坚定地和一往直前地向着社会主义革命迈进，我们知道社会主义革命和资产阶级民主革命之间并没有隔着一道万里长城，我们知道只有斗争才能决定我们（最终）能够前进多远，能够完成无限崇高的任务中的哪一部分，巩固我们胜利中的哪一部分。"① 正是在这一系列先进思想理论的指导下，列宁领导的布尔什维克党以巨大的理论勇气和政治勇气进行了俄国十月革命。

一直以来，关于十月革命的历史必然性问题，苏共党内党外、国内国外一直存在着各种争议。在十月革命开始之前，孟什维克和布尔什维克党内的季诺维也夫（1883—1936）和加米涅夫（1883—1936）等人就认为俄国社会主义革命的时机还没有达到成熟的条件；十月革命胜利后，也有一些人认为这次革命是社会历史发展中的偶然事件，搞得过早了。我们认为，十月革命的爆发有着复杂深刻的根源，它是客观条件与主观条件、国外条件与国内条件等各种因素综合作用的结果。因而，它是社会历史发展的必然，是不可避免的，也是俄国人民作出的正确历史选择。当然，十月革命的胜利在必然性中也包含着特殊性，是特殊条件下的必然结果。对此，列宁也曾明确指出："世界历史发展的一般规律，不仅丝毫不排斥个别发展阶段在发展的形式或顺序上表现出特殊性，反而是以此为前提的。"②

（二）十月革命的基本历程

1917 年初，持续了三年的帝国主义战争给俄国带来了深重的灾难。国内经济衰退，民不聊生，社会矛盾激化，反战运动日益高涨。从 1 月开始，俄国国内多地发生罢工和游行示威，纷纷反抗沙皇统治。布尔什维克党也积极开展武装斗争，声援工人运动。在这场革命斗争中工人和士兵联合行动，与反动军警展开激战，逮捕了沙皇的大臣和将军。随后，在首都彼得格勒和全国各地相继建立起工兵代表苏维埃，长期统治俄国人民的罗曼诺夫王朝最终被推翻，这就是俄国历史上著名的"二月革命"。二月革命是一场资产阶级性质的民主主

---

① 《列宁选集》第 4 卷，人民出版社 2012 年版，第 563—564 页。

② 《列宁全集》第 43 卷，人民出版社 2017 年版，第 374 页。

义革命，它结束了沙皇专制统治，完成了资产阶级民主主义革命的任务，在俄国历史上具有重要意义。正如后来列宁所说，"无论从革命这一概念的严格科学意义来讲，或是从实际政治意义来讲，国家政权从一个阶级手里转到另一个阶级手里，都是革命的首要的基本的标志。就这一点来说，俄国资产阶级革命或资产阶级民主革命已经完成了。"①

二月革命后，俄国出现了资产阶级临时政府和工兵代表苏维埃两个政权并存的局面。在革命过程中，起义工人和士兵在全国各地先后建立起苏维埃政权。但由于当时阶级力量对比悬殊和工人阶级觉悟较低，很多地方特别是一些重要城市的苏维埃政权被孟什维克、社会革命党人所抢占，与之相比，布尔什维克在苏维埃政权中处于少数地位。然而，这一时期，孟什维克、社会革命党人并没有使苏维埃政权得到捍卫，他们的退让，致使李沃夫（1861—1925）领导下的资产阶级临时政府得以成立。这样一来，二月革命后俄国处于一个两个政权并存的极不稳定的时期。

此时，列宁虽身在异地，却心系祖国。他专门为《真理报》写了五封《远方来信》，强调无产阶级要认清资产阶级的真相，继续将俄国革命向第二阶段——社会主义革命推进。之后，列宁克服种种困难返回祖国。1917年4月17日，在布尔什维克领导人会议上列宁作了《论无产阶级在这次革命中的任务》的重要报告——即著名的《四月提纲》。在这个报告中，列宁提出"全部政权归苏维埃"，重点指明了俄国革命必须由资产阶级民主革命过渡到无产阶级社会主义革命的发展方向，并为此详细制定了具体路线政策。但鉴于当时苏维埃政权的存在，工农掌握着一定权力和武器力量，并且布尔什维克政党在大多数苏维埃政权中还处于少数，列宁强调要通过宣传、教育等形式引导工农群众认清革命护国主义的反动面目，逐渐摆脱其影响，最终掌握全部政权。"只要我们还是少数，我们就要进行批评，揭示错误，同时宣传全部国家政权归工人代表苏维埃的必要性，使群众从实际经验中纠正自己的错误。"②

1917年7月，资产阶级临时政府向德意志帝国和奥匈帝国军队发动进攻却遭到惨败。这一消息传到首都，工人士兵群情激昂，他们开展了大规模的示威游行，强烈谴责、反对临时政府。然而，这一行动遭到临时政府的残酷镇

① 《列宁选集》第3卷，人民出版社2012年版，第25页。
② 《列宁选集》第3卷，人民出版社2012年版，第15页。

压，革命力量损失严重，妥协党也将苏维埃政权拱手相让，这就是俄国历史上血腥的"七月事变"。"七月事变"后，列宁根据俄国的革命斗争形势，积极提出实行武装斗争的任务。之后，布尔什维克党在各地开展武装斗争，积极夺权，并且成功粉碎了科尔尼洛夫的叛乱。革命形势发展迅速，布尔什维克政党也在大多数苏维埃政权中占据了主要地位。对此，列宁认为革命的时机已经成熟，主张及时进行斗争，武装夺取政权。在随后党内召开的中央会议上，列宁的主张遭到了布尔什维克党员季诺维也夫和加米涅夫的反对。然而列宁不顾党内人员的反对，亲自领导和指挥斗争。1917 年 11 月 7 日，经过激烈交战，阿芙乐尔号巡洋舰炮击冬宫，最终推翻了克伦斯基（1881—1970）资产阶级临时政府的统治。全俄工兵代表苏维埃第二次代表大会于当晚召开，列宁在《告全世界工人、士兵和农民书》中宣告，"全部地方政权一律转归当地的工兵农代表苏维埃"①。次日，大会又通过了《和平法令》和《土地法令》两个重要法令，重点围绕国际和平问题和国内土地问题作出了重要声明。同时，大会还选举成立了人民委员会——世界上第一个苏维埃政府，推选列宁为主席，并产生了其他职能机构及其负责人。大会一直持续到 1917 年 11 月 9 日。临时政府被推翻，宣布建立苏维埃政权，标志着世界上第一个无产阶级专政的社会主义国家正式成立。

二、十月革命是人类历史的重要转折点

1917 年俄国十月革命是一场无产阶级政党领导的，由工人、农民等广大人民群众普遍参与的，旨在推翻资产阶级统治进而建立无产阶级专政的社会主义性质的革命。它不仅是世界社会主义运动史上的标志性事件，同时它也是人类历史上的划时代事件。正如毛泽东后来在谈到十月革命时讲到的，"苏联人民在四十年前举行的这个伟大的革命，正如革命导师列宁多次指出的，开始了全世界历史的新时代。历史上发生过各种的革命。但是，过去的任何一次革命，都不能够同十月社会主义革命相比拟。"②

十月革命改变了俄国的历史进程，开辟了俄国社会主义发展的新道路。长

① 《列宁选集》第 3 卷，人民出版社 2012 年版，第 339 页。
② 《毛泽东文集》第 7 卷，人民出版社 1999 年版，第 312 页。

期以来，无论在沙皇统治时期还是在后来的资产阶级临时政府统治时期，俄国人民一直处于水深火热之中。尽管十月革命前俄国人民争取改变自身命运的各种尝试和努力从未间断，然而其受剥削、受压迫的状况始终未真正改变。俄国十月革命的胜利，彻底改变了俄国人民苦难的命运。在以列宁为代表的布尔什维克党的领导下，俄国建立起了工兵农代表苏维埃，真正使工人、农民等广大人民群众掌握了国家权力，成为国家的主人；彻底铲除了私有制，宣布一切土地归国家并无偿交给人民使用，没收一切大企业、银行等由国家掌管，这就从根本上保证了人民的经济利益；在后来签订的《不列斯特和约》中正式宣布退出战争，并号召帝国主义之间停止作战，"第一次的布尔什维克革命使地球上一亿人首先摆脱了帝国主义战争和帝国主义世界。"[①]"千百万人都在思考着昨天战争的起因和行将到来的明天战争的问题，他们愈来愈清楚地、明确地、必然地认识到一个严峻的真理：不经过布尔什维克的斗争和布尔什维克的革命，就不能摆脱帝国主义战争以及必然会产生这种战争的帝国主义世界（如果我们还用老的正字法，我就会在这里写上两个含义不同的'мир'），就不能摆脱这个地狱。"[②]因此，苏维埃社会主义国家的建立开辟了新的前景，这种新型国家制度也越来越显示出它的优越性。

十月革命使科学社会主义由理论变为现实，实现了世界社会主义运动发展过程中的一次历史性飞跃。19世纪中叶，马克思恩格斯创立的科学社会主义理论结束了空想社会主义的历程，这一理论转变成为世界社会主义运动史上的第一次飞跃。此后，马克思恩格斯积极投身革命实践活动，始终将实现社会主义作为自己的崇高理想。从1848年欧洲革命到1871年的巴黎公社运动，从指导各国无产阶级政党的建立到领导并参与第一国际、第二国际的组织活动，他们一直致力于将这一理论与工人运动相联系、相结合。然而，十月革命的胜利、无产阶级国家政权的建立，才真正标志着科学社会主义由理论转变为实践。这一伟大的创举是在马克思主义指导下取得的胜利，它的实践经验又进一步丰富了马克思主义理论的宝库。列宁领导的布尔什维克党以巨大的理论勇气和政治勇气开拓了马克思主义发展的新境界，他们用自己的实践证明，在像俄国这样的经济文化相对落后的国家是能够率先进行无产阶级革命、率先建立社

---

① 《列宁选集》第4卷，人民出版社2012年版，第569页。
② 《列宁选集》第4卷，人民出版社2012年版，第567—568页。

会主义国家的。并且后来列宁等人在俄国向社会主义过渡以及建设社会主义过程中所进行的积极探索，进一步丰富了马克思主义的相关理论，也为其他国家提供了有益借鉴。因此，十月革命的胜利既是对马克思主义理论的坚持和运用，更是结合新形势、新条件对马克思主义基本理论的创新和发展，十月革命的胜利在马克思主义发展史上树立了光辉典范。

十月革命影响了整个世界的发展，引领了世界发展的新方向。十月革命的胜利宣告了资本主义"一统天下"局面的结束，使世界历史由资产阶级民主革命的时代向无产阶级社会主义革命的时代转变。它极大地打击了帝国主义的嚣张气焰，严重削弱了帝国主义的力量，改变了世界政治力量的对比。自此，社会主义制度与资本主义制度长期并存、相互竞争和较量的时代开启。苏联在后来的社会主义建设中所取得的成就进一步显示了社会主义制度的优越性。同时，十月革命的胜利极大地鼓舞了世界上其他受压迫受剥削国家和地区人民争取民族独立和解放的信心和勇气，为包括中国在内的其他国家和地区人民带来了新的曙光和希望。这些国家和地区人民纷纷学习俄国十月革命的经验，极大地促进了世界社会主义运动的蓬勃发展。"至于哪一个国家的无产者在什么时候、在什么期间把这一事业进行到底，这个问题并不重要。重要的是，坚冰已经打破，航路已经开通，道路已经指明。"[1] 也正如毛泽东后来所讲的，"第一次世界大战，打出个十月革命，整个世界历史发生了变化，开辟了世界历史的新时代。从这时起，资本主义倒霉了，走下坡路了，社会主义走的是上坡路。"[2]

尽管20世纪90年代，世界社会主义运动遭遇了苏联解体、东欧剧变的巨大挫折，然而十月革命的伟大历史意义是不容抹杀和否定的，十月革命的光辉更不会因此而暗淡，它将以高昂的姿态载入历史史册。俄国十月革命胜利已经过去了100多年，当我们再次回首这个伟大的历史事件，"这个伟大的日子离开我们愈远，俄国无产阶级革命的意义就愈明显，我们对自己工作的整个实际经验也就思考得愈深刻。"[3] 当今，在全球化日益深化，机遇与挑战、竞争与合作并存的时代，重温十月革命及其重大意义对于我们进一步推进中国特色社会主义建设具有重要启示。

---

[1] 《列宁选集》第4卷，人民出版社2012年版，第568—569页。
[2] 《毛泽东文集》第3卷，人民出版社1996年版，第380页。
[3] 《列宁选集》第3卷，人民出版社2012年版，第563页。

第二节 苏维埃国家的实质和任务

十月革命胜利后，列宁领导的布尔什维克党在世界上建立了第一个无产阶级领导的苏维埃国家政权。从实质来看，苏维埃国家是新型民主和新型专政的统一。并且这一新型国家政权形式又是建立在工农联盟基础上的，是无产阶级政党领导的，真正代表和反映广大劳动群众意志的国家政权形式。列宁关于无产阶级专政的理论和实践探索，不仅是对马克思主义思想的继承和实现，更是在紧紧结合俄国具体国情基础上对马克思主义理论的进一步丰富和发展。

一、无产阶级专政的必然性和形式

列宁关于无产阶级专政的思想是对马克思主义国家理论学说的运用和发展。马克思恩格斯坚持认为国家是阶级矛盾和斗争的产物，它伴随着阶级的产生而产生并伴随着阶级的消亡而消亡。"所以，国家并不是从来就有的。曾经有过不需要国家，而且根本不知国家和国家权力为何物的社会。在经济发展到一定阶段而必然使社会分裂为阶级时，国家就由于这种分裂而成为必要了。"[1]在马克思恩格斯看来，阶级作为特殊的人类社会历史发展的产物，也必将伴随着人类社会历史的发展而不可避免地消失。"正如它们从前不可避免地产生一样。随着阶级的消失，国家也不可避免地要消失。"[2]同时，马克思恩格斯还指出，一切阶级斗争都集中表现为政治斗争，即围绕夺取政权而开展的斗争。就资本主义社会的阶级斗争而言，"阶级斗争必然导致无产阶级专政"。[3]正如他们在《共产党宣言》中清楚指明的，"工人革命的第一步就是使无产阶级上升

---

[1] 《马克思恩格斯选集》第 4 卷，人民出版社 2012 年版，第 190 页。

[2] 《列宁选集》第 3 卷，人民出版社 2012 年版，第 121 页。

[3] 《马克思恩格斯选集》第 4 卷，人民出版社 2012 年版，第 426 页。

为统治阶级，争得民主。"① 后来马克思在《法兰西内战》中又进一步指出，无产阶级专政同样适用于由资本主义社会向社会主义社会转变阶段。"在资本主义社会和共产主义社会之间，有一个从前者变为后者的革命转变时期。同这个时期相适应的也有一个政治上的过渡时期，这个时期的国家只能是无产阶级的革命专政。"② 因此，在马克思看来，无产阶级专政不仅是无产阶级反抗资产阶级的斗争结果，也是顺利实现资本主义向社会主义过渡的重要保证。

马克思主义无产阶级专政的思想对列宁关于这一问题的认识产生了重要影响，结合俄国的历史和具体国情，列宁进一步发展了这一理论，从多角度、多层面论证了无产阶级专政的必然性。

首先，彻底消灭私有制、消灭剥削阶级需要无产阶级专政。十月革命后，无产阶级掌握国家政权，俄国开始进入消除资本主义经济基础、逐步建构社会主义经济基础的过渡阶段。"这个过渡时期不能不是衰亡着的资本主义与生长着的共产主义彼此斗争的时期，换句话说，就是已被打败但还未被消灭的资本主义和已经诞生但还非常幼弱的共产主义彼此斗争的时期。"③ 对此，列宁详细分析了苏维埃俄国在过渡时期的经济结构和阶级状况，指出苏俄在过渡时期主要存在着五种经济成分。这五种经济成分从性质上来讲，实际上又可以分为小商品经济、资本主义经济和社会主义经济这三种性质的经济。在这三种经济基础之上，苏维埃俄国实际存在着三个基本阶级：即资产阶级、小资产阶级和无产阶级。在此基础之上，列宁具体分析了上述三个阶级的基本特征及其相互之间的关系。十月革命后，无产阶级掌握了国家政权，成为真正的领导力量，并且掌握着控制国家经济命脉的公有制生产资料的所有权。与此同时，这一时期无产阶级还肩负着彻底消灭私有制、继续镇压剥削阶级反抗的任务。无产阶级掌握政权后，资产阶级政权虽然被推翻，但是资产阶级并没有被彻底消灭，他们还掌握着一定的土地、资金、技术等，他们不甘心灭亡仍然在进行顽强抵抗。并且，国内资产阶级还与国外帝国主义势力相互勾结，时刻准备发动反击，致使新生的苏维埃政权面临着巨大威胁和挑战。而农民和小资产阶级却在

① 《马克思恩格斯文集》第 2 卷，人民出版社 2009 年版，第 52 页。
② 《马克思恩格斯选集》第 3 卷，人民出版社 2012 年版，第 373 页。
③ 《列宁选集》第 4 卷，人民出版社 2012 年版，第 59 页。

无产阶级和资产阶级之间摇摆。一方面，他们作为劳动者与资产阶级之间存在着利益冲突，渴望改变受剥削受压迫的处境；另一方面，他们作为私有者，与无产阶级存在着矛盾，并且如果任由其发展，其剥削性、动摇性将表现得愈加明显。因此，俄国无产阶级掌握政权后，阶级斗争并没有彻底消除，反而日益尖锐化。为了捍卫新生的苏维埃政权，镇压剥削阶级的反抗、消灭剥削阶级，必须实行无产阶级专政。正是在以上分析的基础上，列宁论证了无产阶级专政的必然性。正如他所讲的，"无产阶级专政是无产阶级阶级斗争在新形式下的继续。"①

其次，无产阶级专政不仅是镇压反抗阶级斗争的需要，也是向社会主义过渡的重要保证。十月革命后，伴随着苏维埃国家政权逐渐稳固，其主要任务由镇压剥削阶级反抗逐渐向组织发展经济、向社会主义转变过渡。这一任务对刚刚掌握国家政权的无产阶级及其政党来说，无疑是一个巨大的考验。特别是面对来自反抗阶级、社会革命党等的质疑，列宁也意识到："无产阶级革命的主要困难，就是在全民范围内实行最精确的、最认真的计算和监督，即对产品的生产和分配实行工人监督。"②然而，要想顺利实现向社会主义的过渡，尽量摆脱俄国旧社会的痕迹，组织和管理好俄国的政治和经济，就必须实行无产阶级专政。也只有实行无产阶级专政，夺取资产阶级和剥削阶级的统治权，才能保证工人、农民等一切被剥削阶级的利益。因此，列宁讲到，"只有懂得一个阶级的专政不仅对一般阶级社会是必要的，不仅对推翻了资产阶级的无产阶级是必要的，而且对介于资本主义和'无阶级社会'即共产主义之间的整整一个历史时期都是必要的，——只有懂得这一点的人，才算掌握了马克思国家学说的实质"③。因此，无产阶级专政是向社会主义过渡以及最终建成共产主义的需要，它不仅仅表现为暴力斗争，同时也表现为经济组织、管理以及教育引导等。"无产阶级专政是对旧社会的势力和传统进行的顽强斗争，流血的和不流血的，暴力的和和平的，军事的和经济的，教育的和行政的斗争。"④

对于俄国无产阶级专政具体应当采取什么样的政权组织形式，列宁在学习借鉴巴黎公社历史经验的基础上，结合俄国革命实际，带领广大人民群众成功

---

① 《列宁全集》第 37 卷，人民出版社 2017 年版，第 256 页。

② 《列宁选集》第 3 卷，人民出版社 2012 年版，第 297 页。

③ 《列宁选集》第 3 卷，人民出版社 2012 年版，第 140 页。

④ 《列宁选集》第 4 卷，人民出版社 2012 年版，第 154 页。

创建了苏维埃这一政权组织形式，并用实践证明苏维埃是适合于俄国无产阶级专政的形式。

关于无产阶级专政的形式问题，列宁十分重视巴黎公社的经验。马克思在总结巴黎公社运动经验时曾指出，它是无产阶级取得政权后应该采取的形式，并强调，"公社是一个实干的而不是议会式的机构，它既是行政机关，同时也是立法机关。"① 然而，马克思的这一思想并未引起第二国际领导人的高度重视。考茨基（1854—1938）等机会主义者坚称"议会共和制"应当是无产阶级专政的政权组织形式，即认为俄国无产阶级政党应当通过与资产阶级开展议会斗争的形式逐步掌握国家政权。对此，列宁严厉批判了这种观点，认为考茨基没有真正理解资产阶级议会制和无产阶级民主制的区别，是对马克思思想的歪曲和误解。与考茨基所代表的"机会主义"观点不同，列宁积极肯定并高度评价了马克思关于巴黎公社类型的国家政权形式，认为"公社就是无产阶级革命打碎资产阶级国家机器的第一次尝试和'终于发现的'、可以而且应该用来代替已被打碎的国家机器的政治形式。"② 同时，列宁在总结俄国革命经验的基础上进一步丰富和发展了这一思想。

苏维埃作为一种新型的国家形式和国家类型，也是俄国革命实践的产物。在总结俄国革命经验的基础上，列宁进一步丰富和发展了苏维埃作为无产阶级专政形式的思想。苏维埃作为一种政权形式在俄国历史上最早是在1905年革命过程中由工人群众创立的。但列宁认为，"我国1905年的苏维埃，可以说只是腹内的胚胎，因为它们总共只存在了几个星期。显然，在当时的条件下根本谈不上苏维埃的全面发展。"③ 1917年俄国二月革命后，出现了工兵代表苏维埃这一与资产阶级临时政府并存的政权形式。对此，列宁一方面积极予以肯定，但同时又指出其局限性。在《致远方的信》、《四月提纲》、《论两个政权》等文章中列宁积极肯定和赞扬了工兵代表苏维埃这一政权，指出这一政权是无产阶级政权的萌芽形态，是真正代表广大人民利益的政权。"工人代表苏维埃是工人的组织，是工人政府的萌芽，是全体贫苦居民群众即十分之九的居民的利益的代表者，它正在努力争取和平、面包和自由。"④ 列宁强调工人代表苏维埃

① 《马克思恩格斯选集》第3卷，人民出版社2012年版，第98页。
② 《列宁选集》第3卷，人民出版社2012年版，第160页。
③ 《列宁全集》第32卷，人民出版社2017年版，第297页。
④ 《列宁选集》第3卷，人民出版社2012年版，第9页。

是革命政府唯一可能的形式，"这个政权和 1871 年的巴黎公社是同一类型的政权"①。然而，这一政权在列宁看来却由于孟什维克和社会革命党人的妥协而被"糟蹋"了。因此，"苏维埃只有在取得全部国家政权之后，才能真正发育起来，才能发挥自己全部的潜力和才能，否则就会无所作为，或者仍不过是个胚胎（而过久地作为胚胎存在是不可能的），或者成为一种玩物。"② 在这些思想指导下，列宁成功地领导工人起义，取得了十月革命的胜利，建立起了工农兵代表苏维埃的国家政权。在第二次全俄苏维埃代表大会上列宁向全国工人、士兵和农民庄严宣告："根据绝大多数工人、士兵和农民意志，依靠彼得格勒工人和卫戍部队所举行的胜利起义，代表大会已经把政权掌握在自己手里。"③ 列宁认为无产阶级掌握政权后必须打碎旧的国家机器，建立新的国家机构——苏维埃。"无产阶级不能'掌握''国家机构'并'使它运转起来'。但是，它能够打碎旧国家机构中一切具有压迫性的、因循守旧的、资产阶级的性质不可更改的东西，而用自己的新机构来代替它。这个机构就是工兵农代表苏维埃。"④

列宁关于建立苏维埃政权的思想，不仅是对马克思关于建立巴黎公社类型国家政权思想的进一步丰富和发展，而且这一思想直接引导俄国无产阶级和广大劳动群众建立起了真正属于自己的政权，确保了俄国革命的胜利。因此，列宁明确指出苏维埃是俄国无产阶级专政的最好形式。但是列宁并没有把苏维埃作为无产阶级专政的唯一形式，他强调每个国家和民族在向社会主义过渡时都会建立起带有本民族特点的国家政权组织形式，"苏维埃是无产阶级专政的俄国形式"。⑤ 十月革命前，列宁就指出，"一切民族都将走向社会主义，这是不可避免的，但是一切民族的走法却不会完全一样，在民主的这种或那种形式上，在无产阶级专政的这种或那种形态上，在社会生活各方面的社会主义改造的速度上，每个民族都会有自己的特点。"⑥ 十月革命胜利以后，列宁又一再向各国共产主义者指出，必须根据本民族的特点确定自己国家无产阶级革命的具体道路和政权的具体组织形式，不要一味照抄苏维埃

① 《列宁选集》第 3 卷，人民出版社 2012 年版，第 19 页。
② 《列宁选集》第 3 卷，人民出版社 2012 年版，第 296 页。
③ 《列宁选集》第 3 卷，人民出版社 2012 年版，第 338 页。
④ 《列宁选集》第 3 卷，人民出版社 2012 年版，第 294 页。
⑤ 《列宁选集》第 3 卷，人民出版社 2012 年版，第 615 页。
⑥ 《列宁选集》第 2 卷，人民出版社 2012 年版，第 777 页。

俄国的经验。列宁的这一思想突出强调了各国革命实践斗争的特殊性，对于指导各国共产党结合本国实际开展革命斗争、建立政权以及向社会主义过渡具有重要指导意义。

二、苏维埃国家政权是新型民主和新型专政的统一

列宁关于苏维埃国家政权实质的认识丰富多样，而又极具创造性。总体来看，按照列宁的理解，苏维埃国家的实质是新型的民主和新型的专政的统一。

苏维埃国家是新型的专政，即对剥削阶级的专政。十月革命后，资产阶级临时政府被推翻，代表广大劳动人民的苏维埃政权建立起来，但是资产阶级、地主阶级却并没有被彻底消灭，他们还在进行疯狂反抗，企图以各种形式破坏和颠覆苏维埃政权。因此，对这些阶级实行专政，镇压剥削阶级的反抗就显得尤为必要。正如列宁在《国家与革命》中所谈到的，无产阶级专政下还"要对压迫者、剥削者、资本家采取一系列剥夺自由的措施。为了使人类从雇佣奴隶制下面解放出来，我们必须镇压这些人，必须用强力粉碎他们的反抗，——显然，凡是实行镇压和使用暴力的地方，也就没有自由，没有民主。"[1] 并且，无产阶级专政和资产阶级专政有着根本区别。"无产阶级专政和资产阶级专政的区别，就在于无产阶级专政是打击占少数的剥削者以利于占多数的被剥削者，其次在于无产阶级专政不仅是由被剥削劳动群众——也是通过个人——来实现的，而且是由正是为了唤起和发动这些群众去从事历史创造活动而建立起来的组织（苏维埃组织就是这种组织）来实现的。"[2] 在苏维埃国家政权中，无产阶级对资产阶级实行专政的手段和方式就是要进行暴力革命。针对考茨基歪曲马克思无产阶级专政学说，试图取消暴力革命的错误言论，列宁明确指出，"无产阶级的革命专政是由无产阶级对资产阶级采用暴力手段来获得和维持的政权，是不受任何法律约束的政权。"[3] 这就表明无产阶级专政下，无产阶级对资产阶级采取的暴力革命不受法律约束，并且为了适应革命的需要，必要时还可

---

[1]　《列宁选集》第 3 卷，人民出版社 2012 年版，第 190 页。

[2]　《列宁选集》第 3 卷，人民出版社 2012 年版，第 500 页。

[3]　《列宁选集》第 3 卷，人民出版社 2012 年版，第 594—595 页。

以将法律修改或废除。

无产阶级专政是针对剥削阶级的反抗而采取的一种暴力手段，但不能把苏维埃政权仅仅与暴力等同起来，无产阶级专政主要不在于暴力。列宁在向刚刚取得政权的匈牙利工人阶级表示祝贺时指出，"必须采取严酷无情和迅速坚决的暴力手段来镇压剥削者即资本家、地主及其走狗的反抗。谁不了解这一点，谁就不是革命者，就应该取消他的无产阶级领袖或顾问的资格。"① 同时他又强调"无产阶级专政的实质不仅在于暴力，而且主要不在于暴力。它的主要实质在于劳动者的先进部队、先锋队、唯一领导者即无产阶级的组织性和纪律性。"② 苏维埃国家政权的建立是俄国由资本主义向社会主义过渡的一种政权形式，其目的是要从根本上消灭一切剥削和剥削阶级，使全体社会成员成为劳动者和生产资料的所有者，真正建成社会主义。然而，要实现这一目标仅仅依靠暴力手段是不够的，无产阶级先锋队作为领导者，其组织性和纪律性同样会影响或改变这一进程。

与此同时，苏维埃国家又实行新型的民主，即对无产阶级和广大劳动人民群众实行民主。在民主这一问题上，列宁首先对民主的阶级属性进行了深刻阐释。"民主和少数服从多数的原则不是一个东西。民主就是承认少数服从多数的国家，即一个阶级对另一个阶级、一部分居民对另一部分居民使用有系统的暴力的组织。"③ 因此，在列宁看来民主具有明显的阶级属性，是为特定阶级服务的，世界上不存在超阶级的、绝对的民主。其次，列宁对比了苏维埃国家政权下的民主与资本主义民主的区别，从而深刻揭露了资本主义民主的虚假性。在列宁看来，资本主义并非如其所言是"全民民主"，这种民主实质上只是资产阶级的专属，是代表少数人的、虚假的民主。"这种民主制度始终受到资本主义剥削制度狭窄框子的限制，因此它实质上始终是少数人的即只是有产阶级的、只是富人的民主制度。"④ 然而，苏维埃国家政权的建立第一次提供了广大人民享受的、大多数人享受的民主，这一国家制度下的民主是真正代表最广大人民群众利益的民主。"苏维埃制度是供工人和农民享受的最高限度的民主制，同时它又意味着与资产阶级民主制的决裂，意味着具有世界历史意义的新型民

---

① 《列宁选集》第 3 卷，人民出版社 2012 年版，第 835 页。
② 《列宁选集》第 3 卷，人民出版社 2012 年版，第 835 页。
③ 《列宁选集》第 3 卷，人民出版社 2012 年版，第 184 页。
④ 《列宁选集》第 3 卷，人民出版社 2012 年版，第 189 页。

主制即无产阶级民主制或无产阶级专政的产生。"[①] 可见，列宁并未否认苏维埃国家民主的阶级性，只不过这个民主是"人民这个大多数享有民主，对人民的剥削者、压迫者实行强力镇压，即把他们排斥于民主之外，——这就是民主在从资本主义向共产主义过渡时改变了的形态"[②]。

　　苏维埃国家的实质是由苏维埃国家的任务所决定的，这一新型国家政权主要存在着两方面任务：一方面要镇压剥削阶级的反抗，捍卫和巩固苏维埃国家政权；另一方面就是要组织和管理社会主义经济。正如列宁后来所讲到的，"要知道无产阶级专政决不只是推翻资产阶级或推翻地主，——一切革命都这样做过，——我们的无产阶级专政是要保证建立秩序、纪律，提高劳动生产率，实行计算和监督，建立比过去更巩固更坚强的无产阶级苏维埃政权。"[③]

　　随着苏维埃新型国家的建立，这两方面任务要求就已经存在，二者是同时并存、又相互联系和相互影响的。并且，伴随着苏维埃国家社会矛盾、民族矛盾的发展变化，这两方面任务所处的地位也在发生变化。特别是在苏维埃国家政权建立初期，面临来自国内资产阶级、地主阶级以及国际帝国主义的反抗、攻击和威胁，维护新生的国家政权就成为苏维埃国家的主要任务。只有这一任务得以完成和解决，才能为管理和发展国家经济扫除障碍，为向社会主义过渡提供保证。按照列宁的说法，"镇压剥削者反抗这个任务，在 1917 年 10 月 25 日到（大约）1918 年 2 月或者说到鲍加耶夫斯基投降这个时期中，已经大体上解决了。"[④] 然而，伴随着苏维埃国家政权面临的国际国内环境逐渐变得相对和平稳定，组织和发展社会主义经济这一任务就显得愈加突出。"现在我们应当管理俄国。目前时局的全部特点，全部困难，就是要了解从主要任务是说服人民和用武力镇压剥削者转到主要任务是管理这一过渡的特征。"[⑤] 并且，从长远来看，组织和发展社会主义经济这一任务更具有长期性、艰巨性，也是顺利实现苏维埃俄国向社会主义过渡，真正建成社会主义的重要保证。正如列宁在《苏维埃政权的当前任务》中所讲到的，"这是一项最困难的任务，因为这是要用新的方式去建立千百万人生活的最深刻的经济的基础。这也是一项最能收效

---

① 《列宁选集》第 4 卷，人民出版社 2012 年版，第 566 页。

② 《列宁选集》第 3 卷，人民出版社 2012 年版，第 191 页。

③ 《列宁全集》第 34 卷，人民出版社 2017 年版，第 242 页。

④ 《列宁选集》第 3 卷，人民出版社 2012 年版，第 477 页。

⑤ 《列宁选集》第 3 卷，人民出版社 2012 年版，第 477 页。

的任务,因为只有解决(大体上和基本上解决)这项任务以后,才可以说,俄国不仅成了苏维埃共和国,而且成了社会主义共和国。"① 按照马克思的理论,无产阶级在成功夺取国家政权、争得"民主"之后,只是完成了无产阶级革命的第一步。接下来,"无产阶级将利用自己的政治统治,一步一步地夺取资产阶级的全部资本,把一切生产工具集中在国家即组织成为统治阶级的无产阶级手里,并且尽可能快地增加生产力的总量。"②

由此可见,无产阶级专政的实质不仅仅是掌握政治权力上的统治权,更主要的是要依靠无产阶级政权建立社会主义经济制度,彻底根除阶级剥削,从而有效推动社会主义生产力的发展。因此,与以往阶级革命有所不同,无产阶级革命胜利后不是用一种剥削代替另一种剥削,而是要建立一种新型的社会主义的生产关系,这是一项全新的任务。并且,社会主义本身又是建立在高度发达的社会生产力基础之上的,对先进生产力有着较高要求。然而,这就使得建立在经济文化相对落后基础上的苏俄在生产力发展方面所面临的任务自然要艰巨得多。因此,正像列宁所说的那样,"我们建立了使被压迫劳动群众能够十分积极地参加独立建设新社会的新型的国家,即苏维埃类型的国家,这还只是解决了困难任务的一小部分。主要的困难是在经济方面:对产品的生产和分配实行最严格的普遍的计算和监督,提高劳动生产率,使生产在事实上社会化。"③

十月革命胜利后,苏维埃俄国在组织和发展社会主义经济方面主要采取了以下措施:第一,"剥夺剥夺者",主要表现为没收资本家的私人企业、土地等。对于这一点,列宁进一步从三个方面阐述了采取这一措施的原因:一是面对资产阶级的军事反抗必须采取军事镇压,二是由于当时还不能把管理的方法摆在首要地位来代替镇压的方法,三是因为"当时我们还不可能支配各种学术和技术领域的专家"④。第二,组织对产品生产和分配的全民计算和监督。在这方面,苏维埃俄国主要采取了实行银行国有化、垄断对外贸易、国家监督货币流通、征收财产税和所得税以及实行劳动义务制、建立消费合作社等具体措施。对产品的生产和分配实行全面的国家计算和监督具有重要意义,否则,"劳动

---

① 《列宁选集》第 3 卷,人民出版社 2012 年版,第 477 页。
② 《马克思恩格斯选集》第 1 卷,人民出版社 2012 年版,第 421 页。
③ 《列宁选集》第 3 卷,人民出版社 2012 年版,第 476 页。
④ 《列宁选集》第 3 卷,人民出版社 2012 年版,第 481 页。

者的政权、劳动者的自由就不能维持，重新受资本主义的压迫就不可避免"[1]。第三，提高生产率。"在任何社会主义革命中，当无产阶级夺取政权的任务解决以后，随着剥夺剥削者及镇压他们反抗的任务大体上和基本上解决，必然要把创造高于资本主义的社会结构的根本任务提到首要地位，这个根本任务就是：提高劳动生产率，因此（并且为此）就要有更高形式的劳动组织。"[2] 为提高劳动生产率，列宁还提出一些具体方法和措施，如提供物质资源保证、提高工人阶级教育水平、组织竞赛等。然而，后来由于国内战争的爆发和国外武装势力的阻挠，列宁关于如何开展社会主义经济建设的很多设想和措施未能全部得以贯彻实施。

三、工农联盟

十月革命前，俄国工人阶级就和农民建立了密切联系，并且在许多地方建立了工农苏维埃政权；十月革命过程中，俄国工人更是与农民开展军事合作，成功推翻了资产阶级的临时政府，建立了人类社会历史上第一个无产阶级专政的国家政权；这一国家政权建立以后，工农联盟进一步巩固，并且在维护新生政权、镇压剥削阶级反抗、抵御帝国主义侵略等方面都发挥了重要作用。

列宁十分重视工农联盟，并且从多角度阐明了工农联盟的必要性和重要性。一方面，俄国是一个经济发展相对落后、小农经济占明显优势的国家，工人阶级仅占人口的少数。这一客观情况就决定了无产阶级政党只有争得农民的支持，与农民合作建立巩固的工农联盟，苏维埃国家政权才能够得以确立和维护。因此，在苏维埃国家刚刚建立的时候，列宁曾就工人阶级同农民的联盟问题作了如下说明："这个联盟可以成为'真诚的联合'，真诚的联盟，因为雇佣工人和被剥削劳动农民的利益没有根本相悖的地方。社会主义完全能够满足两者的利益。而且只有社会主义才能满足他们的利益。因此，无产者同被剥削劳动农民之间的'真诚的联合'是可能的，也是必要的。"[3] 同时，列宁在《人民

---

[1]　《列宁选集》第 3 卷，人民出版社 2012 年版，第 487 页。

[2]　《列宁选集》第 3 卷，人民出版社 2012 年版，第 490 页。

[3]　《列宁选集》第 3 卷，人民出版社 2012 年版，第 360 页。

委员会工作报告》中指出，"在俄国，一个政权要能长期存在下去，就要有能力把工人阶级、大多数农民、一切被剥削劳动阶级团结成一支彼此密切联系的反对地主和资产阶级的力量。我们从来也不怀疑，只有像我们党纲中所说的工人同贫苦农民这些半无产者的联盟，才能包括俄国人口的大多数，才能保证政权有可靠的支持。"① 在后来的国内战争和反抗外来武装侵略的斗争中，实践再一次证明，工农联盟是唯一的不可战胜的联盟。

另一方面，工农联盟有助于苏维埃俄国向社会主义过渡。苏维埃国家政权建立以后立即开始规划和实施向社会主义过渡。如何改造小农经济、引导小农经济走上社会主义道路，更是布尔什维克党面临的和需要解决的重大问题。在向社会主义过渡中，列宁意识到在小农经济占据主导优势的国家不同于社会化大农业国家向社会主义过渡，因此，他强调工农联盟的重要性，尽量满足农民"土地平均使用"的愿望和要求，并且认为这种形式不仅不会危害社会主义农业，而且有利于苏维埃国家向社会主义的过渡。"土地平均使用不过是达到完全的社会主义的一种过渡办法……为了社会主义的胜利，它在选择这些过渡办法的时候，必须向被剥削劳动农民小农让步，因为这些办法不会危害社会主义事业。"②

此外，列宁还强调了工农联盟的特点和需要把握的原则。第一，工农联盟是无产阶级和农民、小资产阶级等非无产阶级之间的联盟，无产阶级是领导阶级，它广泛代表着劳动人民的根本利益。"无产阶级专政是劳动者的先锋队——无产阶级同人数众多的非无产阶级的劳动阶层（小资产阶级、小业主、农民、知识分子等等）或同他们的大多数结成的特种形式的阶级联盟"③。第二，工农联盟应当建立在经济联盟基础之上。十月革命的胜利以及苏维埃国家政权的建立，是与无产阶级和广大劳动农民建立的军事联盟分不开的。但是，只有军事联盟没有经济联盟，特别是如果不考虑和保证农民的经济利益，工农联盟将不会持久。因此，伴随着苏维埃国家的建立和向社会主义的过渡，工农联盟必须由军事联盟向经济联盟过渡，必须建立稳固的经济联盟。正如列宁后来所讲的，"在这个过渡时期，在农民占大多数的国家里，我们必须会采取从经济上满足农民要求的办法，采取尽量多的措施来改善农民的经济状况。"④ 而工人

---

① 《列宁选集》第 3 卷，人民出版社 2012 年版，第 401 页。

② 《列宁选集》第 3 卷，人民出版社 2012 年版，第 361 页。

③ 《列宁全集》第 36 卷，人民出版社 2017 年版，第 362—363 页。

④ 《列宁全集》第 41 卷，人民出版社 2017 年版，第 23 页。

和农民之间经济联盟的基础就是工人用工业产品同农民的农业产品相交换，即"当时农民从工人国家那里得到了全部土地和免遭地主富农蹂躏的保障；工人则在大工业恢复以前从农民那里借到了粮食"①。这样一来，社会主义大工业便与小农经济相联系、相结合。其实质是小农经济向社会主义经济过渡的一种形式，这种形式符合了苏维埃俄国农业生产现状，是列宁向社会主义过渡的积极探索。第三，列宁后来还进一步将维护工农联盟作为无产阶级专政的最高原则。正如其在共产国际第三次代表大会上所谈到的，无产阶级专政的"最高原则就是维护无产阶级同农民的联盟，使无产阶级能够保持领导作用和国家政权"②。

第三节 列宁对社会主义新型民主建设的探索

无产阶级专政的国家政权建立以后，列宁及其领导的布尔什维克政党开始逐步探索新型社会主义国家的民主建设问题。苏维埃政权建立初期，在复杂的国际国内社会背景下，列宁对社会主义民主建设进行了一系列有益探索。这一探索不仅是对马克思主义理论的继承和发展，也是对整个人类民主政治思想的推动和创新。尽管由于各种原因，列宁关于社会主义民主建设的初步探索还不成熟、不完善，但这一探索却对落后国家进行社会主义民主建设提供了参考和借鉴。

一、社会主义民主建设的道路

没有民主就没有社会主义，民主是社会主义的本质特征和要求，这是列宁在十月革命前反复强调的观点。十月革命后，在坚持马克思主义无产阶级专政理论的基础上，列宁结合俄国实际特点，对社会主义民主建设进行了积极探索。

---

① 《列宁选集》第 4 卷，人民出版社 2012 年版，第 540 页。
② 《列宁全集》第 42 卷，人民出版社 2017 年版，第 54—55 页。

然而，列宁社会主义民主建设正确形式和途径的探索却经历了一个曲折的过程。

关于社会主义民主应当采取什么样的形式，巴黎公社的经验得到了列宁的大力推崇。作为世界上第一个社会主义政权，巴黎公社开创了人民直接管理国家的制度先河。马克思和恩格斯也对这一制度给予了高度肯定，认为巴黎公社"实现了所有资产阶级革命都提出的廉价政府这一口号，因为它取消了两个最大的开支项目，即常备军和国家官吏"。公职已经不再是个人私有物，而是"真正工人的职务"。① 列宁十分推崇巴黎公社的经验，认为巴黎公社是一种新型的民主、真正的民主，它充分体现了劳动人民直接管理国家的本质特点。以巴黎公社为参考依据，列宁在苏维埃国家政权建立初期积极倡导推行巴黎公社类型的直接民主。这一时期的直接民主表现出以下特点：

第一，劳动人民直接管理国家。列宁认为，苏维埃国家政权是一种从根本上广泛代表劳动人民意志并由劳动人民直接管理国家的新型民主形式。苏维埃是国家最高权力机关，掌握着立法权、任免权、监督权等。"其基本标志是：（1）权力的来源不是议会预先讨论和通过的法律，而是来自下面地方上人民群众的直接的创举……（2）……在这种政权下，国家的秩序由武装的工农自己，即武装的人民自己来维持；（3）官吏，官僚，或者也由人民自己的直接政权取代，或者至少要接受特别的监督"②，由人民选举产生又可被人民撤换。由此可见，在苏维埃国家政权下，广大劳动人民享有充分的民主权利，可以直接管理国家。一方面，劳动人民享有选举权。苏维埃或其他代表均由人民直接选举产生，对人民负责。"一切官吏应由选举产生，并且可以随时撤换，他们的薪金不得超过熟练工人的平均工资。"③ 另一方面，劳动人民享有罢免权。"任何由选举产生的机关或代表会议，只有承认和实行选举人对代表的罢免权，才能被认为是真正民主的和确实代表人民意志的机关。"④ 并且，劳动人民享有监督权。由人民直接选举产生的苏维埃或其他机关代表，受人民监督。"现在我们愈是要坚决主张有绝对强硬的政权，主张在一定的工作过程中，在履行纯粹执行的职能的一定时期实行个人独裁，就愈是要有多种多样的自下而上的监督形式和方法，以便消除苏维埃政权的一切可能发生的弊病，反复地不倦地铲除官僚主义的莠

---

① 《马克思恩格斯选集》第 3 卷，人民出版社 2012 年版，第 101、142 页。
② 《列宁选集》第 3 卷，人民出版社 2012 年版，第 19—20 页。
③ 《列宁选集》第 3 卷，人民出版社 2012 年版，第 15 页。
④ 《列宁全集》第 33 卷，人民出版社 2017 年版，第 106 页。

草。"① 由此可见，这一时期的苏维埃掌握着大量国家权力，在整个权力体系中居于最高地位，体现着"一切权力归苏维埃"的原则。并且，为促使劳动人民直接管理国家，列宁还提出苏维埃高于政党。"苏维埃政权既不是遵照谁的指令，也不是根据哪个政党的决议建立的，因为它高于各政党。"② 党必须通过苏维埃机关，在苏维埃宪法的范围内实行自己的决定。党要努力领导苏维埃的活动，但不能取而代之。因此，在人民直接管理国家思想指导下，尽管布尔什维克政党是苏维埃政权的领导力量，但苏维埃权力要高于政党权力。

第二，工人直接管理生产。苏维埃国家政权建立后，在经济领域列宁倡导企业生产由工人监督，进而向工人直接管理过渡。在《工人监督条例草案》中，列宁明确指出在企业中由工人或工人选举产生的委员会直接管理生产，工人或工厂委员会作出的决定，企业主必须服从，工人有权监督整个生产和流通等。"在工人和职员（共计）人数不少于 5 人，或年周转额不少于 1 万卢布的一切工业、商业、银行、农业等企业中，对一切产品和原材料的生产、储藏和买卖事宜应实行工人监督。"③"企业较小，可由全体工人和职员直接实行工人监督者，则直接实行，否则，通过他们选出的代表实行，代表应立即在全体大会上选出，作出选举记录，并将当选人名单报告政府和当地工兵农代表苏维埃。"④ 在工人直接管理生产的思想指导下，列宁非常重视发挥工会的作用，进一步提出"工会国家化"的主张，力图使工会直接管理经济。正如他后来讲到的"工会必定要国家化，工会必定要和国家政权机关合并起来，建设大生产的任务必定要完全转到工会的手里"⑤。

苏维埃国家政权成立初期，列宁关于人民自治、人民直接管理国家思想的尝试，是对社会主义民主建设的积极探索。一些主张和措施虽然还很不成熟、不完备，但却饱含着直接民主的萌芽和雏形。"在吸收工人和贫苦农民参加国家管理方面，苏维埃共和国过去几个月所做的事情，是世界上任何一个国家连十分之一也没有做到的。"⑥

---

① 《列宁选集》第 3 卷，人民出版社 2012 年版，第 506—507 页。
② 《列宁全集》第 33 卷，人民出版社 2017 年版，第 309 页。
③ 《列宁选集》第 3 卷，人民出版社 2012 年版，第 353 页。
④ 《列宁选集》第 3 卷，人民出版社 2012 年版，第 353 页。
⑤ 《列宁全集》第 35 卷，人民出版社 2017 年版，第 438 页。
⑥ 《列宁选集》第 3 卷，人民出版社 2012 年版，第 771 页。

二、社会主义民主建设初步探索的意义

列宁关于社会主义民主建设的初步探索具有重要的理论意义和实践价值。这一探索不仅是对马克思主义民主政治理论的继承和创新性发展，而且是对资产阶级民主的真正超越。同时，这一探索又是对俄国这样的经济文化落后国家社会主义民主建设的有益尝试，对其他类似国家开展社会主义民主建设提供了重要启示。具体来说，列宁这一民主思想主要在以下方面产生了重要意义。

首先，从马克思主义理论发展史层面来看，列宁这一民主设想既根源于马克思主义关于社会主义民主建设的思想，又是结合苏联实际国情对马克思主义作出的进一步发展。马克思恩格斯从历史唯物主义理论出发，对资本主义民主政治进行了深刻批判，揭露了资本主义民主制度的虚假性、欺骗性。他们对建立在公有制基础上的社会主义民主给予了积极肯定。然而，关于社会主义国家的民主具体应当采取什么样的形式，他们并没有给以明确说明。正如列宁指出的，"无产阶级组织成为统治阶级会采取什么样的具体形式，究竟怎样才能组织得同最完全最彻底地'争得民主'这点相适应，对于这个问题，马克思并没有陷于空想，而是期待群众运动的经验来解答。"① 列宁及其领导的布尔什维克政党在坚持马克思主义民主理论的基础上，在世界第一次成功建立了无产阶级专政的国家政权，这就为社会主义民主的实现创造了根本前提。并且，十月革命胜利后，在带领苏维埃人民向社会主义过渡的过程中，列宁又对社会主义民主的实现形式进行了初步探索，逐渐形成了对社会主义民主建设的具体认识。在社会主义国家应当采取什么样的民主形式方面，列宁十分推崇巴黎公社的经验。巴黎公社作为世界上第一个苏维埃政权，其成立后创建了无产阶级民主政治的新形式。马克思对其进行了积极肯定和高度评价，指出"公社是一个实干的而不是议会式的机构，它既是行政机关，同时也是立法机关。"② 十月革命胜利初期，列宁在借鉴巴黎公社经验的基础上，最初尝试实行了广大劳动者直接参与国家管理的民主形式。尽管这一民主形式还很不成熟、很不完善，但它却是社会主义民主的本质体现，也是对马克思主义民主政治理论设想的真正实践。

---

① 《列宁选集》第 3 卷，人民出版社 2012 年版，第 146 页。
② 《马克思恩格斯选集》第 3 卷，人民出版社 2012 年版，第 98 页。

其次，从整个人类民主政治思想和实践发展的历程来看，列宁对社会主义民主建设的初步探索不仅是对古希腊直接民主制度的超越，而且是对资本主义民主制度的超越。直接民主最早应用于古希腊民主政治特别是雅典民主政治中。在雅典民主制度下，公民通过选举投票的方式直接参与行政官吏的产生以及重大问题决策，体现了"主权在民"、"法律至上"的原则。然而，这里的公民是不包括奴隶和平民在内的，并且这种民主制度由于缺乏完善的制度设计，国家权力常常被少数精英所操纵，并不能真正体现和反映民意。直接民主的思想不仅在古代社会，而且在近代社会仍然备受推崇，尤以卢梭（1712—1778）提出的直接民主理论和制度设计最为典型和完备。卢梭反对代议制，倡导人民的主权不可代替、不可转让、不可分割，主张通过召开全体公民大会的方式选举国家官吏、制定法律等。卢梭的理论反映了广大民众对民主的美好向往，也是对资产阶级虚假民主的有力批判和鞭挞。然而，卢梭的直接民主理论仍然有其无法克服的弊端和局限，并且他所设想的实行直接民主制的小国寡民的民主共和国在实践上几乎难以寻找到合适的土壤，因而其理论又充满了理想主义色彩。

进入近代社会，代议制成为资产阶级民主普遍采用的民主制度形式。对此，列宁不仅阐释了资本主义民主的本质，而且批判了资产阶级议会民主制的虚假性。列宁强调，民主作为一种国家制度，从更根本来讲是由特定的社会经济基础决定的。资本主义私有制的经济基础从根本上决定了资产阶级民主的狭隘性和局限性，即它是为资产阶级这一个特殊阶级服务的。"极少数人享受民主，富人享受民主，——这就是资本主义社会的民主制度。"[①]并且，列宁指出，尽管资产阶级民主制度对于封建社会的君主专制制度来讲无疑有着显著的历史进步性，然而，资产阶级民主并非是绝对的、"真正"的民主。表面看来，资本主义社会的议会民主制度似乎十分公平、民主，其实质无非是在资产阶级内部进行的权力划分，是对广大劳动群众的愚弄和欺骗。"如果仔细地考察一下资本主义民主的结构，那么无论在选举权的一些'微小的'（似乎是微小的）细节上（居住年限、妇女被排斥等等），或是在代表机构的办事手续上，或是在行使集会权的实际障碍上（公共建筑物不准'叫化子'使用），或是在纯粹资本主义的办报原则上，等等，到处都可以看到对民主制度的重重限制。"[②]与

① 《列宁选集》第 3 卷，人民出版社 2012 年版，第 189 页。
② 《列宁选集》第 3 卷，人民出版社 2012 年版，第 189—190 页。

资产阶级议会制民主不同，社会主义民主才是真正的多数人享有的民主。这主要是由于，社会主义民主植根于生产资料公有制基础之上，这一经济制度从根本上确保了社会主义民主的真实性、广泛性。另外，对于如何对待议会制问题，列宁强调，资产阶级议会制虽然具有阶级局限性和虚假性，但是，社会主义民主却可以采取代表机构和选举制的民主形式。"摆脱议会制的出路，当然不在于取消代表机构和选举制，而在于把代表机构由清谈馆变为'实干的'机构。"① 对此，列宁还批判了普列汉诺夫（1856—1918）和考茨基等人不懂得革命的辩证法，不懂得如何利用资产阶级议会这个"畜圈"。正是基于对资产阶级议会制的辩证认识，才促使列宁后来强调在经济文化落后国家要加强无产阶级政党代表人民管理国家的重要性。

另外，从苏维埃俄国社会主义民主建设实践来看，列宁关于社会主义民主建设的初步探索不仅为本国民主政治建设积累了经验教训，也为其他国家开展社会主义民主建设带来了重要启示。基于俄国落后的经济文化现状以及当时残酷的国际国内环境，列宁关于直接民主的尝试在建国初期尽管发挥了一定积极作用，但其缺陷和弊端也日益凸显。这一客观事实促使列宁后来放弃了直接民主的设想，继而转向党代表人民进行管理的间接民主制。列宁指出，苏维埃社会主义民主是一种新型的民主，是从根本上保证广大人民群众利益、体现人民意志的国家制度。然而，如何管理好国家，如何建设好社会主义民主，又是需要较高的文化水平来支撑的。因此，在文化水平较为落后的俄国建立起来的社会主义国家，要想使全体人民共同来直接管理国家，显然不符合这一要求，是不切实际的。正如后来列宁所指出的，"直到今天我们还没有达到使劳动群众能够参加管理的地步，因为除了法律，还要有文化水平，而你是不能使它服从任何法律的。由于文化水平这样低，苏维埃虽然按党纲规定是通过劳动者来实行管理的机关，而实际上却是通过无产阶级先进阶层来为劳动者实行管理而不是通过劳动群众来实行管理的机关。"② 因此，后来列宁反复强调无产阶级政党在国家政权中的领导作用，并且无产阶级政党只有始终保持其先进性才能实现对无产阶级以及整个国家的领导。由此可见，正是在总结本国社会主义民主建设的实践经验基础上，列宁进一步丰富和发展了社会主义民主建设理论。列宁

---

① 《列宁选集》第 3 卷，人民出版社 2012 年版，第 151 页。

② 《列宁选集》第 3 卷，人民出版社 2012 年版，第 770 页。

这一理论思想主要是针对经济文化落后的社会主义国家进行的探索，这一探索更为指导这些国家开展社会主义民主建设提供了有益参考和借鉴。

总之，列宁关于社会主义民主建设的探索有着重要意义。这一思想将社会主义民主植根于公有制的经济基础之上，确保了社会主义国家广大人民享受民主的真实性、可靠性，更是对虚伪、狭隘的资产阶级民主的超越。同时，列宁这一探索又是在经济文化相对落后的社会主义国家进行的一次有益尝试，这一民主实践不仅为本国也为其他社会主义国家开展民主政治建设带来了重要启示。

第四节　利用国家资本主义向社会主义过渡的初步探索

十月革命胜利后，如何使小农生产占优势的经济落后的国家向社会主义过渡成为新生的苏维埃政权面临的重大任务和考验。马克思恩格斯关于社会主义的设想主要是根据当时发达资本主义国家的情况提出来的，而对于经济落后国家如何实现社会主义过渡则论述得较少。对此，列宁及其领导的布尔什维克党在极端艰难的条件下进行了积极探索和实践。列宁关于如何认识小农生产的地位和作用、采取什么样的土地政策以及如何认识和对待国家资本主义等思想理论，在很大程度上丰富和发展了马克思恩格斯关于如何向社会主义过渡的认识，而且对于指导经济落后国家如何实现向社会主义过渡具有重要意义。

一、无产阶级革命之后的土地政策

无产阶级革命胜利后，如何解决广大农民关心的土地问题成为列宁和苏维埃政府迫切需要解决的问题。然而，俄国小农经济占优势的客观情况使这一问题变得更加复杂和具有挑战性，如何处理与农民的关系，如何使小农经济向社会主义过渡，成为苏俄社会主义建设的关键。对这一问题列宁进行了积极探索，在不同时期先后采取了不同的政策。

1917 年 11 月 26 日，十月革命胜利后的第二天，全俄工兵代表苏维埃第二次代表大会正式通过了《土地法令》，并以所附的《农民的土地问题委托书》作为解决当时土地问题的指南。这一法令规定永远废除地主土地私有制，一切土地包括皇族的、皇室的、寺院的、教会的、工厂占有的、长子继承的、私有的、公共的和农民等等的土地全部收归国有并一律无偿转让给农民使用。① 并且，该法令规定土地按照平均分配的原则分配给农民。"土地应当平均使用，即根据当地条件，按劳动土地份额或消费土地份额把土地分配给劳动者。"② 随后，1918 年 2 月颁布的《土地社会化基本法》进一步对这个问题作了更加详细的说明，"劳动人民中的土地分配应该按照平均—劳动原则进行，根据各地区历史上形成的土地使用制度，使消费—劳动用地定额不超过每个农户现有的人力的劳动能力，同时，又能保证农民家庭的生活无贫穷之虞。"③ 由此可见，十月革命后苏俄在土地政策上采取了废除地主土地所有制，实行土地国有化，将土地无偿转交给农民，实行平均分配的原则。然而，这一思想是根据社会革命党人及其拟定的《农民的土地问题委托书》制定的，并非完全符合布尔什维克关于土地政策的一贯主张。

十月革命前，列宁关于土地政策及如何分配土地的思想集中体现在以下四个方面：第一，废除地主土地所有制，一切土地应由人民共同所有。这一思想作为布尔什维克党关于解决土地问题的核心主张和指导思想，在《四月提纲》、《全俄农民第一次代表大会文献》等文章中反复得以强调和突出。列宁指出，"我们应当要求全部土地国有化，就是说，把全国一切土地收归国家中央政权所有。"④"土地私有制应该根本废除，即全部土地的所有权只应属于全体人民。土地应该由地方民主机关来支配。"⑤ 第二，苏维埃政权是实现农民土地要求的政治保证。二月革命后，代表资产阶级利益的政权组织虽然承诺土地归农民使用，但在实际中迟迟未予以实施并采取各种手段欺骗农民。对此，列宁强调只

① 参见《列宁选集》第 3 卷，人民出版社 2012 年版，第 349 页。

② 《列宁选集》第 3 卷，人民出版社 2012 年版，第 350 页。

③ 《苏联共产党和苏联政府经济问题决议汇编》第 1 卷，中国人民大学出版社 1984 年版，第 29 页。

④ 《列宁选集》第 3 卷，人民出版社 2012 年版，第 51 页。

⑤ 《列宁选集》第 3 卷，人民出版社 2012 年版，第 72 页。

有建立起工兵农代表苏维埃的国家政权，才能真正保证农民的利益，才能从根本上废除土地私有制让农民无偿使用土地。"国家政权由工兵农等等代表苏维埃掌握，对国家的管理不是通过警察、官吏和脱离人民的常备军，而是通过全民的、工农都参加的武装民兵，只有那样，才能保证实现全体农民所要求的上述的土地改革。"[①]第三，在土地所有权上，主张实行土地国有化，反对农民对土地的私人占有。在《全俄农民第一次代表会议》中，列宁反复强调，"全部土地应该归全体人民所有。从这里可以看出，我们主张立即把地主的土地无偿地交给当地农民，但决不赞成把这些土地夺过来变成私有财产，决不赞成把这些土地分掉。"[②]"让他知道，他拿到手的将不是他自己的土地，但也不是地主的土地，而是全体人民的土地"[③]。第四，在土地的使用方式上，主张由国家将土地转租给农民，反对对土地进行分配。"每个人都从国家那里租得土地；全国的政权，全体工人和农民的政权建立起来了；农民作为租地者从这个政权那里租得土地；国家和农民之间没有任何中间人；任何人都根据平等的原则租得土地。这就是自由土地上的自由劳动。"[④]"占用还不是占有。占用是一种暂时的措施，它年年在变化。租得一小块土地的农民不能说土地是他的。土地不是他的，也不是地主的，而是人民的。"[⑤]

显然，十月革命后苏俄实行的平均分配土地的政策与列宁领导的布尔什维克党关于土地问题的一贯主张原则不尽相同，那为什么列宁还要坚持这一政策呢？在列宁看来，实行这一政策有着多方面的必要性和重要性。第一，苏维埃政府应当尊重农民的意愿。正如列宁所说的，"我们既是民主政府，就不能漠视下层人民群众的决定，即使我们并不同意。"[⑥]"实际生活是最好的教师，它会指明谁是正确的；就让农民从这一头，而我们从另一头来解决这个问题吧。……我们应当跟随着实际生活前进，我们应当让人民群众享有发挥创造精神的充分自由。"[⑦]第二，这一政策与布尔什维克的土地主张有共同之处。土地

---

① 《列宁选集》第 3 卷，人民出版社 2012 年版，第 73 页。
② 《列宁全集》第 30 卷，人民出版社 2017 年版，第 139 页。
③ 《列宁全集》第 30 卷，人民出版社 2017 年版，第 143 页。
④ 《列宁全集》第 30 卷，人民出版社 2017 年版，第 150 页。
⑤ 《列宁全集》第 30 卷，人民出版社 2017 年版，第 148 页。
⑥ 《列宁选集》第 3 卷，人民出版社 2012 年版，第 351 页。
⑦ 《列宁选集》第 3 卷，人民出版社 2012 年版，第 351 页。

法令规定的废除地主土地所有制，一切土地应为全民共同财产的思想实质与列宁主张土地国有化的一贯主张是一致的，只是在土地分配的具体形式上有所不同，即是把土地直接平均分配给农民还是由国家转租给农民，在列宁看来这不是不可逾越的障碍。正如列宁所说，"至于究竟是按照我们的方式，还是按照社会革命党人纲领所规定的方式，并不是问题的实质。问题的实质在于使农民坚信农村中再不会有地主了，一切问题将由农民自己来解决，他们的生活将由他们自己来安排。"① 第三，有利于建立巩固的工农联盟。列宁历来十分重视工农联盟，农民占据人口优势的客观情况以及反对资产阶级、维护新生的苏维埃国家政权的政治需要，使得列宁充分意识到建立工农联盟的重要性。而只有保证农民的物质利益，满足农民对土地的渴望才可以从根本上巩固这一联盟。因此，在面对布尔什维克党将在立宪会议中关于农民平均分配土地的主张采取什么态度时，列宁坚定地回答道，"在实行了工人监督和银行国有化等等措施、社会主义事业有了保障的情况下，无产阶级政党为了工人同被剥削劳动农民的联盟，必须投票赞成农民，反对资产阶级。"② 第四，实现向社会主义过渡的需要。列宁强调平均使用土地无非是达到社会主义的一种过渡办法，因为在小农经济占优势的国家向社会主义过渡不同于大农业国家，前者需要采取一些迂回、曲折的过渡形式和办法。特别是在无产阶级已经掌握政权的条件下，只要农民提出的这些办法不危害社会主义事业，就应当得到尊重或是采用，工人阶级就应当作出让步。对此，列宁明确指出："在社会主义和资本主义之间，有一个无产阶级专政的漫长的、比较困难的过渡时期；这个时期的形式，在很多方面将取决于占优势的是小私有制还是大私有制，是小农业还是大农业。……每一个觉悟的社会主义者都说，不能强迫农民接受社会主义，而只能靠榜样的力量，靠农民群众对日常实际生活的认识。"③ 所以，列宁进一步指出："在社会主义胜利的条件下（对工厂实行工人监督，接着是剥夺这些工厂，实现银行国有化，建立调节国内整个国民经济的最高经济委员会），工人们必须同意被剥削劳动农民小农提出的过渡办法，只要这些办法不危害社会主义事业。"④

总之，无产阶级国家政权建立后，布尔什维克政党在土地政策上采取了妥

---

① 《列宁选集》第 3 卷，人民出版社 2012 年版，第 352 页。
② 《列宁选集》第 3 卷，人民出版社 2012 年版，第 361—362 页。
③ 《列宁选集》第 3 卷，人民出版社 2012 年版，第 402—403 页。
④ 《列宁选集》第 3 卷，人民出版社 2012 年版，第 361 页。

协政策。平均分配的土地政策导致了农民对土地的私人占有，这实质与社会主义农业集体化的原则是不相符的。但在列宁看来这只是暂时的，是小农国家向社会主义过渡的形式，其最终目标是为了实现社会主义。因此，这一时期列宁对小农经济的态度还是比较谨慎的。

然而，随着国内形势的变化发展，以及在加快向社会主义农业过渡思想的指导下，列宁对农村土地政策又有了新的认识并采取了新的政策。这是由于，一方面，在严峻的战争形势下，苏俄农村社会阶层分化严重，富农阶层与资产阶级联合发动了反革命暴动，严重威胁着农业生产和苏维埃政权；另一方面，在加快向社会主义过渡思想指导下，列宁及其代表的布尔什维克党急于利用战争造成的形势对小农经济进行集体化改造，从而消灭小农经济。因此，在战时共产主义时期，为了镇压反革命叛乱维护农村稳定，保证粮食供应，以及加快农业向社会主义过渡，列宁提出要对农业进行集体化改造，实行共耕制的政策。

共耕制问题列宁最早是在 1918 年 11 月的《中部各省贫苦农民委员会代表会议上的讲话》中提出的，他讲道："分地只在开始的时候是好的。它是要表明土地从地主手里转到农民手里。但这是不够的。只有实行共耕制才是出路。"[1]"公社、劳动组合耕种制、农民协作社，——这就是摆脱小经济的弊病的出路，这就是振兴农业，改进农业，节省人力以及同富农、寄生虫和剥削者作斗争的手段。"[2] 此后，列宁进一步强调共耕制的重要性，认为"只有共耕制才是一条真正可靠、真正能使农民群众更快地过上文明生活、真正能使他们同其他公民处在平等地位的出路，而苏维埃政权现在正竭力通过渐进的办法一步一步地来实现这个共耕制"[3]。1919 年 12 月 4 日，在农业公社和农业劳动组合的第一次代表大会上，列宁再一次阐释了实行共耕制的重要意义。"掌握国家政权的工人阶级，只有在事实上向农民表明了公共的、集体的、共耕的、劳动组合的耕作的优越性，只有用共耕的、劳动组合的经济帮助了农民，才能真正向农民证明自己正确，才能真正可靠地把千百万农民群众吸引到自己方面来。"[4]

---

① 《列宁全集》第 35 卷，人民出版社 2017 年版，第 174 页。
② 《列宁全集》第 35 卷，人民出版社 2017 年版，第 174 页。
③ 《列宁全集》第 35 卷，人民出版社 2017 年版，第 357 页。
④ 《列宁选集》第 4 卷，人民出版社 2012 年版，第 81 页。

从实质来看，列宁倡导的共耕制不同于农民土地所有制，其实质是引导个体农业经济走上社会主义集体农业经济的一种路径尝试。共耕制主要有以下几方面的特征：一是在土地所有权方面，土地不是农民个人私人占有而是为集体共同所有，并且牲畜、农具等生产资料也归集体共同所有。二是在土地经营方式上，不是一家一户的个体经营，而是实行共同耕作、集体劳动的方式。三是在分配方式上，实行统一分配。这一时期，苏俄的农业共耕制主要采取了农业公社、农业劳动组合和共耕社（统称为集体农庄）的组织形式，这些形式是小农经济向社会主义集体农业过渡的形式，它们分别从不同程度上反映和体现了社会主义农业的性质和特点。

与此同时，列宁也意识到在小农经济占优势的国家向社会主义农业过渡具有长期性和艰难性，因此他强调不能急于过渡。正如其所讲到的，"这类变革，即实现由个体小农经济到共耕制的过渡，显然需要很长时间，绝对不可能一蹴而就。我们深深知道，在小农经济的国家中，不经过一系列渐进的预备阶段，要过渡到社会主义是不可能的。"[1] 然而，从实际来看，列宁提倡的共耕制在后来的实践中并没有被广大农民群众所认可和接受，也没有真正发展起来。其主要原因是由于在小农经济长期占据主导地位和优势的国家，传统的生产经营习惯和思维方式难以在一时改变。对于农民来讲，放弃土地个人所有，实行生产资料共同所有、集体劳动、产品平均分配的共耕制意味着自身权利和生产自由的丧失。因此，这一时期列宁关于实行共耕制的土地政策并没有达到预期的效果，反而还在一定程度上损害了农民的物质利益，破坏了农业劳动生产力。后来列宁在总结这一时期农业社会主义改造的经验教训时指出，"集体农庄的问题并非当务之急"，个体农民的现状决定我们"现在还不能设想向社会主义和集体化过渡"[2]。

国内战争结束后，在总结实践经验教训的基础上，列宁逐渐放弃了对农业的集体化改造，转而开始探索更加适合小农经济的形式和方法。列宁逐渐认识到，在小农占人口多数的国家，要改造他们的生产和经营方式，引导其向社会主义转变绝不是一蹴而就的，必须采取特殊的过渡形式和方法。正如列宁在俄共（布）十大上所说的，"毫无疑问，在一个小农生产者占人口大多数的国家里，实行社会主义革命必须通过一系列特殊的过渡办法，这些办法在工农业

---

① 《列宁全集》第 35 卷，人民出版社 2017 年版，第 352 页。
② 《列宁全集》第 40 卷，人民出版社 2017 年版，第 180 页。

雇佣工人占大多数的发达的资本主义国家里，是完全不需要采用的。"[1]这一时期，列宁对小农经济的态度和政策发生转变，由过去的试图限制、消灭到扶持、促进，并开始探索更加适合小农经济的形式。这就是后来实施的新经济政策。伴随着新经济政策的实施，列宁对农村土地政策也进行了相应调整，即在保持土地国有化的情况下，允许农民占有和使用土地，给予其一定的经营自由。1921年，这一土地政策及其基本原则在联共（布）十一大正式得以确立："（一）毫不动摇地保持土地国有化；（二）巩固农民的土地使用权；（三）给农村居民以选择土地使用形式的自由；（四）创造正确经营和发展农业所必需的一切条件。"[2]

因此，无产阶级革命胜利后，列宁及其领导的布尔什维克党在不同时期采取了不同的土地政策。这一政策的变化既由当时苏俄面临的客观形势所导致，同时也是由列宁等人对小农经济的认识、对小农经济占主导地位的相对落后国家如何向社会主义过渡这一认识的变化引发的。列宁在这方面进行了积极的、迂回的探索，然而，这一探索是有益的，它使得布尔什维克政党逐渐认识、摸清了本国社会主义经济发展的规律，并且也为其他经济落后国家提供了有益借鉴。

二、利用国家资本主义向社会主义过渡

国家资本主义是列宁关于社会主义建设理论的重要组成部分，也是其在实践中探索到的经济落后国家向社会主义过渡的宝贵经验。然而，列宁对国家资本主义的认识却经历了一个复杂的演变过程，即从十月革命前的重视、到战时共产主义时期的否定和抛弃、再到新经济政策时期的重新肯定。这一认识演变表明列宁领导的布尔什维克政党对于社会主义过渡经济的认识逐渐走向成熟，最终为苏俄这样的经济文化落后的小农国家过渡到社会主义找到了一条正确的道路。

十月革命前，列宁在《四月提纲》、《大难临头，出路何在》等文章中重点

---

① 《列宁选集》第4卷，人民出版社2012年版，第444—445页。

② 《苏联共产党代表大会、代表会议和中央全会决议汇编》第2分册，人民出版社1964年版，第139页。

论述了国家资本主义在社会主义过渡中的重要性。列宁认为，国家资本主义是一种向社会主义过渡的重要办法。比如，推行土地、银行等国有化决不是"实施"社会主义，这些措施只是走向社会主义的步骤，是一种过渡办法。因为实行银行和辛迪加国有化决不会没收任何一个产权人的戈比，它不等同于没收私有财产。而这样做的意义在于，只有实行银行和辛迪加国有化才能真正实现对大量资金以及重要产品生产和分配的监督，才能做到调节经济生活，为广大人民群众、为社会主义经济服务。因此，列宁总结道，"真正革命民主国家中的国家垄断资本主义，必然会是走向社会主义的一个或一些步骤！"[①]"因为社会主义无非是从国家资本主义垄断再向前跨进一步。换句话说，社会主义无非是变得有利于全体人民的国家资本主义垄断，就这一点来说，国家资本主义垄断也就不再是资本主义垄断了。"[②]列宁这些论述清楚地阐释了无产阶级掌握政权下国家垄断资本主义与社会主义的关系，即国家垄断资本主义不同于一般的资本主义，它是与社会主义国家相联系、有利于全体人民的经济形式，是向社会主义过渡的前奏。"因为社会主义无非是从国家资本主义垄断再向前跨进一步。……国家垄断资本主义是社会主义的最充分的物质准备，是社会主义的前阶，是历史阶梯上的一级，在这一级和叫做社会主义的那一级之间，没有任何中间级。"[③]总之，列宁上述思想认识，对于十月革命胜利后在无产阶级掌握政权的条件下，如何利用国家资本主义向社会主义过渡具有极其重要的指导意义。

无产阶级专政的国家政权确立以后，列宁不仅进一步探索了国家资本主义的各种实践形式，而且从理论上系统阐释了社会主义国家发展国家资本主义的重要性。一方面，列宁积极探索国家资本主义的各种形式。在农业生产方面，在废除地主土地所有制后，实行粮食垄断，加强对农产品的管理和控制；并尝试通过合作社的形式联系、监督小农生产，试图借此引导小农生产过渡到社会主义经济轨道。在工业生产方面，对大银行和重要经济部门实行国有化政策，颁布实施工人监督管理条例，加强工人对中小型私人企业的监督和管理，进而实现国家统一社会生产和分配。与此同时，列宁还曾尝试通过租让制的形式发

① 《列宁选集》第3卷，人民出版社2012年版，第265页。
② 《列宁选集》第3卷，人民出版社2012年版，第265页。
③ 《列宁选集》第3卷，人民出版社2012年版，第265—266页。

展国家资本主义。另一方面，除了在实践上积极探索国家资本主义的各种形式外，列宁还从理论上同反对国家资本主义的"左派共产主义者"进行论战，进一步强调利用国家资本主义的意义。在《论"左派"幼稚性和小资产阶级性》一文中，列宁特别针对一些反对意见专门地、详细地论述了发展国家资本主义的重要性。

首先，在详细分析苏俄经济结构和特征的基础上，列宁指出国家资本主义不是主要的斗争对象，而小资产阶级才是主要的斗争对象。列宁指出，在苏维埃国家政权建立后，国内主要存在着宗法式的农民经济、小商品生产、私人资本主义、国家资本主义和社会主义五种经济成分。其中，在小农经济占优势的国家，大多数耕作者都是小商品生产者，因此小资产阶级是占优势的阶级。并且，无论是小商品生产所带来的资本主义自发势力或是小资产阶级的偏见和无政府状态，都使得这一经济基础及其阶级代表与社会主义原则严重不符。在此基础之上，列宁指出："在这里不是国家资本主义同社会主义作斗争，而是小资产阶级和私人资本主义合在一起，既同国家资本主义又同社会主义作斗争。小资产阶级抗拒任何的国家干涉、计算与监督，不论它是国家资本主义的还是国家社会主义的。"[1] 其次，列宁又详细阐释了利用资本主义的现实性和可能性。他指出，"国家资本主义在经济上大大高于我国现时的经济，这是第一。第二，国家资本主义中没有任何使苏维埃政权感到可怕的东西，因为苏维埃国家是工人和贫民的权力得到保障的国家。"[2] 由此可以看出，列宁实质对苏维埃政权下的国家资本主义与发达资本主义国家的国家资本主义进行了区分，二者有着根本性的差异。苏维埃国家政权下的国家资本主义实质是为社会主义进行物质准备和提供有利服务的经济形式，不需要害怕并且又是可加以限制的。因此，列宁说："国家资本主义较之我们苏维埃共和国目前的情况，将是一个进步。如果国家资本主义在半年左右能在我国建立起来，那将是一个很大的胜利，那将极其可靠地保证社会主义一年以后在我国最终地巩固起来而立于不败之地。"[3]

因此，十月革命胜利初期列宁关于国家资本主义的认识表明其意识到，经

---

[1]　《列宁选集》第 3 卷，人民出版社 2012 年版，第 522 页。

[2]　《列宁选集》第 3 卷，人民出版社 2012 年版，第 525 页。

[3]　《列宁选集》第 3 卷，人民出版社 2012 年版，第 521 页。

济文化落后的国家走向社会主义需要采取一些中间形式的过渡手段和方法。然而，随着后来社会实践的发展以及国内形势的变化，特别是在直接过渡思想指导下，列宁这一思想发生了变化。列宁及其领导的布尔什维克党在战时共产主义时期放弃了对国家资本主义的肯定和发展，采取了直接过渡的政策，对小农生产进行社会主义改造、没收私人资本等。

第二章 "战时共产主义"和思想文化领域的争论

十月革命胜利后，探索经济文化相对落后国家如何向社会主义过渡成为新生的苏维埃政权面临的重大任务。在复杂的国际国内条件下，"战时共产主义"作为特殊历史条件下的政策加以实施，而这一政策又集中反映了列宁及布尔什维克政党试图通过这一途径向社会主义"直接过渡"的思想。对此，以布哈林（1888—1938）为代表的一些理论家、经济学家从不同角度对"直接过渡"思想进行了理论上的探讨和论证。尽管这些探索有一些不成熟甚至是错误的看法，但却为苏联以及其他经济文化相对落后国家进行社会主义经济建设带来了重要启示。与此同时，这一时期思想文化领域内的斗争和争论也异常复杂和激烈。列宁及布尔什维克党不仅与地主资产阶级复辟思潮进行了积极斗争，而且深刻批判了文化虚无主义、哲学虚伪主义等错误思想，从而有力捍卫了新生的社会主义国家政权并巩固了马克思主义思想的指导地位。

第一节 "直接过渡"思想在俄国的实践

在马克思主义发展史上，"直接过渡"思想的集中体现就是俄国的"战时共产主义"时期所实行的一系列政策，这一时期的政策一方面是出于战争造成的紧迫形势的需要而实行的，另一方面也与列宁及布尔什维克党当时对社会主义的认识相一致，与他们的社会主义观念相吻合，体现了他们急于直接过渡的思想和追求。

一、1918年春天苏维埃政权面临新的形势

1918年3月，经过艰难的谈判和付出沉重的代价，苏维埃俄国最终同德国签订了《布列斯特和约》，和约的签订使疲惫的苏维埃俄国摆脱了帝国主义战争。利用宝贵的和平时机，列宁和布尔什维克党开始积极着手和平建设，努力进行经济恢复。1918年上半年，列宁发表了《苏维埃政权的当前任务》、《关于苏维埃政权当前任务的六条提纲》、《论"左派"幼稚性和小资产阶级性》等著作。在这些论著中，列宁提出无产阶级在夺取政权后要把主要力量转向经济建设的思想，提出了转变党和国家工作重心的观点，提出了建设社会主义经济基础的计划，拟定了从资本主义向社会主义过渡时期经济建设的主要方针。列宁提出，社会主义革命首先在俄国这样经济文化比较落后的国家取得胜利，摆在无产阶级政权面前的就是这样一个要求，即它必须创造出比资本主义更高的劳动生产率，才能巩固自身并最终战胜资本主义。列宁提出要学习和利用资本主义，国家资本主义是高于小农经济的经济发展阶段，在苏维埃的现实国情下，国家资本主义是苏俄向社会主义过渡的必经阶段。列宁把德国和苏俄比作"一个蛋壳中两只未来的鸡雏"，"德国和俄国在1918年最明显地分别体现了具体实现社会主义的两方面的条件：一方面是经济、生产、社会经济条件，另一方面是政治条件。"[1]现实的苏维埃俄国不具备实现社会主义所需的全部条件，所以，应该学习德国在经营和管理资本主义方面所取得的高度成就。为此，列宁提出了一系列管理国家、发展经济的思想。这是列宁对社会主义建设的最初探索和规划。但是，这个时期非常短暂，这些向社会主义过渡的规划尚未实施。国内战争的爆发和大规模的外国武装干涉就开始了。这些渐进的、逐步改造旧经济的比较谨慎的政策措施被"战时共产主义"政策所代替。战争的到来迫使苏维

---

[1] 《列宁全集》第41卷，人民出版社2017年版，第200页。

埃俄国实行了"战时共产主义"。所以，列宁说："在空前困难的条件下，在国内战争的条件下，在资产阶级强迫我们采用残酷斗争的形式的条件下直接进行社会主义建设的试验"[①]。

　　1918 年 11 月，第一次世界大战以德奥同盟国集团的失败而告终，战争结束后，英、法、美、日等协约国集团开始集结兵力，集中力量来对付苏维埃俄国。他们同俄国国内的白匪勾结在一起策动反革命暴乱。一时间，"北方有摩尔曼，东部有捷克斯洛伐克军的战线，东南方有土耳其斯坦、巴库和阿斯特拉罕，英法帝国主义铸造的包围圈几乎已经合围了。"[②]外国干涉军几乎完全切断了苏维埃俄国与国外的所有海路通道。俄国国内的反革命势力，高尔察克、邓尼金和尤登尼奇分别在西伯利亚、南方顿河地区和波罗的海一带集结反革命势力，直接威胁彼得堡。旧俄将军科尔尼洛夫在高加索策动了哥萨克上层分子的暴乱，在英国和法国的挑唆下，由战俘组成的捷克斯洛伐克军团在转向西线回国的途中发动了反对苏维埃政权的叛乱。苏维埃俄国形势十分危急，许多地方苏维埃政权被推翻，苏维埃法律被废止，地主建立起统治。大片领土沦陷，一些盛产粮食的地区、原料产区、石油中心和煤炭基地被敌人占据，切断了粮食、燃料和原料的主要来源，主要城市和工业中心的粮食、燃料和原料供应都非常缺乏，以致 40% 的工厂处于停产状态。早已为战争所严重破坏的交通运输业，又因燃料不足而陷于瘫痪，人民忍饥挨饿，生活十分困难。苏维埃国家陷于极端的困难境地。[③]

　　在种种困难之中，苏维埃政权面临的最大困难是粮食问题。俄国的粮食形势早在十月革命前就已经存在很大的危机了。沙皇政府和临时政府没有力量也没有办法解决经济破坏问题，解决工业、运输、燃料以及粮食等问题。罗曼诺夫王朝和克伦斯基临时政府留给工人阶级的，是一个被他们所进行的掠夺的、罪恶的、非常痛苦的战争弄得完全破产的国家，是一个被俄国和外国的帝国主义者劫掠一空的国家。这些状况无疑加剧了十月革命胜利后苏维埃政权的一系列困难。[④]苏维埃俄国传统的粮食基地相继被敌人占领，能够提供大量粮食的

---

①　《列宁全集》第 42 卷，人民出版社 2017 年版，第 237 页。

②　《列宁全集》第 35 卷，人民出版社 2017 年版，第 6—7 页。

③　参见苑秀丽：《列宁社会主义观的当代解读》，中国社会科学出版社 2016 年版，第 92—93 页。

④　参见曲延明、苑秀丽：《"战时共产主义"：意识形态还是生存方式》，《"十月革命与东方社会主义"：纪念十月革命 90 周年国际学术研讨会文集》，南京师范大学出版社 2008 年版。

主要省份乌克兰被德国人占领，南方产粮区被内战笼罩，粮食极其不足，在布尔什维克控制的北方的城市里又爆发了饥荒。彼得格勒的工人、士兵得不到最起码的粮食、食品供应。战争造成的巨大困难迫使苏俄开始探索保证生存的方式。1918 年 9 月 2 日，苏维埃全俄中央执行委员会宣布把全国变成一个统一的军营，国内所有资源用于战争的需要，苏维埃政权开始逐步实行"战时共产主义"，这一政策一直持续到 1921 年初。

二、余粮收集制等政策的实施

"战时共产主义"政策主要包括一系列非常措施：由国家集中管理工业生产，从起初的把大工业收归国有，发展到把中等工业以及一部分小工业也收归国有；实行余粮收集制，取消商品货币关系，限制市场和私人贸易，实行计划配给；实行普遍劳动义务制，推行共产主义平均分配；等等。其中，余粮收集制是"战时共产主义"政策的重要内容和重要标志之一。

（一）余粮收集制的基本内容

粮食问题是苏维埃政权面临的一个严峻困难。"1917—1918 年国家依靠自己的力量仅满足居民粮食需求的 1/3—1/2，甚至低于最低消费标准，而且随着时间的推移，这种满足程度通常不断下降。粮食不能自给自足的居民无疑会尝试借助国家机构以外的其他途径补充粮食的不足，但显而易见，除了国家机构和规定的市场以外，居民只能在非法的自由市场买到粮食。"[①]起初，粮食的不足并不是由于俄国没有粮食，而是在粮食和其他食品方面存在十分猖獗的投机活动。一些富人和资产阶级包括农村的财主、富农，靠投机、酿私酒来盈利，他们极力破坏粮食垄断，破坏国家的粮食收集和分配办法，并把饥荒的责任推给苏维埃政权。这使列宁认识到，几百万人忍饥挨饿，而财主、富农和投机商却把粮食隐藏起来，或者高价售卖，这样的状况下，不建立有效的粮食收购和供应机制就无法维护和巩固政权。因此，只能是"觉悟的先进工人把贫苦农民

---

① [苏] 尼·德·康德拉季耶夫：《战争和革命时期的俄国粮食市场》，张广翔、钟建平译，社会科学文献出版社 2017 年版，第 250 页。

群众团结到自己周围，建立钢铁般的秩序，建立严厉无情的政权，即真正的无产阶级专政，从而获得胜利，强迫富农服从，在全国范围内合理地分配粮食和燃料"①。

1918年5月9日，《对粮食专卖法令的补充》这样写道："凡有余粮而不把余粮运到收粮站者以及滥用存粮酿私酒者一律宣布为人民的敌人，交革命法庭判处10年以上的徒刑，没收全部财产，永远驱逐出村社；对酿私酒者还要处以强制性的社会劳动。"②随着粮食形势的继续恶化，各地开始广泛建立工人征粮队，反对粮食投机商，反对富农，反对在收集、运输和分配粮食和燃料方面破坏秩序的人。一系列措施的出台保障了城市的粮食供应。但是，征购来的粮食还是不能完全满足社会需求。

苏俄开始试图用工业品与农民交换农产品，但没有成功，因为国家拿不出用于交换的必要的工业品和日用消费品。由于国家收购价格大大低于市场价格，越来越多的富农私藏余粮，拒绝将粮食出售给国家。从1918年8月起，苏维埃政府开始执行关于不向国家或合作社登记多余粮食和其他各种食物的人应没收财产处分的法规和法令，强制规定富裕农民必须缴纳实物税，就是规定农民用粮食纳税，规定对富农课以重税，中农征轻税，贫农免税。然而，实物税实际上未能执行下去。接下来国内战争爆发，造成国家的粮食需求依然无法满足。粮食储备、供应和征收过程中的紧急情况和重重困难，使苏维埃政权开始在国家垄断下向农民征收粮食，即实行余粮收集制。1919年1月11日，人民委员会颁布了《关于在产粮省份中征集应归国家支配的粮食和饲料》的法令，这就是余粮收集制法令，为满足国家所必需的粮食和谷物饲料，规定对粮食和粮食产品实行国家垄断，同时特别指出要在产粮省份的农民中摊派其应该交给国家的最低限粮食额，即农民必须上缴全部余粮。自此全俄范围内陆续开始实行余粮收集制。③余粮收集制的主要内容有：（1）规定了计算和集中余粮由国家支配的新办法，即按照国家需要的一定数额的粮食和饲料摊派给各产粮省向农民征收；（2）征集的品种最初是粮食、饲料和肉类，以后扩大到马铃薯及其他产品；（3）征集制实行阶级原则：

① 《列宁全集》第34卷，人民出版社2017年版，第337页。
② 《列宁全集》第34卷，人民出版社2017年版，第297页。
③ 参见陈之骅、吴恩远、马龙闪主编：《苏联兴亡史纲》，中国社会科学出版社2004年版，第93页。

富农多征，中农少征，贫农免征。①

余粮收集制在短期内取得了成功，为战争的胜利提供了基本保障。在这一时期，面对危急的粮食问题，列宁写作了《关于粮食专卖法令的要点》、《对粮食专卖法令的补充》、《人民委员会关于动员工人同饥荒作斗争的决定草案》和《论饥荒》等著作，阐述了他对于饥荒和粮食问题的看法。从一系列法令中可以看出列宁对实行国家粮食垄断政策的坚决态度。列宁强调，一方面要在法律上确切地规定粮食人民委员会的新的权力，另一方面要摆脱饥荒，必须向囤积余粮的富农、资产阶级展开斗争。列宁认为，只要把所有余粮收集到中央苏维埃政权并正确分配，苏维埃红军必将成为不可战胜的军队，彻底打垮高尔察克和邓尼金，从而恢复工业，建立正常的社会主义生产和分配，实现彻底的社会主义制度的确立。

（二）对国民经济实行高度集中的管理

苏维埃政权按照战时需要集中管理经济。1918 年 11 月，成立了以列宁为首的工农国防委员会，这是苏维埃国家的最高经济、政治和军事机关。工农国防委员会组织动员工业和全国一切资源，组织交通运输，扩大军事工业，同敌人进行斗争。在这一时期，苏维埃政权越来越强调中央部门管理的作用，开始实行在最高国民经济委员会下设各部门的总管理局或生产部的"总局制"。总局制规定由各总管理局或部直接对每个企业制定生产计划、物资技术供应计划和产品分配计划，生产所需物资由国家计划调拨，产品由国家包销，价格由国家规定，职工工资也是国家规定和包发。工业的管理和计划工作集中在最高国民经济委员会各部门的总管理局和各中央委员会以及生产部手中。有资料显示，到 1920 年，全国共设有 52 个总局和 21 个部，地方上也成立了 86 个国民经济委员会。

计划管理体制在保证前线和后方最必需的生产和供给、最终战胜国内外敌人、苏维埃政权得以巩固方面发挥了巨大的作用。管理总局体制的主要特征是，由总局实行"直接领导制"和"统收统支制"。这种体制，在当时战争极其艰苦，在原料、燃料极其缺乏的条件下，有利于国家最大限度地根据国防需要来动用资源，对企业的经济活动进行集中领导和管理，组织生产。②

①　参见吴恩远：《苏联史论》，人民出版社 2007 年版，第 46 页。

②　参见周尚文、叶书宗、王斯德：《苏联兴亡史》，上海人民出版社 2002 年版，第 81 页。

（三）对中小企业实行国有化

战争造成的困难，使苏维埃政权在物质极端匮乏的情况下，还需要集中分配原料和制成品。1918 年 6 月 28 日，人民委员会颁布法令，加速对各工业部门大企业的国有化。法令指出，为了与经济遭受破坏和粮食危急状态进行坚决的斗争，为了巩固工人阶级和农村贫民的专政，人民委员会宣布苏维埃共和国境内的采矿、冶金、金属加工、纺织、电气、锯木、木器制造、烟草、玻璃、陶瓷、皮革、水泥和其他工业部门的大企业，以及蒸汽磨、地方公用事业企业和铁路运输企业的所有资本和财产，均无偿地转归为苏维埃共和国的财产。这类企业实行国有化的条件主要是：资产总额在 20 万卢布以上或对国计民生至关重要的企业。[①]1920 年苏俄最高国民经济委员会先后通过决议，宣布把中小企业也无偿国有化。1920 年 11 月 29 日又公布法令，凡拥有动力机械，而且工人人数在 5 人以上的企业，或虽没有动力机械但工人人数超过 10 人的企业，一律实行国有化。这就将国有化扩展到部分中小企业了。

（四）限制市场和私人贸易，经济关系实物化

这一时期，实行国内贸易国有化和实物配给制。1918 年 11 月 21 日，人民委员会颁布了《关于组织居民各种食品、个人消费品和家用物品供应》的法令。该法令规定：一切食品、个人消费品和家用物品均由国家和合作社组织供应，禁止私营。26 日，最高国民经济委员会和粮食人民委员部公布了《关于对某些食品和日用品贸易的国家垄断》的决定，宣布对烟草制品、食糖和糖制品、茶叶、咖啡、食盐、火柴、纺织品、煤油、鞋子、钉子和肥皂等实行国家垄断，禁止私人经营。

在这一时期，苏维埃政权还尝试以有计划、有组织的产品分配来代替商业，把全体居民组织到统一的消费公社网中，因为"这种公社能把全部分配机构严格地集中起来，最迅速、最有计划、最节省、花费最少的劳动来分配一切必需品"[②]。1919 年 3 月 16 日，人民委员会颁布了《关于消费公社》的法令。在各地设立

---

① 参见周尚文、叶书宗、王斯德：《苏联兴亡史》，上海人民出版社 2002 年版，第 79 页。

② 《苏联共产党和苏联政府经济问题决议汇编》第 1 卷，中国人民大学出版社 1984 年版，第 146 页。

了统一的分配机构——消费公社，粮食和日用消费品的分配一律通过消费公社进行。这个法令要求"地方粮食机关把分配食品和日常必需品的全部工作移交给按以上办法组织起来的消费公社。所有苏维埃的合作店铺、商店、货栈和分配站（无一例外），以及属于合作社的生产企业，一律转归消费公社。合作社的全部资本都移交给消费公社。"① 在全国各城市和农业区中，合作社联合改组为统一的分配机关——消费公社。1920 年 11 月 11 日，人民委员会通过了《关于取消货币结算》的法令。法令委托财政人民委员部拟定关于废除国家机关、企业和工人、职员的邮电费、使用自来水设备和其他市政公用设备费用的法令草案。

三、"战时共产主义"评价

列宁在俄共（布）十大上所作的《关于以实物税代替余粮收集制的报告》以及对报告的总结发言中，在《论粮食税》以及俄共（布）第十次全国代表会议上所作的《关于粮食税的报告》中，对"战时共产主义"政策有功劳和有成就的一面进行了总结和评价。当苏维埃俄国采取了新经济政策这个逐渐的、迂回的、审慎的过渡方式后，这个政策引起了许多疑虑，不少人留恋和美化"战时共产主义"政策，反对新的经济政策。面对疑虑和分歧，列宁着重阐明了"战时共产主义"政策作为直接向共产主义过渡的政策在实践中失败了，它不符合苏维埃俄国的现实，强调其严重的错误和教训。这些思想反映在列宁的《十月革命四周年》、《新经济政策和政治教育委员会的任务》、《在莫斯科省第七次党代表会议上关于新经济政策的报告》等文献中。可以看到，列宁在谈到这个政策时，有时讲它的被迫性，强调实行这种政策是客观条件所迫，它是在战争条件下被迫采取的；有时讲实行这个政策的功劳，保卫了新生的苏维埃政权；有时也提醒必须知道这个政策的功劳的真正限度，提出这个政策不是实现无产阶级经济任务的政策；有时也讲到这一政策是社会主义或向社会主义过渡的政策，在这个时期采取的某些措施并非由于战争所迫，而是被当作从资本主

---

① 《苏联共产党和苏联政府经济问题决议汇编》第 1 卷，中国人民大学出版社 1984 年版，第 139 页。

义向社会主义过渡的最好途径。①

苏联学者吉姆佩尔松认为，"（1）列宁只是在作历史的回顾时，1921 年 4 月在《论粮食税》中首次使用了'战时共产主义'一词。在这之前无论是列宁还是党的文件，都找不到用这个名称来指当时的非常的经济措施。（2）列宁使用特殊的'共产主义'这个词仅仅是强调它的条件性和形象性。（3）列宁任何时候也没有直接谈到'战时共产主义'是非常的'共产主义'措施的总和或体制，他仅在涉及体制的某一方面，主要是余粮征集制时才使用这个词。"②该研究者的这种看法并不完全准确，但也提出了值得深入思考的问题。"战时共产主义"作为苏俄社会主义建设的一个重要时期，它远远不止于一种特定的粮食政策，也被人们用来指称列宁及布尔什维克党在这一时期对社会主义的认识。布哈林就曾这样说过："由于当时已经集中得相当厉害了，所以自然就产生了一种想法，完全巩固的建立社会主义计划已经为时不远了。换句话说，战时共产主义在我们想来并不是'战时的'，也就是并不只适合于内战的某个发展阶段，而是万能的、普遍适用的，也就是胜利了的无产阶级的经济政策的'正常'形式。"③列宁认为，如何评价战争时期的政策，过去的政策是正确还是错误，是有益的还是无益的，是很重要的问题，这关系到一是如何认识历史，二是如何认识新的经济政策。对"战时共产主义"政策没有一个客观全面的认识和评价，势必在党内造成思想混乱，也无法正确认识新经济政策实行的必要性。列宁的基本态度是："战时共产主义"是苏维埃政权在非常时期采取的一种临时措施，在实行的过程中，有些措施走得太远了、过火了，但这一政策的历史功绩不容抹杀。

（一）"战时共产主义"是有功劳的

1921 年 3—4 月间，当苏维埃俄国开始向新经济政策过渡，一些人急于彻底否定"战时共产主义"时，列宁肯定了这一政策的功绩。列宁承认战争时期的全部经济都贯穿着战时原则，但是，过急的、直线式的、没有准备的"共产主义"是由于战争，由于不能弄到粮食和不能使工厂开工引起的。在当时所处的战争条件下，这个政策的最大历史功绩就是保住了无产阶级政权。实行余粮

---

① 参见苑秀丽：《列宁社会主义观的当代解读》，中国社会科学出版社 2016 年版，第 87 页。

② 转引自吴恩远：《苏联史论》，人民出版社 2007 年版，第 29 页。

③ 《布哈林文选》上册，东方出版社 1988 年版，第 109 页。

收集制等政策，保证了军队的给养，使军队能够进行战斗，保障了工人粮食供给，也就保证了工业不至于完全崩溃，历经艰难，最终战胜了国内外的敌人，保住了无产阶级政权，这是工农创造的"英勇奇迹"。在"战时共产主义"时期，成千上万的干部和党员，怀着共产主义的理想，进行了艰苦卓绝的斗争，表现了大无畏的英雄气概。"我们取得了胜利（尽管世界上一些最强大的国家都支持我国的剥削者）这一事实不仅表明，工人和农民在谋求自身解放的斗争中能创造出什么样的英勇奇迹。这一事实也表明，当孟什维克、社会革命党人、考茨基之流说我们实行这种'战时共产主义'是一种过错时，他们实际上起了资产阶级走狗的作用。应当说我们实行'战时共产主义'是一种功劳。"①

评价"战时共产主义"必须结合新生的无产阶级政权面临的形势。"在战争时期，特别是当国内战争切断了我们与西伯利亚、高加索和整个乌克兰这些产粮区的联系，切断了煤炭和石油的供应，以及减少了其他燃料的来源时，我们已处在被包围的要塞中，不实行余粮收集制，我们就不能维持下去，而所谓余粮收集制，就是征收农民的一切余粮，有时甚至不单单征收余粮，还征收农民某些必需的粮食，以求能保持军队的战斗力和使工业不至于完全崩溃。"②列宁质问那些反对苏维埃政权的政策的人说："请问你们：在一个经济遭到破坏、工厂停工的国家里，如果农民不把余粮拿出来，挨饿的工人是不是有服从多数农民的决定的权利呢？如果用其他方法不行，他们有没有甚至用暴力取得这些余粮的权利呢？"③战争破坏了俄国的工业，工厂没有燃料，战争使工业同原料产地隔绝。"俄国棉纺织厂需要的原料，要从埃及和美国运来，再近也要从土耳其斯坦运来，当反革命匪帮和英国军队占领了阿什哈巴德和克拉斯诺沃茨克的时候，请你们从土耳其斯坦运运看！当铁路无法运输，遭到破坏，没有煤陷于停顿的时候，请你们从埃及从美国运运看！"④"战时共产主义"是苏维埃俄国争取生存的一种选择，对于年轻的苏维埃俄国打败外国武装干涉和国内反革命叛乱发挥了重要作用。

列宁认为，"战时共产主义"政策是不得已的选择，没有"战时共产主义"政策，没有工人、农民为此付出的巨大牺牲，就没有苏维埃政权。一个经济遭

① 《列宁全集》第41卷，人民出版社2017年版，第208页。
② 《列宁全集》第41卷，人民出版社2017年版，第141—142页。
③ 《列宁全集》第36卷，人民出版社2017年版，第348页。
④ 《列宁全集》第36卷，人民出版社2017年版，第347页。

到破坏的国家熬过了艰苦的战争，打退了地主和资本家的进攻，这是工人阶级和农民创造的奇迹。如果单纯从经济角度考察，"战时共产主义"的做法显然不适合俄国落后的经济状况，但是从应对战争、保障无产阶级政权生存的现实需要来看，这一政策有巨大的功劳。

（二）"战时共产主义"政策是有限度的

"战时共产主义"是特殊条件下实行的特殊政策。由于帝国主义及国内反革命分子的进攻，苏维埃政权几乎陷于绝境，新生的苏维埃政权实行了极端的政策，但是它又犯了错误：决定直接过渡到共产主义的生产和分配。苏维埃政权依靠人民的热情比较顺利地解决了关系到政权生存的政治任务和军事任务，就想继续依靠这种热情来解决经济任务。但是，现实很快击败了这种热情。在一个大工业不发达、生产社会化程度很低、小商品生产占优势的国家采用军事行政手段直接向社会主义过渡违背了客观规律。"战时共产主义"存在种种弊端，比如对广大农民切身利益的损害，对国家财政、信贷和货币作用的严重削弱，对小农经济的忽视，等等。最终，现实面临的问题及形势的变化需要苏维埃政权用新的方式解决问题。

1921年春天，苏维埃俄国遭到了严重的经济危机和政治危机。列宁认识到，"战时共产主义"政策对保证战争的胜利起到了重要作用，但不能作为建设社会主义的长期方针。"战时共产主义"虽然符合马克思关于未来社会的科学预测，但同客观经济规律相违背，同现实国情、同群众的利益和要求相背离，尤其是农民承受了更大的牺牲，不满情绪滋长。事态的发展同列宁和布尔什维克党的初衷是背道而驰的。所以说，"战时共产主义"是一种功劳，"但同样必须知道这个功劳的真正限度。'战时共产主义'是战争和经济破坏迫使我们实行的。它不是而且也不能是一项适应无产阶级经济任务的政策。它是一种临时的办法。"[1]列宁和布尔什维克党认识到了走向共产主义的道路绝不是像过去所设想的那样简单。对于俄国这种经济落后、农民占大多数的国家来说，走向社会主义所需要的时间更长，任务更复杂、更艰巨，必须采取十分小心谨慎的、迂回的方法。

---

[1] 《列宁全集》第41卷，人民出版社2017年版，第208—209页。

（三）直接过渡与"战时共产主义"

"战时共产主义"的实行是否包含共产主义的意识形态因素呢？列宁在说明这一政策是适应严峻的战争形势的需要而迫不得已实行的同时，也承认曾试图将"战时共产主义"当作向共产主义直接过渡的捷径。"战时共产主义"体现着列宁及布尔什维克党的共产主义观念及对共产主义的真诚追求，体现着马克思关于未来社会的科学预测对列宁的深刻影响。马克思提出未来共产主义社会应当实行生产资料公有制、计划经济、按劳分配。"战时共产主义"显然包含着对这种理想的尝试。

战争时期实行的国家统一管理生产和国家实行分配的制度，激起了人们对共产主义的向往，企图直接过渡到共产主义的生产和分配，"我们先前的经济政策，如果不能说计划过（在当时的情况下，我们一般很少进行计划），那么在一定程度上也曾设想过（可以说是缺乏计划地设想），旧的俄国经济将直接过渡到国家按共产主义原则进行生产和分配。"① 列宁曾认为，合理地分配粮食和燃料，努力获得粮食和燃料，由工人在全国范围内实行最严格的计算和监督，就是社会主义的前阶了。"这已经不是'一般革命的'任务，而正是共产主义的任务，正是劳动者和贫苦农民应当向资本主义进行决战的任务。"② 苏联著名社会活动家、史学家波克罗夫斯基说："当时事情是以那样的速度进行的，以致使我们仿佛觉得我们和共产主义已经很接近了。"③ 这种认识在当时是广泛地传播的。当时党和人民为革命热情所激动，把经济建设和经济改造看得过于简单，认为可以凭借革命热情直接实现经济任务。

同时，列宁认为对于"战时共产主义"，称之为"设想"、"缺乏计划地设想"更为准确。列宁在谈到"战时共产主义"与"直接过渡到国家按共产主义原则进行生产和分配"时，说"在当时的情况下，我们一般很少进行计划"，"说我们计划欠周地设想也许较确切"，这实际上就是当时的认识状况。列宁这样讲述了当时的想法："我们为热情的浪潮所激励，我们首先激发了人民的一般政治热情，然后又激发了他们的军事热情，我们曾计划依靠这种热情直接实现与

---

① 《列宁选集》第 42 卷，人民出版社 2017 年版，第 192 页。
② 《列宁全集》第 34 卷，人民出版社 2017 年版，第 339 页。
③ 转引自吴恩远：《苏联史论》，人民出版社 2007 年版，第 60 页。

一股政治任务和军事任务同样伟大的经济任务。我们计划（说我们计划欠周地设想也许较确切）用无产阶级国家直接下命令的办法在一个小农国家里按共产主义原则来调整国家的产品生产和分配。"①

在"战时共产主义"时期，包括列宁在内的布尔什维克党的领导人对苏维埃俄国现实社会主义与马克思所设想的社会主义的差别并没有始终保持清醒的判断。有人认为，"战时共产主义"是列宁受到传统社会主义观念的束缚的时期，事实上，列宁从来不认为马克思关于未来社会的设想是束缚，这是他努力实现的目标和理想。"战时共产主义"政策的实行，既是战争造成的形势的需要，也符合列宁当时对社会主义的设想。"战时共产主义"强调在组织生产、管理和分配方面的统一，这些强制性措施短期内在获取粮食、集中生产和分配以满足前线军需供应和居民的物质供应方面取得了成效，这使列宁及布尔什维克党认为这种高度集中的管理体制就是社会主义的体现。因此，战争结束后，这一政策并没有被立即废止，而是仍然实行。②"战时共产主义"的一系列措施被看成是在向共产主义的加速过渡，特别是到了后期，这些措施被看成是"组织新生活的基本法令"，是"纯粹的社会主义行动"，苏维埃俄国正处在"通向共产主义的道路上"。在当时，有人乐观地认为，这些政策和措施是推进社会主义的"真正的主要的门径"，是正在实现马克思《哥达纲领批判》中的设想。所以说，"战时共产主义"的实施既是保证战争胜利的需要，又被看成是实现社会主义、共产主义的捷径，有着意识形态因素的推动。

第二节 布哈林的《过渡时期经济学》和列宁的评论

这一时期，一些理论家、经济学家从不同角度对"直接过渡"进行了相当的关注，并在理论上进行了探讨和论证。布哈林的《过渡时期经济学》就是一部比较有影响的著作。列宁对布哈林的著作进行了评论，既肯定了布哈林的一

---

① 《列宁全集》第 42 卷，人民出版社 2017 年版，第 187 页。
② 参见苑秀丽：《列宁社会主义观的当代解读》，中国社会科学出版社 2016 年版，第 108 页。

些观点，也指出了布哈林存在的一些错误。

一、布哈林的《过渡时期经济学》

《过渡时期经济学》完成于 1920 年，列宁对这本书非常重视，作了详细的批注，肯定了这本书的正确的内容，"这本出色的书的出色的质量"，同时也指出了其中的缺点和错误，称这本书是"一桶蜜中掺了一勺焦油"[①]。《过渡时期经济学》这本书可以说是马克思主义者对资本主义和共产主义之间的过渡时期进行的第一次详细的分析。

这部著作对"战时共产主义"体制进行了理论总结，也探讨了过渡时期的一系列经济问题。在书中，布哈林分析了资本主义社会转变到社会主义社会的主要规律，探讨了过渡时期的经济范畴，揭示了过渡时期的经济规律和特点，还对新制度建设的规律性问题进行了分析。书中还考察了国家政权的特殊作用和不断变化的职能，提出了一些有创见的观点，其中，布哈林对过渡时期经济、政治和国家管理的分析，对"共产主义建设的一般前提"的论述，至今依然受到关注，同时也存在一些争议性认识。

对于这本书，有研究者认为"本书不可避免地带有时代的色彩，带有明显的军事共产主义的烙印"[②]。有研究者指出："战时共产主义的经济实践和经济理论，特别是列宁关于俄国直接过渡经济的思想自然影响着《过渡时期经济学》基本理论取向。尽管布哈林一再宣称，他在该书中只打算论述'转化过程的一般理论'，但他仍然难以避免停留在对战时共产主义特殊政策的直接诠释上。"[③] 还有的学者认为："《过渡时期经济学》一书的观点不仅反映了'战时共产主义'时期苏联党内的普遍看法，而且以后很长时期内在社会主义政治经济学中占支配地位的许多观点，例如'自然经济论'、'商品外壳论'、'价格与价

---

① [苏] 尼·伊·布哈林:《过渡时期经济学》，郑异凡、余大章译，重庆出版社 2015 年版，第 145 页。

② [苏] 尼·伊·布哈林:《过渡时期经济学》，郑异凡、余大章译，重庆出版社 2015 年版，"译者前言"第 1 页。

③ 顾海良主编:《新编经济思想史第八卷：十月革命以来国外马克思主义经济学的发展》，经济科学出版社 2016 年版，第 25 页。

值脱钩论'、'经济管理行政化'等等，都滥觞于《过渡时期经济学》。"① 我们认为，在这部著作中，布哈林阐述了他对"战时共产主义"和过渡时期的一些认识，对"战时共产主义"进行了反思和评价，这些认识的大部分得到了列宁的肯定。

（一）对无产阶级专政下的生产管理体系的阐述

布哈林对无产阶级专政下的生产管理体系进行了阐述，内容包括：（1）国家的阶级性质和管理的方法。（2）在摧毁资本主义体系时期的无产阶级工业管理。（3）在危机时期的无产阶级工业管理（"军事化"）。（4）在转变时期不同阶段的管理和管理训练。（5）可能的发展进程。布哈林表达了一个基本思想："任何一个社会阶级都可能处于不同条件之下，管理的方法和形式必须适应这种条件。"② 他对"战时共产主义"进行了评析，指出在帝国主义战争和国内战争时期经济困境造成苏维埃国家体系处于危急状态之下，应当具有军事无产阶级专政的性质。在濒临经济崩溃危险的情况下，必然要以强化的形式实行无产阶级的军事化生产。任何组织的"军事化"类型都是当该体系处于危机状态时出现的，当经济上的尖锐危机过去后就将不再需要极端的军事管理形式。布哈林也指出，尽管军事管理形式具有优越性，但是强制纪律也造成了某些巨大的缺点。在需要果断迅速行动的条件下，这是绝对必要的，这时候它的缺点为它的优点所掩盖，然而，一旦它完成了自己的使命，"发达的"管理体系的新阶段就取代了它。基于此，布哈林指出，一些人对他的理论的不理解是不能由他来承担责任的，"'无论什么情况下都要进攻'的策略理论实质上犯了同样的错误，在我们的一部分德国同志中间这个理论颇为流行，并且想从本书中为它找到论据。不言而喻，要想从本书得出具体行动的结论，那就像要从'贫困化理论'得出此类结论一样，是不可能的。"③

无产阶级专政是一个不断发展的过程。"无产阶级自己也同样在'改造自己的面貌'"，"作为集中的暴力，它在最终消灭任何暴力。作为阶级的最高表

① 林岗：《布哈林的社会主义经济思想及苏联工业化论战》，《马克思主义研究》1988 年第 4 期。
② ［苏］尼·伊·布哈林：《过渡时期经济学》，郑异凡、余大章译，重庆出版社 2015 年版，第 103 页。
③ ［苏］尼·伊·布哈林：《过渡时期经济学》，郑异凡、余大章译，重庆出版社 2015 年版，第 154 页。

现，它在消灭任何阶级。作为组织称为国家政权的阶级的制度，它在为一切国家的死亡做准备工作。它在为自己的存在而斗争的时候，同样也在消灭自身的存在。在没有阶级、没有国家的共产主义社会中替代外部纪律的是正常的社会的人对劳动的单纯爱好，在这里，人们行为的外部准则失去了任何意义，任何形式的强制都一去不复返地消失了。"① 布哈林的这些论述体现了马克思主义的科学分析，也得到了列宁的高度评价："这一章很出色。"②

（二）关于过渡时期的强制

有一种观点认为，布哈林夸大了国家强制的作用，因为布哈林提出"从资本主义向社会主义的过渡是通过无产阶级的集中起来的强大力量——无产阶级专政的杠杆而完成"③ 的。布哈林十分强调国家强制的作用，这是《过渡时期经济学》的一个重要主题。还有一种观点认为，关于暴力和强制及其同经济的相互关系，这是布哈林全书最得到列宁欣赏的部分。

事实上，布哈林、列宁并不是这样的意思。布哈林在第十章"过渡时期的'超经济'强制"中有详细的阐述，这一章中的大部分论述也受到了列宁的肯定。比如，布哈林指出："无产阶级是作为一个阶级去实行统治的。但是这决不意味着这个阶级是纯粹的，其每一个成员都是理想的平均数"，因此，"强制性的纪律是完全不可避免的，内部的、自愿的纪律愈少，即无产阶级内的某个阶层或某个集团愈缺乏革命性，就愈强烈地感觉到纪律的强制性质"，"在过渡时期，工人阶级的主动精神是同强制同时并存的，这种强制是作为自为阶级的工人阶级为自己的各个部分规定的。强制和主动精神之间的矛盾在这里表现了过渡时期本身的矛盾性质，在过渡时期，无产阶级已经超出了资本主义强制的框框，但尚未成为共产主义社会的工作者"④。全面地阅读这一著作，应该可以领会布哈林的本意。"在无产阶级专政下，强制才第一次真正成为大多数认

---

① [苏]尼·伊·布哈林：《过渡时期经济学》，郑异凡、余大章译，重庆出版社2015年版，第134页。

② [苏]尼·伊·布哈林：《过渡时期经济学》，郑异凡、余大章译，重庆出版社2015年版，第134页。

③ 转引自《列宁全集》第60卷，人民出版社2017年版，第301页。

④ [苏]尼·伊·布哈林：《过渡时期经济学》，郑异凡、余大章译，重庆出版社2015年版，第130、131页。

为这个大多数人谋利益的工具。"① 布哈林阐述了对未来共产主义社会的预测："随着国家政权和人与人相互关系上的任何强制规定的消亡，共产主义的人类将创造出'对物管理'的最高形式，在这里任何形式的委员会制或一长制问题本身都将消失，因为未来的人们将做统计计算所得出的无情结论所要求做的事情，对人的管理将永远消失。"② 布哈林阐述了这样的认识：过渡时期的社会中阶级斗争的总趋势不会越来越激烈，而是会慢慢消失。因此应该用渐进的政策来搞建设，强制手段是不需要的。

（三）社会主义的物质前提

布哈林总结十月革命以来的苏维埃社会主义建设，阐述了对现实的清醒认识，"革命在我国开始得早，是由于我国资本主义的发展薄弱。但是正由于这种薄弱，由于我国是落后国家，无产阶级占少数，有很多小商贩等等，我们组织公有的共产主义经济就很困难"。③ 他认识到俄国的落后会导致社会主义建设的困难。落后的现实决定了在无产阶级夺取政权以后的最初发展阶段存在两种基本生产形式：一种生产形式，是无产阶级能够使之合理化、加以组织，有计划地进行管理；另一种生产形式，是小生产者和农民的个体经济形式，无产阶级却不能使之合理化和有计划地进行管理。布哈林认为如何安排好这两种生产形式之间的比例问题，是一个极其重要的经济问题。

布哈林对共产主义建设的相关问题的阐释包含着很多马克思主义的科学认识，比如，对无产阶级专政的认识，发展生产力和进行技术变革，建立和巩固工人阶级的组织形式和生产管理体系，工人阶级要成为生产组织者，过渡时期是一个多元经济成分并存的时期，要处理好同农民的关系，经济发展战略应当是平衡发展，强调知识分子和新社会形式的结合等。布哈林的一些思考和探索对苏联的社会主义建设具有重要的理论指导意义。

在本书中还可以看到布哈林对价值、货币等的认识存在错误，比如他说："价

---

① [苏]尼·伊·布哈林：《过渡时期经济学》，郑异凡、余大章译，重庆出版社 2015 年版，第 132—133 页。

② [苏]尼·伊·布哈林：《过渡时期经济学》，郑异凡、余大章译，重庆出版社 2015 年版，第 110 页。

③ [苏]尼·伊·布哈林：《过渡时期经济学》，郑异凡、余大章译，重庆出版社 2015 年版，第 111 页。

值这一处于平衡状态的商品资本主义体系的范畴，最不适用于过渡时期，因为在过渡时期商品生产在很大程度上正在消失，（那里也不存在）平衡。"他认为，"在过渡时期，在消灭商品体系本身的过程中也在进行着货币的'自我否定'过程。"①应该说历史的发展表明布哈林将价值和货币的消亡看得过于简单和快速了。

布哈林本人认为，他的《过渡时期经济学》是以马克思的方法论为指南的结果。我们认为这部著作既有不成熟的甚至错误的看法也有很多有价值的探讨，为当时苏联经济政策的制定和经济建设发挥了重大作用，也对后来的关于落后国家如何进行社会主义经济建设有重要的启示。可以认为，虽然布哈林的"理论观点能不能说是完全马克思主义的，很值得怀疑，因为其中有某种烦琐哲学的东西"②，但作为一位马克思主义的经济学家，他对从资本主义向社会主义过渡的经济规律、落后农业国的社会主义工业化等重大问题的理论阐述，在社会主义经济学说史上无疑占有重要地位。

二、列宁对《过渡时期经济学》的评论

在布哈林发表《过渡时期经济学》的当年，列宁就在认真阅读的基础上对该书的观点做了全面的评论。他在所读该书的上下左右的空白处做了各种记号，并对原文的个别字做了删改。列宁的评论既有对《过渡时期经济学》一书一些观点的批评和反驳、纠正和修改，也有对此书一些观点的肯定与赞扬、补充与完善。但是，列宁的评论长期没有公开发表。

1928 年，布哈林因对国家工业化和农业集体化持不同看法而受到批判。1929年，布哈林被解除联共（布）中央政治局委员和《真理报》主编职务。在这一时期，苏联广泛盛行政治经济学消失论。这既在理论上阻碍了马克思主义政治经济学的发展，又使经济理论不能适应苏联经济建设的需要，无法给实践提供理论指导。种种情况表明：不清除政治经济学消失论这一思想障碍，社会主义政治经济学的研究便无法进行。在这种情形下，苏联在 1929 年出版的《列宁文集》第 11

---

① [苏] 尼·伊·布哈林：《过渡时期经济学》，郑异凡、余大章译，重庆出版社 2015 年版，第 122 页。

② 《列宁全集》第 43 卷，人民出版社 2017 年版，第 343 页。

卷（1929 年版）首次公布了列宁对布哈林《过渡时期经济学》的评论。

列宁在这本著作的页边写下了许多批注，还在书后写了总的评论。列宁称誉这是一本"出色的书"，肯定了其中的若干正确的观点，指出了书中的缺陷和错误，简明地提出了自己对过渡时期的一些重大问题的看法。

第一，列宁对布哈林《过渡时期经济学》一书中的方法论进行了全面的批评。列宁在布哈林的著作上的批注很大一部分是关于方法论问题。列宁对书中的论点的分析，贯穿着关于研究的逻辑同对象本身发展的客观逻辑有密不可分的关系的思想。列宁指出，形而上学的平衡的观点"为哲学上从唯物主义向唯心主义的动摇行为打开了方便之门"[1]。列宁强调实践在认识过程中的特殊作用，认为"作者没有辩证地提出理论与实践的关系"，所以书中抽象的论述和逻辑的推论过多，"作者以翔实的、即使是简短的实际材料来为自己的公设提出充分的证据不够。"[2] 列宁在书中的"资本主义的对抗的、矛盾的制度"一语旁边写道："极不确切。对抗和矛盾完全不是一回事。在社会主义下，对抗将会消失，矛盾仍将存在"[3]。列宁的这个观点对于阐明社会主义建设辩证法具有极其重要的方法论意义。

列宁在《过渡时期经济学》的批注中对布哈林有多处批评，主要是从哲学角度出发的，批评布哈林追随亚·亚·波格丹诺夫（1873—1928），使用波格丹诺夫的术语名词，陷入了哲学唯心主义。列宁揭示了布哈林由于未掌握唯物主义辩证法所犯的错误，提出他在书中大量使用波格丹诺夫的概念和术语，而不懂得波格丹诺夫的术语及其含义是以他的唯心主义和折中主义的哲学为基础的，因此布哈林经常陷入与辩证唯物主义相矛盾的烦琐哲学和唯心主义泥坑。甚至布哈林的一些本来正确的思想也往往披上波格丹诺夫的术语的外衣。列宁认为，布哈林的假定没有以足够坚实的、即令是简短的实际材料为基础，虽然他掌握的材料是很全的。列宁认为，布哈林对运动的经济过程的观察是不够具体的，常常落入名称（"专门术语"），"玩弄概念"的陷阱，"没有了解到，许多不恰当的表述和术语都渊源于哲学，它们在'深思'的幌子下走上了哲学唯心主义或不可知论（常常是不作考虑、不加批判地从别人那里抄来的），而绝

---

[1] 《列宁全集》第 60 卷，人民出版社 2017 年版，第 305 页。

[2] 《列宁全集》第 60 卷，人民出版社 2017 年版，第 321 页。

[3] 《列宁全集》第 60 卷，人民出版社 2017 年版，第 281—282 页。

不是唯物主义。"①

列宁多处批语批评布哈林就很经常地，甚至非常经常地陷入违反辩证唯物主义的术语的烦琐哲学泥坑，陷入唯心主义。列宁指出："当作者独自倒立的时候显得非常可爱、活泼，也没有学究气。但是，当他盲目地模仿波格丹诺夫的'术语'（其实根本不是'术语'，而是哲学错误），为了装腔作势，为了显示学院气派，而在自己的书中先是频频倒立，然后翻身立地的时候，恰恰显出了学究气，显得不得体。"②

列宁在对第九章的评论中，针对布哈林用"辩证历史观点"对过渡时期生产关系所做的分析指出："在被波格丹诺夫的折中主义毒化了的作者看来，辩证'观点'只不过是许多同样重要的'观点'之一。"③列宁在批语中建议，布哈林在再版的时候如能删除副标题，删掉二三十页烦琐的话和不自觉地、唯心主义地、折中主义地运用的术语，增添二三十页实例，这本书就会变得非常出色。

第二，纠正了布哈林关于革命和资本主义的看法。布哈林指出革命暴力是帮助新生产关系形成的这一阶级的力量，这种力量的大小首先取决于这一阶级的组织程度。列宁补充说："应该加上：（1）取决于数量；（2）取决于在国内经济中的作用；（3）取决于同劳动群众的联系；（4）取决于这一阶级的组织性。"④列宁批评布哈林缺乏准确的阶级分析，对阶级的特点和本质没有正确的认识。

列宁不同意布哈林关于国家资本主义的一些看法。列宁针对布哈林所说"世界资本主义体系的崩溃，是从最薄弱的、国家资本主义组织最不发达的国民经济体系开始的"这一论断写道："不对：是从'比较薄弱的'体系开始的。没有一定程度的资本主义，我们是什么也办不成的。"⑤

第三，肯定了布哈林关于社会主义不存在商品生产的观点。布哈林把社会主义生产力解释为只是技术的发展，列宁认为这是没有根据的。在评论中，列宁肯定了布哈林关于有组织社会即社会主义社会不存在商品经济的观点。布哈林认为："当生产过程的不合理性消失的时候，即当自觉的社会调节者出来代替自发势力的时候，商品就变成了产品而失去了自己的商品性质。"对此观点

---

① 《列宁全集》第 60 卷，人民出版社 2017 年版，第 321 页。
② 《列宁全集》第 60 卷，人民出版社 2017 年版，第 320 页。
③ 《列宁全集》第 60 卷，人民出版社 2017 年版，第 307 页。
④ 《列宁全集》第 60 卷，人民出版社 2017 年版，第 310 页。
⑤ 《列宁全集》第 60 卷，人民出版社 2017 年版，第 317 页。

列宁指出："对！""不确切：不是变成'产品'，而是另一种说法。例如变成一种不经过市场而供社会消费的产品。"对于布哈林提出的"价值这一商品资本主义制度处于平衡状态时的范畴，最不适用于过渡时期，因为在过渡时期商品生产在很大程度上正在消失，（那里不存在）平衡状态……在无产阶级专政制度下，'工人'领得的是社会劳动口粮，而不是工资"。列宁批语道："对！而且说的很好，不矫揉造作。应该发扬这一点。"对于布哈林提出的，在"新的生产周期"条件下，利润范畴以及剩余价值范畴就都同样消失了的观点，列宁也批语"对！"[1] 可见，列宁基本上肯定了布哈林关于有组织的社会即社会主义社会中不存在商品生产的观点，并在某些方面作了补充和发挥，这反映了当时列宁对于社会主义社会中商品生产和交换问题的基本态度。

列宁尽管赞同社会主义不存在商品生产，但是认为一些政治经济学范畴仍然存在和起作用。布哈林在书中认为马克思的政治经济学范畴（价值和剩余价值规律以及商品、货币、利润、工资等等概念）在过渡时期就已完全消亡和消失，显然是错误的。布哈林说："在资本统治下，生产是剩余价值的生产，是为利润进行的生产。在无产阶级统治下，生产是为抵补社会需要进行的生产。"列宁在此处写了一段批语："没有说到点子上。利润也是满足'社会'需要的。应该说：在这种情况下，剩余产品不归私有者阶级，而归全体劳动者，而且只归他们。"[2]

第四，对布哈林过渡时期应实行"超经济"强制主张进行了肯定和补充。布哈林《过渡时期经济学》一书的第十章"过渡时期的'超经济'强制"，有七个小标题：1.暴力和强制及其同经济的相互关系；2.过渡时期中的暴力；3.国家政权是集中的暴力；4.无产阶级专政的经济意义；5.对无产阶级阶层的暴力和强制；6.强制是劳动人民自我组织的表现；7.强制的消亡。列宁对第十章尤为赞赏。在这一章的末尾他这样写道："这一章很出色！"[3]

对于布哈林关于暴力和强制及其同经济的相互关系问题的论述，关于过渡时期暴力问题的分析，列宁给予较多的肯定。对于布哈林"暴力本身就是一种经济力"的论述，对于无产阶级国家政权作为一种"集中的暴力"的含义的分析，列宁给予"非常好！对！"的赞扬。在这一章中，布哈林还论述了无产阶

---

① 《列宁全集》第 60 卷，人民出版社 2017 年版，第 308、309 页。
② 《列宁全集》第 60 卷，人民出版社 2017 年版，第 302 页。
③ 《列宁全集》第 60 卷，人民出版社 2017 年版，第 316 页。

级专政的经济意义，提出了对非无产阶级阶层的暴力和强制问题，也提出了对劳动人民自身的强制问题，最后还论述了强制的消亡问题。对于布哈林的这些分析，列宁都给予"对!"、"正是如此"、"非常好!"等评价①。

但是，在这一章其他一些章节中，列宁对过渡时期的强制问题也提出了一些不同于布哈林的观点。在第九章中布哈林指出"从农村强制地取得的产品(这里与'正常'情况不同的地方在于，这种方法只有一部分是直接以经济手段为基础……)"。对此，列宁指出："不对。过去资产阶级通过法庭、收税人等实行'强制'。现在无产阶级更直接地实行强制"。② 对于向共产主义过渡中有关强制规定的消失次序，列宁提出了同布哈林相反的估计：起初消亡的是强迫性的劳动，然后是惩罚机关和镇压机关系统，最后是军队。

《过渡时期经济学》一书的第十章是"战时共产主义"色彩最浓的一章，具有较强的"战时共产主义"政策的烙印，作为作者的布哈林的论述是如此，作为评论者的列宁对此章的评论也是如此。列宁的评论一方面提出了许多有价值的论点，另一方面也受"战时共产主义"实践和消灭商品经济等观点的影响，这就是时代的局限。

第五，对布哈林的政治经济学消失论的批判。列宁针对布哈林把政治经济学局限于资本主义生产关系范围的看法，指出把政治经济学看成是一门仅仅关于资本主义制度的科学是错误的。他说布哈林书中所下的定义"比恩格斯倒退了一步"；商品生产也是"有组织的经济"，断言"资本主义商品社会的末日也就是政治经济学的告终"是不对的③。因为 I v+m 和 II c 的关系甚至在纯粹的共产主义社会里也是有的。列宁在这个论断旁边写道："不对。即使在纯粹的共产主义社会里不也有 I v+m 和 II c 的关系吗？还有积累呢？"④ 这说明政治经济学作为一门研究经济规律的科学，不仅在社会主义社会存在，而且在共产主义社会也会存在。

苏联在 1929 年发表的列宁的评论，给了政治经济学消失论以致命的打击。这使经济学界对于社会主义政治经济学对象的看法，特别是对于社会主义是否存在政治经济学的认识发生了一个根本的转变。列宁的评论从根本上扭转了苏

① 《列宁全集》第 60 卷，人民出版社 2017 年版，第 309、310 页。
② 《列宁全集》第 60 卷，人民出版社 2017 年版，第 306 页。
③ 《列宁全集》第 60 卷，人民出版社 2017 年版，第 275 页。
④ 《列宁全集》第 60 卷，人民出版社 2017 年版，第 275 页。

联经济学界对政治经济学的看法，加强了对社会主义经济问题的理论研究，并在社会主义政治经济学形成和发展过程中起了决定性作用。

第三节 反击地主资产阶级复辟思潮的斗争

新生的苏维埃政权在成立初期，除了面临军事、政治、经济方面的压力以外，意识形态领域的斗争也异常激烈。地主资产阶级的思想家通过各种形式对马克思主义和社会主义展开猛烈攻击，试图在俄国复辟资本主义。面对反动复辟思想的猖狂进攻，列宁领导的布尔什维克党不仅在理论上对其进行深刻批判，而且动用无产阶级专政的力量进行有力反击。

一、反动复辟思潮的猖獗

十月革命胜利后，丧失了政权的地主资产阶级除企图用武装进攻的方式扼杀年轻的苏维埃政权之外，在意识形态领域中也向无产阶级发起了猖狂的反扑。地主资产阶级的思想家竭力宣扬剥削阶级的意识形态，鼓吹宗教神秘主义，恶毒攻击十月革命、苏维埃政权及其指导思想——马克思主义。其实质和根本目的就是歪曲和丑化十月革命及其成果，在俄国复辟资本主义。

从十月革命胜利后的第一天起，新生的苏维埃政权就遭到国内外资产阶级的武装进攻，为粉碎敌人的进攻，捍卫革命成果，布尔什维克党和苏维埃政府将主要的精力放在了军事和政治方面。这就使得剥削阶级在文化和思想领域中历史形成的优势继续得以保持。代表剥削阶级利益的思想家和知识分子利用这种优势，运用出版、报刊以及大学讲台等方式大肆宣扬剥削阶级的意识形态，特别是他们还建立了以各种学术组织为名目的思想中心，如"自由哲学学会"、"自由精神文化学院"、"俄罗斯经济学家协会"、"俄罗斯技术协会"，等等。剥削阶级思想家们的活动还得到了国外资产阶级在物质和资金方面的大力支持，因此在意识形态领域里的阶级斗争较之革命前更为尖锐和激烈。

在反动的复辟思潮中，原路标派分子起了中坚作用。路标派是因一部分俄国资产阶级自由派分子于 1909 年出版了一本名叫《路标》的文集而得名的。这本文集的主要作者有别尔嘉也夫（1874—1948）、布尔加柯夫（1871—1944）、弗兰克、司徒卢威（1870—1944）等。以这些人为中心形成了一个代表俄国资产阶级自由派中保守主义倾向的思想派别——路标派。路标派在理论上激烈反对唯物主义，特别是马克思主义，极力鼓吹唯心主义和宗教神秘主义；在政治上反对民主主义，反对社会革命。列宁对《路标》文集的反动观点进行了十分深刻的批判，尖锐地指出，这本文集是"自由派叛变活动的百科全书"[1]。其实质就是反对革命民主主义者的无神论和唯物主义，"又非常坚决、非常彻底地力图恢复宗教的世界观"[2]。十月革命胜利后，原路标派分子又连续出版了多种文集和著作，在新的形势下极力宣扬宗教唯心主义，反对马克思主义和十月革命。他们的宗教唯心主义理论成为剥削阶级复辟思潮的重要思想支柱。

以原路标派分子为主编撰、后来在国外出版的文集《从深处》就是宣扬反动复辟思想的一个典型。他们坚持并进一步发挥了《路标》文集的反动思想，力图证明十月革命的不合理性。他们对作为十月革命胜利成果的无产阶级专政和社会主义民主以及普遍劳动义务制、工厂中的工人监督等进行了疯狂的攻击，并得出结论说，十月革命的一切成果都将被彻底清除，被在马克思主义指导下进行的十月革命所破坏的宗教必将在俄罗斯重新复兴，俄国人民必将会从布尔什维克的"妖魔鬼怪"那里重新解放出来。在原路标派分子别尔嘉也夫、弗兰克、斯切潘等人积极参与下出版的文集《奥斯瓦尔德·施本格勒和〈西方的没落〉》是鼓吹和宣扬反动复辟思潮的又一个典型。施本格勒（1880—1936）是德国反动的唯心主义哲学家，在书中，他极力宣扬欧洲文化毁灭论。他认为欧洲正经历着一个精神僵死的时期，这是文明取代文化的必然结果。[3] 施本格

---

[1] 《列宁全集》第 19 卷，人民出版社 2017 年版，第 168 页。

[2] 《列宁全集》第 19 卷，人民出版社 2017 年版，第 169 页。

[3] 在《西方的没落》一书中，施本格勒对"文化"和"文明"作了严格区分。他认为，人类历史就是一部几种互不联系的文化形态的历史。这些文化形态如同生命有机体一样，可以分为上升蓬勃的时期和下降瓦解的时期，前一时期属于"文化"阶段，后一时期则是"文明"阶段。"文化"以宗教为其灵魂，"文明"则以非宗教为特征，由于丧失了宗教灵魂，文明给人类带来了无穷灾难，但"文明"取代"文化"又是不可避免的必然结果。

勒宣扬的这种悲观主义和反文明思想十分迎合失败了的俄国剥削阶级思想家的需要，因而受到了他们热烈的赞扬。在上述文集中，原路标派分子以评论施本格勒的观点为名，大肆发挥作者的反动思想。他们认为，文化起源于宗教观念，没有对上帝的信仰就没有文化的产生和发展；马克思主义是与宗教根本对立的，因而以马克思主义为指导的十月革命严重地破坏了宗教信仰，就必然会造成文化和精神的毁灭；俄罗斯文化复兴的唯一出路就是"改革宗教生活"，即复兴宗教，唯此俄国文化才能得到拯救。其言下之意就是只有清除马克思主义和十月革命所造成的后果，使宗教复兴，才能使文化复兴。在他们的眼中，十月革命胜利导致的无产阶级专政和社会经济制度是与宗教不相容的一种"狂妄的文明社会"，这样就把矛头直接指向了十月革命及其成果。别尔嘉也夫和司徒卢威认为，十月革命发生的原因是由于俄罗斯人民对宗教信仰暂时被"虚无主义"，即被马克思主义和唯物主义搅乱和破坏了。一旦俄国人民的宗教意识得以恢复，那么革命所造成的暂时后果就将被消除。因此，十月革命根本不是社会客观矛盾发展的必然结果，它的成果不可能巩固和持久，建立新的"人民资本主义的俄罗斯"只是迟早的事情。弗兰克认为，人类社会的基础和保障就是对上帝的信仰，由于革命破坏了这种信仰，就必然会造成文化危机。这一危机不仅会导致所谓文明社会的毁灭，而且必然会导致"新的伟大力量"的产生，这将是"神圣人类"发展的下一阶段的派生物。他所说的"新的伟大力量"就是资产阶级，所谓"'神圣人类'发展的下一阶段"也就是"人民的资本主义"。

从上述原路标派分子的言论中不难看出他们复辟资本主义的强烈愿望，充分暴露了他们反对马克思主义和社会主义的反动本质。因此，列宁在谈到地方资产阶级意识形态的危险性时指出，《奥斯瓦尔德·施本格勒和〈西方的没落〉》这本文集是自卫组织的文学伪装。

1921年，当布尔什维克党和苏维埃政权领导人民粉碎了国内外敌人的武装进攻，结束"战时共产主义"而实行新经济政策之后，经济领域中的资本主义因素开始重新活跃了起来，并且由此产生了一些新的资产阶级分子。这种状况又使相当一部分资产阶级知识分子产生了和平复辟资本主义的幻想。在他们看来，用武装进攻的方式颠覆苏维埃政权是行不通的，这已被事实所证明。因此，他们提出应"转换路标"，放弃与苏维埃政权的武装斗争转而与其合作。1921年7月，一些流亡国外的白俄侨民在捷克布拉格出版了一本名为《路标转换》的文集，集中反映了上述资产阶级知识分子的思想，并在苏俄国内的知识分子中产生了强烈的共鸣和反响，于是迅速形成了一种社会政治思潮。所谓"路标转换主义"就是这一思潮的总称。但这一思潮的参加者的社会地位、政治立场十分不同，因此思想倾向也有很大差异。随着这一思潮的发展，很快就形成了左右两翼。其右翼以乌斯特里亚洛夫为代表，他们在中国的哈尔滨出版了《生活新闻》报，形成了右翼的中心。左翼则以基尔杰佐夫等人为代表，他们先后创办了《路标转换》杂志（巴黎）和《前夜》报（柏林），形成了左翼的中心。

路标转换主义的右翼认为，放弃武装斗争，转而与苏维埃政权和解，这只是斗争策略的改变。因为以各种形式特别是武装斗争的形式同布尔什维克斗争的旧道路已根本行不通，因此需要采用新的方式来达到资本主义复辟的目的。如乌斯特里亚洛夫认为，承认苏维埃政权，与它进行和解与合作，根本的原因是为了"大俄罗斯"，而不是无条件地接受布尔什维主义或完全同它和解，仅仅是为了在本质上改变苏维埃政权的方法。他认为，新经济政策并不是苏维埃政权的策略，而是它的演变。随着资本主义成分在经济领域中的增加，在政治上就必不可免地要恢复资本主义民主制。他提出，实行"路标转换"的根本任务就是要促进和加速苏维埃政权的蜕化和演变的进程。

由此可见，路标转换主义的右翼的基本立场是通过转换斗争方式，依靠知识分子的力量，促使苏维埃政权的和平演变。这种思想反映了资产阶级复辟资本主义制度的政治意图。

路标转换主义的左翼则认为，实行新经济政策并不是苏维埃政权的演变，而是介于共产主义和"生活需求"之间的合力，是适合俄国国情的措施。他们也认为苏维埃政权可能会演变，但不是演变为资本主义制度，而是会演变成为一种新的"劳动民主国家"。在这个国家中将实行一种"劳动民主主义"。但在当时无产阶级与资产阶级激烈斗争的条件下，这种所谓的"第三条道路"是根本行不通的，它只能是乌托邦式的空想，其结果只能是导致资本主义。路标转换主义左翼的这种观点，是其小资产阶级本质的集中体现，反映了他们既害怕地主和大资产阶级制度的复辟，又不满意无产阶级专政的思想情绪。

此时，宣扬和鼓吹资产阶级意识形态的，还有以索罗金（1889—1968）为代表的体现地主资产阶级利益的"国内侨民集团"以及一些孟什维克和社会革命党分子。他们对苏维埃政权、对马克思主义、对布尔什维克也进行了种种的恶毒攻击，明目张胆地鼓吹资本主义复辟。如著名的孟什维克分子马尔托夫

(1873—1923)、巴扎罗夫等人在他们编辑出版的《思想》杂志上发表了许多文章，认为在经济文化十分不发达的俄国进行社会主义革命的条件并不成熟，因此社会主义在俄国并没有基础，出路只能是在俄国建立一种比较温和的国家资本主义制度。列宁针对这些文章写道："仅仅零散的几期刊物，就已散发出一股浓烈的气味，使人立刻感觉到像是置身在奴才的下房里。有教养的、以社会主义者自居的、浸透资产阶级偏见并充当资产阶级奴才的知识分子，——这就是这一群著作家的真面目。"[1]

二、布尔什维克党对反动复辟思潮的批判

面对反动复辟思潮的猖狂进攻，列宁尖锐地指出，这是被推翻的反动阶级在意识形态领域中向无产阶级展开的激烈的阶级斗争。因此，布尔什维克党和无产阶级的"任务是要战胜资本家的一切反抗，不仅是军事上和政治上的反抗，而且是最深刻、最强烈的思想上的反抗"。[2] 列宁领导布尔什维克党对反动复辟思潮不仅在理论上进行了深刻的批判，而且动用了无产阶级专政的力量加以有力的反击。

首先，对反动复辟思潮的思想支柱——宗教唯心主义进行了深刻的批判，捍卫了马克思主义的科学世界观。列宁于 1922 年 3 月发表了《论战斗唯物主义的意义》一文，这是向宗教唯心主义发起批判的战斗檄文，为反对宗教唯心主义提供了锐利的理论武器。列宁指出，剥削阶级复辟思潮宣扬宗教唯心主义，鼓吹宗教宣传的自由，其根本目的就是反对马克思主义，反对无产阶级专政，动摇苏维埃政权，这是明目张胆地为资产阶级复辟服务。因为"对资产阶级有利的，就是宣传最反动的思想、宗教、蒙昧主义以及为剥削者辩护等等"[3]。这一论述深刻地揭露了剥削阶级思想家们宣扬宗教唯心主义的根本目的和阶级本质。列宁指出，剥削阶级思想家之所以用宗教唯心主义来作为自己的理论武器，就是企图利用俄国广大劳动群众文化水平低，长期受宗教蒙昧主义

---

① 《列宁全集》第 37 卷，人民出版社 2017 年版，第 133 页。
② 《列宁全集》第 39 卷，人民出版社 2017 年版，第 448 页。
③ 《列宁全集》第 43 卷，人民出版社 2017 年版，第 28 页。

束缚这一特点来同马克思主义争夺思想阵地。因此，提高人民群众包括共产党员的文化程度是苏维埃政权最迫切的任务之一。

列宁还明确地提出了为战胜宗教唯心主义马克思主义者所面临的迫切理论任务。第一，建立党内外唯物主义者的联盟；第二，实现辩证唯物主义者与自然科学工作者的联盟；第三，加强无神论的宣传和组织对宗教唯心主义的有力批判；第四，用唯物主义改造黑格尔辩证法，用唯物辩证法的世界观和方法论武装唯物主义哲学家和自然科学家。

在列宁的号召下，布尔什维克党的马克思主义哲学家如阿多拉茨基（1878—1945）、德波林（1881—1963）、卢那察尔斯基（1875—1933）、涅夫斯基等纷纷发表文章，展开了对宗教唯心主义的有力批判。他们深入分析了当时俄国宗教唯心主义猖獗的根本原因，这就是当俄国资本主义制度被推翻以后，有相当一批资产阶级知识分子和思想家，如原路标派分子等，采取了敌视苏维埃政权即无产阶级专政的态度和立场，在宣扬资产阶级各种哲学思潮如新康德主义、新黑格尔主义、人格主义等无法与马克思主义相抗衡，而且影响十分有限的情况下，特别是在对苏维埃政权的武装进攻彻底失败的情况下，他们只有求助于宗教蒙昧主义，将复辟的希望寄托在群众的愚昧无知和部分持宗教神秘主义观点的知识分子身上。马克思主义理论家的批判有力地打击了宗教唯心主义。

其次，对路标转换主义思潮进行了深入的分析和批判。列宁揭示了路标转换主义的阶级实质。他指出，路标转换派"是俄国流亡者中的一种派别，一种社会政治派别，领导这一派别的是立宪民主党的一些著名人士，前高尔察克政府的一些部长"[1]。就这一思潮的实质而言，"路标转换派反映了成千成万的各色各样资产者或者参加我们新经济政策工作的苏维埃职员的情绪"[2]。列宁驳斥了路标转换主义关于新经济政策是布尔什维克的蜕化的论调。他指出，一部分路标转换主义者认为布尔什维克实行新经济政策并不是什么策略，"而是演变，是内部的蜕变，他们一定会走向通常的资产阶级国家，我们应当支持他们。历史是殊途同归的"。[3] 如乌斯特里亚洛夫就坦率地表达了路标转换主义者的这种观点。列宁强调，对乌斯特里亚洛夫的话必须加以重视，因为敌人说出了阶

---

[1] 《列宁全集》第43卷，人民出版社2017年版，第95页。

[2] 《列宁全集》第43卷，人民出版社2017年版，第97页。

[3] 《列宁全集》第43卷，人民出版社2017年版，第95页。

级的真话，指出了我们面临的危险，敌人力图使之成为不可避免的事情。他指出，实行新经济政策既不是布尔什维克党的策略，更不是什么"蜕化"和"蜕变"，而是向社会主义过渡的一个必经阶段。其实质是根据客观经济规律，利用和发展商品货币关系及市场贸易发展生产，建立强大的社会主义经济基础。之所以必须实行新经济政策，是因为在俄国的现实条件下，不可能"实现从小生产到社会主义的直接过渡，所以作为小生产和交换的自发产物的资本主义，在一定程度上是不可避免的，所以我们应该利用资本主义（特别是要把它纳入国家资本主义的轨道）作为小生产和社会主义之间的中间环节，作为提高生产力的手段、途径、方法和方式"。① 实行新经济政策，允许资本主义成分的存在，并不会导致资本主义复辟，因为无产阶级掌握着国家政权，掌握着国家的经济命脉。"俄国无产阶级国家掌握的经济力量完全足以保证向共产主义过渡。"② 但是，应当承认"乌斯特里亚洛夫所说的这种事情是可能的"。③ 即是说，资本主义复辟的危险性是存在的，因为无产阶级和资产阶级的斗争并没有结束，特别是文化领域中，这种斗争更为尖锐和激烈。要使路标派分子所预言的危险不能变成现实，就必须提高共产党员的文化素质和管理水平。

再次，驳斥了反动复辟思潮对十月革命及其伟大成果的诬蔑和攻击。列宁指出，在反对伟大的十月革命及其伟大成果的诬蔑和攻击方面，所有的敌人有着惊人的一致。他们一方面否认十月革命发生的必然性；另一方面又利用苏维埃政权的某些失误对十月革命的成果进行肆意的诅咒和谩骂。对此列宁给予了坚决的驳斥。他指出，十月革命的发生是历史的必然。这是因为，第一，俄国革命直接的迫切的任务是完成资产阶级民主主义革命的历史使命，即消灭俄国的农奴制度和封建制度，但是俄国的资产阶级并未能完成这一历史使命，所以只有通过无产阶级革命来完成。十月革命不仅彻底清除了农奴制度和封建制度的残余，而且解决了宗教、妇女权利、民族压迫等一系列民主革命方面的问题。可见，十月革命的发生是民主革命发展的必然要求。第二，无产阶级专政的建立是历史发展的必然结果。他指出，十月革命并没有仅仅停留在资产阶级民主革命的水平上，而是进一步将资产阶级民主革命发展成为无产阶级革命，

① 《列宁全集》第41卷，人民出版社2017年版，第217页。
② 《列宁全集》第43卷，人民出版社2017年版，第97页。
③ 《列宁全集》第43卷，人民出版社2017年版，第96页。

其结果就是无产阶级专政的建立。"苏维埃制度就是由一种革命发展为另一种革命的明证或表现之一。"[①] 这是由俄国的社会历史条件所决定的。可见，十月革命的发展和无产阶级专政的建立，并不是像一些复辟思潮的代表人物所说的那样，是什么宗教衰败导致的结果，或者是俄国历史条件不成熟的情况下发生的一个偶然事件。列宁进一步指出，在建设苏维埃国家的过程中，由于这是前所未有的崭新事业，因此错误和失利是无法避免的。资产阶级及其代言人利用布尔什维克的这些错误和失利来证明苏维埃制度的暂时性，说这些失误是苏维埃制度必然带来的结果。列宁反驳道："在缔造前所未有的新型国家制度这种全世界历史上新的事业中，难道能没有失利和错误吗？"[②] 因此，布尔什维克在建设苏维埃国家过程中出现某些错误和失利并非这一制度的必然结果，而只是探索中的产物，这是任何新生事物成长过程中都不可避免的。苏维埃制度具有强大的生命力，它必定能克服和纠正这些失利和错误，最终实现自己的历史使命。

列宁和布尔什维克党除了从理论上对反动复辟思潮进行深入批判外，还运用无产阶级专政的力量对其进行了坚决的反击。

首先是建立了马克思主义的意识形态机构，这是战胜剥削阶级意识形态最关键的环节之一。早在十月革命胜利的初期，布尔什维克党就建立了一批党校，1918 年还建立了社会主义科学院。在粉碎阶级敌人的武装进攻之后，布尔什维克党更进一步加强了马克思主义理论队伍的建设，委派斯大林、加里宁（1875—1946）、伏龙芝（1885—1925）等党和国家著名的活动家和理论家加强对思想文化战线的领导。党和政府在莫斯科和彼得格勒创建了红色教授学院，在全国各大城市建立了共产主义大学，同时扩大了已有的社会主义科学院的活动，培养了一支强大的马克思主义理论队伍。苏维埃政府还大量出版了马克思主义和其他唯物主义者的著作，并采取措施禁止私人办报，使报纸完全成为党和政府的舆论工具，创办了一批马克思主义的刊物，如《在马克思主义的旗帜下》等，为宣传和研究马克思主义提供了理论阵地。上述措施的实施，为无产阶级在意识形态领域中粉碎反动复辟思潮创造了极为重要的前提条件。

为进一步削弱剥削阶级思想的影响，1922 年秋，列宁和苏维埃政府采取行政措施，解散了一批资产阶级的学术团体和协会，查禁了一些宣扬反动复辟

---

① 《列宁全集》第 42 卷，人民出版社 2017 年版，第 183 页。
② 《列宁全集》第 42 卷，人民出版社 2017 年版，第 183 页。

思想的出版物。同时还逮捕了一批从事反对马克思主义和苏维埃政府活动的反动教授、作家等，不久，又将其中的骨干分子共161人驱逐出境，这里面包括原路标派分子别尔嘉也夫、弗兰克、布尔加柯夫等，还有"国内侨民集团"的头面人物索罗金等。

在同剥削阶级意识形态的斗争中，列宁和布尔什维克党极端重视文化和教育工作，因为意识形态的斗争从根本上来说就是争夺人心的工作。无产阶级要清除剥削阶级思想在人民中的影响，最重要的就是要使人民群众提高自己的文化水平，以使他们提高辨别是非的能力。所以党和政府在人民中进行了大规模的扫盲工作，并加强了对教育工作的领导。1922年秋，教育人民委员部颁布了新的高校章程，规定校长必须由政府委派，限制了由部分教授控制的教授委员会的权限，并对高校教师和学生的社会成分提出了具体要求。

特别需要提出的是，在反击剥削阶级意识形态进攻的斗争中，列宁和布尔什维克党始终贯彻了以思想斗争和思想教育为主，以行政强制措施为辅的方针，这一点在对路标转换派的政策上表现得尤为突出。党和政府对其采取了既利用又斗争，既团结又改造的方针。一方面，对这一思想中的反动倾向进行了坚决斗争，严厉地批判了其中部分右翼分子宣扬的复辟思想，如关于苏维埃政权正在蜕变、主张资产阶级自由化、民族沙文主义等反动观点；另一方面，对其左翼思想中的某些积极的因素则予以充分肯定和支持，如主张真诚地与苏维埃合作，号召国外知识分子回国参加祖国建设等。尤其是在人事处理上采取了争取和宽容的态度，如右翼代表人物乌斯特里亚洛夫，列宁曾对他的反动观点进行十分严厉的批判，但当他表示愿回国工作时，苏维埃政府就安排好了他的工作。对左翼转换路标主义者，党和政府更是努力通过各种途径和方式来引导他们走上正确的道路，促使他们的思想发生根本的转变；重视利用路标转换派知识分子的知识和经验，让他们在适当的工作岗位上充分发挥其专长。由于采取了上述正确的政策，绝大多数路标转换主义者在思想上真正实现了"路标转换"，站到了人民的一边。这是布尔什维克党在同资产阶级意识形态斗争中取得的重大胜利。

布尔什维克党领导的无产阶级反对剥削阶级复辟思潮的斗争于1927年前后基本结束。无产阶级击退了剥削阶级在意识形态领域中的猖狂进攻，用马克思主义占领了苏联的思想文化阵地。这场斗争为在无产阶级专政条件下同资产阶级意识形态进行斗争提供了宝贵的历史经验。

第四节 批判文化虚无论

苏维埃政权成立初期，以全盘否认一切历史文化遗产、鼓吹"自治"为核心的文化虚无主义观点曾在当时思想文化领域产生了广泛影响。鉴于这一思想对社会主义文化建设的危害，列宁和布尔什维克党对这一错误观点进行了严厉而深刻的批判，并与其企图摆脱党和苏维埃政府领导的宗派活动进行了坚决斗争。

一、无产阶级文化派及其错误

十月革命胜利后，无产阶级不仅面临着发展生产恢复被战争破坏的国民经济的巨大任务，而且面临着发展科学文化的艰巨使命，因此，如何对待历史文化遗产就成为一个迫切需要解决的重大问题。以"无产阶级文化派"为代表，在当时形成了一种对历史文化遗产乃至资本主义社会的科学技术进行全面否定的错误倾向。对这种"左"倾思潮所持的文化虚无主义观点，列宁进行了严肃的批判，并科学地阐明了马克思主义对待文化遗产的科学态度。

所谓"无产阶级文化派"，就是指全俄无产阶级文化协会，它成立于1917年10月，是一个广泛的群众性的文化组织。十月革命后，它在全俄各地成立了100多个分会，拥有机关刊物《无产阶级文化》以及20余种定期刊物，在群众中拥有相当大的影响。在成立的初期，它对推动苏维埃文化的发展起过一定的积极作用。但以波格丹诺夫为代表的原前进派分子参加协会以后，逐渐控制了协会的领导权，从而也改变了协会成立时规定的用知识武装工人阶级的宗旨，用马赫主义和波格丹诺夫主义将协会引上了反对党和苏维埃政府对协会的领导、否定人类一切文化遗产的错误道路。

波格丹诺夫在革命前是俄国马赫主义的主要代表人物之一。对他宣扬的马赫主义，列宁在《唯物主义和经验批判主义》一书中给予了彻底的批判。但革命后他仍坚持马赫主义的立场，并写了《组织形态学》、《组织科学纲要》等书，系统地论述了他关于建立"无产阶级特殊文化"的虚无主义文化观。

以波格丹诺夫为代表的无产阶级文化派的错误主要表现在以下几个方面。

首先，宣扬对文化遗产的虚无主义观点。他们宣称，无产阶级文化协会的主要任务和根本目标就是创造新的、"纯粹的无产阶级文化"。无产阶级文化协会是"无产阶级思想和无产阶级艺术的实验室"，它从事的不是文化教育工作，而是新的无产阶级文化的创造工作。因此，他们以"进行文化革命"为口号，认为无产阶级对待历史上的文化遗产应该像信教的人对待异教徒那样。有人明确宣称："把资产阶级文化当作一堆废物扔掉。"无产阶级文化派的主要刊物《未来》宣称："地主作家或者官僚官吏能写出什么对共产主义有价值和有教益的东西呢？"[①] 所以新的无产阶级文化对历史文化遗产"不需要继承的联系"。

其次，否定利用和改造旧知识分子的必要性。他们认为，旧知识分子的世界观根本无法改变，所以创造无产阶级文化只能依靠无产阶级自己。无产阶级文化协会主席普列特涅夫公然宣称："我们的整个革命经验，尤其是新经济政策时期的经验表明，旧世界的艺术家不能，而且今后也不可能成为革命的艺术家。""我们大胆地断言，绝大多数的艺术家，即使他们在形式上入了党，按他们的艺术思想体系来说，也仍然是唯心主义者和形而上学者。"由于旧知识分子的世界观无法得到改造，创造无产阶级新文化的任务就不可能依靠他们来完成。"建设无产阶级文化的任务只有靠无产阶级自己的力量，靠无产阶级出身的科学家、艺术家、工程师等等才能得到解决。"[②]

再次，在政治上反对布尔什维克党和苏维埃政府的领导。他们声称，布尔什维克党应该只领导政治斗争，工会只领导经济斗争，而文化斗争则应由无产阶级文化协会来领导。因此他们既拒绝了苏维埃政府关于将协会并入国民教育处的决定，又多次明确拒绝接受教育人民委员部的领导。他们甚至开办了以波格丹诺夫的"组织形态学"为核心课程的"世界无产阶级大学"，并准备成立"世界无产阶级文化协会"来与共产国际分庭抗礼。

最后，在意识形态上，用马赫主义和波格丹诺夫主义对抗马克思主义。无产阶级文化派对待历史文化遗产的虚无主义观点的根本理论基础就是波格丹诺

---

① 郑异凡编：《苏联"无产阶级文化派"论争资料》，人民出版社 1980 年版，第 7 页。

② 郑异凡编：《苏联"无产阶级文化派"论争资料》，人民出版社 1980 年版，第 28、28—29、24 页。

夫以马赫主义为基础的"组织科学"理论。按照他的所谓组织科学理论，一切观念形态都是经验的组织形式，无产阶级的科学和文化只能是无产阶级自己的阶级经验和组织形式，它是同历史上的一切统治阶级的阶级经验相对立的。因此，无产阶级的文化不可能从历史上的文化中继承得来，它只能依靠无产阶级自己的重新创造。波格丹诺夫的这一思想的实质就是马赫主义的主观唯心主义。

二、对无产阶级文化派的批判

鉴于无产阶级文化派业已存在的广泛影响以及对发展社会主义文化所起的危害作用，列宁和布尔什维克党十分重视对它宣扬的错误观点进行批判，并与其企图摆脱党和苏维埃政府领导的宗派活动进行了坚决斗争。

1920年12月1日，《真理报》发表俄共中央的信《关于无产阶级文化协会》，对无产阶级文化派及其理论基础——马赫主义和波格丹诺夫主义进行了严厉的批判，并明确表示要认真解决无产阶级协会的问题。这封信在协会中引起了强烈震动，波格丹诺夫的职务被解除。但此举并没有完全清除波格丹诺夫主义对协会的影响，新任领导人普列特涅夫等仍在散布其错误思想。1921年11月，俄共（布）中央政治局又作出《关于无产阶级文化协会的第78A号决定》。决定指出，全党应更重视无产阶级文化协会的工作，将其建设成为满足无产阶级文化需要的机构。决定强调，应"把小资产阶级小市民的污泥浊水从无产阶级文化协会中清除出去，从思想上反击用资产阶级唯心主义哲学(波格丹诺夫等)的假货色顶替唯物主义世界观的一切企图"[1]。

根据列宁和中央的指示精神，一些马克思主义理论家如雅克夫列夫、克鲁普斯卡娅（1869—1939）、卢那察尔斯基、布哈林等都发表了一系列重要文章，批判了无产阶级文化派的错误。列宁本人也亲自发表讲话和文章对无产阶级文化派进行了深入批判，并论述了马克思主义文化观的一系列重要思想。

首先，列宁批判了无产阶级文化派否定一切文化遗产的虚无主义观点，阐明了马克思主义对待历史文化遗产的科学态度。1922年9月27日，无产

---

[1] 郑异凡编：《苏联"无产阶级文化派"论争资料》，人民出版社1980年版，第44页。

阶级文化协会主席普列特涅夫在《真理报》发表了《在意识形态战线上》一文，该文系统阐述了无产阶级文化派对待历史文化遗产的虚无主义观点，是该派带有纲领性质的文章。列宁随后在报纸上对文章作了评注，并写便条给《真理报》主编布哈林，指出这是一篇"用各种深奥时髦的字眼故弄玄虚的蠢话"，是用无产阶级文化派的错误观点冒充历史唯物主义。"这可是在伪造历史唯物主义！玩弄历史唯物主义！"[1] 同时，他指出，《真理报》编辑部应向作者指出他的错误。

1920 年 10 月，列宁在《青年团的任务》一文中指出，历史唯物主义对待历史文化遗产的科学态度是："只有确切地了解人类全部发展过程所创造的文化，只有对这种文化加以改造，才能建设无产阶级的文化。"因为"无产阶级文化并不是从天上掉下来的，也不是那些自命为无产阶级文化专家的人杜撰出来的。如果硬说是这样，那完全是一派胡言。无产阶级文化应当是人类在资本主义社会、地主社会和官僚社会压迫下创造出来的全部知识合乎规律的发展。"[2] 在这里，列宁深刻揭示了无产阶级文化与人类文化遗产之间的不可分割的继承关系。无产阶级文化派否定这种继承关系，将无产阶级文化看成是离开人类文化发展大道而凭空产生出来的，这只能是十足的空想。列宁进一步指出，这种继承决不是毫无分析地全盘接受，而是有批判地继承。列宁以马克思主义理论为例，深刻说明了对历史文化遗产进行批判继承的必要性及其意义。他指出，马克思的学说之所以能够掌握最革命阶级的千百万人的心灵，"这是因为马克思依靠了人类在资本主义制度下所获得的全部知识的坚固基础"[3]。"凡是人类社会所创造的一切，他都有批判地重新加以探讨，任何一点也没有忽略过去。凡是人类思想所建树的一切，他都放在工人运动中检验过，重新加以探讨，加以批判，从而得出了那些被资产阶级狭隘性所限制或被资产阶级偏见束缚住的人所不能得出的结论。"[4] 马克思在批判地继承了人类一切知识的基础上，研究了人类社会发展的客观规律，揭示了社会主义代替资本主义的历史必然性。马克思是科学对待历史文化遗产的典范。列宁强调指出，无产阶级文化不是臆造出来的，而是应当根据马克思主义世界观和无产阶级在其专政时代

---

① 《列宁全集》第 52 卷，人民出版社 2017 年版，第 475 页。
② 《列宁全集》第 39 卷，人民出版社 2017 年版，第 334 页。
③ 《列宁全集》第 39 卷，人民出版社 2017 年版，第 333 页。
④ 《列宁全集》第 39 卷，人民出版社 2017 年版，第 334 页。

的生活与斗争条件的观点，去发扬现有文化的优秀典范、传统和成果，从而形成无产阶级的新文化。"只有了解人类创造的一切财富以丰富自己的头脑，才能成为共产主义者。"①

其次，针对无产阶级文化派否定改造和利用旧知识分子必要性的错误观点，列宁强调了改造和利用旧知识分子对建设社会主义文化的重要性。列宁多次指出，旧社会培养的知识分子是建设无产阶级文化和培养新的社会主义知识分子的重要力量。早在 1918 年，列宁就指出"我们用资本主义给我们留下的知识分子建设政权。如果连知识分子这样的资本主义文化遗产都不利用，我们就无法建设政权。"②1920 年 11 月，列宁又特别谈道，文化教育对无产阶级在人口中占少数的俄国尤其重要，但这一工作必须要依靠旧社会遗留下来的几十万教师来进行。这些教师接受了资本主义文化遗产，浸透了这种文化的缺点，这种情况下，他们不可能是共产主义的教师。"但是这并不影响我们吸收他们参加政治教育工作者的行列，因为他们有知识，而没有知识我们就达不到我们的目的。"③只有掌握这些教师从资产阶级那里继承下来的一切知识，才能建设一个没有资本家、没有剥削者、没有地主的国家。列宁还指出，建设社会主义，还必须依靠旧社会遗留下来的科技专家。虽然这些专家的世界观仍是资产阶级的，仍需要对之进行改造，但在无产阶级专政的条件下，他们将会"通过自己那门科学所达到的成果来接受共产主义"④。他甚至说："那些虽然是资产阶级的但是精通业务的'科学和技术专家'，要比狂妄自大的共产党员宝贵十倍"⑤。在无产阶级夺取政权后，要学会管理俄国，就必须学会谦虚，学会尊重那些科技专家的工作。只有把专家的知识同劳动人民的主动性、毅力以及工作结合起来，才能架设起从资本主义旧社会通往社会主义新社会的桥梁。

再次，列宁批判了无产阶级文化派虚无主义观点的理论基础——马赫主义和波格丹诺夫主义，指出了马克思主义对建设社会主义文化的极端重要性。针对波格丹诺夫主义在新形式下的复活，列宁于 1920 年秋着手再版了《唯物主义和经验批判主义》一书。为再版该书，列宁还请涅夫斯基为他收集了波格丹

---

① 《列宁全集》第 39 卷，人民出版社 2017 年版，第 334 页。
② 《列宁全集》第 35 卷，人民出版社 2017 年版，第 217 页。
③ 《列宁全集》第 39 卷，人民出版社 2017 年版，第 447 页。
④ 《列宁全集》第 40 卷，人民出版社 2017 年版，第 356 页。
⑤ 《列宁全集》第 40 卷，人民出版社 2017 年版，第 356 页。

诺夫的所有近作，特别是关于无产阶级文化的论著，打算在深入研究后撰文进行批判。但因工作过于繁忙，列宁没能完成这个工作。于是他将这一工作交给了涅夫斯基，委托他对波格丹诺夫主义进行彻底批判。根据列宁的指示，涅夫斯基以列宁的有关思想为指导写出了《辩证唯物主义和僵死的反动派的哲学》一文。该文着重揭露了波格丹诺夫哲学思想的马赫主义实质，指出波格丹诺夫以新面目出现的哲学不过是已经僵死的腐朽的反动哲学的复活。他仍然是原来的那个唯心主义者、马赫和阿芬那留斯的信徒、对马克思恩格斯的辩证唯物主义进行批判的批评家。涅夫斯基在文中反驳了波格丹诺夫对马克思辩证法思想的歪曲和攻击，指出波格丹诺夫这样做的根本目的就是企图用他的"组织形态学"来代替马克思主义哲学。可以说，涅夫斯基这篇文章十分准确地表达了列宁的思想和意图，因此，该文得到了列宁的赞赏并将它作为附录收入了《唯物主义和经验批判主义》第二版。在第二版序言中，列宁揭露道："亚·亚·波格丹诺夫在'无产阶级文化'的幌子下贩运资产阶级的反动的观点"[1]。《唯物主义和经验批判主义》的再版以及涅夫斯基的文章沉重地打击了波格丹诺夫主义，揭露了其主观唯心主义的实质，对彻底清除其影响和批判无产阶级文化派的错误观点起到了巨大的作用。

最后，列宁揭露了无产阶级文化协会一些领导人鼓吹"自治"的实质就是反对苏维埃政府，尤其是布尔什维克党的领导。他指出："无产阶级文化协会的一切组织必须无条件地把自己完全看做教育人民委员部机关系统中的辅助机构，并且在苏维埃政权（特别是教育人民委员部）和俄国共产党的总的领导下，把自己的任务当做无产阶级专政任务的一部分来完成。"[2]根据列宁的上述指示，俄共中央通过了关于无产阶级协会的决议案，粉碎了协会少数领导人反对党的领导、向苏维埃政府闹独立的分立主义企图。

经过列宁和布尔什维克党对无产阶级文化派错误的揭露和批判，广大人民群众逐渐认清了其错误和危害，纷纷摆脱了它的影响并离它而去，无产阶级文化协会在组织上开始瓦解。1925年，俄共中央将协会划归全苏工会中央理事会管辖，协会最后于1932年8月解散。列宁和布尔什维克党对无产阶级文化派的批判和斗争对社会主义文化的建设和发展起到了巨大的促进作用。

---

[1]　《列宁选集》第2卷，人民出版社2012年版，第15页。
[2]　《列宁全集》第39卷，人民出版社2017年版，第374页。

第五节 德波林学派与"机械论"学派的论战

十月革命胜利以后，苏俄意识形态领域的争论也突出地反映在哲学领域。围绕哲学的作用、哲学与自然科学的关系等问题，德波林学派与"机械论"学派之间展开了一场激烈论战。

一、20 世纪 20 年代初苏联哲学和科学领域中的机械论思潮

20 年代初，在实证主义，特别是第二代的实证主义——马赫主义的影响下，苏联出现了一股否定哲学作用的哲学虚无主义思潮。这股哲学虚无主义思潮的出现，与波格丹诺夫宣扬的马赫主义的"经验一元论"对当时哲学社会科学领域以及自然科学领域产生的影响有着很大的关系。波格丹诺夫在 1920 年出版了他的新作《生动经验的哲学》，书中他提出了所谓的社会意识发展的三阶段理论。他认为，社会意识的各种形式在联成整体的过程中，按照历史和逻辑的顺序先后经历了三种基本类型：宗教的世界观、哲学的世界观和科学的世界观。他指出，在建立无产阶级文化的新时期，科学的世界观已取代了哲学的世界观。无产阶级需要的是科学，而不是哲学，所以应用科学来取代哲学。这是典型的马赫主义观点。由于这一理论以建立"纯粹无产阶级文化"的极"左"面目出现，因而在当时的哲学界特别是自然科学家中产生了很大影响，使许多自然科学家将哲学和科学对立起来，否定哲学对自然科学的作用。

与无产阶级文化派否定一切文化遗产的虚无主义同时出现的还有一种主张抛弃哲学的极"左"思潮。持这种思想的人在政治立场上是坚定的布尔什维克，同资产阶级进行过坚决的斗争，但他们却同无产阶级文化派一样，主张抛弃资本主义遗留下来的一切文化和思想遗产。他们认为，哲学和宗教一样，是一种脱离现实生活、脱离科学的剥削阶级的思辨教条，因此在无产阶级革命中应当把哲学与它的专有者——剥削阶级一起送进坟墓。

哲学虚无主义思潮的代表人物主要有米宁、博里切夫斯基等。米宁于1922年在《在马克思主义旗帜下》杂志上发表一篇题为《把哲学抛开》的文章。该文提出，在封建地主阶级那里形成的社会意识形态是宗教，在资本主义社会形成的是哲学，而无产阶级应当在科学中形成自己的意识形态。对于用科学武装起来的无产阶级来说，作为资产阶级"精神印模"的哲学不仅是不需要的，而且是有害的，所以应当将哲学彻底抛开。无产阶级需要的只是科学，只是需要科学而已。此文发表后，科学界和哲学界的一些人也发表了许多持同样观点的文章，他们异口同声地要求取消哲学，用实证科学来代替它。如博里切夫斯基就主张，任何自认为有独立性的哲学都是形而上学，真正的哲学总是包含在科学之中，科学本身就是哲学，所以应该用科学来取代哲学。

在这种哲学虚无主义的影响下，《真理报》甚至载文主张取消大学和党校中的哲学和哲学史课程。

这股哲学虚无主义思潮带有明显的简单化的机械论的特征，其基本观点就是认为哲学可以被自然科学所包含和替代，因此它与后来出现的机械论思潮合流了。

1924年，著名的无神论者斯捷潘诺夫发表了《历史唯物主义和现代自然科学》一文。在文中他提出："对马克思主义者来说，不存在任何脱离和有别于科学的、具有特殊的专门研究方法的哲学部门。在马克思主义者的观念中，唯物主义哲学就是现代科学最新的和最一般的结论。"[①] 而且，他认为马克思和恩格斯关于自然界的方法是机械唯物主义的。因此马克思主义者应当直接地和公开地说："他接受这种对自然界的机械的观点，接受从力学的角度对自然界的理解。"[②] 这篇文章的问世，标志着机械论思潮的出现。机械论思潮否定唯物辩证法作为一门科学独立存在的价值，因而它与哲学虚无主义思潮一样，认为科学本身就是哲学，应当把哲学搁到一边去。

机械论思潮的代表人物除斯捷潘诺夫之外，还有哲学家阿克雪里罗德（1850—1928）、著名自然科学家季米里亚捷夫（1843—1920），等等。

机械论者用机械运动的观点来解释自然界和社会的一切现象。他们否认自

---

① ［俄］斯捷潘诺夫：《历史唯物主义和现代自然科学》，载戈尔捷尔：《历史唯物主义》1924年俄文版，第151—152页。

② ［俄］斯捷潘诺夫：《历史唯物主义和现代自然科学》，载戈尔捷尔：《历史唯物主义》1924年俄文版，第166页。

然界和社会中有质的变化或飞跃，认为只存在量的变化。他们认为，运动形式虽有高级和低级的区分，但主张复杂的高级运动形式可以归结为低级运动形式，亦即均可还原为简单的机械运动。阿克雪里罗德明确表述了这种机械论的世界观不管唯物主义经历怎样的变化，机械世界观曾经是而且一直是唯物主义的基础。① 机械论者之所以得出上述结论，最根本的原因就在于他们彻底否定了唯物辩证法对自然科学的指导作用。

哲学虚无主义和机械论思潮的流行，极大地阻碍了马克思主义哲学对自然科学界的影响及指导作用的发挥，对马克思主义哲学以及列宁的哲学思想的传播与研究也极为不利。以德波林为首的一批"辩证论者"对机械论思潮进行了批判，从而爆发了苏联哲学史上的第一次大论战。

二、德波林学派和机械论者的论战过程

1922 年，当米宁的《把哲学抛开》发表以后，就有人立即发表文章予以反对，但当时并没有形成大规模的论战。论战开始于 1924 年。当时斯捷潘诺夫将《历史唯物主义和自然科学》一文提交季米里亚捷夫国立自然科学研究院讨论，经讨论该院作出决议，一致表示拥护这篇否定唯物辩证法对自然科学有指导作用的论文。这一决议扩大了斯捷潘诺夫论文的影响，但也立即遭到了激烈的反对。德波林的学生斯腾在《布尔什维克》杂志 1924 年第十一期发表了《关于戈尔捷尔和斯捷潘诺夫的错误》一文，严厉地批评了他们否定唯物辩证法对自然科学有指导作用的观点，强调必须把自然科学家的唯物主义和辩证法的自发倾向提高到自觉的水平。此后斯腾和斯捷潘诺夫二人又多次进行了批评和反批评，至此论战正式开始。

1925 年双方论战进入高潮。这一年，马克思恩格斯研究院院长梁赞诺夫（1870—1938）以手稿的形式首次发表了恩格斯关于自然科学中哲学问题的重要著作《自然辩证法》，在苏联引起了极大的反响。斯捷潘诺夫首先就该书发表了《恩格斯和机械唯物主义的自然观》一文。文中将恩格斯说成是一个机械论者，以此来证明自己观点的正确性。针对斯捷潘诺夫的文章，德波林写了

①　[俄] 阿克雪里罗德：《保卫辩证唯物论》，1928 年俄文版，第 212 页。

《恩格斯和辩证法的自然观》一文，对斯捷潘诺夫的文章中的机械论观点，特别是他对恩格斯观点的曲解逐次进行了批驳。德波林指出，斯捷潘诺夫及其同道者实际上摈弃了辩证唯物主义，他们的观点正是恩格斯在《自然辩证法》中所批判的形而上学的机械论。

随着论战的继续和深入，围绕着唯物辩证法能否作为一门独立科学存在？自然科学要不要以唯物辩证法为指导？哲学与自然科学的关系究竟怎样？自然界运动的基本规律是机械的还是辩证的？质和量、必然性和偶然性的关系怎样等一系列重大理论问题产生的深刻分歧，形成了"机械论派"和"辩证论派"（即德波林派）这两个对立的理论派别。双方唇枪舌剑各不相让，不仅在报刊上互相指责，而且多次召开辩论会公开进行辩论。在论战中，德波林学派的主要人物卡列夫、卢波尔、斯腾以及德波林本人与机械论派的斯捷潘诺夫、阿克雪里罗德以及季米里亚捷夫纷纷登台亮相以表明自己的观点，但由于基本立场的巨大分歧，双方观点始终没有达到统一。在1926年5月18日辩论会的闭幕词中，德波林将机械论派说成是具有修正主义性质的派别，而自己一派则是革命的、正统的马克思主义派，这样就使论战带上了鲜明的政治色彩，同时也使双方的对立更为尖锐。直至1929年，这场旷日持久的论战以德波林派的全面胜利而告结束。1929年4月8—13日，在共产主义科学院举行了第二届全苏马克思列宁主义科学研究机构大会，大会对论战作了总结。在大会最后通过的两项决议中对机械论派进行了谴责，指出机械论派以庸俗进化论偷换革命的辩证法，以实证主义偷换唯物主义，显然背离了马克思主义的立场，因此是一个修正主义派别。决议虽然也批评德波林学派错误地把马克思主义唯物辩证法同黑格尔的辩证法混为一谈，但事实上宣告了论战的获胜方是德波林学派。

德波林及其学派与机械论的论战显然是有其积极意义的，但这种意义主要表现在理论方面，而在社会、政治方面则较为有限。因为苏维埃政权建立初期，布尔什维克党面临着极其复杂、亟待解决的重大社会实践问题，如国民经济的社会主义改造问题，新时期的阶级斗争和无产阶级专政问题，如何实现向社会主义过渡的问题，等等。而德波林及其学派将主要精力放在与机械论派的论战方面，并将论战主要局限于哲学与自然科学的关系问题上，这样就使哲学理论的研究不能满足更为重大的社会实践的需要。脱离实际是德波林及其学派在哲学争论和哲学研究中的一个重大缺陷。

第三章　列宁在新经济政策时期的理论与实践

列宁在总结历史经验和教训的基础上，在 1921 年俄共（布）第十次代表大会上提出由战时共产主义政策转向新经济政策。苏维埃政权在新经济政策下，利用商品流通，实现向社会主义过渡。新经济政策在农业、工业和商品等方面实行了一系列卓有成效的措施，提高了生产力，巩固了新生苏维埃政权，巩固了工农联盟。同时，新经济政策使新的党的建设和无产阶级政权面临新的环境和挑战。列宁探索了新经济政策条件下的党的建设，提出了提高党员质量，保持党的统一，加强党的团结等重要思想。列宁针对新经济政策实施后落后国家面临的历史任务，提出加强和改善国家机关，加强法制建设等理论。

第一节　新经济政策在列宁时期的实施和发展过程

1921 年，以列宁为代表的俄共领导人决定实施新经济政策。新经济政策是国内战争结束之后，苏维埃政权面临新的历史任务的情况下实施的。新经济政策是无产阶级政权通过商品贸易，实现工农联盟，从而在保证经济发展和人民生活水平不断提高的情况下实现向社会主义过渡。新经济政策是新生政权在推翻资本主义制度之后利用和发展商品货币关系的重要尝试，具有重要的历史意义。

一、从军事斗争转到经济建设

列宁早就说过："马克思主义要求，任何郑重的政策必须以经得起严格的客观检验的事实作为依据。"[①]1920 年，托洛茨基（1879—1940）向中央委员会提出建议，即以征收粮食税代替余粮收集制，并建立商品交换制度。1920 年 1月，托洛茨基给中央委员会递交了一份声明，认为粮食来源濒临枯竭，无论怎样改善粮食征收机关也于事无补。他提出了与经济衰退作斗争的方法：一是用按一定的百分比征收（是某种累进实物所得税）的办法取代余粮收集制，旨在使大量耕种土地或辛勤耕作的农民有利可图。二是制定向农民提供工业品与农民交纳谷物数量之间彼此更相应的制度。这不仅适用于区和乡镇，而且适用于农户。[②]1920 年 9 月 14 日，俄共（布）中央、人民委员会和全俄中央执委会就农民问题专门召开会议，讨论对策。中央政治局决定鉴于"在农民中存在危机"，有必要建立一个委员会，专门研究和跟踪农民经济方面的情况发展，以便提出建议。但是，新生的政权首要的任务是进行军事斗争，国内政策的转变并不会成为列宁关注的焦点。

到 1920 年年底，俄国国内战争接近尾声，出现了和平的曙光。俄国苏维埃政权又一次面临着从战争向和平状态的转变。

1920 年 11 月，列宁在《庆祝十月革命三周年的讲话》中明确提出，俄国苏维埃政权取得了战争的胜利，但这是一半的胜利，而后一半的胜利是"最困难的、建设性的、创造性的任务"，这个任务实际上就是发展经济的任务。列宁强调不能只靠热情来完成革命事业，"只靠满腔热情、高昂的斗志和英雄主义是决不可能完成革命事业，取得革命事业的完全胜利的"[③]。列宁告诫大家，那种所感染的热情可能会持续一年，或者五年，但在完成后一半胜利时，在进行后一种经济任务时，布尔什维克党遇到的"都是一些琐碎的事情。包围我们的是一些细小的经济事务"[④]。列宁感受到了俄国正处于战争即将结束、和平即将到来的转变时刻，提出了"前一半胜利"与"后一半胜利"的关系问题，并

① 《列宁全集》第 32 卷，人民出版社 2017 年版，第 120 页。
② 《托洛茨基自传》，石翁译，国际文化出版公司 1996 年版，第 404 页。
③ 《列宁全集》第 40 卷，人民出版社 2017 年版，第 5 页。
④ 《列宁全集》第 40 卷，人民出版社 2017 年版，第 6 页。

正确地预见到了"后一半胜利"是一项更困难、更琐碎的任务，不是仅凭满腔热情就能够实现的。

1920 年 11 月 1 日，列宁责成生产委员会、俄罗斯国家电气化委员会、利用委员会和农业人民委员部综合全俄罗斯联邦总的经济计划，准备它们各自关于工作性质和工作总结的报告。1920 年 11 月 3 日，列宁在全俄省、县国民教育局政治教育委员会工作会议上的讲话中表示，"整个宣传工作应该建立在经济建设的政治经验之上。这是我们最主要的任务"。"现在我们主要的政治应当是：从事国家的经济建设，收获更多的粮食，开采更多的煤炭，解决更恰当地利用这些粮食和煤炭的问题，消除饥荒，这就是我们的政治。"[1]1920 年 11 月 6 日，列宁就关于恢复国民经济的基本任务的报告给俄共（布）中央委员会的信中表示："我们将按照一个总的计划有效地恢复国民经济。没有电气化，这样一个计划就等于零，而离开这个计划来谈论什么'基本任务'，那是不严肃的。"[2]

1920 年 11 月 7 日，列宁在索科利尼基区苏维埃全会、莫斯科市工厂委员会代表和企业管理委员会代表联合庆祝大会上的讲话中明确表示，过去的三年来苏维埃政权把全部力量用来同武装敌人作战了，现在必须在国内战线上取得胜利。列宁所说的"国内战线"就是俄国的经济建设问题。列宁在这个讲话中还明确地表示准备将运输问题、农业问题等列入即将召开的苏维埃代表大会议程之中。他明确呼吁"应当争取普通群众参加到这一事业中来"。[3] 从理论上将转变问题阐述得最明确的一次讲话是列宁 1920 年 11 月 21 日在俄共（布）莫斯科省代表会议上的讲话。在这次讲话中，列宁集中阐述了苏维埃俄国的国内外形势和党的任务，国际局势的变化使得俄国能够将发展经济和建设的任务又一次提到首位。列宁认为，"从国际观点，即从彻底战胜资本主义的观点来看，这是整个社会主义变革最重要的任务。为了彻底战胜资本主义，第一，必须战胜剥削者和捍卫住被剥削者的政权，这是用革命力量来推翻剥削者的任务；第二，担负起建设任务，就是建立新的经济关系，树立怎样做这件事情的榜样。实现社会主义变革任务的这两个方面是分不开的，这使我们的革命不同于以往的一切革命，以往的革命有破坏这一面就够了。"[4]列宁进一步阐述了工

---

[1] 《列宁全集》第 39 卷，人民出版社 2017 年版，第 449 页。

[2] 《列宁全集》第 40 卷，人民出版社 2017 年版，第 8 页。

[3] 《列宁全集》第 40 卷，人民出版社 2017 年版，第 7 页。

[4] 《列宁全集》第 40 卷，人民出版社 2017 年版，第 28 页。

作中心的转移问题："现在我们应当采用组织、建设的办法，来代替用革命方式推翻剥削者和抗击暴力者的办法，我们应当向全世界显示和证明，我们不仅是一种能够抵抗军事扼杀的力量，而且是一种能够树立榜样的力量。"①

1920 年 12 月，全俄苏维埃第八次代表大会召开。鉴于战争的结束，列宁指出："经济任务、经济战线现在又作为最主要的、基本的任务和战线提到我们面前来了。"②列宁在这次大会上的演说中赞同发挥个体农户在巩固和发展农业中的作用的观点。他说，如果不使小农经济得到大量的改善，"我们就没有出路"③。他认为，"集体农庄的问题并非当务之急"，④因为集体农庄还没有很好地组织起来，还处于名副其实的"养老院"状态，因此"必须依靠个体农民"。⑤他特别提出要奖励那些在农业生产上取得了成绩的农民。他说："光向农民和工人们说加强劳动纪律吧，这是不够的。除此之外还要帮助他们，要奖励那些历尽千辛万苦之后在劳动战线上仍然英勇奋斗的人。"⑥会议讨论和通过了《关于巩固和发展农业的措施》的法案。这个法案提出必须依靠和支持个体农民，不必急于向社会主义和集体化过渡；把国家调整和强制措施与经济刺激和说服措施结合起来，以帮助和促进小农经济的发展。大会通过了被列宁誉为"第二党纲"的苏俄第一个关于发展国民经济的长期计划，即"全俄电气化计划"。

列宁在苏维埃第八次代表大会俄共（布）党团会议上所作的演说中进一步强调，当时苏维埃俄国有两千万个体农户，都是单个经营，"如果我们不通过奖励去提高他们的生产率，那就根本错了"⑦。但同时指出："如果某人取得了经营成绩，但使用了富农手段，不管是放债、利用工役，还是投机倒把（使用富农手段有时借助于规避法律的办法），如果某人哪怕使用了一点点富农手段取得经营成绩，那么，他就不能得到任何奖励。"⑧值得注意的是，列宁在这次大会上也同样没有提出取消余粮收集制的问题。但是可以看出，他在对待农业

① 《列宁全集》第 40 卷，人民出版社 2017 年版，第 28—29 页。
② 《列宁全集》第 40 卷，人民出版社 2017 年版，第 140 页。
③ 《列宁全集》第 40 卷，人民出版社 2017 年版，第 149 页。
④ 《列宁全集》第 40 卷，人民出版社 2017 年版，第 180 页。
⑤ 《列宁全集》第 40 卷，人民出版社 2017 年版，第 180 页。
⑥ 《列宁全集》第 40 卷，人民出版社 2017 年版，第 152 页。
⑦ 《列宁全集》第 40 卷，人民出版社 2017 年版，第 186 页。
⑧ 《列宁全集》第 40 卷，人民出版社 2017 年版，第 187 页。

的政策上，特别是在对待个体农民经济的政策上，同战争期间相比已开始有了很大的变化。全俄苏维埃第八次代表大会刚一结束，列宁于 1920 年 12 月底写了《关于经济建设任务的意见》。其中，他写道："对农民的态度：征税+奖励"[①]。

列宁最迟在 1920 年年底已经开始酝酿实行粮食政策的改革。当时，农业的危机已较为充分地暴露出来。从大量的农民来信可以看出，广大农民对余粮收集制特别是过重的征集额以及地方上个别领导干部的违法行为极端不满，一些地方发生了持续不断的农民暴动。如何调整和变革农业政策，成为摆在俄共面前必须加以解决的关系到生死存亡的问题。从 1920 年秋开始，俄共中央开始就"在农民中存在的危机"展开讨论。同年 11 月，粮食人民委员部和农业人民委员部着手准备《关于巩固和发展农业的措施》的总的法案。12 月 22 日召开全俄苏维埃第八次代表大会，讨论和通过了《关于巩固和发展农业的措施》的法案。但此次会议并没有作出改变经济政策的直接结论。根据列宁夫人克鲁普斯卡娅的回忆，列宁于会议召开的第一天会见了非党员农民代表，请他们回答了一系列问题，并细心听取了他们的意见。于是，在列宁的头脑里开始逐渐形成了新经济政策的观点。在全俄苏维埃第八次代表大会结束后，列宁于 1920 年 12 月底写了《关于经济建设任务的意见》，这说明此时列宁已在酝酿出台新的经济政策。

列宁说："我们在 1921 年春天遭到严重的经济危机和政治危机"[②]。1920 年11 月，苏俄反对外国武装干涉和国内反革命叛乱的三年战争基本结束。苏俄打赢了这场战争，但经济却濒临崩溃的边缘。1921 年年初，大工业的产量只有战前的 1/5，燃料、冶金、机器制造等重要工业部门完全遭到破坏，棉织品的产量降到 1/20，农业的收获量仅及战前的 3/5。人民生活非常困苦，连面包、衣服、肥皂这些最起码的物品都极感缺乏。[③] 以此而论，若经济再不发展，国家将面临崩溃。而经济发展的重要条件是调动人民群众的生产积极性，这就需要调整生产关系，将已经不适应新形势的战时共产主义政策予以废弃。必须看到：在战争年代甘愿勒紧裤带以支撑工农政权的农民，此时已不能再忍受余粮收集制式的无偿征收，他们认为战时共产主义政策同他们现时的切身利益是相互抵触

---

① 《列宁全集》第 40 卷，人民出版社 2017 年版，第 403 页。

② 《列宁全集》第 42 卷，人民出版社 2017 年版，第 195 页。

③ 参见苏联科学经济研究所编：《苏联社会主义经济史》第 2 卷，生活·读书·新知三联书店 1980 年版，第 6—7 页。

的。部分中农甚至卷入反苏维埃的活动。农民们希望过上好一点的生活，希望有宽松些的经济环境，希望有可供交换的市场以体现自己的劳动价值。因此，此时若不抛弃已严重压抑生产力的战时共产主义政策，则俄共自身将为人民所抛弃。

1921 年年初，苏维埃共和国的形势又变得严峻起来，农业歉收、物资缺乏，大批军人的复员，农民对余粮收集制不满，城市工人对物资缺乏难以忍受。这些使各种矛盾暴露出来，造成了严重的政治经济危机。这种形势推动列宁加紧了对战时共产主义政策消极后果及其教训的研究，全面搜集总结地方干部的经验，以便获得实行政策转变的实际根据，并以确切的形式表述出来。

1921 年 2 月，波罗的海舰队的主要基地喀琅斯塔得发生水兵兵变，被迅速平息下去。可是，苏维埃政权的处境仍十分危急。列宁认为："当我们度过了，而且是胜利地度过了国内战争的最重要阶段之后，我们就遇到了苏维埃俄国内部很大的——我认为是最大的——政治危机。这个内部危机不仅暴露了相当大的一部分农民的不满，而且也暴露了工人的不满。"[1]列宁在推行新经济时将农民对新政策给他们带来好日子的信赖称为一种"信贷"，他用"要知道，农民国家不再贷款给我们的日子快到了"[2]的话警告全党，要大家明白不废弃战时共产主义政策会有多大的危险。列宁希望新经济政策能使农民恢复这种"信贷"，并点明："这就是我们一定要经受的一次考试，归根到底这次考试将决定一切，既决定新经济政策的命运，也决定俄国共产主义政权的命运。"[3]

至 1921 年 2 月初，列宁经过广泛的调查研究，最终作出了改行新经济政策的决定。2 月 8 日，政治局会议通过了列宁的《农民问题提纲初稿》，并审查了西伯利亚农业局局长索柯洛夫起草的《西伯利亚的粮食政策》的提纲和中央就这个问题的决议草案。在这个提纲中，不仅肯定了"奖励＋征税"的观点，而且提出了"奖励＋征税＋商品经济"的设想。同时，这个提纲提出满足非党农民关于用粮食税代替余粮收集制的愿望；减低粮食税额；实行使税额与农民积极性相适应的原则，规定缴完税额后的余粮，农民在地方经济中有周转的自由。在此基础上，列宁领导的起草委员会草拟了标志新经济政策正式出台的《关于以实物税代替余粮收集制》决议的三个稿本。

---

① 《列宁全集》第 43 卷，人民出版社 2017 年版，第 281 页。

② 《列宁全集》第 43 卷，人民出版社 2017 年版，第 80—81 页。

③ 《列宁全集》第 43 卷，人民出版社 2017 年版，第 81 页。

二、以实物税代替余粮收集制

为了扭转这种危险局面，恢复国民经济，巩固苏维埃政权，必须迅速废止战时共产主义政策，制定新的经济政策。列宁在总结经验教训的同时，在1921年1月和2月间，多次接见农民代表，同他们座谈，了解农村情况，并认真阅读了大量的农民来信。在此基础上，列宁认识到农民的迫切要求就是用粮食税代替余粮收集制。因此，在1921年2月8日的政治局会议上，列宁就拟定了《农民问题提纲初稿》，主要内容是："1. 满足非党农民关于用粮食税代替余粮收集制（即收走余粮）的愿望。2. 减低粮食税额，使其低于去年征粮数。3. 同意根据农民积极性的高低来调整粮食税的原则，即农民积极性愈高，税率愈低。4. 如果农民能迅速交足粮食税，应扩大他们将纳税后的余粮投入地方经济流转的自由。"[1] 1921年3月7日，俄共（布）中央全会为审订以实物税代替余粮收集制的法令草案而成立了专门委员会。列宁、瞿鲁巴、加米涅夫（1883—1936）和彼得罗夫斯基参加了该委员会。针对瞿鲁巴对新经济政策不理解的情况，列宁在给他的信中表示："问题的中心是'流转'，让农民进行自由的经济流转。您对这一点还缺乏足够深入的考虑，尽管您同拉柯夫斯基争辩过（我没有来得及反驳）。问题的全部实质在于，要善于推动流转，即交换（既要从南方向国外出口，也要同各工厂进行交换）。否则要垮台。"[2]

1921年3月8—16日，俄共（布）召开了第十次代表大会，以粮食税代替余粮收集制的决议顺利得到通过，标志着新经济政策的实施。列宁说："中央委员会关于以实物税代替余粮收集制的决定是得到一致同意的，而主要的是，还在代表大会开幕前我们就看到，地方上的各方面的同志已经根据实际经验，自行得出了同样的结论"。[3] 同时，以粮食税代替余粮收集制也代表了广大党员和人民的普遍愿望。列宁在第十次代表大会的发言中说："以实物税代替余粮收集制是一项更能为农民接受的经济政策，关于这一点，在这次代表大

---

[1] 《列宁全集》第40卷，人民出版社2017年版，第341页。

[2] 《列宁全集》第50卷，人民出版社2017年版，第152页。

[3] 《列宁全集》第41卷，人民出版社2017年版，第66页。

会上显然是没有分歧的，一般说来，在共产党员中间也是没有分歧的。我们知道很多非党农民也是这样说的。这是完全确定了的。仅仅由于这一点，我们就必须实行这种改变。"①

大会根据列宁的报告，通过了《关于以实物税代替余粮收集制》的决议。1921 年 3 月 21 日，全俄中央执行委员会全会根据党的十大的决议，通过了《关于以实物税代替余粮收集制》的法令，从而废止了战时共产主义政策，开始实施以实行粮食税为中心内容的新的经济政策。粮食税的基本内容是：第一，粮食税额应比余粮收集制时期低，并且随着工业和运输业的恢复而不断降低；第二，粮食税额根据具体情况确定，对贫农户减免，对恢复农业生产做出贡献的农户要以减税作为奖励手段；第三，税额在春耕前公布，以便刺激农民提高农业产量的积极性；第四，农民有权支配纳税后的余粮，用来交换必需的工业品，但交换只能在地方范围内进行。

采取新经济政策以代替旧的战时共产主义政策，是以用实物税代替余粮收集制为标志的。列宁在这次具有历史意义的大会上，专门作了《关于以实物税代替余粮收集制的报告》。当他谈到为什么需要以实物税来代替余粮收集制时指出："余粮收集制是以征收所有的余粮，建立强制性的国家垄断制为前提的。当时我们不可能有其他的办法，因为我们处于极端贫困的状态。"②因此，他认为："在理论上，不一定要认为国家垄断制从社会主义观点看来是最好的办法。在一个拥有工业、而且工业正在运转的农民国家里，如果有一定数量的商品，那是可以采用实物税和自由流转的制度作为一种过渡办法的。"③

列宁首先分析了用粮食税制代替余粮收集制的紧迫性。经过战争和自然灾害，农民的生活状况十分糟糕，农业生产受到极大影响。因此，这种形势"要求必须立刻采取迅速的、最坚决的、最紧急的办法来改善农民的生活状况和提高他们的生产力"④。只有改善了农民的生活状况才能获得更多的粮食和燃料，有了粮食和燃料工人的生活状况才能改善。所以，改善工人阶级生活状况以改善农民的生活状况为前提。列宁指出："谁若不明白这一点，谁若认为把农民提到第一位就等于'放弃'或者类似放弃无产阶级专政，那他简直是不动脑筋，

---

① 《列宁全集》第 41 卷，人民出版社 2017 年版，第 68—69 页。
② 《列宁全集》第 41 卷，人民出版社 2017 年版，第 63 页。
③ 《列宁全集》第 41 卷，人民出版社 2017 年版，第 63 页。
④ 《列宁全集》第 41 卷，人民出版社 2017 年版，第 207 页。

只会空谈。"①改善农民的生活状况的首要任务是要提高农业生产力，而提高农业生产力的关键在于改变粮食政策。

列宁关于以实物税代替余粮收集制的报告，一开始就不是把它作为一项具体政策问题提出来的。他认为，这"首先而且主要是一个政治问题，因为这个问题的本质在于工人阶级如何对待农民"②。他之所以这样提出问题，是由于"这两个阶级之间的斗争或妥协决定着我国整个革命的命运"③。列宁分析了这种转变的深刻内涵。

第一，鼓励小农生产，允许自由贸易。改变粮食政策就是要用粮食税制代替余粮收集制，"而这种代替是与交完粮食税之后的贸易自由，至少是与地方经济流转中的贸易自由相联系的"④。在经历了战时共产主义直接向社会主义过渡的失败后，列宁充分意识到在小农生产占主导地位的国家向社会主义过渡时，不能急于限制和消灭小农生产，必须采取适应小农生产的经济形式，通过发展小农生产实现其与社会主义大工业的联系。因此，列宁在《关于以实物税代替余粮收集制的报告》中讲道："小农只要还是小农，他们就必须有同他们的经济基础即个体小经济相适应的刺激、动力和动因。这就离不开地方周转自由"⑤。这也就是说，要想刺激和鼓励小农生产就必须允许周转自由即实行资本主义自由贸易。并且，列宁认为在战时共产主义时期，由于试图越过周转自由直接过渡到社会主义，所以在实行国有化、限制贸易自由方面确实"做得过分"了。因此，1921年春，俄共（布）十大通过了《以实物税代替余粮收集制》的决议，允许农民在缴纳实物税后可以将剩余的粮食等在地方范围内进行交换。这对于提升农民生产积极性、发展农业生产、恢复国民经济都带来了积极的促进作用。

第二，肯定国家资本主义在小生产占优势的国家向社会主义过渡中的必要性。新经济政策提出的鼓励小生产自由发展的政策实际面临着众多非议，鼓励小生产自由发展会不会导向资本主义的发展？实行资本主义自由贸易是否会威胁无产阶级政权呢？对于这些疑问，列宁有着清醒而理性的认识。他指出，在

---

① 《列宁全集》第41卷，人民出版社2017年版，第207页。
② 《列宁全集》第41卷，人民出版社2017年版，第50页。
③ 《列宁全集》第41卷，人民出版社2017年版，第50页。
④ 《列宁全集》第41卷，人民出版社2017年版，第208页。
⑤ 《列宁全集》第41卷，人民出版社2017年版，第55页。

一定地方范围内实行周转自由又不危害国家政权是能够做到的，其中，一条重要的途径就是引导小生产走上国家资本主义发展的轨道，继而促使其向社会主义经济过渡。对此，列宁在《论粮食税》中对这一思想进行了深刻阐述。他讲道："既然我们还不能实现从小生产到社会主义的直接过渡，所以作为小生产和交换的自发产物的资本主义，在一定程度上是不可避免的，所以我们应该利用资本主义（特别是要把它纳入国家资本主义的轨道上去）作为小生产和社会主义之间的中间环节，作为提高生产力的手段、途径、方法和方式。"① 由此可见，列宁认为，在小农生产占优势的国家实行贸易自由是必要的，而对其所必然导致的资本主义如果完全禁止和封堵，那将是非常"愚蠢的"，就是"自杀"。"试图完全禁止、堵塞一切私人的非国营的交换的发展，即商业的发展，即资本主义的发展，而这种发展在有千百万小生产者存在的条件下是不可避免的。一个政党要是试行这样的政策，那它就是在干蠢事，就是自杀。说它在干蠢事，是因为这种政策在经济上行不通；说它在自杀，是因为试行这类政策的政党，必然会遭到失败。"② 也就是说，列宁认为唯一合理、可行的办法就是采取有效形式引导走向国家资本主义。"这在经济上是可行的，因为凡是有自由贸易成分以至任何资本主义成分的地方，都已经有了——这种或那种形式、这种或那种程度的——国家资本主义。"③

　　第三，积极探索国家资本主义的有效形式。在认识到发展国家资本主义的重要性后，列宁又进一步探索了实行国家资本主义的有效形式。如何才能将前资本主义的各种关系转向社会主义？具体可以采取什么方法？列宁指出："全部问题，无论是理论上的还是实践上的问题，在于找出正确的方法，即应当怎样把不可避免的（在一定程度上和在一定期限内不可避免的）资本主义的发展纳入国家资本主义的轨道，靠什么条件来做成这件事，怎样保证在不久的将来把国家资本主义变成社会主义。"④

　　对此，列宁创造性地提出了四种国家资本主义的形式，即租让制、合作社形式、代购代销和租借制。一是租让制。具体来说，这一制度"就是苏维埃政权即无产阶级的国家政权为反对小私有者的（宗法式的和小资产阶级的）自发

① 《列宁全集》第 41 卷，人民出版社 2017 年版，第 217 页。
② 《列宁全集》第 41 卷，人民出版社 2017 年版，第 210 页。
③ 《列宁全集》第 41 卷，人民出版社 2017 年版，第 211 页。
④ 《列宁全集》第 41 卷，人民出版社 2017 年版，第 211 页。

势力而和国家资本主义订立的一种合同、同盟或联盟"①。社会主义国家政权将自己的工厂、原料、矿山等生产资料转交给资本家经营，资本家以承租人的身份利用国家生产资料进行生产。在列宁看来，租让制是一种国家资本主义的重要形式，它虽然给资本家生产获取利润，但对于改变落后生产和小生产现状，促进社会主义先进生产和大生产发展具有重要意义。列宁指出："苏维埃政权'培植'租让制这种国家资本主义，就是加强大生产来反对小生产，加强先进生产来反对落后生产，加强机器生产来反对手工生产，增加可由自己支配的大工业产品的数量（即提成），加强由国家调整的经济关系来对抗小资产阶级无政府状态的经济关系。"②并且，列宁认为，"租让制这种国家资本主义，和苏维埃体系内其他形式的国家资本主义比较起来，大概是最简单、明显、清楚和一目了然的形式。"③二是合作社。它是把由于农民进行粮食交换而发展起来的资本主义引导到国家资本主义上来，是小生产向社会主义过渡的形式。列宁还进一步将合作制和租让制进行了比较，认为"由租让向社会主义过渡，是由一种大生产形式向另一种大生产形式过渡。由小业主合作社向社会主义过渡，则是由小生产向大生产过渡"④。合作制虽然比较复杂，但更容易将数量众多的广大农民群众联系起来，这是其显著优点。三是，列宁还谈到了第三种、第四种形式即代购代销和租借制。代购代销，就是国家通过付给商人资本家一定佣金吸引他们收购小生产者的产品并出售给国家的产品等。租借制就是国家与资本家签订合同，将部分或一定范围内的土地、林区、油田等资产在一定期限内租给资本家，由资本家经营，合同到期后予以收回。

三、由国家调节商业到"停止退却"

在实行新经济政策之初，列宁认为要改善农民的经济地位，满足农民的要求，必须允许农民进行商品交换。列宁说："我们应当努力满足农民的要求，因为他们感到不满足，……实质上可以用两个东西来满足小农。第一，需要

---

① 《列宁全集》第 41 卷，人民出版社 2017 年版，第 212 页。
② 《列宁全集》第 41 卷，人民出版社 2017 年版，第 212 页。
③ 《列宁全集》第 41 卷，人民出版社 2017 年版，第 213 页。
④ 《列宁全集》第 41 卷，人民出版社 2017 年版，第 215 页。

有一定的流转自由，需要给小私有主一定的自由。第二，需要弄到商品和产品。"① 在小农手中有一定的粮食后，国家应该允许他们进行自由贸易，使他们能够自由出卖自己的余粮，购回所需生产与生活的其他物品。同时，国家应该向农民提供必要的工业品，以满足小农交换的需要。

1921 年 5 月，列宁在《关于新经济政策问题的决议草案》中提出："当前的基本政治任务是使党和苏维埃的全体工作人员充分领会和确切执行新经济政策。"② 他强调要实行"商品交换"："应当把商品交换提到首要地位，把它作为新经济政策的主要杠杆。如果不在工业和农业之间实行系统的商品交换或产品交换，无产阶级和农民就不可能建立正常的关系，就不可能在从资本主义到社会主义的过渡时期建立十分巩固的经济联盟。"③ 列宁十分重视市场在发展商品交换中的作用，明确地提出要"研究市场"，既要"同无政府状态的（即逃避国家的任何监督和监察的）商品交换作斗争"④，又"决不排斥正当的自由贸易"⑤。同时，他还提出了"允许把国家企业租给私人、合作社、劳动组合和协作社。地方经济机关有权签订这种合同，而不必取得上级机关同意"、"扩大每个大企业在支配资金和物资方面的独立程度和首创精神"⑥ 等一系列扩大地方与企业的自主权、允许多种经济成分并存与共同发展、大力活跃城乡经济流通与商品交换的新政策。按照列宁当时的决定："党认为这是一个要在若干年内长期实行的政策，要求一切工作人员极其仔细和认真地加以执行。"⑦ 这标志着新经济政策在苏俄开始全面实施。

在列宁看来，国家一定要拿到农民必须交给国家的那部分粮食，同时又能够全部控制定额以外的农民手中的余粮。这两个问题都十分关键。而且，如果苏维埃政权控制了农民手中的余粮，就可以通过国家控制的办法避开传统的商品货币关系，逐步过渡到社会主义。列宁找到了国家控制和绕开商品货币关系的办法，那就是"商品交换"。列宁说："商品交换在目前才成了我们整个经济

---

① 《列宁全集》第 41 卷，人民出版社 2017 年版，第 53—54 页。
② 《列宁全集》第 41 卷，人民出版社 2017 年版，第 333 页。
③ 《列宁全集》第 41 卷，人民出版社 2017 年版，第 333 页。
④ 《列宁全集》第 41 卷，人民出版社 2017 年版，第 334 页。
⑤ 《列宁全集》第 41 卷，人民出版社 2017 年版，第 334 页。
⑥ 《列宁全集》第 41 卷，人民出版社 2017 年版，第 334 页。
⑦ 《列宁全集》第 41 卷，人民出版社 2017 年版，第 333 页。

政策中的一个最重要的问题。你们，无论粮食工作者，经济工作者，还是合作社工作者，都应该致力于这项工作。这就是苏维埃政权所期待于你们的，这就是党和整个共和国所期待于你们的，因为目前整个苏维埃共和国的兴亡和全部社会主义建设的成败都取决于你们对待这一工作的态度，取决于你们的工作成就。"[1]列宁的基本战略构想是国家组织工业体制、合作社体制将工业品与农民的农产品进行交换。这样，国家通过"税收"和"交换"两个方式来控制农民的余粮，排挤商品货币关系。需要指出的是，列宁的"商品交换"实际上就是"产品交换"，即国家组织工业品与农民进行有组织的交换。

但是，列宁的设想落空了。到1921年秋天，商品交换就失败了。"所谓失败，是说它变成了商品买卖。如果我们不想把脑袋藏在翅膀下面，如果我们不想硬着头皮不看自己的失败，如果我们不怕正视危险，我们就必须认识到这一点。我们应当认识到，我们还退得不够，必须再退，再后退，从国家资本主义转到由国家调节买卖和货币流通。商品交换没有得到丝毫结果，私人市场比我们强大，通常的买卖、贸易代替了商品交换。"[2]失败的最主要原因是，国家拿不出足够的工业品与农民进行交换。其实，到1921年6月，国内就出现了"没有预料到的情况"[3]，即粮食危机。其原因是农民的播种面积没有扩大，粮食税的作用没有得到发挥。7月4日，列宁指出："到目前为止，我们大家的主要错误就是只作最好的打算，因而陷入官僚主义的空想。"[4]列宁强调，"必须彻底改变这种状况"，"要作最坏的打算"[5]。即取消国家与农民进行的商品交换，实行正常的商品货币关系，使农民自由地运用市场关系，列宁号召大家"学会经商"。

承认农民有处理余粮的自由，就意味着农民可以将税后的那部分余粮拿到市场上合法地销售，这就要借助贸易和商品货币。1921年秋，实践已经表明最初提出的那种"商品交换"（实为产品交换）的设想失败了，通常的通过市场所进行的买卖、贸易代替了由政府设计、控制与监督的"商品交换"。1921年10月，列宁对商品交换的概念作了新的解释。他说："商品交换这个概念包

① 《列宁全集》第41卷，人民出版社2017年版，第357页。
② 《列宁全集》第42卷，人民出版社2017年版，第239页。
③ 《列宁全集》第41卷，人民出版社2017年版，第350页。
④ 《列宁全集》第42卷，人民出版社2017年版，第73页。
⑤ 《列宁全集》第42卷，人民出版社2017年版，第73页。

括一些什么内容呢？这个概念所设想的建设计划（如果可以这样说的话）是怎样的呢？它设想，在全国范围内，或多或少要按照社会主义方式用工业品换取农产品，并通过这种商品交换来恢复作为社会主义结构唯一基础的大工业。结果怎样呢？现在你们从实践中以及从我国所有的报刊上都可以清楚地看到，结果是商品交换失败了。"①

1921 年 10 月底，列宁在关于新经济政策的一次重要报告中，全面地提出了退却的问题。他讲道："今年春天我们改行新经济政策，退回到采用国家资本主义的经营手段、经营方式和经营方法，这种退却是否已经够了，以致可以停止退却而开始准备进攻呢？不，实际表明退得还不够。"②针对当时私人市场比国家调节的商业强大的状况，他强调：我们"仍然不得不退却，以便在日后最终转入进攻。"③1921 年 11 月，列宁计划写《按商业原则办事》的文章。同时，他在《十月革命四周年》一文中高度重视商业、大力提倡发展商品经济。他指出："无产阶级国家必须成为一个谨慎、勤勉、能干的'业主'，成为一个精明的批发商，否则，就不能使这个小农国家在经济上站稳脚跟。现在，在我们和资本主义的（暂时还是资本主义的）西方并存的条件下，没有其他道路可以过渡到共产主义。批发商这类经济界人物同共产主义似乎有天壤之别。但正是这类矛盾在实际生活中能把人们从小农经济经过国家资本主义引导到社会主义。同个人利益结合，能够提高生产；我们首先需要和绝对需要的是增加生产。批发商业在经济上把千百万小农联合起来，引起他们经营的兴趣，把他们联系起来，把他们引导到更高的阶段：实现生产中各种形式的联系和联合。我们已经开始对经济政策作必要的改变。我们在这方面已经有了某些成就，虽然是不大的、局部的成就，但毕竟是确定无疑的成就。我们就要从这门新'学科'的预备班毕业了。只要坚定地、顽强地学下去，用实际经验来检验我们迈出的每一步，不怕已经开始的工作一改再改，不怕纠正我们的错误，仔细领会这些错误的意义，我们就一定会升到更高的班级。"④

列宁在 1921 年 11 月写的《论黄金在目前和社会主义完全胜利后的作用》一文中进一步提出，要用"完全不同的、改良主义的办法来代替原先的行动的

① 《列宁全集》第 42 卷，人民出版社 2017 年版，第 239 页。
② 《列宁全集》第 42 卷，人民出版社 2017 年版，第 238 页。
③ 《列宁全集》第 42 卷，人民出版社 2017 年版，第 239 页。
④ 《列宁全集》第 42 卷，人民出版社 2017 年版，第 187—188 页。

办法、方案、方法、制度。所谓改良主义的办法，就是不摧毁旧的社会经济结构——商业、小经济、小企业、资本主义，而是活跃商业、小企业、资本主义，审慎地逐渐地掌握它们，或者说，做到有可能只在使它们活跃起来的范围内对它们实行国家调节。"① 这就是说，要通过各种生产经营方式，发展多种经济成分，来促进商品经济的活跃与发展，并对它们实行国家调节。而其中的关键是发展以商品经济为基础的商业。列宁指出："在我们所谈的这个活动领域里，这样的环节就是在国家的正确调节（引导）下活跃国内商业。在历史事变的链条中，在 1921—1922 年我国社会主义建设的各种过渡形式中，商业正是我们无产阶级国家政权、我们居于领导地位的共产党'必须全力抓住的环节'。如果我们现在能紧紧'抓住'这个环节，那么不久的将来我们就一定能够掌握整个链条。否则我们就掌握不了整个链条，建不成社会主义社会经济关系的基础。"② 1921 年 12 月，列宁在全俄苏维埃第九次代表大会上进一步提出："新经济政策的实质是无产阶级同农民的联盟，是先锋队无产阶级同广大农民群众的结合。……当然，一个领导劳动群众的共产党人或工会工作者很难设想，目前商业竟是我国经济生活的试金石，是无产阶级先头部队同农民结合的唯一可能的环节，是促使经济开始全面高涨的唯一可能的纽带。"③ 列宁把商业提到如此关键的战略地位来加以反复强调，充分说明列宁对大力发展社会主义商品经济的极端重视。也使我们更清楚地看到：商品经济的充分发展，是社会主义经济发展的"不可逾越的阶段"，是社会主义现代化经济建设的"唯一走得通的道路"。1922 年 1 月，列宁更进一步指出："无产阶级国家在不改变其本质的情况下，可以容许贸易自由和资本主义的发展，但只是在一定限度内，而且要以国家调节（监察、监督、规定形式和规章等等）私营商业和私人资本主义为条件。"④

粮食税经过一年的实施初见成效，它改善了农民的生活状况，也刺激了农民生产的积极性，推动了整个农业的发展，为恢复和发展工业，为整个国民经济建设提供了必不可少的物质基础。农村形势发生了根本的转变。列宁说："一年来农民不仅战胜了饥荒，而且交纳了大量的粮食税，现在我们已经得到

① 《列宁全集》第 42 卷，人民出版社 2017 年版，第 256 页。
② 《列宁全集》第 42 卷，人民出版社 2017 年版，第 259 页。
③ 《列宁全集》第 42 卷，人民出版社 2017 年版，第 358—359 页。
④ 《列宁全集》第 42 卷，人民出版社 2017 年版，第 377 页。

几亿普特的粮食，而且几乎没有使用任何强制手段。……农民对他们目前的境况是满意的。……全体农民对我们已经完全没有什么严重的不满了。这是在一年来取得的成就。"①

1922 年 3 月 6 日，列宁在《论苏维埃共和国的国内外形势》的演说中宣布："我们现在可以停止我们在经济上的退却了。够了。我们不再后退了"。②1922年 3 月 27 日，俄共（布）第十一次代表大会召开。列宁在这次会议上代表党中央向全国人民正式宣布要停止退却了："我们已经退了一年。我们现在应当代表党宣告：够了！退却所要达到的目的已经达到了。这个时期就要结束或者已经结束。现在提出的是另一个目标，就是重新部署力量。我们已经到达新的地点，总的说来，我们的退却总算进行得比较有秩序。不错，从各方面听到过不少想使这次退却陷入慌乱的喊叫声。"③ 他一再重申："退却已经结束，现在的问题是重新部署力量……战胜私人资本家。"④1922 年冬天，列宁在一次重要讲话中概述了退却和进攻的辩证关系："我们现在退却，好像是在向后退，但是我们这样做是为了先后退几步，然后再起跑，更有力地向前跳。"⑤

停止退却并不意味着新经济政策的终止。列宁"停止退却"的含义并不是要改变新经济政策而回到战时共产主义政策。恰恰相反，列宁认为布尔什维克党还没有学会经商。列宁说："我说停止退却，我讲这话的意思决不是指我们已经学会经商了。我的看法恰恰相反，如果我讲的话给人留下了这样的印象，那说明我的话被误解了，说明我不善于正确表达自己的思想。"⑥"问题在于，新经济政策实行以后在我们这里出现的那种神经过敏和无谓奔忙的现象，那种追求一切都按新样子建立和赶浪头的倾向，必须加以制止。"⑦ 列宁"停止退却"的思想包含着要学会同私人资本主义进行斗争和竞赛的本领。列宁说："停止退却：对我们来说，无产阶级国家，减去向新经济政策所作的让步，所'取得的'东西已经足够（保证社会主义）。成功是有保证的，如果够了的话？什么够了？

① 《列宁全集》第 43 卷，人民出版社 2017 年版，第 284—285 页。
② 《列宁全集》第 43 卷，人民出版社 2017 年版，第 10 页。
③ 《列宁全集》第 43 卷，人民出版社 2017 年版，第 89—90 页。
④ 《列宁全集》第 43 卷，人民出版社 2017 年版，第 94—95 页。
⑤ 《列宁全集》第 43 卷，人民出版社 2017 年版，第 300 页。
⑥ 《列宁全集》第 43 卷，人民出版社 2017 年版，第 92—93 页。
⑦ 《列宁全集》第 43 卷，人民出版社 2017 年版，第 93 页。

文化！！！"①"停止退却。含义不是：'已经学会了'，而是：不要急躁，不要杜撰，而要在这个基础上学习，'重新部署力量和准备'＝当前的口号。准备向私人经济资本进攻＝口号。"②所以，列宁说："结论：我们有足够的手段来取得新经济政策的胜利，包括政治的和经济的手段。问题'仅仅'在于文化！"③

因此，列宁认为新经济政策在苏维埃政权下并不是一个很快要结束的政策。列宁指出："我们在国内政策特别是经济政策方面的主要任务改变了。我们需要的不是新的法令、新的机构和新的斗争方式。我们需要的是考查用人是否得当，检查实际执行情况。……这不是几个月的事情，也不是一年的事情，而是好几年的事情。"④列宁同意奥新斯基（1887—1938）关于新经济政策是"认真地和长期地"的结论。他说："'认真地和长期地'这一点确实需要牢牢记住，好好记住。由于我们有一种传播流言的风气，现在到处都在传说目前的政策是一种带引号的政策，也就是说，是在要政治手腕，还说一切都是权宜之计。这是不对的。"⑤"但是奥新斯基同志接着讲到了期限问题，这一点上我倒是有保留的。所谓'认真地和长期地'，就是25年。我不那么悲观。我不想预测依我看究竟要多长时间，但是我认为，他说的多少有点悲观。我们能估计到5—10年的情况，就谢天谢地了，通常我们连5个星期的情况也估计不准。"⑥

第二节　无产阶级政权下发展商品货币关系

新经济政策的提出和实施是列宁探索落后国家走向社会主义的过渡方式的

---

① 《列宁全集》第43卷，人民出版社2017年版，第400页。
② 《列宁全集》第43卷，人民出版社2017年版，第405—406页。
③ 《列宁全集》第43卷，人民出版社2017年版，第407页。
④ 《列宁全集》第43卷，人民出版社2017年版，第15页。
⑤ 《列宁全集》第41卷，人民出版社2017年版，第323页。
⑥ 《列宁全集》第41卷，人民出版社2017年版，第324页。

转变，即由"直接过渡"转向"间接过渡"。列宁提出新经济政策的出发点是，不仅要实现工农的政治联盟，而且要实现工农的经济联盟。列宁提出新经济政策之后，苏俄理论界对此进行了不同的解读，产生了对新经济政策的误解。人们结合后来社会主义国家进行经济改革，建立商品货币关系的事实，对于列宁的新经济政策做了不同的解读，也形成了不正确的看法，其中的重要原因是与对新经济政策的实质的理解上的偏差有关系。

一、构建适应新经济政策的经济制度

1921 年 3 月，俄共（布）十大决定用粮食税代替余粮收集制，这标志着从"战时共产主义"转向了新经济政策。列宁指出："应当把商品交换提到首要地位，把它作为新经济政策的主要杠杆。"①商品经济产生需要的一个重要条件就是生产资料和劳动产品属于不同的所有者，在某种程度上说就是要形成多种所有制。马克思指出："产品成为商品，需要有一定的历史条件。要成为商品，产品就不应作为生产者自己直接的生存资料来生产。"②

但是，在"战时共产主义"时期，苏维埃政权力图完全消灭私有制，建立"纯而又纯"的公有制。1918 年 5 月，列宁为苏维埃政权起草了《关于粮食专卖法令的要点》，其中第七条明确规定，"凡有余粮而不把余粮运到收粮站者一律宣布为人民的敌人，判处 10 年以上的徒刑，没收全部财产，永远驱逐出村社"③。1922 年 11 月，列宁在《俄国革命五周年和世界革命的前途》中说，在新经济政策之前，"我们在经济进攻中前进得太远了"，"向纯社会主义形式和纯社会主义分配直接过渡"。④

苏维埃俄国实行"纯而又纯"的公有制并没有给俄国带来生产力的发展和实现向社会主义的过渡，反而带来巨大的困难，其危险性"比邓尼金、高尔察克和尤登尼奇之流合在一起还要大许多倍"。⑤1921 年 3 月，列宁在俄共（布）

---

① 《列宁全集》第 41 卷，人民出版社 2017 年版，第 333 页。
② 《马克思恩格斯全集》第 42 卷，人民出版社 2016 年版，第 158 页。
③ 《列宁全集》第 34 卷，人民出版社 2017 年版，第 295 页。
④ 《列宁全集》第 43 卷，人民出版社 2017 年版，第 282 页。
⑤ 《列宁全集》第 41 卷，人民出版社 2017 年版，第 13—14 页。

第十次代表大会上指出："我们在商业国有化和工业国有化方面，在禁止地方流转方面走得太远了。这是不是一种错误呢？当然是一种错误"①。

实行新经济政策后，列宁提出改变俄国在"战时共产主义"时期形成的单一的所有制结构，形成符合俄国生产力水平的、适应商品货币关系要求的所有制结构。

首先，列宁提出恢复和发展多种所有制。

实行新经济政策之后，列宁十分重视所有制结构调整。1921年4月，他在《论粮食税》中说，实行新经济政策后，"在这个制度内有资本主义的和社会主义的成分、部分和因素"，"俄国现有各种社会经济结构成分究竟是怎样的。问题的全部关键就在这里"②。列宁认为，"战时共产主义"是"革命办法"，而新经济政策是一种改良主义的办法，"所谓改良主义的办法，就是不摧毁旧的社会经济结构——商业、小经济、小企业、资本主义，而是活跃商业、小企业、资本主义"③。在新经济政策推行之初，政策虽较战时共产主义时期开放，但在所有制形式上仍有相当多禁锢。苏维埃政权主张发展国家资本主义，容许发展个体和私人小生产，而被动容忍私人资本主义等。实践使列宁改变了认识，以至他在1921年4月承认："既然我们还不能实现从小生产到社会主义的直接过渡，所以作为小生产和交换的自发产物的资本主义，在一定程度上是不可避免的，所以我们应该利用资本主义（特别是要把它纳入国家资本主义的轨道）作为小生产和社会主义之间的中间环节，作为提高生产力的手段、途径、方法和方式。"④列宁认为，在过渡时期"私人资本主义能成为社会主义的帮手"⑤。基于这一观点，苏俄在1921年12月即重新规定凡雇佣工人二十名以下的小企业，不论是否已被国家接管，一律归还原业主或者出租。这实际上是鼓励发展私人资本主义。

那么，俄国在新经济政策后究竟存在哪些所有制呢？列宁指出："在俄国至少有五种不同的体系、结构或经济制度，从下往上数就是：第一，宗法式经济，这是一种自给自足的或者处于游牧或半游牧状态的农民经济，这种经济在我国到处都有；第二，小商品经济，这是一种在市场上出卖产品的经济；第三，资本主义经济，这就是资本家和不大的私人资本的出现；第四，国家资本

---

① 《列宁全集》第41卷，人民出版社2017年版，第56页。
② 《列宁全集》第41卷，人民出版社2017年版，第196页。
③ 《列宁全集》第42卷，人民出版社2017年版，第256页。
④ 《列宁全集》第41卷，人民出版社2017年版，第217页。
⑤ 《列宁全集》第41卷，人民出版社2017年版，第221页。

主义；第五，社会主义。"① 其中，占优势地位的是小资产阶级自发势力。这一现实决定了苏俄社会经济中的主要矛盾不是国家资本主义和社会主义之间的矛盾，"而是小资产阶级和私人资本主义合在一起，既同国家资本主义又同社会主义作斗争"。② 由于小资产阶级反对国家干预、计算与监督，它既反对国家资本主义又反对社会主义，因而成为苏维埃政权在经济政策上的敌人。列宁认为，把国家资本主义视为对社会主义的背叛是因为没有看清小资产阶级和私人资本主义联合起来对社会经济的危害。

苏维埃政权根据生产力发展的需要进一步放宽了出租土地的期限和使用雇佣劳动的范围。1922 年 5 月 22 日，全俄苏维埃中央局执行委员会通过了《土地劳动使用法》，首先明确规定准予土地使用权的临时转让和在劳动农户中辅助性地使用雇佣劳动。同年 10 月通过的《土地法典》进一步放宽了出租土地的期限和使用雇佣劳动的范围。随着农村政策的放宽，土地租佃和使用雇佣劳动力的农户逐年增加。同时，农村还积极巩固和发展集体经济组织。1922 年 3 月 18 日，俄共（布）中央致俄共（布）各级组织的信中说："集体农庄作为农村中最坚固的苏维埃细胞，在走上总的合作制轨道时可以发挥出积极的显著的作用。"③ 俄共（布）十一大规定："共产党员绝对必须参加本区或本村的农业合作社和农业集体组织。如果这种组织尚未成立，共产党员绝对必须带头创办这些组织。"④ 俄共（布）十二大规定：作为农业集体组织的"农业协作社、劳动组合和公社应该得到国家机关的优先帮助，特别是因为它们是最贫穷的农民阶层的联合经济组织"⑤。

其次，列宁纠正了对私有制经济的不正确认识，强调保护非公有制的正当经营。

由于受到"战时共产主义"的影响和对马克思个别论断的教条主义理解，俄国有一些空喊家和清谈家，"他们或者是不了解具体事实，看不到实际存在的事物，不能正视现实，或者是只把'资本主义'和'社会主义'抽象地对立

---

① 《列宁全集》第 41 卷，人民出版社 2017 年版，第 148—149 页。
② 《列宁全集》第 41 卷，人民出版社 2017 年版，第 197 页。
③ 《苏联共产党和苏联政府经济问题决议汇编》第 1 卷，中国人民大学出版社 1984 年版，第 322 页。
④ 《苏联共产党决议汇编》第 2 分册，人民出版社 1964 年版，第 172 页。
⑤ 《苏联共产党决议汇编》第 2 分册，人民出版社 1964 年版，第 327 页。

起来，而不研究目前我国这种过渡的具体形式和步骤。"① 这些现象明显不利于新经济政策的推行。为此，列宁提出："少争论些字眼吧。直到现在，我们在这方面的毛病还非常大。"②

俄国当时有人认为"资本主义是祸害，社会主义是幸福"，列宁则反对这种看法。他说："同社会主义比较，资本主义是祸害。但同中世纪制度、同小生产、同小生产者涣散性引起的官僚主义比较，资本主义则是幸福。"③ 俄国当时还有人发出这样的疑问：私人资本主义能成为社会主义的帮手吗？列宁指出："既然这个小农国家，经历了战争和封锁，在运输业方面遭到严重破坏，而在政治上是由掌握运输业和大工业的无产阶级领导的，那么根据这些前提必然得出这样的结论：第一，地方流转在目前具有头等意义，第二，有可能通过私人资本主义（更不用说国家资本主义）来促进社会主义。"④

列宁提出私有制经济有自己独立的经济利益，苏维埃政权应该满足这种经济要求，保证它们的正当经营。就拿个体的小农经济来说，列宁指出："我们不但要从保证国家方面着眼，而且要从保证小农户方面着眼"，应该"使小业主可以更好地安排自己的生产，根据税额的多少来确定生产规模的大小"⑤。他提出苏维埃政权要"对那些基本不需要国家从储备中拨给原料、燃料和粮食的中小企业（私营的和合作社经营的）给以支持"，甚至"允许把国家企业租给私人、合作社、劳动组合和协作社"。⑥

最后，列宁强调发展大工业和国营企业，推行经济核算。

列宁强调重工业在整个大工业中的作用。他指出，如果"不挽救重工业，不恢复重工业，我们就不能建成任何工业，而没有工业，我们就会灭亡，而不能成为独立国家"⑦。列宁在俄共（布）第十次全国代表会议上指出："开发资源、建立社会主义社会的真正的和唯一的基础只有一个，这就是大工业。"⑧ 他

① 《列宁全集》第 34 卷，人民出版社 2017 年版，第 280 页。
② 《列宁全集》第 41 卷，人民出版社 2017 年版，第 221 页。
③ 《列宁全集》第 41 卷，人民出版社 2017 年版，第 217 页。
④ 《列宁全集》第 41 卷，人民出版社 2017 年版，第 221 页。
⑤ 《列宁全集》第 41 卷，人民出版社 2017 年版，第 23 页。
⑥ 《列宁全集》第 41 卷，人民出版社 2017 年版，第 334 页。
⑦ 《列宁全集》第 43 卷，人民出版社 2017 年版，第 286 页。
⑧ 《列宁全集》第 41 卷，人民出版社 2017 年版，第 301 页。

认为如果没有为数众多的大工厂，没有高度发达的大工业，就根本谈不上社会主义，而对于一个小农经济占优势的国家来说，更是如此。

实行新经济政策之后，列宁提出必须给小农以周转自由，必须抓住商业这一中心环节。他说："抓住现有的落后的小工业或被削弱被破坏了的大工业，在目前的经济基础上使商业活跃起来，使中等的普通的农民（他们是农民的多数，农民群众的代表，自发势力的体现者）感到经济上的活跃，利用这一点来更有步骤、更顽强、更广泛、更有效地进行恢复大工业的工作。"① 而抓住商业这个中心环节归根到底是恢复和发展大工业。列宁指出："不管我们怎样觉得商业领域距离共产主义很遥远，但正是在这个领域我们面临着一项特殊任务。只有完成了这一任务，我们才能着手解决极其迫切的经济需要问题。也只有这样，通过一条比较漫长然而比较可靠的、也是目前我们唯一走得通的道路，我们才能保证大工业有恢复的可能。"② 大工业之所以是社会主义社会的物质基础，因为只有恢复和发展起大工业，才能提高无产阶级的阶级觉悟，巩固工农联盟，加强无产阶级专政的阶级基础。正如列宁所说，大工业"把先进的产业工人联合起来，把实现无产阶级专政的阶级联合起来"③。同时，也只有把大工业真正地恢复和发展起来，才能使小农得以改造。列宁反复强调，改造小农是一个长期的过程，是需要经过几十年的事情；只有有了物质基础，只有有了技术，只有在农业中大规模使用拖拉机和机器，小农问题才能得到解决。

苏维埃政权剥夺资本家的生产资料，建立了国营企业。这些国营企业适应了列宁所设想的"直接过渡"的需要，但是与新经济政策要求相去甚远。针对这种情况，列宁提出："无产阶级国家必须成为一个谨慎、勤勉、能干的'业主'，成为一个精明的批发商，否则，就不能使这个小农国家在经济上站稳脚跟。"④ 国家改变"总管理局制的经营方法"，负责制定一般的或重大的决定，而"不干预"国营企业的经营活动，也就是说，企业"要作出成绩就必须拥有全部权力"⑤。

为了转变国营企业的经营机制，列宁提出国营企业也要实行经济核算。他

① 《列宁全集》第 42 卷，人民出版社 2017 年版，第 261 页。
② 《列宁全集》第 42 卷，人民出版社 2017 年版，第 244 页。
③ 《列宁全集》第 41 卷，人民出版社 2017 年版，第 72 页。
④ 《列宁全集》第 42 卷，人民出版社 2017 年版，第 187 页。
⑤ 《列宁全集》第 42 卷，人民出版社 2017 年版，第 535 页。

说："国营企业也在改行所谓经济核算，实际上就是在相当程度上实行商业的和资本主义的原则。"[①] 同时，列宁指出国营企业还要独立面对市场，承担经营风险，"托拉斯和企业建立在经济核算的基础上正是为了要它们自己承担责任，而且要承担全部责任，使自己的企业不亏损"[②]。

二、布鲁兹库斯和恰亚诺夫对新经济政策的误解

列宁实行新经济政策后，苏维埃俄国内部一直存在着各种对它的误解。起初，人们对新经济政策不理解，思想"非常混乱，甚至太混乱了"[③]。作为新事物，俄共（布）的新经济政策一开始就遇到了无政府工团主义分子的反对，他们宣称新经济政策似乎会在苏维埃俄国导致资本主义复辟，并给世界革命的进一步发展设置障碍。路标转换派也把向新经济政策过渡看作是苏维埃政权向恢复资本主义方向的演变，指望苏维埃国家蜕化为资产阶级国家。他们指出：这实际上并不是策略，而是内部的蜕变，是向资本主义的演变，历史是殊途同归的，苏维埃政权一定会走向通常的资产阶级国家。人们开始恐慌，思想十分混乱。1922 年 3 月 23 日，列宁在《就党的第十一次代表大会政治报告提纲给维·米·莫洛托夫并转俄共（布）中央全会的信》中，也重申了国内对新经济政策的认识的混乱，从侧面也印证了政治教育委员会这种政策宣传的必要性。"资产阶级对我们的警告，他们通过路标转换派乌斯特里亚洛夫之口说，新经济政策不是'策略'，而是布尔什维主义的'演变'。"[④] 列宁指出："政治教育委员会要同这种现象作斗争的任务就提到了第一位。"[⑤]

苏维埃政权实行新经济政策之后，俄国当时的一些理论家对其进行了研究和解读。但是，有些看法并不符合列宁提出新经济政策的本意，存在着一定程度上的误解。

首先，布鲁兹库斯（又译布鲁茨库斯）认为新经济政策实行的是完全自由

---

① 《列宁全集》第 42 卷，人民出版社 2017 年版，第 377 页。
② 《列宁全集》第 52 卷，人民出版社 2017 年版，第 240 页。
③ 《列宁全集》第 42 卷，人民出版社 2017 年版，第 195 页。
④ 《列宁全集》第 43 卷，人民出版社 2017 年版，第 66 页。
⑤ 《列宁全集》第 42 卷，人民出版社 2017 年版，第 195 页。

的商品经济，就是要走向资本主义。

布鲁兹库斯，犹太人，1874 年 10 月 15 日生于立陶宛。1898 年，以优异成绩毕业于一所农学院，前往圣彼得堡，在该市犹太殖民协会中央办事处工作，后担任俄国犹太殖民协会农业部门负责人。1908 年在彼得堡农学院任教。1922 年出任农业人民委员部彼得格勒省农业计划委员会主席。他被认为是俄罗斯第一流的农业问题权威。除 1917 年的短暂时间外，布鲁兹库斯一生从未加入过任何党派，其思想属于资产阶级自由主义，主张民族平等，反对马克思主义，反对十月革命和布尔什维克的农业政策。但他从苏维埃政权一建立便关注和思考社会主义经济理论问题，正如哈耶克所说："作为 1907 年至 1922 年间在彼得堡任经济学教授、久负盛名的俄国农业问题的一流专家之一，布鲁兹库斯教授以深厚的兴趣在现场追踪着各种发展。"①1921 年新经济政策开始后，苏维埃俄国社会上出现了一股要求退回到资本主义的思潮。俄共（布）在向"资本主义"让步的同时，加强了对党内外资产阶级分子和思想的进攻。布鲁兹库斯的言行由于一位年轻党员将《经济学家》第 1 期寄给列宁而引起了布尔什维克党的注意。1922 年 11 月，布鲁兹库斯同 160 名知识分子一起被驱逐出国。

布鲁兹库斯认为，科学社会主义全面批判了资本主义制度，而对建设社会主义制度的理论却没有进行系统的研究。与西方"社会主义的领袖们"相比，俄国的社会主义者是马克思主义学说比较坚定的捍卫者，因此，在社会发生变革之后，由于对国民经济的理论完全持批判态度，他们不得不进行一个接一个的各类尝试。对此，苏联著名经济学家莫特廖夫在谈到布鲁兹库斯时说，他"没有搞清马克思主义者同空想家之间的重要区别！马克思主义绝不会像空想家那样力图以抽象的公式从理论上对社会主义经济建设做出详细安排并制定出过渡时期的具体计划。马克思主义认为，所有这些都受制于各国在不同时期生产力的发展水平、社会结构的变化及其国家的特点等。这种具体的计划，只能在漫长的过渡时期去创造，去完善"②。

布鲁兹库斯认为，苏维埃俄国经济的最大弊病是它取消了市场，对产品不进行全面的价值核算。在发展经济中，经济核算不能发挥应有的作用，势必导

① ［英］冯·哈耶克：《序言》，转引自［俄］鲍·布鲁兹库斯：《苏维埃俄国的计划经济》，山东人民出版社 2018 年版，"序言"第 2 页。

② 转引自［俄］Л. Д. 希罗格罗德：《论布鲁茨库斯及其专著〈社会主义制度下的国民经济问题〉》，葛纪娥、王福杭译，《当代世界社会主义问题》1997 年第 1 期。

致收支失调，企图用国家微不足道的行政命令来取代灵敏的市场自动调节，那是绝对不行的，社会主义经济最薄弱的方面就是它把全部的分配职能都集中在自己手中，对财富实行专断的分配方式。他批评了社会主义的"财产平均论"，批评了"经济生活的彻底官僚化"和强制性的劳动组织。他还批评了这样一种情况，即对提高生产效益漠不关心的官员取代了对自己的财产承担着风险的企业主。布鲁兹库斯以大量的鲜明事例证明，在经济过渡时期，苏联的国家经济部门存在着极其严重的经营不善的情况，于是他得出这样的结论："非常清楚，不能根据社会需要从生产活动的经济体制，是一种脆弱无为的体制，为了克服'资本主义生产的无政府状态'，社会主义会把国民经济引入'超级无政府状态'。与此相比，资本主义国家则显得更加协调"①。实质上，布鲁兹库斯在其著作中所批判的是战时共产主义时期的经济实践。

布鲁兹库斯误解了新经济政策。他认为"战时共产主义"的失败就是社会主义实验在俄国的失败，将列宁实行新经济政策看作是对社会主义批判的良机，"我希望，一段残酷的共产主义实验之后，对当代俄国的社会主义批判正当其时"②。他认为新经济政策恢复自由交换和货币制度，就是回到资本主义，因此，波兰经济学家布鲁斯将其称为"资产阶级经济学的代表"③。当时，把社会主义等同于计划经济、把资本主义等同于市场经济，是某些社会主义者和资产阶级分子的"共识"。布鲁兹库斯指出："由于向新经济政策过渡，'自给的'社会主义思想被苏维埃俄国暂时搁置。但是，其制度并没有被明确抛弃，在其他一些国家也大致如此，在那里，社会主义仍然被认为是没有货币的制度。"④

其次，恰亚诺夫认为实行新经济政策就是回到小农经济。

恰亚诺夫(1888—1939)，师从著名民粹派学者、"预算统计学派"专家A.佛

---

① 转引自［苏］希罗格罗德：《论布鲁茨库斯及其专著〈社会主义制度下的国民经济问题〉》，葛纪娥、王福杭译，《当代世界社会主义问题》1997年第1期。

② ［俄］鲍·布鲁兹库斯：《苏维埃俄国的计划经济》，李宏、王建民译，山东人民出版社2018年版，第3—4页。

③ ［波］弗·布鲁斯：《社会主义经济的运行问题》，荣敬本、林青松译，中国社会科学出版社1984年版，第48页。

④ ［俄］鲍·布鲁兹库斯：《苏维埃俄国的计划经济》，李宏、王建民译，山东人民出版社2018年版，第5页。

图那托夫（1856—1925）教授，在非黑土地带的沃洛格达、莫斯科等省农村从事统计分析工作。1905 年起成为民粹派思想家，加入社会革命党。1910 年在莫斯科农学院毕业。十月革命后支持苏维埃政权，任过彼得罗夫农业科学院农业经济研究所所长、农业人民委员部部务委员。曾长期主持农业合作社的领导工作。他与 A. 切林采夫、H. 马卡罗夫等一起在与"古典主义"的论战中形成了组织与生产学派。1930 年因"劳动人民党"案件被捕，后被枪决。恰亚诺夫主要著作有《非资本主义经济制度理论》、《农民经济的组织》、《预算研究》等。

恰亚诺夫是最早研究新经济政策的经济学家之一。1923 年，他在柏林以德文出版了《农民经济理论》，该书又成为 1925 年在苏联以俄文出版的《农民经济组织》的主体部分。

恰亚诺夫的理论是对 20 世纪 20 年代俄国农民农场的分析。恰亚诺夫认为，在从传统农业向未来社会经济制度的过渡中，农民家庭农场具有长期存在的合理性；农业由纵向一体化走向横向一体化，即土地大规模的集中，需要一个较长时期的发展过程。在生产力未发生重大变革的条件下，以个体家庭农场为单位进行经营，比大规模土地集中经营更具有优越性。农业发展应走以农民家庭农场为主体的合作制道路。他分析了农民农场的组织即诸生产要素间的比例关系、个体农场的生产组织实施过程，"劳动农场的资本量以及由此而来的每年用于资本更新的那部分资本数量都应依照由基本经济均衡关系确定的经济活动量，根据技术上的要求以恰当的安排"。通过以上分析论证了小农经济存在的合理性与稳定性，且小农的稳定有其自身的内部逻辑——对生存最大化的追求会使农民家庭调整劳动量的投入并达到"基本经济均衡"。

恰亚诺夫通过对小农家庭经济与资本主义经济的比较，阐述了小农经济的特征与资本主义经济学的不适用性，提出对不同的经济类型应使用不同的概念和范畴。在小农家庭农场中，制约着农业经济活动的土地、劳动与资本三要素的组合方式，迥异于资本主义农场，因而二者的运行机制与规律也完全不同。恰亚诺夫认为，小农家庭农场的运行机制以劳动的供给与消费的满足为决定因素。在这里，他首次提出了农民家庭经济单位的劳动—消费均衡公式。恰亚诺夫对农民家庭经济进行了深入分析，其最主要的两个理论来源是生物学规律基础上的生命周期论和新古典经济学理论基础上的边际效用论。家庭经济活动量受家庭人口结构、规模和生命周期变化的影响。恰亚诺夫认为："家庭结构首先决定了家庭经济活动规模的上限与下限"。①

显然，恰亚诺夫忽略了新经济政策的本质，没有从社会主义发展和苏维埃政权的历史使命的角度思考农民问题。他说："我们的兴趣不在农民农场的命运如何，也不在其历史的和经济的观念形态如何，甚至也不在各种经济制度的历史发展过程如何。""一言以蔽之，我们的研究兴趣不在农民农场制度及其组织形式的历史发展过程，而仅仅是在于农民农场组织过程的机制。"②从方法论上看，恰亚诺夫仅仅是静态地分析农民经济，"这种组织分析就其性质而言应当是静态的，这就像分析一台蒸汽机车或涡轮发电机的结构一样，其方法只能是静态的。"③显然，这种分析方法与马克思主义辩证法和唯物史观相去甚远。

三、通过新经济政策实现社会主义

1921 年夏天以后，由于新经济政策的实施，苏维埃俄国农村的商品经济恢复和发展起来。它在促进农村生产力发展的同时，也产生了一些突出的问题。其突出表现是：第一，农民中两极分化加剧，富农、地主经济活跃起来，想利用新经济政策从农民手中夺取土地及其他生产资料；第二，由于允许私人贸易的发展，加上非法经营，一些集体性质的消费合作社受到冲击，或被迫解散。总之，由于新经济政策的实施，农村的阶级状况发生了一些变化，出现了新情况、新问题，影响了农村社会政治生活的稳定。显然，这些状况与社会主义制度的基本要求存在着一定的距离。

新经济政策代替战时共产主义政策，是以实物税代替余粮收集制为标志的。列宁认为在这里改变的只是过渡的"方法"，战时共产主义是一种临时的办法，取而代之的正确政策是用农民所必需的工业品去换粮食。"只有这样的粮食政策才能适应无产阶级的任务，只有这样的粮食政策才能巩固社会主义的基础，才能使社会主义取得完全的胜利。"针对俄国当时先进"部队"只是整

---

① ［俄］A.恰亚诺夫：《农民经济组织》，萧正洪译，中央编译出版社 1996 年版，第 20 页。

② ［俄］A.恰亚诺夫：《农民经济组织》，萧正洪译，中央编译出版社 1996 年版，第 11 页。

③ ［俄］A.恰亚诺夫：《农民经济组织》，萧正洪译，中央编译出版社 1996 年版，第 11 页。

个无产阶级中的一部分，而无产阶级又只是全体居民群众中的一部分的实际，列宁认为要顺利地完成直接向社会主义过渡的任务，"就必须懂得，需要经过哪些中间的途径、方法、手段和辅助办法，才能使资本主义以前的各种关系过渡到社会主义。关键就在这里"。① 他在充分认识俄国国情的基础上，提出了资本主义特别是国家资本主义是小生产过渡到社会主义的中间环节，不直接依靠热情，而"依靠个人兴趣，依靠从个人利益上的关心，依靠经济核算，在这个小农国家里先建立起牢固的桥梁，通过国家资本主义走向社会主义"，甚至"无产阶级国家必须成为一个谨慎、勤勉、能干的'业主'，成为一个精明的批发商"。② 可见，列宁在 1921 年春天以后的著述中仍把新经济政策当作向社会主义过渡的方法。美国学者科恩认为："到二十年代中期，布尔什维克领导人对新经济政策还是达成了（虽然有时是勉强的）一个一致的看法，认为它是向社会主义过渡的适宜政策。"③

列宁在著作中不仅把新经济政策当作向社会主义过渡的方法，而且也对过渡时期作了很明确的界定。他在《共产主义运动中的"左派"幼稚病》中指出："我们在俄国（推翻资产阶级后的第三年）还刚处在从资本主义向社会主义即向共产主义低级阶段过渡的最初阶段。"④ 他在全俄工兵农代表苏维埃第三次代表大会上作的《人民委员会工作报告》中指出，从资本主义过渡到社会主义，需要经过长久的阵痛，经过长时期的无产阶级专政，摧毁一切旧东西，无情地消灭资本主义的各种形式。可见，列宁把过渡时期确定为从推翻资产阶级统治到社会主义制度确立这段"阵痛"时期。

列宁在新经济政策时期提出了无产阶级夺取政权之后商品货币关系仍然存在的理论，在马克思主义经济思想史上具有重要地位。但是，列宁新经济政策的实质并不是恢复商品货币关系，而是无产阶级政权如何利用商品货币关系，发展公有制经济，从而走向社会主义。列宁提出实行新经济政策并不是放弃走向社会主义，它只是过渡方式的转变。列宁指出，"战时共产主义"是战争和经济破坏形势下不得不采取的政策，"它不是而且也不能是一项适应无产阶级经济任务的政策"，在小农国家内实现本阶级专政的无产阶级，

① 《列宁全集》第 41 卷，人民出版社 2017 年版，第 209、216 页。
② 《列宁全集》第 42 卷，人民出版社 2017 年版，第 187 页。
③ ［美］科恩：《布哈林与布尔什维克革命》，徐葵等译，东方出版社 1988 年版，第 409 页。
④ 《列宁全集》第 39 卷，人民出版社 2017 年版，第 24 页。

其正确的政策就是实行新经济政策，"只有这样的粮食政策才能适应无产阶级的任务，只有这样的粮食政策才能巩固社会主义的基础，才能使社会主义取得完全的胜利"。①

新经济政策并不是简单的暂时退却，它的根本意义在于寻找向社会主义过渡的新途径、新方法和工农联盟的新形式。所以列宁说，"新经济政策标志着苏维埃政权实现从资本主义向社会主义的过渡这一活动发展的新时期（和新转折）"②。正是在全面回顾总结十月革命以来的实践经验，制定出新经济政策的基础上，列宁确定了经济落后国家向社会主义过渡的正确道路。公有制是社会主义的经济基础，俄国走向社会主义首先要保证公有制经济不断发展壮大，为此，列宁提出苏维埃政权容许非公有制经济发展和租让制也是有条件的，必须与公有制经济发展联系起来。他说："如果我们只把少数工厂租给承租人，而把大部分工厂保留在自己手中，那租让并不可怕；这是没有什么可怕的。当然，如果苏维埃政权把自己的大部分工厂拿去租让，那是十分荒唐的；那就不是租让，而是复辟资本主义。"③

列宁指出："既然我们还不能实现从小生产到社会主义的直接过渡，所以作为小生产和交换的自发产物的资本主义，在一定程度上是不可避免的，所以我们应该利用资本主义（特别是要把它纳入国家资本主义的轨道）作为小生产和社会主义之间的中间环节，作为提高生产力的手段、途径、方法和方式。"④他强调苏维埃政权要积极发展公有制经济，掌握大量的工厂，这是保证商品经济沿着社会主义方向发展的前提。他结合俄国的国情，探讨了保证公有制发展和将国民经济引导到社会主义轨道的具体措施。

首先，列宁提出国营企业在商品生产和商品流通中发挥引导作用。

俄国当时有人不敢大胆发展非公有制经济，害怕资本主义的发展会使苏维埃政权改变性质。列宁指出："既然工人国家掌握了工厂和铁路，那么这种资本主义对于我们就是不可怕的。""只要我们掌握着所有国营企业，只要我们精确而严格地权衡轻重，我们能把什么租出去，在什么条件下、在什么限度内可以出租，那么租让是没有什么可怕的。这种情况下发展起来的资本主义是在监督

---

① 《列宁全集》第 41 卷，人民出版社 2017 年版，第 208—209、209 页。
② 《列宁全集》第 42 卷，人民出版社 2017 年版，第 534 页。
③ 《列宁全集》第 41 卷，人民出版社 2017 年版，第 151 页。
④ 《列宁全集》第 41 卷，人民出版社 2017 年版，第 217 页。

之下和计算之中的，而国家政权则仍然掌握在工人阶级和工人国家的手中。"①

列宁非常重视国家银行在调控经济方面的重要作用。1922 年 2 月，列宁在给亚·德·瞿鲁巴的信中说："我们需要的国家银行同商业的关系应当比资本主义同商业关系最密切的国家银行还要密切一百倍。我们的国家银行应当有个商业代办网，上自中央（有点类似银行中掌管几十亿周转资金的商务巡回检查员），下至小的乃至最小的商业代办点。如果整个代办网实行分成制并学会（也教会我们）很好地做生意，那么我们就能够掌握整个贸易额的 9/10。"②

同时，公有制经济必须适应市场，在商品生产和商品流通中保持竞争优势。列宁指出："如果我们建立了实行经济核算的托拉斯和企业，却不会用精明的、商人的办法来充分保证我们的利益，那我们便是地道的傻瓜。"③

其次，列宁提出加强对非公有制经济的管理。

列宁认为非公有制经济发展不会威胁苏维埃政权的性质，这是因为政权还掌握在无产阶级手上，可以对非公有制经济进行监管。他指出："让小工业在一定程度上发展起来吧，让国家资本主义发展起来吧，这对于苏维埃政权并不可怕；苏维埃政权应该正视现实，直言不讳，但它必须对此加以控制，规定这样做的限度。"④ 苏维埃监管部门以前的主要职责就是限制商品流通，打击投机倒把，而在新经济政策时期，这些职责就发生变化了，也就是"反对投机倒把活动的斗争应转变为反对盗窃公共财物、反对逃避国家监察、计算和监督的斗争"。⑤

同时，非公有制经济的经营活动必须遵循国家法律，诚实管理。1922 年，列宁说："做生意吧，发财吧！我们允许你这样做，但是我们将加倍严格地要求你做老实人，呈送真实准确的表报，不仅要认真对待我们共产主义法律的条文，而且要认真对待它的精神，不得有一丝一毫违背我们的法律，——这些就应当是司法人民委员部在新经济政策方面的基本准则。"⑥

当然，随着商品经济的发展，对非公有制的管理也向国民经济管理机关提出了更高的要求。列宁提出过反对经济管理机关的官僚主义，同时还要求它们

① 《列宁全集》第 41 卷，人民出版社 2017 年版，第 151 页。
② 《列宁全集》第 52 卷，人民出版社 2017 年版，第 277 页。
③ 《列宁全集》第 52 卷，人民出版社 2017 年版，第 240 页。
④ 《列宁全集》第 41 卷，人民出版社 2017 年版，第 151 页。
⑤ 《列宁选集》第 4 卷，人民出版社 2012 年版，第 524 页。
⑥ 《列宁全集》第 42 卷，人民出版社 2017 年版，第 439 页。

学会"做生意",提高效率。他认为,关键的问题之一就是"如何教我们的官'商'(包括对外贸易人民委员部、莫斯科商业局、彼得格勒商业局等等)学会做生意,办事不拖拉"。他要求各人民委员部等管理部门"提出一项决定草案,规定对职员(所有与经济工作有关的职员)改行按营业额和利润分成的制度,如有亏损、办事不力和失职等情况,应予严惩"①。

最后,列宁提出通过合作制将小农经济引导到集体经济道路上。

列宁认为俄国实行新经济政策后,无产阶级只占少数,小资产阶级占大多数。"在这样的国家里,无产阶级的作用就是要领导这些小业主向社会化的、集体的、公社的劳动过渡。"②1923年,列宁在《论合作制》中指出:"在生产资料公有制的条件下,在无产阶级对资产阶级取得了阶级胜利的条件下,文明的合作社工作者的制度就是社会主义的制度。"③

列宁的新经济政策思想从所有制理论方面看主要包括两个方面的内容:一是改变"纯而又纯"的公有制,发展商品经济,提高俄国生产力水平;二是加强对非公有制经济特别是资本主义的监管,发展和壮大公有制经济,实现俄国向社会主义迈进。这两个方面是内在统一的。列宁提出新经济政策的实质就是苏维埃政权运用商品经济,发展和壮大公有制经济,从而实现向社会主义过渡。

列宁探讨了从战时共产主义向新经济政策转变,分析了商品生产与走向社会主义之间的内在联系。当然,列宁新经济政策理论分析的是从资本主义向社会主义的过渡时期,并且是从俄国当时的国情出发的。1921年4月,列宁在给阿塞拜疆等共和国的共产党员的信中说:"不要照搬我们的策略,而要独立地仔细考虑我们的策略为什么具有那些特点以及它的条件和结果,不要在你们那里照抄1917—1921年的经验,而要运用它的精神实质和教训。"④

同时,列宁采取了许多措施来纠正农民的两极分化,巩固苏维埃政权在农村中的力量。列宁采取措施扶持贫农,团结中农,阻止富农、地主利用新经济政策加强自己阵地的企图。早在新经济政策实施初期,列宁不仅要求粮食税额要低于余粮收集制,对歉收的贫苦农民实行免征,而且规定每户农民的税额要根据土地的数量、人口、收成及财产状况确定,对贫苦农民予以优待,对富农

---

① 《列宁全集》第42卷,人民出版社2017年版,第468、469页。

② 《列宁全集》第41卷,人民出版社2017年版,第21页。

③ 《列宁全集》第43卷,人民出版社2017年版,第369页。

④ 《列宁全集》第41卷,人民出版社2017年版,第186页。

则提高税额。对于中农，列宁认为由于按平均的方式将土地分给农民，农民中会有越来越多的人成为中农，因此，中农就成为工农联盟的基础，成为无产阶级政权不可缺少的同盟军，应该团结中农。针对新经济政策实施后，有人担心农村中中农增加会影响苏维埃政权的思想，列宁指出："俄国农民中成为中农的人愈来愈多了，害怕交换会成为个体交换是不必要的。"[①]但是，由于政权掌握在无产阶级手中，土地实行了国有化，以中农为主体的农民不再是无产阶级的对立者，他们可以通过政策引导，纳入正确的发展轨道。据此，列宁认为应鼓励中农的发展，"我们必须在经济上满足中农的要求"[②]。此外，列宁针对富农、地主想利用新经济政策加强其阵地的企图，采取了许多措施予以制止。例如，在俄共（布）第十一次代表大会和全俄苏维埃第九次代表大会上，列宁针对某些富农、地主想利用经济力量从贫苦农民手中夺取土地的做法，重申了十月革命初期《土地法令》的不可动摇性，驳斥了把土地还原给地主的说法。又如，在1922年5月，苏联讨论制定统一的实物税法时，针对一些人在《农业生活报》上发表文章，建议取消对贫农的优待，相应降低对富农的税额的言论，列宁立即给副农业人民委员奥新斯基写信，要求将该报主编撤职，并警告他们不要沦为右派革命党人的追随者。在新经济政策的实施过程中，列宁多次采取措施鼓励中农的发展，要求从财力物力上帮助贫苦农民，指示通过对贫苦农民的减税，对富农、地主增税的办法来限制富农、地主经济的发展，阻止农村两极分化的发展。这些措施巩固了苏维埃在农村中的力量。

同时，列宁提出用经济手段增强合作社同私人资本作斗争的能力。列宁认为要稳定和发展农业合作社，避免其在私人自由贸易冲击下被削弱或解散，除了行政手段外还必须运用征收私人商业所得税的办法加以解决。如当列宁听说斯摩棱斯克省的私人贸易压垮了合作社的消息后，立即质问道："对非法贸易的案件审判了没有？""对私人贸易征税了没有？"[③]此后，根据列宁的建议，在1922年年底苏联实施了限制私商收益的所得税，征收了他们很大一部分超额利润，保证了集体经济的发展。

列宁根据新经济政策实施后农村阶级关系出现的新变化所采取的措施，不

---

① 《列宁全集》第41卷，人民出版社2017年版，第62页。
② 《列宁全集》第41卷，人民出版社2017年版，第62页。
③ 《列宁全集》第52卷，人民出版社2017年版，第256页。

仅制止了农村中两极分化的趋势，而且在实践中稳定和发展了农村社会主义因素——消费合作社。这不仅在当时保证了农村的社会稳定，增加了苏维埃政权在农村中的力量，更重要的是它找到了无产阶级同其同盟军农民联系的正确方法，巩固了新生的苏维埃政权，为以后苏联的社会主义革命和建设打下了基础。

第三节　对落后国家进行社会主义政治与文化建设的构想

列宁在《论合作社》中指出："合作社的发展也就等于（只有上述一点'小小的'例外）社会主义的发展，与此同时我们不得不承认我们对社会主义的整个看法根本改变了。"① 新经济政策不能仅仅归为经济政策的调整，还是列宁对于落后国家进行社会主义政治与文化建设的构想。邓小平（1904—1997）在肩负起领导建设社会主义的历史使命后，便把眼光投向了列宁的"新经济政策"。他指出："社会主义究竟是个什么样子，苏联搞了很多年，也并没有完全搞清楚。可能列宁的思路比较好，搞了个新经济政策，但是后来苏联的模式僵化了。"② 也就是，新经济政策是列宁晚年对于落后国家向社会主义过渡和建设新社会的系统"思路"。

一、强化党的领导，加强党的建设

共产党不仅是无产阶级革命的领导力量，而且也是无产阶级专政的领导力量。对此，列宁不仅反复强调共产党在无产阶级专政中的领导地位，而且详细阐释了共产党如何加强对无产阶级专政的领导。

对于为什么要加强共产党对无产阶级专政的领导，列宁曾进行了详细阐

---

① 《列宁全集》第 43 卷，人民出版社 2017 年版，第 371 页。
② 《邓小平文选》第 3 卷，人民出版社 1993 年版，第 139 页。

述。按照列宁的解释，这主要是由于在由工人、农民、小资产阶级等阶级阶层广泛组成的国家政权当中，如果没有一个先进的组织作为领导核心，无产阶级专政就不能实现并得以维持。早在十月革命之前，列宁就曾经强调过，共产党是无产阶级的政党，但它决不等同于无产阶级，它是无产阶级的先锋队。共产党只有保持其先锋队的性质才能实现对整个无产阶级的领导，并通过无产阶级领导全体劳动群众。同时，无产阶级专政又是一个由无产阶级和非无产阶级组成的政权，农民、小资产阶级这些非无产阶级既是劳动者又是私有者，需要克服和避免他们的动摇性、狭隘性和传统偏见，改造他们的传统习惯和思维方式。如果没有共产党的正确引导和组织，无产阶级专政的目标、社会主义革命的目标等都是无法实现的。在此基础上，列宁强调，"只有工人阶级的政党，即共产党，才能团结、教育和组织无产阶级和全体劳动群众的先锋队，而只有这个先锋队才能抵制这些群众中不可避免的小资产阶级动摇性，抵制无产阶级中不可避免的种种行业狭隘性或行业偏见的传统和恶习的复发，并领导全体无产阶级的一切联合行动，也就是说在政治上领导无产阶级，并且通过无产阶级领导全体劳动群众。不这样，便不能实现无产阶级专政。"[①]

此外，列宁还强调共产党对无产阶级专政的领导必须通过工会、非党工农代表和苏维埃这些"传动装置"来实现。"没有一些把先锋队和先进阶级群众、把它和劳动群众连结起来的'传动装置'，就不能实现专政。"[②] 实际上，列宁早在《共产主义运动中的"左派"幼稚病》中就强调，工会是党开展各项工作的重要依托。"党就是通过这个机构同本阶级和群众保持密切联系的；阶级专政就是通过这个机构在党的领导下实现的。如果没有同工会的极密切的联系，没有工会的热烈支持，没有工会不仅在经济建设方面，而且在军事建设方面奋不顾身的工作，那么别说我们能管理国家和实行专政两年半，就是两个半月也不成。"[③] 另一方面，列宁又指出还必须依靠非党工农代表会议、苏维埃等组织来联系群众。"在我们的革命进程中，实践创造了一种机构，这就是非党工农代表会议，我们正在全力支持、发展和推广这种机构，以便考察群众的情绪，接近群众，答复群众的要求，从群众当中提拔优秀的人才来担任公职等等。"[④]

---

① 《列宁全集》第 41 卷，人民出版社 2017 年版，第 85 页。
② 《列宁全集》第 40 卷，人民出版社 2017 年版，第 204 页。
③ 《列宁全集》第 39 卷，人民出版社 2017 年版，第 28 页。
④ 《列宁全集》第 39 卷，人民出版社 2017 年版，第 28 页。

同时，共产党还必须紧紧依靠苏维埃来联系群众。"党的全部工作当然都是通过不分职业而把劳动群众团结在一起的苏维埃来进行的。"①

列宁不仅强调加强党的领导，而且阐述了新经济政策条件下党的建设问题。列宁首先强调党的思想建设。从当时的情况看，有些党员和干部不能正确地评价新经济政策，原因在于他们的世界观不健康，容易受错误思潮的影响。所以，列宁要求推进党的理论建设，要求党员和干部努力学习马克思主义，抵制和批判错误的思潮，以科学的理论武装头脑，树立科学的世界观和价值观。1922年1月，苏俄创办和出版了重要理论刊物《在马克思主义旗帜下》。这是一份以宣传马克思主义唯物论和无神论为主要任务的杂志。同年3月，列宁为该杂志撰写了题为《论战斗唯物主义的意义》的论文，就如何办好这份杂志提出了自己的意见。他提出："这个杂志应该是一个战斗的无神论的刊物。"② 在他看来，所谓战斗的无神论的刊物，一是要坚定不移地揭露和批判一切有神论派别及其代表人物，而不管他们是以"官方科学界的代表"的面目出现，还是以"民主主义政论家"的面目出现。二是要通过自己不断地进行无神论的宣传和斗争，弥补国家机关在此项工作中的不足。列宁说："为了弥补有关国家机关工作的不足，为了改进和活跃这一工作，这个要办成战斗唯物主义刊物的杂志必须不倦地进行无神论的宣传和斗争，这一点是非常重要的。"③列宁当时主张批判有神论和宣传无神论，同一些党员和干部树立正确的价值观关系十分密切。因为有些党员、干部正是由于世界观不健康，崇拜唯心主义，相信神和上帝的作用，所以在生活实践中容易受错误思潮的影响，对新经济政策持不正确的看法。显然，批判有神论和宣传无神论，有利于他们摆脱迷信，端正世界观，树立科学的价值观，坚信党的路线、方针和政策的正确性，正确地看待新经济政策。列宁还提出，共产党人应该学习和研究辩证法，特别要学习马克思主义的辩证法。他说："马克思把这个辩证法运用得非常成功，现在东方（日本、印度、中国）的新兴阶级，即占世界人口大多数但因其历史上无所作为和历史上沉睡不醒而使欧洲许多先进国家至今仍处于停滞和腐朽状态的数亿人民日益觉醒奋起斗争的事实，新兴民族和新兴阶级日益觉醒的事实，愈来愈证明

① 《列宁全集》第39卷，人民出版社2017年版，第28页。
② 《列宁全集》第43卷，人民出版社2017年版，第25页。
③ 《列宁全集》第43卷，人民出版社2017年版，第25页。

马克思主义的正确性。"①在列宁看来，共产党人掌握了马克思主义辩证法，就可以树立科学的价值观。党员和干部只有认真学习并切实掌握马克思主义辩证法，才能树立科学的价值观。

战时共产主义时期形成的高度集中的政治体制，导致党内出现严重的官僚主义、脱离群众和滥用职权等现象。对此，列宁强调必须改变党的组织形式和工作方法，加强党内民主建设。1921 年 3 月，列宁在俄共（布）第十次代表大会上总结了党的建设工作的经验教训，指出党的组织形式和工作方法不是固定不变的，也没有绝对正确的形式和方法，它们必须要随着形势的变化而变化。在此基础上，列宁具体分析了战时共产主义时期党组织实施军事化组织形式的必要性和合理性，同时指出这一组织形式又产生了一系列矛盾和问题。正如列宁所说的，"集中化就发展了官僚主义化和脱离群众的倾向；战斗命令制往往采取了被歪曲了的不必要的压制形式；必要的特权变成了各种舞弊行为的凭借；党机关的必要的紧缩削弱了党的精神生活，如此等等。这一切引起了党内的危机。"②对此，列宁强调必须加强党同群众的联系，实行工人民主制的方针。"党内的工人民主制就是实行党的共产主义政策时所采取的这样一种组织形式，这种组织形式能保证全体党员甚至最落后的党员积极地参加党的生活，参加讨论党所面临的一切问题和解决这些问题，并且积极参加党的建设。工人民主制的形式排斥一切委任的制度，它的表现就是从下到上的一切机关都实行普遍选举制、报告制和监督制等等。"③从工作方法的具体实施情况来看，就是"对一切最重要的问题，在全党必须遵守的党的决议未经通过以前展开广泛的讨论和争论，充分自由地进行党内批判，集体制定全党性的决议。……决议已经通过，就必须遵守，必须最迅速而准确地执行。"④

加强党内民主建设是列宁晚年重点关注的问题，也是他关于加强社会主义民主建设的重要内容。长期以来，残酷的战争环境使党内长期形成了一种高度

---

① 《列宁全集》第 43 卷，人民出版社 2017 年版，第 29 页。

② 《苏联共产党代表大会、代表会议和中央全会决议汇编》第 2 分册，人民出版社 1964 年版，第 52 页。

③ 《苏联共产党代表大会、代表会议和中央全会决议汇编》第 2 分册，人民出版社 1964 年版，第 54 页。

④ 《苏联共产党代表大会、代表会议和中央全会决议汇编》第 2 分册，人民出版社 1964 年版，第 54 页。

集中的工作体制和工作方式，民主相对缺乏。这一体制对于提高工作效率，维护新生政权曾经发挥过重要作用。但是，随着和平稳定的国内环境的到来，这一体制的缺陷和弊端日益暴露。为了扩大党内民主，提高党的领导水平和能力，防止个人独断专权并加强党的团结和稳定就必须要加强党内民主制度建设。列宁在《给代表大会的信》中，集中阐述了这一思想，并重点提出改造中央委员会的重要性。正如列宁所指出的，"如果我们不实行这种改革，我想，一旦事态的发展不是对我们十分有利（而我们不能寄希望于十分有利这一点上），我们的中央委员会就会遭到很大的危险。……增加中央委员的人数，我想，为了提高中央委员会的威信，为了认真改善我们的机关，为了防止中央委员会一小部分人的冲突对党的整个前途产生过分大的影响，这样做是必要的。"①

列宁在改造中央委员会方面主要提出了以下具体措施：一是扩大中央委员会的规模，"把中央委员人数增加到50人甚至100人，依我看，可以达到双重甚至三重目的：中央委员愈多，受到中央工作锻炼的就愈多，因某种不慎而造成分裂的危险就愈小。"② 二是要调离斯大林的岗位，防止个人专权和滥用职权。当时，斯大林担任中央委员会书记，掌握了党的大权，并且与中央委员托洛茨基存在严重分歧和矛盾。"斯大林同志当了总书记，掌握了无限的权力，他能不能永远十分谨慎地使用这一权力，我没有把握。"③"我建议同志们仔细想个办法把斯大林从这个职位上调开，任命另一个人担任这个职位，这个人在各方面同斯大林同志一样，只是有一点强过他，这就是较为耐心、较为谦恭、较有礼貌、较能关心同志，而较少任性等等。"④ 三是要改组中央委员会的成员，实施群众监督。列宁这一设想既有助于防止个人专权和官僚主义，强化基层工人对党的高层领导人的监督，又有助于密切高层领导与劳动群众的联系。"参加中央委员会的工人，应当主要不是来自那些做过长期苏维埃工作的工人（我在本信的这一部分所指的工人都是把农民也包括在内的），因为在这些工人中间已经形成了某些正应该加以克服的传统和成见。工人中央委员主要应当是这样的工人，他们的岗位低于五年来被我们提拔为苏维埃职员的那一层

---

① 《列宁全集》第 43 卷，人民出版社 2017 年版，第 341 页。
② 《列宁全集》第 43 卷，人民出版社 2017 年版，第 345 页。
③ 《列宁全集》第 43 卷，人民出版社 2017 年版，第 343 页。
④ 《列宁全集》第 43 卷，人民出版社 2017 年版，第 344 页。

人，他们更接近于普通的工人和没有成为直接或间接剥削者的农民。"①四是增加工农检查院的人数，加强党外监督。按照列宁的理解，工农检查院原本应该是一个独立的、拥有较高权力的机关，后来却变为中央委员的执行机关和"附属品"，工农检查院的权力和地位大大弱化。为了改变这一局面，列宁设想通过增加工农检查院的人数，强化党外监督力量，与工人中央委员一起形成内外结合、共同监督的体制。"如果中央委员的人数适当增加，他们在高度熟练的专家和在各部门都有很高威信的工农检查院成员的帮助下，年复一年地学习国家管理的课程，那么，我认为，我们一定能够成功地解决我们长期未能解决的这一任务。"②

随着战争的结束，苏维埃俄国进入和平发展时期。战时共产主义政策随之结束，转而进入新经济政策时期。在这一社会历史背景下，之前形成的高度集中的政治体制不仅与社会形势变化显示出严重不符，并且这一体制固有的各种问题和弊端日益显现。因此，对这一政治体制进行调整和改革成为苏俄国家和社会发展的必然要求。对此，列宁给予了高度重视，并着重从以下方面进行了改革。

第一，建立党内监督体制。为了克服党内官僚主义、防止党员滥用职权，列宁提出必须在党内建立监督体制。1921 年 3 月，俄共（布）第十次代表大会正式通过了设立监察委员会的决议，具体规定了监察委员会的设置目的、职责和任务、产生办法等。根据决议内容，监察委员会设立的目的是为了巩固党的统一和威信。其主要任务是"同侵入党内的官僚主义和升官发财思想，同党员滥用自己在党内和苏维埃中的职权的行为，同破坏党内的同志关系、散布毫无根据的侮辱党或个别党员的谣言以及其他诸如此类的破坏党的统一和威信的流言蜚语的现象作斗争。"③监察委员会由党的全国代表大会和地方各级代表大会选举产生，对本级代表大会负责并报告工作。特别指出的是，决议规定了监察委员会在党内的地位，"监察委员会同各级党委平行行使职权"④，并"有权出席本级党委

① 《列宁全集》第 43 卷，人民出版社 2017 年版，第 345—346 页。

② 《列宁全集》第 43 卷，人民出版社 2017 年版，第 347 页。

③ 《苏联共产党代表大会、代表会议和中央全会决议汇编》第 2 分册，人民出版社 1964 年版，第 70 页。

④ 《苏联共产党代表大会、代表会议和中央全会决议汇编》第 2 分册，人民出版社 1964 年版，第 71 页。

及苏维埃委员会的一切会议以及本级党组织的其他各种会议，并有发言权"①。

第二，实行政党分工。俄共（布）第八次代表大会决议重点围绕党和苏维埃之间的性质和关系问题进行了详细阐述。"苏维埃是工人阶级和贫苦农民的国家组织，在任何形式的国家消亡以前实行无产阶级专政。"② 然而，"共产党是这样的一个组织，他只将无产阶级和贫苦农民的先锋队即这些阶级中自觉地努力实现共产党纲领的那部分人团结到自己的队伍里。"③ 共产党的任务是"在劳动者的一切组织（工会、合作社、农业公社等）中起决定性的影响和掌握全部领导。共产党特别要力争在当前的国家组织——苏维埃中实现自己的领导和自己的全部统治。在所有的苏维埃组织中，绝对必须建立严格服从党的纪律的党团。在该苏维埃组织中工作的全体俄共党员都应该参加这种党团。"④ 由此可见，党的组织职能完全不同于国家机关，不能把党组织的职能和国家机关即苏维埃的职能混淆起来。新经济政策实行以后，列宁进一步强调二者之间的关系，"必须十分明确地划分党（及其中央）和苏维埃政权的职责；提高苏维埃工作人员和苏维埃机关的责任心和独立负责精神，党的任务则是对所有国家机关的工作进行总的领导，不是像目前那样进行过分频繁的、不正常的、往往是琐碎的干预。"⑤ 这就表明，一方面，党和苏维埃有着明确的界限和分工，苏维埃机关工作具有相对独立性，二者不能相互混淆和替代；另一方面党又要对苏维埃政权实行总的领导，但又不能干预得过多过细。

二、捍卫和巩固无产阶级政权，反对官僚主义

捍卫无产阶级政权首先面临着十月革命是否具有合理性的问题。关于这一

① 《苏联共产党代表大会、代表会议和中央全会决议汇编》第 2 分册，人民出版社 1964 年版，第 71 页。
② 《苏联共产党代表大会、代表会议和中央全会决议汇编》第 1 分册，人民出版社 1964 年版，第 570 页。
③ 《苏联共产党代表大会、代表会议和中央全会决议汇编》第 1 分册，人民出版社 1964 年版，第 570 页。
④ 《苏联共产党代表大会、代表会议和中央全会决议汇编》第 1 分册，人民出版社 1964 年版，第 570—571 页。
⑤ 《列宁全集》第 43 卷，人民出版社 2017 年版，第 68 页。

问题的争论长期存在于苏俄内外和布尔什维克党内外。尼·苏汉诺夫是孟什维克的经济学家，由于反对俄国十月革命和无产阶级专政而被捕入狱。在狱中，他完成了 7 卷本的《革命札记》，记叙了俄国从二月革命到十月革命这一段时期的历史。苏汉诺夫认为：俄国的社会主义革命是在条件不成熟的情况下进行的，她就像一个孕妇想通过"疯狂万分地猛跳"引起早产来缩短"她无法忍受的怀孕期"。苏汉诺夫断言即便俄国十月革命取得胜利也是注定不能长久的，因为它违背了社会历史发展的一般规律。1923 年 1 月 16 日和 17 日，列宁口授了《论我国革命》。这篇文章主要评论了苏汉诺夫的《革命札记》中第 3 卷和第 4 卷的内容。

列宁认为，对于是否应该进行十月革命以及是否具备革命条件这一问题的回答关键在于是否能够科学对待马克思主义。如果教条地对待马克思主义，那么必然会一味强调俄国落后的生产力水平，"还没有成长到实行社会主义的地步"，"还没有实行社会主义的客观经济前提"，等等，并最终得出俄国的十月革命违背了社会历史发展一般规律的结论。在列宁看来，考茨基、苏汉诺夫等人的错误就在于机械地、僵化地对待马克思主义，"他们都自称马克思主义者，但是对马克思主义的理解却迂腐到无以复加的程度"。[①] 在列宁看来，马克思主义中有决定性意义的东西是马克思主义的革命辩证法，换句话说，在革命的形势下要有极大的灵活性。俄国的十月革命之所以特殊是因为"这是和第一次帝国主义世界大战相联系的革命"。[②] 它不能简单地被理解为一个国家内的社会主义革命，相反它是世界历史发展到一定阶段的必然结果。马克思恩格斯预言，社会主义革命将在发达资本主义国家内同时爆发，并最终同时取得胜利。但是，列宁认为："世界历史发展的一般规律，不仅丝毫不排斥个别发展阶段在发展的形式或顺序上表现出特殊性，反而是以此为前提的。"[③] 俄国十月革命的特殊性决定了它走向社会主义文明的特殊道路。他曾经指出："一切民族都将走向社会主义，这是不可避免的，但是一切民族的走法却不会完全一样，在民主的这种或那种形式上，在无产阶级专政的这种或那种形态上，在社会生活各方面的社会主义改造的速度上，每个民族都会有自己的特点。"[④] 当然，

① 《列宁全集》第 43 卷，人民出版社 2017 年版，第 373 页。
② 《列宁全集》第 43 卷，人民出版社 2017 年版，第 374 页。
③ 《列宁全集》第 43 卷，人民出版社 2017 年版，第 374 页。
④ 《列宁选集》第 2 卷，人民出版社 2012 年版，第 777 页。

社会主义革命在俄国率先取得胜利，并不意味着社会主义制度和社会主义文明在俄国已经建立。相反，在革命胜利以后解放生产力，发展社会经济是苏俄面临的首要任务。列宁指出："既然建立社会主义需要有一定的文化水平（虽然谁也说不出这个一定的'文化水平'究竟是什么样的，因为这在各个西欧国家都是不同的），我们为什么不能首先用革命手段取得达到这个一定水平的前提，然后在工农政权和苏维埃制度的基础上赶上别国人民呢？"①

随着新经济政策的实施，在新型苏维埃的国家机关中却不断滋生和到处弥漫着只有在旧社会才存在的官僚主义和拖拉、贪腐等现象。列宁认为这种现象产生的主要原因有两点：一是已发展起来的资产阶级需要这样的官僚机构；二是苏俄大量没有文化、分散涣散的小生产者。

在探索社会主义民主建设的过程中，列宁十分重视发挥群众力量加强对党和国家领导人的监督。在完善监督体系方面，列宁最先提出工人监督的思想，而这一监督还是局限于生产领域，不是对党和国家机关及领导人的政治监督。1918 年 5 月，根据列宁提议，成立了国家监察人民委员部。1920 年 3 月，在国家监察人民委员部的基础上成立了工农检查院。这一时期的工农检查主要体现了强化工农群众监督的原则，但从后来实际来看其地位和权力较低，并沦为中央委员会的附属品，实际监督作用并未真正发挥。1921 年 3 月，俄共（布）十大通过了成立中央监察委员会的决定。从中央监察委员会在党内的地位和权力来看，其地位较高、权力较大，并与各地党委保持平行和独立性。这一部门的设置集中反映了强化党内监督的要求。然而，在严酷的战争环境下，党中央委员会长期以来形成了一种高度集中的政治体制，党内民主相对缺乏，官僚主义现象突出，民主建设严重受阻。为了系统阐述政治体制改革及党和国家机关建设的思想与措施，列宁在病床上口授了《我们怎样改组工农检查院》和《宁肯少些，但要好些》这两篇文稿。列宁在《我们怎样改组工农检查院》中指出："我们中央委员会已经形成为一个严格集中的和威信很高的集体，但是这个集体的工作条件还和它的威信不相称。"②列宁晚年在探索社会主义民主建设中，强调要在完善党内监督的基础上进一步强化群众监督，通过改组工农检查院，努力构建党内外充分结合、完整统一的监督体系。

---

① 《列宁全集》第 43 卷，人民出版社 2017 年版，第 375 页。
② 《列宁选集》第 4 卷，人民出版社 2012 年版，第 782 页。

在列宁看来，新型监督体系将产生重要意义。一方面可以提高工农检查院的地位和威信，另一方面可以更好对中央委员会形成有效监督，使其更好地发挥职能和作用，防止个人专断和独裁，并密切党和群众的联系。"据我看来，把工农检查院和中央监察委员会这样结合起来，对于两个机关都有好处。一方面，工农检查院因此能获得很高的、至少不亚于我们外交人民委员部的威信。另一方面，我们的中央委员会就会同中央监察委员会一起最终走上变成党的最高代表会议的道路，实际上中央委员会已经走上这条道路，而为了在以下两方面正确地完成自己的任务，它应当沿着这条道路走到底：一方面，使它的组织和工作有计划、有目的、有系统，另一方面，通过我国工农中的优秀分子同真正广大的群众联系起来。"①

对于如何加强内外监督，在列宁看来重点就是要改组工农检查院，实现中央监察委员会与工农检查院的相互协作。首先，列宁明确了工农检查院的工作职责及其人员组成。"工农检查人民委员可以（而且应当）仍旧是人民委员，……仍旧领导整个工农检查院的工作，包括所有'派来'听他调遣的中央监察委员会委员的工作。"②工农检查院的职员既要有熟练的专业技术，能够担负起"纯粹秘书性的工作"；同时，他们又是经过严格审查、政治上可靠可信的人。其次，工农检查人民委员应与劳动组织高级研究所的一部分合并，使他们既有独立分工又有协作。另外，工农检查院还要协助中央监察委员分工，提高其工作质量。经过改革以后，"有一定的人数必须出席政治局每次会议的中央监察委员会的委员们，应该形成一个紧密的集体，这个集体应该'不顾情面'，应该注意不让任何人的威信，不管是总书记，还是某个其他中央委员的威信，来妨碍他们提出质询、检查文件，以至做到绝对了解情况并使各项事务严格按照规定办事"③。

加强国家机构改革也是列宁后来关于社会主义民主建设思想的一个重要内容。列宁认为当时的国家机构在很大程度上还保留着旧制度的传统痕迹，"这些机关仅仅在表面上稍微粉饰了一下，而从其他方面来看，仍然是一些最典型的旧式国家机关"。它们已经不适应新形势发展的需要，达到"糟糕透顶的状态"。④ 为此，列宁提出必须改革国家机构，克服官僚主义，加强民主建设，

① 《列宁选集》第4卷，人民出版社2012年版，第780页。
② 《列宁选集》第4卷，人民出版社2012年版，第781页。
③ 《列宁选集》第4卷，人民出版社2012年版，第782—783页。
④ 《列宁选集》第4卷，人民出版社2012年版，第779、780页。

提高工作人员文化水平和工作能力。并且，列宁还提出要把工农检查院作为改革重点，使其成为模范机关。列宁这一思想具体体现在以下方面：

第一，讲求质量，反对急躁冒进。列宁认为目前国家机关在工作中存在着严重的急躁冒进的情绪，并充分意识到了其所带来的危害。因此，他反复强调国家机关要克服急躁冒进的错误，遵循严谨慎重的原则。正如他所说的，"对我们国家机关来说，正是现在终于到了我们应该十分认真地好好地对它进行一番工作的时候了，对于这种工作，急躁几乎是最有害的"①。"如果没有耐心，如果不准备花几年工夫来做这件事，那最好是根本不做。"②对此，列宁强调要遵循"七次量，一次裁"的准则，即要在熟悉情况的基础上，非常周到、非常慎重地进行机构改革。并且，列宁还提出要讲究工作质量和效率，"宁可数量少些，但要质量高些。"③

第二，精简机构，提高工作效率。列宁在《我们怎样改组工农检查院》中就提出要把工农检查院的人员缩减到300—400人，这样做主要是为了提高工作效率。正如列宁谈到的，"我相信，把职员减少到我所说的那个数目，会使工农检查院工作人员的质量和整个工作的质量提高许多倍，同时也会使人民委员和部务委员有可能集中全力安排工作，有步骤地、不断地提高工作质量，而提高工作质量对于工农政权和我们苏维埃制度是绝对必要的。"④

第三，整顿和改组肃反委员会。肃反委员会在苏维埃成立初期以及战时共产主义时期，对保卫和巩固新生的苏维埃政权，镇压反革命组织和叛乱发挥了重要作用。然而，肃反委员会凭借其特殊的权力在实际工作中犯下了许多错误，对苏维埃国家民主和法制建设带来了严重破坏。特别是随着国内形势的变化，和平建设时期的到来更要求积极整顿全国以及各地肃反委员会。对此，列宁有着清醒的认识。在新经济政策前，列宁就已经采取各种措施开始对肃反机构进行整顿。新经济政策以后，列宁的这一思想和措施继续深入并彻底改组了肃反委员会。1921年12月，列宁亲自起草《关于全俄肃反委员会的决定草案初稿》，明确提出要缩小肃反委员会的权限，并缩小逮捕权。在全俄苏维埃第九次代表大会上，列宁指出，"改革全俄肃反委员会，规定它的职能和权

---

① 《列宁选集》第4卷，人民出版社2012年版，第787页。
② 《列宁选集》第4卷，人民出版社2012年版，第788页。
③ 《列宁选集》第4卷，人民出版社2012年版，第786页。
④ 《列宁选集》第4卷，人民出版社2012年版，第781页。

限……我们的政权愈趋向稳固，民事流转愈发展，就愈需要提出加强革命法制这个坚定不移的口号，就愈要缩小那些对阴谋者的袭击给予回击的机关的活动范围。"① 根据上述思想，1922 年 2 月，全俄中央通过决议，肃反委员会被全部撤销，取而代之的是隶属于人民委员部的国家政治保卫局。

第四，加强学习，借鉴发达资本主义国家的先进经验。在谈到国家机构改革和民主建设时，列宁充分意识到了俄国文化落后所带来的负面影响。为了提高国家机构的工作水平和效率，就必须通过学习提高工作人员的教育水平和专业能力。"为了革新我们的国家机关，我们一定要给自己提出这样的任务：第一是学习，第二是学习，第三还是学习"②。同时，列宁还客观分析了西方发达资本主义国家民主制度的情况，认为其在提高工作效率、克服官僚主义方面有许多东西值得学习。列宁对此建议称，可以"派几个有学问的切实可靠的人到德国或英国去搜集图书和研究这个问题"③。

第五，厉行节俭，反对浪费。在国家机关的改革中，列宁特别强调要厉行节俭。"我们应当使我们的国家机关厉行节约。我们应当把沙皇俄国及其资本主义官僚机关大量遗留在我们国家机关中的一切浪费现象的痕迹铲除干净。"列宁将其看作是文化落后国家实行的自救措施，目的是"为了保证我们能存在到反革命的帝国主义的西方同革命的和民族主义的东方，世界上最文明的国家同东方那样落后的但是占人口大多数的国家发生下一次军事冲突的时候，这个大多数必须能赶得上建立文明"④。

社会主义民主是建立在一定的先进文化水平基础之上的，没有较高的文化水平，社会主义民主也无从谈起。在探索社会主义民主建设过程中，列宁也充分意识到落后的文化水平对社会主义民主建设造成的巨大影响。列宁指出："文盲是处在政治之外的，必须先教他们识字。不识字就不可能有政治，不识字只能有流言蜚语、谎话偏见，而没有政治。"⑤他还提出，在新经济政策的条件下，许多机关工作人员不为经济工作服务，不做实事，或者没完没了地开会，下发许多对基层工作无意义的文件，或者想出新花样，成立新的委员会，

---

① 《列宁全集》第 42 卷，人民出版社 2017 年版，第 364 页。

② 《列宁选集》第 4 卷，人民出版社 2012 年版，第 786 页。

③ 《列宁选集》第 4 卷，人民出版社 2012 年版，第 789 页。

④ 《列宁选集》第 4 卷，人民出版社 2012 年版，第 797、796 页。

⑤ 《列宁选集》第 4 卷，人民出版社 2012 年版，第 590 页。

或者关闭在机关内制定与人们的社会实践不相适应的计划，甚至就当前形势和任务散布许多错误的观点和偏见。在列宁看来，国家机关出现的官僚主义严重、效率低下等问题，在很大程度上是由于受到旧文化影响严重、而先进的文化水平较低所造成的。列宁指出："我们深深知道，俄国文化不发达是什么意思，它对苏维埃政权有什么影响；苏维埃政权在原则上实行了高得无比的无产阶级民主，对全世界作出实行这种民主的榜样，可是这种文化上的落后却限制了苏维埃政权的作用并使官僚制度复活。"①1921 年 10 月，列宁出席全俄政治教育委员会，在有关报告中谈到政治教育工作者的任务时讲道："拖拉作风和贪污受贿行为是任何军事胜利和政治改革都无法治好的毛病。说实在的，这种毛病靠军事胜利和政治改革是治不好的，只有用提高文化的办法才能治好。"②拖拉作风和贪污受贿这种行为本来是无产阶级国家政权建设中不应存在的东西，但是由于俄国的文化落后和旧俄国封建残余的影响，这些不好的行为依然存在，要想把这些问题解决，关键还是要靠提高俄国民众的文化水平。1922 年 3 月，列宁在为俄共（布）十一大起草的大会文件的批注中写道："建立社会主义社会基础的经济和政治手段足够了。缺少什么？缺少文化，缺少本领。"③ 无产阶级政权是新经济政策实行的前提，"我们有足够的手段来取得新经济政策的胜利，包括政治的和经济的手段。问题'仅仅'在于文化！"④ 他还在《论合作社》中讲道："为了过渡到社会主义，目前我们并不需要任何其他特别聪明的办法。可是为要完成这一'仅有'的事情，就需要一场变革，需要有全体人民群众在文化上提高的一整个阶段。"⑤

三、发展文化教育，提高全体人民的科学文化水平

新经济政策时期，苏俄文化仍然落后。1921 年 10 月，列宁在《新经济政策和政治教育委员会的任务》中指出："由于我国文化落后，我们不能用

① 《列宁选集》第 3 卷，人民出版社 2012 年版，第 766 页。
② 《列宁选集》第 4 卷，人民出版社 2012 年版，第 588 页。
③ 《列宁全集》第 43 卷，人民出版社 2017 年版，第 403 页。
④ 《列宁全集》第 43 卷，人民出版社 2017 年版，第 407 页。
⑤ 《列宁全集》第 43 卷，人民出版社 2017 年版，第 368 页。

正面攻击来消灭资本主义。如果我们的文化是另一种水平，那就可以比较直截了当地解决这项任务了。"① 因此，列宁提出："现在摆在我们面前的是文化任务。……提高文化水平是最迫切的任务之一。"② 列宁在这篇文章中还将文盲看作是苏俄社会主义建设的三大敌人之一。1922 年 3 月，他在给《俄罗斯联邦电气化与世界经济的过渡阶段》一书的序言中写道："由于我们（我们布尔什维克）文化落后，始终是一纸空文。"③"我们是贫困的和文化落后的人。"④1923 年，列宁在《日记摘录》中首先抄录了 1897 年至 1920 年俄国居民识字情况的表格并指出："事实提供的数据向我们表明，在我国就是资产阶级文化的状况也是很差的。"⑤苏联与西方一个普通的文明国家相比相差很远。对此，列宁认为："问题就在于我们直到今天还没有摆脱半亚洲式的不文明状态，如果我们不作重大的努力，是不能摆脱的"⑥。

列宁历来重视文化工作。在十月革命之后的一段时间内，列宁在多篇著作中指出了文化工作对苏俄社会主义建设的重大意义。他提出："应当知道和记住，当我们有文盲的时候是不可能实现电气化的"⑦，必须让每个青年都懂得，"只有受了现代教育，他才能建立共产主义社会，如果不受这种教育，共产主义仍然不过是一种愿望而已"⑧。进入新经济政策时期后，列宁把文化教育工作的任务提到了更高的地位。

面对一支文化水平不高、经济管理素质较差的干部队伍和文盲比例很大的群众，新经济政策在推行过程中必然会出现各种矛盾和问题，其推行难度可想而知。正如列宁所说："无产阶级国家在不改变其本质的情况下……这种调节能否成功，不仅取决于国家政权，而且更取决于无产阶级和全体劳动群众的成熟程度以及文化水平等等。"⑨这也是为什么列宁逝世前将文化问题作为苏联必须优先解决的重要问题。

---

① 《列宁全集》第 42 卷，人民出版社 2017 年版，第 204 页。
② 《列宁全集》第 42 卷，人民出版社 2017 年版，第 205—206 页。
③ 《列宁全集》第 43 卷，人民出版社 2017 年版，第 51 页。
④ 《列宁全集》第 43 卷，人民出版社 2017 年版，第 51 页。
⑤ 《列宁全集》第 43 卷，人民出版社 2017 年版，第 360 页。
⑥ 《列宁全集》第 43 卷，人民出版社 2017 年版，第 361 页。
⑦ 《列宁全集》第 40 卷，人民出版社 2017 年版，第 161 页。
⑧ 《列宁全集》第 39 卷，人民出版社 2017 年版，第 337 页。
⑨ 《列宁全集》第 42 卷，人民出版社 2017 年版，第 377 页。

1921 年 10 月，列宁在全俄政治教育局第二次代表大会所作的关于《新经济政策和政治教育的任务》的报告中，进一步提出和阐明了在新经济政策条件下，政治教育局如果能为"政治教育"服务而同它给自己选择的名称相符合的话，它就必须承担起一项"最迫切的任务"，那就是提高群众文化的任务。列宁指出："在解决了世界上最伟大的政治变革的任务以后，摆在我们面前的已是另一类任务，即可称为'小事情'的文化任务。"① 在每一次深刻的政治变革以后，人民总是经过很长的时间才能了解这种变革。"应当从政治上描述伟大任务的时期已经过去，应当实际完成这些任务的时期已经到来。现在摆在我们面前的是文化任务"。② 因为"或者是断送苏维埃政权所取得的一切政治成果，或者是为这些成果奠定经济基础。现在没有这种经济基础，我们应当做的正是这件工作"③，而提高文化就是政治教育的最迫切的任务之一。

1922 年 3 月，列宁在《关于对党的第十一次代表大会的政治报告大纲给莫洛托夫的信》中又写道："新经济政策在经济上和政治上都充分保证我们有可能建立社会主义经济的基础。问题'只'在于无产阶级及其先锋队的文化力量。"④1922 年春，列宁在俄共（布）第十一次代表大会上讲到，新经济政策是资本家与共产党员的一场严重的竞赛，在这里，共产党员缺少的不是政治权力，也不是经济力量，而是缺少文化，"如果拿莫斯科 4700 名负责的共产党员和一堆官僚主义的庞然大物来说，是谁领导谁呢？"⑤"说句实话，不是他们在领导，而是他们被领导。"⑥"我们听老师说过，一个民族征服另一个民族，于是征服人家的民族成了征服者，而被征服的民族则成了战败者。"⑦ 这个道理很简单，人人都懂得。"如果出征民族的文化高于被征服民族，出征民族就迫使被征服民族接受自己的文化，反之，被征服者就会迫使征服者接受自己的文化。"⑧

1923 年 1 月，列宁在《论合作社》中提出了"文化革命"的任务。列宁认为，

---

① 《列宁全集》第 42 卷，人民出版社 2017 年版，第 205 页。
② 《列宁全集》第 42 卷，人民出版社 2017 年版，第 205 页。
③ 《列宁全集》第 42 卷，人民出版社 2017 年版，第 205 页。
④ 《列宁全集》第 43 卷，人民出版社 2017 年版，第 67 页。
⑤ 《列宁全集》第 43 卷，人民出版社 2017 年版，第 97—98 页。
⑥ 《列宁全集》第 43 卷，人民出版社 2017 年版，第 98 页。
⑦ 《列宁全集》第 43 卷，人民出版社 2017 年版，第 98 页。
⑧ 《列宁全集》第 43 卷，人民出版社 2017 年版，第 98 页。

文化革命是实现合作制的必要手段，没有一场"文化革命"，实现完全的合作化是不可能的。在落后国家建立起社会主义制度离不开一定的文化基础，加强文化工作同时也是向社会主义过渡的必要条件。"只要实现了这个文化革命，我们的国家就能成为完全社会主义的国家了。但是这个文化革命，无论在纯粹文化方面（因为我们是文盲）或物质方面（因为要成为有文化的人，就要有相当发达的物质生产资料的生产，要有相当的物质基础），对于我们来说，都是异常困难的。"①列宁指出，提高全民的文化素质至关重要，当农民的文化素质提升以后，他们自然就会明白参加合作社的好处，就会自觉加入合作社。因此，"在生产资料公有制的条件下，在无产阶级对资产阶级取得了阶级胜利的条件下，文明的合作社工作者的制度就是社会主义的制度"②。此外，列宁还谈到自己对社会主义看法改变的问题。他指出："与此同时我们不得不承认我们对社会主义的整个看法根本改变了。这种根本的改变表现在：从前我们是把重心放在而且也应该放在政治斗争、革命、夺取政权等等方面，而现在重心改变了，转到和平的'文化'组织工作上去了。"③

列宁提出要发展新的文化教育。这并不是空洞的口号，而是在当时的俄国必须得到实施的具体实践。列宁在新经济政策时期探讨了发展文化教育的具体举措。

在发展教育方面，列宁提出首先在财力有限的情况下需要国家预算的支持。列宁看到当时苏俄很多机构存在着与现实需要不相符合的情况并指出："一个国家出版总局的编制就大得不像话，而丝毫没有注意到国家首先要关心的不应是出版机构，而是有读书的人，有更多能阅读的人，使出版机构在未来的俄国有更大的政治影响"④。这种情况在职业教育局那里也是一样，他深信在职业教育局那里也能发现很多机构是多余的。列宁认为，这些多余的机构不是因为现实的需要而产生，而是从部门的利益考虑而膨胀起来。所以列宁提出要加强初级国民教育，必须通过缩减其他部门的开支，精简多余的国家机构，用整个国家预算首先满足初级国民教育的需要。

发展教育要增加教育经费。列宁指出："应当在最近修改我国季度预算的时候，……首先应当削减的不是教育人民委员部的经费，而是其他部门的经费，

---

① 《列宁全集》第 43 卷，人民出版社 2017 年版，第 372 页。
② 《列宁全集》第 43 卷，人民出版社 2017 年版，第 369 页。
③ 《列宁全集》第 43 卷，人民出版社 2017 年版，第 371 页。
④ 《列宁全集》第 43 卷，人民出版社 2017 年版，第 361—362 页。

以便把削减下来的款项转用于教育人民委员部。在今年这个粮食供应还比较不错的年份，不要再舍不得增加教员的面包配给额了。"① 同时，必须在国民经济预算中，通过精简机构、减少开支的办法，加强对农民初级国民教育的经费投入。列宁强调："在无产阶级和农民的国家里，还有很多经费可以而且应当节省下来用以发展国民识字教育，……可以不要，可以长期不要而且应当不要的机构应一律撤销。"②

发展教育要努力提升教师的社会地位。列宁指出："我们没有关心或者远没有充分关心把国民教师的地位提到应有的高度，而不做到这一点，就谈不上任何文化，既谈不上无产阶级文化，甚至也谈不上资产阶级文化。"③ "应当把我国国民教师的地位提到在资产阶级社会里从来没有、也不可能有的高度。"④ 为此，就必须进行有步骤的、坚持不懈的工作来提高他们的思想意识，使他们具有真正符合他们的崇高称号的各方面的修养，"而最最重要的是提高他们的物质生活水平"⑤。应当有步骤地加强组织人民教师的工作，使他们成为苏维埃制度的支柱，以便通过他们去争取农民，使农民摆脱与资产阶级的联盟而与无产阶级结成联盟。

发展教育还要关注城乡差异，注重发展农村教育。在俄共（布）及列宁的倡导下，城市的一些单位建立了一些帮助农村发展文化教育的团体，定期下乡有组织地开展文化教育工作。列宁肯定这种形式，他说："经常下农村的做法在这方面一定会起特别重要的作用，这种工作我们已经在进行，还必须有计划地加以发展。"⑥ 列宁指出必须有计划地发展经常巡视农村的工作，在城市工人与农村劳动者中间建立相互的联系，在工厂工人中组成许多以经常帮助农村发展文化为宗旨的团体（党的、工会的、群众的）。这是执政的工人阶级的基本任务之一。"这是城乡关系的一个基本政治问题，对于我们的整个革命有决定的意义。"⑦ 苏维埃政权利用城市文化水平较高的优势，帮助农村教育的发

---

① 《列宁全集》第 43 卷，人民出版社 2017 年版，第 361 页。
② 《列宁全集》第 43 卷，人民出版社 2017 年版，第 362 页。
③ 《列宁全集》第 43 卷，人民出版社 2017 年版，第 361 页。
④ 《列宁全集》第 43 卷，人民出版社 2017 年版，第 362 页。
⑤ 《列宁全集》第 43 卷，人民出版社 2017 年版，第 362 页。
⑥ 《列宁全集》第 43 卷，人民出版社 2017 年版，第 362—363 页。
⑦ 《列宁全集》第 43 卷，人民出版社 2017 年版，第 363 页。

展。"我们能够而且应当利用我们的政权使城市工人真正成为在农村无产阶级中传播共产主义思想的人。"①但是，在对农民的文化教育工作中，要反对急躁情绪，要全党同志具备耐心工作和长期工作的思想觉悟。列宁指出："说了'共产主义'这几个字，我要赶快声明一下，以免引起误会或过于机械的理解。决不能把这话理解为我们应当马上把纯粹的和狭义的共产主义思想带到农村去。在我们农村中奠定共产主义的物质基础之前，这样做对于共产主义可以说是有害的，可以说是致命的。"②"应当从建立城乡间的交往开始，决不给自己提出向农村推行共产主义这种事先定下的目标。这种目标现在是达不到的。这种目标是不合时宜的。提出这种目标不但无益，反而有害。"③

加强思想政治教育。在苏俄新经济政策时期，列宁非常重视对党员、干部和广大群众进行政治教育。1920 年秋，他就成立国家政治教育总委员会起草了指示。根据列宁的指示，人民委员会通过了《关于共和国政治教育总委员会的法令》，决定在教育人民委员部社会教育司的基础上成立政治教育总委员会。根据列宁的意见，该委员会在行政关系上隶属于教育人民委员部，但在工作上直接归俄共（布）中央领导，由它统一领导全党的政治思想教育和宣传鼓动工作。同时，根据人民委员会的法令，各级地方人民政府也建立了政治教育委员会。政治教育总委员会和地方政治教育委员会领导了政治教育的活动。1921年 3 月，俄共（布）十大在列宁的领导下通过《关于政治教育总委员会和党的宣传鼓动任务的决议》，再一次强调了政治教育总委员会和地方政治教育委员会领导政治教育工作的原则。1921 年 10 月，列宁在《新经济政策和政治教育委员会的作用》一文中说，俄国由战时共产主义体制转向实施新经济政策，是一场巨大的政治变革，"必须使群众都深刻认识到这一点，不仅是认识，还要使他们把这种认识付诸实现。我认为政治教育总委员会的任务就是由此产生的。"④列宁还提出，在任何一次深刻的政治变革发生以后，人民群众需要用很长的时间来消化它的内容，即人民群众需要用很长的时间才能真正理解和评价新经济政策的意义，所以需要政治教育总委员会和各级地方政治教育委员会认真地开展工作。列宁强调："必须消化这个政治变革，使它为人民群众所理解，

①　《列宁全集》第 43 卷，人民出版社 2017 年版，第 363 页。
②　《列宁全集》第 43 卷，人民出版社 2017 年版，第 363 页。
③　《列宁全集》第 43 卷，人民出版社 2017 年版，第 363 页。
④　《列宁全集》第 42 卷，人民出版社 2017 年版，第 204—205 页。

使它不致仅仅是一纸宣言。"①

在发展文化方面，列宁首先提出提高人民的文化水平。俄国是一个文化落后的国家。有关统计资料说明，十月革命胜利时，文盲占全国人口的2/3以上。因为群众没有一定的文化知识水平，缺乏一定的理解能力和接受能力，所以他们对党的方针、政策就一定不能完全地理解和接受。针对这样的情况，列宁认为，必须通过学校教育和社会教育的途径，开展文化工作，创造形成科学价值观的社会条件和氛围。他提出："提高文化水平是最迫切的任务之一。……学习什么呢？首先是识字。如果这个起码的任务还没有完成，那么谈新经济政策是可笑的。"②

发展农村文化。对于苏维埃俄国城乡差距这一客观现实，列宁深刻意识到改善城乡关系的重要性，并将其视为对整个革命具有决定意义的"基本政治问题"。为此，列宁强调："在城市工人与农村雇工之间建立交往，在他们之间建立一种他们之间可以很容易建立起来的友好互助形式，这是我们的责任，这是执政的工人阶级的基本任务之一。为此就必须在工厂工人中组成许多以经常帮助农村发展文化为宗旨的团体（党的、工会的、个人的）。"③

科学地吸收资本主义社会中的优秀文化。列宁清醒地认识到俄国当时的文化与资产阶级的文化相比还有差距。1922年12月，列宁在全俄苏维埃第十次代表大会上的讲话提纲中谈到俄国的国家机关状况时指出："国家机关的一般情况：糟透了；低于资产阶级的文化。问题正在于整个文化，而提高文化需要好多年。"④1923年3月，列宁在《宁肯少些，但要好些》中说："在开始的时候，我们能够抛掉资产阶级制度以前的糟糕之极的文化，即官僚或农奴制等等的文化也就不错了。"⑤列宁也在多篇论著中讲到要注意学习西方的先进技术、先进文化等一切先进的东西。他在《论粮食税》中提到，要"促使野蛮的俄罗斯加紧仿效西欧文化"⑥，"最文明先进的西欧资本主义"⑦，"联结文明、联结资本主

---

① 《列宁全集》第42卷，人民出版社2017年版，第205页。
② 《列宁全集》第42卷，人民出版社2017年版，第206页。
③ 《列宁全集》第43卷，人民出版社2017年版，第363—364页。
④ 《列宁全集》第43卷，人民出版社2017年版，第329页。
⑤ 《列宁全集》第43卷，人民出版社2017年版，第382页。
⑥ 《列宁全集》第34卷，人民出版社2017年版，第280页。
⑦ 《列宁全集》第41卷，人民出版社2017年版，第213页。

义、联结大工业、联结大城市"①，"文明的资本家"②等等。针对布哈林没有考虑到俄国目前的具体特点，列宁批评说："我们俄国无产阶级在政治制度方面，在工人政权的力量方面，比不管什么英国或德国都要先进，但在组织像样的国家资本主义方面，在文明程度方面，在从物质和生产上'实施'社会主义的准备程度方面，却比西欧最落后的国家还要落后。"③苏俄共产党员的文化是落后的，要想适应新经济政策发展的需要，就要不惜代价向西方有知识、有本领的资产阶级专家学习。1921年4月，列宁在《论粮食税》中指出："不要害怕让共产党员去向资产阶级专家'学习'……多花点'学费'并不可惜：为了学习要不惜破费，只要能学到东西就行。"④

在如何继承和利用传统文化遗产和资本主义先进文化的问题上，当时形成了以"无产阶级文化派"为代表的思潮。1922年9月27日，无产阶级文化协会主席瓦·费·普列特涅夫在《真理报》上发表了《在意识形态战线上》一文，该文是"无产阶级文化派"带有纲领性质的文章，表现出了该派对待历史文化遗产和资本主义先进文化的虚无主义倾向。他说："建设无产阶级文化的任务只有靠无产阶级自己的力量，靠无产阶级出身的科学家、艺术家、工程师等等才能完成。"⑤列宁对"无产阶级文化派"的这种错误思潮进行了有力的回击。他在《日记摘录》中说："当我们高谈无产阶级文化及其与资产阶级文化的关系时，事实提供的数据向我们表明，在我国就是资产阶级文化的状况也是很差的。……问题就在于我们直到今天还没有摆脱半亚洲式的不文明状态"。⑥在其他相关文章中，他还说："对那些过多地、过于轻率地侈谈什么'无产阶级'文化的人，我们就不禁要抱这种态度，因为在开始的时候，我们能够有真正的资产阶级文化也就够了"。⑦

当然，建设符合时代要求的新的文化，需要一个长时期的历史过程。1921年3月，列宁在俄共（布）第十次代表大会上指出："改造小农，改造他们的

① 《列宁全集》第41卷，人民出版社2017年版，第216页。
② 《列宁全集》第41卷，人民出版社2017年版，第204页。
③ 《列宁全集》第41卷，人民出版社2017年版，第204页。
④ 《列宁全集》第41卷，人民出版社2017年版，第232页。
⑤ 转引自《列宁全集》第60卷，人民出版社2017年版，第463页。
⑥ 《列宁全集》第43卷，人民出版社2017年版，第360—361页。
⑦ 《列宁全集》第43卷，人民出版社2017年版，第382页。

整个心理和习惯,这件事需要花几代人的时间。"[1] 特别是广大的农民从旧社会过来,他们的心理和行为习惯大都带有旧社会文化的痕迹,要想使他们适应新经济政策带来的变化,就需要花费很长时间来提高他们的文化水平。1923 年 1 月,列宁在《论合作社》中清醒地看到,提高农民的文化素质是一个长期的过程,"为了通过新经济政策使全体居民人人参加合作社,这就需要整整一个历史时代。"[2]

---

[1] 《列宁全集》第 41 卷,人民出版社 2017 年版,第 53 页。
[2] 《列宁全集》第 43 卷,人民出版社 2017 年版,第 368 页。

第四章　共产国际的无产阶级革命和落后国家民族解放理论

　　第一次世界大战导致了第二国际的破产和国际共产主义运动的分裂。共产国际又称第三国际，是继第一国际、第二国际之后的重要共产主义国际组织。在十月革命的推动下，世界社会主义革命在 20 世纪上半期迅速进入高潮。国际阶级斗争的新形势使得一个重要而紧迫的问题摆在各国马克思主义者面前，即如何领导各国无产阶级巩固和发展革命的大好形势，为社会主义在更多国家的胜利而斗争。以列宁为代表的各国马克思主义者得出的一个共同结论是：在第二国际的废墟上建立新的国际。十月革命的胜利和各国共产党的建立，标志着建立新的国际的条件已经成熟。在列宁的直接领导下，1919 年 3 月 2 日至 6 日，共产国际第一次代表大会在莫斯科召开。

　　共产国际（1919 年 3 月—1943 年 6 月）在其 24 年的活动过程中，成为各国共产党的总部和共产主义运动的领导中心，在 20 世纪上半期马克思主义发展中具有重要地位。列宁用下面的话明确表示了第三国际的历史地位："第一国际为国际无产阶级争取社会主义的斗争奠定了基础。""第二国际是为这个运动在许多国家广泛的大规模的开展准备基础的时代。""第三国际接受了第二国际的工作成果，清除了它的机会主义的、社会沙文主义的、资产阶级和小资产阶级的脏东西，并已开始实现无产阶级专政。"[1]它召开过七次代表大会和十三次执委会，领导过七十多个国家和地区的共产党及四百多万名党员的革命活动，在同帝国主义和各国反动派进行不懈的斗争中做了大量的工作。共产国际

---

[1]　《列宁全集》第 36 卷，人民出版社 2017 年版，第 291 页。

对国际共产主义运动的发展起了重大的作用，作出了巨大的贡献。但是，共产国际在它的全部活动中，特别是在它的中后期，在许多问题上存在着缺点和错误，对国际共产主义运动造成了损害。1960 年 7 月 14、15 日，周恩来曾对共产国际进行了很好的总结："共产国际的成立和解散，都是必要的。共产国际从成立到解散共存在二十四年（一九一九——一九四三），三个八年。毛泽东同志说它是两头好，中间差。两头好，也有一些问题；中间差，也不是一无是处。共产国际的成立，当然是必要的。它对各国党的建立和成长起了很大的作用。后来各国党成长了，成熟了，共产国际就没有存在的必要了。"[①]

第一节　认清资产阶级民主与开展议会斗争

共产国际关于议会制和政治行动的策略理论，是以列宁为代表的马克思主义者在国际共产主义运动实践的基础上，在批判第二国际议会主义，尤其是在批评共产主义运动中的"左派"幼稚病的过程中提出的。列宁的有关著作和共产国际关于这个问题的决议，提出了共产党人要利用议会讲坛作为无产阶级的一种斗争形式的策略。

一、列宁对"纯粹民主"的批判

俄国十月革命后，各资本主义国家的无产阶级革命运动以及各殖民地半殖民地的民族解放运动都在快速发展。这种情况迫切要求无产阶级建立自己的政党以适应革命斗争发展的需要。当时有些国家正在酝酿建立共产党，也有许多国家先后建立了共产党。而此时国际共产主义运动面临着右的和"左"的两种危险倾向。针对这些情况，列宁先后写了《无产阶级革命和叛徒考茨基》、《共

---

① 《周恩来选集》下卷，人民出版社 1984 年版，第 300 页。

产主义运动中的"左派"幼稚病》等著作，阐述了马克思主义关于无产阶级革命的战略策略原理，其中着重论述了共产国际关于议会制和政治行动的原则和策略。

十月革命胜利以后，在意识形态领域中出现了一股配合帝国主义的军事进攻、反对十月革命和苏维埃政权的以考茨基为代表的第二国际修正主义的反动思潮。考茨基在他 1918 年 8 月写的《无产阶级专政》小册子中攻击苏维埃式的无产阶级专政是"独裁"、"专横"、"毁灭民主"、"没有自由"。小册子中的观点表明考茨基已经完全站到国际帝国主义、资产阶级一边去了。

为了驳斥考茨基的错误观点，列宁于 1918 年 11 月 10 日完成了《无产阶级革命和叛徒考茨基》一书的写作。该书从帝国主义时代无产阶级革命的战略高度出发，在理论上论述了苏维埃这一民主与专政形式同资产阶级民主制、议会制的本质区别，肯定了前者相对于后者来说的进步意义。

针对考茨基关于"纯粹民主"的错误观点，列宁在这本书中整整用了一节的篇幅论述了民主问题，主要内容有：

首先，列宁强调了在阶级社会中民主的阶级性，指出"纯粹民主"是不存在的。列宁指出："只要有不同的阶级存在，就不能说'纯粹民主'，而只能说阶级的民主（附带说一下，'纯粹民主'不仅是既不了解阶级斗争也不了解国家实质的无知之谈，而且是十足的空谈，因为在共产主义社会中，民主将演变成习惯，消亡下去，但永远也不会是'纯粹的'民主）"[①]。列宁一针见血地指出考茨基等人大谈"纯粹民主"的目的"不过是用那套'博学的'谎话来蒙骗工人，以便回避现代民主即资本主义民主的资产阶级实质"[②]。

其次，列宁对资产阶级民主的虚伪性与反动性进行了揭露和批判。列宁指出："资产阶级民主同中世纪制度比较起来，在历史上是一大进步，但它始终是而且在资本主义制度下不能不是狭隘的、残缺不全的、虚伪的、骗人的民主，对富人是天堂，对被剥削者、对穷人是陷阱和骗局。"[③] 只要看看现代国家的根本法，看看这些国家的管理制度，看看集会自由或出版自由，看看"公民在法律上一律平等"，那就处处都可以看到任何一个正直的觉悟的工人都很熟

---

① 《列宁全集》第 35 卷，人民出版社 2017 年版，第 243 页。
② 《列宁全集》第 35 卷，人民出版社 2017 年版，第 243 页。
③ 《列宁全集》第 35 卷，人民出版社 2017 年版，第 244 页。

悉的资产阶级民主的虚伪性。"任何一个国家，即使是最民主的国家，在宪法上总是留下许多后路或保留条件，以保证资产阶级'在有人破坏秩序时'，实际上就是在被剥削阶级'破坏'自己的奴隶地位和试图不像奴隶那样俯首听命时，有可能调动军队来镇压工人，实行戒严等等。"① 列宁还指出：只有自由主义者才会像考茨基那样忘记资产阶级议会制是有历史局限性的，是有历史条件的。"在最民主的资产阶级国家中，被压迫群众随时随地都可以碰到这个惊人的矛盾：一方面是资本家'民主'所标榜的形式上的平等，一方面是使无产者成为雇佣奴隶的千百种事实上的限制和诡计。"②

最后，列宁论述了无产阶级民主的优越性。列宁认为无产阶级民主"是对穷人的民主，不是对富人的民主，而任何的、甚至最完善的资产阶级民主，实际上都是对富人的民主"③；"在资产阶级民主制度下，资本家千方百计地（'纯粹的'民主愈发达，方法就愈巧妙，愈有效）排斥群众，使他们不能参加管理，不能享受集会自由、出版自由等等。苏维埃政权是世界上第一个（严格说来是第二个，因为巴黎公社已开始这样做过）吸引群众即被剥削群众参加管理的政权。"④ 列宁指出："无产阶级民主（苏维埃政权就是它的一种形式）在世界上史无前例地发展和扩大了的，正是对大多数居民即对被剥削劳动者的民主"⑤。"在世界上最民主的资产阶级国家里，哪一个国家的平常的、普通的工人，平常的、普通的雇农或者农村半无产者（即占人口大多数的被压迫群众的一分子），能够多少像在苏维埃俄国那样，享有在最好的建筑物里开会的自由，享有利用最大的印刷所和最好的纸库来发表自己意见、维护自己利益的自由，享有推选正是本阶级的人去管理国家、'建设'国家的自由呢？"⑥ 因此，列宁认为"无产阶级民主比任何资产阶级民主要民主百万倍"，⑦ 它不仅明文规定了工农群众参加国家管理的权利，而且为人民行使民主权利提供了物质保障。

---

① 《列宁全集》第 35 卷，人民出版社 2017 年版，第 245 页。
② 《列宁全集》第 35 卷，人民出版社 2017 年版，第 247 页。
③ 《列宁全集》第 35 卷，人民出版社 2017 年版，第 250 页。
④ 《列宁全集》第 35 卷，人民出版社 2017 年版，第 248 页。
⑤ 《列宁全集》第 35 卷，人民出版社 2017 年版，第 247—248 页。
⑥ 《列宁全集》第 35 卷，人民出版社 2017 年版，第 249—250 页。
⑦ 《列宁全集》第 35 卷，人民出版社 2017 年版，第 249 页。

关于资产阶级议会，列宁在该书中指出无产阶级当然可以利用资产阶级议会进行斗争。列宁认为，"劳动群众参加资产阶级议会（在资产阶级民主制度下，议会任何时候也解决不了极其重大的问题；解决这些问题的是交易所和银行）的门径被千百道墙垣阻隔着，所以工人们都十分清楚地知道和感觉到，看到和觉察到：资产阶级的议会是别人的机构，是资产阶级压迫无产者的工具，是敌对阶级即剥削者少数的机构。"①

列宁的上述精辟分析，对于共产国际制定关于议会制和政治行动策略起着极为深远的指导作用。

二、列宁对"左派"幼稚病的批判

十月革命后，欧美许多国家的工人运动中出现了一股"左"倾思潮，形成了一些所谓的共产主义"左派"。在共产国际内部，由于许多新加入的欧洲国家的共产党组织是从第二国际原有社会民主党的支部中分化出来，以俄共（布）为榜样建立起来的，因而在这些年轻的共产党组织内，"左"倾思潮一度泛滥。它们不了解自己的国情，不懂得争取群众的意义和艺术，拒绝议会斗争和参加工会组织，反对一切妥协，从而把自己变成了脱离群众的宗派主义、冒险主义的小团体。德国"左"派共产党人认为："凡是回头再去采用在历史上和政治上已经过时的议会制斗争形式……都应当十分坚决地拒绝。"而在列宁看来，"这话说得狂妄到了可笑的地步，而且显然是错误的。"②

这些自称为"左派"的共产党人，对第二国际机会主义领袖背叛革命的罪行深恶痛绝。他们要求革命，但又缺乏锻炼，没有领会马克思主义和布尔什维克党的经验，因而走向另一极端，背离了马克思主义原则，犯了"左"倾错误。他们错误地估计形势，否认斗争的曲折性和复杂性。他们缺乏对革命的正确认识，对无产阶级革命战略策略问题持一系列"左"倾观点。比如，他们由于反对第二国际"议会迷"进而反对一切议会斗争；由于反对第二国际工会贵族官僚的改良主义而拒绝在工会中工作，主张退出工会，甚至提出

① 《列宁全集》第 35 卷，人民出版社 2017 年版，第 248 页。
② 《列宁全集》第 39 卷，人民出版社 2017 年版，第 36 页。

消灭工会，组织新的工人联合会；由于反对第二国际机会主义首领的妥协政策而反对任何妥协；由于痛恨第二国际机会主义领袖而提出打倒领袖、取消政党，等等。如果照他们的主张去做，就会把各国共产党变成脱离群众的宗派集团。

到 1920 年年初，这种"左"倾思潮已经不是一个国家共产党内的现象，在英国、德国、荷兰、奥地利、意大利、美国等共产党内部都有表现，尽管程度不同，但已经成为国际共运和各国党发展的重要障碍。列宁对此深感不安，他认为这些"左"倾错误思潮是一种有害的倾向，是工人运动内部的另一个"敌人"。但是，"左派"中的大多数人，都是有革命热情的年轻幼稚的同志，属于思想认识上的错误，所以他把这种错误倾向称作是"左派"幼稚病。列宁认为，这种病症在一定条件下可以医治好，但必须用最大努力医治，否则错误就会发展，性质就会转化，对革命事业将造成严重危害。列宁指出，纠正他们错误的方法，是对他们进行马克思主义的批评教育，让他们更加切合实际地了解俄国革命经验，结合本国实际开展革命斗争。

列宁为了帮助这些"左派"纠正错误，使他们正确理解和运用马克思主义基本原理，于 1920 年 4—5 月间撰写了《共产主义运动中的"左派"幼稚病》这一光辉著作，在著作中列宁在总结俄国布尔什维克党的经验教训基础上批评了"左派"共产党人的错误观点，同时阐明了马克思主义关于无产阶级革命的战略策略原理。他从无产阶级革命策略的高度，对议会斗争等合法手段问题作了专门的探讨，既明确肯定其在无产阶级革命中的独特作用，又提出了如何有效开展这一斗争的方法问题，认为无产阶级政党在一定历史条件下，为了革命的利益，不仅应当善于以革命的精神利用资产阶级议会，还应当到反动工会里去开展机智的、艰苦的工作。

这部著作在共产国际"二大"前夕出版，并译成德文、英文、法文分送出席"二大"的全体代表，成为指导这次大会的一个重要文件。

第一，阐明要正确理解俄国十月革命的国际意义。针对第二国际机会主义者借口俄国经济落后而否认十月革命的国际意义和"左派"共产党人承认十月革命普遍意义但忽视本民族的特点的情况，列宁指出，十月革命的基本点即布尔什维克党关于无产阶级革命和无产阶级专政的理论和策略具有普遍的指导意义，"所谓国际意义是指我国所发生过的事情在国际上具有重要性，或者说，具有在国际范围内重演的历史必然性，因此必须承认，具有国际意义的是我国革命的某些基本特点"。① 但运用十月革命的经验必须同本国的特点相结合，不应把俄国革命经验绝对化，"要是夸大这个真理，说它不限于我国革命的某些基本特点，那是极大的错误"。②

第二，强调加强党的领导和党的纪律的重要性。列宁在批判"左派"共产党人否认党的领导和党的组织纪律的重要性时阐明了无产阶级党的集中制和纪律对于战胜资产阶级、巩固无产阶级专政的重要性。列宁指出，无产阶级在推翻资产阶级的斗争中需要加强集中制和纪律，这是已经被历史证明了的。"俄国无产阶级专政取得胜利的经验向那些不善于思索或不曾思索过这一问题的人清楚地表明，无产阶级实现无条件的集中和极严格的纪律，是战胜资产阶级的基本条件之一。"③ 然而在建立无产阶级专政以后，更要加强集中制和纪律。这是因为，在推翻资产阶级以后，阶级斗争并没有结束。资产阶级的反抗会因为自己被推翻而更加凶猛，又由于有国际的支持和国内小生产者自发势力的存在，资产阶级显得更加强大。因此，无产阶级在反对资产阶级的斗争中，必须加强党的领导，强调极严格的组织纪律性。

第三，指出无产阶级政党是在反对机会主义的斗争中锻炼和成长起来的。列宁回顾了布尔什维克党的历史，指出布尔什维克党"首先是而且主要是在反对机会主义的斗争中"④ 成长、壮大和得到锻炼的。列宁指出无论过去还是现在，工人运动内部的主要敌人都是右倾机会主义，而工人运动内部的另一个敌人则是"左"倾机会主义。列宁着重总结了同"左"倾机会主义斗争的经验教训，指出小资产阶级常常是"左"倾错误产生的阶级根源。小资产阶级作为劳动者是革命的动力，但由于小私有者的地位，往往缺乏革命的坚韧性和坚定性，在一定条件下就表现为革命的狂热和极端的革命性。列宁说："小私有者，即小业主（这一社会类型的人在欧洲许多国家中都十分普遍地大量存在着），在资本主义制度下一直受到压迫，生活往往异常急剧地恶化，以至遭到破产，所以容易转向极端的革命性，却不能表现出坚韧性、组织性、纪律性和坚定性"。⑤ 列宁指出"左"倾错误产生的思想根源是主观主义，对阶级力量对比以及与之

① 《列宁全集》第 39 卷，人民出版社 2017 年版，第 1 页。
② 《列宁全集》第 39 卷，人民出版社 2017 年版，第 1—2 页。
③ 《列宁全集》第 39 卷，人民出版社 2017 年版，第 4 页。
④ 《列宁全集》第 39 卷，人民出版社 2017 年版，第 11 页。
⑤ 《列宁全集》第 39 卷，人民出版社 2017 年版，第 12 页。

相联系的革命形势不能作出科学分析，把自己的主观愿望和想象当作客观事实，从而导致战略、策略上的"左"倾错误。

第四，强调要正确理解和处理阶级、政党、领袖、群众之间的关系。列宁针对"左派"共产主义者的错误，精辟地指出，"群众是划分为阶级的；只有把不按照生产的社会结构中的地位区分的大多数同在生产的社会结构中占有特殊地位的集团对立时，才可以把群众和阶级对立起来；在通常情况下，在多数场合，至少在现代的文明国家内，阶级是由政党来领导的；政党通常是由最有威信、最有影响、最有经验、被选出担任最重要职务而称为领袖的人们所组成的比较稳定的集团来主持的。"① 列宁深入分析了"左派"共产党人的错误观点产生的原因："大概是由于党的合法状态和不合法状态的迅速更替破坏了领袖、政党和阶级之间的那种通常的、正常的和简单的关系，人们面对这种难于理解的情况，思想便发生了混乱"，② 以及一些人"未经很好考虑就胡乱使用'群众'和'领袖'这类当今'时髦'的字眼而已"。③ 列宁指出其实质是否认党性、否认党的纪律，从而也就取消了党的领导。

第五，指出共产党人必须把原则的坚定性和策略的灵活性结合起来。列宁在批判"左派"共产党人反对任何妥协和拒绝参加黄色工会的错误时，指出共产党人制定战略、策略的依据是把共产主义的基本原则和外国的经验同本国的具体情况结合起来，客观地、周密地考查和分析国内外形势的变化和阶级力量的对比，而不是主观愿望和群众的革命情绪。共产党人要领导无产阶级和劳动人民取得胜利，就要学会在坚持原则的前提下使自己的策略具有更大的灵活性。列宁根据布尔什维克党的经验，提出了一系列策略原则。他强调，"哪里有群众，就一定到哪里去工作。应该善于作出一切牺牲，克服极大的障碍，在一切有无产阶级群众或半无产阶级群众的机关、社团和协会（哪怕这些组织是最反动不过的）里有步骤地、顽强地、坚定地、耐心地进行宣传和鼓动"，④ 以争取团结最大多数的群众。他要求共产党人要熟练掌握各种斗争形式，善于最大限度地争取同盟军，尽可能利用敌人之间的一切裂痕，设法同各种可能的同盟者进行暂时的、有条件的妥协并达成一定的协议，以便孤立和反对最主要的

---

① 《列宁全集》第 39 卷，人民出版社 2017 年版，第 21 页。
② 《列宁全集》第 39 卷，人民出版社 2017 年版，第 21 页。
③ 《列宁全集》第 39 卷，人民出版社 2017 年版，第 22 页。
④ 《列宁全集》第 39 卷，人民出版社 2017 年版，第 33 页。

敌人。

第六，强调正确对待议会斗争问题。在这部著作中，列宁专门论述了议会斗争问题。列宁耐心地教导年轻的共产党人，要正确认识在有群众的地方进行工作的重要性，其中就包括要正确对待资产阶级议会。针对当时"左派"宣扬的议会制在政治上历史上已经过时而拒绝参加资产阶级议会的错误观点，列宁指出，把议会制在政治上过时与历史上过时混为一谈是错误的，因为从俄国十月革命时起，"就世界历史来说，议会制'在历史上已经过时了'，这就是说，资产阶级议会制时代已经告终，无产阶级专政时代已经开始。这是毫无疑义的。"①列宁指出，虽然从世界历史来说，资产阶级议会制时代已经告终，无产阶级专政时代已经开始，但是，世界历史的尺度是以数十年为单位来衡量的。议会制在政治上也有并未过时的地方，因为资本主义国家工人阶级中的大多数人仍然信任议会，还没有准备在马克思主义的旗帜下去进行推翻资本主义政权和建立无产阶级专政的斗争。只有当最广大的群众认识到资产阶级议会是资产阶级欺骗人民的工具，认识到资产阶级借助议会掩盖自己的专政时，议会才会在政治上过时。

列宁指出，议会是一切阶级参加的，一切阶级的利益和冲突起作用的斗争舞台，因而革命无产阶级政党要责无旁贷地参加议会选举和争取议会讲坛。共产党人原则上是可以参加资产阶级议会的，共产党人参加资产阶级议会的目的是通过议会去揭露资产阶级的反动政策和争取教育广大群众。他以俄国布尔什维克参加资产阶级议会即立宪会议的选举为例，告诫各国共产党："当你们还无力解散资产阶级议会以及其他类型的任何反动机构的时候，你们就应该在这些机构内部工作……不然，你们就真有成为空谈家的危险。"与此同时，无产阶级革命政党参加议会选举、投身议会讲坛斗争还有另一个重要目的，那就是通过它"教育本阶级的落后阶层"与"唤醒和启发水平不高的、备受压抑的和愚昧无知的农村群众"。②同时，列宁也特别告诫共产党人不要过高估计议会斗争形式，并强调资本主义国家工人运动的主要问题并不取决于资产阶级议会，而是要依靠工人阶级群众性的革命斗争。列宁早就指出资产阶级议会制的阶级性质："每隔几年决定一次由统治阶级中什么人在议会里镇压人民、压迫

---

① 《列宁全集》第 39 卷，人民出版社 2017 年版，第 36 页。
② 《列宁全集》第 39 卷，人民出版社 2017 年版，第 38—39、38 页。

人民，——这就是资产阶级议会制的真正本质，不仅在议会制的立宪君主国内是这样，而且在最民主的共和国内也是这样。"① 他始终清醒地认识到绝不能幻想通过资产阶级议会解决无产阶级革命的根本问题，绝不可能通过议会道路和平地过渡到社会主义，无产阶级要想达到自己的最终目的，必须将革命目标集中在暴力打碎资产阶级国家机器，建立新的无产阶级专政的国家机器上，若离开这一点鼓吹利用资产阶级议会，参加议会斗争，就是背离了马克思主义。列宁实际上要求将两者妥善结合起来，"那些不善于把不合法斗争形式和一切合法斗争形式结合起来的革命家，是极糟糕的革命家。"②

列宁不仅在理论上批判了共产主义运动中的"左派"幼稚病，而且自觉投向于批判的实践活动中。《共产主义》（周刊）杂志是共产国际东欧书记处的机关刊物，1920—1921 年在维也纳出版，共出版了 81 期。该刊主编是伊斯列尔。列宁一方面指出该杂志是"一份出色的杂志，它提供了很多有关奥地利、波兰和其他国家共产主义运动发展情况的令人极感兴趣的材料，同时也登载了国际运动的新闻、关于匈牙利和德国的文章、关于总任务和策略等等的文章"；另一方面指出"只要把杂志翻一下就立刻可以发现，它有一个不容忽视的缺点"，即"共产主义运动中的'左派'幼稚病"的明显症候，"这个杂志正害着这种幼稚病"。③ 1920 年 3 月 1 日，《共产主义》杂志第 6 期上登载了卢·乔·（即捷尔吉·卢卡奇，又译乔治·卢卡奇——引者注）同志的一篇文章《论议会活动问题》。1920 年 6 月 12 日，列宁指出卢·乔同志的文章"左得很，糟得很"，"文章中的马克思主义纯粹是口头上的；'防御'策略和'进攻'策略的区分是臆想出来的；对十分明确的历史情况缺乏具体分析；没有注意到最本质的东西（即必须夺取和学会夺取资产阶级借以影响群众的一切工作部门和机关等等）。"④ 1920 年 4 月 17 日，库·贝同志在《共产主义》杂志第 14 期上发表《德国发生的事件》一文中，批评了德国共产党中央委员会 1920 年 3 月 21 日的声明。列宁指出库·贝同志"忽略了马克思主义的精髓，马克思主义的活的灵魂：对具体情况作具体分析。"⑤ 1920 年 5 月 8 日，库·贝·同志又在《共产主义》

---

① 《列宁全集》第 31 卷，人民出版社 2017 年版，第 43 页。
② 《列宁全集》第 39 卷，人民出版社 2017 年版，第 76 页。
③ 《列宁全集》第 39 卷，人民出版社 2017 年版，第 127 页。
④ 《列宁全集》第 39 卷，人民出版社 2017 年版，第 127—128 页。
⑤ 《列宁全集》第 39 卷，人民出版社 2017 年版，第 128 页。

杂志第 18 期发表《论抵制议会的问题》一文，在摒弃"工团主义的抵制"、摒弃"消极的"抵制的同时，臆想出一种特殊的"积极的"抵制："所谓积极的抵制，就是共产党不要满足于传布反对参加选举的口号，为了有利于抵制，就要像党参加了选举那样，像党的鼓动和行动（工作、活动、行为、斗争）指望获得尽可能更多的无产阶级的选票那样，展开广泛的革命的鼓动工作。"列宁指出："这就异常清楚地表明他的论断的错误极其严重"。[1] 大批愚昧无知的和半愚昧无知的工人和农民是认真地参加选举的，因为他们还相信资产阶级民主偏见，还是这些偏见的俘虏，"而我们不去帮助这些愚昧无知的（虽然有时也还有'文化水平很高的'）小市民通过自身的经验抛掉他们的偏见，反而要回避参加议会，并以臆想出一种没有日常的资产阶级恶习的策略来作消遣!!"[2]

列宁的《共产主义运动中的"左派"幼稚病》在国际工人运动中很快就传播开来。1920 年夏，它在莫斯科用俄、英、法文出版。同年，它在德、英、法、保加利亚、阿根廷、荷兰和瑞典等国出版。1921 年，它在意大利、美国和芬兰出版。这部著作深受各国大多数有阶级觉悟的工人和共产党人的欢迎。苏联学者索波列夫等人认为，列宁的这一著作"是共产党人战略与策略的真正百科全书，它把布尔什维克的丰富经验传给了西方年轻的共产党"[3]，它"涉及共产主义运动战略、策略和组织原则的重要问题，是对马克思列宁主义宝库不可估量的贡献"[4]。列宁在《共产主义运动中的"左派"幼稚病》这部著作中批评了"左"倾错误观点，全面阐述了无产阶级革命的战略策略原理，其中关于议会斗争问题的论述，为共产国际第二次代表大会制定无产阶级策略原则奠定了基础。

三、参与议会斗争的策略

1920 年 7 月 19 日至 8 月 7 日，共产国际在彼得格勒（7 月 23 日移到莫斯科）召开了第二次代表大会。出席大会的有来自 41 个国家的 67 个政党和工人组织

---

① 《列宁全集》第 39 卷，人民出版社 2017 年版，第 129 页。

② 《列宁全集》第 39 卷，人民出版社 2017 年版，第 129 页。

③ ［苏］索波列夫等：《共产国际史纲》，吴道弘等译，人民出版社 1985 年版，第 74 页。

④ ［苏］索波列夫等：《共产国际史纲》，吴道弘等译，人民出版社 1985 年版，第 75 页。

的 217 名代表。一些共产党和小组以及某些工团主义的组织都有代表参加。德国独立社会民主党和法国社会党这两个中派政党的代表没有选举权。在这次大会中专门讨论了关于议会斗争的问题并通过了《共产党与议会制》这一重要决议。按照列宁的说法，共产国际第一次代表大会的任务"在第一次代表大会上，我们实际上只是在进行宣传，只是向全世界无产阶级提出基本的思想，只是在发出斗争的号召"，[1] 而共产国际"第二次代表大会的基本任务就是制定或者指出一些实际工作的原则，使得到目前为止在亿万人当中无组织地进行的工作能够有组织地、协调地、有步骤地去做。"[2] 苏联学者索波列夫指出："共产国际第一次代表大会（成立大会）为国际无产阶级在共产主义旗帜下从思想、政治上的统一奠定了基础。而第二次代表大会又向前推进了一步。它的各项决议从理论和实践方面阐述了国际共产主义运动的基本问题。"[3]

如何对待议会活动问题成为共产国际第二次代表大会激烈争论的焦点。在大会的全部十六次会议中，讨论议会制问题的占了两次，即第九次和第十次会议。共产国际执委会首先将《共产党与议会制问题》、《实行共产主义议会制》两个决议草案提交给第二次代表大会。在 1920 年 8 月 2 日上午召开的第九次会议上，布哈林受共产国际委托作了《关于议会制问题》的主报告。他在报告中主要阐述了资本主义崩溃时代，共产党人及其组织应如何主动出击，如何把自己参与的议会党团从整个资产阶级议会机构的组成部分变成摧毁议会机构的工具并进而成为"革命议会制"等问题。布哈林指出："革命的共产党人要深信：可以进入资产阶级议会，以便设法从内部摧毁它"，"要通过我们的工作，更多地暴露出议会制与我们党团之间的尖锐矛盾"，最为重要的是"要使我们的议会活动同工人阶级群众建立紧密的联系"，最终在此产生了"新的议会制"，"我们共产党人，可以而且应该拥护这种新的议会制"。共产党人及其组织要把旧的议会制变为真正新的"革命议会制"，最重要的是保持自身政党的纯洁性，必须保证加入共产国际的各国政党均为真正的共产党，党内既没有机会主义者也没有改良主义者，否则这种斗争就不能有真正的效果。他还指出："如果你们有真正的共产党特性，你们就无须害怕把你们的党员派到资产阶级议会中

---

① 《列宁全集》第 39 卷，人民出版社 2017 年版，第 226 页。

② 《列宁全集》第 39 卷，人民出版社 2017 年版，第 225 页。

③ ［苏］索波列夫等：《共产国际史纲》，吴道弘等译，人民出版社 1985 年版，第 93 页。

去，因为他会像一位革命者应当做的那样去从事活动。"①

1920 年 8 月 2 日晚上，第二次代表大会第十次会议继续讨论议会活动问题。会上发言抵制资产阶级议会的有赫尔佐格（瑞士）、苏希（德国）等人。这些人认为，在西方国家实际上无法采用议会活动，议会只能是麻痹群众的手段和场所。对此，列宁批判了这些人的错误观点，深刻地阐述了共产党人支持参与议会斗争。

关于共产党人参加资产阶级议会的必要性，列宁指出议会是人类社会历史发展的产物，是代表资产阶级利益、欺骗工人阶级中的落后分子、一部分降为无产阶级的小资产阶级和小农群众的工具。列宁指出："怎样才能对那些确实受资产阶级欺骗的落后群众揭露议会的真正性质呢？如果你们不参加议会，如果你们站在议会外面，你们怎么能揭露议会的手法和各个政党的立场呢？"②

反对派以意大利社会党的左派领袖博尔迪加为代表。他在发言中以马克思主义对资产阶级民主制的批判为依据，坚持反对议会制，同时提出："十分重视选举活动，会产生两种危险的结果：其一是会造成这样一种印象，认为这种活动最为重要；其次是会耗费党的全部力量和资金，使党在运动的其他方面的活动和准备工作几乎完全陷于停顿。"③针对博尔迪加等人反对议会斗争的观点，列宁在大会发言中指出：议会"是阶级斗争的舞台"，是各阶级都能参加的机关。"如果说所有阶级都卷入了议会斗争，那是因为各阶级的利益和阶级冲突都在议会中得到了反映"，并因此提醒他们"请想一想，除议会以外，还有没有那样一个各阶级都能参加的机关呢"。④他认为资产阶级在斗争中使用的工具，无产阶级也应加以利用，因此明确表示支持参与议会斗争。

列宁指出无政府工团主义者把议会活动同总罢工以及其他反对资本主义的直接行动对立起来是错误的。列宁在批评这种错误认识时指出："假定到处都能够一下子组织起决定性的总罢工，一举推翻资本主义，那么革命早就在许多国家发生了。"⑤

---

① 《共产国际第二次代表大会文件》，中国人民大学出版社 1988 年版，第 461、455、464 页。
② 《列宁全集》第 39 卷，人民出版社 2017 年版，第 247 页。
③ 《共产国际第二次代表大会文件》，中国人民大学出版社 1988 年版，第 471 页。
④ 《列宁全集》第 39 卷，人民出版社 2017 年版，第 247 页。
⑤ 《列宁全集》第 39 卷，人民出版社 2017 年版，第 247 页。

列宁指出，知识分子、中产阶级和小资产阶级不会立即成为共产主义的拥护者，只有强有力的共产党才能给这些阶层以影响。有必要建立一个不仅能够进行议会工作，而且能胜利地为无产阶级专政而斗争的强有力的共产党。利用议会进行活动就是使共产党人在资本主义条件下，为无产阶级在社会主义革命胜利时能够贯彻自己的政治路线作好准备。列宁说："如果你们没有使工人为建立真正有纪律的、能够强制全体党员服从它的纪律的党作好准备，那你们永远也不能为建立无产阶级专政作好准备。"①

共产国际二大经过激烈争论，最终以压倒多数的赞成票通过了《共产党与议会制》的决议。

关于资产阶级议会制的历史作用及其实质，决议认为"在过去一段历史时期，议会是欣欣向荣的资本主义的工具，从某种意义来讲，它完成了一项在历史上具有进步意义的工作。而在目前帝国主义猖獗一时的情况下，议会在帝国主义的蹂躏、侵占、迫害、掠夺和破坏行动面前变成了讹诈欺骗、横行霸道和无谓空谈的一种工具"。②从实质上说，资产阶级议会制毕竟是一种国家制度形式，它是资产阶级统治的一种"民主"形式，"这种机关从外表看来，是一个超阶级的'民意'组织，但实际上却是占统治地位的资本用来实行镇压和压迫的工具"③。

关于新条件下共产党人对待资产阶级议会制的新策略，决议认为"共产主义的出发点应当是，从理论上阐明当代的特征（资本主义发展到顶点；帝国主义时代资本主义的自我否定与自我消灭；国内战争日益频繁；等等）。在各个国家里，政治上的相互关系和派别的划分在形式上会有所不同，但其实质却到处一样，这就要我们从政治上和技术上直接准备无产阶级起义，以便消灭资产阶级政权，建立无产阶级新政权"④。但是，共产党人决不能像过去那个时期那样只是将议会当做争取实行改革、争取改善工人阶级状况

---

① 《列宁全集》第39卷，人民出版社2017年版，第248页。

② 王学东总主编：《国际共产主义运动历史文献》第30卷，中央编译出版社2012年版，第651—652页。

③ 王学东总主编：《国际共产主义运动历史文献》第30卷，中央编译出版社2012年版，第653页。

④ 王学东总主编：《国际共产主义运动历史文献》第30卷，中央编译出版社2012年版，第652页。

的斗争场所。"政治生活的重点已完全、彻底地移到议会之外。"[1] 决议指出社会党议会主义者则"是以现行制度的相对稳定性和无限长期性这一前提为依据的。他们给自己提出的任务是千方百计地实现改革，并希望群众把每次改革的收获都作为社会党议会主义者（屠拉梯、龙格之流）的功绩给予适当评价"。[2]

关于共产党人的议会活动作为无产阶级的一种政治斗争形式，决议认为阶级斗争归根到底都是为政权而斗争，所以任何阶级斗争都是政治斗争。努力推翻资产阶级和摧毁它的国家，这就是进行政治斗争。建立无产阶级自己的阶级机构（无论是怎样的机构）来管制和镇压反抗的资产阶级，这就是夺取政权。无产阶级同资产阶级，即同资产阶级国家政权作斗争的主要方法，首先是群众运动的方法。群众斗争是一系列不断发展着的行动，这种行动在形式上日益激化，而在逻辑上必然会导致反对资本主义国家的起义。"为了从政治上争取那些一直置身于革命运动和政治生活之外的劳动阶层（如农村劳动群众），参与选举运动和在议会讲坛上进行革命宣传鼓动，具有特殊的意义。"[3]

在日益发展成为国内战争的群众斗争中，负领导责任的无产阶级政党通常必须牢牢地控制一切合法阵地，使其成为进行革命工作的辅助据点，服从于主要运动——群众斗争运动的计划。"资产阶级议会讲坛就是这种辅助据点之一。决不能借口这是资产阶级国家机关而反对参加议会斗争。共产党进入这个机关，不是为了在那里进行组织工作，而是为了从议会内部帮助群众采取行动，从内部捣毁资产阶级国家机器和议会本身"。[4] 议会里的这种工作，主要是利用议会讲坛进行革命宣传鼓动，揭露敌人，从思想上团结群众，特别是落后地区的那些重视议会讲坛、至今还充满民主幻想的群众。"选举运动本身所应贯彻的精神，不是尽量追求议会席位，而是围绕无产阶级革命口号对群众进行革

---

[1] 王学东总主编：《国际共产主义运动历史文献》第 30 卷，中央编译出版社 2012 年版，第 652 页。

[2] 王学东总主编：《国际共产主义运动历史文献》第 30 卷，中央编译出版社 2012 年版，第 653 页。

[3] 王学东总主编：《国际共产主义运动历史文献》第 30 卷，中央编译出版社 2012 年版，第 655 页。

[4] 王学东总主编：《国际共产主义运动历史文献》第 30 卷，中央编译出版社 2012 年版，第 655 页。

命动员。"① 这种工作必须完全服从于议会之外的群众斗争的目的和任务。

关于共产党人原则上承认议会活动的立场，决议提出了反对对待议会制态度上的两种错误倾向：一种是反议会制，另一种是议会主义。决议强调："根本反对议会制，即绝对地、断然地拒绝参加选举和放弃在议会中进行革命工作，乃是一种经不起批评的、天真幼稚的论点，这往往是出于对那些玩弄政治手腕的议会主义者抱有正当的厌恶心理，然而却没有看到在议会中进行革命工作的可能性"的因噎废食行为。决议要求共产党人"利用议会讲坛进行革命宣传鼓动，揭露敌人，从思想上团结群众"，以便"从议会内部帮助群众采取行动，从内部捣毁资产阶级国家机器和议会本身"。② 针对这两种倾向，决议指出"在确定是否有必要参加中央议会或地方自治机关的选举，以及是否在这些机关中进行工作时，共产党应当根据对时局种种特点的估计来具体解决问题。主要是，在直接过渡到武装夺取政权的条件具备时，才可以抵制选举、抵制议会，乃至退出议会"。③

决议对共产党议员的工作提出了详细建议。共产党要通过中央委员会把共产党议会党团的全部活动置于自己的完全监督和领导之下。决议指出：要从共产党内部仔细挑选进入议会的候选人，并赞成选派工人参加议会。"在议会选举以前，整个共产党及其中央委员会就应当经常关心为议会党团配备品德优秀的成员。共产党中央委员会应对共产党议会党团的全部工作负责。"④ 共产党议员必须按照中央委员会的决定把合法工作和非法工作结合起来。"在共产党议员还享有不受资产阶级法律约束的议员不可侵犯权的国家里，必须利用这种不可侵犯权来帮助党的秘密组织和进行宣传活动。"⑤ 共产党议员要同劳动群众紧密联系，并积极参加群众性的议会外活动。共产党议员在议会中的一切行动，都应

---

① 王学东总主编：《国际共产主义运动历史文献》第 30 卷，中央编译出版社 2012 年版，第 656 页。

② 王学东总主编：《国际共产主义运动历史文献》第 30 卷，中央编译出版社 2012 年版，第 656、655 页。

③ 王学东总主编：《国际共产主义运动历史文献》第 30 卷，中央编译出版社 2012 年版，第 657 页。

④ 王学东总主编：《国际共产主义运动历史文献》第 30 卷，中央编译出版社 2012 年版，第 658 页。

⑤ 王学东总主编：《国际共产主义运动历史文献》第 30 卷，中央编译出版社 2012 年版，第 659 页。

当从属于党的议会外的工作。共产党议员在议会中的任务，应当是以自己的全部活动向资本主义挑战，永远不要忘记"只有在行动上，而不是在口头上誓死反对资产阶级制度及其社会爱国主义仆从的人，才无愧于共产党员的称号"。①

第二节　殖民地革命运动的理论与策略

十月革命的胜利开辟了世界无产阶级革命的新时代。列宁对于民族和殖民地进行了科学探索，提出了一些切合时代特征的新观点，丰富和发展了马克思主义殖民地理论。在马克思列宁主义殖民地理论指导下，共产国际第二次代表大会通过了关于民族和殖民地问题的决议，促进了广大殖民地民众的觉醒。落后国家的主要民众是农民，列宁提出必须援助农民运动。共产国际的决议指出了各国共产党在农村中的任务，强调无产阶级应当成为全体劳动群众推翻剥削者斗争的领袖，应当促使农村阶级斗争的开展，并把劳动农民团结到自己周围。后来，共产国际关于殖民地和半殖民地的革命运动的决议一方面指导了殖民地和半殖民地的革命运动，推动了这些地区的人民的解放，另一方面也存在着一些错误，给殖民地的革命运动带来了一些负面影响和一定的损失。

一、列宁晚年对于民族和殖民地问题的理论探索

19 世纪末 20 世纪初，当时资本主义已发展到帝国主义阶段，把民族问题扩大到世界范围，特别是第一次世界大战爆发后，把后来居于附属地位的殖民地半殖民地被压迫民族推上了历史舞台。俄国十月革命的伟大胜利，开辟了世界历史的新纪元——无产阶级革命时代。欧洲革命运动空前高涨，西方资本主

---

① 王学东总主编：《国际共产主义运动历史文献》第 30 卷，中央编译出版社 2012 年版，第 660 页。

义、帝国主义国家的无产阶级纷纷举行罢工、示威和游行，甚至发动武装起义。东方殖民地半殖民地的被压迫民族，如朝鲜、印度、土耳其、伊朗和中国等陷于极端贫困和饥饿的境地，相继爆发了反对帝国主义和封建主义的伟大革命斗争。这样，在全世界范围内就形成了从西方无产阶级到东方殖民地半殖民地被压迫民族反对世界帝国主义的革命洪流，两股革命潮流和两种革命力量汇合在一起组成了反对帝国主义的革命阵线，既有力地推动了殖民地半殖民地被压迫民族的解放运动，又进一步动摇和打击了帝国主义企图统治、奴役世界的野心。东方殖民地半殖民地的被压迫民族的运动都是反对帝国主义、争取民族独立的，因而是民族革命运动。尽管这种运动是资产阶级、封建主，甚至是部落酋长领导的，但应该支持这种运动。恩格斯曾经指出："从经济学来看形式上是错误的东西，从世界历史来看却可能是正确的"。①1912年10月，列宁在《两种乌托邦》中指出，在研究20世纪许多亚洲国家资产阶级革命问题时，都应当记住恩格斯的这句话。列宁指出："在评价俄国的（也许不仅是俄国一国的，而且是在20世纪发生资产阶级革命的许多亚洲国家的）现代民粹派或劳动派的乌托邦的时候，必须记住恩格斯的这个深刻论断。"②

1918年3月，布尔什维克党已经把西方和东方革命结合的原则列入自己的纲领。1919年，列宁在全俄东部各民族共产党组织第二次代表大会的报告中，从反对国际帝国主义斗争和世界社会主义革命的全局出发，把东方民族解放运动作为决定人类前途和命运的斗争的重要组成部分，指出："社会主义革命不会仅仅是或主要是每一个国家的革命无产者反对本国资产阶级的斗争。不会的，这个革命将是受帝国主义压迫的一切殖民地和国家、一切附属国反对国际帝国主义的斗争。"③他同时指出，今后在长期的世界革命发展中，占人口大多数的东方民族解放运动，将发挥重大作用，并且必将同西方无产阶级革命、同苏俄"反对国际帝国主义的斗争汇合起来"④。在这里，列宁已经提出了全世界无产者和被压迫民族联合起来的基本思想。在列宁的影响下，1919年底在塔什干发表的《东方国际宣传委员会告东方被压迫的苦难人民书》中，第一次提出了"东方被压迫民族和西方无产阶级的联盟万岁"的口号。

---

① 《马克思恩格斯全集》第28卷，人民出版社2018年版，第215页。

② 《列宁全集》第22卷，人民出版社2017年版，第132页。

③ 《列宁全集》第37卷，人民出版社2017年版，第326—327页。

④ 《列宁全集》第37卷，人民出版社2017年版，第328页。

1920 年 6 月 5 日，列宁为共产国际第二次代表大会起草了《民族和殖民地问题提纲初稿》。1920 年 7 月 26 日，列宁代表民族和殖民地问题委员会在大会作了《民族和殖民地问题委员会的报告》。列宁提出的《民族和殖民地问题提纲初稿》和他代表民族和殖民地问题委员会所作的报告，系统地阐明了共产党在民族和殖民地问题上的立场和任务。

首先，列宁阐述了无产阶级政党在民族和殖民地问题上最重要和最基本的思想，即区分被压迫民族和压迫民族。列宁指出："就是被压迫民族和压迫民族之间的区别"成为"我们提纲中最重要最基本的思想"[1]。在帝国主义时代，民族问题已经从一国范围扩大为世界范围的民族殖民地问题。由于世界已经被瓜分完毕，形成了帝国主义殖民体系，资本帝国主义压迫已成为世界范围的问题。列宁指出："现在全世界已经划分为两部分，一部分是为数众多的被压迫民族，另一部分是少数几个拥有巨量财富和强大军事实力的压迫民族。世界人口的大多数属于被压迫民族"[2]。被压迫民族的人口占世界人口的 70% 左右。"他们有些处于直接的殖民地附属地位，有些是像波斯、土耳其、中国这一类的半殖民地国家，还有一些则是被帝国主义大国的军队打败，由于签订了和约而深深地陷入依附于该国的地位。"[3]帝国主义是被压迫民族最凶恶的敌人，是造成民族和殖民地压迫的根源。民族压迫的实质是阶级压迫。只有消灭阶级，才会完全铲除民族压迫的根源。列宁明确指出："要求平等的实际含义只能是要求消灭阶级。"[4]

列宁指出，帝国主义和垄断资产阶级为了维护其殖民统治，竭力利用虚伪和伪善的"民主平等"的词句来掩盖其民族压迫的实质，而第二国际机会主义者也竭力为本国资产阶级和帝国主义涂脂抹粉，大肆鼓吹和标榜资产阶级的民主、自由、平等的口号，抹煞被压迫民族和压迫民族之间的尖锐对立，掩盖资产阶级反动统治和侵略扩张的本质。列宁痛斥了第二国际机会主义者的背叛行为，指出："在解决一切殖民地和民族问题时，不从抽象的原理出发，而从具体的现实生活中的各种现象出发。"[5]

---

[1] 《列宁全集》第 39 卷，人民出版社 2017 年版，第 232 页。
[2] 《列宁全集》第 39 卷，人民出版社 2017 年版，第 232 页。
[3] 《列宁全集》第 39 卷，人民出版社 2017 年版，第 233 页。
[4] 《列宁全集》第 39 卷，人民出版社 2017 年版，第 163 页。
[5] 《列宁全集》第 39 卷，人民出版社 2017 年版，第 232 页。

其次，列宁提出全世界无产者和被压迫民族联合起来的战略口号。《共产党宣言》发表以来，震撼世界的"全世界无产者，联合起来！"的口号，已经深入人心，极大地推动和促进了无产阶级革命运动的蓬勃发展。而到了帝国主义时代，仅仅只有无产阶级之间的国际联合是不够的。十月革命以后，世界形势发生了新的变化：一方面，欧洲掀起了一个革命浪潮，巴伐利亚、芬兰、匈牙利等一度建立了苏维埃共和国；另一方面，帝国主义通过发动武装干涉和支持反革命叛乱，企图将新生的俄国苏维埃共和国扼杀在摇篮里。列宁认为："目前的世界政治形势把无产阶级专政提上了日程"①。同时，"各民族的相互关系、全世界国家体系，将取决于少数帝国主义国家反对苏维埃运动和以苏维埃俄国为首的各个苏维埃国家的斗争。"② 因此，列宁提出："必须实行使一切民族解放运动和一切殖民地解放运动同苏维埃俄国结成最密切的联盟的政策"③。苏维埃俄国应当"一方面团结各国先进工人的苏维埃运动，另一方面团结殖民地和被压迫民族的一切民族解放运动"。④ 列宁总结了第一次世界大战和十月革命后的阶级斗争的新特点，得出这样的结论："共产国际在民族和殖民地问题上的全部政策，主要应该是使各民族和各国的无产者和劳动群众为共同进行革命斗争、打倒地主和资产阶级而彼此接近起来。这是因为只有这种接近，才能保证战胜资本主义，如果没有这一胜利，便不能消灭民族压迫和不平等的现象。"⑤ 他强调："各国共产党必须直接帮助附属的或没有平等权利的民族（例如爱尔兰，美国的黑人等）和殖民地的革命运动。"⑥

再次，列宁提出划清无产阶级国际主义与资产阶级民族主义的原则界限。为了实现和巩固无产者与被压迫民族的国际团结，列宁提出必须坚持无产阶级的国际主义。坚持无产阶级的国际主义，"第一，要求一个国家的无产阶级斗争的利益服从全世界范围的无产阶级斗争的利益；第二，要求正在战胜资产阶级的民族，有能力有决心为推翻国际资本而承担最大的民族牺牲。"⑦ 他提醒

---

① 《列宁全集》第 39 卷，人民出版社 2017 年版，第 164 页。
② 《列宁全集》第 39 卷，人民出版社 2017 年版，第 233 页。
③ 《列宁全集》第 39 卷，人民出版社 2017 年版，第 165 页。
④ 《列宁全集》第 39 卷，人民出版社 2017 年版，第 164 页。
⑤ 《列宁全集》第 39 卷，人民出版社 2017 年版，第 164 页。
⑥ 《列宁全集》第 39 卷，人民出版社 2017 年版，第 166 页。
⑦ 《列宁全集》第 39 卷，人民出版社 2017 年版，第 167 页。

"各国有觉悟的共产主义无产阶级对于受压迫最久的国家和民族的民族感情残余必须持特别小心谨慎的态度"①。为了更快地消除他们的不信任心理和各种偏见，"必须作出一定的让步"②。

坚持无产阶级国际主义必须反对资产阶级民族利己主义。列宁明确指出，资本主义各国工人政党的"首要的任务就是同歪曲国际主义的概念和政策的机会主义和市侩和平主义作斗争"③。为此，《提纲初稿》一针见血地揭露和批判了第二国际机会主义者只是口头上承认国际主义，而事实上在全部宣传、鼓动和实际工作中却用市侩民族主义与和平主义偷换国际主义，"这不仅在第二国际各党中是最常见的现象，而且在那些已经退出这个国际的政党中，甚至在目前往往自称为共产党的政党中也是最常见的现象。"④国际主义体现了无产阶级的本质和历史使命，是无产阶级及其政党处理民族问题的最高原则。

最后，列宁提出殖民地半殖民地国家革命斗争要坚持正确的战略和策略。列宁首先科学地分析了殖民地半殖民地国家的社会性质。他指出这些比较落后的国家和民族，一方面长期遭受帝国主义的压迫、奴役和剥削，在政治上经济上成为帝国主义国家的附属；另一方面，它们则是"封建关系或宗法关系、宗法农民关系占优势的比较落后的国家和民族"，⑤帝国主义和封建主义是殖民地半殖民地被压迫民族和被压迫人民的最主要的敌人，是革命的主要对象。殖民地半殖民地国家的革命性质只能是资产阶级民主性质的，是反帝反封建的资产阶级的民主革命。在这样的国家里，"各国共产党必须帮助这些国家的资产阶级民主解放运动"。⑥列宁深刻地分析了殖民地半殖民地国家的经济和政治状况，分析了各阶级之间的相互关系，认为这些国家的资产阶级已经不能担当起领导民族民主解放运动的责任，这一责任历史地必然地落到了无产阶级及其政党的肩上，因此要在民族民主革命运动中坚持无产阶级的领导权。列宁对被压迫国家资产阶级的两重性作出了科学的分析，指出"被压迫国家的资产阶级往往是，甚至可以说在多数场合下都是一方面支持民族运动，另一方面又按照帝

---

① 《列宁全集》第39卷，人民出版社2017年版，第169页。
② 《列宁全集》第39卷，人民出版社2017年版，第169页。
③ 《列宁全集》第39卷，人民出版社2017年版，第167页。
④ 《列宁全集》第39卷，人民出版社2017年版，第166页。
⑤ 《列宁全集》第39卷，人民出版社2017年版，第167页。
⑥ 《列宁全集》第39卷，人民出版社2017年版，第167页。

国主义资产阶级的意志行事，也就是同他们一起来反对一切革命运动和革命阶级"①。列宁赞成把《提纲初稿》中的"资产阶级民主"的提法一般都改为"民族革命"。他说："我们这样修改，意思是说，只有在殖民地国家的资产阶级解放运动真正具有革命性质的时候，在这种运动的代表人物不阻碍我们用革命精神去教育、组织农民和广大被剥削群众的时候，我们共产党人才应当支持并且一定支持这种运动。"② 因此，"共产国际应当同殖民地和落后国家的资产阶级民主派结成临时联盟，但是不要同他们融合，要绝对保持无产阶级运动的独立性"。③ 因为落后国家的基本群众是农民，无产阶级必须援助农民运动。由于资产阶级具有两面性，在殖民地半殖民地国家的民族民主革命过程中，无产阶级及其政党在革命统一战线中要始终保持自己的独立性，既要尽力争取资产阶级民主派作为自己的盟友进行联合，又要始终坚持不懈地反对资产阶级的动摇性和改良主义倾向。

1920 年 9 月，列宁在共产国际在巴库召开的东方各民族代表大会上提出了"全世界无产者和被压迫民族联合起来"的口号。这一新的战略方针，是列宁对《共产党宣言》的重大发展，是把无产阶级国际主义原则创造性地运用于无产阶级革命和被压迫民族解放运动，标志着无产阶级社会主义革命进入一个新的历史阶段。1920 年 10 月 15 日，列宁在莫斯科省的县、乡、村执行委员会主席会议上分析了缔结凡尔赛条约后的局势，指出："共产党人在莫斯科举行的代表大会以及东方各民族的共产主义者在巴库举行的代表大会所取得的成果，是不能立即加以估量的，是无法直接计算出来的，但是，这是一种比某些军事胜利意义更大的成就"。④1920 年 12 月 6 日，列宁在俄共（布）莫斯科组织积极分子大会上关于租让的报告中说，共产国际为东方各民族提出了这样的口号："全世界无产者和被压迫民族联合起来！""而从现在的政治情况来看，这样的提法是正确的。"⑤

1922 年 3 月，列宁在《论战斗唯物主义的意义》一文中指出："根据马克思怎样运用从唯物主义来理解的黑格尔辩证法的例子，我们能够而且应该

---

① 《列宁全集》第 39 卷，人民出版社 2017 年版，第 234 页。
② 《列宁全集》第 39 卷，人民出版社 2017 年版，第 234 页。
③ 《列宁全集》第 39 卷，人民出版社 2017 年版，第 168 页。
④ 《列宁全集》第 39 卷，人民出版社 2017 年版，第 398 页。
⑤ 《列宁全集》第 40 卷，人民出版社 2017 年版，第 73、74 页。

从各方面来深入探讨这个辩证法", "马克思把这个辩证法运用得非常成功，现在东方（日本、印度、中国）的新兴阶级，即占世界人口大多数但因其历史上无所作为和历史上沉睡不醒而使欧洲许多先进国家至今仍处于停滞和腐朽状态的数亿人民日益觉醒奋起斗争的事实，新兴民族和新兴阶级日益觉醒的事实，愈来愈证明马克思主义的正确性"①。列宁在这里阐明了马克思主义思想路线对观察、分析和研究民族殖民地问题的重要意义。他正是坚持了这条思想路线，根据马克思主义的革命性和科学性的要求，对东方这些人口无比众多、社会状况无比复杂的民族殖民地问题，进行了经得起实践检验的理论分析。

1922 年 3 月 2 日，列宁在《宁肯少些，但要好些》中指出，正是由于第一次帝国主义大战，东方已经最终加入了革命运动，最终卷入了全世界革命运动的总漩涡。他指出："斗争的结局归根到底取决于如下这一点：俄国、印度、中国等等构成世界人口的绝大多数。正是这个人口的大多数，最近几年来非常迅速地卷入了争取自身解放的斗争，所以在这个意义上说，世界斗争的最终解决将会如何，是不可能有丝毫怀疑的。在这个意义上说，社会主义的最终胜利是完全和绝对有保证的。"②

二、共产国际关于民族和殖民地问题的决议

19 世纪末 20 世纪初，伴随着资本主义发展到帝国主义阶段，民族问题也扩大到世界范围。此时，无产阶级政党面临着应该怎样对待民族解放运动的问题。第二国际的主要政党已经被垄断资产阶级用从殖民地榨取的超额利润所收买，完全堕入了社会沙文主义的泥潭，它们诬蔑民族解放运动违反历史前进的方向。以中派面目出现的考茨基主义也极力为帝国主义的殖民政策进行掩饰和辩护。刚刚成立一年多的共产国际内部，在民族解放运动问题上，有些党沿袭了第二国际的错误观点；也有一些党存在"左"倾宗派主义，分不清压迫民族和被压迫民族的界限，否认民族解放运动的资产阶级民主主义性质，主张在殖

① 《列宁全集》第 43 卷，人民出版社 2017 年版，第 29 页。
② 《列宁全集》第 43 卷，人民出版社 2017 年版，第 395 页。

民地半殖民地国家立即进行社会主义革命，从而使自己有脱离广大人民群众，特别是脱离农民的危险。

在这种情况下，摆在共产国际面前的一个亟待解决的任务就是必须在总结实践经验的基础上，从理论上阐明支持被压迫民族解放运动与实现无产阶级革命、无产阶级专政的关系，从而制定共产党在民族解放运动中的策略。在共产国际第一次代表大会期间，中国代表刘绍周、土耳其代表苏勃希等就东方革命与西方革命的关系进行了发言。苏勃希生动地指出："大家知道，如果说法英资本主义的脑袋是在欧洲的话，那么它的肚子却伏在亚洲肥沃的土地上。因此，我们土耳其社会党人主要的、第一位的任务就是，拔除资本主义在东方的根子。"[1]1919 年 3 月，在共产国际第一次代表大会上通过的《共产国际对全世界无产者的宣言》明确指出："殖民地问题已经成为一个急待解决的问题，不仅在巴黎和会上被列入议题，而且殖民地本身也认为到了非解决不可的时候了。"[2]《共产国际对全世界无产者的宣言》还预言："非洲与亚洲的殖民地的奴隶们！无产阶级专政在欧洲实现之时，也就是你们自己解放之日。"[3]

在共产国际第二次代表大会上，列宁的《民族和殖民地问题提纲初稿》以及印度代表罗易（1887—1954）根据列宁建议起草的《关于民族和殖民地问题的补充提纲》，是大会在民族和殖民地问题上工作的开端。罗易曾经奔走于印度、中国、爪哇、墨西哥等殖民地国家。当列宁征求罗易对于《提纲初稿》的意见时，他根据自己对殖民地国家的了解和自己多年活动的经验与列宁辩论起来。后来，罗易在回忆中写道："我从列宁对我的问题的答案看来，他对各殖民地国家中各种社会力量的相互关系并不了解。在我们第一次讨论时，他坦白承认他对实际情况不了解，他采取的立场是以理论为根据的。"[4]罗易的这个判断并不准确。其实，列宁很早就关注和研究过殖民地问题，对殖民地国家的情况非常了解。列宁在《我们纲领中的民族问题》（1903 年 7 月）、《关于民族问题的批评意见》（1913 年 10—12 月）、《论民族自决权》（1914 年 2—5 月）等著作中不仅阐明了关于民族殖民地问题的许多重要的理论观点，而且论述了研究这个问题应当坚持的原则和采取的方法。

---

① 《共产国际第一次代表大会文件》，中国人民大学出版社 1988 年版，第 263 页。
② 《共产国际第一次代表大会文件》，中国人民大学出版社 1988 年版，第 318 页。
③ 《共产国际第一次代表大会文件》，中国人民大学出版社 1988 年版，第 318 页。
④ 《罗易回忆录》下册，山东师范学院外文系等译，商务印书馆 1978 年版，第 359 页。

列宁建议罗易也起草一个提纲，与他的提纲一起交给大会选择。罗易表示他可以将自己的意见写成一个文件，但绝不能作为一个可供选择的提纲，只能作一个补充提纲提出来。于是，罗易写了《关于民族和殖民地问题的补充提纲》。

罗易在《补充提纲》中从英国掠夺亚非人民的具体实例中论证了东方殖民地廉价的劳动力和丰富的天然资源对于帝国主义的特殊意义，从而更进一步地说明了无论是西方的无产阶级，还是东方殖民地半殖民地被压迫民族都成了垄断资产阶级的奴隶这一个世界真理。"由于世界资本主义的集中化，非欧洲的从属国的人民群众与欧洲的无产阶级运动不可分割地互相联系着"，所以，共产国际应该扩大自己的活动范围，"更具体地确定共产国际与资本帝国主义所统治的国家（例如中国和印度）内的革命运动之间的关系"。他还批判第二国际机会主义者们"不能理解欧洲革命运动与非欧洲国家的革命运动互相配合的必要性"[1] 的错误。罗易引证印度民族革命的例证，向列宁阐明了民族资产阶级的两面性，指出"民族资产阶级由于害怕革命，将会与帝国主义妥协，以报答对他们那个阶级的一些经济上和政治上的让步"。所以他强调说："工人阶级必须准备在紧要关头，把民族解放斗争的领导权接收过来，并将其转变为革命的群众运动"。[2] 他在《补充提纲》中进一步说，殖民地革命在其初期，应该推行具有许多小资产阶级改良项目的纲领，如分配土地等等，"但绝对不能由此得出结论说殖民地革命应交由资产阶级民主派领导，相反地，无产阶级政党应当坚持不懈地、经常地宣传苏维埃思想，并且只要有可能就应建立工农苏维埃。"[3] 罗易认为，在殖民地半殖民地国家的民族解放运动中，存在着两种运动：一种是资产阶级民主派的民族主义运动，另一种是工人和人民群众争取自己从一切剥削制度之下解放出来的解放运动。在这种情况下，如果共产国际和先进国家的无产阶级能够帮助提高殖民地工人群众的阶级觉悟，抵制前一种运动对后一种运动的控制，使运动的领导权从一开始就由共产主义先锋队掌握，那么，"落后国家的群众就可以不必经过资本主义的发展，而在先进资本主义

---

[1] 《共产国际有关中国革命的文献资料（1919—1928）》第一辑，中国社会科学出版社 1981 年版，第 25 页。

[2] 《罗易回忆录》下册，山东师范学院外文系等译，商务印书馆 1978 年版，第 396 页。

[3] 《共产国际有关中国革命的文献资料（1919—1928）》第一辑，中国社会科学出版社 1981 年版，第 27 页。

国家有阶级觉悟的无产阶级的领导下到达共产主义"。①

列宁在指出罗易的《补充提纲》存在错误的同时，也高度赞扬了这个提纲。他指出，这个"提纲主要是根据印度和亚洲其他受英国压迫的大民族的情况写成的，因此，对我们有十分重大的意义"。②《关于民族和殖民地问题的补充提纲》对列宁的《提纲初稿》进行了补充和说明，使得列宁的民族和殖民地革命理论进一步完备和严密。列宁指出："委员会不但对我署名的提纲，而且更多地对罗易同志起草的提纲进行了相当热烈的讨论（罗易同志还要在这里对他那个提纲作些说明），并且一致通过了对后一个提纲的一些修正"。③

在大会的第四次会议(1920年7月26日)和第五次会议(1920年7月28日)上，代表们就这个问题"第一次进行了全面而又深入的讨论，东方和美洲几乎所有殖民地或半殖民地国家的代表，都参加了讨论"。④

在列宁主持的民族殖民地问题委员会会议上，首先对列宁的提纲草案进行了讨论。讨论的中心内容是关于民族解放运动的战略策略等重大政治理论问题。多数与会者同意列宁的提纲，即赞成"共产国际在民族和殖民地问题上的全部政策，主要应该是使各民族和各国的无产者和劳动群众为共同进行革命斗争、打倒地主和资产阶级而彼此接近起来。这是因为只有这种接近，才能保证战胜资本主义，如果没有这一胜利，便不能消灭民族压迫和不平等的现象"。⑤

在代表大会全体会议上，代表们就民族解放运动一系列原则问题展开了激烈的争论。最终，共产国际第二次代表大会在列宁的说服解释下，通过了《关于民族和殖民地问题的决议》和《关于民族和殖民地问题的补充提纲》。

《关于民族和殖民地问题的决议》的主要内容包括以下几个方面：

第一，决议指出必须区分被压迫民族和压迫民族。决议指出："资产阶级民主由它的本性所决定的一个特点就是抽象地或从形式上提出平等问题，包括民族平等问题"，⑥从而掩盖压迫民族与被压迫民族之间的实质性关系，也就是

① 《共产国际有关中国革命的文献资料（1919—1928）》第一辑，中国社会科学出版社1981年版，第26页。
② 《列宁全集》第39卷，人民出版社2017年版，第233页。
③ 《列宁全集》第39卷，人民出版社2017年版，第236页。
④ 《共产国际第二次代表大会文件》，中国人民大学出版社1988年版，第247页。
⑤ 《列宁全集》第39卷，人民出版社2017年版，第164页。
⑥ 《共产国际第二次代表大会文件》，中国人民大学出版社1988年版，第709页。

阶级关系。共产党作为"无产阶级争取推翻资产阶级压迫的斗争的自觉代表，它的基本任务是反对资产阶级民主，揭露资产阶级民主的欺骗和虚伪"，① 因而共产党处理民族问题的要点应当是："第一，准确地估计具体的历史情况，首先是经济情况；第二，把被压迫阶级、被剥削劳动者的利益，同笼统说的民族利益这样一种意味着统治阶级利益的一般概念，明确地区分开来；第三，把被压迫的、附属的、没有平等权利的民族，同压迫的、剥削的、享有充分权利的民族也明确地加以区分。"② 很显然，"这同资产阶级民主的谎言是截然相反的，这种谎言掩盖金融资本和帝国主义时代所特有的现象，即为数无几的最富裕的先进资本主义国家对世界大多数人实行殖民奴役和金融奴役。"③

第二，决议指出必须把全世界无产者和被压迫民族联合起来。决议强调"共产国际在民族和殖民地问题上的全部政策，主要应该是使各民族和各国的无产者和劳动群众彼此接近，以便为打倒地主和资产阶级而共同进行革命斗争。因为只有这样，才能保证战胜资本主义，而不战胜资本主义，就不能消灭民族压迫和不平等的现象"。④

第三，决议指出联邦制是各民族劳动者走向完全统一的过渡形式。决议认为各民族劳动者走向完全统一的过渡形式是在苏维埃制度和苏维埃运动基础上所产生的新的联邦制，而共产国际在这方面的任务是"必须力求建立愈来愈密切的联邦制同盟"。⑤

第四，决议批判了资产阶级民主派、第二国际内部关于殖民地问题的各种错误认识，提出了无产阶级国际主义的原则。决议强调，资产阶级民主派只能空洞地实际上是毫无负责感地坚持民族平等。第二国际中的右派和中派出现了"只在口头上承认国际主义，而事实上在全部宣传、鼓动和实际工作中却用市侩民族主义与和平主义偷换国际主义"⑥ 的现象；而最顽固的小资产阶级民族主义则宣称"只要承认民族平等就是国际主义，同时却把民族利己主义当作

---

① 《共产国际第二次代表大会文件》，中国人民大学出版社 1988 年版，第 709 页。
② 《共产国际第二次代表大会文件》，中国人民大学出版社 1988 年版，第 709 页。
③ 《共产国际第二次代表大会文件》，中国人民大学出版社 1988 年版，第 709 页。
④ 《共产国际第二次代表大会文件》，中国人民大学出版社 1988 年版，第 710 页。
⑤ 《共产国际第二次代表大会文件》，中国人民大学出版社 1988 年版，第 711 页。
⑥ 《共产国际第二次代表大会文件》，中国人民大学出版社 1988 年版，第 712 页。

不可侵犯的东西保留下来（更不用说这种承认纯粹是口头上的）"。① 所以，资本主义国家中的共产党的一项首要使命就是同机会主义和市侩和平主义进行斗争，批判它们歪曲国际主义。决议认为无产阶级国际主义基本原则就是："第一，要求一个国家的无产阶级斗争的利益服从全世界范围的无产阶级斗争的利益；第二，要求正在战胜资产阶级的民族，有能力有决心为推翻国际资本而承担最大的民族牺牲。"② 这就要求各国无产阶级革命运动与被压迫民族的解放运动要相互配合、相互支持、相互援助。

第五，决议指出了对待殖民地半殖民地国家革命斗争的战略和策略。决议根据殖民地半殖民地国家的反帝反封建的资产阶级的民主革命性质，以及推翻帝国主义和封建主义的统治和压迫而不是消灭本国资本主义的革命任务，指出各国共产党"必须以实际行动援助这些国家的革命解放运动"③；"必须特别援助落后国家中反对地主、反对大土地占有制、反对各种封建主义现象或封建主义残余的农民运动，竭力使农民运动具有最大的革命性"④；共产国际"应当同殖民地和落后国家的资产阶级民主派达成临时协议，甚至结成临时联盟，但是不要同他们融合，要绝对保持无产阶级运动的独立性，即使这一运动还处在最初的萌芽状态也应如此"⑤；"必须坚持不懈地向一切国家、特别是落后国家和民族的最广大的劳动群众说明并揭露帝国主义列强一贯进行的欺骗，即借助于被压迫国家的特权阶级，打着建立政治上独立的国家的幌子，来建立在经济、财政和军事上完全依附于他们的国家"⑥；等等。正是在这个意义上，列宁指出共产国际的第二次代表大会"团结起来的不仅有无产阶级革命的倡导者，还有同无产者群众保持联系的各个强大的组织的代表"。⑦

苏联学者索波列夫指出："对于国际无产阶级的代表和被压迫人民的代表来说，共产国际第二次代表大会是一所值得赞赏的政治大学。"⑧《关于民族和

---

① 《共产国际第二次代表大会文件》，中国人民大学出版社 1988 年版，第 713 页。
② 《共产国际第二次代表大会文件》，中国人民大学出版社 1988 年版，第 713 页。
③ 《共产国际第二次代表大会文件》，中国人民大学出版社 1988 年版，第 713 页。
④ 《共产国际第二次代表大会文件》，中国人民大学出版社 1988 年版，第 714 页。
⑤ 《共产国际第二次代表大会文件》，中国人民大学出版社 1988 年版，第 714 页。
⑥ 《共产国际第二次代表大会文件》，中国人民大学出版社 1988 年版，第 714 页。
⑦ 《列宁全集》第 39 卷，人民出版社 2017 年版，第 269 页。
⑧ ［苏］索波列夫等著：《共产国际史纲》，吴道弘等译，人民出版社 1985 年版，第 91 页。

殖民地问题的决议》是共产国际关于民族殖民地问题的纲领性文件。李大钊曾说:"共产国际第二次代表大会通过了列宁拟定的民族和殖民地问题的决议。从那时起,东方各国共产党便依照这一决议的原则进行了斗争。"[①]这个决议是马克思主义关于民族殖民地问题理论在帝国主义和无产阶级革命时代的继续和发展。它彻底揭穿了帝国主义和第二国际机会主义掩盖少数压迫民族对大多数被压迫民族实行奴役的谎言,促进了世界无产阶级与被压迫民族的融合,对殖民地半殖民地的民族解放运动具有重大的指导作用。

三、农民与土地问题

殖民地在资本主义世界中一般都是落后国家,而落后国家的居民主体是农民。列宁指出:"任何民族运动都只能是资产阶级民主性质的,因为落后国家的主要居民群众是农民,而农民是资产阶级资本主义关系的体现者。"[②]因此,共产国际在阐述殖民地国家和地区时,需要分析农民与土地问题。在落后国家,民族问题实质上是农民问题,农民问题是民族问题的基础和内在的本质,农民是民族运动的基本军队。正因为如此,列宁强调,"必须特别援助落后国家中反对地主、反对大土地占有制、反对各种封建主义现象或封建主义残余的农民运动,竭力使农民运动具有最大的革命性"。[③]"认为无产阶级政党(如果它一般地说能够在这类国家里产生的话)不同农民运动发生一定的关系,不在实际上支持农民运动,就能在这些落后国家里实行共产主义的策略和共产主义的政策,那就是空想"。[④]列宁在论述十月革命以前的俄国革命时曾经说过:"我国革命的资产阶级民主主义内容,指的是消灭俄国社会关系(秩序、制度)中的中世纪制度,农奴制度,封建制度。"[⑤]这个革命的根本问题是农民的土地问题。"他们的最终目的并没有超出资本主义的范围,在全部土地转交给全体农民和全体人民的情况下,资本主义会更广泛地更蓬

---

① 《李大钊全集》第5卷,人民出版社第2013年版,第1页。
② 《列宁全集》第39卷,人民出版社2017年版,第233页。
③ 《列宁全集》第39卷,人民出版社2017年版,第167页。
④ 《列宁全集》第39卷,人民出版社2017年版,第233—234页。
⑤ 《列宁全集》第42卷,人民出版社2017年版,第181页。

勃地发展起来".① 因为小农经济是不可能长期稳定的，它必定要分化出大批的农村雇佣劳动者和少数农业资本家。

1920 年 6 月初，列宁为共产国际第二次代表大会草拟了《土地问题提纲初稿》。列宁在《土地问题提纲初稿》中指出，资本主义是工人阶级和农民阶级的共同敌人。就农村劳动群众而言，他们要从被剥削状态中解放出来，"只有同共产主义无产阶级结成联盟，奋勇地援助无产阶级为推翻地主（大土地占有者）和资产阶级的压迫而进行的革命斗争，此外别无出路。"② 就产业工人而言，"如果产业工人局限于狭隘的行会利益和狭隘的职业利益，只满足于为改善自己有时还过得去的小市民的生活状况而奔走，那他们就不能完成使人类摆脱资本压迫和战争这一具有全世界历史意义的使命。"③ 因此，列宁预言，"无产阶级要成为真正革命的阶级，成为真正按社会主义精神行动的阶级，就只有作为全体被剥削劳动者的先锋队，作为他们在推翻剥削者的斗争中的领袖来发表意见和采取行动；但是如果不在农村中开展阶级斗争，不把农村劳动群众团结在城市无产阶级的共产党周围，不由城市无产阶级来教育农村劳动群众，这个任务是完成不了的。"④

列宁详细分析了农民中的诸多社会阶层及其各自特点，提出了无产阶级革命以及革命胜利后对农民各个阶层的策略，提出了共产国际土地政策的基本思想。

对于农业无产阶级，列宁指出，农业无产阶级"即雇佣工人（年工、季节工、日工），他们靠受雇于资本主义农业企业来获得生活资料"⑤。共产党的基本任务就是"把这个阶级和其他各类农村居民分开来单独进行组织（政治、军事、工会、合作社、文化教育等方面），加紧在他们中间进行宣传鼓动工作，把他们争取到苏维埃政权和无产阶级专政方面来"⑥。

对于农村中半无产者或小块土地农民，列宁指出："他们一方面依靠在资本主义农业企业或工业企业中出卖劳动力，另一方面依靠在仅能给他们家庭生

---

① 《列宁全集》第 12 卷，人民出版社 2017 年版，第 125 页。
② 《列宁全集》第 39 卷，人民出版社 2017 年版，第 170 页。
③ 《列宁全集》第 39 卷，人民出版社 2017 年版，第 170—171 页。
④ 《列宁全集》第 39 卷，人民出版社 2017 年版，第 171 页。
⑤ 《列宁全集》第 39 卷，人民出版社 2017 年版，第 171 页。
⑥ 《列宁全集》第 39 卷，人民出版社 2017 年版，第 171 页。

产一部分食物的小块私有的或租来的土地上耕作，来获得生活资料"。① 这类农村劳动居民在一切资本主义国家中的人数是非常多的，"如果共产党的工作得当，这类农民就会成为共产党的可靠的拥护者，因为这些半无产者的境遇非常艰难，他们从苏维埃政权和无产阶级专政方面能够立刻得到很大的好处。"②

对于小农，列宁指出："小农，他们拥有自己的或租来的一块不大的土地，可以应付他们全家以及经营上的需要，并不另外雇用劳动力。这一阶层从无产阶级的胜利中肯定会得到好处"。③ 同时，共产党也要看到，"在从资本主义到共产主义的过渡时期，即在无产阶级专政时期，这个阶层中至少有一部分人必然会动摇而去追求无限制的贸易自由和无限制的使用私有权的自由，因为这一阶层是出卖消费品的（虽然数量不大），所以受到投机倒把和私有者习惯的侵蚀。但是只要实行坚定的无产阶级政策，只要胜利了的无产阶级十分坚决地镇压大土地占有者和大农，这一阶层的动摇不会很大，并且也不会改变这个阶层整个说来将站在无产阶级革命方面这一事实。"④

对于中农，列宁认为中农"从经济上来说是小农，他们也拥有一小块自己的或租来的土地，但是第一，在资本主义制度下，这块土地上的收入通常不仅够维持一家的俭朴生活和经营的费用，并且可能有某些剩余，这些剩余至少在好年头可能变为资本；第二，往往（例如两三家农户中就有一家）另外雇用劳动力"⑤。至少在一个时期和在无产阶级专政初期，革命无产阶级应当只限于采取中立中农的政策。随着中农的中立及其离开资产阶级，下一步便是同他们形成强大的联盟。

对于农村中的大（富）农，列宁指出，富农通常都靠雇佣工人来经营，因而可以说是农业中的资本主义企业主。但因为文化水平不高，又亲自参加劳动，具有农民的生活习惯，因而才与"农民"一词相联系。大农"是直接而坚决地反对革命无产阶级的那些资产阶级阶层中人数最多的一个阶层"。⑥ 列宁认为："无产阶级在城市中获得胜利以后，这个阶层必然会进行各种反抗，或

① 《列宁全集》第 39 卷，人民出版社 2017 年版，第 171 页。
② 《列宁全集》第 39 卷，人民出版社 2017 年版，第 172 页。
③ 《列宁全集》第 39 卷，人民出版社 2017 年版，第 172 页。
④ 《列宁全集》第 39 卷，人民出版社 2017 年版，第 172 页。
⑤ 《列宁全集》第 39 卷，人民出版社 2017 年版，第 173—174 页。
⑥ 《列宁全集》第 39 卷，人民出版社 2017 年版，第 175 页。

暗中破坏，或公开采取反革命性质的武装行动。所以革命的无产阶级应当立刻开始从思想上和组织上准备必要的力量，以便彻底解除这个阶层的武装，在推翻工业资本家的同时，只要这个阶层的反抗一露头，就给予最坚决最无情的歼灭性的打击。"[1] 同时，由于当时还没有具备物质条件，已经获得胜利的无产阶级只有在大农反抗被剥削劳动者的政权时才没收他们的土地，剥夺大农还不能是已经获得胜利的无产阶级的直接任务。

对于地主和大土地占有者，列宁提出了由于他们大半是封建主的后裔，或者是特别富有的金融巨头，或者是这两类剥削者和寄生虫的混血儿。他们不参加任何体力劳动，而又不断地剥削雇佣劳动力和附近的小农（也时常剥削中农）。因而，应当立即无条件地没收他们的全部土地。列宁指出："在各国共产党队伍中，决不容许宣传剥夺大土地占有者的土地要给予补偿，也决不容许给他们补偿，因为在现代欧美各国的条件下，这样做就是背叛社会主义，就是向遭受战争苦难最深重的被剥削劳动群众征收新贡赋"。[2]

列宁的《土地问题提纲初稿》中关于农民问题的论述，形成了帝国主义时代共产国际关于农民问题的初步理论，其理论内容不仅奠定了共产国际第二次代表大会决议的基础，而且还确定了共产国际关于殖民地国家农民问题理论的出发点。

1920 年 8 月 4 日，共产国际第二次代表大会第十三次会议召开，讨论了农民与土地问题。会议讨论了列宁关于土地问题的提纲初稿。关于对大土地占有者的土地，"在审议列宁提纲的这一条文时委员会对它作了重大改动。决议原则上保留了列宁的观点。但同时强调了把资本主义大农场国有化和把它交给国家的必要性。这样做是为了安抚原则上反对分地的人。整个说来，代表大会同意了列宁制订的关于共产党人对农民的各个不同阶层要采取区别对待的创造性方针。"[3] 最后，共产国际二大通过的《关于土地问题的决议》，规定了各国共产党在农村中的任务，指出无产阶级应当成为全体劳动群众推翻剥削者斗争的领袖，应当促使农村阶级斗争的开展，并把劳动农民团结到自己周围。决议提出：只有共产党领导的城市工业无产阶级，才能使农村劳动群众摆脱资本和大地主土地占有制的压迫，摆脱破产，摆脱在资本主义制度存在时必然一再发

---

[1] 《列宁全集》第 39 卷，人民出版社 2017 年版，第 175 页。

[2] 《列宁全集》第 39 卷，人民出版社 2017 年版，第 176 页。

[3] ［苏］弗·维·亚历山大罗夫：《列宁和共产国际——国际共产主义运动理论和策略制定史》，郑昇凡译，求实出版社 1984 年版，第 233 页。

生的帝国主义战争。同时，"农民劳动群众只有同共产主义无产阶级结成联盟，奋勇地援助无产阶级为推翻地主（大土地占有者）和资产阶级的压迫而进行的革命斗争，此外别无出路。"①

决议着重分析了农民各阶层的政治态度，深刻论证了共产党人在不同时期对待农民不同阶层的策略。

一是对待农业无产阶级的策略。决议指出要加紧在农业无产阶级中间进行宣传鼓动，把他们吸引到苏维埃政权和无产阶级政权方面来。

二是对农村半无产者和小块土地农民的策略。在某些国家里，半无产者和小块土地农民"两类劳动者之间没有严格的界限。因此，在特殊情况下，可以建立他们的联合组织"。②

三是对小农的策略。决议提出要通过细致的工作和坚定政策去消除他们所固有的动摇性，他们终将会站到无产阶级革命方面来的。

上述三类人的总和，构成一切国家农村人口的多数。这三类"分散、愚昧、备受压抑的、在一切国家（甚至在最先进国家）中必然过着半野蛮生活的农村居民，虽然在经济上、社会上和文化上会从社会主义的胜利中得到好处，但是只有在无产阶级夺得政权以后，只有在无产阶级坚决镇压大土地占有者和资本家以后，只有在这些备受压迫的人从实践中看到他们有了这种组织起来的十分强大坚定的领导力量和保护力量来帮助和领导他们，给他们指出正确道路以后，才能坚决地支持革命的无产阶级"。③

四是对待中农的策略。决议指出这个阶层"从经济上来说是小农，他们也拥有一小块自己的或租来的土地，不过，在资本主义制度下，这块土地上的收入通常不仅够维持一家的俭朴生活和经营的费用，并且可能有某些剩余，这些剩余至少在好年头可能变为资本"。④ 在多数资本主义国家，革命的无产阶级

---

① 王学东总主编：《国际共产主义运动历史文献》第 30 卷，中央编译出版社 2012 年版，第 669 页。

② 王学东总主编：《国际共产主义运动历史文献》第 30 卷，中央编译出版社 2012 年版，第 671 页。

③ 王学东总主编：《国际共产主义运动历史文献》第 30 卷，中央编译出版社 2012 年版，第 671—672 页。

④ 王学东总主编：《国际共产主义运动历史文献》第 30 卷，中央编译出版社 2012 年版，第 672 页。

应当使中农在无产阶级同资产阶级斗争中至少保持中立。革命胜利后的初期，使中农的生活状况得到改善，从而有效地保证中农中立。"如果不中立中农，如果没有全体小农至少极大部分小农的支持，无产阶级政权是不能巩固的"。[①]随着无产阶级国家政权实现向集体农业过渡，必须采用示范的而不是暴力的方法，十分谨慎地吸收中农参加合作社。

五是对待大农的策略。决议指出大农是农业中的资本主义企业主，他们通常都有几个雇佣工人，他们之所以能归入"农民"，只是因为文化水平不高，生活习惯相同，"共产党在农村工作中，应当集中主要注意力去同这个阶层进行斗争，把多数农村居民即被剥削劳动者从这些剥削者的思想和政治影响下解放出来"。[②] 但是，"即使是对待大农，获得胜利的无产阶级也决不能把剥夺列为直接的任务，因为还没有具备物质条件，特别是没有具备技术条件，更没有具备社会条件来实现这类农场的社会化"。[③] 在无产阶级胜利后大农必然会进行各种各样的反抗，"一般来说，无产阶级国家政权应当保留大农的土地，只在他们反抗被剥削劳动者的政权时才加以没收"。[④]

六是对待地主、大土地占有者的策略。决议确定了革命无产阶级对待地主、大土地占有者的态度，这就是应当立刻无条件地、无例外地没收地主即大土地占有者的全部土地。"随着无产阶级政权在城市和乡村的巩固，必须不断努力使这个阶级中具有宝贵经验、知识和组织能力的人，都能被用来（在最可靠的工人共产党员的特别监督和农村苏维埃的管理下）建立社会主义的大农业。"[⑤]

决议指出了社会主义国家工业改造对于建立社会主义大农业的意义。决议指出："保留大农业生产，最能保障农村居民中的革命阶层，即主要靠在大农

---

① 王学东总主编：《国际共产主义运动历史文献》第 30 卷，中央编译出版社 2012 年版，第 675 页。

② 王学东总主编：《国际共产主义运动历史文献》第 30 卷，中央编译出版社 2012 年版，第 673 页。

③ 王学东总主编：《国际共产主义运动历史文献》第 30 卷，中央编译出版社 2012 年版，第 673 页。

④ 王学东总主编：《国际共产主义运动历史文献》第 30 卷，中央编译出版社 2012 年版，第 673 页。

⑤ 王学东总主编：《国际共产主义运动历史文献》第 30 卷，中央编译出版社 2012 年版，第 675、675—676 页。

场中从事雇佣劳动来谋生的无地农业工人和半无产者贫苦农民的利益。"①在巩固无产阶级政权、大规模集体生产和最新技术（全部经济电气化）基础上，对社会主义国家工业的改造为农村提供先进技术和社会援助创造了可能，这种援助极大地提高了农业劳动生产率。

共产国际第二次代表大会用《关于土地问题的决议》武装了各国共产党。苏联学者亚历山大罗夫这样概括这个决议的意义："共产国际第二次代表大会用土地问题纲领和策略的基本原则武装了各国共产党。它的决议是以当时历史时期的具体条件为根据的。决议汇集了布尔什维克的农民工作经验和资本主义国家农民运动的经验。所有这一切对组织共产党在农村的工作，对把农民群众争取到革命的无产阶级方面来，对巩固工人阶级与农民的联盟具有重大意义。"②

四、共产国际对于殖民地和半殖民地的革命运动的分析

1928 年 7 月 17 日至 9 月 1 日，共产国际在莫斯科召开了第六次代表大会。出席大会的有 57 个党和 9 个组织的 532 名代表。大会的一个重要议题是总结殖民地半殖民地国家人民斗争的经验教训，制定今后的斗争策略方针。

共产国际六大从第二十九次会议（1928 年 8 月 14 日晚）到第四十次会议（1928 年 8 月 21 日晚）反复就关于殖民地和半殖民地国家革命运动问题进行了讨论。在 1928 年 9 月 1 日的第四十六次会议上表决通过了《殖民地和半殖民地的革命运动》。它是根据奥·威·库西宁的报告通过的提纲。

关于殖民地和半殖民地在造成世界帝国主义体系危机中的地位和意义，提纲在导言部分认为自从共产国际二大以来"幅员辽阔的殖民地和半殖民地已变成了无法扑灭的革命群众运动的策源地"③。提纲指出："这一具有重大历史意义的现象之所以出现，在一定程度上是由于在帝国主义大战期间和战后时期主

---

① 王学东总主编：《国际共产主义运动历史文献》第 30 卷，中央编译出版社 2012 年版，第 675 页。

② [苏] 弗·维·亚历山大罗夫：《列宁和共产国际——国际共产主义运动理论和策略制定史》，郑昪凡译，求实出版社 1984 年版，第 234 页。

③ 王学东总主编：《国际共产主义运动历史文献》第 48 卷，中央编译出版社 2013 年版，第 409 页。

要殖民地和半殖民地的内部状况（经济结构和社会结构）发生了变化：资本主义工业发展的因素增强了，农业危机加剧了，无产阶级成长了并开始组织起来，广大农民群众赤贫化了，等等；同时，也是由于国际形势发生了变化：一方面，左右局势的帝国主义大国在世界大战期间困难重重，战后世界资本主义遇到了危机，近来，由于帝国主义的'和议'，英、日、美、法、意、荷等国殖民地政策的掠夺侵略性加强了；另一方面，俄国由帝国主义势力变成了反帝国主义的无产阶级力量，苏联各族人民为反对世界帝国主义和保卫本国独立而进行了胜利的斗争，苏联树立了以革命方法解决民族问题的榜样，苏联的社会主义建设产生了革命影响，此外，资本主义国家中的共产主义运动也得到加强，并在为维护殖民地人民的利益而奋斗"[1]。由于上述条件，大大地加速了殖民地和半殖民地广大群众政治觉醒的过程，并引起了一系列重大的群众革命起义。提纲同时指出："殖民地和半殖民地革命运动的一切基本问题都是同资本主义体系和社会主义体系之间的伟大的划时代的斗争直接联系着的。这一斗争目前在世界范围内是帝国主义反对苏联的斗争，而在各个资本主义国家内是资产阶级的阶级统治和共产主义运动之间的斗争。在这场斗争中，全世界革命无产阶级和殖民地劳动群众的合作是战胜帝国主义的最可靠的保证"[2]。

关于殖民地经济和帝国主义殖民政策的特点，提纲在第二部分指出殖民地的现代史"是整个世界资本主义经济发展史（从它的最初形式起到它的最后阶段帝国主义止）的一个有机的组成部分"。[3] 因此，"殖民地和半殖民地的经济史和政治史如同镜子似的反映了资本主义生产方式和资产阶级社会制度所谓'文明'和文化使命的全部特点。特别是它以无情的事实揭露了'资本原始积累'的各种方法和真实情景"。[4] 提纲揭露了帝国主义殖民制度的实质，即"帝国主义殖民制度就是帝国主义国家的资产阶级在附属国的垄断地位，这种垄断不

---

[1] 王学东总主编：《国际共产主义运动历史文献》第48卷，中央编译出版社2013年版，第409—410页。

[2] 王学东总主编：《国际共产主义运动历史文献》第48卷，中央编译出版社2013年版，第415页。

[3] 王学东总主编：《国际共产主义运动历史文献》第48卷，中央编译出版社2013年版，第415—416页。

[4] 王学东总主编：《国际共产主义运动历史文献》第48卷，中央编译出版社2013年版，第416页。

仅建立在经济压迫的基础上，而且建立在超经济强制的基础上"①。帝国主义国家企图把殖民地纳入统治体系之内，阻碍殖民地独立发展生产。帝国主义殖民政策所带来的后果是，"一方面，殖民地资本主义发展的内在客观矛盾加剧了，从而殖民地独立发展同帝国主义国家资产阶级的利益之间的矛盾也加深了；另一方面，新的资本主义剥削形式促使真正的革命的力量——无产阶级登上舞台，日益把千百万农民群众团结在自己的周围，有组织地反抗金融资本的束缚。"②

关于中国、印度和类似的殖民地国家中共产党的战略和策略，提纲在第三部分指出当时像中国、印度这些国家的革命运动在性质上是资产阶级民主革命，其核心是反对帝国主义和封建主义、为无产阶级专政和社会主义革命准备前提。据此，提纲规定了这些国家资产阶级民主革命共同的基本任务："（1）使力量对比有利于无产阶级；使国家摆脱帝国主义的桎梏（外国租让企业、铁路、银行等等实行国有化），使尚未统一的国家实现全国统一；推翻以帝国主义为靠山的剥削阶级的政权；组织工农苏维埃和红军，建立无产阶级和农民的专政，加强无产阶级的领导权；（2）进行土地革命，把农民从各种前资本主义的和殖民地的剥削和奴役条件下解放出来；实行土地国有化；采取积极措施改善农民的处境，以便在城乡之间建立尽可能紧密的经济和政治联系；（3）随着工业、运输业的进一步发展和无产阶级相应的成长，广泛地建立工人阶级的工会组织，加强共产党，在劳动群众中确立党的巩固的领导地位，争取实现八小时工作制；（4）实现民族平等和男女平等，使教会和国家分离，消灭种姓隔阂；对城乡群众进行政治教育和提高他们的一般文化水平，等等。"③ 提纲具体分析了殖民地和半殖民地国家中不同阶级及其对待革命的态度，指出："一部分资产阶级，首先是商业资产阶级，直接为帝国主义资本的利益服务（所谓买办资产阶级）"④。本地资产阶级中的其他部分，"特别是

① 王学东总主编：《国际共产主义运动历史文献》第 48 卷，中央编译出版社 2013 年版，第417 页。
② 王学东总主编：《国际共产主义运动历史文献》第 48 卷，中央编译出版社 2013 年版，第424 页。
③ 王学东总主编：《国际共产主义运动历史文献》第 48 卷，中央编译出版社 2013 年版，第424—425 页。
④ 王学东总主编：《国际共产主义运动历史文献》第 48 卷，中央编译出版社 2013 年版，第426 页。

反映本国工业利益的部分，站在民族运动的立场上，并且代表特别爱动摇和倾向于妥协的一派，这一派可以称之为民族改良主义"①。在这些殖民地和半殖民地国家中，小资产阶级起着非常重要的作用，"小资产阶级包括各种不同的阶层，它们在民族革命运动的不同时期起着极不相同的作用"②；而"农民同无产阶级一起并作为无产阶级的同盟军，是革命的动力"③，无产阶级要想取得对农民的领导权，必须要领导广大农民群众以革命方式解决土地问题；这些国家的工人阶级受着本国和外国资本最残酷的无情剥削，在政治上毫无权利，他们"作为一种独立的阶级力量登上了政治舞台，它与民族资产阶级相对立，并为了争取自身的直接阶级利益和争取一般民族革命的领导权而同民族资产阶级展开斗争"④。提纲特别强调，"为了正确地确定殖民地国家革命运动的当前任务，重要的是考虑该国革命运动的成熟程度，并以此为出发点。"⑤ 殖民地国家共产党在任何情况下都应当保持自己的独立性，采取对民族资产阶级既联合又揭露的策略，批判小资产阶级及其政党斗争不彻底性和不坚决性的策略。紧接着，提纲归纳了殖民地和半殖民地国家革命运动向更高阶段转变的两个具有决定意义的因素："（1）无产阶级对运动实行革命领导的发展程度，即该国共产党的发展程度（党员人数，党的独立自主程度、战斗能力，党的威信，党同群众的联系、党对工会运动和农民运动的影响）；（2）工人阶级的组织程度和革命经验的积累程度，在一定程度上也包括农民的组织程度和革命经验的积累程度。"⑥

关于殖民地半殖民地国家和帝国主义国家共产党的当前任务，提纲的第四

---

① 王学东总主编：《国际共产主义运动历史文献》第 48 卷，中央编译出版社 2013 年版，第426 页。

② 王学东总主编：《国际共产主义运动历史文献》第 48 卷，中央编译出版社 2013 年版，第429 页。

③ 王学东总主编：《国际共产主义运动历史文献》第 48 卷，中央编译出版社 2013 年版，第430 页。

④ 王学东总主编：《国际共产主义运动历史文献》第 48 卷，中央编译出版社 2013 年版，第431 页。

⑤ 王学东总主编：《国际共产主义运动历史文献》第 48 卷，中央编译出版社 2013 年版，第432 页。

⑥ 王学东总主编：《国际共产主义运动历史文献》第 48 卷，中央编译出版社 2013 年版，第436 页。

部分认为共产国际当前最重要的和首要的任务之一就是"建立和发展殖民地和半殖民地国家的共产党，消除在客观革命形势和主观因素薄弱之间的极不相称的状态"①。工人的人员流动，女工和童工占很大比例，是殖民地无产阶级的特点。"殖民地和半殖民地国家当前的共同任务中，除了发展共产党以外，最重要的要算是工会工作了"。②

后来的社会主义国家关于共产国际第六次代表大会关于殖民地问题的提纲的认识随着对斯大林的评价和各种形势的变化而呈现出差异。苏联学者索波列夫指出："第六次代表大会关于殖民地问题的提纲，在民族解放斗争的战略和策略问题上，在民族资产阶级的作用问题上，也包含了一些错误的和互相矛盾的说法。代表大会的决议中虽然对资产阶级民族改良主义和封建帝国主义阵营加以区别，但对于民族资产阶级作用的一般估计却带有宗派主义的性质"。③共产国际第六次代表大会通过的关于殖民地和半殖民地的革命运动的提纲，促进了国际共产主义运动的不断发展。但是，它仍然具有鲜明的时代烙印和局限性。

第三节　建立统一战线的理论与策略

共产国际成立之后没有立即提出统一战线策略。1923 年 6 月 12 日，季诺维也夫在共产国际执行委员会第三次扩大全会上指出："我们在 1919 年和 1920 年是否实行过统一战线策略呢？没有，没有实行过"。④统一战线是共产国际

---

① 王学东总主编：《国际共产主义运动历史文献》第 48 卷，中央编译出版社 2013 年版，第 440 页。

② 王学东总主编：《国际共产主义运动历史文献》第 48 卷，中央编译出版社 2013 年版，第 442 页。

③ ［苏］索波列夫等著：《共产国际史纲》，吴道弘等译，人民出版社 1985 年版，第 293 页。

④ 王学东总主编：《国际共产主义运动历史文献》第 36 卷，中央编译出版社 2015 年版，第 14 页。

的重要策略，共产国际在不同的历史阶段、针对不同的对象提出了各类统一战线策略，其中主要包括工人阶级统一战线、建立工农联盟、反帝统一战线、反法西斯统一战线等各种类型。尽管它们的具体内容各有不同，但其主旨是一致的，即争取群众大多数，为反对各种形式的资本统治而斗争。列宁、斯大林、季米特洛夫等人对共产国际统一战线策略原则的制定及其运用起了极为重要的作用。

一、建立工人统一战线

1919 年 2 月 3—10 日，原第二国际一些社会党的自由派和中派领导人在瑞士首都伯尔尼召开战后第一次社会党代表会议，26 个国家的 102 名代表出席，重建第二国际，在国际事务中支持巴黎和会以及国际联盟，维护新的世界体系。它又称伯尔尼国际或黄色国际。1919 年 5 月 28 日，列宁写了《伯尔尼国际英雄们》一文指出了伯尔尼国际的代表在思想上破产，"这些反动的不懂得无产阶级专政的社会主义理论家的破产，表现于德国'独立'社会民主党人建议把资产阶级议会同苏维埃凑合、联合、结合起来。"① 重新恢复的第二国际（伯尔尼国际）坚持和平与建设性的立场，引起许多中派社会党的不满。随着工人激进情绪的高涨，中派社会党纷纷与伯尔尼国际断绝关系。1921 年 2 月 22—27 日，德国独立社会民主党、英国独立工党、法国社会党等 13 个国家的中派社会党在维也纳举行国际社会党代表会议，成立社会党国际工人联合会，也称维也纳国际、第二半国际，奥地利人 F. 阿德勒成为该组织的总书记。1921 年 8 月 20 日，列宁在《新的时代和新形式的旧错误》中提到第二半国际领导人的行为及其实质："第二半国际的先生们很想自称为革命家，实际上一到紧要关头就变成反革命分子，因为他们怕用暴力破坏旧的国家机构，他们不相信工人阶级的力量。"② 在共产国际二大、三大前后，世界形势出现了重大变化，主要资本主义国家发生了经济危机，而革命也进入低潮，国际工人运动也出现了分裂，因此各国共产党的任务就是保存革命高潮时期所取得的各方面的

① 《列宁全集》第 36 卷，人民出版社 2017 年版，第 379 页。
② 《列宁全集》第 42 卷，人民出版社 2017 年版，第 120 页。

成果，为未来的革命斗争奠定基础。

在共产国际第三次代表大会前，德国统一共产党向大会提交了一份由塔尔海默和库恩·贝拉起草的充斥着"进攻理论"的关于策略问题的提纲。列宁十分鲜明地指出："塔尔海默和库恩·贝拉的提纲在政治上是根本不正确的，那是讲空话和玩弄左的把戏"，"是头脑愚钝的典型表现"，必须给予坚决的否定。他在给季诺维也夫的信中明确提出："共产国际必须把策略建立在这样的基础之上：始终不渝地、有步骤地争取工人阶级的大多数，首先是在旧工会内部。"[①] 列宁不仅批判了"进攻理论"及其支持者，也为共产国际在新的形势下制定新的策略奠定了基调。

1921 年 6 月 22 日至 7 月 12 日，共产国际在莫斯科举行第三次代表大会。出席大会的有 52 个国家 103 个组织的 605 名代表。大会最主要的任务是为共产国际制定一条争取群众大多数的策略路线。在本次大会上，各派围绕德国问题进行争论。但是，争论表面上是围绕德国问题展开的，实质上则是针对共产国际下一步实行何种策略进行斗争。

共产国际第三次代表大会经过激烈争论，在 1921 年 7 月 9 日的第二十一次会议上表决并通过了《论策略》提纲，实现了战略策略的转变。它的主要内容有：

第一，关于共产国际的目标、策略内容，提纲认为共产国际的目标是"推翻资本主义，实行无产阶级专政，建立统一的国际苏维埃共和国，以便完全消灭阶级，实现共产主义社会的第一阶段——社会主义"[②]。策略问题的内容"涉及通过什么途径引导工人阶级中的大多数参加共产主义活动，即用什么方法组织无产阶级中最积极的部分去进行当前的争取实现共产主义的斗争，这里还涉及无产阶级应如何对待已无产阶级化的小资产阶级阶层问题，以及用什么方法迅速瓦解和摧毁资产阶级政权机关、为实现专政而准备国际范围的最后决战等等问题"[③]。

第二，关于共产国际当前最主要的任务，提纲指出："争取工人阶级的大多数完全接受共产国际的影响，引导工人阶级中最积极的部分参加直接的斗

① 《列宁全集》第 42 卷，人民出版社 2017 年版，第 11 页。
② 王学东总主编：《国际共产主义运动历史文献》第 32 卷，中央编译出版社 2011 年版，第 375 页。
③ 王学东总主编：《国际共产主义运动历史文献》第 32 卷，中央编译出版社 2011 年版，第 375 页。

争，是共产国际当前最重要的任务"。①确定当前最主要的任务被认为是《论策略》提纲的中心思想，也意味着共产国际正式确立了"争取工人阶级的大多数"的方针，标志着共产国际的策略正在发生方向性的转变。②

第三，关于建立各国共产党的意义及共产党的斗争策略，提纲指出："共产国际从建立的第一天起，就十分明确地规定自己的任务，不是建立一些只通过宣传鼓动对工人群众发生影响的共产主义小派别，而是直接参加工人群众的斗争，对这一斗争实行共产主义的领导，并在斗争过程中建立强大的、革命的、群众性的共产党"③。提纲重申"共产国际早在成立的第一年里，就已摒弃宗派主义倾向，要求加入共产国际的各党，不论党员人数多么少都要参加工会，以便从内部摧毁工会的反动官僚制，从而使工会变成群众性的无产阶级革命组织，变成进行无产阶级斗争的机构。共产国际早在成立的第一年里，就已要求各国共产党不要把自己限定为从事宣传活动的小组，而要利用资产阶级国家被迫提供的一切机会，如出版自由、结社自由以及各种形式的资产阶级代议机构（尽管这种机构已被曲解），作为共产主义对工人阶级进行宣传鼓动和组织工作的工具。"④

第四，提纲提出了共产党只有通过斗争才能得到发展的观点。提纲认为即使人数极少的党，也不能只限于从事宣传鼓动工作。它们应当在一切群众性的组织中建立自己的据点，以便通过提出实际的战斗任务、激励无产阶级争取满足切身需求的途径，向落后动摇的群众指出革命的道路，从而揭露一切非共产主义政党的叛卖性质。提纲认为"只有领导无产阶级的实际斗争，只有鼓励人们去进行这种斗争，共产党人才能真正争取到广大无产阶级群众去为专政而斗争"⑤。

---

① 王学东总主编：《国际共产主义运动历史文献》第32卷，中央编译出版社2011年版，第378页。

② 参见宫玉涛：《共产国际工人统一战线策略的演变解析》，《当代世界与社会主义》2019年第2期。

③ 王学东总主编：《国际共产主义运动历史文献》第32卷，中央编译出版社2011年版，第378页。

④ 王学东总主编：《国际共产主义运动历史文献》第32卷，中央编译出版社2011年版，第379页。

⑤ 王学东总主编：《国际共产主义运动历史文献》第32卷，中央编译出版社2011年版，第386—387页。

第五，提纲揭示了第二国际、第二半国际的崩溃。提纲认为："在共产国际成立的第三年里，社会民主党和工会运动的改良主义领袖在政治上进一步堕落下去，暴露出自己的面目。"[①]第二半国际不同于第二国际之处，只是在于它既害怕资本的势力，也害怕明确表白自己的观点，害怕彻底丧失对那些虽不高但有革命情绪的群众的影响。提纲提出共产国际今后不仅要同第二国际、阿姆斯特丹工会国际进行坚决的斗争，而且要同第二半国际进行坚决的斗争。"只有通过这种无情的斗争，不断向群众说明社会民主党人和中派主义者不仅不愿为推翻资本主义而斗争，而且也不愿为满足工人阶级最起码的迫切要求而斗争，共产国际才能消除这些资产阶级代理人对工人阶级的影响。只有彻底消除自己队伍中的一切中派主义倾向，这一斗争才能胜利进行到底。"[②]

《论策略》提纲初步地提出了共产国际在新形势下调整战略和策略的问题。从这个意义上说，"共产国际第三次代表大会是国际共产主义运动历史上的重要一页。考虑到革命斗争的实际经验和已经变化了的新形势，代表大会确定了在革命处于低潮形势时共产党人应该坚持的方针：集中注意力到有关争取工人阶级和工人群众大多数的问题上，并为即将到来的革命战斗做好更充分的准备。"[③]对于各国共产党来说，"第三次代表大会所做的工作，对年轻的各国共产党来说，是一所真正的学校。通过总结经验和对党的任务、工作方法的集体讨论，代表大会对世界共产主义运动的战略和策略做出了重要贡献"。[④]

共产国际三大后，国际形势发生了重大变化。战后资本主义新秩序随着华盛顿会议的召开而初步形成，各国资产阶级相继展开了对无产阶级的攻势。而争取群众大多数的工作却是一项艰巨而长期的任务，这种情况要求各国共产党首先把各种工人政治组织和工会组织团结起来，共同进行反对资本的斗争。于是，争取群众大多数的思想发展为建立工人统一战线的策略。

共产国际四大《关于共产国际的策略》是在共产国际执委会的《十二月提纲》基础上形成的。

---

① 王学东总主编：《国际共产主义运动历史文献》第 32 卷，中央编译出版社 2011 年版，第 400 页。
② 王学东总主编：《国际共产主义运动历史文献》第 32 卷，中央编译出版社 2011 年版，第 402 页。
③ ［苏］索波列夫等著：《共产国际史纲》，吴道弘等译，人民出版社 1985 年版，第 137 页。
④ ［苏］索波列夫等著：《共产国际史纲》，吴道弘等译，人民出版社 1985 年版，第 137 页。

1921 年 12 月 18 日，根据列宁的建议和德、意两国工人实行统一行动的实践，共产国际执委会经过多次讨论，制定并通过了《关于工人统一战线和关于对待第二国际、第二半国际和阿姆斯特丹国际的工人以及支持无政府主义——工团主义组织的工人的态度的指导原则》，这就是著名的"十二月提纲"。提纲明确规定了共产国际关于工人统一战线的内容和必须遵循的原则。

第一，它指明了工人统一战线的目的。提纲指出："工人统一战线就是一切愿意同资本主义做斗争的工人的统一战线；其中也包括目前还在追随无政府主义者和工团主义者等等的工人。"① 由此看出，建立工人统一战线的根本目的是联合工人阶级的一切力量以反击资本的进攻，根本任务是捍卫工人阶级利益而不是要求各国无产阶级马上夺取政权。

第二，它坚持了统一战线的广泛性，主要表现在改变了共产国际三大前对社会民主党不能搞统一行动的做法。提纲明确指出："当共产国际提出工人统一战线的口号，并允许各支部同第二国际、第二半国际各政党和各工会达成协议的时候，它自己显然不能拒绝在国际一级上达成类似的谅解"。② 这说明在统一战线开始实施时它所规定的范围是很广的。

第三，在统一战线的具体形式上，提纲强调了形式的多样性。它既强调了"下层"的统一战线，同时也要求"上层"的即同社会民主党领导机关的合作。

《十二月提纲》肯定了德国共产党的做法，"德国共产党……宣布决心支持一个愿意认真同资本家的政权作斗争的工人政府。共产国际执行委员会认为这种决定是完全正确的。"③

在共产国际第四次代表大会召开期间及结束后，共产国际为了建立世界范围内的工人统一战线继续进行了多方面的努力，要求各国共产党根据本国实际情况认真贯彻工人统一战线策略。大多数国家的共产党也从行动上给予了积极回应，但实际效果却不尽如人意。共产国际为建立工人统一战线，曾主动地一再向第二国际、第二半国际发出呼吁，也曾为了维护工人阶级的权益而提出联

---

① 王学东总主编：《国际共产主义运动历史文献》第 35 卷，中央编译出版社 2012 年版，第 576 页。

② 王学东总主编：《国际共产主义运动历史文献》第 35 卷，中央编译出版社 2012 年版，第 574—575 页。

③ 王学东总主编：《国际共产主义运动历史文献》第 35 卷，中央编译出版社 2012 年版，第 570 页。

合行动的建议，结果或者是没有得到响应，或者被以不同的理由拒绝。受到三个国际关系不顺的影响，各国共产党与社会民主党在统一战线方面的作为也甚微。

1923年5月，第二国际和第二半国际正式合并为社会主义工人国际（共产国际仍称之为"第二国际"）。受此影响，一些国家原来分属两个国际的工人政党也实现了合并。随着合并后力量的增强，社会主义工人国际对于与共产国际联合行动、建立统一战线的呼吁更为排斥，这更是增加了共产国际和各国共产党与之建立统一战线的阻力。

1923年6月12日，共产国际执行委员会第三次扩大全会召开，集中讨论两个国际的合并对共产国际的影响。季诺维也夫在《关于共产国际执行委员会主席团的报告》中认为，汉堡代表大会"是一次没有头脑和没有灵魂的代表大会"，"第二国际是没有任何前途的"，"第二国际和第二半国际聚集到汉堡来，仿佛是专门为了加速它们的解体过程似的"。① 全会通过的《关于汉堡代表大会》决议则将新成立的社会主义工人国际看做一个依附于资产阶级、不打算反对资本主义的国际，且将其看作是共产国际的对手，"这是共产国际在工人运动中最后的一个对手，是保证共产国际得到胜利的一个对手"②。社会主义工人国际及其内部政党有与资产阶级建立统一战线、与资本家结盟的可能性，鉴于此，共产国际及其各国支部"必须用反对资产阶级和争取建立一切被剥削者的统一战线的斗争，来对付社会主义爱国主义者和资产阶级的统一战线，必须用一切工人政党为建立工农政府和反对资本家而进行的联合斗争，来对付工人政党与资本家结成的联盟"③。当然，共产国际没有放弃与社会主义工人国际在维护工人阶级权益、反对资产阶级的问题上联合行动的可能性，"只要社会民主党人愿意即使在最起码的问题上以实际行动为反对资产阶级而斗争。我们永远准备分开走，一起打"④。到1924年初，共产国际事实上已抛弃了工人统一战线策

---

① 王学东总主编：《国际共产主义运动历史文献》第36卷，中央编译出版社2015年版，第10—11页。

② 王学东总主编：《国际共产主义运动历史文献》第36卷，中央编译出版社2015年版，第345页。

③ 王学东总主编：《国际共产主义运动历史文献》第36卷，中央编译出版社2015年版，第345—346页。

④ ［苏］季诺维也夫：《论共产国际》，人民出版社1988年版，第316页。

略，并很快确立了新的策略。①

二、工农联盟

列宁把马克思恩格斯关于工农联盟的论述作为制定 20 世纪国际共产主义运动土地纲领的出发点，系统研究了俄国乃至整个世界农民问题的实际情况，由此奠定了布尔什维克党和共产国际土地纲领的理论基础。在十月革命以前，列宁曾经在许多著作和文章中论述了农民土地问题。十月革命以后，欧洲革命风暴遭受挫败的教训更加迫使世界共产党人提出并讨论这个问题。

1920 年共产国际第二次代表大会召开时，俄国军队在波兰胜利进军，共产主义运动在全欧洲展开，在蓬勃发展的革命运动影响下，共产党人相信革命将在最短的时间里进一步向西方发展。《关于土地问题的决议》中的主要观点都是与夺取政权直接相关的。苏联学者索波列夫指出："共产国际第二次代表大会的世界意义在于，它制定了世界共产主义运动反对帝国主义斗争的政治路线。它指导了革命无产阶级同农民和被压迫民族的民族解放运动建立持久的联盟。"② 但随着形势的发展，到 1922 年，共产党人认识到欧洲各国夺取政权的时间并非迫在眉睫，必须把更多的群众培养成后备军，扩大共产党的进攻部队。因为从俄国革命中，不仅共产党人，而且资产阶级也同样学到了很多东西。资产阶级在布尔什维克夺取政权的时候，确信无产阶级专政仅仅是一种暂时的现象，而到 1922 年资产阶级从俄国专政的例子中看到了他们面临的危险的实际规模，全世界的资产阶级都提高了警惕。在这种情况下，通过一个小的革命组织对资产阶级发动突然袭击是根本不可能的。共产党人要在欧洲取得重大的成就，建立无产阶级专政，就必须首先得到广大农民阶层的积极帮助，并且争取其他阶层的中立。如果共产党人把争取每一个可以争取的阶层并使更多的阶层保持中立作为目标，那么共产党人首要的事情是确定工作方法。这种方法无非是要以资本主义内部农民有关阶层的现实的日常利益为出发点。共产党

---

① 参见宫玉涛：《共产国际工人统一战线策略的演变解析》，《当代世界与社会主义》2019 年第 2 期。

② [苏]索波列夫等：《共产国际史纲》，吴道弘等译，人民出版社 1985 年版，第 92—93 页。

人认识到，一般说来，这些阶层对于共产党都是不信任的。如果共产党人要接近他们，那么仅仅依靠制定一个好的纲领是不够的，而是绝对必须通过行动，通过参加他们的日常斗争来争取他们，消除他们对共产党的不信任。在当时资本发动进攻的阶段，土地问题具有更加重大的意义，因此第四次代表大会号召各党要采取行动全力以赴争取农村劳动群众。

共产国际第四次代表大会于 1922 年 11 月 5 日在彼得格勒开幕，9 日移至莫斯科继续举行，12 月 5 日闭幕。62 个国家 66 个政党和组织的 408 名代表出席会议。

经过共产国际四大第二十一次会议（1922 年 11 月 24 日）和第二十二次会议（1922 年 11 月 25 日）的充分讨论，共产国际四大第二十七次会议（1922 年 11 月 30 日）表决通过了《土地问题行动纲领——关于运用第二次代表大会土地问题提纲的指示》。行动纲领拟定了在共产国际旗帜下，各国共产党人实施土地纲领的具体措施。

行动纲领指出："广大农村无产者和没有足够土地而不得不从事部分雇佣劳动或者以其他方式受大土地占有者阶级或资本剥削的贫农，只有通过无产阶级革命才能彻底摆脱当前的被奴役地位和在资本主义制度下不可避免的战争。"[1] 因此，共产党应站在农村劳动群众反对统治阶级斗争的最前列。"在反对大土地占有者和资本家国家的斗争中，劳动贫农和小佃农是农业和工业无产阶级的天然同盟军，他们的革命运动与城乡无产阶级的斗争相结合，将大大有利于推翻资产阶级国家。"[2]"为了不仅把农业工人，而且也把贫农（极小农、小佃农和一部分小农）争取到革命一边，并使中农采取善意的中立态度，必须使这些阶层摆脱与大地主联合的富农的影响和控制。"[3] 要根据这些阶层在资本主义范围内的眼前要求，把农村劳动者涣散的力量联合起来，加强他们的斗志，动员工业无产阶级的力量支持他们的斗争，不断向他们提出指引革命方向的新目标。在斗争中使农村的工人和贫农确信只有共产党才对他们坦诚相待。

行动纲领指出，共产党提出的具体斗争要求，既要考虑工人、贫农和中农

---

[1] 《共产国际第四次代表大会文件》，中国人民大学出版社 1990 年版，第 1065 页。

[2] 《共产国际第四次代表大会文件》，中国人民大学出版社 1990 年版，第 1066 页。

[3] 《共产国际第四次代表大会文件》，中国人民大学出版社 1990 年版，第 1066 页。

对地主和资本家的依附和遭受他们压迫的不同形式，又要符合各个阶层的利益。在存在被压迫的土著农民的殖民地国家，民族解放运动的斗争有的由全体居民共同进行，在这种情况下，被压迫的农民反对地主的斗争不可避免地要在解放斗争胜利后开始；有的国家封建地主与帝国主义强盗结成联盟，在这种情况下，被压迫农民的社会斗争与民族解放斗争同时进行。在农村封建主义残余仍严重存在、资产阶级革命尚未完成、大地主所有制仍与封建特权相结合的地区，必须在进行具有决定意义的夺取土地的斗争过程中，肃清这些特权。在存在着真正农业无产阶级的一切国家，这个阶层必然是农村革命运动的最重要的因素。共产党对农业无产阶级为改善自己的经济、社会和政治地位而进行的一切斗争，都应予以支持和组织，并引导其深入发展。

行动纲领指出，在社会革命使农民彻底摆脱奴役之前，共产党将为反对资本对贫农和中农的任何形式的剥削而斗争，即反对使农民陷入债务奴役的借贷资本和高利贷资本的剥削；反对商业资本和投机资本的剥削；反对工业资本的剥削；反对运输业私人垄断资本的剥削；反对资本主义国家的剥削；等等。在非殖民地国家的少地居民所遭受的最严重的剥削来自土地的大地主私人占有制，共产党要为没收包括有关设备在内的土地而斗争，并将它分给实际耕耘播种的人们。

在组织工作方面，行动纲领指出，所有在农业和与农业有关的工厂工作的共产党人，都必须加入农业工人组织，团结和领导其中的革命分子，目的是使这些组织成为革命的工具。在没有建立工会的地方，共产党人要倡导组织工会。在黄色工会、法西斯主义的和基督教的工会等反革命组织中，共产党人要坚持不懈地进行教育工作，以瓦解这些反对革命的协会。在大企业中应组织农场工人委员会，以便防止出现粗放耕作现象。农场委员会应当号召工业无产阶级支持农业工人的斗争，并反过来把农业工人的斗争纳入工厂委员会运动。鉴于贫农对革命运动具有极其重大的意义，共产党人要义不容辞地加入小农的组织，使它们革命化，消除被地主和富农人为地加以夸大和渲染的农业工人与少地农民间表面的利益冲突，并把这些组织的运动和行动与城乡无产阶级的运动和行动密切结合起来。

行动纲领最后强调，只有把城乡全部革命力量联合起来，才能成功地抵抗资本的进攻，并转守为攻，夺取最后胜利。

共产国际第四次代表大会这一时期越来越将联合的对象转向农民阶级，

谋求扩大统一战线的范围，强调工人阶级与农民阶级加强联合，在此基础上建立工农统一战线。这预示着共产国际统一战线策略的重大变化。反映共产国际新的统一战线策略的显著标志就是，放弃"工人政府"的口号，代之以"工农政府"的口号。第三次扩大全会通过的《关于"工农政府"口号》对工农关系、"工农政府"的意义和实施等进行了较为详细的阐述，认为"正确处理这两个基本阶级的相互关系，决定着我们在夺取政权以前或以后的斗争中的胜利"，而"'工农政府'口号为执行当前条件下唯一正确的统一战线策略扩大了基础"，各国共产党"宣传'工农政府'口号必须具体化，使之适应每个国家的情况"。① 季诺维也夫的报告更明确地指出："尽快摆脱旧传统的最好的办法是：我们现在把'工人政府'的口号发展成'工农政府'的口号。"②

　　1925 年 3 月 21 日至 4 月 6 日，共产国际执行委员会第五次扩大全会在莫斯科举行，出席大会的有来自 34 个国家的 244 名代表。在这次大会上，农民问题又一次成为主要议题之一。会议专门组织了农民问题委员会，并在委员会和大会讨论的基础上，通过了《农民问题提纲》。这个文件是共产国际关于农民问题讨论的概括和总结。共产国际第五次扩大全会关于农民问题的提纲，是在肯定共产国际二大、四大关于农民问题论述的基础上，全面阐发了无产阶级及其政党对待农民的立场和态度。提纲强调"第二次代表大会的提纲至今仍是指导性论点，加入共产国际的各个党务必加以遵循"③。

　　提纲强调了土地—农民问题的重要性和紧迫性。提纲在引言中指出，"现在农民问题对于无产阶级革命的巨大意义越来越突出。共产主义运动越是成为国际运动，无产阶级世界革命的前景越是清晰，纷繁复杂的革命具体进程就越是看得清楚。殖民地和半殖民地的农民以及所谓'文明'国家的各个农民阶层在这一革命中必然起着最大的作用。由于农民构成地球上居民的大多数，因此关于争取农民的斗争的问题，从无产阶级夺取政权的斗争角度来看以及从巩固

① 王学东总主编：《国际共产主义运动历史文献》第 36 卷，中央编译出版社 2015 年版，第 334、338 页。

② 王学东总主编：《国际共产主义运动历史文献》第 36 卷，中央编译出版社 2015 年版，第 44 页。

③ 王学东总主编：《国际共产主义运动历史文献》第 40 卷，中央编译出版社 2012 年版，第 487 页。

这一政权及其经济基础的角度来看，都是中心的政策问题之一。"① 而在当时，几乎所有国家的统治阶级实际上都在以不同的方式和方法试图制定一种与农民结成"统一战线的策略"来对付无产阶级。统治阶级一方面是依靠最富裕的农民阶层，企图通过他们来加强在整个农民战线中的影响，以与无产阶级革命斗争战线相抗衡。另一方面，在苏联，资产阶级以及冒充社会主义的反革命党派则把全部政治赌注押在唆使农民脱离无产阶级方面。因此，"目前的形势高度加剧了农民问题，向共产国际提出了在这方面格外积极和周密地开展工作的任务。清晰地从理论上提出土地—农民问题以及紧张地实际活动成了各个共产党进一步取得胜利的比任何时候更必要的条件。"②

提纲从社会经济范畴上对无产阶级和农民进行了分析。提纲指出，"无产阶级是资本主义社会的主要阶级之一。无产阶级失去了生产资料，出卖自己的劳动力，大多工作时的条件是资本主义生产的机械装置把他们联合在一起。无产阶级社会生存的条件（他们的利益与资产阶级的利益决然对立，没有私有财产，集体性质的劳动，最后还有无产阶级人数不断增长）使他们成了共产主义变革的社会阶级载体。"③ 而作为封建社会主要阶级之一的农民，在资本主义社会中就不成其为原来意义上的农民了，它陷入了资本主义剥削牢笼，受商品经济法则的控制而不断地发生分化，绝大部分沦为雇农，或者产业工人，极少部分上升为农业资产阶级。"由于我们面对的是从封建类型关系向资本主义类型生产关系转变的社会，由于整个来说农民同样处于矛盾的地位：对封建地主来说农民是一个阶级；由于农民为资本主义关系所左右，受到资本主义关系的腐蚀，因此农民不再是一个阶级。因此在封建土地所有制残余较多的国家里，农民因其作为阶级的利益与地主的利益尖锐对立，可以在革命的一定阶段作为统一的整体成为无产阶级的同盟者。"④

---

① 王学东总主编：《国际共产主义运动历史文献》第 40 卷，中央编译出版社 2012 年版，第 487 页。

② 王学东总主编：《国际共产主义运动历史文献》第 40 卷，中央编译出版社 2012 年版，第 488 页。

③ 王学东总主编：《国际共产主义运动历史文献》第 40 卷，中央编译出版社 2012 年版，第 488 页。

④ 王学东总主编：《国际共产主义运动历史文献》第 40 卷，中央编译出版社 2012 年版，第 488—489 页。

提纲认为，在农村社会中，无产阶级与各阶层农民在经济利益和对待革命的态度上有很大不同。而这种区别大小取决于与资本主义及其他私有制的联系多少。无产阶级的利益同大农利益"区别很大的基本一点是资本主义所有制的利益，也就是劳动力购买者和劳动力出卖者之间、资本家和雇佣工人之间的矛盾"①。因此，大农是无产阶级革命过程中反无产阶级力量的后备军，但在处于土地革命时期的国家，大农也会起来反对地主。无产阶级与中农、小农发生分歧的基本原因是建立在私有财产基础上的私人商品经济的利益，但是，中农和小农受资本主义剥削而产生的一系列其他因素，可能远远超过与无产阶级发生分歧的因素，小农尤其是如此。因此，中农在对待革命态度上，可以是中立的，甚至是会跟无产阶级走在一起的，而小农的基本利益使之趋向于与大资本作斗争，因而成为无产阶级坚定的同盟军。"农村贫农与无产阶级的分歧源于贫农的私有财产，但这一分歧微不足道，完全被共同利益所掩盖"。② 因此，它是站在无产阶级方面的，是无产阶级的后备军。农业工人是无产阶级本身的一个组成部分，但由于农业工人在劳动过程和农村关系中的分散性、宗法性这些特殊条件，使得农业无产阶级成为工人阶级的"落后"阶层。当然无产阶级政党的任务首先在于吸引这个阶层。"无产阶级对小农的关系，很大程度上也是对中农的关系（尤其是在农业国里），应该是又联盟又领导的关系。这一特殊的阶级间关系并未消除阶级差异，但是基于反对大地主和资本家斗争的共同利益。"③

紧接着，提纲分析了不同时期的土地—农民问题：

1. 在资本主义"有机"时期（1914 年战争前）的土地—农民问题

资本主义"有机"时期，也就是在无产阶级尚未面临夺取政权任务的时期，在多数资本主义国家里，革命的马克思主义者在理论方面的主要任务是应当打消小资产阶级的幻想、理论偏见和对资本主义发展进程的错误观点。即"在总的来说已完成资产阶级革命任务的国家里，马克思主义者应如恩格斯所指出的

---

① 王学东总主编：《国际共产主义运动历史文献》第 40 卷，中央编译出版社 2012 年版，第 489 页。

② 王学东总主编：《国际共产主义运动历史文献》第 40 卷，中央编译出版社 2012 年版，第 490 页。

③ 王学东总主编：《国际共产主义运动历史文献》第 40 卷，中央编译出版社 2012 年版，第 490 页。

那样，坚决站在小农一边，保护他们不受资本主义发展过程中产生的各种剥削，帮助他们摆脱资产阶级的影响"①。而"在没有完成资产阶级革命任务的国家（如 1905 年的俄国），马克思主义者在与小资产阶级关于不经过无产阶级专政就结束资本主义的空想作斗争的同时，应坚持主张完全消灭封建地产、没收土地并分给农民，从而在最'自由'的（即清除了封建残余的）发展资本主义的基础上最全面广泛地进一步开展争取社会主义的斗争"②。

2. 在工人阶级夺取政权前夕的土地—农民问题

在大资本主义生产的国家里，"无产阶级应努力把由雇佣劳动耕种的地主地产变成国家的企业。但是，关于农业中大生产具有技术经济优势的论点不应使共产党员不去把部分大地产（其面积大小由本国的结构决定）分给小农，有时还分给中农，因为这样做是出于革命的需要。"③ 即由于当时"在大多数国家里没有小农直接帮助和中农保持中立，是争取不到无产阶级专政的"④。

3. 在工人阶级取得政权以后对土地—农民问题的提法

工人阶级取得政权以后关于土地—农民问题的提法是，工人阶级取得政权，将造成"整个经济生活的条件发生了根本的变化，特别是农村生活条件，包括农业发展条件发生了根本的变化"。⑤ 这些新条件使农业非资本主义进化成为可能，农业的发展，尽管其形式相互抵触，但可以通过合作社走向社会主义。如果发展中的无产阶级革命保证无产阶级取得对工业大中心的统治的话，那么对于殖民地国家来说"越过"资本主义发展阶段同样是可能的。在上述条件下，"对于占统治地位的无产阶级政党来说，主要的指令应是如下指令：与农民共处。应该清楚地懂得，这个问题绕不开，因为农民是世界上的多数居民，农民生产的比重也很大。要做到与农民共处，无产阶级国家的经济政策必须考

---

① 王学东总主编：《国际共产主义运动历史文献》第 40 卷，中央编译出版社 2012 年版，第 491 页。
② 王学东总主编：《国际共产主义运动历史文献》第 40 卷，中央编译出版社 2012 年版，第 491 页。
③ 王学东总主编：《国际共产主义运动历史文献》第 40 卷，中央编译出版社 2012 年版，第 492 页。
④ 王学东总主编：《国际共产主义运动历史文献》第 40 卷，中央编译出版社 2012 年版，第 492 页。
⑤ 王学东总主编：《国际共产主义运动历史文献》第 40 卷，中央编译出版社 2012 年版，第 493 页。

虑到小生产者纯经济的动力，正是从这一点出发，逐步引导小生产者走向联合，走向越来越完善的集体经营形式"；① 无产阶级国家和占统治地位的无产阶级政党既要认真考虑到农民的分化，保证社会主义经济成分的不断增长，直接给不同的集体化形式以财政拨款，把全力发展摆脱了资产阶级影响的合作社作为自己的目标等，也要联合并千方百计支持雇农、农村贫农和中农的农业组织，来对抗新产生的资产阶级——资本主义的农民阶层；积极组织工业对于农业的经济技术支援，把工业生产力发展到与资本主义比较起来更加对农民有利的程度。提纲强调，"在无产阶级专政时期工人阶级和农民的关系是联盟关系。"② 这种关系并不使国家政权的无产阶级性质发生变化，也就是说与农民合作决不意味着瓜分政权。但是，这并不妨碍在国家政权的组织上吸收农民中的先进分子加入国家机构。提纲指出："苏维埃形式的无产阶级专政正是这样一种国家组织形式，它一方面保证国家组织的无产阶级阶级性质，另一方面使越来越多地吸收农民参加社会主义建设过程成为可能"。③

提纲对当时土地—农民问题的实际状况的认识是"随着战争和战后事态而来的是许多国家里生产力下降和整个城乡老关系被破坏。农村作为直接的食品生产者的经济实力极大增强了，同时农村各阶级首先是农民的社会比重也得到提高"④。然而，农民受到世界农业危机的打击，一些地方农民大规模破产，这也使得各种农民运动此起彼伏。共产党在农民中由于建立农民组织、农民政府等而形成了重要影响，另一方面资产阶级人士也强化了对农民的影响力。

提纲指明了共产党对于农民问题的立场和态度。提纲指出当时土地—农民问题的实际状况决定了"共产党应完成的最起码的任务是研究本国和'自己'殖民地的土地问题"⑤。"各国共产党的主要目标是使相应的农民阶级摆脱资产

---

① 王学东总主编：《国际共产主义运动历史文献》第 40 卷，中央编译出版社 2012 年版，第 494 页。

② 王学东总主编：《国际共产主义运动历史文献》第 40 卷，中央编译出版社 2012 年版，第 494 页。

③ 王学东总主编：《国际共产主义运动历史文献》第 40 卷，中央编译出版社 2012 年版，第 495 页。

④ 王学东总主编：《国际共产主义运动历史文献》第 40 卷，中央编译出版社 2012 年版，第 495 页。

⑤ 王学东总主编：《国际共产主义运动历史文献》第 40 卷，中央编译出版社 2012 年版，第 497 页。

阶级和地主的影响"①。提纲对无产阶级及其政党分别在资本主义文化高度发展国家和殖民地国家完成这一基本任务作出了指示。

提纲要求共产党应该采取设立农民协会和农民委员会组织，或者同小农协会结成同盟，或者支持包括各种阶级成分政党中的左翼和小农一翼等方法。各国共产党努力工作的结果，应该是"使农民组织加入国际农民联合会"。②

在结尾部分，提纲强调"不在争取农民群众的斗争方面认真做工作，谈共产党的布尔什维克化是十分荒唐的，共产党内的非布尔什维克倾向，甚至反布尔什维克倾向，首要表现为不懂得土地—农民问题及与之有关的殖民地问题的重要性"。③

三、统一战线的策略与建立反对帝国主义的统一战线

1922 年 11 月至 12 月，共产国际先在彼得格勒后转到莫斯科召开了第四次代表大会，大会讨论的中心问题是统一战线的策略问题，还讨论了制定共产国际纲领问题和东方问题等。通过讨论，共产国际第四次代表大会通过了《关于共产国际的策略》。

《关于共产国际的策略》由十四个部分组成，其中在第十部分重点论述了共产国际关于统一战线的策略问题。

第一，阐明了统一战线策略的重要性和必要性。在对当时面临的形势进行分析的基础上，认为"第三次代表大会提出的'到群众中去'的口号，现在比任何时候都更为适用。争取在一系列国家中建立无产阶级统一战线的斗争，现在只是刚刚开始。也只是现在我们才开始克服在采取统一战线策略方面的一切困难"④。"共产国际要求一切共产主义政党和组织都要严格遵循统一战线的策

① 王学东总主编：《国际共产主义运动历史文献》第 40 卷，中央编译出版社 2012 年版，第 497 页。

② 王学东总主编：《国际共产主义运动历史文献》第 40 卷，中央编译出版社 2012 年版，第 499 页。

③ 王学东总主编：《国际共产主义运动历史文献》第 40 卷，中央编译出版社 2012 年版，第 500 页。

④ 《共产国际第四次代表大会文件》，中国人民大学出版社 1990 年版，第 1303 页。

略，因为在当前时期只有这个策略才能够向共产党人指出争取劳动人民大多数的可靠途径。"①

第二，强调要正确认识和把握统一战线策略。指出"采用统一战线策略，就是在广大工人群众为捍卫其切身利益而进行的日常斗争中，共产主义先锋队要走在前面。在这种斗争中，共产党人甚至准备同社会民主党人和阿姆斯特丹分子的叛徒领袖们举行谈判"②。"统一战线的策略也绝不意味着追求某种议会目的的上层的所谓'竞选联合'。统一战线的策略就是建议共产党人为了保卫工人阶级的最基本的切身利益，而同属于其他政党或组织的所有工人以及一切无党派工人一起，来进行反对资产阶级的共同斗争。"③

第三，强调了各国共产党在同第二国际、第二半国际政党达成某种协议时的独立自主性质。指出"独立的共产党的存在以及它们在资产阶级和反革命社会民主党面前的充分的行动自由，乃是无产阶级的最重要的历史成就，共产党人在任何情况下都不应当放弃这种成就"④。

第四，明确了统一战线的任务。指出实现统一战线的一项特别重要的任务是"不仅取得宣传的成果，而且要取得组织的成果。绝不应错过在工人群众当中建立自己组织基地（工厂委员会，由各党派工人和无党派工人组成的监督委员会，行动委员会，等等）的任何机会。"⑤同时指出统一战线策略中的最重要的任务"现在是将来仍然是通过宣传和组织工作把工人群众联合起来。只有从'下层'，从工人群众的底层出发，才能使统一战线策略真正实现"⑥。

第五，强调统一战线策略的运用，在各个不同的国家应当根据各自的具体情况而采取不同的形式。如在德国、法国、英国、意大利、捷克斯洛伐克、瑞典、瑞士、美国等，各国情况有所不同，因而要根据不同的条件采取不同的形式做好统一战线工作。

《关于共产国际的策略》规定了共产国际与各国共产党在当时具体条件下的主要战略和策略任务，是共产国际四大的基本文件。苏联学者索波列夫指

---

① 《共产国际第四次代表大会文件》，中国人民大学出版社 1990 年版，第 1304 页。
② 《共产国际第四次代表大会文件》，中国人民大学出版社 1990 年版，第 1304 页。
③ 《共产国际第四次代表大会文件》，中国人民大学出版社 1990 年版，第 1304 页。
④ 《共产国际第四次代表大会文件》，中国人民大学出版社 1990 年版，第 1304 页。
⑤ 《共产国际第四次代表大会文件》，中国人民大学出版社 1990 年版，第 1305 页。
⑥ 《共产国际第四次代表大会文件》，中国人民大学出版社 1990 年版，第 1305 页。

出："共产国际第四次代表大会在国际工人和共产主义运动历史上占有重要的地位。这次代表大会精心制定了无产阶级统一战线的策略，它是同保卫一般民主要求、首先是同反对反动派和法西斯主义的任务联系在一起的。代表大会提出工人政府作为工人阶级获得政权和向无产阶级专政过渡的一种可能形式，这就为各国共产党指明了方向，使它们创造性地探索引导群众投身无产阶级革命的新途径。"①

1922 年 12 月 5 日，共产国际四大第三十二次会议经过充分讨论，表决通过了关于东方问题的决议——《东方问题指导原则》。在《东方问题指导原则》的第六部分中提出了东方国家建立"反对帝国主义的统一战线"的策略。

第一，强调提出"反对帝国主义的统一战线"的口号的适当性。《指导原则》指出，"如果说在西方，过渡时期是同有组织地积蓄力量相联系的，在这种情况下，提出了无产阶级统一战线的口号，那么在殖民地的东方，目前则必须强调反对帝国主义的统一战线的口号"②。这个口号之所以适当，"是因为看来反对世界帝国主义的斗争将是长期和持久的，斗争需要动员一切革命的因素。由于本国统治阶级乐于在牺牲人民群众根本利益的情况下同外国资本实行种种妥协，这种动员工作就显得更加必要。此外，正如西方的无产阶级统一战线的口号已经而且还将继续有助于揭露社会民主党背叛无产阶级的利益那样，反帝统一战线的口号也将有利于揭露各个资产阶级民族主义集团的动摇性。这个口号还将促进劳动群众革命意志的发扬和阶级觉悟的提高，并使他们置身于斗争的最前列，不仅反对帝国主义，而且反对封建主义的残余。"③

第二，指出了建立"反对帝国主义的统一战线"的条件。《指导原则》指出："殖民地和半殖民地国家的工人运动，必须首先使自己在整个反帝统一战线中取得一种独立的革命因素的地位。只有当工人运动作为独立因素的重要性得到承认，并在这种情况下保持着自己的政治独立性，它同资产阶级民主派的临时协议才是可以允许的和必要的"④。

第三，指出了无产阶级在统一战线中的任务和策略。关于无产阶级在统一战线中的任务，《指导原则》指出："只要目前存在的力量对比还不允许无产阶

① ［苏］索波列夫等著：《共产国际史纲》，吴道弘等译，人民出版社 1985 年版，第 178 页。
② 《共产国际第四次代表大会文件》，中国人民大学出版社 1990 年版，第 1325 页。
③ 《共产国际第四次代表大会文件》，中国人民大学出版社 1990 年版，第 1325 页。
④ 《共产国际第四次代表大会文件》，中国人民大学出版社 1990 年版，第 1325 页。

级把实现自己的苏维埃纲领作为当前的任务，无产阶级即应支持而且自己也提出一些具有局部意义的要求，例如，要求建立一个独立的民主共和国，消除妇女的无权状态等等。同时，无产阶级自己还应设法提出促进农民和半无产阶级群众同工人运动建立政治联系的口号"①。关于无产阶级在统一战线中的策略，《指导原则》指出："工人阶级可以承认，在反对帝国主义的革命解放斗争中，为了赢得喘息时间，部分的和暂时的妥协是容许的和必要的。但是，工人阶级必须毫不妥协地反对帝国主义和本国统治阶级之间为维护后者的阶级特权而进行公开的或隐蔽的权力分配的一切图谋"②。工人阶级"还必须为争取政治制度最大限度的民主化而进行最坚决的斗争，以便使那些在政治和社会方面最反动的分子在国内失去依靠，并保障劳动人民在争取实现本阶级利益（为建立民主共和国，实行土地改革、税制改革，在广泛的自治基础上建立行政管理机构，颁布劳工法，保护童工，保护母亲和儿童等要求）的斗争中享有组织自由"③。

第四，指出了"反对帝国主义的统一战线"策略的任务。《指导原则》指出："使广大劳动群众明了同国际无产阶级和各苏维埃共和国建立同盟的必要性，乃是反帝统一战线的策略的最重要的任务之一。殖民地革命只有同高度发达国家的无产阶级革命联合在一起，才能获得胜利并保持其胜利成果"④。《指导原则》强调："要求同无产阶级的苏维埃共和国建立紧密的联盟，是反对帝国主义的统一战线的标志"⑤。

共产国际第四次代表大会将西方宗主国内工人统一战线的策略推而广之到东方殖民地和半殖民地国家中，明确提出了反对帝国主义统一战线的策略。苏联学者索波列夫指出："第四次代表大会对被压迫国家和附属国民族解放斗争的经验进行了概括，提出了反帝统一战线的口号，规划了这些国家实行反帝反封建和民主革命的纲领。"因此，"由第四次代表大会提出的反帝统一战线的口号，已成为对被压迫人民争取自由和独立斗争的一个重要贡献。"⑥

① 《共产国际第四次代表大会文件》，中国人民大学出版社 1990 年版，第 1325 页。
② 《共产国际第四次代表大会文件》，中国人民大学出版社 1990 年版，第 1326 页。
③ 《共产国际第四次代表大会文件》，中国人民大学出版社 1990 年版，第 1326 页。
④ 《共产国际第四次代表大会文件》，中国人民大学出版社 1990 年版，第 1325—1326 页。
⑤ 《共产国际第四次代表大会文件》，中国人民大学出版社 1990 年版，第 1326 页。
⑥ [苏] 索波列夫等著：《共产国际史纲》，吴道弘等译，人民出版社 1985 年版，第 178、176 页。

四、建立反法西斯统一战线

1929 年至 1933 年，资本主义世界爆发了极其严重的经济危机。这次危机涉及范围之广，持续时间之长，破坏性之大，是前所未有的。经济危机导致这些国家中无产阶级和中等阶级的生活状况日益恶化，从而引发政治危机，资本主义国家的各种政治矛盾空前尖锐起来，工人、农民的反抗斗争风起云涌，资产阶级惊恐不安。资本主义国家为了摆脱经济、政治危机，加强了国家对经济生活的干预和对劳动人民的统治。美国出现了在资产阶级民主范围内实行改良主义的"罗斯福新政"。也有一些资产阶级国家为了摆脱困境建立了法西斯专政。法西斯在迫害共产党的同时，也把所有工人政党和组织(包括社会民主党)统统宣布为非法，激起了某些资产阶级自由派及其知识分子起来反抗。这些情况使工人阶级联合所有反法西斯力量组成广泛的反法西斯统一战线成为可能。而此时的共产国际却因在争取群众工作中的"左"倾错误，以及对革命形势的过高估计和对法西斯危险的估计不足而出现了许多严重的失误，这些失误导致不但没有孤立法西斯，反而孤立了自己。在法西斯战争的威胁日益逼近的形势下，世界各国人民在共产党领导下，不断开展反法西斯的斗争。在斗争中，持有不同政治观点的工人和组织联合行动。特别是 1934 年 2 月，法国共产党人创建的人民阵线经验，受到共产国际和一些国家党的重视。这个历史经验证明，只要各国无产阶级加强本身的团结和统一，并且同广大劳动人民联合，就一定能够打败法西斯。面对法西斯的猖獗，各国共产党要求共产国际改变"左"倾政策的呼声越来越高。

为了根据新的国际形势制定新的策略方针，在经过 14 个月的充分准备后，共产国际于 1935 年 7 月 25 日至 8 月 20 在莫斯科召开第七次代表大会。62 个国家的 65 个共产党和国际组织的 513 名代表出席会议。

在这次代表大会的第十五次和第十六次会议（1935 年 8 月 2 日）上，季米特洛夫作了关于《法西斯的进攻和共产国际在争取工人阶级的统一，反对法西斯的斗争中的任务》的著名报告。报告集中阐明了国际共产主义运动在新的世界形势下面临的各种问题，为各国共产党反对法西斯的进攻和新的世界大战的威胁制定了正确的战略计划和策略方针。共产国际七大的中心议题是制定共产国际反法西斯统一战线的策略方针。会议代表为此展开了认真的讨论并形成了相应的决议。报告在对法西斯进行全面深刻分析的基础上为各国共产党制定了建立反法西斯统一战线的策略方针。

首先，报告对法西斯进行了全面深刻地分析。

第一，报告强调了反法西斯斗争的紧迫性和重要性。报告认为法西斯是目前国际共产主义运动和工人运动的最主要最凶恶的敌人。报告指出："在经济危机极其深刻，资本主义总危机极其严重，劳动群众正在革命化的情况下，法西斯已发动了广泛的进攻。统治的资产阶级越来越乞灵于法西斯主义，目的在于用最恶劣的掠夺手段来对付劳动者，在于准备发动一场帝国主义的掠夺战争，袭击苏联，奴役瓜分中国，并用这一手段来阻止革命"[①]。所以应当集中各种力量同法西斯进行斗争。

第二，报告分析了法西斯主义的阶级性，深刻揭露了法西斯的反动本质。报告指出："执政的法西斯是金融资本的极端反动、极端沙文主义、极端帝国主义分子的公开的恐怖的独裁"[②]。报告强调："无论法西斯戴的是什么样的假面具，无论它是以什么样的形式出现，无论它是用什么样的方法获得政权——法西斯都是资本对劳动群众的最猖狂的进攻；法西斯都是肆无忌惮的沙文主义和掠夺战争；法西斯都是疯狂的反动和反革命；法西斯都是工人阶级和全体劳动人民的最凶恶敌人"[③]。上述论述强调了法西斯独裁的主要阶级职能，阐明了法西斯国家政权的反动实质及其阶级内容，从而把法西斯独裁同资产阶级的议会制共和国明确区分开来，帮助人们消除了对法西斯的错误观点和糊涂认识，从而有利于争取一切可能争取的力量来共同反对法西斯。

第三，报告分析了法西斯上台的原因和历史教训。报告指出法西斯之所以能够暂时得逞，主要原因有：首先，由于法西斯的蛊惑宣传，欺骗和蒙蔽了群众。他们用所谓打倒资本主义强盗、消灭失业现象等来欺骗工人；用所谓废除地租、没收和分配大地主土地等来笼络农民；利用青年缺乏经验，进行蛊惑。他们企图使人们相信只要法西斯胜利了，就会有美妙的前途。其次，由于社会民主党的叛卖活动，分裂了工人阶级队伍，为法西斯主义取得政权扫清了道路。再次，由于一些共产党低估了法西斯主义的力量和危险性，把打击的主要

---

① 《共产国际第七次代表大会文件》Ⅰ，中国人民大学出版社1991年版，第430页。
② 《共产国际第七次代表大会文件》Ⅰ，中国人民大学出版社1991年版，第431页。
③ 《共产国际第七次代表大会文件》Ⅰ，中国人民大学出版社1991年版，第435页。

锋芒对准了社会民主党，未能根据形势制定正确的策略，犯了关门主义的错误。最后，由于对农民的工作重视不够，未能建立起无产阶级同农民的联盟，从而使自己陷入孤立。所有这些，为法西斯上台创造了条件。因此，共产党人应该总结经验，吸取教训，揭露法西斯的一切欺骗宣传，使广大人民群众认清它的反动本质，并制定正确的政策，加强工人阶级的团结，建立工农联盟，联合一切可以联合的力量，同法西斯主义作斗争。

第四，报告分析了阻止法西斯的发展及其获得政权的条件。报告认为阻止法西斯的发展及其获得政权最主要的条件应该包括：首先，"要靠工人阶级本身的战斗积极性，要靠工人阶级的力量能否结成一支统一的战斗部队，以对抗资本和法西斯的进攻"[1]；其次，"要靠有一个强大的革命政党，以便正确地领导劳动人民的反法西斯斗争"[2]；再次，"要靠工人阶级对于农民和城市小资产阶级群众的正确政策"[3]；最后，"要靠革命无产阶级的警惕性和及时行动"[4]。

报告还指出资产阶级法西斯独裁是一个残暴但并不稳固的政权，坚信反对法西斯主义的斗争必然会胜利。

紧接着，报告为各国共产党制定了建立反法西斯统一战线的策略方针。

第一，报告指出要阻止法西斯上台执政，或者推翻已经建立的法西斯政权，首要任务是建立统一战线。报告指出："必须做的第一件事，即以此为开端的事，就是要把各企业的、各县区的、各省区的、各国的、全世界的工人都组织起来，结成统一战线，实行统一行动。全国和国际规模的无产阶级统一行动，是一个强有力的武器，能使工人阶级，不但胜利地防御，而且胜利地反击法西斯和阶级敌人"[5]。

第二，报告提出了现阶段资本主义国家工人阶级统一战线的内容和形式。报告认为："保卫工人阶级直接的经济利益和政治利益，保卫工人阶级反抗法西斯，应该是所有资本主义国家的统一战线的出发点和主要内容"[6]。报告同时指出："统一战线在不同国家具体实现时要采取不同的形式，这取决于工人组

---

[1] 《共产国际第七次代表大会文件》I，中国人民大学出版社1991年版，第444—445页。
[2] 《共产国际第七次代表大会文件》I，中国人民大学出版社1991年版，第445页。
[3] 《共产国际第七次代表大会文件》I，中国人民大学出版社1991年版，第445页。
[4] 《共产国际第七次代表大会文件》I，中国人民大学出版社1991年版，第445页。
[5] 《共产国际第七次代表大会文件》I，中国人民大学出版社1991年版，第450页。
[6] 《共产国际第七次代表大会文件》I，中国人民大学出版社1991年版，第455页。

织的情况和性质以及他们的政治水平，取决于个别国家具体的形势，取决于国际工人运动的变化，等等"①。

　　第三，报告提出了在无产阶级统一战线的基础上建立广泛的反法西斯的人民阵线。报告认为这是一个特别重要的任务，因为"无产阶级整个斗争的胜利，是与建立一个无产阶级和劳动农民，和城市小资产阶级基本群众的战斗联盟密切相关的，即使在工业发达国家，小资产阶级也占人口的大多数"②。报告还分别分析了法西斯执政国家、社会民主党执政国家等不同国家建立统一战线的不同任务，以求不断地、尽快地推动各国乃至国际的工人、青年、妇女组织的统一。

　　第四，报告提出了在殖民地和半殖民地国家建立反帝国主义统一战线的策略。报告指出，"在殖民地和半殖民地建立广泛的反帝国主义斗争的统一战线时，首先必须注意群众的反帝国主义斗争是在各种不同情况下进行的，必须注意民族解放运动不同的成熟程度，无产阶级在其中所起的作用，以及共产党对广大群众的影响"③ 等等因素。报告特别赞扬了中国共产党关于"建立反对日本帝国主义及其中国代理人的最广泛的反帝统一战线"④ 的倡议。

　　第五，报告强调了巩固共产党的领导对于建立统一战线的重要意义。报告指出，"在建立统一战线的斗争中，共产党领导作用的重要性大大地增加了。只有共产党才确实是工人阶级统一战线的创始者、组织者和推动者。"⑤因而各国共产党更要在各方面加强自己的队伍。报告还指出："工人阶级的统一战线愈是扩大，那么，我们面临的新的复杂问题就愈多，我们就更应该从政治方面和组织方面来巩固我们的党。无产阶级的统一战线造就着工人大军，只要有一支领导力量给以领导，给它指出目标和道路，它就能够完成自己的使命。这一领导力量只能是一个强大的、无产阶级的革命政党"⑥。

　　共产国际七大所制定的关于反法西斯统一战线的策略方针和不再干涉各国共产党内部事务的决定，是其对国际共产主义运动的两大贡献。它对推动各国

① 《共产国际第七次代表大会文件》Ⅰ，中国人民大学出版社 1991 年版，第 456 页。
② 《共产国际第七次代表大会文件》Ⅰ，中国人民大学出版社 1991 年版，第 458 页。
③ 《共产国际第七次代表大会文件》Ⅰ，中国人民大学出版社 1991 年版，第 484 页。
④ 《共产国际第七次代表大会文件》Ⅰ，中国人民大学出版社 1991 年版，第 485 页。
⑤ 《共产国际第七次代表大会文件》Ⅰ，中国人民大学出版社 1991 年版，第 497—498 页。
⑥ 《共产国际第七次代表大会文件》Ⅰ，中国人民大学出版社 1991 年版，第 498 页。

人民的反法西斯斗争和促进各国共产党独立自主的发展，具有极其深远的意义。

第四节 共产国际与中国革命的发展

中国革命在共产国际世界革命的战略格局中占有十分重要的地位。在中国共产党的建立、大革命、土地革命和全民族抗日战争的过程中，都得到了共产国际的帮助和指导。这些帮助和指导，既有成功的经验，也有失败的教训。毛泽东曾对共产国际与中国革命进行了这样的概括："共产国际对中国革命总的来说是功大过小，犹如玉皇大帝经常下雨，偶尔不下雨还是功大过小。没有共产国际的成立和帮助，中国无产阶级的政党是不能有今天的。他们需要我们，我们也需要他们。"①

一、共产国际与中国共产党的建立

共产国际是在欧亚无产阶级革命风暴中诞生的。1919 年 3 月 2—6 日，共产国际第一次代表大会召开时，中国当时侨居苏俄的旅俄华工联合会负责人刘绍周（刘泽荣，1892—1970）和张永奎（1893—1977）应邀列席了会议并拥有发言权。在 1919 年 3 月 5 日的会议上，中国代表刘绍周代表中国人民向共产国际致以热烈的祝贺。为了推动无产阶级世界革命的发展，共产国际第一次代表大会就把帮助各国无产阶级先进分子建立真正革命的马克思主义政党看作是自己义不容辞的首要任务。

俄国十月革命后，马克思列宁主义开始在中国广泛传播，既为中国共产党的建立奠定了思想基础，也为共产国际与中国革命关系的建立创造了必要的条件。在十月革命的影响下，共产国际创立不久中国就爆发了反帝反封建的五四

① 《毛泽东文集》第 3 卷，人民出版社 1996 年版，第 283 页。

运动，中国的工人阶级作为独立的政治力量开始登上政治舞台，从而为中国共产党的建立奠定了阶级基础。

共产国际创立以后，为了适应革命形势的需要，立即投入了帮助各国建党的工作。共产国际第二次代表大会讨论通过的列宁起草的《民族和殖民地问题提纲初稿》为中国共产党的建立提供了指导思想。共产国际二大以后，为了推进东方革命，共产国际加快了帮助东方国家建党的工作。中国共产党就是在共产国际的帮助下建立的。1981 年 6 月，中共十一届六中全会通过的《中国共产党中央委员会关于建国以来党的若干历史问题的决议》指出："中国共产党是马克思列宁主义同中国工人运动相结合的产物，是在俄国十月革命和我国'五四'运动的影响下，在列宁领导的共产国际帮助下诞生的。"[1]

1920 年春，共产国际派维经斯基（1893—1953）等人到中国以了解中国国内情况并同中国的革命组织建立联系，同时考察在上海建立共产国际东亚书记处的可能性。维经斯基一行首先到北京会见了李大钊（1889—1927），向李大钊等人介绍了俄国十月革命的情况和共产国际的活动，同时维经斯基在深入了解中国的历史和现状的基础上强调中国也需要建立一个像布尔什维克那样的政党。维经斯基同李大钊经过商谈很快取得了一致认识即在中国建立共产党已成为革命的当务之急。随后李大钊又介绍维经斯基前往上海同陈独秀（1879—1942）会见商讨建党大计，陈独秀与维经斯基经过反复讨论酝酿也取得了一致认识：鉴于中国已具备建党条件，必须立即着手建立中国共产党。1920 年 8 月，陈独秀等人在共产国际代表维经斯基的帮助下，在上海成立了中国共产党发起组，进一步加强了马克思主义的理论宣传工作和组织工作。为了培养党的干部，维经斯基等人在上海还帮助创办了"外国语学校"，吸收革命青年补习俄语，以便以后去莫斯科东方劳动者共产主义大学学习。1920 年 10 月，北京共产党早期组织成立。随之，武汉、长沙、济南、广州以及在东京、巴黎的中国留学生中也先后建立了共产党早期组织。各地共产党早期组织成立后，有组织、有计划地扩大马克思主义的研究和宣传，批判各种反马克思主义思潮，发起建立社会主义青年团，创办工人刊物，开办工人学校，领导工人成立工会，开展工人运动，进一步促进了马克思主义同工人运动的结合。这样，正式成立

---

[1]　《中国共产党中央委员会关于建国以来党的若干历史问题的决议》，人民出版社 1981 年版，第 1 页。

中国共产党的条件就基本具备了。

1921 年 1 月，为了加强远东的工作，共产国际执委会作出了关于在伊尔库茨克建立远东书记处的决定，维经斯基被任命为书记处的成员之一。1921 年春，维经斯基奉命离华回到伊尔库茨克工作。张太雷（1898—1927）、杨和春不久也到达伊尔库茨克同共产国际远东书记处建立了联系，并建立了由张太雷任书记的共产国际远东书记处中国科。共产国际远东书记处中国科的建立，标志着由维经斯基使华开始的共产国际、苏联和中国革命关系的正式建立。

1920 年 8 月，经列宁推荐，共产国际执委会委员、民族和殖民地问题委员会秘书马林（亨·约·弗·玛丽·斯内夫利特，1883—1942）被任命为共产国际驻中国代表。马林的到来加速了中共建党的进程，意味着共产国际与中国革命的关系进入了组织联系的新阶段。马林到上海后立即着手帮助中国共产党召开第一次代表大会。他先到北京同李大钊交换了意见，随后又回上海与李汉俊（1890—1927）商讨召开"一大"相关事宜，同时与在广州的陈独秀也取得了联系。1978 年 8 月 12 日，包惠僧（1894—1979）在《中国共产党第一次代表大会的几个问题》中说："一大是党的发起会，由共产国际派马林来中国上海召开的。当时共产国际派来了两个代表，一个是马林，一个是赤色职工国际代表李克诺斯基。一大前，五四运动的怒潮震动了全世界。一九二〇年春，共产国际曾派维经斯基和华侨杨明斋来了解中国的政治情况。……在维经斯基的建议下，提出发起中国共产党的问题。维经斯基和陈独秀共同起草了一个中国共产党党纲十五条（现存中央档案馆），用来统一思想，建立中国共产党。"[①]

在共产国际的帮助下，1921 年 7 月 23 日，中国共产党第一次全国代表大会在上海召开，最后一天的会议转移到浙江嘉兴南湖举行。共产国际代表马林和李克诺斯基（或译尼科尔斯基，1889—1938）参加了这次大会的部分筹备工作并应邀出席了大会。马林在大会上致词表示中国共产党的成立在世界上具有重要的意义，共产国际又添了一个东方支部，俄共（布）又添了一个东方朋友。他在讲话中还强调要致电共产国际报告中共的成立，并希望中国共产党的同志努力革命工作，接受共产国际的指导。中国共产党第一个决议强调："党中央委员会应每月向第三国际报告工作。在必要时，应派一特命全权代表前往设在

---

① 《中国共产党第一次全国代表大会档案文献选编》，中共党史出版社 2015 年版，第 169—170 页。

伊尔库茨克的第三国际远东书记处。此外，应派代表赴远东各国，以便商讨发展和配合今后阶级斗争的进程。"①

中共一大依据列宁的建党学说并结合中国实际，在中国建立了以马列主义为指导思想的、以共产主义为目的的、以民主集中制为组织形式的、完全新型的统一的工人阶级政党。习近平指出："中国产生了共产党，这是开天辟地的大事变，深刻改变了近代以后中华民族发展的方向和进程，深刻改变了中国人民和中华民族的前途和命运，深刻改变了世界发展的趋势和格局。"②共产国际及其代表也为中国共产党的建立做出了积极贡献，但是中国共产党当时并没有加入共产国际。1936年，陈潭秋（1896—1943）在回忆中国共产党第一次全国代表大会时说：中国共产党在第一次大会时"尚未与共产国际建立联系，但他的总路线，同样他的组织原则都按照列宁——斯大林的布尔什维克党建立的。在第二次大会上，中共决定了加入共产国际。直到现在，中共的一切生活，一切斗争，一切政策，中国红军和苏维埃的发展和巩固，都受到了共产国际的帮助和领导。正因为如此，中共对共产国际的尊敬、信仰和忠实，随着本身党的生长在加强着，生长着，巩固着"。③

中国共产党建立后，在领导工人运动和其他革命斗争的实践中继续得到了列宁和共产国际的帮助。特别是1922年1月，共产国际先在莫斯科后在彼得格勒召开了远东各国共产党及民族革命团体第一次代表大会。大会期间，列宁亲切接见了参加大会的中共代表。同时大会还专门研究了中国问题，指出中国和其他殖民地半殖民地国家当前的革命任务是反对帝国主义和封建主义，为了完成这一任务，大会还号召建立国际和国内的革命统一战线。共产国际远东会议的召开，开阔了中国共产党人的视野，帮助和推动中国共产党人开始运用马克思主义的基本原理解决中国的实际问题。

1922年7月，中国共产党第二次全国代表大会的召开，是中国共产党依据马克思列宁主义基本原理，结合中国革命的具体实际，独立地解决中国革命

①　中共中央文献研究室、中央档案馆编：《建党以来重要文献选编》（1921—1949）第1册，中央文献出版社2011年版，第6页。

②　习近平：《在庆祝中国共产党成立100周年大会上的讲话》，人民出版社2021年版，第3页。

③　中共中央党史研究室、中央档案馆编：《中国共产党第一次全国代表大会档案文献选编》，中共党史出版社2015年版，第126页。

的实际问题的最初尝试。二大通过的宣言，根据马克思主义和共产国际关于民族殖民地问题的理论和策略，根据远东代表大会的精神，正确分析了国际形势的特点和中国社会的实际状况，制定了党的符合实际情况的最高纲领和最低纲领，明确提出了党在现阶段的任务是实行反帝反封建的民主革命，为中国人民的解放指明了方向。党的正确纲领的制定，标志着作为一个完备形态的政党的建设任务已经完成。中共二大正式通过了《中国共产党加入第三国际决议案》，明确提出："无产阶级是世界的，无产阶级革命也是世界的……现在代表世界的无产阶级为世界无产阶级革命大本营的，只有俄罗斯无产阶级革命后新兴的第三国际共产党。……中国共产党既然是代表中国无产阶级的政党，所以第二次全国大会议决正式加入第三国际，完全承认第三国际所决议的加入条件二十一条，中国共产党为国际共产党之中国支部。"[1] 承认中国共产党是共产国际的一个支部，标志着共产国际与中国革命的关系进入了一个新阶段。党的二大还通过了《民主的联合战线》的决议案，初步确认了国共合作的基本思想。在共产国际的帮助下，中国共产党制定了国共合作的策略，并很快实现了第一次国共合作。

在党的创建时期，共产国际对于中国革命是有很大功绩的。一方面，共产国际以俄国革命的影响推动了中国革命，从而把两个接壤的国家的革命运动联系在一起。可以说如果没有俄国革命者的努力和共产国际的工作，我国共产主义运动如此迅速的发展是不可能的。另一方面，对于中国革命来说，列宁所提出的民族和殖民地革命的理论也是非常及时的。中国革命的发展从实践方面也证明了列宁学说的正确性。李维汉（1896—1984）在回忆时指出："1922 年党的第二次代表大会决定加入共产国际，成为共产国际的一个支部。那时，党处于幼年时期，因此很多问题与共产国际的指示分不开。共产国际对中国革命是有过很大的帮助的，但是它又因为不了解中国国情而对中国革命造成很大的损失。"[2]

共产国际、苏联与中国革命关系的建立，不仅帮助了中国革命，也使苏俄在东方找到了新朋友和支持力量。中国共产党在第二次全国代表大会之后使共产国际在东方增加了一个新支部，也使苏联获得了一个新朋友，中国革命的兴起对苏俄的巩固和发展无疑是一个巨大的鼓舞和支持。

---

① 中共中央文献研究室、中央档案馆编：《建党以来重要文献选编》（1921—1949）第 1 册，中央文献出版社 2011 年版，第 141 页。

② 李维汉：《回忆与研究》（上），中共党史出版社 2013 年版，第 273 页。

在建党前后，为了密切中国革命和共产国际的关系，中方经常派人出席共产国际的会议。例如刘绍周作为中国代表，参加了共产国际第一、二次代表大会并先后受到列宁的三次接见；张太雷、瞿秋白（1899—1935）等参加了共产国际第三次代表大会；中共代表陈独秀、刘仁静（1902—1987）、王俊（1877—1940）和瞿秋白等参加了共产国际第四次代表大会，刘仁静在这次大会上作了有关中国革命的报告，陈独秀在这次大会上当选为共产国际执行委员。

二、共产国际与中国大革命

中国大革命时期，是共产国际与中国革命关系中的一个重要发展阶段。国共合作的统一战线建立之后，共产国际和苏联加强了同中国革命的联系。1924年6月17日至7月8日，共产国际第五次代表大会在莫斯科召开，共举行了三十一次会议。李大钊作为中国共产党正式代表之一化名琴华参加了这次大会，并在第二十二次会议上做了报告。他指出："中国共产党的力量不大，它的战线很长，因为它同时领导着工人运动和民族运动。我们一直根据第四次代表大会所通过的关于统一战线的决议进行工作。我们希望第五次代表大会特别关注中国问题，并给予中国党有关今后工作的指示。"[1]

在中国大革命初期，共产国际和苏联对中国革命给予了国际主义的支持和援助。

在军事方面，为了帮助孙中山建立与中国的旧军阀军队不相同的军队，苏联派来了大批军事顾问和教官。共产国际和苏联从军事上援助国民党的一个重大步骤是帮助孙中山于1924年建立了黄埔军校，这所军校为中国革命培养了大量的军事、政治骨干。共产国际和苏联政府不仅在人力上大力支持黄埔军校，而且在武器装备和经费上给了学校以有力的支援。

在外交方面，面对帝国主义对中国革命干涉的阴谋，共产国际和苏联一方面揭露和谴责帝国主义对中国内政的武装干涉，另一方面共产国际和红色工会国际于1924年夏成立了"不许干涉中国协会"，并在许多国家组织分会，广泛开展不许干涉中国革命运动，坚决支持孙中山的国民政府镇压商团叛乱以巩固

---

[1] 《李大钊全集》第5卷，人民出版社2013年版，第6页。

广东革命根据地。

1925年1月11日至22日，中国共产党第四次全国代表大会在上海举行。出席这次大会的代表有陈独秀、蔡和森（1895—1931）、瞿秋白、陈潭秋、张太雷、周恩来（1898—1976）、彭述之（1895—1983）、李立三（1899—1967）、罗章龙（1896—1995）等20人（其中有表决权者14人），代表全国994名党员。共产国际代表维经斯基参加了大会。陈独秀主持大会，并代表第三届中央执行委员会做了工作报告。维经斯基、彭述之、蔡和森、瞿秋白、周恩来等先后在会上作了有关的报告或发言。大会经过讨论，通过了《对于出席共产国际第五次大会代表报告之议决案》、《对于中央执行委员会报告之议决案》、《对于共产国际执行委员会代表报告世界共产主义运动状况之议决案》、《对于民族革命运动之议决案》、《对于职工运动之议决案》、《对于农民运动之议决案》以及对于青年运动、妇女运动、党的组织、宣传工作等决议案，通过了《中国共产党第二次修正章程》，发表了《中国共产党第四次全国代表大会宣言》。《对于中央执行委员会报告之议决案》强调："大会并望新中央执行委员会应与共产国际发生更密切的关系，使中国共产党能得到世界革命的总指挥之理论上、政策上的更多的指导。"①

在国共统一战线方面，共产国际强调中国共产党必须坚持彻底而绝对的独立性，反对统一战线工作中的"左"和右的错误倾向。在维经斯基的帮助下，中共"四大"确定了中国共产党对国民党的方针即扩大左派，批评中派之游移态度，反对右派。

在大革命中期，共产国际对中国革命的指导有正确的方面，也有失误的方面。

以"五卅"运动为主要标志的中国大革命高潮的到来，引起了共产国际、苏联政府和人民的极大关注。苏联各报头版头条大量报道中国人民反帝反封建革命运动的消息。共产国际对中国人民的斗争给予强有力的声援。为了统一思想，推动中国革命的发展，共产国际执委会在第六次扩大全会（1926年2月17日至3月15日召开）上，第一次把中国革命列为全会讨论的重要议题。全会在第十八次会议（1926年3月13日）上表决并通过《关于中国问题的决议》。决议高度评价了中国"五卅"运动和省港大罢工，认为这是中国全国革

---

① 中共中央文献研究室、中央档案馆编：《建党以来重要文献选编（1921—1949）》第2册，中央文献出版社2011年版，第214页。

命运动的转折点；决议认为"中国共产党领导的，并加入了阶级工会组织的中国工人阶级，已成为民主群众运动的领导力量，已成为争取国家独立和争取建立人民政权的首倡者和主要战士"①。决议指出中国革命武装力量的任务是坚决打击封建军阀集团，成为反对外国帝国主义者、维护民族独立的中流砥柱；决议指出国民党是工人、农民、知识分子和城市民主派的革命联盟，广州政府已经成为中国人民争取独立的先锋队和今后在国内进行革命民主建设的榜样。在决议中，不仅第一次明确地把无产阶级在民族民主革命中的领导权问题写进了决议，而且还就如何实现领导权作了具体指示。这是共产国际关于中国革命战略和策略方针的一个重大的转折。

1926 年北伐战争的胜利也是同共产国际的支持分不开的。在军事上以加仑（瓦西里·康斯坦丁诺维奇·布柳赫尔，1890—1938）为首的苏联军事顾问在北伐的胜利进军中起了重要作用。当北伐战争顺利进行的时候，共产国际执委会于 1926 年 9 月发表宣言，号召各国人民密切注视和警惕帝国主义列强武装干涉中国革命的危险，及其对世界无产阶级解放事业的巨大威胁，坚决支持和声援中国人民争取自由和民族解放的斗争。1926 年 11 月 22 日至 12 月 16 日，共产国际执委会第七次扩大全会召开，中国问题又一次成为会议讨论的重要议题。1927 年 4 月 27 日至 5 月 9 日，中共五大通过了《中国共产党第五次全国代表大会接受〈共产国际执行委员会第七次扩大全体会议关于中国问题决议案之决议〉》，明确表示："中国共产党第五次大会完全接受共产国际第七次大会关于中国问题的决议。因为国际决议案中对于中国革命前途的指示，及革命策略的规定，都适合于现在革命阶段中之客观的环境。……第五次大会必定使全党研究与明了，并按照国际决议案所指示的，努力工作。"②

1926 年初，蔡和森作为中国共产党代表团团长到达莫斯科，参加共产国际第六次执委扩大会。1926 年 2 月 5 日，斯大林接见了蔡和森。1926 年 2 月 10 日，蔡和森写了《关于中国共产党的组织和党内生活向共产国际的报告》，全面系统地介绍了中共四大以后，特别是五卅运动前后，中共中央和地方组织机构、党内生活、宣传工作、五卅运动全过程、国共两党合作和中共与共产国

---

① 王学东总主编：《国际共产主义运动历史文献》第 42 卷，中央编译出版社 2013 年版，第 481 页。

② 中共中央文献研究室、中央档案馆编：《建党以来重要文献选编（1921—1949）》第 4 册，中央文献出版社 2011 年版，第 175 页。

际的关系等。该报告在谈及上述问题时大多都要涉及对共产国际，特别是对其派驻中国的代表鲍罗廷（1884—1951）、马林等提出尖锐批评，并在报告最后作了总的评价。批评的焦点集中在共产国际对中国革命的指导中重视国民党、轻视共产党、忽视工农革命运动等问题上。同时，蔡和森在报告中认真而诚恳地希望共产国际给予帮助，"中国共产党不大感觉到共产国际的指导。在每次政治关头，共产国际没有把主动权掌握在自己手里。……应加强共产国际对中国共产党的领导。在中国发生各种政治事件时，共产国际应对事件做出总的估计，提出进一步开展工作的正确方针，决不应等待事件的发展。鉴于中国共产党应开展宣传鼓动工作和组织工作，须增加中国共产党的经费数额。就此我们想说，我们要全力推动中国共产党向前发展，绝不允许它总是停滞不前。我们希望共产国际领导中国共产党，使它在最近能成为中国的群众性的党。最后，我们再次请求调给我们固定的专门的党的工作人员。不仅要增加其数量，而且要改进其质量。"[1]

共产国际执委会第七次扩大全会仍然没有改变对国民党估计过高的错误认识，没有提出无产阶级必须掌握武装的意义，在军事上仍然是全力支持援助国民党。与此同时，斯大林陆续发表了《论中国革命的前途》（1926年11月30日）、《和中山大学学生的谈话》（1927年5月13日）、《中国革命和共产国际的任务》（1927年5月24日）等著作，在这些著作中阐述中国革命的理论，从而给幼年的中国共产党以巨大的帮助。

1927年，蒋介石（1887—1975）决心背叛革命而加紧了同帝国主义的勾结。针对蒋介石的背叛行为，3月3日，共产国际指示中共中央：第一，必须加强争取军队的工作；第二，必须坚持武装工农；第三，必须坚持共产党的独立性，揭露和打击右派；第四，必须认清形势，坚决开展群众运动，以挽救革命；等等。共产国际的这些指示都是正确的。但是由于共产国际对中国瞬息万变的革命形势缺乏及时的了解，因而对蒋介石叛变革命的危险性和严重性估计不足，仍认为他还能积极地进行反对军阀反对帝国主义的战争。

蒋介石勾结买办资产阶级于1927年4月12日在上海发动了反革命政变，大肆屠杀共产党人和革命群众，大革命处于危急关头。为了挽救中国革命，共

---

[1] 中共中央文献研究室、中央档案馆编：《中国共产党第四次全国代表大会档案文献选编》，中共党史出版社2014年版，第80—81页。

产国际执委会于 5 月 18 日至 30 日召开了第八次扩大全会，又一次讨论了中国革命的问题。这次会议通过的《关于中国问题的决议》和两次用电报向共产国际驻华代表和中共中央发出的紧急指示，提出了挽救中国革命的重大措施，并命令中国共产党建立一支由革命工农组成的、有绝对可靠的指挥人员的革命军队。这次会议对于处在危机和转折关头的中国革命有着重大的意义。但是，在这次会议上，共产国际仍把中国革命的希望寄托在国民党身上，甚至把希望寄托在他们认为的国民党左派汪精卫身上。

中国共产党在大革命中的惨败的直接原因是陈独秀右倾机会主义的错误指导。共产国际对中国革命的错误指导，对于陈独秀的右倾投降主义的形成发展起了重要的作用，也是大革命失败的重要原因之一。陈独秀错误的形成及其发展直至占据中共党内的领导地位，其中的一个重要因素就是共产国际及其代表本身的右倾。1929 年 12 月 10 日，陈独秀在《告全党同志书》中指出："认识不彻底，主张不坚决，动摇不定的我，当时深深地沉溺在机会主义的大气中，忠实地执行了国际机会主义的政策，不自觉地做了史大林（即斯大林——引者注）小组织的工具，未能自拔，未能救党，未能救革命，这是我及我们都应该负责任的。……我们应该很坦白地很客观地认识过去以至现在的机会主义政策，都是来自国际，国际是应该负责任的。幼稚的中国党还没有自己发明理论决定政策的能力，至于盲目地执行国际机会主义政策，而没有丝毫认识与抗议，这是中国党领导机关应该负责任的。"[①] 在中国执行政策的维经斯基、马林、鲍罗廷或罗易等人在关键时刻对中国革命重大问题上也存在错误认识。

关于陈独秀和共产国际及其代表在中国大革命失败的责任问题，是一个极为复杂的问题，需要结合当时的历史背景进行科学分析。在这个问题上，有两种比较极端的看法并不正确。一种是认为共产国际没有任何责任。布哈林在共产国际六大上表示："整个说来，错误并不在于基本的策略方针，而在于政治行动和中国执行的路线。我们看到，中共的中央委员会，部分地还有我们的驻中国的代表，犯了严重的错误。"斯大林也说："反对派分子喊叫中国共产党（其实是它的领导）犯了社会民主主义的、孟什维主义的错误。这是对的。但他们拿这一点指摘共产国际的领导，那就完全不对了。相反地，共产国际经常纠正中国共产党领导上的错误。这一点只有瞎子才会否认……反对派无论什么时候

---

① 《陈独秀文集》第 4 卷，人民出版社 2013 年版，第 254 页。

也没有举出而且也举不出共产国际有哪一个指示、哪一个决议会使中国共产党中央委员会内产生孟什维主义的倾向，因为世界上就没有这样的指示。"① 另一种看法是共产国际承担全部责任。西班牙学者克劳丁指出，苏联历史家等关于中国大革命失败是"共产党领导犯了严重政治错误的后果"的说法是错误的，需要"我们再加上两条基本的更正"。② 克劳丁采取同情陈独秀的态度，把他的右倾机会主义错误都推给共产国际和苏联，也是不对的。共产国际、苏联以及它们在中国的代表，当时诚然都犯了右倾错误，但是这并不能否定陈独秀自己犯右倾错误的主要责任。

三、共产国际与中国土地革命战争

在关系党和革命事业前途命运的关键时刻，中共中央政治局于 1927 年 8 月 7 日在汉口召开紧急会议，这就是著名的"八七会议"。在这次会议上罗米纳兹（1897—1935）作了关于《党的过去错误及新的路线》的报告，在报告中尖锐地批判了陈独秀的右倾投降主义错误，指出中国革命已进入土地革命时期，确定了武装反抗国民党反动派的总方针。这些正确观点和主张对中国革命起了积极的作用。但是，报告也有缺点和错误：对机会主义错误进行批判时缺乏具体分析，把大革命失败的责任完全推到中共中央和陈独秀身上，不承认共产国际在指导上也有失误；在中国革命的性质和任务上，混淆了民主革命和社会主义革命的性质和任务，强调反对整个资产阶级，把反帝反封建与反资产阶级并列。参加"八七会议"的共产国际方面的代表在会议上指出："再讲一讲中国党中央对国际的关系和错误的责任问题。有些同志说这些错误，国际方面应当负责任的。关于这方面，我们要问一问国际有无一指令与现在的方向不同的。无论关于哪一方面我都可以坚决的声明：国际无一天不打算将中国党的路线引上正轨的。过去大的错误是中央未将国际的指导传达到群众中去……国际有时自然也是有错误的，但我们相信他有许多争斗的经验，我们应诚意接受他

---

① 《斯大林全集》第 10 卷，人民出版社 1954 年版，第 9 页。

② ［西班牙］费尔南多·克劳丁：《共产国际、斯大林与中国革命》，廖东、王宁编译，求实出版社 1982 年版，第 3、5 页。

的指令，不然必遭失败。过去在西欧的党有许多事实可以证明。国际有许多的经验，我们应当相信，接受他的指导，不然我们将会走到非共产主义的道路上去。"[1]"八七会议"是我党历史上的一个重要转折点，它在中国革命的紧急关头，坚决地纠正和结束了陈独秀的右倾机会主义错误；改组了中央领导机构；确定了土地革命和武装反抗国民党反动派的总方针，决定发动农民举行秋收暴动。从此，中国革命进入了土地革命战争时期。但由于共产国际及其代表的"左"倾错误观点和中国共产党内的"左"倾情绪相结合，使"八七会议"在反对右倾错误的同时，却为"左"倾错误开辟了道路。

　　1928 年 2 月，共产国际执委会第九次全会通过了关于中国问题的决议案，对"左"倾错误进行了批评，同时，认为当时中国革命的不平衡性表现在"一方面许多省区之中农民运动往前发展，另一方面在许多工业中心工人运动受着极大的摧残"，要求中国共产党"必须竭力加紧组织工会的群众工作"。[2]1928 年 4 月 28 日，中国共产党召开中央临时政治局会议，讨论刚刚收到的共产国际执委会的议决案。这次会议后发出的《中央通告第四十四号——共产国际执委会二月会议关于中国问题的议决案》强调："中国共产党中央政治局讨论国际执委二月会议的中国问题议决案之后，接受这一议决案之一般方针，……国际的决议亦就是指导我们努力继续战胜这些盲动主义以及青年团之先锋主义倾向，在艰苦斗争之中锻炼真正布尔塞维克的思想，彻底肃清机会主义的余毒。党只有在这种路线的基础上，才能履行自己的重要任务：组织并教育劳动群众，以造成革命斗争之胜利及建立全国苏维埃政权之必要的条件。"[3]1928 年 6 月 18 日至 7 月 11 日，在共产国际的帮助下，中国共产党第六次全国代表大会在莫斯科召开。在这次大会上，瞿秋白作了《中国革命与共产党》的政治报告，周恩来作组织问题和军事问题的报告，共产国际代表布哈林作《中国革命与中共任务》的报告。会议共通过政治、军事、组织、土地问题、农民问题和职工运动等 14 项决议案，指出中国社会的性质仍然是半殖民地半封建社会；

---

[1]　中共中央文献研究室、中央档案馆编：《建党以来重要文献选编（1921—1949）》第 4 册，中央文献出版社 2011 年版，第 390—391 页。

[2]　中共中央文献研究室、中央档案馆编：《建党以来重要文献选编（1921—1949）》第 5 册，中央文献出版社 2011 年版，第 158、159 页。

[3]　中共中央文献研究室、中央档案馆编：《建党以来重要文献选编（1921—1949）》第 5 册，中央文献出版社 2011 年版，第 153 页。

现阶段中国革命的性质是资产阶级民主革命；目前的政治形势正处于两个革命高潮之间；党的总任务不是进攻，而是争取群众、准备暴动。会议还制定了中国革命现阶段的十大政纲；规定了党的建设、工人运动、农民运动、红军和根据地建设的各项政策；批判了"左"右倾机会主义错误，特别是盲动主义的错误。1928 年 7 月 11 日，大会在闭幕式中提出："中共是国际的支部，我们只有站在国际指导下才能完成我们的使命。同时，我们在中国党也只有本着这种精神，才能集中群众力量打倒敌人，建设苏维埃，完成革命。"①

1928 年 7 月 17 日，共产国际六大召开。根据共产国际六大"第三时期"的理论，1929 年 7 月共产国际执委会第十次全会决议断言，中国革命运动已开始了新的高潮。1929 年 12 月 20 日，中央政治局会议通过了中国共产党接受共产国际第十次全会决议的决议，明确表示"中央接到共产国际第十次全体会议的决议，经过详细的讨论后，完全同意第十次全体会的精神、路线与一切决议。并且深切感觉全体会的路线与一切决议都极适合于领导中国革命斗争的需要……因此，中央号召全党同志必须仔细的研究十次全体会议的一切决议，并且根据这些决议配合实际情形坚决的执行。"② 在共产国际"左"的思想的指导和影响下，李立三对中国的革命形势做出了错误估计，要求全国各大城市积极准备武装暴动，犯了"左"倾冒险错误，给中国革命造成了很大的损失。

1930 年 7 月 23 日，共产国际执行委员会作出《共产国际执委政治秘书处关于中国问题的决议案》。决议一方面提出在目前阶段"右倾乃是主要的危险"，另一方面指出此刻还没有全中国的客观革命形势，中共的"第一等重要的任务，即组织苏维埃中央政府"，集中精力组织和巩固红军，组织工会、贫农团等，迅速解决农民土地问题和工人的生活待遇问题，争取群众，发展独立的群众革命运动，大力宣传中国共产党的各政治主张。该决议尽管包含着"左"倾的错误观点，但是对阻止"立三路线"在全国的推行起了作用。1930 年 8 月，共产国际执委会主席团委派瞿秋白和周恩来回国。1930 年 9 月 8 日，《中共中央政治局接受共产国际关于停止武汉南京暴动的指示的复电》提出："中政局完全同意来电的指示，承认最近期间的策略是有害的。正在坚决的执行转

---

① 中共中央文献研究室、中央档案馆编：《中国共产党第六次全国代表大会档案文献选编》上卷，中共党史出版社 2015 年版，第 156 页。

② 中共中央文献研究室、中央档案馆编：《建党以来重要文献选编（1921—1949）》第 6 册，中央文献出版社 2011 年版，第 705 页。

变。长沙两次进攻，更加证明国际的指示以及反对武汉、南京暴动是绝对正确的。……中央即开扩大会，接受国际七月决议与这一电示，将立即恢复党、工会、团的经常领导机关。在这一转变中，右倾机会分子已利用之作反中央的活动，将中央路线与国际路线对立起来。中央坚决在自我批评的基础上，执行策略的转变，坚决反右派及调和派的斗争。"①

1930年9月24—28日，中国共产党第六届中央委员会扩大的第三次全体会议在上海召开，纠正了李立三的"左"倾冒险错误。共产国际在纠正李立三错误时，不仅在政治上继续反右，而且在组织上表现出宗派主义情绪。由于这种"左"的政治路线和组织路线的影响，莫斯科中山大学的一些中国学生在米夫的支持下形成了王明宗派集团。1931年1月7日，中国共产党第六届中央委员会第四次全体会议在上海召开。王明（陈绍禹，1904—1974）在会上概述了会前他根据国际文件写成的题为《两条路线》（即后来更名为《为中共更加布尔塞维克化而斗争》）的小册子的观点，指责李立三的错误是在"左"的词句掩盖下的"右倾机会主义"，指责三中全会对立三路线未加以丝毫的揭破和打击，在主要问题上继续着立三路线。在米夫的支持下，王明等通过这次全会取得了在中共中央的领导地位，执行宗派主义的过火斗争和打击政策，从此开始了长达4年之久的中国共产党第三次"左"倾教条主义错误的统治，给中国革命造成了极为严重的危害。1956年9月24日，毛泽东（1893—1976）在《吸取历史教训，反对大国沙文主义》一文中指出："第三国际前后两段还好，中间有一大段不好：列宁在世的时候好，后来季米特洛夫负责的时候也较好。中国第一次王明路线搞了四年，对中国革命的损失最大。"②

1932年9月2日，王明在共产国际执委会第十二次全会第十次会议上发言时强调："共产国际执委会主席团关于中共在中国苏区的任务的决议中说，中共的任务是在牢牢掌握根据地和进一步扩大它的基础上建立和巩固工农红军、建立中央苏维埃政府、巩固苏维埃政权、组织工农群众和把农民的土地运动提高到反帝革命的水平。我们党在以斯大林同志为首的列宁共产国际的领导下，在实践上向全世界指出和证明了一条真理，即苏维埃制度在殖民地和半殖民地国

---

① 中共中央文献研究室、中央档案馆编：《建党以来重要文献选编（1921—1949）》第7册，中央文献出版社2011年版，第392页。
② 《毛泽东文集》第7卷，人民出版社1999年版，第120页。

家中完全可行，从而用亲身的实际经验证明了列宁、斯大林关于在殖民地和半殖民地国家进行革命的理论的正确性，并以实际经验丰富了这一理论。"①

王明"左"倾教条主义是在共产国际第三时期理论的指导和影响下产生的，是共产国际"左"倾理论的一个中国翻版。1960 年 7 月 14、15 日，周恩来指出："共产国际对中国党的指导在中期是有很大错误的。中国党在这个时期犯了那么多错误，使中国革命受到了那么大的损失，我们中国人当然要负责，但与共产国际有很大的关系。"②

1935 年 1 月，中共中央在遵义召开了政治局扩大会议，批评了党内的"左"倾错误，"开始确立以毛泽东同志为主要代表的马克思主义正确路线在党中央的领导地位，开始形成以毛泽东同志为核心的党的第一代中央领导集体，开启了党独立自主解决中国革命实际问题新阶段，在最危急关头挽救了党、挽救了红军、挽救了中国革命，并且在这以后使党能够战胜张国焘的分裂主义，胜利完成长征，打开中国革命新局面。"③遵义会议不仅是中国共产党历史的一个生死攸关的转折点，也是共产国际与中国关系的一个转折点。它标志着共产国际控制中国共产党领导方针和领导组成时代的结束和我们党独立自主地解决中国革命问题时代的开始。遵义会议后不久，共产国际实行了正确的政策转变。1935 年 7 月召开的共产国际七大号召殖民地半殖民地建立反帝人民阵线和统一战线，从而结束了它的"左"倾关门主义政策。同时，共产国际在中国共产党和红军中具有非常高的威信。1935 年 10 月 15 日，陈云在《关于红军长征和遵义会议情况的报告》中指出："共产国际在红军中的威信是极高的。如果共产国际的材料或决议传到中国红军战士手中，马上就会引发一股钻研材料、领会精神的热潮。与中央苏区失去联系的其他苏区的战士们，不知道我们党开展了反对立三路线的斗争，也不知道我们党在共产国际领导下进行的反对各种错误倾向的斗争。我们就把这些情况在小组活动中或谈话时讲给战士们听。所有红军战士都知道苏联。苏区的每个地方，几乎都有列宁、斯大林和伏罗希洛夫的画像。列宁、斯大林和伏罗希洛夫的名字在红军战士中无人不知。战士们

---

① 许俊基等编选：《共产国际与中国革命资料选辑（1928—1943）》，人民出版社 1988 年版，第 305—306 页。

② 《周恩来选集》下卷，人民出版社 1984 年版，第 310—311 页。

③ 《中共中央关于党的百年奋斗重大成就和历史经验的决议》（2021 年 11 月 11 日中国共产党第十九届中央委员会第六次全体会议通过），《人民日报》2021 年 11 月 17 日。

还知道苏联用四年时间完成了五年计划。这些情况，在我们的报纸、书刊上都有反映。"①

1935 年 12 月，中共中央根据共产国际七大精神召开了瓦窑堡会议，根据中国的国情制定了抗日民族统一战线的正确策略，开辟了中国革命的新局面。1936 年 3 月 20 日，张闻天在《共产国际"七大"与我党抗日统一战线的方针》中指出："共产国际'七大'决议中特别重要的，一是集中力量反战反法西斯，二是建立广泛的统一战线：反战的统一战线，反法西斯的统一战线，殖民地的人民统一战线。决议中关于欧洲的问题讲得多些，我们应该使之民族化，使之适合于我们的具体环境。从这些决议看，中央以前的决议基本上是同这些决议相符合的。"②

在土地革命战争前中期，毛泽东提出了农村包围城市、武装夺取政权的革命道路理论，提出了实事求是、群众路线、独立自主的基本思想，标志着毛泽东思想初步形成。毛泽东思想的逐渐形成与反对将共产国际决议神圣化存在内在联系。1981 年，党的十一届六中全会指出："在本世纪二十年代后期和三十年代前期在国际共产主义运动中和我们党内盛行的把马克思主义教条化、把共产国际决议和苏联经验神圣化的错误倾向，曾使中国革命几乎陷于绝境。毛泽东思想是在同这种错误倾向作斗争并深刻总结这方面的历史经验的过程中逐渐形成和发展起来的。"③

四、共产国际与中国全民族抗日战争

中国抗日战争开始于 1931 年的"九一八"事变，结束于 1945 年日本签订投降书，经过了 14 年艰难曲折的斗争历程。中国抗日战争经历了一个由局部抗战演变为全民族抗战的历史过程。中国共产党率先号召并领导广大人民开展

---

① 中共中央文献研究室、中央档案馆编：《建党以来重要文献选编（1921—1949）》第 12 册，中央文献出版社 2011 年版，第 368—369 页。

② 中共中央文献研究室、中央档案馆编：《建党以来重要文献选编（1921—1949）》第 13 册，中央文献出版社 2011 年版，第 54 页。

③ 《中国共产党中央委员会关于建国以来党的若干历史问题的决议》，人民出版社 1981 年版，第 40 页。

抗日斗争，积极倡导建立抗日民族统一战线，凸显了其中流砥柱作用。全民族抗日战争时期，共产国际同中国革命的关系进入了一个新的发展时期。1937年7月7日，日本帝国主义发动卢沟桥事变，开始了全面的侵华战争，中国革命进入了一个新的时期，即全民族抗日战争时期。1960年7月14、15日，周恩来在《共产国际和中国共产党》中就全民族抗日战争时期指出："在这个时期，共产国际对我们党的内部事务还是有些干涉，甚至在组织上也还有些干涉。但这个时期比共产国际初期对我们党的干涉少，比中期就更少。后来战争打起来，对我们党的干涉就很少了。我们中国党这时已经成熟，和共产国际的来往不多了。到了一九四三年，共产国际就解散了。"①在这期间，共产国际和苏联政府对中国的抗日战争给予了巨大的支持和援助，同时也做出了一些错误的决定，给中国的抗日战争带来了一定的损害。

"七七"事变引起了共产国际和苏联政府的极大关注，苏联政府把事变的发生看作是日本从东方对苏联的严重威胁，因而坚决站在中国政府和人民这一边，从政治上、道义上和物质上对中国人民给予了巨大的声援和帮助。共产国际和苏联政府通过在《真理报》上不断发表文章和充分利用一切国际会议等方式，反对和谴责日本帝国主义对中国的侵略。同时共产国际也开展了大量的宣传和组织工作来发动国际无产阶级援助中国人民的抗日战争。中苏两国政府于1937年8月在南京签订了《中苏互不侵犯条约》。随后，苏联政府派遣了大批志愿军、军事专家和飞行员等到中国支援中国的抗日战争，还给予了国民党大量的军事贷款、军事装备等。1938年7月，王稼祥（1906—1974）回国。9月14日，中共中央政治局召开专门会议，听取王稼祥传达共产国际的批示和季米特洛夫的意见。王稼祥在报告中说，"根据国际讨论时季米特洛夫的发言，认为中共一年来建立了抗日统一战线，尤其是朱、毛等领导了八路军，执行了党的新政策，共产国际认为，中共的政治路线是正确的，中共在复杂环境及困难条件下真正运用了马列主义"。他还说，"在领导机关中要在毛泽东为首的领导下解决。领导机关中要有亲密团结的空气"。②据李维汉回忆，"季米特洛夫的话在会上起了很大作用，从此以后，我们党就进一步明确了毛泽东的领导地

①　《周恩来选集》下卷，人民出版社1984年版，第312页。
②　转引自金冲及主编：《毛泽东传（1893—1949）》，中央文献出版社2004年版，第531页。

位，解决了党的统一领导问题"。①

1938 年中共六届六中全会制止了王明的右倾错误，进一步确立了毛泽东在全党的领导地位。这一决定性的胜利是中国共产党长期革命实践探索的结果，同时，联共（布）与共产国际的支持也起了相当大的作用。毛泽东在谈到这次会议时曾说，"六中全会是决定中国之命运的。六中全会以前虽然有些著作，如《论持久战》，但是如果没有共产国际指示，六中全会还是很难解决问题的"。② 中共中央六届六中全会后，共产国际和联共（布）与中共的关系发生了很大的变化。共产国际对毛泽东为代表的中国共产党及其所执行的政治路线给予了比较积极的支持。《共产国际》杂志也逐渐增加了对毛泽东的宣传力度。

但是，在全民族抗日战争期间共产国际对中国也做出了一些错误的决定。1937 年 11 月，共产国际派王明回国。在同年 12 月召开的中央政治局会议上王明抹杀共产党和国民党在抗战中的原则分歧，系统提出了右倾投降主义的主张，仍想依靠国民党军队求得速胜，强调要一切经过统一战线、一切服从统一战线，在军事上提出"七个统一"，迎合蒋介石"统一军令政令"的反动要求，使红军完全由国民党来领导，从而完全放弃了无产阶级在抗日民族统一战线中的独立自主和领导权。

显然，王明的这些主张同苏联领导人和共产国际的观点是一致的。日本侵占中国东北以后，一直没有停止过侵苏战争的策划和准备。为了使苏联避免东西两面作战的被动局面，苏联政府希望中国方面进行广泛的抗日战争以长期地拖住日本，从而使日本无力再去进攻苏联远东地区。这是苏联政府和共产国际在中国全民族抗日战争时期对中国政策的出发点。但是苏联领导人和共产国际都认为中国的抗战只能依靠国民党蒋介石，依靠蒋介石的正规军队。他们轻视中共及其领导的力量，生怕中国共产党的独立自主原则会惹恼蒋介石，造成统一战线的破裂，所以一味强调在巩固蒋介石的领导地位的前提下建立统一战线。苏联领导人和共产国际的这种错误指导思想，直接导致了王明右倾机会主义，并进一步助长了蒋介石的反共气焰。

1940 年 10 月，蒋介石开始了第二次反共高潮，并于 1941 年 1 月制造了震惊中外的"皖南事变"，进一步暴露了他积极反共、消极抗战的真面目。但

---

① 　李维汉：《回忆与研究》（上），中共党史资料出版社 1986 年版，第 416 页。

② 　《毛泽东文集》第 3 卷，人民出版社 1996 年版，第 425 页。

苏联和共产国际的领导人仍未改变对蒋介石的态度，依然依靠国民党抗日，继续在武器装备上援助蒋介石。1941年4月，苏联和日本签订了《苏日中立条约》，损害了中国的主权和利益。

1941年6月，德军入侵苏联，苏联和共产国际要求中共动用全部军事力量打击日军，以保卫苏联。我们党根据我们自己的实际情况，没有顺应苏联的要求。因此，苏联和共产国际的领导人认为我们违背了共产国际武装保卫苏联、拖住日军的指示精神，攻击我们党是游而不击，是狭隘的民族主义者。

随着1942年国际反法西斯统一战线的形成和各国人民反法西斯斗争的广泛发展，各国工人运动面临的问题也越来越复杂，需要各国共产党根据本国的具体情况及时加以解决。在反法西斯的斗争中，各国共产党不断地成长壮大，各国共产党在政治上、思想上都已经成熟，在当时的七十多个共产党中大多数党都有十年至二十年的斗争历史，他们都有一批领导干部，能把马克思列宁主义普遍真理与各国具体情况相结合，独立自主地领导本国人民进行革命斗争。同时，由于世界各国发展历史道路的深刻差别，它们的社会制度有着各不相同的性质，以及各国工人觉悟程度和组织程度的差异，决定了各国工人阶级面临着各不相同的问题。在这种情况下，再由共产国际这样高度集中的国际中心来统一指导和解决各国党的具体实际问题已经是不可能的，共产国际这种组织形式已经不适合新形势下斗争的需要了。

为了适应新的革命形势，也为了加强国际反法西斯统一战线，更为了便于各国共产党独立自主地结合本国情况开展革命斗争，共产国际执行委员会主席团于1943年5月15日发表了《关于解散共产国际的提议书》，提交共产国际各支部讨论。提议书得到各国共产党的赞同和拥护。1943年5月26日，毛泽东在中共中央书记处召集的延安干部大会上作《关于共产国际解散问题的报告》。他指出，革命是不能输出也不能输入的。虽然有共产国际的帮助，但中国共产党的产生及其发展，乃是由于中国本身有了觉悟的工人阶级，中国工人阶级自己创造了自己的党——中国共产党。中国共产党虽然还只有二十二年的历史，但却进行了三次伟大的革命运动。中国共产党经过三次革命运动，这些革命运动是连续不断的，是非常复杂的，甚至比俄国革命还更复杂。在这些革命运动中，中国共产党已经有了自己的身经百炼的优秀干部。自1935年共产国际第七次代表大会以来，共产国际即没有干涉过中国共产党的内部问题，而中国共产党在整个抗日民族解放战争中的工作，是做得很好的。"共产国际的解散，不是为了削弱各国共产党，而是为了加强各国共产党，使各国共产党更加民族化，更加适应于反法西斯战争的需要。我党近年的整风运动，反对主观主义、宗派主义和党八股这些不好的东西，就正是为了使中国共产党更加民族化，更加适合抗战建国的需要。现在共产国际没有了，这就增加了我们的责任心。每个同志都要懂得自己担负了极大的责任。从这种责任心出发，就要发挥共产党人的创造力。我们正处在艰难的民族解放战争中，八路军、新四军在敌人后方抗拒着极其强大的敌人，我们的环境很艰苦，战争的时间还很长。但是这种长期的艰苦的斗争，正好锻炼我们自己，使我们用心地想一想，绝不粗枝大叶，自以为是；使我们认真去掉主观主义、宗派主义以及老一套的党八股作风，而拿出完全的负责的态度与高度的创造力来。"[1]

1943 年 5 月 26 日，中国共产党作出《中共中央关于共产国际执委主席团提议解散共产国际的决定》，指出中国共产党中央委员会完全同意共产国际执委会主席团关于解散共产国际的提议，自即日起，中国共产党解除对于共产国际的章程和历次大会决议所规定的各种义务。该决定回顾了共产国际对于中国的一些帮助和指导，同时也分析了共产国际解散的内在原因："因为各国内部和国际间的情况变得更加复杂，这个原有的组织形式，已经不能适应各国工人运动的继续增长；因为在当前的反法西斯主义同盟的解放战争中，各国共产党更加需要根据自己民族的特殊情况和历史条件，独立地解决一切问题，争取更加广泛与更加迅速的民族高潮与群众动员，借以达到彻底的完全的胜利；因为各国共产党及其领导干部的成长和政治上的成熟；由于这种种理由，故共产国际执委主席团向各国共产党提议解散共产国际。在现在的各种条件下，共产国际之解散，是比较其继续存在，更加有利的。"[2]

1943 年 6 月 8 日，共产国际执行委员会主席团召开最后一次会议。根据各国共产党的意见，会议决定解散共产国际。1943 年 6 月 10 日，共产国际正式宣告解散。1943 年 6 月 27 日，中国共产党延安时期中央机关报《解放日报》发表了社论，首先分析了全世界的马克思主义者为什么都赞成解散共产国际："这就是告诉我们，全世界的马克思主义者对于马克思主义今后将在全世界一切国家民族继续发展，是有着一致的坚强的信心；这就是告诉我们，马克思主

---

① 中共中央文献研究室、中央档案馆编：《建党以来重要文献选编（1921—1949）》第 20 册，中央文献出版社 2011 年版，第 326—327 页。

② 中共中央文献研究室、中央档案馆编：《建党以来重要文献选编（1921—1949）》第 20 册，中央文献出版社 2011 年版，第 317 页。

义之将在全世界继续发展，乃是一种具有历史必然性的不可抵抗的现象，而决不以任何国际中心的存在和帮助为其必要前提；这就是告诉我们，中国有些人过去和现在说是马克思主义已经不适用于今天，或特别不适用于中国，其所以还存在于今天的世界和中国者，就因为共产国际的活动云云，这是一种何等的浅见。"同时，"共产国际的解散，又使我们可以更正确地认识中国共产党，而切实消除过去一切关于它的误解和妄说。今天再没有人能够抹煞事实，不承认中国共产党是中国民族化的政党了。"①

---

① 《再论共产国际的解散》，《解放日报》1943 年 6 月 27 日。

第五章 马克思主义哲学社会科学学科的建立和发展

十月革命胜利后，苏维埃国家政权的建立和巩固以及国家工业化、农业集体化等社会主义建设的开展，对马克思主义理论的发展提出了迫切要求。这一时期苏联党和国家高度重视社会主义文化事业建设，积极推动马克思主义理论在社会主义意识形态领域指导地位的确立，积极推动马克思主义理论研究与社会主义实践相结合。列宁去世后，苏联党内领导人纷纷著书立说缅怀列宁，并力图对列宁主义作出阐释，由此导致了一场思想争论。这一时期，马克思恩格斯著作的翻译和出版以及列宁著作的编辑出版工作取得了重大进展，为马克思主义研究工作创造了重要前提条件。与此同时，苏联理论界哲学、文艺学、历史学、经济学等各条战线也围绕一系列重大问题展开了激烈的理论大辩论。这些理论辩论在捍卫马克思主义的指导地位，促进马克思主义理论与苏联社会主义建设相结合，推动苏联学术发展等方面产生了积极意义。然而，这一时期，苏联理论界的这些争论也存在着片面性和一定消极影响。

第一节 对列宁主义的阐释及其争论

列宁去世以后，如何认识、评价列宁以及列宁主义成为苏联共产党面临的重大问题。对此，托洛茨基、季诺维也夫、布哈林、斯大林等主要领导人物纷纷表达自己的见解，并围绕列宁主义的形成、主要内容、历史地位以及列宁主义与马克思主义的关系等基本理论问题展开了激烈探讨。然而，由于主观认识上的差异，上述主要领导人物在这一探讨过程中又产生了分歧和争论。从总体来看，这一探讨对于推动列宁主义的研究、学习和传播起到了积极的促进作用，对于确立马克思主义发展史上的列宁阶段作出了重要贡献。但是，不容忽视的是，他们对列宁主义的理论阐释又存在着某些显著问题和缺陷，甚至是错误。另外，这些认识上的分歧进而又引发了苏联党内严重的政治斗争，给当时苏联社会主义建设带来了不利影响。

一、托洛茨基论列宁和列宁主义

列宁于 1924 年 1 月 21 日不幸逝世后，布尔什维克党的著名领导人物纷纷著书或写文章缅怀列宁的伟大功绩，并力图对列宁主义作出阐释。由于列宁的逝世造成了党的领袖位置的空缺，而当时党的主要领导人在社会主义建设的路线、方针、政策上存在着深刻的分歧，因此他们都力图用列宁的一些论述来证明自己观点的正确性，特别是一些著名的领导人物竭力将自己说成是列宁主义的正统解释者或继承者，将列宁主义的旗帜擎在自己手中，以使自己在党内斗争中处于主动地位。这样，就不可避免地在对列宁主义作出解释及对列宁的评价中带有一定的主观色彩，由此围绕列宁主义和列宁的评价问题导致了一系列激烈的争论和思想斗争。

在列宁逝世后的最初几个月里，托洛茨基在报上发表了一些回忆列宁的文章，并于 1924 年 4 月汇集成《论列宁》一书出版。书中，托洛茨基主要回忆了旧《火星报》时期和十月革命前后与列宁共事的情况，对列宁的思想和活动作出了评价。1924 年 9 月托洛茨基又将自己早年的文章和讲话结集出版，书名为《1917 年》。他为这本书写了一篇题为《十月的教训》的序言。《论列宁》和《十月的教训》一经问世，就立即引起了一场激烈的争论。

在《论列宁》一书中，从总的方面来说，托洛茨基对列宁还是比较尊敬的，对列宁的革命活动及思想也给予了较高的评价。例如，他就布列斯特和约的签订对列宁作了这样的评价："无论如何，只有把列宁的布列斯特—里托夫斯克和约的策略与他的十月革命的策略联系起来，才能理解它和评价它。……列宁在主张布列斯特一里托夫斯克的投降时，发挥了像保证我党取得十月革命胜利那样无穷无尽的革命毅力。只有把十月革命与布列斯特和约、伟大的魄力与胆大心细的作风、果断精神与洞察力自然地和有机地结合起来，才能衡量列宁的方法和列宁的力量。"① 在该书的附录《列宁的逝世》一文中，托洛茨基也对列宁表达了自己的尊敬心情，较高评价了列宁的伟大功绩。他这样写道："全世界劳动人民的意识不愿意承认这个事实（指列宁逝世——引者注），因为敌人还很强大，道路还很漫长，伟大的事业，历史上最伟大的事业还没有结束；因为世界工人阶级需要列宁，也许在人类的历史上从来没有一个人像他那样为人们所需要。"②"列宁不在了，但列宁主义还在。列宁不朽的业绩——他的学说，他的工作，他的方法，他的榜样——活在我们之中，活在他创建的党内，活在他领导和指引过的第一个工人国家里。"③

　　但是，托洛茨基在该书中并未将列宁在革命中的作用，特别是在十月革命中的作用提到应有的高度，而且对列宁和布尔什维克党的作用作出了许多歪曲的评述。同时，在一系列重大事件，特别是十月革命的评述中，他都极力美化和吹捧自己，并对自己的错误百般进行辩解。因此，不论是他的反对者还是拥护者都认为，《论列宁》一书起到了宣扬托洛茨基自己的效果。如莫洛托夫（1890—1986）在《论托洛茨基主义的教训》一文中指出，《论列宁》一书的写作目的是为了替托洛茨基的一些特殊的政治观点作辩护，是为了说明绝非列宁，而是《论列宁》一书作者本人在革命中的特殊作用而写的。托洛茨基的拥护者格·达杨在《红色处女地》1924年第四期发表的评论《论列宁》一书的文章中这样认为："除去自己的直接任务以外，托洛茨基的这一著作，还使我们了解了他本人的伟大形象。矗立在我们面前的不仅是长眠了的领袖的形象，还有在革命的那些年代里和我们的领袖交错在一起的，他的英雄的战友的形象。"④

---

① ［苏］托洛茨基：《论列宁》，王家华、张海滨译，生活·读书·新知三联书店 1980 年版，第 80—81 页。

② ［苏］托洛茨基：《论列宁》，王家华、张海滨译，生活·读书·新知三联书店 1980 年版，第 149 页。

③ ［苏］托洛茨基：《论列宁》，王家华、张海滨译，生活·读书·新知三联书店 1980 年版，第 150 页。

④ 转引自［苏］莫洛托夫：《论托洛茨基主义的教训》，载《列宁主义还是托洛茨基主义？》，生活·读书·新知三联书店 1964 年版，第 97 页。

符·伊·涅夫斯基更明确地指出，"托洛茨基同志的这本书，在很多方面都不仅是一本论列宁的著作，而且也是一本论托洛茨基的著作"①。

概括起来说，托洛茨基的《论列宁》一书主要有以下几个方面的问题：

第一，扭曲地描绘了列宁的形象。托洛茨基在描绘列宁的革命活动及其思想时，在许多地方都作出了不适当的评述。如他在《政府工作》一节中谈到，在十月革命后的一个时期里"列宁在每一个适当的场合灌输恐怖手段不可避免的思想。"②斯大林指出，托洛茨基的这个评述使人得到一个印象：列宁是所有残暴的布尔什维克中最残暴的一个。此外，托洛茨基还把列宁描写成一个脱离集体、凭自己的主观意志独断专行的人，等等。

第二，贬低了列宁在十月革命中的作用。托洛茨基认为，列宁对苏维埃在革命中的意义估计不足，没有认识到在苏维埃召开代表大会的日子夺取政权的重要意义。因此，列宁"对召开第二次苏维埃代表大会的问题丝毫不感兴趣：这有什么意义呢？这种代表大会还开得了吗？即使开得了，它又能做些什么呢？"③托洛茨基认为，这是因为列宁过高地估计了敌人的洞察力和决心，也许还过高地估计了敌人的物质潜力。这种过高的估计虽然在策略上是正确的，目的是使党加倍地努力实行攻击。"但党毕竟不能撇开苏维埃和背着苏维埃用自己的手去夺取政权。这样做是错误的。"④这将会导致一系列严重的后果，并可能会导致革命的失败。托洛茨基说，是他坚持利用布尔什维克占多数的苏维埃代表大会去夺取政权的。他还宣称，列宁没有估计到革命发动前的一段时期内一些革命事变的意义和革命情绪的根本转变，因此他一直对发动起义持犹豫态度。"只是在 10 月 25 日晚上，他才算放了心，最后批准了事变走过的那条道路。"⑤"他只是在这个时刻才最后容许我们放弃用

---

① 转引自 [俄] 莫洛托夫：《论托洛茨基主义的教训》，载《列宁主义还是托洛茨基主义?》，生活·读书·新知三联书店 1964 年版，第 9 页。

② [苏] 托洛茨基：《论列宁》，王家华、张海滨译，生活·读书·新知三联书店 1980 年版，第 95 页。

③ [苏] 托洛茨基：《论列宁》，王家华、张海滨译，生活·读书·新知三联书店 1980 年版，第 65 页。

④ [苏] 托洛茨基：《论列宁》，王家华、张海滨译，生活·读书·新知三联书店 1980 年版，第 65—66 页。

⑤ [苏] 托洛茨基：《论列宁》，王家华、张海滨译，生活·读书·新知三联书店 1980 年版，第 69 页。

密谋夺取政权。"① 莫洛托夫认为，这样一来托洛茨基就把列宁描绘成了一个可怜的阴谋家，是一个秘密阴谋的失败者，而与他并列的托洛茨基则是一个领导起义成功的英雄了。②

第三，歪曲了列宁主义的实质，贬低了列宁主义的国际意义。托洛茨基在《论列宁》一书中把列宁描绘成一个农夫的形象。他说，在这位无产阶级领袖中无可争辩的人物身上不仅有着农夫的外部特征，而且有着强壮农夫的内在素质。这就决定了农民的素质在列宁主义里也是有的，因为在俄国无产阶级和俄国历史中都存在着这种东西。农民本身不仅有偏见，而且也有理性。"在这里，农民的素质通过无产阶级，通过我们的、而且也不止是我们的历史动力本身折射出来，——而列宁对这种折射曾作了完整的表述。正是在这个意义上说，列宁是民族的自发力的先头体现。"③ 这是托洛茨基在《论列宁》一书中对列宁主义所作的最集中的一段论述。在这里，他将农民的素质和民族自发力看作列宁主义的基本内容和特征，这就不可避免地贬低了列宁主义的国际意义。另外，托洛茨基历来对农民的革命性采取蔑视的态度，他的"不断革命论"的一个核心思想就是否认农民在革命中的作用，认为只有无产阶级才是唯一革命的阶级。在此，他又将列宁主义说成是农民素质和民族自发力的集中体现，就使人们不能不对他的用意表示怀疑。因此，斯大林、季诺维也夫等人认为，这是托洛茨基企图用托洛茨基主义取代列宁主义的一个手法。特别是在《论列宁》一书中，托洛茨基只字不提列宁主义对马克思主义的丰富和发展，不提列宁理论著作的意义，而只是将列宁说成是马克思遗训的伟大执行者，这实际上是把列宁只看成一个实践家，否定了列宁主义是马克思主义在新的历史条件下的丰富和发展，否定了列宁对马克思主义理论所作出的伟大贡献。

第四，用列宁来为托洛茨基的错误辩护。托洛茨基在《论列宁》一书中设专章描述了布列斯特时期列宁的思想和活动。他竭力证明自己在《布列斯特和

① ［苏］托洛茨基：《论列宁》，王家华、张海滨译，生活·读书·新知三联书店 1980 年版，第 69 页。

② ［俄］莫洛托夫：《论托洛茨基主义的教训》，载《列宁主义还是托洛茨基主义?》，生活·读书·新知三联书店 1964 年版，第 117 页。

③ ［苏］托洛茨基：《论列宁》，王家华、张海滨译，生活·读书·新知三联书店 1980 年版，第 89 页。

约》问题上是与列宁"丝毫没有意见分歧"① 的。实际上，正是托洛茨基违背了列宁关于立即签订和约，以使苏维埃俄国争取喘息时机的指示，采取了所谓"不战不和"的立场，结果给德国发动武装进攻提供了借口和机会，使苏维埃俄国陷入了面临灭亡的危险境地。当苏维埃俄国被迫与德国签订新的和约时，就不得不接受更苛刻的条件，蒙受了更大的损失。而托洛茨基却竭力为自己开脱，将自己的错误说成是一种带有某种风险，但又必须进行的试验。为了替自己辩解，他还将自己的行为与列宁进行类比。他说，在签订《布列斯特和约》的三年以后，列宁也倡议了用刺刀去试探资产阶级贵族的波兰，结果被击退了。托洛茨基认为这与他在布列斯特时期的作为并没有原则的差别，只存在冒险程度上的差别罢了。托洛茨基将这两个性质根本不同的事件混为一谈，显然是在用列宁来为自己的严重错误辩解。

继《论列宁》之后，托洛茨基又发表了《十月的教训》一文，更加公开地夸大自己在十月革命中的作用，贬低列宁和布尔什维克党的作用。在此之前发表的《一九零五年》一书中，托洛茨基就提出，在 1917 年春天，经过用他的"不断革命论"对布尔什维克主义的改造，布尔什维克党才完成了自己在思想上的重新武装。在《十月的教训》一文中，托洛茨基再次宣扬了上述论点，认为只是从 1917 年起，布尔什维主义用他的"不断革命论"重新武装起来之后，才成为一个彻底的革命派别。

在《十月的教训》一文中，托洛茨基特别突出了自己在十月革命中的作用。他说，在他领导下的彼得格勒苏维埃从拒绝执行克伦斯基把 2/3 的卫戍部队调往前线的命令时起，就实际进入了武装起义的状态，而当时不在彼得格勒的列宁未能估计到这个事实的全部意义。10 月 16 日，彼得格勒苏维埃革命军事委员会的成立，就使 10 月 25 日起义的结局已经预先决定了至少 3/4。因此，"10月 25 日的起义只具有补充的性质"② 。照他这种说法，十月革命的主要领导者和核心不是列宁，也不是布尔什维克党，而只是他托洛茨基了。十月革命的胜利不是布尔什维主义即列宁主义指导的结果，而是他"不断革命论"指导的结果。托洛茨基这些贬低列宁和列宁主义的言论显然是不符合历史事实的。因

① [苏] 托洛茨基：《论列宁》，王家华、张海滨译，生活·读书·新知三联书店 1980 年版，第 72 页。

② [苏] 托洛茨基：《十月的教训》，《托洛茨基言论》下册，生活·读书·新知三联书店1979 年版，第 585 页。

此，他遭到了加米涅夫、季诺维也夫、莫洛托夫以及斯大林的激烈批判，引发了一场"托洛茨基主义还是列宁主义？"的党内大辩论。这场大辩论以托洛茨基的完全失败而告终。

二、季诺维也夫论列宁主义

托洛茨基的《论列宁》，特别是《十月的教训》发表以后，季诺维也夫也撰文阐述了列宁主义和托洛茨基主义的原则区别，而且在此后又发表了一本全面阐述列宁主义的专著：《列宁主义——列宁主义研究导论》，这在当时许多研究列宁主义的著作中是具有较大影响、分量较重的一部。作者在这本著作中系统阐述了列宁主义的形成和发展、列宁主义的基本原理、列宁主义对马克思主义的继承和发展。同时，作者也对托洛茨基主义进行了更为全面的批判，并就苏联一国能否单独建成社会主义的问题与斯大林进行了争论。概括起来说，季诺维也夫从以下几个方面对列宁主义进行了阐释：

（一）指出了列宁主义产生的历史根源

季诺维也夫在《布尔什维主义还是托洛茨基主义》一文中批判托洛茨基的"不断革命论"抹杀农民在革命中的作用时强调，列宁是一个彻底的无产阶级革命家，但他也清楚地知道，他必须直接在一个农民占优势的国家里行动，因此在这样的国家里，只有工人阶级对农民采取了正确的态度，无产阶级才能获得胜利。基于这种观点，季诺维也夫认为："列宁主义是在农民占优势的国家中直接开始的世界革命中帝国主义大战时代的马克思主义。"[1] 这就是说，列宁主义首先是马克思主义同俄国具体革命实践相结合的产物。俄国是一个落后的、农民占多数的国家，列宁在领导俄国无产阶级革命时，就不能不特别注意到俄国的这一特点，就不能不从俄国的具体实际出发。因此，列宁主义在其早期形态上主要表现为一种俄国的现象。但是列宁主义在俄国工人运动的土壤上产生以后，很快就转变为国际工人运动的、国际无产阶级革命的理论和实践。

---

[1]　[苏] 季诺维也夫：《布尔什维主义还是托洛茨基主义》，载《列宁主义还是托洛茨基主义？》，生活·读书·新知三联书店 1964 年版，第 147 页。

在《列宁主义》一书中，季诺维也夫进一步指出，"列宁主义是马克思主义在新时代的条件下的具体化和发展"[①]。正像俄国革命本身是在国际环境中成长起来的一样，列宁主义也是帝国主义时代整个国际无产阶级革命运动的产物。因此，"列宁主义就是垄断资本主义（帝国主义）时代的马克思主义，是帝国主义战争、民族解放运动和无产阶级革命时代的马克思主义。"[②]

（二）肯定了列宁主义是马克思主义发展的新阶段

季诺维也夫认为，在一定意义上，可以把马克思主义的发展划分为以下三个阶段。第一个阶段是从开始写作《共产党宣言》到马克思逝世（1847—1883年）。第二个阶段是"马克思主义的不肖徒辈"的阶段，即从第二国际建立到帝国主义大战开始（1889—1914年）。这一阶段，特别是它的前半期有好的一面，如建立了无产阶级的群众性组织，在工人阶级内部进行了大量的文化教育工作，等等。但从总的方面来说，从19世纪90年代开始，是在"马克思主义"的旗帜下歪曲马克思主义的阶段。第三个阶段就是列宁主义的阶段。列宁主义大约发端于第一次俄国革命前夕（1903—1904年），并于1917年获得了第一个具有世界历史意义的胜利。季诺维也夫强调，列宁主义是在新时代条件下的马克思主义，列宁是马克思最杰出的学生，从这个意义上说，离开了马克思主义就没有列宁主义。但在第二国际的领袖，尤其是考茨基之流在马克思主义旗帜下对马克思主义进行"修正"，以及他们在进行反对俄国无产阶级专政的斗争的情况下，也可以说，"离开列宁主义就不可能有革命的马克思主义"[③]。季诺维也夫认为，列宁主义是马克思主义发展的新阶段，但同时也应反对把列宁主义同马克思主义对立起来的观点，而应看到二者之间的内在联系。

（三）揭示了列宁对马克思主义的新贡献

季诺维也夫指出，在列宁那里没有或者说几乎没有一点东西是不能从马克思主义"引申"出来的，也就是说，列宁主义是马克思主义的继承，二者在本质上是完全一致的。但是，列宁主义并不是马克思主义的简单重复，而是在新

---

① ［苏］季诺维也夫：《列宁主义》，郑异凡、郑桥译，东方出版社1989年版，第5页。

② ［苏］季诺维也夫：《列宁主义》，郑异凡、郑桥译，东方出版社1989年版，第4—5页。

③ ［苏］季诺维也夫：《列宁主义》，郑异凡、郑桥译，东方出版社1989年版，第4页。

的时代条件下对马克思主义作出了新的发展。有许多在马克思那里仅仅是萌芽状态的东西，列宁则把它们发展成了完整的思想体系。这主要表现在：

第一，列宁主义是对社会历史发展的新的过程、世界工人运动中丰富的新的过程和世界工人运动中丰富的新经验的认识以及对此作出的马克思主义解释，这些过程和经验是在马克思以后产生的。因此"列宁主义是帝国主义（也就是在垄断基础上的垂死的、'腐朽的'资本主义）和已经开始的社会主义革命时代的马克思主义的理论和实践"[①]。具体说来，列宁分析了帝国主义时代的全部矛盾，同时也描绘了无产阶级革命发展的整个图景，指出了从资本主义向社会主义过渡的动力，并制定了世界无产阶级革命的理论和策略。

第二，列宁主义的组成部分与原有的马克思主义的组成部分相比，还包含了崭新的内容和特点。列宁在《卡尔·马克思》一文中揭示了马克思主义的三个组成部分，即马克思主义哲学，它包括哲学唯物主义、辩证法、唯物史观；马克思主义的经济学说；科学社会主义和无产阶级的阶级斗争策略（包括无产阶级专政学说）。列宁则对"新的世界历史时期的最重要的大事件作出了评价，从而给马克思理论本身加进了新的成分。因此，列宁主义在辩证法的运用上达到了前所未有的水平"[②]。季诺维也夫认为，列宁在1913年给马克思主义的组成部分下定义的时候，并不仅指书本、学派、理论和体系，而是指阶级斗争的整个过程、世界历史的过程。在这个意义上，列宁1913年提出的公式（即马克思主义的组成部分）现在已不完整了，"因为没有把列宁本人包括进去"。"按照列宁1913年的定义，老马克思主义总结的主要是德、英、法三国的经验；现代马克思主义，列宁时代的马克思主义应当总结和正在总结的则还有其他许多国家的最伟大的世界历史经验，首先是俄国、美国、日本、中国和印度的经验。马克思对资本主义繁荣和最初几次阶级大搏斗时期的欧洲经验作出了总结，列宁又补充了腐朽的资本主义和业已开始的为世界革命展开决定性搏斗的世界经验。"[③]如果说马克思更多地体现了马克思主义的原先的组成部分，列宁则最鲜明地体现了作了增补的新的组成部分。在这个意义上，"马克思加上列宁，这才是现在的全部马克思主义。"[④]由此，季诺维也夫对列宁主义下了如下

---

① ［苏］季诺维也夫：《列宁主义》，郑异凡、郑桥译，东方出版社1989年版，第3页。
② ［苏］季诺维也夫：《列宁主义》，郑异凡、郑桥译，东方出版社1989年版，第6页。
③ ［苏］季诺维也夫：《列宁主义》，郑异凡、郑桥译，东方出版社1989年版，第7页。
④ ［苏］季诺维也夫：《列宁主义》，郑异凡、郑桥译，东方出版社1989年版，第9页。

的定义："如果说列宁在 1913 年把马克思主义看作是总结了德国古典哲学、英国古典政治经济学和法国社会主义的学说，那末，现在我们就应当把列宁主义时代的马克思主义看作是马克思和恩格斯已勾画出基本轮廓而为列宁所发展了的学说；除了上述三个组成部分以外，列宁又总结了三个新的组成部分：第一，垄断资本主义、帝国主义战争和西方无产阶级革命的开端的经验；第二，俄国历次革命以及无产阶级和农民在其中的作用；第三，被压迫民族的运动。"①

第三，列宁在一系列重大理论问题上丰富了马克思主义的整个学说。这主要表现在：关于帝国主义的理论；关于实现无产阶级专政的条件和机制；关于无产阶级在帝国主义战争和世界革命时代的策略；关于无产阶级革命以前、无产阶级革命中间和无产阶级革命以后无产阶级和农民的相互关系；关于民族问题的意义，特别是殖民地和半殖民地国家的民族运动对世界革命的意义；关于党的作用；关于过渡时期无产阶级国家的作用；关于作为这一时期无产阶级国家的具体形式的苏维埃制度。②

（四）批判了托洛茨基对列宁主义的歪曲

季诺维也夫强调指出，列宁主义是在同各种右倾和"左"倾机会主义的斗争中发展的性质、革命的动力、革命的同盟军、无产阶级专政等方面的论述并与托洛茨基的有关言论进行了对比，说明托洛茨基主义在十年革命过程中的表现在本质上乃是孟什维主义的组成部分，乃是与列宁主义根本对立的思想体系。季诺维也夫着重驳斥了托洛茨基关于布尔什维主义（即列宁主义）需要重新武装以及他的不断革命论更接近列宁主义的实质的说法。季诺维也夫指出："1925年托洛茨基企图把事情说成这样，似乎列宁主义（或布尔什维主义）之所以取胜，是因为 1917 年进行了'思想上的重新武装'，即抛弃了某种错误的东西，抛弃了无产阶级和农民革命民主专政的旧的、似乎是'错误的'口号，转向了崭'新'的无产阶级专政口号，似乎同'历史上的布尔什维主义'，即从 1903年到 1917 年形成的布尔什维主义格格不入的口号。"③ 他用列宁在不同革命阶段上的著作和有关论述说明，列宁主义的发展"这是一个不间断的链条。充满

---

① ［苏］季诺维也夫：《列宁主义》，郑异凡、郑桥译，东方出版社 1989 年版，第 15 页。
② 参见［苏］季诺维也夫：《列宁主义》，郑异凡、郑桥译，东方出版社 1989 年版，第 3 页。
③ ［苏］季诺维也夫：《列宁主义》，郑异凡、郑桥译，东方出版社 1989 年版，第 34 页。

了思想上的继承性。不需要进行任何'重新武装'"①。他还设专章分析批判了帕尔乌斯和托洛茨基的不断革命论，揭露了托洛茨基对马克思"不断革命"思想的歪曲，说明了列宁主义与托洛茨基不断革命论的根本分歧。通过分析，季诺维也夫列举了托洛茨基不断革命论的 14 个重大错误。由此他得出结论："帕尔乌斯和托洛茨基的'不断革命'论自命为什么都行，只是不能妄想与列宁主义等同（或近似）。"②托洛茨基关于他的不断革命论更接近列宁主义的实质的论点是完全不符合事实的，其目的就是企图用托洛茨基主义取代列宁主义。

从总的方面来看，季诺维也夫《列宁主义》一书作为最早系统研究和阐释列宁主义的著作之一，对深入开展列宁主义的研究起到了开拓性的作用。作为列宁长期的战友和助手，他对列宁主义的理解基本上是符合列宁思想实际的，因此他的这部著作对于正确理解列宁主义的实质是有一定意义的。但季诺维也夫在运用列宁的思想去分析苏联当时的现实问题时，却在新经济政策以及苏联的社会主义前途等重大问题上得出了与斯大林为首的中央多数派不同的结论，并与之展开了激烈的争论。他在分析新经济政策时，没有充分看到这一政策对发展苏联社会生产力所具有的重大的积极意义，过分夸大了阶级斗争的严重性。在一国能否建成社会主义的问题上，他坚持社会主义就是消灭一切阶级差别的传统观点，认为在苏联一国内不可能取得社会主义的最终胜利。正由于在上述这些重大问题上季诺维也夫与斯大林为首的中央多数派的对立和争论，他的《列宁主义》一书被联共（布）党内新反对派视为自己的理论基础。季诺维也夫本人后来也因此在反对斯大林的斗争中与托洛茨基达成一致并联合了起来，形成了"托季联盟"。这一联盟在反对以斯大林为首的中央多数派的斗争中，形成了一整套"左"倾的路线、方针，并由于其带有明显的托洛茨基主义的色彩，因而也最终遭到了彻底的失败。

三、布哈林论列宁

曾被列宁赞誉为"党的最宝贵的和最大的理论家"③的布哈林，在列宁逝

---

①　[苏] 季诺维也夫：《列宁主义》，郑异凡、郑桥译，东方出版社 1989 年版，第 35 页。

②　[苏] 季诺维也夫：《列宁主义》，郑异凡、郑桥译，东方出版社 1989 年版，第 130 页。

③　《列宁全集》第 43 卷，人民出版社 2017 年版，第 343 页。

世后将全部精力都用于写文章、作报告以阐释和宣传列宁的思想，对推动列宁主义的研究起到了很大的积极作用。在阐释和宣传列宁思想的过程中，布哈林就各种对列宁思想的曲解也进行了严肃的批判，其中特别批判了托洛茨基主义对列宁主义的歪曲以及季诺维也夫在新经济政策和一国能否建成社会主义等问题上对列宁有关思想的解释。

（一）明确肯定了列宁主义是马克思主义发展史上的第三个阶段

1924 年 2 月 17 日，布哈林在共产主义科学院纪念会上的报告中首先明确提出了列宁主义是马克思主义发展的第三个阶段的论点。他指出，马克思主义和任何理论体系一样是不断发展变化的，而决不是一成不变的，马克思主义的发展经过了三个重要的历史阶段。"马克思主义的思想或马克思主义的这三个历史发展阶段，是与工人运动史的三大分期相适应的，这三个分期又大体上与首先是表现在欧洲社会中的人类社会总发展的三个主要阶段相联系。"[①] 马克思主义发展的第一个阶段，是由科学共产主义的创始人马克思和恩格斯所定型并加以系统阐述的，其产生的社会基础是欧洲正处在几次大动荡的时代，是它在1848 年的革命中得到最鲜明表现形式的时代。马克思和恩格斯创立的马克思主义学说的基本特点是理论的高度概括同革命实践相结合。它在本质上是彻底革命的，它揭示了社会的发展将不可避免地导致无产阶级专政。马克思主义发展的第二个阶段，是"追随者们的马克思主义，或第二国际的马克思主义"[②]。这是蜕化了的马克思主义。它表现为德国社会民主党内的修正主义和考茨基主义两种基本形式。它的产生是以资本主义向帝国主义的发展为基础的。这一时期资本主义制度处于相对稳定的状态，随着生产力的发展，工人阶级的生活水平相应得到提高，产生了工人贵族。在这一背景下产生了工人运动中统治思想的蜕化。"这种变化过程的实质就是它抛弃马克思主义的革命内容，偷换了马克思主义的革命理论、革命辩证法、关于资本主义崩溃的革命学说、关于资本主义发展的革命学说、关于专政的革命学说等等——而代替所有这些的，却是普通的资产阶级的民主主义进化学说。"[③]

---

① 《布哈林文选》上册，人民出版社 1981 年版，第 164 页。
② 《布哈林文选》上册，人民出版社 1981 年版，第 165 页。
③ 《布哈林文选》上册，人民出版社 1981 年版，第 167 页。

列宁主义是马克思主义发展的第三个阶段。布哈林指出，列宁主义是新的时代的产物。列宁所处的时代有四类现象是马克思所没见到的，因而也不可能作出理论上的表述和概括。这四类新现象就是：资本主义发展成为垄断资本主义、世界大战和资本主义关系的瓦解（资本主义社会的深刻危机）、资本主义关系崩溃和社会主义革命、同工人阶级统治的时代或与这一时代的开端相联系的一类现象，"这一切都不是别的，而只是不仅欧洲资本主义并且也是全人类发展中的一个伟大时代而已"①。这一新的时代提出了一系列理论上和实践上的重大问题，列宁主义就是马克思主义在新时代对这些重大问题在理论和实践上所作出的解答。从这个意义上来说，列宁主义"不能是马克思的马克思主义的简单重复：因为我们所生活的时代不是马克思所生活过的时代的重复"②。但是绝不能由此把列宁主义同马克思主义对立起来。列宁主义乃是马克思主义的逻辑的和历史的完善和发展。如果不把马克思主义理解为马克思时期的思想总和，而是理解为在马克思主义中构成的一种工具，一种方法论，那么，列宁主义并不是一种变化了的和修正了的马克思学说的方法论。"与此相反，在这个意义上列宁主义正是完全回复到了马克思和恩格斯本人所表述的马克思主义。"③布哈林认为，要完整说明列宁的马克思主义的历史面貌，就应把它看作三种东西的结合、综合："第一，这是回复到马克思的时代，但不是简单的回复，而是以全部新事物加以丰富之后的回复，也就是说，它是包括对最新的社会经济现象所作的分析成果的马克思的马克思主义的综合；这当然包括对新时代向我们提供的全部大量新事物的马克思主义分析，这是第一种。第二，这是斗争中的和胜利中的工人阶级的理论和实践的结合和综合。第三，这是工人阶级的破坏工作和创造工作的综合；在这中间我认为最后一种情况是最重要的。"④

（二）阐述了列宁主义对马克思主义的丰富和发展

布哈林在他所著的一系列文章中具体阐述了列宁对马克思主义理论宝库的新贡献。首先，列宁对马克思主义最新的、最重要的贡献在于：他不仅发展了

---

① 《布哈林文选》上册，人民出版社 1981 年版，第 174 页。
② 《布哈林文选》上册，人民出版社 1981 年版，第 171 页。
③ 《布哈林文选》上册，人民出版社 1981 年版，第 175 页。
④ 《布哈林文选》上册，人民出版社 1981 年版，第 175 页。

马克思关于无产阶级革命的学说，领导了无产阶级革命成功的实践，而且创立了建设无产阶级国家的学说。布哈林指出，列宁"对马克思主义理论和实践宝库的最巨大、最伟大的贡献不妨这样来表述：马克思所贡献的主要是资本主义发展和革命实践的代数学；列宁的贡献既有这种代数学，也有破坏性方面和建设性方面的新现象的代数学，还有它们的算术，即从更具体、更具实践性的观点来解代数学的公式"①。其次，列宁在一系列重大问题上对马克思主义作出了新的杰出的贡献。布哈林详尽地分析了列宁在帝国主义、民族问题、殖民地、国家、无产阶级专政、苏维埃政权、工农联盟、无产阶级领导权和党的作用等方面的基本思想，并强调上述方面是列宁主义的"支柱"。②除了阐述列宁在科学社会主义方面对马克思主义的新贡献之外，布哈林还阐述了列宁在哲学和经济学领域中的理论贡献。他认为，列宁在哲学的下列领域中发展了辩证法和唯物主义的基本理论："关于辩证法的学说。辩证法的运用。辩证法和折衷主义。形式逻辑和辩证法。辩证法和诡辩术。"③"唯物主义。自在之物和外部世界现实性的问题。自在之物和认识。客观真理、绝对真理和相对真理。对主观唯心主义的批判。物质、能量等等和客观世界。"④在经济理论方面，列宁也有许多重大的新发现。例如，在资本主义经济理论方面，列宁创造性地解决了市场和实现问题，其中包括生产与消费的相互关系、危机问题、对外贸易等；解决了关于资本主义条件下的土地经济方面的一系列问题；与上述经济学诸问题相联系，列宁还阐明了关于自然经济的解体和国内市场的形成问题；还有对农民的不同集团、对依附于资本的各类形式的分析；等等。列宁将形形色色、错综复杂的经济现象的最抽象的理论思维同最具体的统计调查结合了起来，因而使他的著作在这些领域中成为经典性的著作。总之，列宁对马克思主义的所有理论领域都作出了划时代的贡献。

布哈林指出，列宁主义的第一个基本特点就是坚持理论联系实际，理论必须为实践服务的原则。第二个基本特点就是"非偶像化"的特点，即坚持反对教条主义的原则。列宁从来不将马克思主义视为一种一成不变的教条，而是把它作为在一定环境中判明方向的工具。列宁始终坚持用实践的标准来衡量一切

---

① 《布哈林文选》上册，人民出版社 1981 年版，第 177 页。
② 《布哈林文选》中册，东方出版社 1988 年版，第 66 页。
③ 《布哈林文选》中册，东方出版社 1988 年版，第 63 页。
④ 《布哈林文选》中册，东方出版社 1988 年版，第 64 页。

理论，从而能够不断突破旧的理论框框，能够做到从实际出发，这就使他对马克思主义作出了杰出的贡献。

（三）批判了托洛茨基对列宁主义的歪曲和季诺维也夫在若干重大问题上对列宁主义的解释

布哈林在阐释列宁主义的过程中，积极参加了"列宁主义还是托洛茨基主义"的论战，揭露了托洛茨基用托洛茨基主义歪曲和取代列宁主义的企图，深入揭示了列宁主义同托洛茨基主义的根本对立。他在《不断革命的理论》一文中，从托洛茨基主义的方法论入手，对其错误产生的方法论根源进行了分析。他认为，托洛茨基犯一系列错误的共同之处，就是用形式的、唯理论的、文人的态度去对待社会生活问题，而不是布尔什维主义特有的那种富有生命力的辩证态度。因此列宁在同托洛茨基有关工会及其任务的争论中专门去谈辩证法问题，这不是偶然的。托洛茨基用形式逻辑的方法去分析问题，因而只能看到问题的表面，而列宁则用辩证的观点去看待和分析问题，所以能够把握问题的本质。托洛茨基在方法论上的缺陷导致了他在一系列重大问题，如《布列斯特和约》、国民经济计划等方面犯了严重的错误。

布哈林驳斥了托洛茨基关于他的不断革命论比那时许许多多布尔什维克所写的东西更为接近列宁主义的真正实质、不断革命论思想与布尔什维主义的基本战略路线完全一致的说法。布哈林指出，"按照托洛茨基的说法，1917 年作为列宁主义诞生的列宁主义的实质在于不断革命论，主要的列宁主义者和遗训保存者是托洛茨基。"布哈林在对托洛茨基的不断革命论的实质进行深入分析的基础上指出，事实与托洛茨基所说的恰恰相反，他的不断革命论脱离了俄国无产阶级革命的实际，根本没有弄懂俄国革命的特点，因此他在俄国革命的阶段、革命的动力等重大问题上用抽象的图式取代了具体分析。如果按照托洛茨基的不断革命论指导俄国革命，只能导致革命的失败。由此布哈林得出结论："我们党没有任何理由要用列宁的我国革命理论去换托洛茨基同志的'不断'论。"[1]

在与新反对派的争论中，布哈林也对作为其理论基础的、季诺维也夫的《列宁主义》一书中的某些观点进行了批判，认为季诺维也夫在若干重大问题

---

[1] 《布哈林文选》上册，人民出版社 1981 年版，第 265 页。

上对列宁主义作出了错误的解释。例如，在阐述列宁关于新经济政策的思想时，引证了许多列宁在十月革命前的论述以说明富农阶级对无产阶级的危险性，说明在无产阶级胜利后阶级斗争将越来越激烈，并由此得出结论说，党的政策重点仍应放在防止资本主义复辟、保障走向共产主义的道路、加强无产阶级对农民的领导方面。布哈林指出，季诺维也夫在《列宁主义》一书中根本没有引用列宁关于社会主义革命胜利后党的工作重心已发生了改变，已从政治斗争、革命、夺取政权转移到了文化和经济建设方面的许多论述。这是因为，"季诺维也夫同志没有发现当前时期最突出的特点以及列宁主义中这些最突出的东西"[1]，因而对列宁的思想作出了错误的引申。这说明："把我们在工人阶级夺取政权之前所写的一切，搬到已经在我国巩固了无产阶级专政之后的时期和条件下来，是荒谬的、愚蠢的、不合乎马克思主义的、不合乎列宁主义的。"[2] 再如，季诺维也夫在《列宁主义》一书中引述了列宁的论断后得出结论说，在列宁看来社会主义不可能在一国取得胜利，布哈林认为，季诺维也夫对列宁的这些论述作出了错误的解释，实际上列宁的观点是：在国际资本主义存在的情况下，社会主义在一国取得最终胜利是不可能的，但建成社会主义是可能的。这样，季诺维也夫就将社会主义在一国不可能取得最终胜利和可能建成社会主义这样两个不同的问题混为一谈了，从而得出了一国不可能建成社会主义的错误结论。

布哈林特别批评了那种认为列宁只是一个伟大的实践家，而不是思想家和理论家的观点。他指出，列宁不仅是一个伟大的实践家，而且也是一个伟大的思想家和理论家。为说明这一点，他在《谈谈研究列宁主义的问题》和《作为一种思想家类型的列宁》等文中，突出地强调了列宁对马克思主义在理论上的杰出贡献，突出地赞扬了列宁作为思想家和理论家的伟大品格。布哈林将列宁同资产阶级伟大的哲学家康德作了对比。他说，资产阶级哲学家的特点是消极无为，他们面对"不可知的自在之物"忧伤地睁大戴着眼镜的眼睛。而马克思主义者列宁则领导着千百万人，将千百万人的经验变成一套一套完整的理论的总结。可见，这两个阶级、两个时代、两个世界的思想家和精神领袖之间存在着多么惊人的差别。毫无疑问，"实践的观点是列宁的一个非常突出的观点，

---

① 《布哈林文选》中册，东方出版社 1988 年版，第 17 页。
② 《布哈林文选》中册，东方出版社 1988 年版，第 16 页。

这个观点决不意味着忽视理论。恰巧相反，它要求十分重视理论。"①列宁将理论和实践有机地统一了起来。列宁十分重视抽象思维的重要性，但他也极力反对空洞的抽象，反对笨拙地运用抽象公式。列宁是纯熟地掌握了马克思抽象方法的一流的理论家，因此他从来不是一个狭隘的经验主义者，他的思维的具体性是一种高级的具体性，是在出色地运用抽象方法基础上的具体性。列宁是一个最出色的唯物辩证法家，是一个具有创造性的伟大思想家和理论家，是人民群众的伟大创造力量的体现者，是新世界最伟大的创造者，是一个把思想和事业结合为一个伟大的不可分割的整体的人。

布哈林对列宁和列宁主义的评价和论述从整体上来说是比较全面的，基本上是符合实际的，但也存在着一些缺陷和失误。

首先，在对列宁的评价方面，布哈林对列宁的伟大功绩给予了崇高的评价，驳斥了种种对列宁形象的歪曲，这是应充分给予肯定的。但也有个别不恰当的评价。如在《作为一种思想家类型的列宁》一文中，他评价道：列宁是一个铁腕人物，熟悉历史的脾气，能够"驾驭着历史，指导着历史飞速奔驰的方向"②。这里用意是赞扬列宁的出众的才能，但说他能驾驭历史，指导着历史飞速奔驰的方向，则不符合历史唯物主义关于正确评价无产阶级领袖作用的基本原则。列宁作为无产阶级的杰出领袖对社会历史的影响无疑是巨大的，但他并不能改变历史发展的客观规律。按照布哈林的说法，似乎历史的发展是由列宁来驾驭的，是按列宁的意愿发展的，这显然是不恰当的。

其次，在对列宁主义基本内容的概括方面，布哈林较之季诺维也夫和斯大林是比较全面的，但对列宁主义中的某些重大理论的阐述和分析却不如季诺维也夫和斯大林深入。特别需要指出的是，布哈林在论述列宁对马克思主义哲学的理论贡献时，只着重强调了他在哲学唯物主义和辩证法方面的贡献，却没有谈到列宁对历史唯物主义的重大贡献。③虽然他也论及了列宁关于无产阶级专政、阶级斗争、无产阶级革命的思想，但主要是从科学社会主义的角度阐述的。作为以研究历史唯物主义理论而闻名于世的布哈林出现这种重大遗漏，显然不是偶然的。这与他对社会历史辩证法的理解与列宁有所不同是有关的。

---

① 《布哈林文选》中册，东方出版社1988年版，第71页。
② 《布哈林文选》中册，东方出版社1988年版，第67页。
③ 《布哈林文选》中册，东方出版社1988年版，第63—64页。

众所周知，"平衡论"是布哈林历史唯物主义理论中的一个核心理论。他按照黑格尔正题、反题、合题的三段式思想，将社会发展的过程理解为：平衡状态、平衡的破坏、平衡在新的基础上的恢复这样一个周而复始的过程。他虽然认为这一过程的基础是社会内在矛盾的发展，但在具体的论证中，他却又将这一过程产生的根本原因归结为社会与自然的矛盾，从而导致了外因论。而且他的"平衡论"还带有一定的机械论的倾向，即他有时将社会的平衡看成是普遍的、绝对的，否定了运动变化的绝对性。"平衡论"是布哈林经济学观点最主要的哲学基础。所以他根据"平衡论"写作的《过渡时期的经济》一书遭到了列宁的尖锐批评。针对书中的"平衡论"观点，列宁指出，布哈林从来不完全了解辩证法，并指出，只有相对的平衡，才是正确的。因此，布哈林的"平衡论"虽有辩证法的合理因素，同时又有形而上学的片面性。虽有列宁的批评，但布哈林却从未放弃"平衡论"。1924 年，他在《关于历史唯物主义理论若干问题的提法》一文中，更进而强调了"平衡论"的意义。他说"平衡论"与马克思主义的辩证法是完全一致的，而且认为对马克思恩格斯唯物辩证法思想的系统叙述和系统论证是由他的"平衡论"做到的。这显然过分夸大了他的"平衡论"的意义。正是基于这种认识，后来他又力图将列宁的辩证法思想纳入他的"平衡论"，并努力论证了二者的一致性，例如，他在 1927 年发表的《列宁主义和无产阶级革命的建设时期》一文中，就从"平衡论"出发对列宁主义的辩证法进行了阐释。他认为，列宁和马克思革命辩证法的核心思想就是：资本主义社会是一个对立的统一体，它像任何社会一样也是一个"统一体"，但由于其内部的矛盾，就导致了资本主义社会的分裂和解体，通过无产阶级革命，又建立起新的社会主义的统一体。在社会主义社会中虽也存在着矛盾，但其发展的趋势"不是社会的解体，而是社会的统一通过矛盾的消亡和克服而得到最大的巩固"[1]。他认为，即使"在过渡时期的社会中，统一因素越来越压倒对立因素，而且正是这个统一因素，最后将在永远消灭过去时代各种社会经济矛盾的共产主义生产方式中达到它的终点"[2]。这种认为社会矛盾可以最终消亡，存在永恒统一性的观点显然是他的"平衡论"，而不是列宁的辩证法。这是布哈林对列宁辩证法的片面化解释。正是基于这种对辩证法的"平衡论"理解，布

---

[1] 《布哈林文选》中册，东方出版社 1988 年版，第 202 页。

[2] 《布哈林文选》中册，东方出版社 1988 年版，第 202 页。

哈林提出了关于社会主义建设中应保持工业和农业、积累和消费、计划和市场、社会主义经济成分和非社会主义经济成分、政治和经济等方面平衡的思想。布哈林的这一建设社会主义的理论正如它的理论基础——"平衡论"一样有其合理的因素，但也有机械论的倾向，所以遭到了来自各方面的批判。斯大林认为布哈林的"平衡论"是完全反马克思主义辩证法的。布哈林建立在"平衡论"基础上的经济理论是企图在社会主义和资本主义之间寻找第三条道路，是一种右倾机会主义。斯大林的批判虽有合理的一面，但同时又走到了另一个极端，完全否定了在一定条件下保持平衡的必要性，片面夸大了社会主义社会的阶级斗争。

　　总之，布哈林用"平衡论"来代替和解释列宁的历史唯物主义和辩证法思想是片面的、是不符合列宁思想的实质的。

四、斯大林对列宁主义的阐发

　　斯大林在列宁逝世后，高举列宁主义的旗帜，对列宁主义作了十分深入的阐发，同时也对托洛茨基主义和第二国际修正主义对列宁主义的歪曲进行了批判。

（一）深刻揭示了列宁主义的历史根源

　　在《论列宁主义基础》一文中，斯大林明确给列宁主义作出了界定："列宁主义是帝国主义和无产阶级革命时代的马克思主义。确切些说，列宁主义是无产阶级革命的理论和策略，特别是无产阶级专政的理论和策略。"[①] 在《论列宁主义的几个问题》一文中，斯大林进一步揭示了这一界定的具体含义，并重申了这一界定的正确性。他说："其所以正确，第一在于它正确地指出列宁主义的历史根源，确定列宁主义是帝国主义时代的马克思主义，这正和某些批评列宁的人相反，他们错误地认为列宁主义是在帝国主义战争以后产生的。其所以正确，第二在于它正确地指出列宁主义的国际性质，这正和社会民主党人相反，他们认为列宁主义只适用于俄国一国的环境。其所以

――――――――
[①] 《斯大林选集》上卷，人民出版社 1979 年版，第 185 页。

正确，第三在于它正确地指出列宁主义同马克思学说的有机联系，确定列宁主义是帝国主义时代的马克思主义，这正和某些批评列宁主义的人相反，他们认为列宁主义不是马克思主义进一步的发展，而仅仅是马克思主义的恢复，是马克思主义在俄国实际情况中的应用。"[①]斯大林指出，列宁主义是在帝国主义条件下，即在资本主义的矛盾已经达到极点、无产阶级革命已成为直接实践的问题、训练工人阶级去进行革命的旧时期已经达到尽头而转变为直接冲击资本主义的新时期的条件下成长和形成的。他具体分析了帝国主义的内在矛盾：第一个矛盾是劳动与资本之间的矛盾。由于这一矛盾的激化，帝国主义就把工人阶级引向革命。第二个矛盾是各金融集团之间以及帝国主义列强间为争夺原料产地、争夺别国领土而产生的矛盾。这一矛盾的激化导致了帝国主义国家之间的战争，它使帝国主义者之间彼此削弱，也使无产阶级革命必然实现。第三个矛盾是为数极少的占统治地位的"文明"民族和世界上十多亿殖民地和附属国人民之间的矛盾。这一矛盾的激化，导致了各殖民地无产阶级的产生和民族解放运动的兴起，这就使殖民地和附属国由帝国主义的后备军变为无产阶级革命的后备军。这一切使无产阶级革命不可避免，而且造成了直接冲击资本主义堡垒的有利条件。这就是列宁主义产生的国际环境。

斯大林进一步分析了俄国成为列宁主义的策源地和诞生地的原因。他指出，这是"因为俄国当时是帝国主义所有这一切矛盾的集合点"[②]。沙皇俄国是帝国主义在东欧的代理人，是帝国主义瓜分殖民地以及在战争中的同盟者，因此沙皇制度同西方帝国主义的利益交织在一起，并终于融合成为统一的帝国主义利益。所以，要想打击和反对沙皇制度，就必须打击和反对帝国主义。当时俄国又掀起了革命高潮，无产阶级是这一革命的领导者，并拥有革命农民这个同盟者，可见"俄国革命不能不成为无产阶级革命，它不能不在一开始发展时就具有国际性质，因而也就不能不震撼世界帝国主义的基础"[③]。正因为如此，俄国成了列宁主义的策源地，俄国共产党人的领袖列宁成为列宁主义的创造者。

① 《斯大林选集》上卷，人民出版社 1979 年版，第 395—396 页。
② 《斯大林选集》上卷，人民出版社 1979 年版，第 188 页。
③ 《斯大林选集》上卷，人民出版社 1979 年版，第 190 页。

（二）阐明了列宁主义的基本问题

季诺维也夫在《纪念列宁》一文中认为，农民的作用问题是布尔什维主义即列宁主义的基本问题。斯大林指出，这种观点是完全不对的。"列宁主义中的基本问题，列宁主义的出发点，并不是农民问题，而是无产阶级专政、争取无产阶级专政的条件、巩固无产阶级专政的条件等问题。农民问题，即无产阶级在为政权而斗争中的同盟者问题，是一个派生的问题。"[①] 为说明这一论点，斯大林具体分析了农民问题对无产阶级革命的意义。他指出，说农民问题是无产阶级革命的派生问题，丝毫不会使它失去对无产阶级革命具有的重大而迫切的意义。在 1905 年革命中，农民问题即革命同盟者的问题对无产阶级来说已具有迫切的性质。在无产阶级革命时期，农民问题就更具有迫切的性质。从谁想夺取政权，谁准备夺取政权，谁就不能不关心自己的真正同盟者的问题的意义出发，农民问题是无产阶级专政总问题的一部分，因而也是列宁主义的最迫切的问题之一。

在无产阶级革命中，大多数农民也实际支持了工人为争取和平、为苏维埃政权而进行的斗争，从而成为革命成功的重要因素。在苏维埃政权巩固以后，无产阶级依靠了劳动农民群众这个后备军，将工业和农业结合了起来，有力地推动了社会主义建设。总之，不论在革命中还是胜利后，农民问题都是具有重大意义的。但是并不能因此而将农民问题视为列宁主义的基本问题。在列宁看来，帝国主义问题，帝国主义发展的跳跃性问题，社会主义在一个国家内的胜利问题，无产阶级国家问题，这个国家的苏维埃形式问题，党在无产阶级专政体系中的作用问题以及社会主义建设的途径问题等才构成了无产阶级专政思想的基础和根基。因此只有首先正确阐明了这些基本问题，才能从无产阶级专政的观点上去阐明农民问题。可见，列宁主义的基本问题只能是无产阶级专政问题。

（三）阐述了列宁对马克思主义的伟大理论贡献

针对第二国际修正主义和托洛茨基否定列宁对马克思主义的伟大理论贡献，攻击列宁不重视理论的论调，斯大林指出："列宁比谁都更了解理论的重

---

① 《斯大林选集》上卷，人民出版社 1979 年版，第 226 页。

要意义，特别是对于我们党这样一个党的重要意义。"①正是列宁正确地强调和阐明了理论对于革命实践的巨大意义。列宁反复说过："没有革命的理论，就不会有革命的运动。"②列宁不仅高度重视理论的作用，而且在实践中捍卫和发展了马克思主义的科学理论。针对有些人把列宁主义看成仅仅是19世纪40年代马克思主义理论原则的复活的观点，斯大林指出，列宁确实复活了被第二国际机会主义者所埋没的马克思主义的革命内容，而且更进一步，在资本主义和无产阶级阶级斗争的新条件下向前发展了马克思主义。

在哲学方面，列宁发展了马克思主义关于唯物主义和辩证法的学说。他依据唯物主义哲学，把从恩格斯到列宁这个时期最重要的科学成就概括了起来，并从各个方面批判了马克思主义者队伍里的反唯物主义派别。《唯物主义和经验批判主义》就是列宁在哲学方面发展马克思主义理论的代表作。

在经济学方面，列宁继马克思《资本论》之后，写了《帝国主义是资本主义发展的最高阶段》等重要著作，深刻地分析了资本主义社会从自由资本主义向垄断资本主义的发展过程，揭示了垄断资本主义的基本特征和基本规律。

在社会主义理论方面，列宁更是作出了巨大的贡献。他揭示了帝国主义发展不平衡的规律，提出了社会主义可能在一国首先取得胜利的科学论断，并通过革命实践使之转化成了现实。列宁在无产阶级革命、无产阶级专政、农民问题、民族问题、战略和策略、无产阶级政党等一系列马克思主义的重大理论问题上都根据新的历史条件和革命实践的经验作出了巨大的发展。特别是列宁关于无产阶级革命胜利后从资本主义向社会主义过渡时期的理论、社会主义建设的理论如合作制、新经济政策等，更是对马克思主义理论宝库作出的杰出贡献。

斯大林还揭示了列宁主义的方法的实质和基本内容。他指出，列宁主义的方法是在同第二国际修正主义的斗争中产生和发展起来的。第二国际的修正主义者使马克思主义的理论脱离了生动的群众革命斗争，并使其变成陈腐的教条。他们用马克思主义的一些被变成教条的自相矛盾的原理和理论片段代替了完整的革命理论，并企图阉割马克思主义理论中的活的革命灵魂，这就是第二国际修正主义的方法。列宁主义的方法是与第二国际修正主义的方法根本对立

---

① 《斯大林选集》上卷，人民出版社1979年版，第200页。

② 《列宁选集》第1卷，人民出版社2012年版，第153页。

的。斯大林认为，列宁主义的方法的基础和实质是：坚持理论和实践相统一的原则，并用群众革命斗争的实践来检验第二国际的各种理论教条，认为只有这样才能用马克思主义的理论武装全党；不是根据第二国际修正主义者的言论，而是根据其行动检验各国党的政策；按照新的革命方式用教育和训练群众去进行革命斗争的精神改造全部党的工作；无产阶级政党要勇于进行自我批评，并根据本身的错误总结经验教训。斯大林还指出，以上述方面为基础和内容的列宁主义的方法不仅是对马克思的唯物主义辩证法的恢复，而且是这个方法的具体化和进一步发展。

（四）批判托洛茨基主义，捍卫列宁主义

斯大林用事实批驳了托洛茨基贬低列宁在十月革命中作用的论调。他指出，托洛茨基及其同伙竭力歪曲历史事实，将托洛茨基说成是十月革命的真正鼓舞者和唯一的领导者。但事实上十月起义的鼓舞者和领导者不是其他人，而正是列宁。托洛茨基及其同伙贬低列宁，抬高托洛茨基的根本目的，就是想准备条件用托洛茨基主义顶替列宁主义。

斯大林在一系列重大的原则问题上深入揭示了列宁主义和托洛茨基主义的根本对立和分歧，批驳了托洛茨基对列宁主义的歪曲和篡改。如在不断革命论的问题上，斯大林针对托洛茨基宣扬的他的不断革命论与列宁主义完全一致、十月革命的实践证实了他这一理论的正确性的论调指出，这是托洛茨基对列宁主义的歪曲。事实上，列宁始终都是对托洛茨基的不断革命论持批判态度的。斯大林指出列宁和"不断革命"的思想作斗争，主要有两个方面的原因：第一，"因为列宁主张'用尽'农民的革命能力，彻底利用农民的革命毅力，以便彻底消灭沙皇制度，以便过渡到无产阶级革命；而'不断革命'论者却不懂得农民在俄国革命中的重大作用，过低估计农民的革命毅力，过低估计俄国无产阶级领导农民的力量和本领，因而妨碍了把农民从资产阶级影响下解放出来的事业，妨碍了把农民团结在无产阶级周围的事业。"[①] 第二，"因为列宁主张以政权转归无产阶级来完成革命事业，而'不断'革命论者却想直接从建立无产阶级政权开始，他们不知道这样做就是闭眼不看像农奴残余这样的'小事情'，就是不考虑到俄国农民这样的重大力量；他们不知道这种政策只能阻挠把农民

---

① 《斯大林选集》上卷，人民出版社 1979 年版，第 210 页。

争取到无产阶级方面来的事业。"① 与托洛茨基的不断革命论相反，只有列宁才是唯一正确了解并发展了马克思不断革命思想的马克思主义者。托洛茨基的不断革命论则"曲解了马克思的不断革命思想，把它变成了毫无生气的书本上的玄谈"②。

在关于"一个国家的社会主义的理论"问题上，针对托洛茨基在这个问题上对列宁主义的歪曲，斯大林指出："我肯定地说，在一个国家内建设社会主义经济的问题还在 1915 年就由列宁第一次在党内提出了。我肯定地说，当时反驳列宁的不是别人，正是托洛茨基。"③ 在一国的社会主义的理论问题上，列宁与托洛茨基是完全对立的。例如，列宁认为社会主义可能首先在少数或者在单独一个资本主义国家内获得胜利，而托洛茨基则认为革命的俄罗斯休想能在保守的欧洲面前站住脚；列宁认为首先在一国内获得胜利的无产阶级既然剥夺了资本家并在本国组织了社会主义生产，就会起来反对其余的资本主义世界，而托洛茨基则认为，没有欧洲无产阶级直接的国家援助，俄国工人阶级就不能保持政权，就不能把自己暂时的统治变成长期的社会主义专政，等等。

斯大林还批判了季诺维也夫对列宁主义的理解。他认为季诺维也夫给列宁主义下的定义（列宁主义是帝国主义战争时代和在一个农民占多数的国家里直接开始的世界革命时代的马克思主义）是根本错误的。因为它把俄国的落后性、农民性放到列宁主义的定义中去，"这就是把列宁主义从国际无产阶级的学说变成俄国特殊情况的产物。"④ 斯大林认为，对列宁主义的这种狭隘解释实际是为鲍威尔和考茨基第二国际修正主义效劳，因为鲍威尔和考茨基就否认列宁主义能适用于其他资本主义比较发达的国家。无疑，农民问题对于俄国有极重要的意义，但这一事实对于确定列宁主义的基础没有任何意义。因为列宁主义并不仅仅是根据俄国的条件专为俄国制定的，而是根据帝国主义的条件为所有帝国主义国家制定的。列宁的一系列重要著作如《帝国主义是资本主义的最高阶段》、《国家与革命》、《无产阶级革命和叛徒考茨基》、《共产主义运动中的"左派"幼稚病》等是对所有帝国主义国家的分

---

① 《斯大林选集》上卷，人民出版社 1979 年版，第 210 页。
② 《斯大林选集》上卷，人民出版社 1979 年版，第 401 页。
③ 《斯大林选集》上卷，人民出版社 1979 年版，第 516 页。
④ 《斯大林选集》上卷，人民出版社 1979 年版，第 396 页。

析，所以对这些国家的革命都有指导意义。列宁主义是各国革命运动经验的概括，因而列宁主义的理论原理和策略原理对各国无产阶级政党都是适用和必要的。斯大林还引用列宁的有关论述说明，布尔什维主义即列宁主义具有普遍的国际意义，并得出结论说，季诺维也夫的"带有民族局限性的列宁主义定义"① 是不正确的。此外，斯大林还在一系列文章中着重批判了季诺维也夫关于一国不能取得社会主义最终胜利的论点，指出这是季诺维也夫对列宁主义所作的错误解释和发挥。尤其是当季诺维也夫转而与原先的对手托洛茨基结成联盟之后，他就从维护列宁主义、反对托洛茨基主义的立场转到反对列宁主义、维护托洛茨基主义的立场上去了。斯大林认为，1925 年 9 月季诺维也夫的《列宁主义》一书的出版就是这方面的一个"事件"，它就是在曾于第十四次代表会议上拥护党的路线的季诺维也夫和背离了党的路线、背离了列宁主义而转向托洛茨基主义的思想立场的季诺维也夫之间划了一条分界线。这条分界线，在斯大林看来就是季诺维也夫在一国社会主义理论问题上，与托洛茨基主义采取了一致的立场，从而根本违背了列宁主义。斯大林指出："反对派联盟是经过'新反对派'、经过加米涅夫和季诺维也夫转到托洛茨基主义方面去而形成的。"②

斯大林对列宁主义的阐发，对于世界各国无产阶级及其政党、广大的革命人民了解和掌握列宁主义这一伟大的思想体系起了重要作用，他对第二国际修正主义和托洛茨基对列宁主义的歪曲和诬蔑的批判，对列宁主义产生的历史根源及其基本问题的阐述等都是他对马列主义所作出的理论贡献。但斯大林对列宁主义的阐发也存在着不足和缺陷。例如在列宁主义的定义问题上，他突出强调了列宁主义的国际意义，这在当时无疑是十分必要的，但却忽视了列宁主义的俄国特点。虽然他在批评有人将列宁主义只看作马克思主义在俄国环境的特殊条件下的应用的观点时，也肯定了这种看法包含有部分真理，即肯定了列宁主义是马克思主义同俄国具体实际相结合的产物，但这一点并没有体现在他对列宁主义所下的定义中。然而，列宁主义首先就是马克思主义与俄国具体实际相结合的产物，因此它必然带着鲜明的俄国特点，如果否定这一点，而只片面强调其国际性的特征，就会将列宁主义看成可以不顾各国特点而必须完全照搬

---

① 《斯大林选集》上卷，人民出版社 1979 年版，第 397 页。
② 《斯大林选集》上卷，人民出版社 1979 年版，第 604 页。

的绝对真理，把俄国革命的经验当作世界各国无产阶级革命的唯一模式。中国革命以及其他许多国家的革命实践已充分证明这是根本行不通的，也是不符合列宁主义的基本精神的。可见，斯大林对季诺维也夫关于列宁主义的定义所进行的批判并不恰当，何况季诺维也夫也并没有否定列宁主义的国际意义，他在《列宁主义》一书中对列宁主义所正式下的定义与斯大林的定义也并无原则差别。此外，斯大林的定义也没有将列宁关于社会主义建设的思想概括进去，这也是一个重大缺陷。因这一点也是列宁主义最重要的内容之一，是列宁对马克思主义最杰出的贡献。正如布哈林所说，列宁主义不仅是革命的学说，而且也是建设的学说，在一定意义上，后者更为重要。理论上的缺陷必然会导致实践的失误，后来斯大林所犯肃反扩大化错误，与他片面理解列宁主义不无关系。

再如，斯大林对列宁主义的基本内容的概括也有不妥之处。他将列宁主义划分为理论和方法这两大部分，而没有阐明这两大部分的内在联系，这显然也是不恰当的。因为列宁主义的理论和方法是有机统一的整体。二者是不可分割的。斯大林对列宁主义的理论和方法的理解和概括也不够全面。他对列宁主义的理论的阐述，突出了其无产阶级革命和无产阶级专政的理论，这样做在当时虽是必要的，但列宁主义的理论并不仅仅是这一个方面，它作为马克思主义在新的时代条件下的丰富和发展，同样也是哲学、政治经济学和科学社会主义这三个部分的有机统一，然而斯大林却对前两个部分的阐述并不充分。如他在谈到列宁的哲学贡献时，只提到了《唯物主义和经验批判主义》这一部著作，其他的则一点也没有涉及。斯大林认为，列宁主义的方法是马克思的唯物辩证法的具体化和进一步的发展，这当然是正确的。但他却将列宁的辩证法思想概括为理论与实践的统一，实际行动和口号的一致，新的革命风格和自我批评，这显然是不确切的。如果说列宁主义的方法和唯物辩证法并不等同，那就应该充分说明二者之间的内在联系，而斯大林也没有做到这一点。

总之，作为列宁的学生和战友的季诺维也夫、布哈林、斯大林在列宁逝世后的一个时期内，对列宁主义的研究、阐发、宣传和捍卫方面都作出了自己的贡献，虽然他们的阐发都有其不足和缺陷，甚至存在着严重的错误，但他们对确立马克思主义发展史上的列宁主义阶段的作用和贡献是不应抹杀的。

第二节　马克思恩格斯著作的翻译出版和
列宁著作的编辑出版

苏维埃国家政权建立以后，马克思主义理论研究及其著作的收集、翻译和出版情况在苏联党内得到了高度重视。特别是在列宁的直接参与和倡议下，专门的马克思主义研究机构的创建为马克思主义理论研究及著作出版工作奠定了重要基础。在马克思主义理论著作的翻译出版过程中，《马克思恩格斯全集》俄文第一版的编辑出版是一项伟大创举。它是世界上第一部系统研究马克思恩格斯毕生著作的文献资料，尽管还存在着一些缺陷，但它的出版无疑大大推动了马克思主义理论在苏联国内以及世界范围内的研究与传播。同时，马克思恩格斯著作历史考证版（简称 MEGA1）的出版工作也在这一时期进行，虽未完成，但它的编辑特点和原则却为今后马克思主义理论著作的编辑工作提供了基本遵循。另外，列宁去世以后，列宁著作特别是《列宁全集》的出版为列宁主义的传播奠定了基础。

一、《马克思恩格斯全集》俄文第一版的编辑

世界上第一部马克思恩格斯的著作全集诞生在苏联，这一创举不管是在国内还是国际，不管是对理论研究还是对于实践指导，都产生了巨大的影响。然而，这一编辑出版过程却异常艰辛，它是苏联领导人及一大批相关科研工作者共同努力的结晶。

十月革命前，俄国国内马克思主义者已经在翻译出版马克思恩格斯著作方面做了大量工作。马克思主义的一些经典著作比如《共产党宣言》、《雇佣劳动与资本》、《社会主义从空想到科学的发展》、《哲学的贫困》、《路德维希·费尔巴哈和德国古典哲学的终结》、《家庭、私有制和国家的起源》、《英国工人阶级状况》、《政治经济学批判》、《资本论》（1—3 卷）、《哥达纲领批判》、《德国农民战争》等已经在俄国翻译出版。然而，十月革命前由于受到沙皇当局书报检

查的限制，马克思恩格斯著作或被禁止出版或是大量内容被删减。并且，由于当时缺乏统一的研究中心机构和系统的规范体系，出版的同一著作版本甚多，翻译质量也是参差不齐。十月革命胜利后，为系统、完整、科学地介绍马克思恩格斯著作，进一步加强马克思恩格斯思想研究和宣传，促进其在广大人民群众中的学习和传播，编辑《马克思恩格斯全集》的工作被提上日程。然而，《马克思恩格斯全集》俄文第一版的编辑工作却经历了一个较为复杂曲折的过程。

苏维埃国家政权成立初期，马克思主义著作的出版工作就已经开始。1918年，在国内战争时期，苏俄第一次启动了出版《马克思恩格斯全集》的工作。当时，成立了由列宁领导的委员会，该委员会包括伊万诺维奇·斯克沃尔佐夫—斯捷潘诺夫、卢那察尔斯基、沃洛夫斯基、波克罗夫斯基（1868—1932）、斯切克洛夫等一大批优秀成员。按照计划总共出版 28 卷，但实际只出了 4 卷。从 1918 年出版第 5 卷开始，后又分别于 1920 年出版第 4 卷、1921 年出版第 3 卷、1922 年出版第 6 卷。从内容来看，第 3 卷以《马克思恩格斯历史著作选集》为基础，主要收集了马克思和恩格斯关于 1848 年革命的历史著作；第 4、5、6 卷分别刊印了《资本论》第 1、2、3 卷的内容。《马克思恩格斯全集》的首次出版编辑工作仅仅维持了 4 年便停止了，这主要由于在编辑过程中出现了一些问题。比如，缺乏科学的编纂基础。"由于出版社分散和无人监督，以及缺乏对马克思学具有一定素养的人才，结果出现了反常现象：竟然在世界上第一个无产阶级专政的国家里翻印革命前出版的、被沙皇政府书刊检查机关删改得不像样子的科学共产主义创始人的著作。"[1] 其中，《共产党宣言》、《哲学的贫困》等马克思主义的经典著作在当时就有多种版本，并且都是经过严格检查后的。这就使得全集的编纂工作严重缺乏科学的译本依据，因此，这一时期《马克思恩格斯全集》的编辑出版显然还不可能完成。另外，全集的编纂工作实际需要专门的马克思主义研究机构以及大量且专业的工作人员，然而，在苏维埃政权刚刚成立初期，还没有形成一个专门统一的马克思主义研究机构。由于上述原因，马克思主义创始人全集的出版工作不得不暂时搁浅。

对于《马克思恩格斯全集》出版中遇到的问题，列宁给予了高度重视，并倡导成立专门的马克思主义研究机构。在列宁的倡议下，1919 年，马克思主

---

① 人民出版社资料组：《〈马克思恩格斯全集〉的编纂工作》，人民出版社 1977 年版，第 9 页。

义理论、历史和实践研究室成立。之后，在该研究室的基础上，按照 1920 年 1 月 8 日俄共（布）中央全会的决定，又成立了马克思主义博物馆。1921 年 1 月 11 日，该馆改建为马克思恩格斯科学研究所。1922 年 7 月 1 日，在马克思恩格斯科学研究所基础上又成立了马克思恩格斯研究院。这一研究机构的成立为马克思恩格斯著作的出版奠定了重要基础，它实际承担了后期马克思恩格斯著作收集、编辑、出版等方面的主要工作。该研究院下设包括马克思恩格斯研究室和第一、第二国际研究室，以及哲学、政治经济学、社会主义、各国史学、法学等具体科学研究室，图书馆，档案馆，博物馆，出版社，经济行政办公室等单位。其中马克思恩格斯研究室和第一、第二国际研究室是核心机构。马克思恩格斯研究院第一任院长由达维德·梁赞诺夫担任。马克思恩格斯研究院成立初期，主要工作是收集、保存马克思恩格斯著作的原始手稿、书信和笔记，以及世界各地出版的各种文字版本的马克思恩格斯著作。在这方面，列宁曾给予过大力支持。1921 年 2 月 2 日，列宁就曾经写信给梁赞诺夫，"（1）您是否知道恩格斯书信里画了着重线的那些地方是从哪里摘引来的？（2）这些书信是否全文刊登过？登在什么地方？（3）如果刊登过，能否找到并弄到手？（4）我们能否向谢德曼之流及其同伙……购买马克思和恩格斯的书信？或者是书信的照片？（5）我们有没有希望在莫斯科收集到马克思和恩格斯发表过的全部材料？（6）在这里已经收集到的材料有没有目录？（7）马克思和恩格斯的书信（或复制件）由我们来收集，此议是否可行？"① 总之，为了广泛收集、购买马克思恩格斯著作相关材料，新成立的苏维埃国家在极端困难的情况下不惜花费重大财力来支持研究院这一工作的开展，这就为推动苏联马克思主义著作出版创造了重要前提。

随着马克思恩格斯研究院独立科研工作的深入开展，要求出版《马克思恩格斯全集》的呼声日益高涨。1923 年，马克思恩格斯研究院开始着手新的《马克思恩格斯全集》出版工作，但这次仍然没能顺利完成。截止到 1924 年，总共出版了第 1、2、10、11 卷这四卷。这四卷中收录的著作"大多数都是第一次以俄文出版的。在第 1 卷中，收集了马克思在 1837 至 1844 年期间，即他开始与恩格斯共同活动以前所写的论文和书信。在第 2 卷中，收集了 1839

---

① 《列宁全集》第 50 卷，人民出版社 2017 年版，第 105—106 页。

至 1844 年恩格斯所写的论文和通讯。第 10 和 11 卷包括马克思和恩格斯在
1852—1855 年发表在《纽约论坛报》和其他出版物上的论文和通讯。"① 但是，这
次出版工作也没有完成，主要是因为一些新材料的发现使得前期的出版工作不
得不暂时中断。1923 年夏天，马克思恩格斯研究院在出版全集的过程中，《黑
格尔法哲学批判》、《德意志意识形态》、《自然辩证法》和一些重要书信等许多
以前不为人知的马克思恩格斯著作材料被梁赞诺夫发现。另外，研究院还搜集
到了马克思恩格斯著作生前版本非常完备的资料，以及马克思恩格斯曾经撰过
稿的报刊的原版和复制资料。以上这些新材料的发现使得研究院前期的出版工
作必须暂时中断，只有在全面、准确掌握文献研究的基础上才能继续《马克思
恩格斯全集》的编辑和出版工作。1924 年 5 月，俄共（布）第十三次代表大
会再一次将《马克思恩格斯全集》编辑出版工作提上日程。会议决议指出，"代
表大会委托中央委员会同共产国际执行委员会协商，采取一切办法来尽快地出
版俄文版和其他文字版的马克思恩格斯全集。"② 随后，共产国际第五次代表会
议赞同这一决议并委派专人积极参与这一工作。然而，由于马克思恩格斯手稿
的辨识、整理、编译工作十分艰难、烦琐，以至于研究院在 1928 年才正式出
版俄文版《马克思恩格斯全集》第 1 卷。从 1928 年第 1 卷问世到 1947 年全
部出版完成，《马克思恩格斯全集》俄文第一版的出版工作历时 19 年，共 29
卷。《马克思恩格斯全集》俄文第一版从内容上来说总共分为三部分：第一部
分主要涉及哲学、历史、政论等方面的著作，涵盖第 1 卷至第 16 卷；第二部
分主要涉及经济学方面的文献，涵盖第 17 卷至第 20 卷；第三部分主要涉及
马克思和恩格斯之间以及他们与别人之间的通信，涵盖第 21 卷至第 29 卷。
其中，第一部分主要收录了除《资本论》和《剩余价值理论》之外的其他经
济学著作，这两大著作被收录在第二部分。"把这两大部头的著作分出来作
为独立的部分，是由于这两部著作都是多卷的，把它们按照写作日期放在第
一部分就会使各卷互相分隔开来。"③ 与此同时，各卷还附有马克思恩格斯写

① ［苏］列·阿·列文：《马克思恩格斯著作的发表和出版》，周维译，生活·读书·新知三
　　联书店 1976 年版，第 183 页。
② 《苏联共产党代表大会、代表会议和中央全会会议决议汇编》第 2 分册，人民出版社 1964
　　年版，第 501 页。
③ ［苏］列·阿·列文：《马克思恩格斯著作的发表和出版》，周维译，生活·读书·新知三
　　联书店 1976 年版，第 185 页。

的序言，某些卷中还有简短的脚注以及索引。"在每一篇著作的后面都指出，该著作的作者是谁（是马克思或恩格斯，或者他们两个人），在什么地方，在什么时候第一次刊登，署名是什么。在很多卷次中，这些情况是在目录中出的。"①

《马克思恩格斯全集》俄文第一版作为世界上第一部系统编辑马克思恩格斯毕生著作的文献资料，其成功出版具有重要意义和价值。

第一，这对于深化马克思主义理论研究以及扩大马克思主义理论传播起到了重要意义。"根据党的第十三次代表大会决定出版的《马克思恩格斯全集》俄文第一版，当时曾是马克思主义创始人遗著的最完备的文献。"②《马克思恩格斯全集》的出版是一项宏伟艰巨的工程，从材料的搜集、保存到整理、编辑出版，其任务繁重、琐碎，但又对细节要求严格，因此需要良好的专业团队和较高的能力水平。苏联作为世界上第一个社会主义国家在当时内忧外患的艰难条件下，能够最大限度地集中人力、物力、财力推动这一工程的实施，在世界上第一次成功出版了马克思主义创始人的著作全集，它不仅在苏联国内而且在世界上产生了重要影响和意义。《马克思恩格斯全集》的出版对于人们系统学习和掌握马克思主义理论，深化对马克思主义的认识和了解，扩大马克思主义思想在世界范围内的传播创造了重要的前提条件。同时，马克思主义作为苏联及世界社会主义运动的根本指导思想，《马克思恩格斯全集》的出版对于苏联国内进一步开展社会主义建设，以及更好地指导世界其他国家和民族开展社会主义运动都具有积极的意义。

第二，《马克思恩格斯全集》俄文第一版第一次出版了马克思和恩格斯许多重要的但过去却不为人知的著作，具有重要的历史意义和学术价值。在马克思恩格斯研究院成员广泛搜集材料的基础上，首次发现了马克思恩格斯一大批过去人们所不知道的却又是马克思恩格斯的重要著作，比如，《1844 年经济学哲学手稿》、《德意志意识形态》、《福格特先生》等。研究人员还广泛搜集到了马克思恩格斯过去在《新莱茵报》、《纽约每日论坛》、《新闻报》、《新美国百科全书》等期刊、杂志上撰写过的文章，并对其中未署名的文章进行了辨认。同

①　[苏] 列·阿·列文：《马克思恩格斯著作的发表和出版》，周维译，生活·读书·新知三联书店 1976 年版，第 185 页。

②　中共中央马克思恩格斯列宁斯大林著作编译局：《马克思恩格斯全集说明汇编》，生活·读书·新知三联书店 1977 年版，第 1 页。

时，一大批马克思和恩格斯之间以及他们与其他组织或个人之间的通信也首次被发现。并且，"俄文一版的许多著作和文章是根据作者的手稿和初次出版的版本进行发表的。俄文第一版的特殊功绩在于恢复了马克思恩格斯通信集第四卷集原来的文字；通信集第四卷集的第一个出版者伯恩施坦把马克思和恩格斯针对德国社会民主党机会主义右翼所作的种种批判，以及所有他认为是激烈的词语或是'毫无趣味'的段落统统删去了。至于出版马克思和恩格斯同第三作者的通信集第五卷集，在第二版以前，这是唯一的一次。"① 另外，《马克思恩格斯全集》俄文第一版由编者们标明的各种说明、注释和索引等同样具有重要价值。比如，在卷中增加简短脚注，在卷末增加人名索引、名目索引和其他索引等。总之，这些对于更准确地理解和掌握马克思主义思想、研究相关问题，提供了重要依据。

然而，《马克思恩格斯全集》俄文第一版的编辑工作同时还存在着一些显著缺陷和不足。比如，从文章、著作等收入情况来看，一些马克思恩格斯的重要著作，如马克思的《剩余价值理论》就被遗漏；一些不是马克思恩格斯的著作反而被误编加以收录。并且，文献考证工作也不够严谨，存在一些显著问题。比如，《经济学哲学手稿》就被当作《神圣家族》的准备材料；"有些正文在马克思和恩格斯生前已有一些版本，但并未进行比较"。② 从译文质量来看，"还必须指出，不同卷次的译文质量不平衡。某些著作，其中斯克沃尔佐夫—斯切潘诺夫校订的著作（例如，《路易·波拿巴的雾月十八日》）的俄文本译文质量很高，而另一些著作（特别是从《纽约每日论坛报》上收集的文章）的译文则还需要极其认真地进行加工。"③ 另外，由于整个出版过程历时较长，再加上战争的破坏，出版工作难以满足读者的需求。并且，在此期间，对马克思恩格斯许多文章、著作、书信又有了新发现。鉴于此，出版新的《马克思恩格斯全集》成为苏联马克思主义理论研究和出版工作的内在要求。

---

① 人民出版社资料组：《〈马克思恩格斯全集〉的编纂工作》，人民出版社1977年版，第16页。
② 人民出版社资料组：《〈马克思恩格斯全集〉的编纂工作》，人民出版社1977年版，第17页。
③ 人民出版社资料组：《〈马克思恩格斯全集〉的编纂工作》，人民出版社1977年版，第17—18页。

二、马克思恩格斯著作历史考证版的编辑出版

马克思恩格斯著作历史考证版第一版简称 MEGA1，它与《马克思恩格斯全集》俄文第一版的编辑几乎是同时进行的。十月革命后，苏维埃社会主义国家政权的建立为系统编辑出版马克思恩格斯著作创造了良好的政治条件。马克思恩格斯研究院的成立及其在专业图书馆搜集、购买、复制马克思恩格斯原始手稿、著作、书信、笔记等方面开展的大量工作，为马克思恩格斯著作出版提供了宝贵的材料。1924 年 7 月 7 日，共产国际第五次大会一致通过决议，委托梁赞诺夫进行原文版《马克思恩格斯全集》的编辑出版工作，马克思恩格斯著作历史考证版的编辑出版工作随即启动。

马克思恩格斯著作历史考证版第一版与《马克思恩格斯全集》俄文第一版的内容编排体系大体一致，但又存在显著差异。从编排内容来看，历史考证版"第一部分应包括马克思和恩格斯的哲学、经济学、历史和政论性著作（《资本论》除外）。……第二部分是《资本论》，而且还计划在这一部分首次发表马克思的经济学手稿以及他写《资本论》的准备材料。……第三部分是马克思和恩格斯的书信"[1]。另外，第四部分还将分别出版两卷人名索引和名目索引作为参考资料。总之，与俄文第一版相比，马克思恩格斯著作历史考证版的编辑出版则具有以下显著特征：第一，系统完整。马克思恩格斯著作历史考证版不仅收录马克思恩格斯已经完成的著作、手稿和书信，而且也收录其他未完成的著作和手稿、笔记等准备材料。第二，忠实于原文。从所使用的文字看，马克思恩格斯著作历史考证版全部按作者写作时使用的原用语言进行出版。从内容来看，"这个版本提供了马克思和恩格斯的著作的科学地核对过的、完整的原文"。[2] 第三，注释详细。马克思恩格斯著作历史考证版还准备附录历史批判性注释、图书索引、人名索引、名目索引、各种说明等。与之相比，《马克思恩格斯全集》俄文第一版则只收录了马克思恩格斯已经完成的著作，文字一律采用俄文，注释和索引等也不尽全面和详细。然而，从实际出版情况来看，马

---

① 人民出版社资料组：《〈马克思恩格斯全集〉的编纂工作》，人民出版社 1977 年版，第 14—15 页。

② ［苏］列·阿·列文：《马克思恩格斯著作的发表和出版》，周维译，生活·读书·新知三联书店 1976 年版，第 187 页。

克思恩格斯著作历史考证版的编辑出版是一项未完成的任务。从 1927 年第 I 部分第 1 卷上册的问世到 1935 年，总共出版了 12 卷。其中，这一编辑工作又主要有两个阶段。

从 1927 年至 1930 年，这一期间的编辑出版工作主要是在梁赞诺夫主持下完成的。这一期间，先后出版了第 I 部分第 1 卷上下两册、第 2 卷，第 III 部分第 1、2、3 卷，总共 5 卷 6 册。进入 20 世纪 30 年代，马克思恩格斯著作历史考证版的编辑工作便遭遇了重创。其主要原因在于：一方面，这一时期，马克思恩格斯研究院遭遇大清洗，梁赞诺夫作为负责整个编辑出版工作的核心人物，由于被指控与孟什维克人员及政治组织保持联系而被隔离审查、罢免职务，最后被枪决。马克思恩格斯著作历史考证版的编辑工作受到严重影响。另一方面，长期以来，研究院的编辑工作严重缺乏专业的学术人员。正如梁赞诺夫在被捕后的供词中谈道的："研究院里合格的专业学术人员的数量'完全不够'，但并没有给我们提供合格的专业技术人员，也没有给我配备助手"[1]。与此同时，一些主要的工作人员又在这一时期要么陷入哲学争论，要么同时承担高等学校工作，这就使得"把自己工作的绝大部分时间用在研究院工作上的共产党员人数日益减少"[2]。

从 1931 年至 1935 年，阿多拉茨基作为马克思恩格斯研究院新院长重新主持工作，马克思恩格斯著作历史考证版的编辑出版进入新的阶段。从 1931 年至 1935 年，研究院又相继出版了 7 卷，分别是第 III 部分第 4 卷，第 I 部分第 3、4、5、6、7 卷，以及为纪念恩格斯逝世 40 周年出版的一卷包括《反杜林论》和《自然辩证法》，但这一卷未标明卷次。此后，在当时严峻的国内外政治环境和形势下，历史考证版第 1 版的编辑出版戛然而止。另外，在 1939 年和 1941 年期间，马克思在 1857—1858 年为《资本论》准备的经济学手稿，又被作为《政治经济学批判大纲》单行本（未采用马克思恩格斯著作历史考证版的卷号）分上下两册予以出版。

马克思恩格斯著作历史考证版第 1 版作为一项宏伟的项目，虽未完成，但意义深远。它第一次全文刊发了诸如《1844 年经济学哲学手稿》、《德意志意识形态》、《政治经济学批判大纲（1857—1858 年草稿）》等许多马克思恩格斯

---

① 沈志华主编：《苏联历史档案选编》第 11 卷，社会科学文献出版社 2002 年版，第 360 页。
② 沈志华主编：《苏联历史档案选编》第 11 卷，社会科学文献出版社 2002 年版，第 361 页。

的重要著作，为马克思恩格斯思想研究和传播提供了重要的文献资料。同时，这一编辑工作忠实于原文、系统完整的特征，不仅为国际学者全面、深入、科学准确地开展学术研究提供了权威依据，而且为此后马克思主义著作的编辑出版，特别是马克思恩格斯著作历史考证版第 2 版的开展树立了典范，在马克思恩格斯著作编辑史上具有重要的地位和意义。

三、《列宁全集》的编辑

十月革命前，列宁的一些著作就已经被出版。革命胜利后，列宁的著作更是被译成多种文字大量出版发行。苏联不仅将列宁的著作译成本民族几十种语言文字的版本，还翻译出版了大量外国文字的版本。在列宁著作的编辑出版过程中，苏共中央马列主义研究院在相关文献资料的收集、保存、整理、编辑、出版等方面作出了突出贡献。苏共中央马列主义研究院的前身是 20 年代成立的马克思恩格斯研究院，1924 年根据俄共（布）第十三次代表大会决议又成立了列宁研究院。1931 年，为促进马克思恩格斯和列宁思想研究，加强其著作编辑出版的合作，马克思恩格斯研究院与列宁研究院合并为马克思恩格斯列宁研究院。

1924 年，俄共（布）第十三次代表大会相关决议以及列宁研究院的成立进一步推动了列宁著作的编辑出版。这次大会认为，"研究院的首要任务是：十分科学地和极其慎重地出版列宁全集；用苏联所有各民族语言为更广大的工人群众编辑一套列宁丛书（从列宁选集中选出）"。[①] 并且，"代表大会号召我们党的所有组织和各个党员积极地大力帮助研究院搜集有关弗·伊·列宁生平事业的材料。代表大会还请求各国兄弟共产党协助把一切有关弗·伊·列宁生平事迹的材料集中到列宁研究院。"[②] 可见，正是这次会议及其决议大大加快了列宁著作的编辑出版工作。

从 20 世纪 20 年代到 60 年代，《列宁全集》在苏联总共出版了五个版本。《列

---

① 《苏联共产党代表大会、代表会议和中央全会会议决议汇编》第 2 分册，人民出版社 1964 年版，第 502 页。

② 《苏联共产党代表大会、代表会议和中央全会会议决议汇编》第 2 分册，人民出版社 1964 年版，第 501 页。

宁全集》第一版于 1920—1926 年间出版，共 20 卷（26 册）。这一版总共收录列宁的文章、著作、书信等一千五百多件。第二版和第三版于 1924—1932 年出版，两个版本的内容大致相同，总共收录两千七百多篇文献。第四版则于 1941—1950 年期间出版，这一版总共有 35 卷，收录列宁文献两千九百多篇。1957 年，《列宁全集》第四版又增加出版补卷，共计 10 卷。因此，《列宁全集》第四版总共为 45 卷。第五版《列宁全集》于 1958—1965 年出版，共 55 卷 ①。相比较之前的版本，这一版收录的内容更丰富，文献数量更多，注释和说明更加详细。其主要内容共分为四部分：第一部分 1—34 卷，主要是十月革命前的著作、文章等；第二部分 35—45 卷，主要是十月革命后的著作、文章；第三部分 46—55 卷，主要是书信、命令、指示、电报等；第四部分第 55 卷，主要是家书 ②。

《列宁全集》第五版是苏联出版的最后一版，也是当时国内外研究列宁思想所参考的最完整、最权威的版本。这版《列宁全集》的编辑具有如下特点：第一，内容完备。这版收集的文献数量最多，其中大量文献是之前未公开的、首次发表。第二，注释和各种说明更加详细。注释相比之前有了大量增加，比如，除了附有详细的总说明之外，各卷都有介绍历史背景、主要内容等的分卷说明；另外，人名索引、人物介绍等较之前也更加丰富详细。第三，增加了不少关于列宁生平的材料，列宁生平事业年表较之前版本大大增加。

《列宁全集》的出版是马克思主义理论发展史上的一件意义重大的事件。一方面，它的成功出版，为国内外学者和广大人民系列、全面地学习和了解列宁主义创造了重要前提。俄文版《列宁全集》出版后，又被中国、保加利亚、波兰、东德等许多国家译成本民族语言出版发行。另一方面，《列宁全集》的成功出版更有利于指导世界其他国家和地区社会主义运动、工人运动实践的深入开展。列宁主义是在新的社会历史条件下，对马克思主义的继承和创新性发展。《列宁全集》的编辑出版不仅有利于世界各地的马克思主义者正确认识列宁主义及其与马克思主义的辩证关系，而且对于切实指导本民族、本地区社会主义事业的发展具有重要意义。

---

① 张坚：《苏共中央马列主义研究院及其研究成果》，《苏联问题参考资料》1981 年第 3 期。

② 张坚：《列宁的著作及其在苏联的出版情况》，《苏联问题参考资料》1981 年第 1 期。

第三节　马克思主义史研究和马克思主义哲学普及宣传

十月革命胜利后，为确立马克思主义在意识形态领域的指导地位，苏联学者围绕马克思和恩格斯的生平活动、马克思主义的思想来源和形成等方面问题，开展了深入的马克思主义史研究。20 世纪二三十年代，伴随着苏联社会主义建设进入新时期、新阶段，如何从理论上对社会主义实践中出现的新情况、新问题做出解释，成为苏联哲学战线面临的重要任务。围绕这一中心任务，苏联哲学界相继展开了对德波林学派的批判、对列宁哲学遗产的探讨以及对历史唯物主义理论的研究。

一、十月革命后至"二战"结束前的马克思主义史研究

十月革命胜利后，伴随着苏维埃社会主义国家政权的建立和巩固以及社会主义建设的开展，系统地研究和宣传马克思主义理论成为实践发展的客观要求。这一时期，特别是在马克思恩格斯及列宁著作陆续出版和发表的基础上，苏联学者围绕马克思和恩格斯的生平、活动、马克思主义的思想来源和形成等方面问题，开展了深入的马克思主义史研究。这一时期马克思主义史的研究又可以分为两个阶段：一是十月革命胜利即 20 世纪初期，二是 20 年代中期至 40 年代。

第一阶段：十月革命胜利初期马克思主义史的研究工作。十月革命胜利初期，苏联马克思主义专门研究机构的成立为马克思主义史的研究工作创造了良好条件。这一时期苏联马克思主义史的研究工作开始进入有组织的、系统的研究阶段，苏联学者围绕马克思主义创始人的生平、活动以及马克思主义的形成等问题开展了初步研究，并形成了一批有价值的学术著作。

苏联学者开展了关于马克思生平与活动的研究。1918 年，为纪念马克思诞辰 100 周年和逝世 30 周年，苏俄理论界开展了一系列纪念活动，出版了一

批马克思主义纪念文集。代表性的作品有列宁的《卡尔·马克思》单行本、斯切克罗夫的《卡尔·马克思，他的生平和活动（1818—1883）》、卢那察尔斯基的《卡尔·马克思——献给马克思诞辰一百周年纪念日（1818—1918）》、雅罗斯拉夫斯基的《卡尔·马克思和弗里德里希·恩格斯》，以及卢金、梅舍里亚科夫等人在《真理报》、《消息报》发表的纪念性文章。另外，还出版了两本纪念文集：第一本转载了 1908 年文集中的许多材料，还收有当时准备付印的梅林编写的《马克思传》一章的译文；第二本文集主要出了两册，第一册收录了恩格斯写的马克思传、拉法格的回忆录、波格丹诺夫和马尔廷诺夫的文章，第二册主要收录了苏联作者发表的纪念文章。然而，"一九一八年出版的纪念性书刊中，关于马克思的新的实际资料提供的很少。……所出的都是通俗的、宣传性的读物。……一九一八年所出版的书刊的特点在于，认为伟大十月社会主义革命正在十分胜任地完成着马克思的事业，并且是这一事业最好的纪念碑"。①

同时，苏联学者还开展了对恩格斯生平与活动的研究。1920 年，为纪念恩格斯诞辰 100 周年，苏俄学术界开展了专门的纪念活动。《真理报》第一次发表了列宁的《马克思恩格斯通信文集》，重点介绍和肯定了恩格斯在科学共产主义创立中的活动及其作出的贡献和意义。这一时期，还出版了一些专门研究恩格斯的书籍，比如，国家出版社出版的《弗里德里希·恩格斯是这样写的》一书，贝斯特梁斯基的《弗里德里希·恩格斯（1820—1920）关于恩格斯的评述》，德沃拉伊茨基的小册子，等等。值得注意的是，这一时期，由德国学者迈耶尔出版和发表的关于恩格斯思想发展和活动的新材料，对于促进苏联学者关于恩格斯的研究起到了重大作用。比如，阿多拉茨基就积极肯定了迈耶尔研究工作的重大意义，谢列勃利亚科夫则在广泛借鉴和使用这些材料的基础上发表了许多相关文章。

进入 20 世纪 20 年代初期以后，苏联学者关于马克思恩格斯生平的研究有了进一步的发展，对马克思主义的研究逐步实现从普及到研究的转变和过渡。1923 年，为纪念马克思逝世 40 周年，出版了 5 本纪念文集，发表了列宁的《海德门谈马克思》、《马克思学说的基础》、《马克思主义的三个来源和三个组成部分》等 5 篇文章。同时，阿多拉茨基、阿尔谢尼耶夫、斯切克罗夫等许多知名

① 人民出版社资料组：《马克思主义史的研究》，人民出版社 1978 年版，第 62—63 页。

学者还在期刊上发表了系列研究性文章。另外，梁赞诺夫出版的《马克思和恩格斯》、《马克思主义史概论》成为这一时期的代表性著作。这两部著作的一个突出特点是采用了关于马克思和恩格斯生平活动中很少或完全不被人们知道的新材料，比如，关于马克思恩格斯在早期参加工人运动的情况，他们参与共产主义同盟的活动、他们创作《共产党宣言》的过程、他们在 50 年代的著述活动、建立国际工人协会的活动等等。另外，从研究内容上来看，这两本著作所涉及的内容几乎涵盖了马克思主义史研究的主要问题和方面。然而，这两部著作还存在着一些缺点。"即对马克思在其一生的最后十年间的理论和实践活动估计不足。梁赞诺夫对共产主义者同盟史和第一国际史，特别是恩格斯生平中的许多方面的阐述是不正确的。……梁赞诺夫贬低了恩格斯在发展科学共产主义理论方面的贡献。"[①]

马克思主义与工人运动相结合的问题也是学者们关注和重点研究的重要方面。在研究马克思恩格斯生平与活动的过程中，苏联学者的著作和报刊文章都注重将其置于与工人运动相结合的社会历史背景下加以考察。"在这方面苏联研究人员最重大的功绩是，在许多著作中清楚地形成并表达了下述观点，即马克思和恩格斯不是书斋里的学者，而是工人运动的积极参加者和领导者。"[②]并且，在研究马克思恩格斯参与和领导工人运动的过程中，马克思恩格斯与其他社会主义流派及其重要代表人物的关系问题也成为苏联学者研究的重要内容。比如，梁赞诺夫、斯切克罗夫等就马克思与巴枯宁的斗争、二者在第一国际中的相互关系等进行了分析和探讨；围绕马克思和拉萨尔的关系，特别是针对工会问题，苏联学者梅舍里亚科夫、阿尔谢尼耶夫先后批判了拉萨尔的错误思想和主张。同时，这一时期，苏联学者开始注重研究马克思恩格斯关于俄国的认识和论述以及马克思恩格斯同俄国进步人物的联系。"'马克思恩格斯与俄国'这一题目同马克思主义在俄国的发展和传播问题是极其紧密地联系着的。这个问题在许多著作中得到了反映。然而当时并未取得比较重大的成果。"[③]

另外，苏联学者关于马克思主义思想的来源问题也展开了研究。这一时期，迈耶尔著作的发表以及俄文版《马克思恩格斯全集》的部分卷次的陆续出

---

① 人民出版社资料组：《马克思主义史的研究》，人民出版社 1978 年版，第 65—66 页。

② 人民出版社资料组：《马克思主义史的研究》，人民出版社 1978 年版，第 66 页。

③ 人民出版社资料组：《马克思主义史的研究》，人民出版社 1978 年版，第 72—73 页。

版，为这一研究奠定了重要基础。同时，列宁的《马克思主义的三个来源和三个组成部分》对苏联学者的研究产生了重要影响。在马克思主义哲学形成方面，苏联学者重点研究了黑格尔、费尔巴哈的哲学思想及其与马克思主义哲学的关系。比如，1923 年，德波林出版的《路德维希·费尔巴哈》一书，以及在《在马克思主义旗帜下》发表的文章《路德维希·费尔巴哈》、《马克思和黑格尔》，贝霍夫斯基的《路德维奇·费尔巴哈》、别索诺夫的《路德维希·费尔巴哈》等。并且，许多作者还撰文分析了施蒂纳的思想及其与马克思主义的关系。另外，关于空想社会主义对科学社会主义形成的影响也是部分学者关注的焦点。比如，季佳金、哥列夫等人探讨了马克思主义与空想社会主义的关系。然而，这一时期关于马克思主义政治经济学思想理论的形成分析和研究相对较少。

第二阶段：20 年代中期至 40 年代马克思主义史的研究工作。这一时期伴随着一大批新材料的问世，马克思主义史的研究工作不仅仅局限于一般的理论宣传和普及，进一步向学术性、专业性方向发展。特别是 20 年代末 30 年代初苏联学术界开展的大辩论，进一步促进了学者们对相关问题的深入研究和探讨，并形成了一大批丰富的学术成果。这一时期，苏联学者重点围绕以下问题开展了深入研究。

第一，马克思恩格斯生平事业研究。这一时期，伴随着马克思恩格斯著作新材料的发现以及马克思恩格斯著作的翻译和出版，关于马克思恩格斯生平事业的研究进入了新的阶段。1933 年，为纪念马克思逝世 50 周年，苏联学者出版了系列传记著作。佩尔奇克的《卡尔·马克思》、麦谢里亚科夫的《卡尔·马克思。他的生平及学说》等在当时产生了重要影响。同时，这一时期对恩格斯生平活动的研究取得了重大进展。"过去，对恩格斯的科学传记问题注意研究得不够，而较重视研究马克思的生平活动。往往把恩格斯的观点及其实践活动与马克思联系在一起加以研究，这原则上是对的，但取代不了这个问题。"[1]这一时期，苏联学者更加注重研究"恩格斯的世界观的形成，他对马克思主义的发展所作出的贡献以及他的实践活动，特别是在马克思逝世之后的实践活动。"[2]比如，1934 年，苏联大百科全书第 64 卷由米丁等众多学者编纂而成的恩格斯传，不仅分析了恩格斯的哲学和经济学思想的形成，而且考察了其主要

---

① 人民出版社资料组：《马克思主义史的研究》，人民出版社 1978 年版，第 126—127 页。

② 人民出版社资料组：《马克思主义史的研究》，人民出版社 1978 年版，第 127 页。

的实践活动。1935 年斯捷潘诺娃的《弗里德里希·恩格斯》作为"苏联介绍马克思朋友和战友的第一部传记"，详细阐述了恩格斯的思想形成和在工人运动中特别是马克思逝世以后的活动，积极肯定了其在马克思主义理论创立方面、领导工人运动方面的积极贡献。另外，卢里耶的《恩格斯与第二国际的建立》还考察了恩格斯在领导工人运动中同机会主义、宗派主义等错误思想和路线的斗争。1936 年，为纪念恩格斯《家庭、私有制和国家的起源》发表 50 周年，苏联历史学家还出版了《有阶级以前的社会历史问题》的纪念文集。

第二，马克思主义的思想来源和创立过程。一方面，作为马克思主义重要思想来源的德国古典哲学，成为学者们研究的主要对象。比如，德波林、卡列夫等分析了黑格尔哲学对马克思主义哲学的影响及二者之间的关系，甚至有些文章还过高评价了黑格尔哲学对马克思的影响。但 30 年代以后，这种倾向遭到批判并得以纠正。另一方面，苏联学者深入研究了马克思主义与空想社会主义的关系。比如，沃尔金在《社会主义史论文集》中积极评价了巴贝夫主义，扎伊杰利研究了德萨米的空想社会主义思想。1928 年底，在第一次苏联历史学家代表会议上还围绕"巴贝夫主义和马克思主义"召开了专题讨论。再次，马克思主义政治经济学研究得到深入发展。这一时期苏联学者不仅围绕马克思的《资本论》及相关手稿进行了专题研究，而且还深入探讨了马克思主义政治经济学与资产阶级政治经济学的关系问题，并且结合苏联农业集体化等社会主义建设实际开展了系列探讨。

第三，马克思主义与工人运动的结合。注重将马克思主义研究与工人运动相结合是苏联马克思主义史研究的突出内容。20 年代末至 30 年代初，随着苏联党内路线斗争的激化，苏联学者对国际工人运动史上曾经出现过的"左"倾和右倾问题进行了考察。比如，斯切克罗夫、波隆斯基等发表文章分析了马克思主义与巴枯宁的关系问题，"把第一国际中马克思主义和巴枯宁主义的斗争正确地解释为两种世界观的斗争、无产阶级革命性和小资产阶级革命性的斗争，而无政府主义的、资产阶级的历史学家则与之相反，却将马克思对巴枯宁的个人恩怨看作是主要的。"[1] 弗里兹曼分析了马克思恩格斯在 1848—1849 年间与机会主义斗争的情况，贝科夫和谢缅诺夫探讨了马克思恩格斯与宪章派的关系及对他们的评价，佐尔基、列维茨基等阐述了马克思恩格斯在领导德国工

---

[1]　人民出版社资料组：《马克思主义史的研究》，人民出版社 1978 年版，第 96 页。

人运动中同机会主义展开的斗争情况。

第四，马克思恩格斯对俄国革命的论述以及马克思主义在俄国的传播和发展。1928年，梁赞诺夫的《有关马克思和恩格斯的俄国友人的新材料》、卢波尔的《马克思与科瓦列夫斯基的通讯摘抄》等探索了马克思同俄国知名学者和活动家的联系和往来。为深入探索马克思主义在俄国的传播情况，苏联学术界还专门召开了纪念车尔尼雪夫斯基诞辰一百周年的纪念活动。20年代末30年代初期，苏联国家工业化、农业集体化的发展，特别是1931年联共（布）关于《在马克思主义旗帜下》决议的发表，促进了马克思主义史的研究与社会主义建设实践的结合。在这一社会背景下，分析和研究马克思主义对俄国革命和建设的影响，以及马克思主义在俄国实践中的发展也成为研究的重点。苏联哲学、经济学、历史学、文艺学等方面的学者纷纷批判资产阶级的相关理论，宣传马克思主义理论，并且深入研究了马克思主义与列宁主义的关系问题，分析了马克思主义在苏联各领域的发展。

总之，这一时期，苏联马克思主义史的研究取得了重要成就，学术成果丰硕，学术研究的质量和水平大为提高。但是，苏联马克思主义史的研究也面临着问题。到30年代后半期，《马克思主义年鉴》、《马克思主义问题》、《共产主义学院通报》、《马克思主义旗帜》等许多刊物相继停刊。尽管如此，苏联一些知名学者阿多拉茨基、卢金等，还有一批年轻的学者相继成长起来，为马克思主义史研究作出了重要贡献。

二、批判德波林学派

德波林学派是一个以苏联哲学家德波林为首的哲学派别，形成于20世纪20年代初期，其主要成员有卡列夫、卢波尔、史登、斯腾、波特沃洛茨基、格森、阿果尔、列文、列维特等。德波林是一个在苏联哲学界影响较大的人物，十月革命胜利后曾经在斯维德洛夫大学、红色学院、共产主义学院、马克思恩格斯研究院等机构任职。在斯维德洛夫大学任教期间，德波林的思想和哲学观点影响并聚集了以卡列夫为代表的一大批学员，随后他们因观点相似逐渐形成德波林学派。1926—1930年期间，德波林担任《在马克思主义旗帜下》杂志的主编，德波林学派一些成员有的参与了该杂志的主要工作，有的则为该杂志撰稿。因此，这一时期，《在马克思主义旗帜下》受德波林学派思想的影响较大。对德波林学派的批判开始于20世纪20年代末，实质是一场形势激烈、历时较久、影响深远的哲学大辩论。这场争论最初在以米丁为代表的年轻哲学家和德波林学派之间展开，他们重点围绕理论与实践、哲学与政治、列宁哲学在马克思主义哲学发展中的地位和作用等进行探讨。后来，苏联党中央参与到争论中，德波林学派受到联共（布）中央的严厉批评。从整个过程来看，对德波林学派的批判经历了一个复杂的演变过程。

第一阶段：争论的开始。20世纪20年代末，伴随着苏联国家工业化、农业集体化的蓬勃发展，苏联社会经济政治状况发生了重大变化。在社会主义农业改造过程中，不仅来自农村富农、资产阶级等的反对浪潮日益明显，而且这一时期党内思想斗争也异常激烈，先后出现了党中央与托洛茨基分子、与布哈林集团等的斗争。与此同时，文化界还存在着一些具有资产阶级性质的、反马克思主义、反社会主义的思想言论和理论派别。为巩固马克思主义理论的指导地位，推动苏联社会主义实践发展，1929年12月27日，斯大林发表了题为《论苏联土地政策的几个问题》的演说。在这篇演说里，斯大林着重批判了苏联理论工作落后于社会主义建设实际的状况，"应当承认，我们的理论思想赶不上实际工作成就，我们的实际工作成就和理论思想的发展之间有些脱节。但是，理论工作不仅必须赶上实际工作，而且要超过实际工作，武装我们的实际工作者去争取社会主义的胜利。"[1] 同时，斯大林强调，理论工作要服务于新的社会实践，研究新情况，消除资产阶级错误思想，从而巩固马克思列宁主义的指导地位。"新的实践产生对过渡时期经济问题的新的看法。现在，新经济政策问题，阶级问题，建设速度问题，结合问题，党的政策问题，都应该有新的提法。为了不落后于实践，必须立即根据新的情况研究这一切问题。"[2] 正是斯大林的这篇演说引发了苏联红色教授学院的哲学家与德波林学派成员之间的一场激烈论战。

斯大林的讲话在苏联理论界引起了强烈反响，随后各个科学研究机构都组织了专门讨论。在哲学领域的讨论中，米丁等人肯定了斯大林对苏联理论工作与社会现状相脱节的批评，认为苏联哲学应当转变到研究现实的迫切问题上

---

① 《斯大林选集》下卷，人民出版社1979年版，第210页。

② 《斯大林选集》下卷，人民出版社1979年版，第211页。

来。同时，他们对德波林学派进行批评，认为他们在社会主义建设大变革的时代，不关心社会实践，意识不到哲学战线任务的艰巨性和问题的严重性；他们不是以国家工业化、农业集体化为中心研究新情况、新问题，而是忙于抽象的哲学史的解释工作，从而未能承担起哲学工作服务实践的任务，使得哲学理论与社会主义建设相脱节。以卡列夫、史登、卢波尔、斯腾等为代表的德波林学派则为哲学战线的工作进行辩护，肯定哲学战线取得的成绩，并反对将斯大林的批评用于哲学领域。会上双方争论不休，会后又在报刊上继续争论，一场激烈持久、影响广泛的争论由此开始。

1930年6月7日《真理报》发表了米丁、拉里采维奇、尤金（1899—1968）三人合写的题为《关于马克思主义哲学的新任务》的文章。在文章中，米丁等人积极肯定了哲学界之前开展的反机械论斗争的重大意义和作用，同时又指出了哲学战线存在的种种错误和问题，比如忽略对托洛茨基主义理论基础的揭露、用非列宁主义观点评价过渡时期、没能很好地提出和开展两条路线的斗争等。因此，他们强调理论落后于现实的状况普遍存在于当前一切理论领域，不存在"哲学例外论"。对此，米丁等人还公开批评了德波林主编的《在马克思主义旗帜下》杂志不加任何编注刊登反马克思主义者鲁宾及其辩护者的文章。另外，米丁等还强调了列宁关于哲学党性问题思想的重要意义。他们指出，哲学的党性要求马克思主义哲学必须同各种非马克思主义的敌对思潮和流派进行尖锐斗争。据此，他们认为哲学理论工作"当前最迫切的理论任务是有效地研究列宁的哲学遗产"[①]。

米丁等人的文章发表后，德波林学派成员立即进行反驳。1930年《在马克思主义旗帜下》第五期刊登了由德波林、卢波尔、卡列夫、史登、列文、格森等十人合著的题为《关于哲学中两条路线的斗争》的文章。文章指出，米丁等人的文章中的一些正确观点无非是对《关于哲学战线上的新任务》这一决议的简单复述，然而，"对于马克思列宁主义的现状以及马克思列宁主义哲学所面临的任务，并未提出正确的阐述。"[②]并且，德波林学派强调，列宁曾经在1922年《论战斗唯物主义的意义》一文中就已经明确提出了马克思主义哲学的基本任务，并肯定了哲学战线近些年来的工作。并且，马克思主义哲学任务

---

① 张念丰、郭燕顺：《德波林学派资料选编》，吉林人民出版社1982年版，第204页。

② 张念丰、郭燕顺：《德波林学派资料选编》，吉林人民出版社1982年版，第418—419页。

的转变"不应是脱离唯物主义辩证法的转变，而应是直接在辩证法的探讨中和在这一探讨基础上的转变。为了达到这一目的，唯物主义辩证法理论方面的工作应当比以前更加密切地同探讨历史唯物主义理论、过渡时期经济理论等等联系起来。"① 因此，他们批评米丁等人在谈论马克思主义哲学转变时，"抹煞了进一步探索唯物主义辩证法理论的决定意义"②。

针对德波林学派的反驳，1930 年 8 月 8 日米丁又在《真理报》上发表《为真正地研究列宁的哲学遗产而斗争》的文章。文章批判了德波林学派作为哲学界领导缺乏自我批判的精神，缺乏对哲学理论落后于社会现实和实现转变的清醒认识。米丁认为，"哲学界领导这样对待哲学战线上的自我批评以及这样对待社会主义建设的迫切问题和社会主义任务转变的必要性，同哲学与政治、哲学与迫切任务的一定脱节有关"。③ 随后，米丁重点论述和评价了列宁主义在马克思主义哲学发展中的地位和作用，指出当代没有也不可能有离开列宁主义的马克思主义。同时，他又公开批评德波林及其他哲学界领导对列宁及列宁主义的错误评价。"哲学界领导，包括对自己的全部'哲学著作'留下影响的德波林同志在内，他们的一个最大弱点恰好就是对列宁和列宁主义在马克思主义哲学发展中的真正作用评价过低和错误理解。"④ 在此基础上，米丁提出了认真研究列宁哲学遗产的重要性。"研究列宁的哲学遗产是共产主义哲学思想最重要的任务。只有恢复和研究发展哲学上列宁主义的真正内容，才能回答和指出应当怎样研究发展唯物辩证法理论，怎样避免庸俗机械论和形式主义对辩证法的歪曲。"⑤

总之，在此期间，以米丁、尤金等人为代表的一派与德波林学派之间的论战你来我往，异常激烈。然而，这一时期双方的争论内容主要局限于学术领域，一些批评或指责也是在比较民主的氛围中进行的。并且，这一时期反对者对德波林学派的评价也比较客观，在批判的同时也肯定了德波林学派的工作。然而，伴随着后来形势的变化，原本一场正常的学术争论演化为一场政治批判运动。

---

① 张念丰、郭燕顺：《德波林学派资料选编》，吉林人民出版社 1982 年版，第 424 页。
② 张念丰、郭燕顺：《德波林学派资料选编》，吉林人民出版社 1982 年版，第 425 页。
③ 张念丰、郭燕顺：《德波林学派资料选编》，吉林人民出版社 1982 年版，第 208 页。
④ 张念丰、郭燕顺：《德波林学派资料选编》，吉林人民出版社 1982 年版，第 209 页。
⑤ 张念丰、郭燕顺：《德波林学派资料选编》，吉林人民出版社 1982 年版，第 214 页。

第二阶段：批判德波林学派的重要转折。1930 年 12 月 29 日，斯大林同苏联红色教授学院支部委员会成员进行了专门谈话。自这一谈话之后，双方争论发生了重大转折。斯大林的讲话没有公开，1941 年在纪念联共（布）中央关于《在马克思主义旗帜下》杂志的决议发表十周年大会上，尤金在发言中转述了上述谈话内容。从尤金的发言中可以看出，斯大林讲话的内容主要涉及以下几个方面：第一，斯大林对德波林学派的错误性质重新进行判定。之前哲学界对于德波林学派的错误主要是定义为形式主义的、唯心主义的错误，然而，在这次谈话中斯大林强调"把德波林集团评定为'形式主义倾向'，这是学院式的教授式的说法；他断定德波林学派是孟什维克化的唯心主义，断定这个集团从孟什维克的立场出发宣传唯心主义，对马克思主义进行唯心主义的修正。"① 第二，揭露孟什维克唯心主义的反马克思主义的理论实质。斯大林指出，"孟什维克的特点是，他们在贯彻唯心主义观点时，总是引用马克思的话把自己掩盖起来；他们的特点是理论脱离实践。"② 他们不想用马克思主义哲学为社会主义服务，而且用歪曲了的黑格尔主义对马克思主义唯物辩证法进行歪曲，实质是修正马克思主义、反马克思主义的。第三，积极评价列宁在马克思主义发展中的作用，并强调客观、全面地评价普列汉诺夫及其与列宁之间的关系。在这次谈话中，斯大林积极肯定了列宁在马克思主义发展史上的作用，指出列宁在许多方面创新、发展了马克思主义。同时，斯大林强调不能简单粗暴地批判普列汉诺夫，要历史地、全面地对其进行评价，既要看到其在马克思主义发展史上作出的贡献，又要看到其后期所犯的错误。第四，要求严查德波林学派。"必须彻底翻查机械论者、德波林分子和其他修正主义分子所做的一切，翻查他们的一切著作，批评他们所写的、所做的、所说的一切。"③

斯大林讲话之后，苏联红色教授学院支部委员会随即召开大会，通过了《苏联红色教授学院支部委员会关于反德波林派的决议》。这个决议与之前决议相比出现了一些明显的变化，第一，对于德波林学派的错误性质由原来认为是"形式主义的倾向"转变为"孟什维克化的唯心主义"。第二，之前对德波林学派在哲学战线上的领导工作基本肯定，现在则认为其由于反对列宁主义从一开始就是走

---

① 张念丰、郭燕顺：《德波林学派资料选编》，吉林人民出版社 1982 年版，第 166 页。
② 张念丰、郭燕顺：《德波林学派资料选编》，吉林人民出版社 1982 年版，第 166 页。
③ 张念丰、郭燕顺：《德波林学派资料选编》，吉林人民出版社 1982 年版，第 167 页。

上了反马克思主义的道路。第三，之前的决议基本上肯定了德波林在反机械论斗争中取得的成就，而这个决议则认为"德波林学派的批判，并不能保证对机械论方法论的彻底的、最后的暴露。相反地，这一派的唯心论的本质及折中主义论，使它的代表者们在全系列的问题上，走向实际上与机械论者的一致"①。

1931 年 2 月 25 日联共（布）作出关于《在马克思主义旗帜下》杂志的决议。首先，决议指出了德波林学派的主要错误。该决议指出，《在马克思主义旗帜下》没有遵循列宁的指示，没能办成马克思主义的战斗的机关刊物；不了解马克思主义哲学发展中的列宁主义阶段，并将其变成德波林集团自己的机关刊物；把哲学与政治割裂开来，不坚持哲学的党性原则，反而走向了孟什维克唯心主义的立场。其次，决议明确了该杂志今后的办刊宗旨和任务。"《在马克思主义旗帜下》应当成为马克思列宁主义的战斗机关刊物，为实现党的总路线进行坚决的斗争。反对任何离开党的路线的倾向，在自己的全部工作中彻底贯彻列宁的党性原则。"②最后，宣布解散原编辑部，成立新的编辑部。德波林被免去领导职务，米丁、尤金等人进入编辑部。

此后，德波林学派逐渐分化瓦解。德波林本人及其他部分成员开始做自我批判，在会议或杂志上公开承认错误、检查错误。1933 年，德波林在《在马克思主义旗帜下》上公开发表文章，他承认自己在理论上与社会主义建设相脱节的错误，承认自己对马克思主义哲学列宁阶段的错误估计和评价，以及对马克思主义的曲解。他指出，"一个党员的义务要求我们公开地、无条件地来表明这一切，并警告那些在某种程度上保持着孟什维克化的唯心论残余的各位同志，要自动地为完全克服自己以前的错误而努力。"③随后，对德波林学派的批判并未停止反而持续升高。特别是伴随着 30 年代中期苏联大规模肃反运动的开展，对德波林学派的批判随之升级。1937 年《苏联小百科词典》将孟什维克化的唯心主义解释为"哲学领域内的反革命托洛茨基的直接代理人，是法西斯主义的托洛茨基——季诺维也夫代理人的反革命活动的直接的思想掩护。"④1938 年《苏联大百科全书》第 38 卷将"孟什维克的唯心主义"解释为"是德波林派对马克思主义的歪曲……，是阶级敌人对社会主义胜利、对社会主义

---

① 张念丰、郭燕顺：《德波林学派资料选编》，吉林人民出版社 1982 年版，第 21 页。
② 张念丰、郭燕顺：《德波林学派资料选编》，吉林人民出版社 1982 年版，第 82 页。
③ 张念丰、郭燕顺：《德波林学派资料选编》，吉林人民出版社 1982 年版，第 468 页。
④ 张念丰、郭燕顺：《德波林学派资料选编》，吉林人民出版社 1982 年版，第 24 页。

的全线进攻激烈抵抗的反映，是哲学战线上托洛茨基两面派分子、间谍、叛徒和托洛茨基代理人的思想掩护。"①

产生于苏联 20 世纪二三十年代的这场哲学大辩论，在当时国内外理论界引起了极大关注。正确认识和评价这场辩论，在马克思主义发展史中具有重要意义。一方面，苏联哲学界对德波林学派的批判是必要的。面临苏联国家工业化、农业集体化社会主义新实践，如何从理论上进行研究、论证和阐述，巩固马克思列宁主义在意识形态领域的领导地位，使哲学工作致力于社会主义事业的新发展，这在当时苏联的社会历史条件下也是十分必要的。并且，德波林学派是无产阶级掌握政权后苏联国内一个影响较大的哲学派别，它在与机械派论战过程中发挥了积极作用，但与此同时，德波林学派又存在着明显的理论缺陷。比如，他们对马克思主义哲学进行唯心主义歪曲，专注于纯粹的学术理论研究而无视社会主义建设的实际，这显然违背了哲学的党性原则。另一方面，这场争论对苏联社会主义理论和实践发展产生了正反两方面的影响。从积极意义来看，这场争论对于深化马克思主义辩证唯物主义和历史唯物主义研究，厘清马克思主义与黑格尔、普列汉诺夫等非马克思主义思想的根本差异；促进对列宁思想特别是列宁哲学思想的研究和宣传，正确评价列宁在马克思主义哲学发展中的地位；推动哲学理论与社会主义建设的实际相联系、加强哲学理论为党和国家事业服务等具有积极意义。从消极影响来看，一些学术观点和学者被毫无根据地视为具有反党倾向而遭遇错误批判，从而制约苏联哲学理论的讨论和发展。

三、积极地探讨和宣传列宁的哲学遗产

20 世纪二三十年代，苏联学者对列宁哲学思想的研究不断深入。特别是对德波林学派的批判，进一步促进了苏联学者对列宁哲学遗产的探讨和研究。

这一时期马克思恩格斯经典著作以及列宁著作和相关文献的整理出版为苏联学者深入研究和宣传列宁哲学遗产奠定了重要基础。伴随着《马克思恩格斯全集》的陆续出版，以及一些马克思和恩格斯之前不为人知的著作和文章如《1844 年经济学哲学手稿》、《德意志意识形态》等的问世，以及《列宁全集》

---

① 张念丰、郭燕顺：《德波林学派资料选编》，吉林人民出版社 1982 年版，第 24 页。

第 2 版、第 3 版，《列宁文集》等出版工作的完成，特别是 1933 年列宁《哲学笔记》的全文发表，苏联哲学界进一步开展了对列宁哲学遗产的深入研究。

在研究列宁哲学思想的基础上，苏联学者相继出版和发表一系列著作和文章。比如，阿多拉茨基作为当时研究列宁哲学的代表，曾经先后发表了《列宁著作中的马克思主义》、《论列宁对哲学的研究》、《列宁论黑格尔的逻辑学和辩证法（关于〈哲学笔记)）》、《论弗·伊·列宁的哲学著作》、《列宁著作的哲学意义》、《马克思、恩格斯、列宁和黑格尔的辩证法》等。又如，1932 年普罗特尼科夫出版了《辩证唯物主义的列宁阶段》，库加罗夫发表了《唯物辩证法的阶级基础》，1933 年卢波尔编辑的论文集《列宁同马赫主义作斗争的基本路线纪念》，1935 年出版的《马克思逝世五十周年学术会议资料汇编》，1934 年艾利贝格的《列宁的〈唯物主义和经验批判主义〉》，1935 年出版的论文集《列宁的〈唯物主义和经验批判主义〉二十五年》，1936 年巴普洛夫的《反映论》等一大批著作和文章。

20 世纪二三十年代，苏联学者关于列宁哲学思想的研究和探讨主要集中在以下几个方面：

关于马克思主义哲学发展的列宁阶段。列宁逝世后，尽管季诺维也夫、布哈林、斯大林等政治领袖都肯定了列宁主义对马克思主义的丰富和发展，并系统集中地论证了列宁主义在马克思主义发展中的新贡献。然而，关于马克思主义哲学发展是否存在列宁阶段的问题，马克思主义理论者和政治领袖并未给出详细的阐释，以至于 20 世纪 20 年代末期至 30 年代初苏联哲学家对此还存在一定争议。以德波林为代表的部分学者曾经一度低估列宁在马克思主义哲学发展中的作用，他们极力推崇普列汉诺夫，宣扬"列宁是实践家"而非哲学家、"列宁是普列汉诺夫的门徒"，等等。对此，以阿多拉茨基、米丁为代表的学者则高度评价了列宁在马克思主义哲学发展中的重要贡献，并且深入探讨了列宁对马克思主义哲学的新发展。阿多拉茨基在 1922 年发表的《列宁哲学著作中的马克思主义辩证法》一文中，深入研究了列宁的哲学遗产，指出列宁是实践家但同时也是理论家、哲学家。"这是马克思主义分析和运用辩证唯物主义方法的典范。在这方面，列宁是马克思主义理论家。"[①] 同时，为了挖掘列宁的哲学思想，他还分三个时期对列宁的哲学研究活动进行了考察。1930 年，米丁

---

① 《阿多拉茨基选集》，石柱译，生活·读书·新知三联书店 1964 年版，第 406 页。

在其《为真正地研究列宁的哲学遗产而斗争》中批判德波林学派对列宁哲学在马克思主义哲学发展中的作用进行了过低评价，提出了要真正深入研究列宁哲学遗产的迫切任务。"不懂得哲学上的列宁主义，在目前就不会有也不可能有真正的马克思主义哲学。正是在马克思主义哲学问题上，列宁体现着新阶段、新时代。"① 随后，在斯大林等苏联党中央政治领导的介入下，德波林学派及其思想遭遇严厉批判。此后，马克思主义哲学发展的列宁阶段这一提法在苏联哲学界成为一种毋庸置疑的观点。随后，在米丁主编的《辩证唯物主义和历史唯物主义》教材里，列宁主义阶段被当作一个确凿无疑的哲学史事实第一次写进了教科书："列宁主义是马克思主义哲学——辩证法唯物论的哲学——发展中的新的更高的阶段。"② 1934 年 6 月 20—23 日，共产主义学院哲学研究所为纪念列宁《唯物主义和经验批判主义》一书问世 25 周年召开了专门的学术讨论会，这次会议也被视为研究和宣传列宁哲学遗产的重要界标。阿多拉茨基、米丁、巴甫洛夫等大批哲学家和自然科学家、社会活动家广泛参与，进一步肯定了列宁主义是马克思主义哲学发展的新阶段。

关于列宁哲学思想的突出内容。苏联学者在研究列宁哲学遗产的过程中，特别注意其研究和论述的突出内容。一是对辩证法、逻辑学和认识论三者统一思想的研究。苏联学者在研究列宁哲学思想过程中，都普遍认为列宁将辩证法、逻辑学和认识论三者视为相互统一的，它们不是三门相互独立的科学，而是共同存在于马克思主义哲学中的有机统一整体。"列宁把马克思主义哲学科学向前推进，清晰而准确地提出了关于辩证法、逻辑和认识论三者统一、同一的这一极为重要的原理，探讨了它的一些方面，唤起了人们对它的注意，从而使人们能够理解整个马克思主义哲学对象和任务的实质。"③ 同时，苏联学者指出，虽然在哲学史上黑格尔最先提出了辩证法、逻辑学和认识论相统一的思想，但他主要是从唯心主义的立场上进行论证的；列宁则在继承马克思主义哲学的基础上，进一步从辩证唯物主义的基础上对其加以论证。二是对辩证法的研究。苏联哲学家大多倾向于认为辩证法思想是列宁哲学思想的重点和精髓，因此他们对有关列宁辩证法思想的研究和论著成果也颇为丰富。

① 张念丰、郭燕顺：《德波林学派资料选编》，吉林人民出版社 1982 年版，第 208 页。
② [苏]米丁：《辩证法唯物论》，沈志远译，生活·读书·新知三联书店 1949 年版，第 52 页。
③ [苏]叶拉格拉弗夫：《苏联哲学史》，贾泽林、刘仲亨、李昭时译，商务印书馆 1998 年版，第 126—127 页。

在研究中，他们强调辩证法的客观性，即正是事物内部客观存在的矛盾力量推动了事物的变化发展。由此，他们批判了将矛盾视为外部力量对抗的机械论的观点。同时，他们还进一步研究了辩证逻辑的基本规律和范畴，不仅对对立统一规律、质量互变规律、否定之否定等普遍规律进行了深入阐释，而且对现象和本质、必然和偶然、现实性和可能性、内容和形式、原因和结果等一些基本范畴进行了研究。三是对反映论的研究。列宁有关反映论方面的思想是苏联哲学家特别注意研究的内容。特别是在 1934 年 6 月 20—23 日共产主义学院哲学研究所为纪念列宁《唯物主义和经验批判主义》一书问世 25 周年召开的专门的学术讨论会上，阿多拉茨基、米丁、巴甫洛夫、阿克雪里罗得（1868—1946）、克鲁普斯卡娅（1869—1939）等进行发言，他们围绕以下问题进行了探讨：指出了列宁反映论与辩证法思想的统一，揭示了辩证唯物主义认识论与旧唯物主义机械反映论的区别，突出强调社会实践在认识过程中的重要作用，同时强调注意运用生理学、心理学等新材料进行论证，加强哲学与自然科学的联盟等。此外，1936 年巴甫洛夫发表了《反映论》，成为苏联哲学界关于探讨列宁辩证唯物主义反映论的代表性著作。巴甫洛夫在解释列宁关于认识的三个阶段的公式时，特别注意列宁关于实践是从主观观念到客观知识的"环节"和"过渡"的见解。他着重指出了一个主要的理论认识问题，即从我们表象和观念的主观性向事物的客观本质的转化，是通过实践进行的。[1]

关于列宁哲学思想的主要特征。一方面，突出强调列宁哲学的实践性。苏联哲学家普遍认为，实践性是其哲学思想的主要特点。在研究哲学问题的过程中，列宁不仅仅停留在纯粹的理论研究领域，坚持理论联系实际，注重将其运用到阶级斗争、社会主义革命以及社会主义改造和建设等方面。同时，列宁还善于将抽象的哲学思想通俗化，传授给工人阶级。正如列宁所说，"他们应该进而把这个理论通俗化，把它灌输给工人，应该帮助工人领会它并制定一个最适合我国条件的组织形式，以便传播社会民主主义并把工人团结为一支政治力量。"[2]也正是因此，苏联哲学家认为列宁不仅仅是个哲学理论家，同时也是一

---

① 参见黄楠森、庄福龄、林利：《马克思主义哲学史》第 5 卷，北京出版社 1996 年版，第 296 页。

② 《列宁全集》第 1 卷，人民出版社 2013 年版，第 284 页。

位实践家、革命家。另一方面，注重马克思主义哲学研究的方法论意义。在苏联学者看来，列宁不仅继承和发展了马克思主义哲学辩证唯物主义的思想理论，而且更注重研究其方法论意义。正如阿拉多茨基所指出的，"列宁独立地探索了马克思的方法的实质，他对这个方法娴熟精通，并且独立地把它运用于俄国经济、俄国史问题，运用于阶级斗争和政治问题。"[①]"始终忠实于这些科学工作的基本原则，彻底实行这些原则，这是马克思的方法的特点，也是列宁的方法的特点，这从他最早的著作（就我们所知道的而言）开始就是一以贯之的。没有一个别的马克思主义者在这方面能像列宁那样对马克思的方法彻底奉行和忠心耿耿。"[②]

关于列宁的哲学党性原则。这一问题曾经在 20 世纪二三十年代苏联哲学界引起了一定争议。特别是在青年红色哲学家与德波林争论的过程中，这一问题一度成为双方辩论的焦点。1931 年联共（布）作出的关于《在马克思主义旗帜下》杂志的决议，实质上批判了德波林学派不坚持哲学的党性原则，不注重将哲学工作与社会主义实践相联系的错误。此后，在 30 年代苏联哲学家特别强调哲学的党性原则在列宁思想体系中占据的主要地位。在他们看来，"这一原则指的是：在阶级社会条件下解决任何哲学问题要么从唯物主义立场出发，要么从唯心主义立场出发，要么从辩证法立场出发，要么从形而上学立场出发；这些立场的对立最终反映的是社会相互斗争着的阶级的利益；辩证唯物主义公开而明确地宣布自己的阶级性、党性，是工人阶级及其共产党的哲学世界观。"[③]由此可见，苏联哲学家将哲学上的唯物主义与唯心主义、辩证法与形而上学的路线斗争视为划分阶级、进行政治批判和阶级斗争的重要依据。特别是 30 年代伴随着肃反运动以及对斯大林个人迷信的盛行，苏联哲学家在贯彻列宁哲学党性原则的过程中出现了教条化、庸俗化的倾向。

总之，苏联哲学家对列宁哲学思想的研究和探讨，为宣传马克思主义哲学思想，揭示列宁主义与马克思主义哲学的关系、论证马克思主义哲学发展的列宁阶段作出了积极贡献。并且，他们探讨和争论的一些问题对于进一步明晰理

---

① 《阿多拉茨基选集》，石柱译，生活·读书·新知三联书店 1964 年版，第 428 页。

② 《阿多拉茨基选集》，石柱译，生活·读书·新知三联书店 1964 年版，第 430 页。

③ [苏] 叶拉格拉弗夫：《苏联哲学史》，贾泽林、刘仲亨、李昭时译，商务印书馆 1998 年版，第 127—128 页。

论、推动社会主义建设起到了一定的促进作用。与此同时，这一时期苏联哲学家在宣传列宁哲学遗产过程中也存在着一些问题，这对于苏联哲学的繁荣发展又具有一定负面影响。

四、深入研究和发展历史唯物主义

20 世纪二三十年代苏联社会主义建设进入新时期、新阶段，如何从理论上对社会主义实践中出现的新情况、新问题做出解释成为苏联哲学战线面临的重要任务。尤其是伴随着对德波林学派的批判，加强哲学理论与社会主义建设实践相结合成为哲学战线的重要转变。正是在这一社会背景下，苏联哲学界对历史唯物主义理论的研究越来越重视，这一理论研究也越来越深入和具体。这一时期，苏联哲学界在对唯心史观、庸俗唯物史观等错误理论观点进行批判的基础上，重点围绕历史唯物主义的研究对象及其在马克思主义哲学中的地位、辩证唯物主义与历史唯物主义的关系问题、社会经济形态、生产力和生产关系、经济基础和上层建筑等基本范畴、社会主义社会的矛盾和阶级斗争等问题，深入研究和探讨了历史唯物主义。

（一）关于历史唯物主义的研究对象及其学科性质问题

关于历史唯物主义的研究对象及其学科性质问题，苏联哲学界曾经展开过激烈的辩论。20 世纪 20 年代，一种流行的观点认为，历史唯物主义不是一种理论学说，只是一种方法，以德波林学派为代表。德波林学派认为，历史唯物主义只是一种社会学方法，不是哲学理论研究的问题，更不是对人类社会发展一般规律的认识。比如，卢波尔就认为，历史唯物主义是关于历史、政治经济学、国家与法科学的方法论。如果仅仅认为历史唯物主义是一种方法论，就使得历史唯物主义丧失了世界观功能，无疑也就降低了历史唯物主义在马克思主义哲学中的地位。并且，这种认识将历史唯物主义看作是作为具体科学的社会学学科，实际是将研究人类社会发展一般规律的历史唯物主义与研究具体问题的社会学方法相混淆。与此同时，有的哲学家将历史唯物主义视为研究人类社会一般发展规律的理论和方法。在这里，历史唯物主义作为世界观和方法论的整体出现，它不仅被视为一种世界观，也是一种方法论。比如，安德列也夫认为，历史唯物主义是一种提供给历史学者从事历史研究的正确方法的社会学学说。① 奥兰斯基指出，历史唯物主义的方法论功能同世界观功能是有机联系的，"如果历史唯物主义可以作为其他科学的方法，这就表明一种普遍性的事实，即任何一种抽象的理论科学在作为本领域的独立的理论的同时，也提供给其他的、较为专门的科学一定的认识原则，并在这一意义上成为它们的方法。"②30 年代以后，苏联哲学界关于这一问题的认识逐渐统一，即认为历史唯物主义不仅是关于人类社会发展的一般规律的理论，也是关于社会研究的方法。另外，苏联哲学家还进一步探讨了辩证唯物主义和历史唯物主义的关系问题。当时苏联哲学界普遍认同的观点是，历史唯物主义是辩证唯物主义的社会历史领域的运用和拓展。对此，斯大林曾经在《辩证唯物主义和历史唯物主义》中对这一问题进行了经典总结和表述："历史唯物主义就是把辩证唯物主义的原理推广去研究社会生活，把辩证唯物主义的原理应用于社会生活现象，应用于研究社会，应用于研究社会历史。"③

（二）关于历史唯物主义基本范畴的研究

这一时期，苏联哲学家具体围绕社会经济形态、生产力与生产关系、经济基础与上层建筑等基本范畴进行了研究。在社会经济形态问题方面，20 世纪二三十年代苏联哲学界普遍将社会经济形态视为社会机体在特定历史发展阶段的实质特征，它不是抽象的、空洞的概念，而是历史的、具体的，因而也是区分不同社会形态的根本标志。并且，在这一时期他们还就社会形态的基本特征和人类社会历史发展的时期划分进行了大辩论。

在生产力和生产关系的概念界定及其关系方面。在研究生产力的概念过程中，苏联哲学家关于物的因素与人的因素在生产力中占据的地位及其相互关系存在一定分歧。比如，米龙诺夫等哲学家强调技术因素在生产力中的作用和地位，甚至认为"生产力"这一概念等同于"技术"，二者是同一概念，可相互取代。阿多拉茨基、斯腾等多数哲学家则对其进行批判，反对将技术与生产力

---

① ［苏］叶拉格拉弗夫：《苏联哲学史》，贾泽林、刘仲亨、李昭时译，商务印书馆 1998 年版，第 187 页。

② ［苏］叶拉格拉弗夫：《苏联哲学史》，贾泽林、刘仲亨、李昭时译，商务印书馆 1998 年版，第 187 页。

③ 《斯大林选集》下卷，人民出版社 1979 年版，第 424 页。

相混同，并且他们尤其强调人的因素在生产力中的作用，指出技术、生产对象等只有通过人的劳动才能真正形成生产力。关于生产关系的概念，有的学者将生产力与生产关系混为一谈，即"把生产关系划分为两个不同'层次'——技术关系（或 A.秋梅涅夫的'直接劳动技术关系'，拉祖莫夫斯基的'技术组织关系'）和财产关系、社会经济关系、所有制关系。"① 然而，大多数学者认为生产关系这一概念只包括社会经济关系，技术关系应当被视为生产力的组成部分。还有的学者指出，不应当将生产力与生产关系割裂开来，应当看到二者的辩证统一关系。对此，加加林指出，"我们必须避免两种极端，其一是把生产关系和生产力加以等同，相互取代，又把后者和技术相等同、取代。另一极端是把生产关系（形式）和生产力（内容）加以唯心主义的割裂，从而导致抹杀摧毁资本主义生产关系的革命的不可避免性。"②

在经济基础、上层建筑等基本范畴界定方面，苏联哲学界存在着一定争议。一方面，围绕经济基础是否包括生产力问题，有些苏联哲学家认为经济基础是包括生产力和生产关系的总合，但有些哲学家认为经济基础只包括生产关系，不包括生产力。另一方面，有些哲学家将生产关系与社会关系混为一谈，并认为经济基础是包括社会物质基础以及政治、哲学、法律等意识形态的总合。正如叶拉格拉弗夫在《苏联哲学史》中所指出的，"苏联学者强调的社会乃是社会关系的总合这一理解的方法论意义，把基础看做是这一总合的物质方面。但在表述这一方面时，往往忽视了物质关系和意识形态关系之间的差别"。③ 然而，"多数苏联哲学家认为基础不是所有社会关系的总合，而只是生产关系的总合。"④ 关于上层建筑的界定，大多苏联哲学家认为上层建筑主要包括两类，即政治类（党和国家）和意识形态类（各种形式的社会意识）。

---

① ［苏］叶拉格拉弗夫：《苏联哲学史》，贾泽林、刘仲亨、李昭时译，商务印书馆 1998 年版，第 197 页。

② ［苏］叶拉格拉弗夫：《苏联哲学史》，贾泽林、刘仲亨、李昭时译，商务印书馆 1998 年版，第 198 页

③ ［苏］叶拉格拉弗夫：《苏联哲学史》，贾泽林、刘仲亨、李昭时译，商务印书馆 1998 年版，第 191 页。

④ ［苏］叶拉格拉弗夫：《苏联哲学史》，贾泽林、刘仲亨、李昭时译，商务印书馆 1998 年版，第 192 页。

（三）关于苏联社会阶级和阶级斗争问题

在向社会主义过渡时期，特别是伴随着苏联高速工业化、农业集体化等社会主义实践的深入开展，苏联社会的阶级状况和社会矛盾问题需要从哲学理论上做出解答。因此，这一问题也成为当时苏联历史唯物主义研究的重点。对这一问题的研究可以分为两个时期，一个是过渡时期国内阶级状况的分析，另一个是关于社会主义制度确立以后的社会阶级状况分析。

关于过渡时期的社会阶级状况的分析，苏联党内出现了严重的意见分歧和路线斗争。先是斯大林、布哈林反对托洛茨基派的论断，后又出现斯大林反对布哈林的理论斗争，但最终争论的结果都是以斯大林的理论主张取得胜利而告终。

托洛茨基等认为苏联在过渡时期的阶级斗争形势非常严峻，资产阶级的力量异常强大；对农民持怀疑态度，主张消灭富农，否定工农联盟；否定"一国建成"论，强调必须等待西方国家社会主义革命的胜利及其援助，否认无产阶级专政的苏维埃国家政权的长久性。对此，斯大林指责托洛茨基分子是犯了"左"倾冒险主义错误：批判他们过分估计了资产阶级的力量而忽视社会主义的力量，是一种悲观主义的错误论调；批判他们破坏工农联盟，"就会使工人阶级脱离自己的农民基础，使工人阶级的先锋队脱离其余的工人群众，因而就会使无产阶级遭受失败，使资本主义恢复的条件容易形成"。[①]

布哈林详细分析了过渡时期苏联的社会阶级状况及其相互关系。他指出，在这一时期，苏联社会主要存在着工人、农民、资产阶级这三种阶级。工人和农民在根本利益上是一致的，但二者也存在着矛盾，伴随着社会生产力的发展，二者之间的矛盾将最终消失；无产阶级和资产阶级之间的矛盾是有着根本利益冲突的矛盾。但是，布哈林主张可以在一定限度内允许资本主义的存在，利用资本主义经济为社会主义经济服务，用缓和的手段逐渐改造资产阶级，而不是运用暴力手段在短时间内完全地、迅速地消灭资产阶级。总之，布哈林认为"从资本主义向社会主义过渡的基本路线，是矛盾缩小和最后消亡的路线。但是，这决不排斥这些矛盾在一定发展时间内的尖锐化"[②]。针对布哈林的观点

---

① 《斯大林选集》下卷，人民出版社 1979 年版，第 70 页。
② 《布哈林文选》中册，东方出版社 1988 年版，第 203 页。

和政策主张，斯大林批判布哈林是犯了"右倾机会主义"的错误，认为这一时期的阶级矛盾斗争日益尖锐化，主要表现为无产阶级和城市资产阶级之间、无产阶级和农村富农之间的矛盾，并且认为这些矛盾是根本对立的、不可调和的。布哈林强调社会主义建设时期党和国家的主要任务是发展经济而不是大搞阶级斗争。对此，斯大林指责布哈林集团不了解社会现状，不了解在国家工业化和农业集体化过程中社会阶级变动及阶级斗争日益尖锐化的现实，强调在过渡时期"要执行无产阶级的不调和的阶级政策，而不要执行使无产阶级利益同资产阶级利益相协调的改良主义政策，不要执行使资本主义'长入'社会主义的妥协主义的政策"。[1]

　　另外，关于社会主义制度确立以后苏联国内的阶级状况，当时苏联哲学界流行着一种观点认为，伴随着社会主义改造的完成，苏联过渡到社会主义社会，阶级及阶级差别将彻底消亡。与此同时，伴随着阶级的消亡，国家也将不复存在。这是典型的无政府主义者的观点，它们实质是否定无产阶级专政的存在，也是列宁曾经批判过的对象。对此，大多数苏联哲学家进行批判，认为苏联只是消灭了剥削阶级，阶级和阶级差别还将存在。工人和农民由于经济地位的不同，还存在一定的阶级差别。因此，在工人阶级和农民阶级并存的国家当中，还必须坚持工人阶级的领导地位，实行无产阶级专政；而实行无产阶级专政的基础则是工农联盟。针对上述问题，斯大林指出，伴随着无产阶级政权的建立和社会主义制度的巩固，阶级斗争将日益尖锐化。在马克思主义看来，特定社会的阶级斗争状况从根本上来说取决于该社会的基本矛盾。因此，进一步分析和探讨苏联社会的基本矛盾就成为探讨的重点。关于这一问题，斯大林在《辩证唯物主义和历史唯物主义》中明确指出苏联社会主义经济是"生产关系完全适合于生产力性质"的，"这里的生产资料的公有制同生产过程的社会性完全适合"[2]。既然，苏联社会的生产关系与生产力是完全适应的，那就不应当存在阶级斗争尖锐化的现象。因此，斯大林关于社会基本矛盾的判断与其关于阶级斗争尖锐化的认识在理论上出现了矛盾。然而，由于当时对斯大林个人崇拜的盛行，苏联哲学界在一系列相关问题的讨论上基本保持了与斯大林一致的看法。

---

[1]　《斯大林选集》下卷，人民出版社1979年版，第431页。

[2]　《斯大林选集》下卷，人民出版社1979年版，第445页。

总之，这一时期苏联哲学界对历史唯物主义的探讨和研究更加深入，特别是历史唯物主义与苏联社会主义建设实际相结合方面有了明显改善。研究解决苏联社会主义建设过程中遇到的新问题、新情况，成为当时历史唯物主义关注和研究的焦点。然而，这一时期苏联哲学中的一些正常的学术争论被视为带有政治色彩的路线斗争，一些党内意见分歧被视为阶级斗争，从而致使苏联哲学健康发展受到严重阻碍。

第四节　马克思主义文艺学的确立和发展

十月革命胜利后，无产阶级不仅面临着巩固新生的国家政权、恢复和发展国民经济的任务，而且面临着争取无产阶级文化领导权、开展社会主义文化建设的任务。20 世纪二三十年代苏联文艺界派别林立、思想斗争激烈，他们之间开展的各种争论，不仅有利于苏联文化的繁荣发展，而且也是苏联无产阶级领导社会主义文化事业的初步探索和尝试。

一、20 世纪 20 年代关于文艺和文艺方法的问题大辩论

十月社会主义革命胜利以后，苏联社会政治、经济状况和人民生活发生的巨大变化反映到文艺层面，为苏联文艺的发展带来了新的生机和活力。新情况也呼唤新的文艺理论和创作方法。在这一社会历史背景下，苏联文艺界各种思潮、流派和团体纷纷涌现，比如岗位派、山隘派、未来派、象征派、谢拉皮翁兄弟派、结构派、拉普派、莫普派、列夫派等等。为研究新的社会问题、创作新的文艺理论和方法，苏联文艺界在 20 年代展开了大争鸣、大辩论。这一时期的争论主要围绕文艺的性质问题、文艺的党性和政治性问题、无产阶级文艺与文化遗产的关系问题、文艺与现实、文艺的内容与形式之间的关系等一系列问题展开。

关于文艺的阶级性问题。争论主要集中在由沃隆斯基和瓦尔金分别代表的文学团体之间。沃隆斯基是无产阶级文学刊物《红色处女地》的主编，这一杂志是 1921 年在列宁的直接倡导下建立的，是宣传党和国家文化政策和思想的重要旗帜。"岗位派"是以瓦尔金为领导的一个文学团体，其文学刊物是 1923 年创办的刊物——《在岗位上》，瓦尔金担任主编。"岗位派"常以无产阶级文化代表自居，强调文学的阶级性质和政治倾向，坚持文学绝对为政治服务的宗旨，宣扬"没有政治就不会有当代文学"。同时，他们强调无产阶级政党对文化的领导权和专权，将阶级斗争引入文学领域，排斥和否定其他一切文学派别和团体。对此，沃隆斯基进行了批判，指出"岗位派"对艺术的阶级性进行了歪曲，将艺术创作与政治完全等同起来，否认文艺创作的特殊规律，否认艺术的主观性和客观现实之间的联系。"岗位派"则反击沃隆斯基实际是在坚持资产阶级的文化路线，他们攻击聚集在沃隆斯基创办的《红色处女地》周围的"同路人"都是反动分子，提出要"消灭沃隆斯基主义"等等。在这场争论中，其他文艺团体和作家也大量参与进来。比如，"谢拉皮翁兄弟"派则坚决反对文学与政治相联系，坚持艺术不过问政治；还有一些文艺团体和作家则宣称要建立纯粹的、远离政治的艺术；等等。

布哈林、卢那察尔斯基、克鲁普斯卡娅等马克思主义理论者也对上述争论阐释了自己的意见。一方面，他们反对否定或抹杀艺术的阶级性。卢那察尔斯基强调，艺术作为一种特殊的社会意识和上层建筑，总是建立在特定的社会存在和经济基础之上。在阶级社会中，艺术必然具有阶级性。艺术"是由社会制度来说明的；社会制度又是由各阶级的相互关系来决定的"。[①] 艺术的阶级性使之或者有利于巩固和维护现有制度，或者反对它的存在加速其灭亡。同时，卢那察尔斯基坚持认为，无产阶级文艺应当始终贯彻为社会主义建设服务的党性原则，党性是艺术创作革命思想性和真实性的最高表现。因此，他极力反对一些文艺团体所谓的纯粹艺术或无阶级的艺术，倡导无产阶级要在社会主义文化建设中争取领导权。另一方面，他们又重点对"岗位派"的"左"倾观点进行了批判。他们指出苏联文艺既要为无产阶级事业服务，积极向党的相关政策靠拢，将文艺作品的艺术性与政治性进行融合，发挥无

---

① ［苏］卢那察尔斯基：《与艺术的对话》，吴谷鹰译，生活·读书·新知三联书店 1991 年版，第 51 页。

产阶级文化的重要作用。与此同时，他们又强调要重视文艺创作的特殊规律，反对文艺作品纯粹政治化。

关于无产阶级文化存在的客观性问题。这一争论主要是由托洛茨基的思想言论引起的。托洛茨基坚持不断革命的思想，认为无产阶级专政只是一种短暂的过渡时期。"不仅没有无产阶级艺术，而且将来也不会有：当无产阶级受压迫时，它是没有文化的；在掌握政权之后，它经历斗争的时期，把自己的全部精力都贡献给斗争；然后，无产阶级来得及创造自己的艺术之前，就形成新的、无阶级的世界。"[1] 由此可见，托洛茨基否认无产阶级专政的客观性、长期性，进而否定无产阶级文化的客观存在。托洛茨基的思想在苏联文艺界产生了一定影响，"青年近卫军"等文艺团体部分作家甚至赞同托洛茨基的观点。

布哈林在《无产阶级革命与文化》中明确指出，"工人阶级即使在资本主义社会内部已经带来了比旧的资产阶级文化更高的东西"[2]，"无产阶级文化就其原则来说站得比资产阶级文化高。无产阶级在资本主义社会内部已经摸索到这些原则的萌芽。"[3] 当无产阶级掌握国家政权以后，它将会聚集更多、更大的力量加强无产阶级文化建设和管理。卢那察尔斯基曾经多次对托洛茨基的观点进行严厉批判，他指出，未来的共产主义社会是不存在阶级的，但是在向共产主义过渡的过程中，无产阶级专政的存在具有客观必然性，无产阶级文化的存在同样是客观的。"岗位派"作家也对此进行了反驳，他们强调无产阶级文化的存在是一个不争的事实。

关于无产阶级文化与文化遗产、无产阶级作家与非无产阶级作家的关系问题。在这一问题的争论中，尤其以"无产阶级文化派"、"岗位派"的观点具有代表性。"无产阶级文化派"即俄国无产阶级文化协会，它于1917年10月成立，创办了《无产阶级文化》等多种刊物，是一个拥有广泛群众基础的文化派别。以波格丹诺夫为代表的"无产阶级文化派"宣扬虚无主义的文化历史观，强调重新创立"纯粹的无产阶级文化"，全面否定和抛弃历史文化遗产。同时，他们批判和反对其他非无产阶级知识分子，否定对他们加以改造和利用的可能

① [苏] 卢那察尔斯基：《与艺术的对话》，吴谷鹰译，生活·读书·新知三联书店1991年版，第193页。

② 《布哈林文选》上册，人民出版社1981年版，第86页。

③ 《布哈林文选》上册，人民出版社1981年版，第88页。

性和必要性，指出建设无产阶级文化只能依靠无产阶级自身。"岗位派"成员也具有类似观点，他们反对一切历史文化遗产，迫切希望发展无产阶级文化，对非无产阶文化进行彻底否定；强调加强无产阶级对文艺的绝对领导权，反对其他非无产阶级文艺及文艺团体和派别的存在，并对他们进行严厉的攻击，视其为反动的阶级敌人。总之，他们将政治领域中的阶级斗争完全照搬到文艺领域，大搞宗派主义、小团体主义，严重破坏苏联广大文艺作家特别是与其他非党作家的团结合作。

针对"无产阶级文化派"的错误，列宁曾经进行过严厉批判并对相关问题进行了明确阐释。一方面，列宁批判了虚无主义的文化观，阐明了科学对待历史文化遗产的态度。在《青年团的任务》一文中，列宁集中阐述了无产阶级文化与历史文化遗产的关系。列宁指出，"无产阶级文化并不是从天上掉下来的，也不是那些自命为无产阶级文化专家的人杜撰出来的。如果硬说是这样，那完全是一派胡言。无产阶级文化应当是人类在资本主义社会、地主社会和官僚社会压迫下创造出来的全部知识合乎规律的发展。"① 另一方面，列宁明确指出了正确对待文化遗产的科学态度。列宁以马克思主义理论为例，指出马克思正是在对包括资本主义在内的人类一切文化遗产的批判继承中创造出了科学的理论和学说。因此，"只有确切地了解人类全部发展过程所创造的文化，只有对这种文化加以改造，才能建设无产阶级的文化，没有这样的认识，我们就不能完成这项任务。……只有了解人类创造的一切财富以丰富自己的头脑，才能成为共产主义者"。② 另外，列宁还强调了改造和利用旧知识分子的重要性。列宁指出，无产阶级既要从那些带有资产阶级性质的一切旧思想、旧观念、旧习俗脱离开来，同时又要批判地继承和借鉴有益的文化知识，争取、团结、利用旧知识分子为社会主义事业服务。正如列宁在 1918 年所指出的："我们用资本主义给我们留下的分子建设政权。如果连知识分子这样的资本主义文化遗产都不利用，我们就无法建设政权"③。

高尔基（1868—1936）和卢那察尔斯基曾对"无产阶级文化派"、"岗位派"的观点进行过批判。在苏维埃政权成立初期，高尔基就针对如何对待知识分子

① 《列宁选集》第 4 卷，人民出版社 2012 年版，第 285 页。
② 《列宁选集》第 4 卷，人民出版社 2012 年版，第 285 页。
③ 《列宁全集》第 35 卷，人民出版社 2017 年版，第 217 页。

问题曾经致信给列宁，认为苏维埃应当高度重视知识分子，要积极发挥有用人才的作用，尊重和善待人才。"应当明白，恰恰是有用的知识过去、现在、将来也必定是最革命的力量；只有用于这方面的才智才能把人们的愿望和需求组织起来，不断加以扩大，从而有力地推动人们前进。"① 卢那察尔斯基认为，无产阶级应当创造出自己的艺术，但是这绝不意味着它敌视一切非无产阶级的艺术。"阶级性并不意味着把其他阶级的学识都丢掉……它也像采取先前时代的科学和技术的成就那样，采取艺术的成就，力图对它们加以批判的检验。……这里采取批判的态度和力图选择只适合于我们的东西，阻止对我们有害的东西的进入（特别是居民中的动摇的部分）——是必要的。"② 并且，卢那察尔斯基还对"岗位派"等在文艺领域发起的宗派斗争、阶级斗争进行了严厉批判。

总之，苏联文艺界的争论引起了党中央的重视。1924 年联共（布）第十三次代表大会通过了《关于报刊的决议》，明确指出了苏联文化事业的社会主义性质和发展方向。决议指出，"加强党对我们的出版物、杂志和报纸的书报评介工作的领导，为此必须在杂志和报纸上开辟经常性和系统性的专栏，并特别注意党的教育问题和大众刊物。"③ 1925 年 2 月，苏联中央委员会召开专门的文艺工作会议，听取了布哈林关于《无产阶级和文艺政策问题》的报告。不久，1925 年 6 月 18 日联共（布）中央通过并颁布了以布哈林上述报告为主要基础的《关于党在文学方面的政策》决议，制定了党关于文化建设的基本路线和政策。第一，决议肯定了文化的阶级性质以及无产阶级文化存在的客观性。该决议明确指出，在阶级社会中没有也不可能有中立的艺术，虽然一般艺术的阶级性，又是文学的阶级性，其表现形式较之——比方说——在政治方面是更加地多种多样。在无产阶级专政的国家政权中，无产阶级文化的存在具有必然性。第二，该决议指出了党对无产阶级文艺的领导权问题。无产阶级政党作为文化事业的领导者，还必须承担起帮助无产阶级作家争得对苏联文学思想领导权方面的任务。第三，决议还谈到了如何对待"同路人"作家的关系问题。决议指出，在无产阶级掌握文艺领导权的同时，并不否认和排斥文艺创作和派别

---

① 沈志华总主编：《苏联历史档案选编》第 2 卷，社会科学文献出版社 2001 年版，第 157 页。

② ［苏］卢那察尔斯基：《与艺术的对话》，吴谷鹰译，生活·读书·新知三联书店 1991 年版，第 195 页。

③ 《苏联共产党代表大会、代表会议和中央全会会议决议汇编》第 2 分册，人民出版社 1964 年版，第 472 页。

的多样性，反对任何集团在文艺领域的独占，鼓励各个文艺团体和流派可以自由竞争；并且强调对待"同路人"作家应坚持细心、谨慎的原则，实行有区别的对待。这一决议的颁布具有重要意义，它指明了苏联文化事业的发展方向和领导力量，为苏联文艺界的各种争论提供了判断标准和依据，也为苏联文化发展创造了良好的政治环境。

二、社会主义现实主义创作方法的争论

关于社会主义文艺创作方法的争鸣，苏联文艺团体曾提出过各种主张。其中，"拉普"派作为当时苏联最大的无产阶级作家组织，他们提出的辩证唯物主义创作方法在当时影响最大。他们主张将哲学上的辩证唯物主义的认识方法和思维方式直接运用到文艺创作当中。对此，卢那察尔斯基、高尔基、法捷耶夫等文艺作家对其进行了严厉批判。他们认为，辩证唯物主义作为一种科学的世界观在文艺创作中具有重要作用，无产阶级文艺工作者应当掌握这一科学的世界观；但是，世界观又不同于具体的文艺创作方法，如果将辩证唯物主义机械地运用到文学创作中来，忽视文艺创作自身的特殊路径，实际是犯了教条主义的错误，更将损害文艺的发展。尽管，1925 年 6 月 18 日俄共（布）中央通过的《关于党在文学方面的政策》，强调辩证唯物主义要向新的领域（物理学、心理学、一般自然科学）渗透，要在文学领域夺取阵地。但是在这里，辩证唯物主义主要是作为一种世界观的形式用于指导苏联文艺，而"拉普"派却将其作为具体的创作方法加以运用。

同时，关于社会主义现实主义创作方法的争论还围绕现实主义与浪漫主义、浪漫主义与浪漫精神的关系等问题展开。"拉普"派将浪漫主义视为资产阶级的文化特质，认为无产阶级文艺创作不需要浪漫主义，如果将浪漫主义引入苏联文艺实质是对资产阶级文化的坚持。反对派则认为，浪漫主义不同于浪漫精神，无产阶级文艺创作在坚持社会主义现实主义的基础上，还需要革命的浪漫精神。这种革命的浪漫精神不仅是无产阶级文艺作家创作才能和技艺的体现，更有利于具体生动地描写现实生活。

在这一背景下，以斯大林为代表的苏联党中央加强了对文艺工作的管理和整顿。1932 年 4 月 23 日，联共（布）中央通过了《关于改组文艺团体》的决议，

该决议决定"取消无产阶级文艺团体;……把一切拥护苏维埃政权纲领和努力参加社会主义建设的作家团结起来,组成其中有共产党员党团的统一的苏联作家协会"①。这主要是因为,在无产阶级国家政权刚刚确立初期,无产阶级文艺相对薄弱,为巩固无产阶级文化阵地,建立无产阶级文艺组织、培养无产阶级干部和作家就成为必要。然而,伴随着无产阶级文艺工作的开展,特别鉴于无产阶级文艺团体当前存在的问题,为进一步推动苏联文学艺术创作,联合其他文艺团体和作家共同推动社会主义建设,就必须改组文艺团体。正如决议所指出的,"当新经济政策初期特别活跃的异己分子在文学界具有很大影响、而无产阶级文学干部队伍还很薄弱的时候,党曾经在文学和艺术领域用一切办法帮助成立和巩固单独的无产阶级组织,目的是为了巩固无产阶级作家和艺术工作者的阵地。现在,当无产阶级文学和艺术的干部队伍已经成长起来……现存的无产阶级文艺团体('伐普'、'拉普'、'拉姆普'等)的范围便显得狭窄了,并且阻碍艺术创作的真正开展。"② 这一决议为最大限度争取一切可能的文艺团体和作家的团结协作,致力于推动苏联社会主义文化事业的发展创造了良好的政治环境。

1934 年 8 月 17 日至 9 月 1 日,第一次苏联作家代表大会召开。在这次大会上,社会主义现实主义创作方法正式被作为苏联文学的基本创作方法写进苏联作家协会的章程。会议由联共(布)中央委员会书记日丹诺夫主持召开,布哈林、高尔基、尤金等作家代表分别做了发言,重点对什么是社会主义现实主义及其具体运用等情况进行了详细说明。这次会议通过的《苏联作家协会章程》规定了社会主义现实主义的方法的定义,"社会主义的现实主义,作为苏联文学和文学批评的基本方法,要求艺术家从现实的革命发展中真实地、历史地和具体地描写现实,同时艺术地描写的真实性和历史具体性必须同用社会主义精神从思想上改造和教育劳动人民的任务结合起来"。③ 并且,"社会主义现实主义保证艺术创作有特殊的可能性去发挥创造的主动性,去选择各种各样的形式、风格和体裁"。④ 与此同时,在这次会议上,苏联作者还谈到了自身在

---

① 沈志华总主编:《苏联历史档案选编》第 13 卷,社会科学文献出版社 2002 年版,第 3 页。

② 沈志华总主编:《苏联历史档案选编》第 13 卷,社会科学文献出版社 2002 年版,第 2 页。

③ [苏] 列·费·叶尔绍夫:《苏联文学史》,北京师范大学苏联文学研究所译,北京师范大学出版社 1987 年版,第 196 页。

④ [苏] 列·费·叶尔绍夫:《苏联文学史》,北京师范大学苏联文学研究所译,北京师范大学出版社 1987 年版,第 196 页。

文艺创作中的责任感。正如日丹诺夫关于作家代表大会情况提交给斯大林的报告中所讲的，"作家看到了国家对待文学的态度，看到了自己，感到了自己的活动所承担的巨大责任。因此所有的发言都带有认真准备的迹象"。①

　　社会主义现实主义创作方法是苏联作家自觉学习和运用马克思列宁主义文艺思想和理论的产物，是苏联无产阶级政党领导社会主义文化事业探索的积极尝试，是苏联文学和艺术史上有重大影响和意义的标志性事件。社会主义现实主义创作方法的最终确立，结束了苏联文艺领域争论不休甚至是相互攻击的混乱局面，在最大限度上使苏联各派作家达成一致，促进了苏联文艺团体和作家的团结。这次大会"鲜明地体现了语言艺术家们思想上的一致性。这是我们党在最复杂的思想领域之一——文学领域中取得的辉煌胜利"②。并且，社会主义现实主义的创作方法在批判继承传统批判现实主义方法的基础上，改变了文艺创作的陈旧形式，比较客观地反映了苏联文艺的发展方向，为苏联文艺创作奠定了基调。自此，20 世纪 30 年代至 40 年代中期，苏联文学领域出现了繁荣发展的景象，一大批优秀作家和经典作品纷纷涌现，比如，肖洛霍夫（1905—1984）的《静静的顿河》、《被开垦的处女地》（第一部），阿·托尔斯泰（1883—1945）的《苦难的历程》，法捷耶夫的《青年近卫军》，等等。"苏联文学作为苏联各族人民社会文化生活的最重要的因素，促进了千百万社会主义建设者的精神的形成和视野的开阔。以社会主义现实主义精神写成的苏联作家的优秀作品鼓舞人民进行创造性的劳动，它继承了苏联各族人民古典文学的光荣传统，丰富了他们的文化宝库。"③ 然而，社会主义现实主义创作方法只是苏联文学创作的一种新方法，但不是唯一的方法。在后来的文学发展中，这一方法却被很多人片面理解，忽视其他文艺创作方法的综合运用，导致艺术创作手法的单一。并且，随着 30 年代末大清洗运动的开展，文艺领域的领导和管理也存在着问题，大批苏联作家在文艺创作上尽量回避或简单化理解矛盾，出现"无冲突论"的文学倾向，严重阻碍了苏联文艺的全面、健康发展。

---

① 沈志华总主编：《苏联历史档案选编》第 13 卷，社会科学文献出版社 2002 年版，第 10 页。

② ［苏］列·费·叶尔绍夫：《苏联文学史》，北京师范大学苏联文学研究所译，北京师范大学出版社 1987 年版，第 196 页。

③ 沈志华总主编：《苏联历史档案选编》第 13 卷，社会科学文献出版社 2002 年版，第 45 页。

第五节 马克思主义史学的确立与发展

确立马克思主义在史学研究中的指导地位，推动苏联史学研究与社会主义建设实践相结合，引导其为社会主义建设服务成为当时苏联史学界面临的重要任务。在这一过程中，苏联史学界不仅从理论层面积极改造旧史学、发展新史学，围绕亚细亚生产方式展开激烈争论，而且从实践层面加强历史教学工作整顿，并积极组织《联共（布）党史简明教程》的编写和出版发行。

一、改造旧史学发展新史学

十月革命胜利后，伴随着苏维埃国家政权的建立以及向社会主义的过渡，苏联社会各项事业百废待兴。在苏联历史科学领域，由于资产阶级的史学观仍然占据着重要地位，因此，改造资产阶级的旧史学，确立马克思主义史学观的指导地位，建立马克思主义的历史学科就成为苏联史学面临的迫切任务。并且，伴随着苏联社会主义实践的发展，苏联史学还远落后于实践发展的需要。因此，通过改造旧史学发展新史学，推动其服务于社会主义建设就成为客观要求。

在改造旧史学发展新史学的过程中，苏联历史学家首先对资产阶级史学观点进行了批判。对资产阶级历史学的批判主要体现为对其史学方法论即唯心主义的研究方法进行批判，代之以马克思主义的历史唯物主义的史学研究方法。与强调思想意识在人类社会发展中的作用、否认历史发展规律的唯心主义观点不同，历史唯物主义史学观注重强调社会经济因素在人类社会发展中的作用，并且承认人类社会发展的一般规律。20 世纪 20 年代初期，李凯尔特主义史学观极具代表性，并且在苏联史学界有着重要影响。这一观点认为，历史学不是研究社会发展一般规律的科学，并且与社会规律毫无关系，而是研究具体的社会事件和活动的科学。与历史学不同，社会学则是注重研究社会发展规律的科学。据此，他们对历史学与社会学进行区分，即历史学是"表格化"的科学，而社会学是"粗略的"。并且，在李凯尔特学派思想的影响下，一些历史学家还主张取消独立的历史科学和历史课程。对此，一些马克思主义的历史学家对其进行了批判和指责，并纷纷提出和发表自己的看法和意见。

在批判资产阶级史学的过程中，苏联历史学家重点围绕历史学与社会学的关系问题展开了一系列争论。第一，关于历史学的研究对象和主要任务问题。针对李凯尔特的错误史学观点，许多历史学家指出，研究社会发展的规律也是历史学的主要任务。比特鲁舍夫斯基就认为，研究和揭示社会发展的规律不仅是社会学的任务，也是历史学的任务。历史学以具体的社会历史事件或人物活动作为研究对象和前提条件，将揭示抽象的人类社会发展规律作为自己的学科任务。因此，在其看来，历史学是具体与抽象的辩证统一。苏联著名历史学家波克罗夫斯基（1868—1932）坚持运用唯物主义历史观来解释历史，他强调物质和经济因素在历史发展中的重要作用，并从具体历史事实出发，注重总结和研究人类社会发展规律。另外，克留切夫斯基等历史学家认为，历史学是社会学的基础，主张将历史学和社会学进行合并，建立统一的"历史社会学"。对此，安德烈也夫则反对将历史学与社会学相混淆，他反对用社会学取代历史学。但与此同时，他又反对历史学社会化。他认为过度注重对历史规律的研究将导致历史学陷入"抽象化"、"公式化"的模式，必须与具体的历史事实研究进行平衡。第二，关于取消历史学理论的争论。针对李凯尔特主义史学派否定历史规律、否认历史学的独立意义，主张用社会学代替历史学、继而取消历史课教学的观点，许多历史学家提出了反对意见。科瓦廖夫就坚决反对取消历史学和历史课程，他严厉评判了李凯尔特主义者将历史学和社会学、"表格化"科学与"粗略化"科学对立起来的做法。并且，科瓦廖夫还指出取消历史课教学的负面影响，特别是对社会主义改造的严重危害。第三，关于史学比较研究方法问题。鉴于罗日柯夫等历史学家企图通过这一方法实现社会学取代历史学的观点，如何认识和评价这一方法成为苏联历史学家讨论的焦点。"苏联历史学家在进行历史比较时，强调马克思列宁主义是进行历史比较研究的理论基础。他们一方面重视马克思主义经典作家进行历史比较研究的范例，另一方面也重视对西方资产阶级史学中的历史的比较方法的批判。同时在此基础上，探讨有关历史比较研究的理论问题或实践问题。"[1] 苏联历史学家批判资产阶级

---

① 陈启能、于沛、黄立莆：《苏联史学理论》，经济管理出版社 1996 年版，第 276 页。

史学由于不懂得历史唯物主义，因而并不能很好地运用这一方法。然而，在对待比较历史学研究方法的态度上苏联历史学家意见并不统一。比如，安德烈也夫就对这种方法持否定态度，而秋梅涅夫则对这种方法加以肯定。秋梅涅夫认为，正确认识和理解历史唯物主义是正确运用这一方法的前提，而如果能正确运用这一方法有助于解释历史发展中的客观规律。

在改造旧史学发展新史学的过程中，苏联历史学家还运用马克思主义理论观点创作了大量史学论著和文章。比如，苏联著名历史学家和杰出代表波克罗夫斯基的两卷本历史巨著《俄国历史概要》，这在当时的苏联历史界产生了重大影响；1919年卢金的《罗伯斯庇尔传》以及1922年的《1871年巴黎公社》；安德烈也夫1925年出版的《关于历史对规律的理解问题（社会学探讨）》；沃尔金先后完成的《社会主义史纲》和《社会主义思想史》；以及秋梅涅夫探讨史学研究方法论文章《历史科学中的个别化和一般化方法》；等等。

另外，改造旧史学发展新史学的工作也得到了苏联党和国家的大力支持。20世纪20年代，新生的苏维埃国家政权在国际国内形势极其复杂、经济条件极为困难的情况下，仍然给予史学研究大力支持。一方面，组织建立专业的科学研究机构，为史学研究创造有利条件。比如，1919年成立国家物质文化史科学院，指导考古工作等相关研究。另一方面，建立史学教育教学基地，注重人才培养。1921年成立红色教授学院并在莫斯科大学成立历史研究所，作为提升党员干部马克思主义理论素养和培养新一代马克思主义史学人才的教育基地。

总之，这一时期通过对旧史学的改造，资产阶级史学观遭遇破产，马克思主义史学观在苏联史学界得以确立。在批判资产阶级史学的过程中，苏联历史学家对相关问题展开一系列的争论和探讨，使得苏联历史学家对马克思主义理论的学习和认识更加深刻，在理论的运用上逐渐趋向成熟。同时，伴随着马克思主义理论的确立和传播，以及专门的科研机构、人才培养机构的建立，更有助于马克思主义史学研究的深入开展，更有利于人才队伍建设。

二、关于亚细亚生产方式的讨论

20世纪二三十年代，受十月革命的影响，在中国、印度等经济发展水平比较落后，甚至还处于殖民地、半殖民地的东方国家，革命运动风起云涌、势头迅猛。对此，围绕社会主义革命能否在还处于前资本主义社会的东方国家发生，革命如何开展、进展到什么程度，共产国际和联共（布）以及苏联史学家、哲学和经济学家对此展开了激烈争论。而要对这些问题作出回答，首先需要正确认识这些国家和地区的社会经济形态，正确判断其社会性质。这一时期，特别是对中国社会性质的认识和分析，激发了苏联学者关于亚细亚生产方式的一场激烈争论。

马克思在研究历史唯物主义、探寻人类社会发展规律的过程中，特别对人类社会经济发展形态问题进行了考察。19世纪50年代，马克思在关注和研究东方社会的基础上，在《〈政治经济学批判〉序言》中第一次谈到"亚细亚生产方式"问题。"大体说来，亚细亚的、古希腊罗马的、封建的和现代资产阶级的生产方式可以看做是经济的社会形态演进的几个时代。"①总体来看，马克思谈到的亚细亚生产方式主要具备以下特点：土地国有、农村公社、国家实行专制统治并组织人工灌溉等社会职能。然而，马克思并没有对这一理论作出详细的阐释和说明。对此，围绕亚细亚生产方式特别是中国社会性质和革命性质问题，20世纪二三十年代苏联学者展开了一场激烈的争论。

20世纪20年代初期，肯定中国是亚细亚生产方式的观点在苏联学界较为流行。普列汉诺夫在谈到东方社会的发展时就曾指出，"封建生产方式经济发展的逻辑，产生了社会革命，即资本主义的胜利。但如像中国或古代埃及的经济发展逻辑，并没有引起古代生产方式的产生。"②也就是说，在普列汉诺夫看来，中国一直处于亚细亚生产方式，不存在古代社会、封建社会，没有发生过社会形态的变化。此后，许多苏联学者如杨松、坎托罗维亚、瓦尔加（1879—1964）等接受了普列汉诺夫的观点。他们认为，在欧洲殖民者入侵之前，中国实际上处于亚细亚生产方式社会：即这一社会不存在土地私有制；宗法关系在农村占统治地位；没有大地产和大地主统治阶级，绅士是统治阶级，但他们大多是知识分子又与地产没有关系。③总之，在他们看来，中国不存在封建主义生产方式，没有经历过社会形态更替，在殖民主义到来以后中国才走上资本主

① 《马克思恩格斯选集》第2卷，人民出版社2012年版，第3页。
② 郝镇华：《苏联学者论"亚细亚生产方式"》，《史学理论研究》1992年第2期。
③ 郝镇华：《苏联学者论"亚细亚生产方式"》，《史学理论研究》1992年第2期。

义社会的发展道路。

针对上述观点，伊文、休卡里、沃林、阿利斯基、米夫等纷纷发文进行反驳。他们依据大量实际材料证明，中国社会实际存在土地买卖和土地私有，中国全部土地并非归最高统治者所有；并且，中国农村存在剥削和阶级分化现象。比如，沃林通过调查总结了中国农村的状况："（1）那些在中国发现了土地私有制的学者（扎哈罗夫、福兰克）是正确的，不能说在中国农村不存在土地私有制。（2）农村在阶级关系上已经分化，有10%的农户扮演着剥削其他农民的角色……（3）中国条件下所谓的地租实际上是封建代役租。由此看来，那种在中国一直存在到资本主义关系开始发展时的制度，只能是封建的，因此，反对封建制度的残余，是中国革命的方向。"[①]然而，尽管这些学者认识到中国社会存有剥削关系，但他们又在剥削阶级的主体问题上含糊不清。并且，他们认为中国遭遇入侵后，很快走上了资本主义发展道路。

1927年，伴随着中国大革命的失败，关于中国革命性质问题的讨论进入新的阶段。然而，这一变化又与中国革命形势的变化息息相关。1927年中国大革命失败以后，中国革命性质问题在共产国际内部展开了激烈争论。斯大林等人认为，中国革命的主要对象是封建主义及其帝国主义支持者，"土地革命是中国资产阶级民主革命的基础和内容"[②]，其革命性质是资产阶级民主革命。与斯大林的观点不同，托洛茨基则认为，中国并不存在封建主义，甚至是"微乎其微"，中国的主要任务是反对资本主义。拉狄克（1885—1939）也坚持认为，在中国历史上曾经存在过封建主义，但是目前"商业资本主义"已经取代了封建主义占据统治地位，反对资本主义才是中国革命的主要任务。针对托洛茨基和狄拉克等人的观点，斯大林曾严厉批判道，"托洛茨基的基本错误在于他不懂得中国革命的意义和性质。共产国际的出发点是：封建残余是现时在中国推动土地革命的压迫的主要因素。"[③]于是，在批判托洛茨基、狄拉克的过程中，反对"亚细亚生产方式"的观点也被作为在中国革命问题上的"左"倾错误加以对待，支持"亚细亚生产方式"的观点逐渐占据了主流。但是，需要注意的是，这一时期，亚细亚生产方式的概念尽管被保留下来，但其内涵却与之前不尽相同。

① 郝镇华：《外国学者论亚细亚生产方式》下册，中国社会科学出版社1981年版，第33页。
② 《共产国际有关中国革命的文献资料》第1辑，中国社会科学出版社1981年版，第316页。
③ 《共产国际有关中国革命的文献资料》第1辑，中国社会科学出版社1981年版，第301页。

1927 年 12 月，联共（布）中央委员、共产国际主席团委员罗明纳兹（1897—1935）在联共（布）召开第十五次代表大会上所作的报告，明确肯定了 20 世纪中国社会的亚细亚生产方式。然而，在他看来，这种亚细亚生产方式是中国社会所特有的、不同于欧洲中世纪的那样一种封建主义生产方式。由此可见，罗明纳兹所理解的亚细亚生产方式在内涵方面显然已经发生重大变化，它成为中国式封建主义的代名词。之后，1928 年共产国际第六次代表大会通过的纲领指出，中国、印度等国家由于还处于"中世纪的封建社会或亚细亚生产方式"，因而严重缺乏独立进行社会主义建设的基础①。

这一时期，苏联重要理论家马加尔作为亚细亚生产方式的主要支持者，在《中国农业经济》中也详细阐述了他对中国社会性质的认识和判断。他认为，20 世纪 20 年代的中国处于由亚细亚生产方式向资本主义演变的过渡社会，前资本主义的生产方式在中国农村占据着统治地位，这种前资本主义生产关系残余就是亚细亚生产方式。对此，他总结了中国这种"亚细亚生产方式"的特征："归根结蒂，唯一应当视为亚细亚生产方式的特征的，是没有土地私有制。换句话说，是专职国家的官僚机构对直接生产者即公社成员的剥削，亦即地租和税收合二为一的剥削形式。"②然而，以马加尔为代表的这一观点却在后来遭遇了严厉批判。

1929—1931 年期间，苏联学术界关于亚细亚生产方式的讨论走向高潮，反对亚细亚生产方式的论断逐渐高涨并占据上风。1931 年召开的列宁格勒讨论会议把关于亚细亚生产方式的讨论推向了高潮。在这次会议上，参与者主要围绕两方面内容展开：一是关于中国和印度等国家社会性质的争论；二是关于亚细亚生产方式是不是属于马克思主义理论内容的争论。在关于中国等东方国家社会性质的讨论中，马加尔等人认为，在帝国主义入侵中国以前，中国社会经济形态是亚细亚生产方式，帝国主义入侵以后，亚细亚生产方式逐渐瓦解，并向资本主义生产方式过渡。由此，他们判断中国革命的对象是资本主义，革命的性质是社会主义革命。对此，戈杰斯等人进行了批判，他们认为在帝国主义入侵中国以前，中国社会处于封建主义社会，否认中国存在亚细亚生产方式，在遭受侵略以后，中国革命的对象是同时反对帝国主义和封建主义。同

---

① 郝镇华:《苏联学者论"亚细亚生产方式"》,《史学理论研究》1992 年第 2 期。

② 郝镇华:《外国学者论亚细亚生产方式》下册,中国社会科学出版社 1981 年版,第 45 页。

时，在列宁格勒会议上，苏联学者还进一步围绕亚细亚生产方式是不是马克思主义的理论内容展开了讨论。在这一问题上，亚细亚生产方式的支持论者持肯定态度，认为它是马克思主义关于社会形态发展理论特别是东方社会发展理论的重要内容。相反，否认亚细亚生产方式的学者则对此产生了不同看法。约克等一部分学者彻底否定马克思曾经提出过亚细亚生产方式理论；另一部分学者如叶菲莫夫（1896—1971）、马达利佐夫、戈杰斯等则认为马克思开始确实提出过这一理论，当时主要是作为批判资本主义私有制的有力论证材料出现的，并且承认这一认识还存在着局限性。后来，在马克思读了摩尔根的历史学著作后，逐渐开始放弃亚细亚生产方式的提法。

总之，列宁格勒会议在理论上对支持亚细亚生产方式的观点进行了系统批判。支持亚细亚生产方式的观点被认为是"反马克思主义"的，"'亚细亚生产方式'概念正在成为托洛茨基主义的理论温床"①。在这一形势影响下，原来支持亚细亚生产方式的历史学家逐渐改变或放弃之前的观点，苏联大多数历史学家基本上否认了在社会经济形态变更中存在亚细亚生产方式这一阶段，并且认为，在帝国主义入侵之前，中国社会的经济形态是封建主义。然而，总体来看，尽管这一阶段的探讨取得了相对一致性的认识，廓清了一些理论问题，但一些思想观点也存在明显错误。

三、对历史学教学整顿工作的指导和对波克罗夫斯基的批判

十月革命后，苏联历史教学工作严重落后于社会主义建设实践，为进一步改善历史教学状况使其为社会主义建设服务成为整顿历史教学工作的迫切要求。这一时期，苏联历史教学很大程度上受到资产阶级思想的影响，马克思主义的史学地位还未确立起来；历史教科书使用不统一，没有具体的历史知识且局限于抽象的教条和定义；甚至历史教学由于受"社会学化"的影响，历史课程在许多大学被取消。鉴于苏联历史教学工作存在的种种问题，同时，为了确立马克思主义史学的指导地位，培养新一代的历史学家，推动史学研究与社会主义实践结合，联共（布）中央提升对苏联历史教学工作的重视，加强对整个

---

① 郝镇华：《外国学者论亚细亚生产方式》下册，中国社会科学出版社1981年版，第100页。

历史教学工作的整顿。

1931 年 9 月，联共（布）中央颁布《关于初等和中等学校》的决议，恢复中学里的历史课教学工作，并将其作为一门独立的科目。次年 5 月，联共（布）中央发布的《关于苏联各学校讲授本国历史的决定》围绕恢复历史课程教学、改变历史教学现状、加紧修订教材等方面作出了一系列重要部署。根据该决议，莫斯科大学、列宁格勒大学历史系得以恢复，并于 9 月 1 日开始招生。同时，该《决定》批判了抽象化的历史教学模式，倡导按年代次序将历史事件和历史人物的叙述相结合的教学方式。并且，《决定》进一步明确采用这种教学方式的重要意义。"按照历史年代次序叙述历史事件，同时使学生必须牢记一些重要的历史现象、历史人物和年代月日，重视学生们巩固地掌握历史课程的决定性条件。只有这样的历史课程，才能提供给学生以明了而具体的史料。也只有这样，才能正确地分析和总结历史事件，引导学生用马克思主义观点去理解历史。"① 另外，决议还提出了完善相关历史教材编写与修订的任务。也就是要求相关部门和专家在 1935 年 6 月以前完成《古代史》、《中世纪史》、《近代史》、《苏联历史》和《附属国和殖民地国家近代史》这些教科书的编写工作。

然而，这一时期苏联历史教科书的编写工作却遭到了斯大林的严厉批判。其中，《苏联历史》和《近代史》的编写工作被斯大林点名批评。1934 年 8 月，《对〈苏联历史〉教科书提纲的意见》和《关于〈近代史〉教科书提纲的意见》的公布，对历史教科书的编写起到了重要的、根本性的指导作用。这些意见既包含有正确的、科学的意见，同时也存在着许多非科学的意见。在《对〈苏联历史〉教科书提纲的意见》中，斯大林首先批评了以瓦格纳为组长的苏联历史教科书编写小组没有很好地理解编写任务，"这个小组编的是俄罗斯历史提纲，而不是苏联历史提纲。"② 主要在于，它没有加入苏联的乌克兰、白俄罗斯等其他各地区民族的历史材料。其次，对一些具体问题的观点提出了批评意见。比如，纲要没有着重指出沙皇政府在对外政策方面所起的反革命作用；将封建制度和封建制度前时期、反革命与反动等概念相混淆；未指出西欧资产阶级民主革命和无产阶级社会主义运动对俄国的影响；未指出第一次世界大战的根源，没有很好地说明十月革命的重要意义；未涉及苏联党内派

---

① 《马克思主义经典作家论历史科学》，人民出版社 1964 年版，第 332 页。

② 《斯大林文集（1934—1952 年）》，人民出版社 1985 年版，第 27 页。

别斗争和对托洛茨基主义的斗争等。最后，批评提纲编撰比较粗糙，有些内容不符合马克思主义的观点。"提纲的编撰者盲目地照抄各种资产阶级历史学家的陈腐的和完全不科学的提法，忘记了他们应该教给我们的青年以马克思主义的、有科学根据的提法。"①

在《关于〈近代史〉教科书提纲的意见》中，斯大林等人认为近代史的起点应当是法国大革命而非荷兰尼德兰和英国资产阶级革命，据此对教科书第一章结构提出修改建议。同时，认为"提纲的重要缺点是，对法国革命（资产阶级革命）和俄国十月革命（社会主义革命）之间的深刻差别和对立，强调得不够突出。而正是资产阶级革命和社会主义革命相对立这一思想，应该成为近代史教科书的主要中心"。② 另外，批评原纲要将近代史分为两个阶段是没有"根据的"，而应当分为三个阶段，即从法国资产阶级革命到普法战争和巴黎公社是第一阶段；从普法战争和巴黎公社到十月革命是第二阶段；从 1918 年一战结束到 1934 年是第三阶段。总之，斯大林等人认为，"近代史提纲比苏联历史提纲编得较有条理，但是在这个提纲中混乱的地方仍然相当多。"③

尽管上述《意见》对苏联历史和近代史教科书编写提出了详细的修改意见，然而，后来教科书的编写情况在苏联党中央看来仍然"不能令人满意"。对此，苏联党和政府将这一问题主要归结为当时苏联历史学界权威人物——波克罗夫斯基。波克罗夫斯基作为苏联早期知名的历史学家，其思想曾对苏联历史界产生了重大影响。波克罗夫斯基于 1905 年加入布尔什维克，曾多次参加革命活动。波克罗夫斯基学术著作颇为丰富，十月革命前就出版了代表性著作《远古以来的俄国历史》（五卷本）。十月革命胜利后，波克罗夫斯基曾任副教育人民委员职务，以及共产主义学院、红色教授学院等机构的行政领导职务。同时，还完成了两卷本的《俄国历史概要》。这一历史著作曾在国内广泛流传，并受到列宁的好评。列宁在给波克罗夫斯基的信中指出，"我非常喜欢您的新著《俄国历史概要》。结构和叙述都很新颖。读起来很有趣味。依我看，应该译成欧洲各国文字。"④波克罗夫斯基作为早期苏联史学界的杰出代表，他在清除资产阶级史学思想，维护马克思主义指导地位方面作出了突出贡献。他倡导运用历

---

① 《斯大林文集（1934—1952 年）》，人民出版社 1985 年版，第 28 页。
② 《斯大林文集（1934—1952 年）》，人民出版社 1985 年版，第 30 页。
③ 《斯大林文集（1934—1952 年）》，人民出版社 1985 年版，第 32 页。
④ 《列宁全集》第 50 卷，人民出版社 2017 年版，第 39—40 页。

史唯物主义的观点、方法阐释历史，强调社会经济、人民群众等在历史发展中的作用；反对运用唯心主义的方法考察历史，反对单纯推崇思想观念、领袖人物在历史中的作用。但与此同时，波克罗夫斯基观点中也包含着一些错误的成分，并对苏联史学产生了消极影响。比如，波克罗夫斯基尽管强调历史唯物主义观点方法在历史研究中的重要性，但他对历史唯物主义的理解又是机械的、片面的，甚至是错误的。比如，他对社会经济决定论的着重强调，又使得历史研究和教学往往出现抽象化、公式化的现象。他倡导历史与实践相结合，强调历史为现实服务，但又出现简单化、庸俗化现象。

　　然而，对波克罗夫斯基的正式批判是伴随着苏联中央对历史教学工作的整顿而开始的。30 年代初，斯大林对斯卢茨基等人进行的批判，实际上也对波克罗夫斯基造成了不利影响。1934 年苏联中央颁布的关于历史教学种种问题的批判和新任务部署的决议，实际也是对波克罗夫斯基及其工作一定程度的否定，但这次是以不公开点名的方式批评了波克罗夫斯基。1936 年 1 月 26 日，苏联人民委员会和联共(布)中央作出决定，对瓦纳格领导的小组所编写的《苏联历史》教科书进行严厉批判，指出《苏联历史》教科书的编写仍然不能令人满意，主要是由于教科书的编著者仍然坚持了"波克罗夫斯基的错误"。这一决定认为波克罗夫斯基的观点是"反马克思主义的、反列宁主义的"，是"对历史科学的取消主义和反科学的"，但其影响却是"根深蒂固的"。紧接着，波克罗夫斯基在联共(布)于 1938 年 11 月出台的《关于〈联共(布)党史简明教程〉出版后党的宣传工作》的决议中再次遭到严厉批判。决议指出，"在历史科学中直到最近还存在的反马克思主义的歪曲和庸俗化现象，是同所谓的波克罗夫斯基'学派'有联系的，这一'学派'歪曲地解释历史事实，并且违反历史唯物主义，用今天的观点而不是根据产生历史事件的条件来说明历史事实，因而歪曲了历史真相。"[①]该决议认为波克罗夫斯基的观点是"反马克思主义的"、反党的。这样一来，波克罗夫斯基被视为反革命集团的头目，对他的批判显然已经超越了单纯的学术批判。

　　诚然，就波克罗夫斯基的理论观点来说，因其包含着某些错误的成分，由此对其进行批判也是合理的；就波克罗夫斯基对当时苏联历史教学的影响来

---

① 《苏联共产党代表大会、代表会议和中央全会会议汇编》第 4 分册，人民出版社 1957 年版，第 503—504 页。

说，因其存在着取消历史教学、过于抽象化等种种问题，由此对其进行批判也是必要的。然而，波克罗夫斯基一系列错误的形成，除了自身主观认识方面的原因外，也与当时苏联客观存在的一些实际条件和情况不无关系。这一时期，苏联史学处于破旧立新的过程中，一些思想和实践工作难免具有尝试性。因此，对波克罗夫斯基的批判还应当结合当时的客观情况，不能完全将错误归咎于一人。并且，波克罗夫斯基曾经对苏联马克思主义史学的确立、历史学人才的培养等是作出过突出贡献的。然而，对波克罗夫斯基的批判却完全将其抹杀。

四、《联共（布）党史简明教程》的发表及其影响

20 世纪二三十年代苏联历史学界的争论激烈，导致当时的苏联历史教科书种类繁多、层次不齐。伴随着苏维埃国家政权和布尔什维克政党领导地位的逐渐稳固，统一各学术派别、全党以及全国人民的认识，科学地研究和评价布尔什维克党的历史，推动历史学科为社会主义建设服务便成为《联共（布）党史简明教程》（以下简称《简明教程》）编写的重要原因。

然而，《简明教程》的组织编写又是由苏联历史学家斯卢茨基发表的一篇文章直接引发的。1930 年，斯卢茨基在《无产阶级革命》杂志发表的文章——《布尔什维克论战前危机时期的德国社会民主党》中，具体探讨了列宁和布尔什维克党同德国社会民主党的关系问题。他指出，列宁及布尔什维克党在"一战"前对德国社会民主党存在的机会主义的危险估计不足，同时又对德国社会民主党左派支持不够。针对这一观点，斯大林专门写了《论布尔什维主义历史公开发表中的几个问题》的公开信。在给杂志社的这篇公开信中，斯大林指责斯卢茨基是"半托洛茨基主义"，是对列宁及布尔什维克党的"诽谤"和"捏造"。斯大林坚决反对将这篇文章刊登在《无产阶级革命》杂志上，"因为决不能把列宁的布尔什维主义立场问题，把列宁是否对中派主义这种机会主义进行过不调和的原则斗争，列宁过去是不是真正的布尔什维克的问题变成讨论的对象"。① 在斯大林看来，这些问题已成"公理"不容讨论。同时，斯大林批评

① 《斯大林全集》第 13 卷，人民出版社 1956 年版，第 76—77 页。

该杂志编辑部犯了"自由主义"的错误，即在对待托洛茨基主义态度问题上的自由主义错误。"托洛茨基主义是反革命资产阶级的先锋队。正因为如此，对托洛茨基主义，哪怕是对已被击溃的和暗藏的托洛茨基主义采取自由主义态度就是糊涂到近乎犯罪，近乎背叛工人阶级。"① 因此，斯卢茨基和《联共（布）党史简明教程读本》的作者沃洛谢维奇等某些"著作家"和"历史学家"实质上是在"私贩"托洛茨基主义文字。最后，斯大林明确指出，"编辑部的任务是要把布尔什维主义历史中的问题提到应有的高度，把我们党的历史的研究工作纳入科学的布尔什维克的轨道，加强注意去反对我们党的历史的托洛茨基主义伪造者和其他一切伪造者，经常揭穿他们的假面具。"② 总之，斯大林这封公开信的发表，对苏联整个历史学界造成了重大影响。斯卢茨基等"半托洛茨基主义分子"遭受政治批判，大批历史学著作被迫接受"审查"，《无产阶级革命》杂志被勒令停刊检查。

此后，斯大林和苏共党中央十分重视联共（布）党史教科书的编写工作，于 1934 年先后发布了联共（布）中央关于在苏联教授历史的有关决议和苏联历史、近代史教科书的修改意见。同时，斯大林直接领导了《简明教程》的编写，多次对其内容提出修改意见。譬如，在《关于联共（布）历史教科书给联共（布）历史教科书编写者们的信》中，斯大林指出了对其他历史教科书不满意的原因同时也是《简明教程》编写过程中需要注意的问题。"或者是因为它们在叙述联共（布）历史时没有同国家的历史联系起来；或者是因为它们仅限于叙述和简单地描写各种派别的斗争的事件和事实，而没有作必要的马克思主义的说明；或者是因为它们在结构方面，在事件分期方面，有不正确的地方。"③ 与此同时，斯大林还亲自编写了《辩证唯物主义和历史唯物主义》一章。这样《简明教程》严格按照斯大林的观点进行了编写，在内容上，重点介绍了联共（布）关于建立党组织、组织革命、夺取国家政权、开展社会主义建设等方面的基本经验；在结构上，教材主要分为导言、正文、结语三部分。

1938 年 10 月，《简明教程》正式出版后便成为苏联国内学习联共（布）党史的唯一教科书。联共（布）中央把这本党史教科书作为"掌握布尔什维主

---

① 《斯大林全集》第 13 卷，人民出版社 1956 年版，第 89 页。
② 《斯大林全集》第 13 卷，人民出版社 1956 年版，第 90 页。
③ 《斯大林文集（1934—1952 年）》，人民出版社 1985 年版，第 176 页。

义的不可取代的指南",积极进行宣传推介。1938 年 11 月 4 日,联(布)中央还专门颁布了《关于〈联共(布)党史简明教程〉出版后怎样进行宣传》的决议。决议指出,《简明教程》的出版"是布尔什维克党的思想生活中的重大事件",该教科书"是马克思列宁主义基本知识的百科全书"、"是关于布尔什维克主义的科学历史"。同时,决议明确指出了编写《简明教程》要解决的任务:第一,"必须使党在党的历史面前有统一的指南,这一指南作为联共(布)中央审定的、对联共(布)历史和马克思列宁主义基本问题的正式解释,可以杜绝任意解释的现象。"① 第二,消除把马克思主义与列宁主义混淆的不良现象。第三,在描述历史事实的过程中注重用马克思主义理论来教育广大干部。第四,"使马克思主义著作在解释马克思列宁主义理论和党史的许多问题时不流于简单化和庸俗化"② 。第五,说明马克思列宁主义理论的力量和意义,并据此指导无产阶级革命运动。第六,帮助做理论和宣传工作的干部提高理论修养,改进工作质量。另外,在指出党的理论宣传工作存在宣传方式落后、不注重报刊宣传、不注重对党员干部和知识分子进行马克思主义理论教育等缺点的基础上,决议针对《简明教程》的学习和宣传工作做出了具体指示和布置。针对不同群体倡导开展不同的学习方法,反对"形式主义和官僚主义"方式,组织开展讲演、建立研究室和学习小组、加强报刊宣传、组织干部培训、改组和建立专门的宣传机构等具体方法和措施。

《简明教程》的出版不仅是苏联党内的一件大事,也对国际共产主义运动以及其他国家共产党的工作带来了重大而深远的影响。它促进了马克思列宁主义在苏联及世界范围内的广泛传播,为国际工人运动提供了理论指南;同时,苏联共产党的历史经验也为马克思主义理论与各国实际相结合创造了光辉典范。另外,《简明教程》的出版有助于统一苏联国内对布尔什维克党史的认识和了解,有助于思想政治教育工作的开展。并且,《简明教程》也为其他社会主义国家和地区开展本国党史教科书编写工作提供了范式,在很大程度上影响了其史学研究工作。然而,该教科书也存在着一些问题和弊端。

---

① 《苏联共产党代表大会、代表会议和中央全会会议汇编》第 4 分册,人民出版社 1957 年版,第 502 页。

② 《苏联共产党代表大会、代表会议和中央全会会议汇编》第 4 分册,人民出版社 1957 年版,第 503 页。

第六节　马克思主义经济学理论的探讨

这一时期，苏联学术界的争论和探讨也突出地反映在经济学领域。围绕社会主义政治经济学的存亡问题展开的激烈辩论，最终确立了社会主义政治经济学的理论地位。与此同时，布哈林、瓦尔加等学者围绕社会主义经济发展、资本主义危机理论等又进行了各具特色的理论探索。

一、社会主义政治经济学理论地位的确立

关于社会主义经济的探讨在世界上第一个社会主义国家建立之前就已经存在，然而，社会主义政治经济学理论地位的确立则是在苏联时期形成的。社会主义政治经济学理论作为一门科学，其形成和确立经历了复杂的认识过程。

20 世纪二三十年代，苏联学者围绕社会主义政治经济学的存亡问题展开了激烈辩论，这场争论也为社会主义政治经济学理论地位的最终确立奠定了重要思想基础。当时流行的观点认为，社会主义条件下政治经济学这门科学已经不复存在。以布哈林为代表的许多苏联经济学家普遍认为，政治经济学是研究商品经济的，然而，社会主义国家不存在商品经济，不存在客观经济规律，经济运行完全是由人的意志进行调节的，因此在社会主义条件下政治经济学也没有存在的必要。另外，在国际社会当中，一些西方国家马克思主义经济学者也持有相似的观点。比如，卢森堡在 1925 年出版的遗著《国民经济学入门》一书中就指出：“在马克思的理论中，国民经济学是完成了的东西，同时，也是作为科学的国民经济学的终结。”[①] 正是在这样的情况下，布哈林等其他经济学家认为社会主义政治经济学将要消亡。

---

① ［德］卢森堡：《国民经济学入门》，彭尘舜译，生活·读书·新知三联书店 1962 年版，第72 页。

　　然而，社会主义政治经济学消亡论却遭受到实践挑战和理论质疑。伴随着苏联社会主义经济发展的实践，特别是在苏联社会主义工业化和农业集体化过程中出现了一系列需要解决的实际问题。如何从理论上来解释这些问题，为进一步加强社会主义经济理论研究提出了迫切要求。在理论方面，有一些苏联经济学家对社会主义政治经济学消亡论提出质疑和反对意见。比如，波格丹诺夫和斯切潘诺夫就认为，政治经济学的研究对象和范围不仅仅局限于资本主义社会，它是关于"人与人之间的社会劳动关系"的理论，资本主义政治经济学只是政治经济发展过程中的特殊阶段。并且，在其合作主编的《简明经济学教程》中，他们还按照原始社会、奴隶社会、封建社会、资本主义社会和社会主义社会的历史发展顺序进行了详细分析。另外，1929 年 10 月，苏联公开发表了列宁《在尼·布哈林〈过渡时期经济学〉一书上作的批注和评论》，这对苏联经济学家探讨社会主义政治经济学的存亡问题产生了重大影响。在文章中，一方面，列宁批判布哈林关于政治经济学的定义比恩格斯"倒退了一步"。与布哈林将政治经济学定义为关于商品经济的理论不同，恩格斯在《反杜林论》中指出："政治经济学作为一门研究人类各种社会进行生产和交换并相应地进行产品分配的条件和形式的科学——这样广义的政治经济学尚待创造。"[1] 另一方面，列宁批评布哈林将商品生产与无组织生产等同起来，指出商品生产也是有组织的经济。并且，列宁还批评布哈林错误地将资本主义商品经济的终结等同于政治经济学的终结。这是因为，"即使在纯粹的共产主义社会里不也有 Ⅰ v+m 和 Ⅱ c 的关系吗？还有积累呢？"[2] 列宁对布哈林一书的评论对苏联经济学界产生了重大影响，明确了社会主义条件下仍然存在政治经济学的问题，并且对推动社会主义政治经济作为一门独立的科学及其理论地位的确立发挥了重要作用。

　　在确立社会主义政治经济学的理论地位后，苏联经济学家又围绕社会主义政治经济学的含义、主题、理论体系等问题进行了深入研究和探讨。

　　第一，分析了政治经济学的广义和狭义。对此，苏联经济学界曾出现过不同意见。以卢森贝为代表的学者认为，每一种社会形态下都有特定的政治经济学，广义政治经济学是狭义政治经济学的总合。以布罗什科为代表的经济学家

---

① 《马克思恩格斯选集》第 3 卷，人民出版社 2012 年版，第 528 页。
② 《列宁全集》第 60 卷，人民出版社 2017 年版，第 275 页。

认为，狭义政治经济学主要是研究资本主义生产方式的政治经济学，而广义政治经济学是资本主义政治经济学的进一步发展。经过反复讨论，学者们最后逐渐趋向一致，认为广义政治经济学是研究一切社会经济形态发生、发展、灭亡规律的政治经济学，狭义政治经济学主要是研究资本主义产生、发展、灭亡的政治经济学。

第二，第一次提出了社会主义政治经济学概念。1931 年沃兹涅辛斯基（1903—1950）在《社会主义经济问题》一文中，第一次提出了"社会主义政治经济学"这一概念。在这篇文章中，首先，沃兹涅辛斯基论述了建立和研究社会主义政治经济学这门独立科学的必要性和重要意义。"英国资产阶级早在资本主义发展初期就创立了自己的政治经济学。马克思对李嘉图和斯密的政治经济学评价很多，难道我们正在领导着一个已经进入社会主义时期，建成了社会主义经济基础的国家党，不应该创立'社会主义政治经济学'吗？"① 其次，沃兹涅辛斯基指出社会主义政治经济学是共产主义政治经济学的组成部分，它不同于资本主义政治经济学。"社会主义经济理论（'社会主义政治经济学'）应当包括过渡经济理论，即应当说明无产阶级斗争形式的变换和把过渡经济变为社会主义经济的革命改造过程。同样，未来的共产主义理论经济学应当包括社会主义经济理论，即应当说明共产主义的产生、形成及其基本的经济运动规律。"② 另外，沃兹涅辛斯基还详细论述了社会主义政治经济学理论研究的主要问题及其内在逻辑顺序。沃兹涅辛斯基的这一理论构思对苏联社会主义政治经济学发展产生了重大影响，特别是为后来苏联社会主义政治经济学理论体系的构建提供了重要借鉴。

第三，探讨了社会主义政治经济学的研究对象和主要内容。主流观点认为，社会主义国家的经济政策是社会主义政治经济学研究的主要对象。比如，沃兹涅辛斯基就认为，在研究社会主义经济时经济政策应当成为研究的中心。波里林、雅罗申科等经济学家也持相似观点。将经济政策视为社会主义政治经济学研究的对象实质上是否定了对生产关系以及经济发展规律的研究和把握。在 20 世纪 50 年代，斯大林在《苏联社会主义经济问题》一书中明确指出，政治经济学的研究对象是人们的生产关系，经济政策不是政治经济学的对象。生

---

① 《沃兹涅辛斯基经济论文选》，人民出版社 1983 年版，第 46 页。
② 《沃兹涅辛斯基经济论文选》，人民出版社 1983 年版，第 47 页。

产力的合理组织和国民经济计划化等是领导机关经济政策的对象，"把经济政策问题堆压在政治经济学上，就是葬送这门科学。"[①]

伴随着社会主义政治经济学理论地位的确立，建立和系统讲授一门独立的社会主义政治经济学也成为迫切要求。1936 年，联共（布）通过了《关于改革政治经济学讲授》的决定，明确提出了开设社会主义政治经济学课程的重要任务。此后，联共（布）中央开始组织相关人员，成立编写组，讨论编写社会主义政治经济学教科书。1941 年，斯大林发表了对教科书编写的意见和建议。在这一建议指导下，1943 年，《政治经济学讲授中的若干问题》一文在《在马克思主义旗帜下》杂志发表，详细阐述了社会主义政治经济学的相关问题及教材编写的体系结构等问题。然而，教科书的讨论和编写工作随后由于战争爆发暂时中断。战后，又经过反复商讨、修改，由苏联科学院经济研究所编写的《政治经济学教科书》第一版终于在 1954 年 8 月问世。

二、布哈林对社会主义经济发展理论的探讨

在关于苏联社会主义经济发展理论的探讨中，布哈林无疑是颇具影响的理论家之一。布哈林曾被列宁称为"学识卓越的马克思主义经济学家"[②]。他一生经济学著作丰硕，特别是针对苏联社会主义经济发展进行了全面而深入的探讨，提出了许多非常宝贵的思想。在向社会主义过渡时期，伴随着国家工业化、农业集体化的迅速开展，布哈林主要围绕社会主义工业和农业发展的政策及其相互关系、市场经济问题、经济发展的速度和保持平衡的关系、经济技术和组织管理等问题进行了一系列探索。

（一）关于社会主义工业化发展的理论

首先，布哈林阐述了社会主义工业化的道路问题。20 世纪 20 年代，布哈林曾经同普列奥布拉任斯基（1886—1937）围绕苏联工业化发展道路问题展开了激烈争论。布哈林主张国民经济的"平衡发展"，强调社会主义工业化的发

---

① ［苏］斯大林：《苏联社会主义经济问题》，人民出版社 1961 年版，第 58 页。
② 《列宁全集》第 41 卷，人民出版社 2017 年版，第 204 页。

展必须以农业的共同发展为前提。一方面，布哈林认为工业发展离不开农业。"只有工业在农业迅速增长的基础上达到高涨这样的结合下，我们才能长期地保持最大的速度。"① 因此，布哈林反对最大限度地从农业抽调资金支持工业发展的想法。另一方面，布哈林指出农业发展也离不开工业。"不懂得农业的发展要依靠工业的发展，这就是说，如果没有拖拉机，没有化学肥料，没有电气化，农业注定要陷于停滞状态。……正是工业是迅速改造农业的杠杆，没有工业的领导，就不可能消灭农村的落后、野蛮和贫困。"② 因此，他又同时反对为保护农业而免除一切工业扣款的想法，批评它们是小资产阶级的保守、落后思想。其次，布哈林阐述了工业发展的速度与质量问题。布哈林指出，工业基本建设要有相应的后备储备。布哈林指出国家加强工业基本建设必须考虑外汇储备、货币储备、粮食以及商品储备等后备问题，如果没有后备或者后备不足以至于经常出现日常"排队"的现象，在这种情况下仍然加大基本建设，一味追求工业化的高速度发展就是一种冒险主义。因此，针对当时国内出现的商品荒现象，布哈林提出必须采取措施加以缓和。布哈林还指出，工业化建设还必须保证有相应的物质材料实际存在。工业化建设"不仅应当保证表现对建筑材料等等的需求的相应的货币，而且应当保证这种建筑材料相应的供应，保证它的自然的物理存在，保证它的真正的存在，并且不是未来的'存在'，而是当前的存在"。③ 对此他批评了一味追求货币的"数字游戏"并指出其危害。另外，布哈林还提出了生产性消费与生活消费、重工业与轻工业发展要保持平衡的问题。

（二）关于社会主义农业发展的理论

针对苏联经济落后、小农经济大量存在的现实，布哈林鼓励农业商品化、支持农村商品流转。"城乡之间的商品流转的增长是一个积极因素，理应得到我们的支持。"④ 并且，在农业集体化过程中布哈林反对消灭富农。布哈林详细分析了农村中的阶级成分，指出无产阶级应当联合贫农、中农，通过引导他们加入合作社的形式引导其走向农业集体经济；对于富农，要采取限制而非彻底

① 《布哈林文选》中册，东方出版社 1988 年版，第 279 页。
② 《布哈林文选》中册，东方出版社 1988 年版，第 279—280 页。
③ 《布哈林文选》中册，东方出版社 1988 年版，第 293 页。
④ 《布哈林文选》中册，东方出版社 1988 年版，第 225 页。

反对和消灭的政策。这是因为在苏联社会主义经济还比较落后的情况下，富农经济作为农村中资本主义性质的经济，还必须在一定限度内利用和发展他们，从而促进农业生产发展。伴随着社会主义经济的强大，通过和平的经济手段与富农竞争，最后使富农长入社会主义。对此，布哈林对农业集体化过程中出现的过火行为进行了严厉批判，指出"这种过火行为可以肯定为这样一些做法，它们不仅打击了富农，而且也打击了中农，它们常常滚到余粮收集制的轨道上去"①。另外，在关于实行农业集体化的手段和方式方面，布哈林强调实行农业集体化不能采取强制性手段。如果对农民采取强制手段，实行暴力，最后只能引发政治暴动，威胁无产阶级政权。正如其所讲的，"就会招致由富农所策划的农民暴动；富农组织和领导这种暴动。小资产阶级分子起来反对无产阶级，对它迎头痛击，而进行一场残酷的阶级战争的结果是无产阶级专政归于消失。"②并且，布哈林强调农业集体化应当遵循循序渐进的原则，不能一味追求速度。

（三）关于市场经济问题

一方面，布哈林主张利用和发展市场关系。在关于社会主义社会经济运行依靠什么方式、采用什么手段进行调节的问题上，布哈林曾经进行了深入研究。起初，布哈林对市场经济采取了否定态度，主张消灭市场关系，实行计划调节的经济运行方式。正如其在《过渡时期经济学》中所指出的，在过渡时期商品生产正在消失，社会主义社会经济运行"不是由市场和竞争的盲目力量来调节的，而是由自觉实行的计划来调节的"③。后来伴随着新经济政策的实施，布哈林的认识也发生了重大转变，他认为苏联要成功过渡到社会主义经济，还必须依靠和通过市场关系。在《到社会主义之路和工农联盟》一文中，布哈林明确指出："现在我们看清了我们走向社会主义的道路，它不在，或者确切地说，不完全在我们过去所探求过的地方。过去我们认为，我们可以一举消灭市场关系。而实际情况表明，我们恰恰要通过市场关系走向社会主义。"④另一方面，布哈林强调重视和利用价值规律。在《一个经济学家的札记》中，布哈林

---

① 《布哈林文选》中册，东方出版社 1988 年版，第 222 页。

② 《布哈林文选》中册，东方出版社 1988 年版，第 268 页。

③ ［苏］布哈林：《过渡时期经济学》，生活·读书·新知三联书店 1981 年版，第 1—2 页。

④ 《布哈林文选》上册，东方出版社 1988 年版，第 441 页。

详细分析了"粮食收购危机"产生的原因，强调了利用价值规律的重要性。布哈林指出，粮食危机不是粮食"过剩"导致的，而"实际上这一危机是同不正确的价格政策，同谷物价格和其他农产品价格之间的比例极不相称的现象联系在一起。其结果是生产力的重新分配不利于谷物业，从谷物业中（相对地）转移了"。[①] 任何一个生产部门如果长期收不回生产成本甚至还有附加额，那么这个部门就会停产。在这方面，布哈林重点批评了将价值规律与社会主义积累规律对立起来、忽视甚至否定价值规律的观点。"如果认为，计划经济的增长会造成（在价值规律消亡的基础上）一种按我们意愿行事的可能性，那他就是不懂经济学的起码常识。"[②]

（四）关于保持经济发展比例平衡的问题

针对当时苏联社会经济发展现状，布哈林在肯定社会主义经济取得重大成绩的同时也指出了苏联经济在生产与需求之间、投资与消费之间、工农业生产之间、部门产业结构之间等方面还存在比例失调问题。首先，在他看来，与资本主义经济危机不同，社会主义经济发展也出现了独特的"危机"。"在这里和那里，都出现了生产和需求的比例失调，但是在我们这里，这种失调是'颠倒的'（那里是生产过剩，这里是商品荒；那里是群众的求大大低于供，这里是求过于供）；这里和那里都投入巨额'资本'，但这种投资与特有的危机（在资本主义制度下），与'困难'（在我国）联结在一起；这种情况在我国也是'颠倒'的（那里是积累过多，这里是资本缺乏）；这里和那里都存在着不同生产领域之间的比例失调"[③]。其次，布哈林指出，社会主义经济中存在的这些问题虽然不会产生类似资本主义周期性的经济危机，但同样会导致一定危机。"因此这里没有'危机规律'的基础，不可避免的危机规律的基础。但是，这里也可能出现危机，它是由相对的无政府状态即由过渡时期经济的相对无计划性产生的。"[④] 然而，布哈林强调，过渡时期经济的这种相对无计划性（或相对有计划性）是由大量与市场联系的小经济存在的客观现实导致的。最后，布哈林指出加强经济平衡的重要性。"经济领导如果犯了破坏国家的基本经济比例的严重

---

① 《布哈林文选》中册，东方出版社 1988 年版，第 285 页。
② 《布哈林文选》中册，东方出版社 1988 年版，第 286 页。
③ 《布哈林文选》中册，东方出版社 1988 年版，第 274 页。
④ 《布哈林文选》中册，东方出版社 1988 年版，第 276 页。

错误，就会引起对无产阶级极为不利的各个阶级的重新组合。破坏必要的经济比例，其另一方面就是破坏国内的政治平衡。"① 因此，布哈林强调，为了促进社会主义经济的再生产和增长、平衡各阶级力量对比，必须保持经济比例平衡。

（五）关于重视技术应用和组织管理的问题

在发展社会主义经济中，布哈林特别强调技术和管理方面的重要作用。针对苏联经济现状，布哈林指出苏联还面临着改进新技术、加强经济组织管理、完善人员机构设置等各种复杂艰巨的任务。特别是与西方发达国家相比，上述任务更显得尤为突出和重要。"我们还没有完成重新部署我国各种力量这一必要的工作，更确切地说，我们还没有按照事物客观发展所要求的规模、速度和毅力来完成这项工作。"② 与此同时，布哈林强调社会主义经济的发展和生产效率的提高必须依靠先进的技术以及科学有效的组织管理。"最新发明，最重要的技术成果，严肃认真的合理工作，吸引群众，发展和运用科学（其意义现在重要好几倍）——所有这一切应当成为我们注意的中心。……我们必须把我们的统计建立在科学的基础上；我们必须尽可能快地肃清我们经济管理中的混乱烦琐等现象。"③ 同时，布哈林还提出要摒弃俄国的"闭塞症"，积极学习和利用欧美国家先进的技术。

总之，布哈林关于社会主义经济发展进行了广泛而深入的探讨，这些宝贵的思想不仅是对马克思列宁主义的坚持，更是结合苏联实际对相关理论的丰富和发展。比如，布哈林关于社会主义国家积极利用和发展市场经济的思想是建立在对苏联经济落后、小农生产占优势这一客观经济状况基础之上的，是结合苏联实际作出的理论分析和判断，也是对马克思主义经济理论以及列宁新经济政策的发展。在当时的社会历史条件下，布哈林的这一认识显示了其理论视野的开阔性和思想的前瞻性，是对社会经济建设的一种积极探索，更反映了其在对待马克思主义方面不唯教义、灵活具体的原则和态度。总之，尽管布哈林的一些理论思想还不够成熟完善，但在今天看来，对于指导社会主义经济建设仍然具有重要意义。

---

① 《布哈林文选》中册，东方出版社 1988 年版，第 277 页。
② 《布哈林文选》中册，东方出版社 1988 年版，第 271—272 页。
③ 《布哈林文选》中册，东方出版社 1988 年版，第 298 页。

三、瓦尔加对世界资本主义经济危机理论的探讨

20 世纪 30 年代，在苏联经济学家集中探讨社会主义经济发展理论的同时，关注资本主义经济发展也是另一个研究重点。特别是伴随着 1929—1933 年资本主义世界经济危机的爆发，分析资本主义经济危机爆发的原因、发展趋势等成为讨论的中心问题。这一时期，苏联马克思主义经济学家瓦尔加的思想观点极具影响力。瓦尔加（1879—1964），苏联著名经济学家，原籍匈牙利。1919 年移居到苏联，两年后加入俄共（布）。20 世纪三四十年代，瓦尔加曾长期担任苏联科学院世界经济和世界政治研究所所长、世界经济和世界政治红色教授学院院长。同时，他还担任《经济和世界政治》杂志的主编和苏联科学院主席团委员。瓦尔加一生学术论文著作颇为丰富，代表作主要有《1848—1935 年世界危机》、《现代资本主义和经济危机》、《二十世纪的资本主义》、《帝国主义经济与政治基本问题》等。为此，瓦尔加还曾于 20 世纪 60 年代获得苏联部长会议颁发的列宁勋章奖等。瓦尔加主要研究资本主义政治经济学问题，为马克思主义政治经济学研究作出了突出贡献。

20 世纪 30 年代，瓦尔加重点围绕资本主义经济危机相关问题进行了详细阐述。他不仅分析了这一时期资本主义经济危机发生的原因，而且系统总结了这场经济危机的主要特点。

（一）瓦尔加论述了资本主义经济危机的周期性

在关于资本主义经济危机的分析中，瓦尔加比较早地提出和论述了周期性经济危机的问题。他认为资本主义经济危机是周期性爆发的，不会发生"永久性"的危机，经济危机、萧条、复苏、繁荣四个阶段按序交替进行。正如其在《世界经济危机》一文中所指出的："我们在研究资本主义历史时，发现早在十八世纪末和十九世纪初便有周期性生产过剩危机的初步征象。但是，那时，资本主义生产方式，实质上还只限于在英国或西欧范围内。因此危机还没有世界性质；只有自十九世纪开始才能说'世界经济危机'。"[1] 同时，瓦尔加指出，

---

[1]　[苏] 瓦尔加：《现代资本主义和经济危机》，叶中林等译，生活·读书·新知三联书店 1975 年版，第 2 页。

周期性经济危机在各个资本主义国家以及各个国家内部部门之间都显示出不平衡性。然而，周期性经济危机的爆发并不是质量相同现象的机械反复，每次危机都使资本主义接近崩溃的新阶段。另外，瓦尔加在对资本主义历次经济危机进行分析总结的基础上指出，经济危机的爆发越来越频繁，周期也在日益缩短。马克思就曾指出："直到现在，这种周期的延续时间是十年或十一年，但绝不应该把这个数字看做是固定不变的。相反，根据我们以上阐述的资本主义生产的各个规律，必须得出这样的结论：这个数字是可变的，而且周期的时间将逐渐缩短。"①

（二）瓦尔加论述了周期性资本主义经济危机产生的原因

首先，瓦尔加强调社会化的生产与生产资料的私人占有之间的矛盾是经济危机周期性爆发的根本原因，同时，这一矛盾也最终导致了资本主义的崩溃。恩格斯就曾深刻指出："市场的扩张赶不上生产的扩张。冲突成为不可避免的了，而且，因为它在把资本主义生产方式本身炸毁以前不能使矛盾得到解决。"②其次，瓦尔加认为，资本主义基本矛盾、生产的无政府状态和无计划性是经济危机爆发的前提条件，但这些并不能说明资本主义经济危机周期性爆发的原因。在他看来，资本积累是造成周期性经济危机的直接原因。对此，瓦尔加解释道，固定资本积累与更新是资本主义生产周期的物质基础，它带动了第一部类和第二部类生产的繁荣。然而，资本积累在带动经济复苏与繁荣的同时，导致生产能力的提高与实际社会消费能力相对不足，因而不可避免地导致生产过剩的经济危机。"积累产生两种相互矛盾的过程：一方面，社会购买力扩大了，同时作为它的一部分的消费能力在绝对数量上扩大了；另一方面，积累又造成社会消费能力较之社会生产能力相对地缩小。"③

（三）提出了资本主义总危机

瓦尔加通过对一战后资本主义各国经济危机的分析，提出了资本主义总危机的概念。在这一概念中，瓦尔加将资本主义总危机与资本主义统治的崩

---

① 《马克思恩格斯全集》第43卷，人民出版社2016年版，第680页。

② 《马克思恩格斯选集》第3卷，人民出版社2012年版，第663页。

③ ［苏］瓦尔加：《现代资本主义和经济危机》，叶中林等译，生活·读书·新知三联书店1975年版，第128页。

溃、无产阶级革命联系在一起。在他看来，资本主义总危机是资产阶级统治开始崩溃的时期，是无产阶级革命爆发推翻资产阶级统治的时期。并且，从内容上来看，资本主义总危机不仅仅局限于经济危机。关于这一思想，瓦尔加曾在1957年出版的《帝国主义经济与政治基本问题》一书中进行了系统阐释。他强调，资本主义总危机"包括了资产阶级社会制度的一切方面——基础与上层建筑：经济、内政与外交、劳资之间的斗争、战争力量与和平力量之间的斗争、资产阶级意识形态"。[①] 同时，瓦尔加指出资本主义总危机是资本主义基本矛盾的表现。"总危机的原因也是资本主义的内部矛盾，它们表现为周期性重复的生产过剩危机，并使资本遭到革命性的崩溃。"[②]

（四）系统分析了1929—1933年经济危机的特点

瓦尔加认为这场危机是一场深刻性、普遍性、持续时间较长的危机，并且还具体分析了这场危机的种种经济现象。在瓦尔加看来，1929—1933年这场经济危机是"一战"后资本主义总危机时期的第一次世界性经济危机。然而，这次危机相比之前的经济危机是最尖锐、最深刻的一次危机。这主要是由于：一方面，这一时期农业危机的爆发使得整个危机变得更加严峻。这是因为资本农业和工业发展联系在一起，农业经济状况在历次周期性经济危机中都是一个重要因素，农业状况良好可以缓和危机，而农业爆发危机就会使得整个危机更加尖锐。另一方面，垄断资本主义为了保持其特殊的垄断地位和垄断价格，缩减市场供给量，阻止扩大生产。然而，垄断并不消除竞争，垄断企业生产的缩减又会导致其他企业生产的扩大。与此同时，垄断资本主义时期社会实际购买能力严重不足，商品销售市场问题难以解决，以致出现生产过剩的危机。另外，瓦尔加指出，这一时期资本主义各国之间的恶性竞争导致世界市场、国际贸易和信用体系作用的大大弱化乃至瓦解，继而进一步加剧了经济危机。并且，这场危机较之前的危机更加具有普遍性。以前的危机总能发现危机触及不到的国家和部门，而这次危机却毫不例外地包括了几乎所有国家和生产部门。并且，这次危机也是历次危机中持续时间最长的一次危机。总之，瓦尔加总结

---

① ［苏］瓦尔加：《帝国主义经济与政治基本问题》，生活·读书·新知三联书店1958年版，第1页。

② ［苏］瓦尔加：《现代资本主义和经济危机》，叶中林等译，生活·读书·新知三联书店1975年版，第30页。

道："垄断资本主义条件下的周期性危机比自由竞争的资本主义条件下的周期性危机更尖锐更深刻"。①

　　瓦尔加关于世界资本主义经济危机的论述，在当时苏联经济学界产生了重要影响，也反映了当时苏联学术界关于资本主义经济的基本认识情况。在分析资本主义经济问题过程中，瓦尔加不仅坚持和运用了马克思主义的基本观点，而且又结合当时的新情况、新问题进行新的概括和总结。

---

① ［苏］瓦尔加：《现代资本主义和经济危机》，叶中林等译，生活·读书·新知三联书店1975 年版，第 134 页。

第六章　斯大林的社会主义建设理论与实践

　　斯大林作为苏联党和国家的主要领导人长达30年，在世界社会主义运动和马克思主义的历史发展中有着重要地位。正如社会主义运动是20世纪最有影响同时又是最有争议的历史事件一样，斯大林也是20世纪最有影响同时又是最有争议的历史人物。苏联在斯大林时期取得了巨大成就，从一个落后国家发展成为世界强国，在世界反法西斯主义战争中发挥了举世公认的重要作用。科学评价斯大林社会主义思想与实践，对于认识马克思主义、社会主义的理论，对于总结20世纪世界社会主义的经验教训和发展规律，具有十分重要的意义。习近平指出："苏联为什么解体？苏共为什么垮台？一个重要原因就是意识形态领域的斗争十分激烈，全面否定苏联历史、苏共历史，否定列宁，否定斯大林，搞历史虚无主义，思想搞乱了，各级党组织几乎没任何作用了，军队都不在党的领导之下了。"①

　　列宁逝世以后，斯大林在领导苏联社会主义建设中，逐步形成了单一生产资料公有制和自上而下的指令性计划经济体制、权力高度集中的政治体制。苏联模式在特定的历史条件下促进了苏联经济社会快速发展，也为苏联军民夺取反法西斯战争胜利发挥了重要作用。但由于不尊重经济规律等，随着时间推移，其弊端日益暴露，成为经济社会发展的严重体制障碍。

---

① 《十八大以来重要文献选编》上，中央文献出版社2014年版，第113页。

第一节 联共（布）党内关于一国建成社会主义的 争论和新经济政策的终止

列宁不仅提出了社会主义可以在一国首先取得胜利的思想并在实践中证明了它的正确性，而且对社会主义可不可以在一国建成的问题，进行了可贵的探索，提出了富有远见的思想。列宁去世之后，苏联共产党内围绕一国能否建成社会主义进行了争论。斯大林从实际出发，提出率先在苏联建成社会主义，切实巩固已经建立起来的世界上第一个社会主义国家。斯大林在列宁去世之后基本上继承和坚持了新经济政策，并且为维护和捍卫新经济政策进行过斗争。随着粮食危机的发生，斯大林改变了对新经济政策的态度，最终取消了新经济政策。

一、斯大林与反对派关于"一国社会主义"的争论

列宁去世后，苏联围绕"一国社会主义"理论展开争论。斯大林在列宁"一国社会主义"理论基础上，进一步分析和发展了这一理论。苏联在外国武装干涉和国内战争结束后，一直实施新经济政策。到20世纪20年代中期，工农业生产接近战前规模，恢复国民经济工作即将结束，苏联国民经济的社会主义改造任务提到日程上来了。与此同时，资本主义世界度过了第一次世界大战后的第一次经济危机，资产阶级镇压了德国、保加利亚等国发生的革命。资本主义世界进入了暂时局部稳定的时期。面对上述情况，国际国内的各派人士对苏联社会主义建设的前途做出不同的回答。1919年，伯恩施坦在再版《斐迪南·拉萨尔及其工人阶级的意义》一书时，认为社会主义只能建立在资本主义生产方式高度发展的基础上，俄国的社会发展"还根本够不上"实现社会主义，布尔什维克的经济政策和社会政策是由"极端的社会唯心主义和赤裸裸的东方暴君专制并列"而形成的，"只要不及时发生转变，就必然会成为一个十足的畸形儿"。[①] 奥地利

① [德] E.伯恩施坦：《斐迪南·拉萨尔及其工人阶级的意义：为纪念他逝世四十周年而作》，生活·读书·新知三联书店1964年版，第103页。

马克思主义的政治理论家奥托·鲍威尔在苏联实行新经济政策以后，认为新经济政策的实行证实了他对俄国革命的看法：俄国经济落后，资本主义不发达，无产阶级占人口的少数，"俄国革命的实质在其'新方针'中明显地表现出来了。'新方针'的现实的实践是资本主义经济的重建。"①

在苏联国内，人们对苏联前途的看法同样存在差异，新经济政策实行以后，国内一些人对苏联社会主义前途感到"失望"。上述状况充分说明，联共（布）领导人必须搞清社会主义的前途，澄清人们的一些认识，正如斯大林所说："我们从事建设是为了给资产阶级民主制度施肥，还是为了建成社会主义社会，——这就是现在我们建设工作的根本问题。现时，在新经济政策的条件下，在资本主义局部稳定的条件下，我们是否有建设社会主义经济的可能，——这就是现在我们党和苏维埃工作中的最重要的问题之一。"②但是，他们在认真思考和探索过程中却出现了严重的分歧。

托洛茨基坚持"不断革命论"，反对一国能够巩固无产阶级政权，建成社会主义的理论。1922年，他在《一九〇五年》一书的"序言"中写道，无产阶级取得政权后，不仅会和资产阶级集团发生敌对的冲突，而且会和广大农民群众发生敌对的冲突；在农民占人口绝大多数的落后国家里，工人政府所面临的矛盾，只有在无产阶级世界革命的舞台上才能得到解决。同年，他又在《和平纲领》一书的"跋"中，认为不可能在民族国家范围内孤立地进行社会主义建设，俄国社会主义经济的真正高涨，只有无产阶级在欧洲几个最重要的国家内获得胜利以后才有可能。1926年，托洛茨基在共产国际执行委员会第七次扩大全会上提出："不平衡发展的规律并不是帝国主义的规律，这是整个人类历史的规律"，"不平衡发展的规律是完全同一国社会主义的理论背道而驰的"。③1930年，托洛茨基在《单独一国的社会主义？》一文中再次指出："布尔什维克没有寻求过在俄国可以建成社会主义社会的信念，他们也不需要这种没有用处的信念，这种信念是同他们在马克思主义学校中所学到的一切相矛盾的。"④

1925年，季诺维也夫在《列宁主义》一书中认为："一个国家也可以胜利

① 《鲍威尔言论》，生活·读书·新知三联书店1978年版，第217页。
② 《斯大林全集》第9卷，人民出版社1954年版，第35页。
③ 《托洛茨基言论》（下），生活·读书·新知三联书店1979年版，第699、701页。
④ 郑异凡编译：《"一国社会主义"问题论争资料》，东方出版社1986年版，第335页。

地开始社会主义革命。国际社会主义革命能够在一个国家取得巨大胜利。但是社会主义制度在一国不能取得最终胜利。"①1926 年 11 月，加米涅夫在联共（布）第十五次代表大会上提出，应该承认社会主义革命必须有几个先进国家的工人的共同努力这一最起码的真理，"我们无产阶级从我们代表会议的决议中得知这样一个纯粹真理，即我们没有完成社会主义革命的基础"。②

斯大林和布哈林则与上述"反对派"相反，认为苏联一国能够建成社会主义。1925 年 12 月，布哈林在俄共（布）第十四次代表大会上指出："我们不会由于国内的阶级差别和我们技术上的落后而灭亡；甚至在低下的技术基础上我们也能够建设社会主义，社会主义的这种发展将非常缓慢，我们将以乌龟速度爬行，但我们终究在建设社会主义，并且我们定将建成它。"③

斯大林对"一国社会主义"理论进行了阐述。1924 年，斯大林在《论列宁主义基础》中指出，从前认为革命在一个国家内胜利是不可能的，认为要战胜资产阶级就必须要有一切先进国家内或至少要有多数先进国家内无产阶级的共同行动。现在，这个观点已经不合乎实际情形了。"现在必须从这种胜利的可能性出发，……无产阶级在个别国家内的胜利不仅是可能的，而且是必然的。"俄国是一个经济文化落后的东方大国，农民占人口的大多数，但是"革命获得胜利的国家的无产阶级既然已经巩固自己的政权并领导着农民，就能够而且应当建成社会主义社会"④。斯大林在这里只是提到"一国社会主义"这个问题，但还没有对这一理论做出详细阐述。1925 年 1 月，斯大林在《给德—奥夫同志的信》中说："社会主义的一般胜利，就是说赶走地主和资本家，夺取政权，打退帝国主义的进攻，开始建设社会主义经济——这一切是一个国家内的无产阶级完全能够做到的，但是要得到免除复辟的完全保障，就只有通过'几个国家的无产者的共同努力'。"⑤ 这里说的"开始建设的社会主义经济"，表明"一国社会主义"理论还处于待完善之中。

---

① [苏] 季诺维也夫：《列宁主义：列宁主义研究导论》，郑异凡、郑桥译，东方出版社 1989 年版，第 243 页。

② 郑异凡编译：《"一国社会主义"问题论争资料》，东方出版社 1986 年版，第 109 页。

③ 郑异凡编译：《"一国社会主义"问题论争资料》，东方出版社 1986 年版，第 57 页。

④ 《斯大林全集》第 6 卷，人民出版社 1956 年版，第 94、95 页。

⑤ 《斯大林全集》第 7 卷，人民出版社 1958 年版，第 17 页。

二、斯大林对"一国社会主义"理论的系统阐述

1925 年 4 月，斯大林在《俄共（布）第十四次代表会议的工作总结》中，对"一国社会主义"思想进行了系统的阐述。他认为，苏联有两种矛盾，一种是内部矛盾，即无产阶级和农民间的矛盾，这种矛盾能够用自身的力量解决，即在无产阶级专政下，无产阶级能够领导农民建成社会主义。另一种是外部矛盾，即苏联和其他资本主义国家间的矛盾，要免除武装干涉和复辟，需要几个国家无产者的共同努力。"一国建成社会主义"是什么意思呢？"这就是可能用我国内部力量来解决无产阶级和农民间的矛盾，这就是在其他国家无产者的同情和支援下，但无须其他国家无产阶级革命的预先胜利，无产阶级可能夺得政权并利用这个政权来在我国建成完全的社会主义社会。"[1]

1926 年，斯大林在联共（布）第十五次全国代表会议上作了《论我们党内的社会民主主义倾向》的报告，提出："没有我国建设的明确前途，没有建成社会主义的信心，工人群众就不能自觉地参加这种建设，他们就不能自觉地领导农民。没有建成社会主义的信心就不能有建设社会主义的意志。……没有我国建设社会主义的前途，就必不可免而且毫无疑义地会削弱无产阶级从事这种建设的意志。"[2]在斯大林看来，坚定地贯彻一国建成社会主义也就从根本上消除了资本主义复辟，谁低估了苏联建设社会主义前途的意义，谁就是帮助苏联经济中的资本主义成分，谁就是培植投降主义。

斯大林将"一国社会主义"理论看作是对列宁的社会主义将首先在一个或几个国家中获得胜利的理论的进一步发展。在此前的《俄共（布）第十四次代表会议的工作总结》中，他指出："谁否认社会主义在一个国家内建成的可能性，谁也就一定要否认十月革命的合理性。反过来说，谁不相信十月革命，谁就决不会承认社会主义在资本主义包围的条件下取得胜利的可能性。不相信十月革命和不承认社会主义在我国胜利的可能性，二者之间有紧密而直接的联系。"[3]

同时，斯大林区分了一国建成社会主义与社会主义最终胜利。1924 年，

---

[1]　《斯大林全集》第 8 卷，人民出版社 1954 年版，第 64 页。

[2]　《斯大林全集》第 8 卷，人民出版社 1954 年版，第 248 页。

[3]　《斯大林全集》第 7 卷，人民出版社 1958 年版，第 99 页。

斯大林在《论列宁主义基础》中说："在一个国家内推翻资产阶级政权，建立无产阶级政权，还不等于保证社会主义的完全胜利。"①1926年，斯大林在《论我们党内的社会民主主义倾向》中进一步分析了两者的具体内涵。社会主义在苏联的胜利是什么意思呢？"这就是争得无产阶级专政并建成社会主义，也就是依靠我国革命的内部力量战胜我国经济中的资本主义成分。"社会主义在苏联的最后胜利是什么意思呢？"这就是依靠社会主义革命至少在几个国家内的胜利，造成免除武装干涉和复辟企图的充分保障。""如果说，社会主义在一个国家内胜利的可能性就是解决一个国家（当然，我们指的是我国）完全可以克服的那些内部矛盾的可能性，那末，社会主义最后胜利的可能性就是解决社会主义国家和资本主义各国间只有依靠几个国家无产阶级革命的力量才能克服的那些外部矛盾的可能性。"②随着苏联在社会主义建设上取得越来越大的成就，斯大林的一国建成社会主义思想也在不断膨胀，甚至提出了一国建成共产主义的思想。第二次世界大战之后，斯大林认为："'一个国家内的共产主义'，特别是苏联这样的国家的共产主义，是完全可能的。"③

斯大林的"一国社会主义"理论在斯大林经济思想中具有重要地位，它成为后来斯大林提出一系列思想和政策的理论基础。首先，斯大林的"一国社会主义"理论与列宁提出的社会主义革命"一国胜利"和十月革命后对俄国走向社会主义的思想是一脉相承的。列宁在1915年8月发表的《论欧洲联邦口号》中指出："经济和政治发展的不平衡是资本主义的绝对规律。由此就应得出结论：社会主义可能首先在少数甚至在单独一个资本主义国家内获得胜利。"④其次，斯大林提出的"一国社会主义"理论应该被视作是他的一大理论贡献，是他对马克思主义的发展。它在鼓舞当时的苏联人民建设社会主义的信心和热情上，起过不可抹杀的作用。

斯大林的"一国社会主义"理论是他在同托洛茨基争论中，通过修改自己的观点而逐步完善的。他在1924年4月发表的《论列宁主义基础》中认为，在一个国家内可以推翻资产阶级政权，建立无产阶级政权，但不能解决组织社会主义生产这一社会主义的主要任务。显然出于反托洛茨基的需要，斯大林把

---

① 《斯大林选集》上卷，人民出版社1979年版，第213页。
② 《斯大林全集》第8卷，人民出版社1954年版，第234、235页。
③ 《斯大林文选》（下），人民出版社1962年版，第478页。
④ 《列宁选集》第2卷，人民出版社2012年版，第554页。

他上述观点宣布为"一个很不完全的陈旧的公式"。他把一国胜利论分解成两个问题，一个是可能用一国的力量建成社会主义，对此他给予肯定的回答；另一个是免除外国武装干涉从而免除旧制度复辟的保障问题，对此他予以否定的回答。这样，他就把能否建成社会主义的唯一障碍推到国外的武装干涉上去，即认为除此之外苏联什么都能靠自己的力量办到。

斯大林提出了"一国社会主义"理论，但是他所要建成的是什么样的社会主义社会呢？对这个问题，斯大林曾做出过不同的回答。他曾提出，社会主义是无阶级的社会。1926年，正当同托洛茨基酣战之际，斯大林在《论列宁主义的几个问题》中写道，无产阶级专政的第三个任务是"利用无产阶级政权来组织社会主义社会，消灭阶级，过渡到无阶级的社会，即过渡到社会主义社会"[①]。1927年，他在同美国工人代表团谈话中重申这一点："马克思和恩格斯把无产阶级专政时期看做相当长久并充满革命搏斗和国内战争的时期，掌握政权的无产阶级在这个时期内采取经济上、政治上、文化上和组织上的种种必要措施，以便建立社会主义的新社会、没有阶级的社会、没有国家的社会，来代替资本主义的旧社会。"[②]1933年，斯大林宣布五年计划的任务是"建立起在苏联消灭阶级和建成社会主义社会的经济基础"。[③]1934年，他在联共十七大的总结报告中再次提出："我们正向着建立无阶级的社会主义社会前进。"[④]1938年，也就是在宣布社会主义已在苏联建成之后，他在回顾20年代的争论时还说，当时争论的是能不能靠自己的力量"建立起没有阶级的新社会，即完全的社会主义社会"[⑤]。我们看到，在十多年间斯大林一再把社会主义定义成一个没有阶级、没有国家的社会。如果是这样，1936年宣布建成的社会主义是否符合斯大林所设想的社会呢？显然，1936年的苏联远远不是没有阶级的社会，更不是没有国家的社会。

不过，斯大林还有另一种社会主义的标准：社会主义的胜利或建成就是战胜本国的资本主义成分，解决农民问题。1926年，他在《论列宁主义的几个问题》中写道：社会主义可能在一个国家内胜利，"就是可能用我国内部力量

① 《斯大林全集》第 8 卷，人民出版社 1954 年版，第 31 页。
② 《斯大林全集》第 10 卷，人民出版社 1954 年版，第 87—88 页。
③ 《斯大林全集》第 13 卷，人民出版社 1956 年版，第 158 页。
④ 《斯大林全集》第 13 卷，人民出版社 1956 年版，第 310 页。
⑤ 《斯大林文选》（上），人民出版社 1962 年版，第 166 页。

来解决无产阶级和农民间的矛盾"。[①] 同年，他又说，我国社会主义胜利的可能性"就是我国经济中的社会主义成分战胜资本主义成分的可能性"。[②] 后来，他又说："在苏联建成社会主义就是在斗争进程中用本身的力量战胜苏联本国的资产阶级。"[③] 在这里，消灭阶级变成了消灭资产阶级、消灭作为小生产者的农民阶级，建立起没有剥削阶级的社会。没有阶级的社会同没有剥削阶级的社会虽然仅仅两字之差，却是有着质的不同。斯大林在实践上需要用"没有剥削阶级的社会"取代"没有阶级的社会"的提法，只有这样，他才能借助于"全盘集体化"、在消灭了"富农"之后，在物质生活还不太高的情况下宣布在苏联建成了社会主义社会。

三、新经济政策"新"在何处？

正是由于斯大林将新经济政策看作是向社会主义过渡的方法，他在领导苏联逐步向社会主义社会迈进时，新经济政策是不是继续执行下去就是一个需要解决的问题。斯大林一方面强调坚持列宁所提出的新经济政策；另一方面随着苏联国内外经济形势的变化，他提出苏联应该终止推行新经济政策。斯大林与当时苏联的其他领导人在新经济政策理解上存在明显的差异。

在斯大林经济思想中，新经济政策是苏联迈向社会主义社会的手段，也是苏联借以恢复和发展国民经济的工具。随着社会主义改造和苏联经济建设的开展，新经济政策被赋予了不同的内涵。1923 年 4 月，斯大林在俄共（布）第十二次代表大会上提出，苏维埃政权应该改善经济机关，裁减人员，精简机构，节约开支，并把思想靠近共产党的人们补充进去。在斯大林看来，农民不把粮食和原料拿到城市市场上去出卖，不借此从城市得到必需的工业品和劳动工具，就不能生存。同样，国营工业不把自己的产品拿到农民市场上去出卖，不从农村取得粮食和原料的供应，也就不能发展。而苏联工业不够发达，没有遍布全国各地的供应机关，因此还没有做到通过工业品和农产品的直接交换来

---

① 《斯大林全集》第 8 卷，人民出版社 1954 年版，第 64 页。
② 《斯大林全集》第 8 卷，人民出版社 1954 年版，第 231 页。
③ 《斯大林全集》第 9 卷，人民出版社 1954 年版，第 20 页。

实现上述结合，"我们不得不实施所谓新经济政策，就是说，不得不宣布贸易自由，商品流转自由，容许资本主义存在，动员千百万农民和小业主的力量，在国内建立商品流转的巨流，发展商业，然后占领商业方面的主要阵地，通过商业来建立工业和农民经济间的结合"①。这里，斯大林像列宁一样，把新经济政策看作是向社会主义过渡的迂回方法。

布哈林明确指出：新经济政策的核心问题是承认市场的存在。他说："过去我们认为，我们可以一举消灭市场关系。而实际情况表明，我们恰恰要通过市场关系走向社会主义。"②在20世纪20年代中期，斯大林和布哈林在新经济政策问题的认识上大体是一致的。20年代中期，托洛茨基、加米涅夫、季诺维也夫等人都拥护新经济政策，但是在新经济政策的理解上与布哈林和斯大林存在一定的差异。托洛茨基认为新经济政策只是适应世界革命延缓的一种临时政策。他把市场看作一种可怕的东西，担心资本主义自发势力的增长和发展。因此，他认为实行新经济政策容许租佃土地和雇佣劳动，就是放弃一个个阵地。加米涅夫认为，第十四次代表大会上通过的关于经济、关于活跃苏维埃、关于肃清战时共产主义残余以及关于确定租佃问题和雇佣劳动问题的决议，是对富农让步而不是对农民让步。斯大林认为，苏维埃实行贸易自由，容许资本主义活跃，实行新经济政策都是为了提高生产力，增加全国产品的数量，巩固同农民的结合。实行新经济政策是对农民让步，但不意味着对投机分子和富农让步。

列宁逝世以后，苏联曾出版了一批论述列宁主义的专著，季诺维也夫所著《列宁主义：列宁主义研究导论》是其中较为重要的一本。作者用两章的篇幅专谈新经济政策，分析新经济政策的经济内容和政治内容，在这里作者既同托洛茨基的观点，也同斯大林和布哈林的观点展开争论。在季诺维也夫看来，"新经济政策的起源，它的根源，它的基本原因首先是在我们本国无产阶级和农民的相互关系领域。……新经济政策的根本，这就是农民问题。"同时，他还认为："有人证明，我国无产阶级国家可以实行同时使富农和贫农满意的政策，也就是狼能饱、羊能保的政策，这种人也不懂得这一点。而实际上我们无产阶级国家自然不能在耐普曼和工人之间，富农和贫农之间保持'中立'。"③

---

① 《斯大林全集》第6卷，人民出版社1956年版，第211页。

② 《布哈林文选》上册，人民出版社1981年版，第440—441页。

③ ［苏］季诺维也夫：《列宁主义：列宁主义研究导论》，郑异凡、郑桥译，东方出版社1989年版，第192、210页。

这里，季诺维也夫没有充分估计到新经济政策对促进生产力发展所起的积极作用，明显地夸大了所谓富农危险，过分强调了城乡阶级斗争的严重性。

1926年1月，斯大林在《论列宁主义的几个问题》中对季诺维也夫新经济政策思想作了批判。针对季诺维也夫所持的新经济政策主要是退却的观点，斯大林认为，这种说法是不对的。斯大林认为："新经济政策是党容许社会主义成分和资本主义成分斗争并预计社会主义成分要战胜资本主义成分的政策。其实，新经济政策只是以退却为开始，但它打算在退却过程中重新部署力量并举行进攻。其实，我们已经进攻几年了，而且很有效地进攻着：发展我们的工业，发展苏维埃商业，排挤私人资本。"[1]

四、新经济政策的终结

苏联进行社会主义工业化后，斯大林于1926年4月在《关于苏联经济状况和党的政策》一文中提出新经济政策的两个时期思想。他认为，"现在我们已经进入新经济政策的第二个时期。现在我国经济状况中最重要和最突出的一点，就是重心已转移到工业方面了。"[2]1927年底，苏联的粮食收购发生了严重危机，为了对付这次危机，苏维埃政府在粮食收购运动中采取了一些非常措施。这时，他对新经济政策的理解已经发生了变化，认为"收购危机反映着农村资本主义分子在新经济政策的条件下，在我国建设的最重要问题之一即粮食收购问题上，对苏维埃政权发动的第一次严重进攻"。[3]这里，我们不仅可以看出斯大林的新经济政策观已经发生变化，而且与他在20年代中期所批判过的反对派的观点有一定程度上的相似。

斯大林的"新经济政策是无产阶级专政的特殊表现和工具"思想，显然是服务于苏联的集体化运动的，是服务于消灭农村富农阶级的。而布哈林仍然坚持他原来对新经济政策的理解，因此与斯大林的分歧和争论就不可避免。1929年下半年，苏联宣布向资本主义发动全线进攻，在农村实行全盘农业集

---

[1] 《斯大林选集》上卷，人民出版社1979年版，第452—453页。
[2] 《斯大林选集》上卷，人民出版社1979年版，第461页。
[3] 《斯大林全集》第11卷，人民出版社1955年版，第39页。

体化。1929 年 12 月，斯大林在《论苏联土地政策的几个问题》中批判了那种认为需要新经济政策只是为了城乡之间联系的观点，认为苏联需要的不是城乡之间的任何一种联系，而是能保证社会主义胜利的联系，"我们所以采取新经济政策，就是因为它为社会主义事业服务。当它不再为社会主义事业服务的时候，我们就把它抛开"。[①] 随后，斯大林越来越强调城乡之间的阶级斗争，越来越强调新经济政策两个发展时期的差异性，为抛弃新经济政策寻求理论根据。1930 年 6 月，斯大林在党的第十六次代表大会上宣布新经济政策进入"最后阶段"。

布哈林坚持商品货币理论确有可贵之处，尤其与后来日益僵化的经济模式相比，布哈林的新经济政策思想显得弥足珍贵。但是，如果把布哈林的新经济政策思想人为拔高，或者通过抬高布哈林的思想来达到贬低斯大林思想的目的，是根本错误的。布哈林的新经济政策思想有一个致命缺点，就是脱离了苏联当时的社会经济现实，而斯大林的新经济政策观恰恰克服了布哈林思想的缺陷。一些西方学者也不讳言布哈林新经济政策的根本缺陷，英国学者莫舍·卢因在《苏联经济论战中的政治潜流——从布哈林到斯大林》一书中也认为："布哈林在 1924—1926 年间一个明显的特点就在于他拿不出一个像样的指导这个阶段的工业发展的纲领。"[②] 总之，布哈林的思想不是替代斯大林新经济政策的好的选择，它与斯大林新经济政策观相比有脱离当时苏联现实的严重缺陷，而斯大林新经济政策观最大的优点在于反映了苏联的现实。但是，斯大林的新经济政策是经常变动的，有些甚至前后矛盾。这当然与苏联在 20 世纪 20 年代末 30 年代初党内的政治分歧不无关系。正如英国学者汤姆·肯奥所说："如果脱离了政治斗争孤立地看问题，就不能理解斯大林在 1928—1929 年间所作的关于改变新经济政策的决定。"[③] 经济是政治的基础，而政治又会影响经济，因此新经济政策思想和方法能否真正推行下去，在很大程度上依赖于相应的政治环境。斯大林的经济政策观恰恰没有正确处理好二者之间的关系。

① 《斯大林全集》第 12 卷，人民出版社 1955 年版，第 151 页。

② ［英］卢因：《苏联经济论战中的政治潜流：从布哈林到斯大林》，倪孝铨译，中国对外翻译出版公司 1983 年版，第 13 页。

③ ［英］肯奥：《现代工业化模式：苏、日、发展中国家》，许邦兴、王思光译，中国展望出版社 1985 年版，第 73 页。

第二节 社会主义工业化和农业集体化

社会主义革命首先在俄国这样经济文化比较落后的国家取得胜利，但社会主义生产关系的建立、巩固和发展，必须具备相应的物质技术基础。为了建立社会主义的物质技术基础，斯大林提出了社会主义工业化和农业集体化理论。在斯大林的领导下，苏联实现社会主义工业化，在农村建立了社会主义经济基础，成为世界经济强国。但是，斯大林的社会主义工业化和农业集体化理论也存在着一些问题。

一、苏联围绕工业化发展战略的争论

列宁去世以后，斯大林成为党和国家的主要领导人。对于列宁早就提出的发展大工业、实现国家工业化这一战略目标本身，布尔什维克党内并没有多大分歧，但在如何实现这一目标，即工业化的道路和方针问题上，却出现了严重的对立和斗争。斯大林社会主义工业化思想正是在这些争论和斗争中不断发展成熟的。

第一次争论在以托洛茨基、普列奥布拉任斯基（1886—1937）为一方，以斯大林、布哈林为另一方之间展开。托洛茨基首先从国内状况出发，认为大工业是国民经济的"主导因素"和"社会主义基础"，只有大力发展国营工业，才能巩固工农联盟和无产阶级专政，保证国民经济健康发展。社会主义和资本主义两种倾向斗争的结局将取决于发展速度。同时，托洛茨基还着眼于世界，强调加速工业化的极端重要性，"我们的总的发展速度和世界经济发展速度之间的对比"，"在世界经济和世界政治对抗的条件下，我们的发展速度，即我们的劳动产品的数量和质量的增长速度，是具有决定意义的"[1]。至于工业化资金

---

[1] 《托洛茨基言论》（下），生活·读书·新知三联书店 1979 年版，第 639、643 页。

的来源，托洛茨基认为，工业内部的积累固然是一个重要来源，但在工人生活条件已经很差的情况下，不应再过分强调这一方面。"要加速工业化资金积累，必须下决心……实行坚决的再分配国民收入(反对耐普曼、富农、官僚主义者)的阶级政策"[1]。同时，托洛茨基还提出稳定货币、健全货币流通、限制投机和高利贷活动，广泛吸收私人存款，以长期信贷方式对工业进行投资；克服官僚主义，减少因工作效率低下和计划不周而造成的损失；减少流通费用，加速资金周转，压缩非生产性开支等，来增加资金积累。与此同时，还应把正确利用外资垄断制、外国贷款、租让制、技术援助合同等取得的一部分资金，作为工业化资金的补充来源。

普列奥布拉任斯基把 20 世纪 20 年代初期和中期苏联经济中出现的商业危机视为工业固定资金不足。克服危机的唯一办法是通过增加工业固定资本来扩大生产。普列奥布拉任斯基提出了"社会主义原始积累规律"的理论。他认为，在俄国这样一个生产力水平低下，小农占优势的国度里，社会主义工业化的资金不能依靠掠夺殖民地，只能把小生产当作"殖民地"，甚至可以不惜用让农民破产的办法为工业化提供资金，"社会主义国家在这里的任务不是从小资产阶级生产者那里拿得比资本主义从他们那里拿得更少，而是从在国家工业化、农业集约化的基础上因国家整个经济包括小经济的合理化而保证小生产得到更多的收入中拿得更多"[2]。

斯大林和布哈林则坚决反对上述观点。他们认为，在整个国民经济中，起主导作用的国营工业同农民经济既有矛盾又有密切联系。如果没有农民经济的积累，社会主义工业中的积累也是无法长期进行的。托洛茨基等"反对派"片面强调大工业和积累的高速度是错误的。只有大力发展城乡之间、工农之间的流转，活跃农业经济，促进农民对消费品和生产资料的需求，不断扩大市场容量，才能为大工业提供日益增长的积累，促进社会主义工业化和整个国民经济的迅速发展。他们反对用强制的行政手段向农民征收重税和提高工业品价格的政策，但主张向农村富裕的资产阶级分子征收累进所得税。他们主张实行降低工业品价格的政策，认为这样既可以更好地满足农民的需要，促进农业生产，

---

① 《托洛茨基言论》(下)，生活·读书·新知三联书店 1979 年版，第 832 页。

② [俄] 普列奥布拉任斯基：《新经济学》，纪涛、蔡恺民译，生活·读书·新知三联书店 1984 年版，第 46 页。

又可以加速商品流转和城乡经济结合。斯大林的工业化思想在这次争论中有了新的发展，但是还不成熟。

第二次争论是在斯大林与布哈林之间进行的，斯大林的社会主义工业化思想也在这次争论中得到较为完整的、鲜明的表述。布哈林认为，"每年最大限度地把资金从农业抽调到工业能保证整个工业的最大发展速度"的论调是错误的，"只有工业在农业迅速增长的基础上达到高涨这样的结合下，我们才能长期地保持最大的速度"，工业的发展，"要以农业能够有迅速的真正积累为前提"[1]。他提出，谋求工业化的高速度，并不意味着一切都用于基本建设，这里有一个积累和投资的"最大限度"问题。在制定基本建设计划时，"必须考虑党关于后备（外汇后备、货币后备、粮食后备和商品后备）"，不能"停留在纸面上"，不能"搞官僚主义的'数字游戏'"，"不能用'未来的砖头'建造'现实的'工厂"[2]。

斯大林坚决反对布哈林的上述观点。他认为，为了装备农业和改造农民，必须大大加快工业发展速度，必须向农民征收高额"贡税"和限制私人贸易。斯大林鲜明地提出自己的工业化主张，对布哈林的工业化主张展开批判，并把他自己的社会主义工业化思想全面运用于苏联的经济实践。

二、以重工业为核心的工业化发展战略

斯大林认为，那种认为社会主义制度可以在落后的小生产的基础上建立和巩固的观点，是小资产阶级的社会主义观。建设社会主义的经济基础应从何入手呢？斯大林认为，首先要从实现国家的社会主义工业化开始。1925年12月，联共（布）第十四次代表大会通过了斯大林提出的社会主义工业化的总路线。苏联经济在20世纪20年代后半期出现了"商品荒"，斯大林认为这也是由工业落后所造成的。工业化的必要前提是恢复和发展农业，以提供较为充分的粮食、原料和市场。到1925年，农业水平达到了战前的87%。在斯大林看来，社会主义工业化的必要前提已经具备了。

在工业化过程中，斯大林非常重视生产资料生产对社会主义扩大再生产的

---

① 《布哈林文选》中册，东方出版社1988年版，第279页。

② 《布哈林文选》中册，东方出版社1988年版，第291—293页。

作用。斯大林认为，在资本主义国家，工业化通常都是从轻工业开始的。这是由资本主义制度下生产力发展的规律决定的，也是由资产阶级追逐利润的本质所决定的：由于轻工业同重工业比较起来，需要的投资少，资本周转快，获得利润也较容易，所以资本家愿意首先发展轻工业，作为工业化的开端；由于资本主义经济发展的规律性，经过一个时期，轻工业积累了利润，资金才逐渐流入重工业，造成发展重工业的条件。这是一个漫长的长达数十年甚至上百年的工业化过程。但是，斯大林认为，对苏联来说，要保证受资本主义包围的苏联经济独立，不隶属于世界资本，只有优先发展重工业，才能在新的技术基础上，发展整个工业、交通运输业、农业，从而使整个国民经济的发展速度加快；才能摆脱对外国资本主义经济的依附，取得经济上的独立性；才能增强国防力量。苏联"工业化的任务不仅要增加我国整个国民经济中工业的比重，而且要在这种发展中保证受资本主义国家包围的我国在经济上的独立，使我国不致变成世界资本主义的附属品"[①]。

从实践来看，工业化开始后，苏联大大增加了重工业的投资，在工业化前的1918—1928年内，重工业投资平均只占总投资的11.9%，第一个五年计划时期增至32%，在整个工业化时期其比重均在30%左右，有时甚至达到40%。而轻工业投资的比重最高也未超过7%，有时只占4%。农业投资的比重从第一个五年计划开始就是不断下降的。例如，第一个五年计划时期为15.5%，第二个五年计划时期为11.8%，第三个五年计划时期为10.7%，1941—1945年只占9.3%。从生产发展的结果来看，重工业、轻工业和农业发展速度方面的差距悬殊。例如，从工业化开始的1926年到战前的1940年，重工业增长了18.4倍，年平均增长速度为21.9%；轻工业只增长了6.2倍，年平均增长速度为14.1%；同时期农业只增长了26%，年平均速度只为1.5%。

在工业化过程中，斯大林试图协调发展重工业与农业和轻工业的关系。早在工业化开始时，以斯大林为代表的苏联党中央对于托洛茨基等人那种以牺牲农业和人民生活来超速实现工业的所谓"超工业化"方针进行了严厉批判。在第一个五年计划完成后，针对重工业已有一定的基础，而农业、轻工业已相对落后，出现市场供应紧张的新情况，斯大林也曾提出过调整经济建设方针的主

① 《斯大林选集》上卷，人民出版社1979年版，第462页。

张。在联共（布）第十六次代表大会的报告中，斯大林指出："重工业我们已经恢复了。只是需要使它继续发展。我们现在可以转向轻工业并使它加速向前发展。我国工业发展中的新现象之一，就是我们现在有可能同时加速发展重工业和轻工业。"[①] 这次代表大会确定了加速发展农业、轻工业，改善人民生活和适当放慢重工业发展速度的调整方针。但是，这次大会所确定的调整方针并未在实践中完全落实。

三、工业化的速度和资金来源

在工业化速度问题上，斯大林主张高速度发展。首先，他从苏联的外部和内部条件出发，分析了加快实现工业化的客观要求。从外部条件看，苏联是一个技术非常落后的国家，而周围有许多资本主义国家拥有现代技术，并且还在前进。斯大林强调，只有把苏联从一个输入装备的国家变成一个生产这种装备的国家，才能保证苏联的经济独立，保证苏联不会变成资本主义国家的附属品。同时，斯大林还从加强国防的角度强调了苏联只有遵循工业化总路线，加速工业化，才能有抵御帝国主义侵略的强大的国防力量。从内部条件看，苏联当时的国民经济恢复时期虽然已告结束，但它仍然是一个落后的农业国，工业方面存在着重大的缺点，尤其是重工业非常薄弱，更谈不上构成完整的工业体系。同时，在斯大林看来，分散的落后的农业小生产仍然占着绝对优势，在这种情况下，如果不迅速发展社会主义大工业，并从经济上、技术上把小农经济改造成为具有现代技术的社会主义大农业，苏联内部就有资本主义复辟的可能，就不能算作建成社会主义。同时，斯大林虽然主张快速实现工业化，但他也非常强调工业化要从国力出发，要量力而行，要使经济建设的规模不能脱离国力的基础。

实现社会主义工业化，需要大量的资金。对此，斯大林列举了工业化历史上为筹集资金的不同方法。第一种方法，是靠侵占和掠夺殖民地来积累资金，如英国；第二种方法，是靠索取战争赔款来积累资金，如德国；第三种方法，则是靠奴役性的贷款来发展工业，如沙皇俄国。这三种方法的共同特征是

---

① 《斯大林全集》第12卷，人民出版社1955年版，第289页。

靠从外面流入"追加资本"为前提，从而导致资本主义工业国的形成。这几种方法对社会主义国家来说都不可取。苏联要走第四条工业化的道路，靠本国内部力量，靠本国节约来发展工业的道路，即社会主义积累的道路。这种积累的主要源泉有两个：第一个是创造价值并把工业向前推进的工人阶级，第二个是农民。具体而言，社会主义积累主要来源于：(1) 剥夺地主和资本家的财产，这是相当大的积累来源；(2) 废除沙俄举借的外债，把还债的资金用于工业积累；(3) 国有化工业的发展；(4) 发展对外贸易，扩大出口，增加外汇的储备；(5) 发展国内贸易市场，增加粮食储备，注意价格杠杆的作用，堵塞漏洞，防止资金流入私人资本家的腰包；(6) 利用银行系统这个积累杠杆，用发行国内公债等方法筹措资金，改善信贷网，提高资金利润率；(7) 农业方面的积累。在这些工业化资金来源中，斯大林指出："国有化的土地、国有化的工业、国有化的运输业和信贷业、垄断化的对外贸易、由国家调整的国内贸易，——这一切都是能够用来发展我国工业的'追加资本'的新泉源，这些新泉源在任何一个资产阶级国家中都不曾有过。"[①]

工业化开始后，苏联急剧提高了国民收入中用于扩大再生产的积累基金的比重，而消费基金的比重则相应大幅度下降。1925 年，积累基金的比重只为 16%，到第一个五年计划末的 1932 年已增长到 27%，在整个工业化时期一直在 30% 左右，而战前的 1913 年为 9%。苏联还通过税收、公债和一次性捐款等方法吸收居民资金。在第一个五年计划期间，居民的纳税总额增加了 2.3 倍，公债发行额增加了 4.4 倍。与此同时，苏联还利用发行纸币的办法筹集资金，当时在工业产值增长 1 倍，农业生产基本上没有增长的情况下，货币流通量却增加了 4 倍，原计划五年里纸币发行量增加 12.5 亿卢布，实际上增发了 40 亿卢布。

斯大林认为，利用当时存在的工农业产品价格的"剪刀差"是从农业中为工业化积累资金的一种方法。这是因为，一方面，工业还很年轻，需要从农业中提取工业化所需要的资金；另一方面，工业中的生产技术和经营管理的合理化需要一个过程，工业品的成本不可能一下子降得很低。斯大林主张逐步缩小"剪刀差"，通过不断降低工业品成本，从而不断降低工业品价格，是工业必须遵循的基本路线。但同时，斯大林认为，农民"在购买工业品时多付一些钱，

---

① 《斯大林选集》上卷，人民出版社 1979 年版，第 385 页。

而在出卖农产品时少得一些钱",① 是保持工业迅速发展所必需的。工业化开始后，苏联立即实行了"农产品义务交售"办法。由于收购的价格十分低，所谓义务交售实际上是一种变相的税收，是"一种类似贡款的东西"。②

四、农业集体化和农业发展

苏联工业化当时迅速发展，但以个体经济为基础的农业的发展速度却非常缓慢，农业的主要部门谷物业的产量直到 1927 年才只相当于战前的 91%。谷物业的商品量更少，只有战前的 37%，并且有继续下降的危险。为了改变这一状况，斯大林在 1927 年底召开的联共（布）第十五次代表大会上，提出了农业集体化和用新的技术改造农业的问题。

斯大林在如何通过农业集体化来实现苏联农业经济发展的具体做法上在不同时期有所不同。20 世纪 20 年代中期，他曾明确表示，"正因为城市是农村的领导者，而在我国城市里统治一切的又是掌握着国民经济全部命脉的无产阶级，所以农民经济就应当沿着另外一条道路去发展，即沿着社会主义建设的道路去发展。"③ 这里，斯大林试图通过组织合作社这一渐进的方式，完成苏联农村社会制度的变革。20 年代中后期，斯大林仍然认为进一步提高中小个体农民经济是重点，但必须以建立集体农庄和发展国营农场作补充。个体经济还有发展生产的潜力，要"研究怎样提高个体贫农中农农户的单位面积产量并扩大他们的播种面积"，④ 要用铁犁代替木犁，供给小型和中型机器；通过农具租赁站提供大型机器，供给种子和肥料，给予农业科学技术的帮助，使农民参加合作社，和他们订立预购合同，等等。那种认为对个体经济应当斗争和消灭而不应加以支持的观点是不对的，那种认为个体经济就是一切而不把集体农庄和国营农场放在眼里的观点也是不对的。

但是，到 1929 年 4 月，斯大林在《论联共（布）党内的右倾》中系统地批判了布哈林等人的经济主张，其中特别抨击了全面发展个体经济，降低集体

---

① 《斯大林选集》下卷，人民出版社 1979 年版，第 149 页。
② 《斯大林选集》下卷，人民出版社 1979 年版，第 151 页。
③ 《斯大林选集》上卷，人民出版社 1979 年版，第 449 页。
④ 《斯大林选集》下卷，人民出版社 1979 年版，第 89 页。

农庄和国营农场的发展速度的方案，认为苏联大量发展集体农庄和国营农场的条件已经具备，要求开展"足以实现和组织建立集体农庄和国营农场的群众运动"①。1929 年 11 月，斯大林写了《大转变的一年》，在谈到劳动生产率和工业建设成就的同时，强调了小农经济向社会主义农业的根本转变。农业集体化应该怎样进行呢？斯大林认为，小农经济是一种站在十字路口的经济。要使小农经济改变为大农业，有两条道路，一条是使多数农民破产贫困而使城乡资产阶级发财的资本主义道路，斯大林坚决否定了这条道路；另一条是通过集体化吸引农民参加社会主义建设，使农民走共同发展的社会主义道路，斯大林充分肯定了这一条道路。"或者走第一条道路，或者走第二条道路；或者向资本主义后退，或者向社会主义前进。任何第三条道路都是没有而且不可能有的"。②在农业集体化之初，斯大林设想把千百万分散的农户团结在社会主义工业周围，通过各种形式的合作制，从销售合作社、供销信用社到生产合作社（即集体农庄），引导农民逐步走上集体化道路。合作社得到了迅猛的发展，消费合作社所掌握的对农村的商品供应也从 1924—1925 年度的 25.6%，迅速增长到 1926—1927 年度的 50.8%。

斯大林还阐述了推行全盘集体化的根据：第一，苏维埃不能长久地建立在两种不同的经济基础上。第二，小农经济已经没有发展余地。只有把这种农业变成大农业，使农业能实行积累和实现扩大再生产，才能成为大工业发展所需要的农业基础。而做到这一点有两条道路，即资本主义道路和社会主义道路。苏维埃政权所能选择的只有社会主义道路，即实现全盘集体化。第三，通过实现全盘集体化解决谷物收购问题和工业所需要的积累问题。

与此相应，斯大林认为合作社、集体农庄和国营农场是解决苏联农业问题的唯一出路。随着苏联工业化取得重大进展，职工人数和城市人口急剧增加，商品粮的需求随之扩大，农业生产的增长速度和粮食供应量越来越与进入工业化建设时期的国民经济需要不相适应。在斯大林看来，它们可以把农民经济纳入社会主义经济建设体系，可以建设公共的互助的生产制度，可以利用农业机器和拖拉机等集约耕作的科学方法。

在农业集体化过程中，斯大林强调必须坚持"党关于集体农庄建设的自愿

---

① 《斯大林选集》下卷，人民出版社 1979 年版，第 160 页。

② 《斯大林选集》下卷，人民出版社 1979 年版，第 213 页。

原则的基本指示和农业劳动组合示范章程关于自愿原则的规定"，① 必须采取照顾不同地区的不同条件的原则，而不能强迫命令，简单一律，急躁冒进。在农业集体化初期，斯大林强调必须执行"依靠贫农，善于和中农建立巩固的联盟，一分钟也不停止对富农的斗争"② 的方针。随着新经济政策的实行，苏联的阶级状况会呈现出什么变化呢？斯大林在 20 世纪 20 年代中期指出苏维埃政权下农村分化的独特形式：资本主义制度下的分化，增长的是贫农和富农两极，中农则被冲刷；而在苏维埃政权下，贫农日益减少，富农稍有增加，中农的数目因有一部分贫农上升而不断增加。但是，土地国有化、土地私有制废除、国家的税收政策、信贷政策和合作化政策以及社会主义工业的迅速发展，都会给自发的分化过程以一定的影响和限制，引导农村经济走上社会主义改造的道路。

1927—1928 年，苏联发生了谷物收购危机。1927 年年底收购的粮食，勉强达到 491 万吨，比 1926 年少了 210 万吨，而当时国家需要的商品粮为 820 万吨。与国内战争初期粮食危机的背景相反，这次危机是在经济形势较好的情况下爆发的。1926 年 8 月，由国家计划委员会制定并提交劳动国防委员会公布的 1926—1927 年度控制数字估计谷物收获量达 48 普特（7900 万吨），比上年度提高 9%，估计全部农产品商品率将提高到 18%，谷物商品率提高到 16%。谷物收购危机的出现完全出乎斯大林的意料。粮食收购危机发生后，斯大林提出解决粮食问题有三条出路，一是建立集体农庄，二是发展国营农场，三是提高个体农民经济。斯大林反对那种认为对个体经济应当斗争和消灭而不应该加以支持的观点。

与上述思想相联系的是斯大林对苏联当时阶级状况的估计。斯大林在1926 年——当时他正与布哈林携手同托洛茨基等反对派展开论战——曾经做出过这样的论述："农村中的分化不可能象先前那样厉害，中农仍旧是基本农民群众，而富农不能再有过去那样的势力，这至少因为我国土地已经国有化并禁止买卖，而我国的商业政策、信贷政策、税收政策以及合作社政策又是以限制富农的剥削企图、提高最广大农民群众的生活水平、消除农村中的两极对立为目标的"③。新经济政策在一定程度上允许资本主义关系存在和发展，允许私人企业和租借企业存在，耐普曼得以产生，私人市场经济得以恢复；但是这些

---

① 《斯大林选集》下卷，人民出版社 1979 年版，第 247 页。

② 《斯大林选集》下卷，人民出版社 1979 年版，第 21 页。

③ 《斯大林选集》上卷，人民出版社 1979 年版，第 453—454 页。

都处在苏维埃政权的监督和控制下。它的发展方向不是通往资本主义，而是通过利用一定限度内的资本主义发展向社会主义过渡。在 1928 年 11 月联共（布）中央全会上，斯大林断言富农所占的比重为 5%。特别值得注意的是，在 1927 年提出加紧向富农进攻的口号时，对于富农问题在原则上的提法仍然是"限制富农的剥削倾向的"[①]，并反对用行政手段剥夺富农。1928 年 7 月的中央全会决议，坚决驳斥了关于要取消新经济政策，取消限制富农政策的"反革命滥调"，会议要求继续向富农进攻，但声明绝不是用所谓剥夺富农的办法。斯大林本人在这个时期也是仍然主张限制富农的政策，直到 1928 年 6 月，在粮食收购危机中，斯大林还驳斥了把对富农的斗争变为剥夺富农的意图，认为在当时条件下，剥夺富农是愚蠢的，离开了党的路线。

随着工业的发展，职工人数和城市人口急剧增加，再加上需要粮食换取进口的机器设备，对商品粮的需要也随之扩大了。但是，农业的发展速度相对较慢，呈现出越来越不适应工业发展的趋势。在这种情况下，斯大林关于农业集体化的方式和方法也发生了重大变化。

斯大林认为苏联在 20 世纪 20 年代后半期出现粮食收购危机还有一个现实的原因。1928 年 1 月，斯大林在巡视西伯利亚时，首先提出的问题就是富农囤粮；他提出使用俄罗斯联邦刑法第 107 条及其他非常措施解决收购粮食问题，而且制造了"西伯利亚—乌拉尔"方式。1928 年 4 月，斯大林在分析谷物收购危机产生的原因时更为明确地指出，工业品供应不足，小农经济落后和国家采购组织混乱等都只是造成谷物收购危机的一般条件和基础，关键的原因在于富农因三年丰收而在手中囤积了大量的粮食，他们等待高价出售。因此，他断言："收购危机反映着农村资本主义分子在新经济政策条件下，在我国建设的最重要的问题之一即粮食收购问题上，对苏维埃政权发动的第一次严重进攻。"[②] 到 1929 年 4 月，斯大林再次明确地把收购困难归于歉收和富农捣乱。他指出，粮食方面的困难"同中央的政策毫不相干"，"这是由于乌克兰草原地带发生严重歉收（霜灾和旱灾）和北高加索、中部黑土地区、西北地区发生部分歉收的缘故"。[③] 另一方面，他指出，农村富农分子对苏维埃政权的粮食收

---

① 《斯大林选集》下卷，人民出版社 1979 年版，第 229 页。
② 《斯大林选集》下卷，人民出版社 1979 年版，第 19 页。
③ 《斯大林选集》下卷，人民出版社 1979 年版，第 176 页。

购政策的反抗，"是我们在粮食收购方面发生暂时性的困难的主要因素。"[1] 他还指出："李可夫和布哈林主张在原则上反对对富农采取任何非常措施"，"这是资产阶级自由派的政策，而不是马克思主义的政策"。[2]

正是基于以上认识，斯大林不仅主张加速农业集体化，而且主张积极开展"全盘集体化"。斯大林首先批判布哈林等关于苏联农村政策的主张。粮食收购危机发生后，布哈林、李可夫、托姆斯基等人认为应该降低工业发展速度，放慢集体农民、国营农场的建设速度，通过合作社帮助个体农民发展生产，提高粮食收购价格，迅速消灭"剪刀差"，使市场"常态化"，对农民作出让步以保持工农联盟。而斯大林则反对这种观点。在 20 世纪 20 年代末 30 年代初，出现了许多的"过火行为"。在 1928 年 7 月中央全会上，斯大林的态度开始与原来不同。正是由于采取了一些"过火行为"，全盘农业集体化的速度大大加快了。从 1927 年 6 月底到 1929 年 6 月两年内，集体农庄总数从 1.48 万个发展到 5.7 万个，几乎增加 3 倍。集体化农户所占的比重从 0.8% 上升到 3.9%，集体化水平几乎提高 4 倍。从 1929 年下半年开始，集体农庄运动进入了全盘集体化阶段，从 1929 年 7 月到 9 月的三个月中，集体农庄增加了 1.04 万个，由 5.7 万个发展到 6.74 万个；集体化农户几乎增长 1 倍，达到 200 万户，集体化水平由 3.9% 提高到 7.6%[3]。

在斯大林取得与布哈林的争论的胜利后，苏联农业集体化进入了高潮。斯大林在 1930 年写的《胜利冲昏头脑》一文，对农业集体化中的错误进行了初步分析。关于苏联农村阶级状况，斯大林在 1929 年年底召开的马克思主义者土地问题专家代表会议上发表了《论苏联土地政策的几个问题》的演说，宣布从限制富农的政策过渡到消灭富农阶级的政策。他指出，"我们已经从限制富农剥削倾向的政策过渡到消灭富农阶级的政策"，这是"我们已经实行并且还在继续实行我们整个政策中的一个具有决定意义的转变"。[4] 同年，苏联通过了《关于巩固全盘集体化地区农业的社会主义改造和同富农阶级作斗争的措施》的决议，规定在实现农业集体化的地区，地方政权机关有权没收富农的财产，并把他们驱逐到边疆区。据苏联研究者统计，从 1930 年年初到 1932 年秋，

---

① 《斯大林选集》下卷，人民出版社 1979 年版，第 177 页。

② 《斯大林选集》下卷，人民出版社 1979 年版，第 179 页。

③ 苏联科学院经济研究所编：《苏联社会主义经济史》第 3 卷，生活·读书·新知三联书店 1982 年版，第 470 页。

④ 《斯大林选集》下卷，人民出版社 1979 年版，第 228 页。

从全盘集体化地区驱逐出去的有 24 万多户富农家庭，约占农户总数的 1%。1933 年，斯大林在全苏集体农庄突击队第一次代表大会上指出集体农庄道路是唯一正确的道路。经过短短几年的农业集体化运动，斯大林在 1939 年召开的第十八次代表大会上宣布："集体农庄已经最终地巩固和确立起来了，社会主义的经济体系现在是我国农业的唯一形式"①。

五、正确认识斯大林经济发展思想

马克思在《资本论》第二卷里阐述社会生产中的扩大再生产的前提条件时，非常强调生产资料生产在扩大再生产中的作用。列宁在新的历史条件下，进一步发展了马克思的思想。他认为在技术不断进步引起资本有机构成提高的情况下，"增长最快的是制造生产资料的生产资料生产，其次是制造消费资料的生产资料生产，最慢的是消费资料生产"②。生产资料生产的优先增长，主要表现在重工业的优先增长上。1922 年 11 月，列宁指出："要挽救俄国，单靠农业丰收还不够，而且单靠供给农民消费品的轻工业情况良好也还不够，我们还必须有重工业。""不挽救重工业，不恢复重工业，我们就不能建成任何工业，而没有工业，我们就会灭亡，而不能成为独立国家。"③ 所以，斯大林的工业化思想与马克思和列宁的思想是一脉相承的。

斯大林的工业化思想在实践中产生了非常明显的积极影响。他领导苏联成功实现了社会主义工业化。1925 年工业总产值已达到 1913 年水平的 75%，到 1926 年则超过了战前水平。1937 年，苏联的社会主义工业在工农业比重中占 77.4%。在工业结构中，生产资料生产的比重占 57.8%，至此，苏联仅仅用了 13 年的时间就完成资本主义国家用几十年、甚至上百年所完成的工业化任务。苏联工业化的成果无论从年增长率方面看还是从与当时资本主义发达国家相比较方面看，都是巨大的。从第一个五年计划开始到 1940 年，苏联整个工业增长了 5.5 倍，年平均增长率高达 16.9%，其中重工业增长了 9 倍，年平均增长

---

① 《斯大林文集（1934—1952 年）》，人民出版社 1985 年版，第 253 页。
② 《列宁全集》第 1 卷，人民出版社 2013 年版，第 66 页。
③ 《列宁全集》第 43 卷，人民出版社 2017 年版，第 286 页。

速度为 21.2%。这是世界工业化史上所没有的。苏联工业的高速增长与资本主义国家当时的经济危机、生产下降的局面形成鲜明对比。例如，在 1929—1932 年的第一个五年计划期间，苏联工业增长了一倍多，而同时期美国却降低了 42%，英国降低了 18%，德国降低了 39%，法国降低了 26%，整个资本主义世界降低了 33%。1938 年与 1913 年相比，苏联工业增长了 8 倍多，而美国只增长了 20%，英国为 13.3%，德国为 31.6%，法国下降了 6.8%。一些国外学者也认为苏联工业在斯大林时期取得了无可置疑的成就。美国作家斯特朗在《斯大林时代》一书中称斯大林所领导的苏联工业化，"在历史上还没有过这样迅速这样伟大的进步"[①]。

斯大林农业集体化思想与实践坚持了从小农业过渡到大农业，从个体经济过渡到集体经济这一根本方向，这是符合社会经济发展规律的。斯大林领导的农业集体化把千百万分散的中小农户组成为集体农庄，改变了农村的经济结构，在农村建立了社会主义经济基础，堪称是一次真正的社会大变革。同时，苏联的农业集体化还为苏联卫国战争的胜利作出了贡献。但是，斯大林的工业化思想片面强调发展重工业，严重影响了人民生活水平的提高。斯大林的农业集体化思想与实践也存在一些缺陷，如脱离苏联的实际生产力水平片面追求提升生产关系、脱离了自愿互利的原则、对富农和中农采取的不当措施等。同时，在斯大林看来，集体农庄属于集体所有制，它是一个介于私有制和全民所有制之间的具有过渡性质的所有制形式。斯大林并不满足于已经实现的集体农庄，而是积极主张向更高的所有制形式过渡。

第三节　关于构建苏联社会主义政治体制的探索

斯大林丰富和发展列宁对于新政权下政治制度建设的相关思想，强调党的全面领导，坚持社会主义政治方向，努力逐步完善苏维埃制度。但是，斯大林

---

① ［美］安娜·路易斯·斯特朗：《斯大林时代》，世界知识出版社 1979 年版，第 38 页。

在探索苏联社会主义政治体制的过程中，受到时代和国际政治经济环境以及个人的制约，存在着一定的局限性。

一、加强党的全面领导

斯大林看到工人阶级是国家政权的领导力量。工人阶级对社会主义国家政权的领导作用，是通过自己的先锋队——共产党的领导来实现的。只有无产阶级政党，只有共产党才能领导无产阶级和其他劳动群众为加强、巩固无产阶级专政，完成无产阶级专政的历史任务而斗争。斯大林指出："党不仅是无产者的阶级联合的最高形式，而且又是无产阶级手中用来争得专政（当无产阶级还没有争得专政时）、用来巩固并扩大专政（当无产阶级已经争得专政时）的工具。"[①] 在革命胜利后，党的领导的重要性不仅没有丝毫减弱，反而更需要增强。这是因为，在无产阶级专政的条件下，在社会主义建设的进程中，无产阶级所面对的任务更加繁重。

斯大林认为新型的无产阶级政党具有以下特点。首先，共产党是由无产阶级的先进分子所组成的。共产党"把工人阶级的一切优秀分子，把他们的经验、他们的革命性、他们对无产阶级事业无限忠诚的精神都吸收进来"[②]，所以，它组织上的先进性就有了保障。斯大林认为，党是靠"清洗"自己队伍中的机会主义分子而巩固起来的。无产阶级并不是一个和外界隔绝的阶级，各种小资产阶级集团会用种种方法混进党内，把动摇和机会主义的情绪、把腐化和犹疑的情绪带到党内。他们是派别活动和瓦解现象的主要来源，是涣散党和从内部破坏党的现象的主要来源。他指出，主张用党内思想斗争的方法来"战胜"机会主义分子的理论，主张在一个党的范围内来"消除"机会主义分子的理论，是一种腐朽而危险的理论，对这种机会主义分子要进行无情斗争，把他们驱逐出党。

其次，共产党以科学的理论作指导，具有思想的先进性。在革命年代，理论水平是克服一切困难的条件；在建设年代，理论觉悟是激发建设热情的动力。斯大林论证了用先进理论武装全党的重要性："要成为真正的先进部

---

① 《斯大林选集》上卷，人民出版社 1979 年版，第 267 页。
② 《斯大林选集》上卷，人民出版社 1979 年版，第 261 页。

队，党应当用革命理论，用运动规律的知识，用革命规律的知识把自己武装起来。"[1]无产阶级政党只有掌握了革命理论，"才能使运动具有信心，使它有确定方针的能力，使它能了解周围事变的内部联系"，"才能使实践不仅了解各阶级在目前如何行进和向哪里行进，而且了解这些阶级在最近的将来会如何行进和向哪里行进。"[2]而这个革命理论，就是马克思列宁主义。

最后，共产党是组织起来的部队，具有组织上的先进性。斯大林认为如果丧失了这种组织性，党就会"变成一个界限模糊、没有定形、组织涣散而沉没在'同情者'大海中的'机构'，抹杀党和阶级间的界限，抛弃党把无组织群众提高到先进部队水平的任务"[3]。斯大林认为，党是意志的统一，是和派别组织的存在不相容的。党有统一的意志和铁的纪律，是争得和保持无产阶级专政绝对不可缺少的条件，但这并不排斥党内的批评和争论，恰好相反，党的统一和铁的纪律正是以此为前提的。派别组织的存在，会分散统一的意志，削弱和破坏纪律，从而削弱和破坏无产阶级专政。因此，必须坚决取消一切派别活动。

民主集中制原则是列宁建党思想中最为精华的部分。斯大林认为，民主就是提高党员群众的积极性和自觉性，经常吸收党员群众参加党的重大问题的讨论，参加党对各项工作的决策和领导，提高党员在党内主人翁的责任感。要巩固和扩大无产阶级专政，进行社会主义建设，就必须提高工人阶级的积极性。斯大林认为，坚持集体领导，开展批评与自我批评是社会主义建设事业取得胜利的重要力量。

在斯大林看来，坚持党的全面领导，这不仅是一个最高原则，而且蕴含着极其丰富的内容。

第一，实行政治领导。在斯大林看来，党对国家和社会生活的领导首要的是确定发展方向，制定正确的路线、方针和政策，即表现为政治方面的领导，党必须使自己的路线、政策正确并符合工人阶级利益，为群众所理解、掌握并付诸实践。斯大林认为，"任何政权机关在制定工业和农业方面或商业和文化建设方面的工作计划时，党都要给它们总的方针性的指示，确定它们在计划执行期间的工作性质和工作方向"[4]。

---

[1] 《斯大林选集》上卷，人民出版社 1979 年版，第 261 页。

[2] 《斯大林选集》上卷，人民出版社 1979 年版，第 200 页。

[3] 《斯大林选集》上卷，人民出版社 1979 年版，第 264 页。

[4] 《斯大林全集》第 10 卷，人民出版社 1954 年版，第 93 页。

第二，实行组织领导。斯大林认为，党的干部是党的领导和国家领导的决定力量。他说，党的路线、方针和政策是由干部来执行、实施的，党对国家的领导是通过组织领导——输送干部来得以保证的；如果不能正确地挑选干部，那么路线、方针、政策"就会失去意义，就会变成空谈"①。

第三，实行思想领导。斯大林在这个问题上有一条著名的定理，这就是："在国家和党的任何一个工作部门中，工作人员的政治水平和马克思列宁主义觉悟程度愈高，工作本身的效率也愈高，工作也就愈有成效；反过来说，工作人员的政治水平和马克思主义觉悟程度愈低，就愈可能在工作中遭受挫折和失败，就愈可能使工作人员本身庸俗化和堕落成为鼠目寸光的事务主义者，就愈可能使他们蜕化变质，——这要算是一个定理。"②

斯大林强调党的全面领导，除了苏联的社会主义国家性质和无产阶级政党的历史使命之外，还有其他一些因素。首先，这是国际环境的客观要求。斯大林指出："如果帝国主义的条件、战争的不可避免以及危机的存在没有要求把无产阶级的一切力量集中到一点，把革命运动的一切线索集中在一个地方，以便推翻资产阶级而争得无产阶级专政，那么党的作用就不能提得这样高，党就不能超过无产阶级的其他一切组织。"③而在帝国主义包围下展开社会主义建设的现实，使党的领导显得更加重要。他说："在现今资本主义包围的情况下，要是没有党的领导，无产阶级专政就不可能实行。只要把党动摇一下，把党削弱一下，无产阶级专政马上就会动摇和削弱。"④卡冈诺维奇曾是斯大林的重要助手。他说："苏维埃国家是为人类开辟通向社会主义道路的唯一国家，她好比一座处在资本主义包围中的要塞。""在同整个帝国主义世界进行残酷的斗争中，我们的国家不得不对民主实行某些限制。"⑤

其次，这是苏联社会主要矛盾变化的客观要求。斯大林在介绍 1936 年宪法时，强调了党的全面领导。他说："至于说到各种政党存在的自由，那么在我们这里却持有略为不同的观点。党是阶级的一部分，是阶级的先进部分。几个党，

---

① 《斯大林全集》第 5 卷，人民出版社 1957 年版，第 171 页。
② 《斯大林选集》下卷，人民出版社 1979 年版，第 461—462 页。
③ 《斯大林选集》上卷，人民出版社 1979 年版，第 267 页。
④ 《斯大林全集》第 7 卷，人民出版社 1956 年版，第 284 页。
⑤ 沈志华主编：《苏联历史档案选编》第 28 卷，社会科学文献出版社 2002 年版，第 422、423 页。

也就是政党自由，只是在有利益敌对而不可调和的对抗阶级的社会里，……才会存在。可是，在苏联已经没有资本家、地主、富农等等阶级了。在苏联只有两个阶级，即工人和农民，这两个阶级的利益不仅不彼此敌对，相反地，是互相友爱的。所以，在苏联也就没有几个政党存在的基础，也就是说没有这些政党自由的基础。在苏联只有一个党，即共产党存在的基础。在苏联只有一个党可以存在，这就是勇敢和彻底保护工农利益的共产党。"[1]

二、对苏维埃制度的探索

十月革命胜利以后，为了应付国内外形势，列宁提出实行联邦制。对此，斯大林的转变十分艰难，他提出了旨在建立以俄罗斯为中心的高度集中单一制国家的"自治化"方案，这遭到列宁的严厉批评。但斯大林相信，列宁所指出的联邦制只是一个权宜之计，是向单一制国家、"达到真正的民主集中制的过渡性步骤"[2]。各民族和地区的差异决定了苏俄只能以联邦制的形式来调解区域利益与整体利益的冲突，从而完成国家统一。1936 年 11 月 25 日，斯大林在全苏苏维埃第八次非常代表大会上总结苏联成立后的经验时说道："我们现在有了完全形成的、经住了一切考验的、多民族的社会主义国家，这个国家的巩固，是世界上任何一洲的任何一个单民族国家都比不上的。"[3]

在苏联，苏维埃是国家政权的表现形式，也是国家利益的代表者和维护者。斯大林认为，无产阶级专政"是拥有新的中央政权机关和地方政权机关的新国家，是在旧国家即资产阶级国家的废墟上产生的无产阶级国家"。[4] 苏维埃作为新的国家组织形式，优越于旧组织形式的地方在于它是无产阶级的最能包括一切的群众组织，只有它才能包括一切工人；它是能够团结所有的被压迫者和被剥削者、工人和农民、士兵和水兵的唯一的群众组织，在这个组织里，无产阶级对群众的领导能够最容易、最充分地实现；它是群众革命斗争、群众政治发动和群众武装起义的最强有力的机关；它是群众本身直接的组织，是最

---

① 《斯大林文集（1934—1952 年）》，人民出版社 1985 年版，第 117—118 页。
② 《列宁全集》第 34 卷，人民出版社 2017 年版，第 139 页。
③ 《斯大林文选》（上），人民出版社 1962 年版，第 89 页。
④ 《斯大林全集》第 6 卷，人民出版社 1956 年版，第 101 页。

民主的因而也是群众的最有威信的组织，它能尽量便利群众参加新国家的建设和管理。

斯大林认识到处理好党的领导与苏维埃政权之间的关系是苏维埃制度建设的核心问题之一。一方面，斯大林认为不能用党的领导代替苏维埃制度；另一方面，斯大林认为党的最高领导是无产阶级专政体系的必然要求。1926 年 1 月，斯大林发表了《论列宁主义的几个问题》一文，阐明了无产阶级专政体系的内容。斯大林认为，无产阶级专政体系由两方面构成：一方面是群众组织，如苏维埃、工会、合作社和共青团等；另一方面是无产阶级政党。"党是无产阶级专政体系中的主要领导力量。"[1]党对国家的领导首先表现在共产党力求通过苏维埃和苏维埃代表大会，把忠实于无产阶级事业并愿意全心全意为无产阶级服务的自己的候选人、自己的优秀工作人员，输送到国家重要的工作岗位上去。

三、民族理论与政策的探索

十月革命以前，沙皇俄国是一个被列宁称为"俄罗斯各族人民的监狱"，民族矛盾十分尖锐和复杂。斯大林在这个时候就注意到民族问题是俄国无产阶级政党面临的一个十分严峻的重大问题。1901 年，斯大林发表了《俄国社会民主党及其当前的任务》。这是斯大林的第一篇理论著作，也正是在这篇文章中斯大林首次涉及了俄国民族问题。1904 年，斯大林在《无产阶级斗争报》上发表《社会民主党怎样理解民族问题》一文。这是斯大林专门论述民族问题的文章。在文章中，斯大林提出了"不同时期不同阶级对民族问题有不同的理解"这一著名观点，指出"民族问题"跟随着社会生活的变化而变化。"在各个不同的时期，有各个不同的阶级出现在斗争舞台上，而且每一个阶级都是按照自己的观点来理解'民族问题'的。因此，'民族问题'在各个不同时期服务于各种不同的利益，并具有各种不同的色彩，这要看它是由哪一个阶级提出和在什么时候提出而定。"[2]

1912 年年底到 1913 年年初，斯大林在奥地利的维也纳写了《马克思主义

① 《斯大林选集》上卷，人民出版社 1979 年版，第 413 页。
② 《斯大林全集》第 1 卷，人民出版社 1953 年版，第 27 页。

与民族问题》一文。这是斯大林第一次提出马克思主义民族定义："民族首先是一个共同体，是由人们组成的确定的共同体。……民族不是种族的共同体，也不是部落的共同体，而是历史上形成的人们的共同体。……民族不是偶然的、昙花一现的混合物，而是由人们组成的稳定的共同体"①；"民族是人们在历史上形成的一个有共同语言、共同地域、共同经济生活以及表现在共同文化上的共同心理素质的稳定的共同体"②。这篇论文于 1913 年在《启蒙》杂志（第 3—5 期）上发表，当时的标题是《民族问题和社会民主党》。次年，该文由彼得堡波涛出版社出版单行本，书名改为《民族问题和马克思主义》，后被沙皇政府列为禁书，苏联建立后再版时改为《马克思主义和民族问题》。斯大林的这篇文章发表后，列宁给予了高度评价，他针对当时民族问题被提到显著地位的情势指出："在马克思主义的理论文献中，对这种情况以及对社会民主党民族纲领的原则，都进行过阐述（在这里首先要提出的是斯大林的文章）。"③

十月革命胜利之后，斯大林根据新的历史条件，对民族问题进行了探索。首先，斯大林探讨了十月革命对于民族问题的重要影响。1918 年，斯大林在《十月革命和民族问题》中指出："民族问题不能认为是什么独立自在的、一成不变的问题。民族问题只是改造现存制度总问题的一部分，它完全是由社会环境的条件、国家政权的性质并且总的说来是由社会发展的全部进程决定的。"④此外，斯大林针对共产党存在的民族主义，强调纯洁党的组织。1921 年 2 月，斯大林在《论党在民族问题方面的当前任务》一文中指出：如不铲除党的队伍中民族主义和殖民主义的残余，就不可能在国际主义基础上把边疆地区居民中的无产阶级分子"团结在自己队伍中的坚强的、联系群众的、真正的共产党组织"周围，因此"消除共产主义中的民族主义的、首先是殖民主义的动摇，是党在边疆地区最重要的任务之一"⑤。

其次，斯大林使民族定义更为精确。1921 年，斯大林在《论党在民族问题方面的当前任务》中论及民族的定义，即"是一定时代即资本主义上升时代的历史范畴。封建制度消灭和资本主义发展的过程同时就是人们形成为民族的

---

① 《斯大林选集》上卷，人民出版社 1979 年版，第 61 页。

② 《斯大林选集》上卷，人民出版社 1979 年版，第 64 页。

③ 《列宁全集》第 24 卷，人民出版社 2017 年版，第 237 页。

④ 《斯大林选集》上卷，人民出版社 1979 年版，第 118 页。

⑤ 《斯大林全集》第 5 卷，人民出版社 1957 年版，第 24 页。

过程。例如西欧的情形就是如此。英吉利人、法兰西人、德意志人、意大利人等都是在资本主义打破封建割据局面而胜利前进时形成为民族的"[①]。斯大林能从生产力和社会生产方式以及经济形态对民族进行划分，无疑是具有积极意义的。在 1929 年《民族问题和列宁主义》一书中，斯大林重申了民族的定义，但在用词上与表述上更为精确："民族是人们在历史上形成的一个有共同语言、共同地域、共同经济生活以及表现在共同文化上的共同心理素质的稳定的共同体。"[②]这个民族定义，依据历史唯物主义的原理，由物质生活出发，从社会经济关系的发展中揭示了民族的本质和发展规律。具体说来它包括三个方面的内容：民族是社会发展到一定历史阶段上形成的人们共同体；民族是具备了共同语言、共同地域、共同经济生活和共同文化心理素质这四个基本特征或要素的人们共同休；民族是一个稳定的人们共同体。这三层意思之和构成了斯大林完整的民族概念，并以此与其他各种各样的人们共同体相区别。

再次，斯大林反对"两种民族主义"尤其是大俄罗斯沙文主义。1921 年，作为一个非俄罗斯族籍的党的领导人，斯大林在俄共（布）第十次代表大会上就批评了当时俄罗斯共产党员中存在的大俄罗斯沙文主义现象。在此之前他还在提交十大讨论并经党中央批准的提纲中论述了"党在民族问题方面的当前任务"，指出了发展边疆地区共产党组织的某些特殊条件"阻碍了党在这些地区的正常成长"，批评了在这些地区工作的俄罗斯共产党员由于"是在'统治'民族存在的条件下成长起来的"，且不知道何为民族压迫，往往在党的工作中缩小重视民族特点的意义或完全不重视民族特点，因而在实际工作中不考虑某一边疆民族所具有的阶级结构、文化与生活习惯及过去历史的特点，以至于"把党在民族问题方面的政策庸俗化和歪曲了"，"脱离共产主义而倾向于大国主义、殖民主义、大俄罗斯沙文主义"[③]。斯大林还在俄共（布）第十次代表大会上重点强调：在实行苏维埃政权的经济政策时，一定要注意边疆地区的"经济状况、阶级结构和过去历史方面的一切特点"[④]。斯大林还明确驳斥了那些断言白俄罗斯民族、乌克兰民族是人为臆造出来的谬论，指出这是大俄罗斯沙文主义的一大表现——否认非俄罗斯民族的客观存在。1921 年 7 月，斯大林在《关

---

① 《斯大林选集》上卷，人民出版社 1979 年版，第 69 页。

② 《斯大林选集》上卷，人民出版社 1979 年版，第 64 页。

③ 《斯大林全集》第 5 卷，人民出版社 1957 年版，第 23 页。

④ 《斯大林全集》第 5 卷，人民出版社 1957 年版，第 33 页。

于共产主义在格鲁吉亚和南高加索的当前任务》一文中更是要求共产党员要同民族主义作无情斗争。1930 年 6 月，斯大林在联共（布）十六大报告中对大俄罗斯沙文主义的实质进行了详细论述，即：“企图抹杀语言、文化和生活习惯方面的民族差别；企图准备撤销民族共和国和民族区；企图破坏民族平等权利原则，破坏党关于机关民族化与报刊、学校及其他国家组织和社会组织民族化的政策。”①

最后，斯大林在领导苏联过程中批判了民族自决，探索实行民族区域自治制度。1924 年，斯大林在《论列宁主义基础》中批判了民族自决的提法。“从前，民族自决原则通常都被曲解，往往把它缩小为民族自治权。第二国际的某些首领甚至把自决权变成文化自治权，就是说，被压迫民族有设立自己的文化机关的权利，而让全部政权仍旧掌握在统治民族手中。结果就使民族自决的思想有从反对兼并政策的工具变成替兼并政策辩护的工具的危险。”②斯大林重申了以各民族有分离权代替民族自决的提法，同时他又进一步指出了分离权不能片面地理解为各民族的义务，而是它们的一种权利，是它们的意愿的体现。

斯大林主张苏联的各族人民本着自愿的原则实行民族区域自治。他认为，实行民族区域自治制度，既能够保证苏维埃社会主义俄国的各族人民团结在一起，共同建设自己的国家，反对帝国主义的经济封锁和武装干涉，又能够保证各族人民不论民族大小一律平等，都能够享有充分的民主权利。鉴于俄国以及后来的苏联各民族在经济政治文化发展上的不平衡，斯大林指出实行民族区域自治要从以下几个方面做好工作，才能保证各民族的团结和共同发展，巩固苏维埃社会主义共和国联盟。这就是：“在东方各苏维埃共和国内建立工业基地，以作为把农民团结在工人阶级周围的基础”；“发展农业，首先是兴修水利”；“开展和推进农民和手工业者广大群众的合作化工作”；“使苏维埃接近群众，使苏维埃的成分民族化，从而建立接近劳动群众并为他们所理解的本民族的苏维埃国家制度”；“发展民族文化，广泛地建立使用本族语言的普通教育性质的和职业技术性质的训练班网和学校网，以便从本地人中间培养苏维埃干部、党的干部和有专长的经济干部”③。

---

① 《斯大林全集》第 12 卷，人民出版社 1955 年版，第 314 页。
② 《斯大林选集》上卷，人民出版社 1979 年版，第 237 页。
③ 《斯大林全集》第 7 卷，人民出版社 1958 年版，第 115 页。

第四节　苏联社会主义模式的主要特征

苏联社会主义模式在经济、政治、文化诸方面都有其内容和特征，从基本经济制度来看，苏联建立了社会主义公有制，实行按劳分配原则；在政治制度上，坚持共产党的领导，以工人阶级为领导、以工农联盟为基础，实行人民民主专政；在文化意识形态领域，坚持马克思列宁主义的指导地位；等等。应该说，苏联模式是苏联共产党坚持马克思主义基本原理与实践相结合的产物，这一模式为苏联和世界社会主义事业作出了贡献，同时也存在相当严重的缺陷和弊端，影响了社会主义制度优越性的发挥。

一、苏联社会主义模式的经济特征

国民经济的社会主义改造完成后，苏联的社会经济结构发生了根本变化，逐渐确立了以生产资料公有制、高度集中的计划经济为主要特征的经济模式，国家成为社会经济生活的主体，有计划地控制各种生产要素、社会资源的配置，行政手段成为经济管理的主要方法。在这种模式下，社会生产力得到了一定程度的解放，劳动者在经济和社会生活中发挥重要作用，但这一经济模式发挥了集中力量发展经济的优势的同时也存在一些问题，比如所有制形式单一、排斥市场机制的作用、分配中的平均主义等，制约了经济的发展。

（一）建立生产资料公有制

在苏联执行国民经济第二个五年计划末期的 1937 年，生产资料公有制在国民经济中已经占据统治地位。苏联的社会主义所有制有两种形式：全民所有制（即国家所有制）和集体所有制（集体农庄所有制、合作社所有制）。其中国家所有制占绝对优势，国家占有全社会绝大部分生产资料。苏联宪法规定，国家所有制是社会主义所有制的基本形式，集体农庄合作社所有制是公有制的一种，是劳动者的集体所有制。国家所有制是公有制的高级形式，集体所有制是公有制的低级形式，将逐步向国家所有制过渡。

在苏联工业领域，生产资料的所有权和经营权都高度集中于国家，绝大部分企业都由中央直接管理。国家既是生产资料的所有者，又全面管理企业的生产经营活动。在农业领域，实行农业集体化。斯大林认为，社会主义必须实行生产资料公有化，社会主义的根本标志是公有制，农业集体化就是实现这一目的的手段。农业集体化是农村社会生产关系的一次伟大革命，是传统的个体占有生产资料和个体生产劳动向集体占有生产资料和集体生产劳动的一次伟大转变。国营农场和集体农庄是苏联农业生产的主要组织形式，其中，国营农场不多，集体农庄是农业生产的主要组织形式，在土地数量、劳动人口数量以及农作物的生产总量方面都占优势地位。国家对集体农庄经济实行集中管理，对工资、个人消费品的生产与供应进行管理和干预。

国家财产属于全民所有，合作社—集体农庄财产属于合作社、集体农庄集体所有，也就是说在理论上，苏联的生产资料属于全民所有，生产资料的支配权也属于全民。但是，在实际上，由于国家对生产资料的占有是通过各级机关和部门以及不同层级的人来贯彻和实施的，就不可避免地产生了一些现实问题。国家所有制在实际运行中是各级政府机构所有并行使经营管理权力，人民群众对生产资料的所有权、经营管理权由于缺乏具体的运行制度并不能实现，人民对所有权、决策权的行使，没有有效的途径和机制。苏联在所有制运行中，不顾现实生产力水平，以国有制为全民制的唯一形式，所有制形式单一，限制多种经济成分的发展，造成了经济缺乏活力和效率，严重束缚和阻碍了生产力的发展。

（二）实行高度集中的计划经济体制

苏联的经济体制以全面的计划代替市场，通过中央计划安排生产，整个国家的经济体系根据这些计划展开运作，整个国家经济活动依靠国家指令性计划来开展。在国家所有制下，所有企业都属于代表全民利益的国家。从 1928 年开始国民经济的第一个五年计划，经济上就开始实行无所不包的计划体制，由政府集中管理经济和配置资源，国家既是全民所有制的代表，又是经营管理的主体，决定宏观经济和微观经济的运行。斯大林认为，这是由生产资料的国有制性质所决定的，即国家所有，国家支配。苏联高度集中指令性计划经济主要表现在以下几个方面。

1. 实行计划经济

从 1930 年"一五"计划第三个年度计划开始，苏联国民经济年度计划成为国民经济各部门和各地区必须执行的计划。在斯大林看来，只有在社会主义条件下才能实行计划经济，资本主义国家做不到。"只要那里的资本主义制度还存在，它们就不能做到这一点。要做到有计划地领导，必须具备另一种工业体系，即社会主义的而非资本主义的工业体系，至少必须具备国有化的工业、国有化的信贷系统、国有化的土地、同农村的社会主义的结合、工人阶级掌握的国家政权等等。"①在这种计划经济体制下，国家对国民经济实行全面而直接的计划管理，指令性计划调节成为调节国内经济的主要手段，制定的年、季、月、日的计划覆盖了经济管理和经济活动的各个方面。中央直接掌握企业的所有权、经营权、人事权、计划权、财政权和产品分配权。中央在生产、分配、交换、消费等各个经济环节都编制了统一的计划。国家编制关于计划的指示和控制数字，规定经济发展的方向、速度、比例和重点发展部门，经批准后下达给各部门、地方各级机关和企业，它们依据这些指示和控制数字制定自己的计划草案。在这样的经济体制下，中央计划决定各个部门的投资比例和生产规模，社会资源的分配不是依靠市场的实际需要，而是中央各部门做出的关于生产和分配的决策。在这种指令性计划经济下，一切经济过程和活动都被纳入计划，忽视甚至排斥市场的调节作用。

这种自上而下高度集中的指令性计划经济体制，在苏联从农业国向工业国转变时期适应了以农业为主的生产方式和以农民为主的社会结构进行工业化建设的需要。在工业化的初始时期，在生产的工业化水平较低，产品结构比较单一的条件下对社会经济发展发挥了很大效用，但是，在第二次世界大战结束以后，随着国民经济的快速发展，经济活动越来越发展和复杂，产业结构走向高级化和复杂化，实施上级制定的计划管理越来越难，单纯依靠国家计划难以对整个经济活动做出合理规划。这种计划经济体制在实际经济运行中的失调现象逐渐严重，但是，长期以来并没有得到有效解决。此外，忽视经济规律、经济杠杆和市场的调节作用，致使企业管理制度僵化，缺乏经营主动权和生产自主权，削弱了企业经营者和广大劳动者的主动性和创造性。

---

① 《斯大林全集》第 10 卷，人民出版社 1954 年版，第 280 页。

2. 建立部门管理体制

苏联工业管理体制朝着加强计划性、部门管理的方向发展。中央、地方和企业之间，权力集中于按专业划分的中央经济管理部门。1929年12月，联共（布）中央发布《关于改组工业管理》的决议开始了一系列改组工作，包括改组工业管理的最高机关等，决议规定撤销辛迪加，建立33个实行经济核算的全苏部门联合公司，联合公司主要是对各部门和各企业的生产、供应、销售制定计划和实行领导，同时任免企业和托拉斯的领导人。到第一个五年计划完成后，由于联合公司和托拉斯过分庞大，管辖企业过多，造成了难以对企业进行具体有效的领导和技术改造，为了对联合公司和托拉斯进行统一的计划领导，又逐渐恢复了最高国民经济委员会部门总管理局。1932年，将最高国民经济委员会改组为全联盟重工业人民委员部。此后，随着生产规模的扩大，新的生产部门的建立，全联盟轻工业人民委员部、林业人民委员部以及一些新的人民委员部陆续建立。1946年以后，这些专业人民委员部改为部，苏联人民委员会改组为部长会议。这样，苏联工业实行高度集中的部门管理体制，加强了部门管理的中央机构，把权力高度集中到中央各个部门，管理机构有三级：部—总管理局—企业，以垂直或者说条条管理为主。总管理局进行计划、技术、财政、供应与销售的管理。

3. 以行政手段进行经济管理

苏联经济模式主要是以行政手段组织社会经济，运用行政手段在工农业生产和流通领域全面贯彻指令性计划。苏联的计划由中央统一编制，计划包揽了整个国民经济，决定国家的宏观经济，也决定国家的微观经济，计划指标从上到下按部门或地区逐级下达。国家以发布命令、决议，以行政组织手段组织全国的经济生活。国家计划主要依靠自上而下的行政措施来进行。国家通过从上到下下达层层的指令性计划的实施来管理企业的物资调配、生产和销售。这样就形成了国家行政组织行使经济组织的管理经济的职能的体制，以指令性的计划指标进行高度集中统一的经济管理，企业自主权很小。各部门各企业的产品由国家商业物资部门统购统销，在这种经济运行过程中，价格、货币、市场不发挥分配资源的职能，生产要素的配置基本上是国家通过行政手段完成的。农业实行集体化，农产品的生产和销售也受国家计划的严格控制和管理。这种体制忽视经济杠杆的作用，排斥市场机制对经济的调节。

在计划经济体制下，工业管理的各个环节实际上形成了经济管理干部享有极大的管理权力，影响和控制经济的现实，这不仅在工业领域，而且在农业领域也是如此，这就在一定程度上造成了官僚主义等问题。这种体制主要采取以行政手段为主的管理方式，忽视了经济发展客观规律的作用，在经济运行和管理中，经济主体没有独立地位和自主权，忽略了企业和劳动者的利益与积极性，导致了企业经营者和劳动者对企业发展和效益漠不关心，生产率下降，造成了地方和企业没有积极性，失去了活力等种种问题。在这种情况下，手中握有权力的阶层的腐败、腐化现象也开始滋生蔓延。

（三）以重工业为中心、不均衡的发展模式

苏联社会主义经济模式坚持以重工业为中心的高速发展。重工业的发展是全部工业发展、整个国民经济发展的基础。斯大林认为从重工业开始工业化是一条比较艰苦的工业化道路，认识到从重工业开始工业化会使农业、轻工业以及人民生活产生暂时的困难；但斯大林认为这个暂时的困难，是服从于社会主义国家的根本利益和长远利益的。他同时坚信，由于社会主义制度的存在，从重工业开始工业化带来的某些暂时困难终究可以被克服。

苏联追求高速度的发展，国家对重工业进行大力投入以尽快改变落后面貌，在经济上赶上和超过先进资本主义国家。发展速度是对国家生死攸关的大事。"我们不能知道帝国主义者究竟会在哪一天进攻苏联，打断我国的建设。他们随时都可以利用我国技术上经济上的弱点来进攻我们，这一点却是不容置疑的。所以，党不得不鞭策国家前进，以免错过时机，而能尽量利用喘息时机，赶快在苏联建立工业化的基础，即苏联富强的基础。党不可能等待和应付，它应当实行最高速度的政策。"[①] 苏联"二五"计划中工业年均增长率规定为16.5%，并从一开始就提出"五年计划四年完成"；1939年3月在讨论第三个五年计划的联共（布）第十八次代表大会上，斯大林提出了"向共产主义前进"，并提出苏联的基本任务是要在10—15年内在按人均计算的产量方面赶上或超过主要的资本主义国家。

苏联社会主义经济模式还是一种具有独立性的模式。20世纪30年代的苏联孤立无援，除了完全依靠自己之外别无他途。苏联的立场是绝不能变成资本主义附庸。英国、德国、美国的重工业或者是靠巨额借款，或者是靠掠夺其他

---

① 《斯大林全集》第13卷，人民出版社1956年版，第168页。

国家，或者是靠同时采取这两种办法建成的，但是这些道路对苏联是行不通的，苏联只能依靠自己的力量独立自主地发展。工业化的目标是使苏联从输入机器设备的农业国变成能自己生产各种必需装备和机器的工业国，成为经济上不依赖其他国家、有独立的工业体系和国内市场的国家。从一个输入装备的国家变成一个生产装备的国家，是经济独立的基本保证。当时苏联和其他资本主义国家存在较大的差距，工业化的任务是要增加整个国民经济中工业的比重，要保证苏联在经济上的独立。

苏联社会主义经济模式又是依赖农业和牺牲农业的不平衡的模式。以重工业为核心的经济发展战略造成了苏联的经济是一种轻工业、农业相对落后的不平衡的发展，造成了国民经济结构严重失衡。1928年党中央全会提出"贡款论"，实际上就是工农业产品的"剪刀差"政策。由于苏联长期实行高积累、低消费的发展模式，偏重于发展重工业，特别是国防工业，农业和轻工业没有得到应有的发展，造成经济结构畸形化，经济发展不均衡，人民日常生活用品和消费品长期供应不足，人民生活水平提高缓慢等问题，而且，追求外延式的粗放增长，追求高速度，不讲求质量效益，这些问题的积累极大地制约了经济的长期发展。

二、苏联社会主义模式的政治特征

1936年12月5日苏联苏维埃第八次非常代表大会上，斯大林宣布苏联建立了社会主义制度。在这次会议上通过了《苏维埃社会主义共和国联盟宪法（根本法）》。这部宪法规定苏联共产党是苏联政治制度的核心，苏联为工农社会主义国家，全部权力属于城乡劳动者，由各级劳动者代表苏维埃行使，人民代表苏维埃为苏联政权组织形式，等等。这些都体现了苏联政治制度的社会主义性质。但是，苏联的政治体制在实际运行中形成了高度集中的政治模式并出现了一些问题。

（一）苏联共产党是政治制度的核心

苏联确立并坚持共产党的领导地位。苏联共产党的一党执政地位是十月革命胜利后历史发展的产物。十月革命后，由布尔什维克与右派社会革命党、左派社会革命党和孟什维克形成的多党合作局面并未维持多久，这些党派在一系列重大问题上反对布尔什维克的路线和政策，1918 年以后还参加了反革命暴乱，反对新生的苏维埃政权，最终，这些党派与布尔什维克决裂。布尔什维克党内也存在分歧和对立。党内出现过"左派共产主义者"、"军事反对派"、"民主集中派"、"工人反对派"等集团和派别，其中，"民主集中派"和"工人反对派"的派别言论及活动严重破坏了党的团结统一，使党面临被分裂的危险，也阻碍了党的正确路线的贯彻和执行。在争论中，"'工人反对派'和'民主集中派'显露出了明显背离党、背离马克思主义和共产主义的倾向。他们从痛斥党内的官僚主义，走向了要求实行不加限制、不要集中的民主。他们从要求派别活动的自由，走向了力图成为某种与党相对独立的政治组织。随着分歧的加深，他们公开散发小册子、召开独立会议等，公开反对列宁路线。显然，这已经不再是'党内辩论'了，他们不仅在理论上是错误的，还在行动上对党的统一构成了严重威胁，使党面临被分裂的危险。"① 在这种情况下，1921 年 3 月，俄共（布）第十次代表大会通过了列宁起草的《关于党的统一的决议》，决议要求立即解散削弱党、破坏党的统一的一切派别集团，严禁一切派别活动，最终形成布尔什维克一党执政的局面。

1934 年联共（布）十七大通过的党章规定，党领导无产阶级专政的一切机关并保证顺利地建成社会主义社会。1936 年通过的宪法规定苏联共产党是劳动群众所有一切社会团体及国家机关的领导核心。党的领导地位从立法上得到了确定。共产党的领导是社会主义最本质的特征。苏联共产党是执政党，党是政权的核心，是国家的领导力量，苏联实行无产阶级专政，共产党的领导是无产阶级专政的核心。党领导最高苏维埃和政府，最高机关是中央委员会。党的权力集中在中央委员会，各个组织服从中央，党决定原则性的政治和经济发展的规划，这就有效地保障了党的核心地位和领导地位，保证了党对国家的领导和管理。从俄共（布）到联共（布）的党章都规定，党的代表大会是党的最高机关，代表大会应定期召开，定期召开党的代表大会是广大党员享有民主权利的重要标志。在代表大会闭会期间，中央委员会是党的领导机构，它向代表大会负责并报告工作；政治局是中央委员会下设的机关，在中央全会休会期间处理政治事务。中央委员会和政治局贯彻执行党的代表大会的决定。政治局下设书记处，处理党的日常事务，并做一些人事工作，比如任命中央机关、各省

---

① 苑秀丽：《列宁维护和巩固党的统一的历史事实不容歪曲》，《红旗文稿》2016 年第 7 期。

以至工厂、农村领导干部。

（二）政权的组织形式是人民代表苏维埃

与一切旧的国家政权相比，与资产阶级民主制相比，苏维埃是一种全新的国家组织形式。在苏维埃制度下劳动者直接参与国家管理。在苏联的政治建设过程中，苏维埃在组织机构建设中不断走向规范和完备，设置逐渐统一。

苏联注重政权的群众基础的扩大和民主原则的确立。1925 年 10 月，俄共（布）中央全会指出，积极活跃苏维埃的工作、加强合作社组织和其他社会组织的活动是迫切任务。苏共中央执行委员会成立了苏维埃建设委员会，各级苏维埃也成立了建设委员会，在各级建设委员会的努力下，农民参加党、团的人数增长很快，大批优秀工作者和集体农庄的先进庄员都成了苏维埃活动的积极分子。由城市中的企业、国营农场、集体农庄中的各级苏维埃代表组成的代表小组积极在群众中开展工作，党的基层苏维埃政权建设取得了很大的发展。苏维埃既是社会主义建设的直接领导者，又是党的路线、计划和规章的推行者。随着群众参与苏维埃工作的广度、程度大大发展，政权机关与群众的关系也更加密切了。

苏联 1936 年宪法规定，苏联为工农社会主义国家，全部权力属于城乡劳动者，由各级劳动者代表苏维埃行使，人民代表苏维埃为苏联政权组织形式。苏联最高苏维埃由两级即最高苏维埃和最高苏维埃主席团组成，最高苏维埃是全权性、最高性的立法机关，所有立法权都集中到最高苏维埃，人民委员会产生并从属于最高苏维埃，它根据最高苏维埃通过和颁布的法律、法令来执行管理国家的行政职能，对最高苏维埃负责并接受它的监督。

苏联 1936 年宪法明确了苏维埃的建制。它规定苏维埃体系由苏联最高苏维埃，加盟共和国和自治共和国苏维埃，边疆区、州、自治州苏维埃以及市、区、镇苏维埃组成。在这部宪法中，还明确了各级苏维埃的机构设置，规定了联盟的、各加盟共和国的、地方的国家权力机关，在每一个加盟共和国都设有最高苏维埃、最高苏维埃主席团、部长会议、最高法院、共和国检察长，这些机构发布各种法律、法令、决议、命令、指示等。在各边疆区、州、市、区、镇、村，地方的国家权力机关发布必须执行的各种决议、命令、指示等。联共（布）中央通过最高苏维埃对国家进行全面领导，最高苏维埃在联共（布）的领导下，贯彻党的指示、实施立法权。这就规定了党政的不同地位和职责，也为人民选举各级苏维埃等工作的开展提供了法律的保障。

（三）实行无产阶级专政

苏维埃政权坚持以工人阶级为领导、以工农联盟为基础，对无产阶级和其他劳动人民实行广泛的民主，依靠无产阶级专政来保卫社会主义制度。坚持无产阶级专政是社会主义国家的本质。列宁、斯大林认为，无产阶级专政的任务不仅要镇压剥削者的反抗，更重要地是要进行社会主义经济建设，这样才能巩固无产阶级专政，切实维护无产阶级和其他劳动人民的根本利益。无产阶级专政国家在过渡时期担负着保卫社会主义制度，坚决做好镇压一切形式的剥削者反抗的任务，同时也担负着开展社会主义经济、政治和文化建设等任务。斯大林指出，无产阶级专政之所以需要，是为了"利用无产阶级政权来组织社会主义，消灭阶级，过渡到无阶级的社会，即过渡到社会主义社会"①。无产阶级政权要保证和巩固工人阶级政党对整个无产阶级国家的领导，巩固无产阶级同农民阶级的政治联盟，要使劳动群众完全摆脱资产阶级的一切影响，教育和引领劳动群众参加社会主义建设事业。

在苏联无产阶级专政体系中，共产党处于核心地位，共产党是无产阶级的先锋队，它把无产阶级的先进分子都吸收到党的队伍中来。苏维埃这一国家组织是无产阶级专政的直接实现形式，苏维埃把千百万劳动群众同无产阶级先锋队联系起来。工会是苏联工人阶级的非党组织，是无产阶级的群众组织，它把各行各业的工人联合起来，将工人群众和工人阶级先锋队联系起来。这些政治组织形式共同构成了无产阶级专政的实现形式，共同建设社会主义民主政治，同时，农民是无产阶级的同盟军，工农联盟是无产阶级专政的最高原则。

（四）实行苏维埃选举制度

基层苏维埃建设在社会主义改造、建设中，发挥了吸引劳动群众参加国民经济改造，参加和支持工业化和农业集体化等作用。城乡苏维埃及相关机构和组织在推动企业、集体农庄完成国家计划，在基层政权建设和确立民主原则等方面都发挥了党联系群众的重要纽带作用。可以看到，在这一时期，苏维埃作

---

① 《斯大林选集》上卷，人民出版社 1979 年版，第 410 页。

为最高国家权力机关，其组织原则和形式有了较为完善的建设，倡导人民主权、民主集中、权力制约等，都是对社会主义建设的探索。

随着新的生产关系的确立，党的领导地位的巩固，苏联从20世纪20年代起开始放宽对选举权的限制。1925年1月颁布的全苏选举制度中规定扩大选民范围，许多非工会成员，比如手工业者、家庭妇女等开始获得选举权。规定地方选举委员会有权批准那些从事社会公益劳动并对苏维埃政权表现忠诚的剥削阶级出身的人参加选举，此后一系列制度不断建立和完善。1936年苏联将工农兵代表苏维埃改为劳动者代表苏维埃，并决定改革代表的选举制度。1936年宪法规定苏维埃选举采取普遍、平等、直接、秘密的原则，即全国年满18岁的公民，除了依法被剥夺选举权的人以外，普遍享有选举权和被选举权。苏联取消了对选举的限制，包括性别、民族和财产等的限制。苏联于1937—1939年举行了第一次全国性的选举活动。

但是，苏联在实际的建设中，政治体制在运行中也出现了一些问题，比如，片面强调阶级斗争，夸大阶级斗争，搞"肃反扩大化"，严重混淆了敌我界限；广大群众缺乏充分的民主权利，人民的民主权利受到很大的限制；权力高度集中、个人崇拜盛行；社会主义民主法制被粗暴践踏；监督机制不健全，官僚主义和特权现象泛滥；等等。这些问题的长期积累，得不到有效解决，极大地阻碍了社会主义政治优越性的发挥。

三、苏联社会主义模式的思想文化特征

苏联形成了以马克思主义为指导的高度集中的思想文化模式。马克思列宁主义理论的研究、宣传和教育是社会主义建设的重要组成部分。苏联高度集中的政治经济体制下是思想文化建设的全面国家化。在高度集中的文化领导体制下，一方面是社会文化事业的迅速发展，另一方面是思想意识形态领域的高度集中和教条主义等问题逐渐凸显，给苏联及社会主义事业带来了严重的消极影响。

（一）国家推动社会主义文化建设

苏联重视社会主义文化建设，注重提高国民文化水平，培养社会主义人

才，推动教育科学文化事业的迅速发展。苏联认识到大力发展教育，提高全民的科学文化水平的重要性，大力普及初等教育，在全联盟逐渐建立起系统的教育管理体制。在 20 世纪 30 年代相继通过了《关于普及初等义务教育的决议》、《关于为苏联国民经济培养技术干部的决议》、《关于改进培养新专家工作的决议》、《关于初等和中等学校的决议》、《关于教育文盲和半文盲的决议》等文件，为推进教育发展、积极培养人才提供了原则指导和政策规范。

苏联大力重视教育和人才培养，科学技术事业迅速发展。苏联创办了大批科研院校为国家工业化培养各类专业人才，不断扩大对科学研究的投入，整个社会的科学文化水平不断提高。在工业化的快速发展过程中，国家高度重视对科学发展的投入，建设了一大批大型科学研究中心、科学机构和实验室，这些建设极大地保障苏联创造出辉煌的科学技术成就。

苏联以计划手段及相应的体制安排，保障和实施文化建设。国家的科技、教育、文化、体育、卫生事业单位由国家以计划的方式对这些单位和领域进行管理，这些领域的工作是由国家直接制定计划，下达项目，进行实施完成的，这些单位遵守和执行党和国家的安排和指示。苏联还建立了共产主义科学院，这是全苏科研工作的计划中心，负责协调全国范围的科研工作。中央组织部和中央宣传部的相关部门也负责调配、加强各科研机构的领导机构和科研力量。这实际上就将社会科学研究、思想理论部门更加集中起来。

（二）坚持马克思主义意识形态的主导地位

苏联认为发展社会主义就要坚持马克思主义的指导地位，党应该以马克思主义指导文化建设工作。马克思列宁主义经典著作在苏联的系统出版、大量发行和广泛传播，极大地促进了马克思主义的传播、学习和研究。苏联注重意识形态建设，推动广大党员学习马列主义基本理论，开展大规模的学习宣传活动，反对资产阶级文化，听从党中央的指示，积极贯彻中央精神。1931 年，联共（布）中央决定将联共中央马克思恩格斯列宁研究院归联共（布）中央宣传鼓动部领导，并要求这一机构再版《马克思恩格斯全集》和《列宁全集》，并开始出版《列宁全集》第四版。

从 20 世纪 20 年代后期开始，党对报刊、学校、科学和文化教育各个具体业务部门的领导权逐渐确立起来，从中央到地方各级党委中都设立负责领导宣传、报刊和新闻出版、科学技术和教育文化事业的机构，负责贯彻中央的决策。各级党组织加强了对报刊、电影、广播等工作的领导。到 20 世纪 30 年代后期，苏联已经构建起宏大的文化机构网，包括学校、图书馆、博物馆、报刊、广播、出版机构、剧院、电影制片厂、俱乐部，等等，这些机构隶属于国家、工会或者其他团体，但都受各级党的意识形态部门的管理。在这个过程中，一些文化管理机构被改组，并设立了相应的管理局，一些报刊、学校等思想文化部门进行了调整，主要通过控制这些部门的领导权与人事管理权，将思想文化领域的管理权集中于党，建立了由官方直接管理的统一的行政化的社会文化和学术团体，文化领域受到国家的严格控制。在国家的大力推动和建设下，这一时期产生了很多鼓舞苏联人民，在世界范围内也广为传播、影响深远的文学艺术作品，极大地扩大了社会主义的影响力。

苏联大力加强马克思主义意识形态建设，促进了马克思主义意识形态的巩固和社会主义制度的稳定与发展，有利于苏联人民坚定社会主义信仰，统一思想，这对从思想上教育和引领人民起到了非常重要的作用。

（三）坚持党管思想文化意识形态的原则

苏联坚持党管思想文化意识形态的原则，高度重视思想意识形态建设和理论工作，建立了一整套强有力的、高度集中的意识形态工作体制。1934 年 1 月召开的联共（布）第十七次代表大会根据斯大林的总报告通过决议，要把党的理论水平提到应有的高度；要在党的工作的所有环节加强思想工作；要在党员中间努力不倦地宣传列宁主义。联共（布）中央直属高级宣传员学校培养了大批思想理论工作干部，充实到各级市、州、边疆区和共和国的党的组织的宣传部门。1937 年 2—3 月召开的联共（布）中央全会指出，意识形态工作大大落后于形势的需要，全会号召全党把思想政治工作作为极为重要的任务。会后，根据全会决议的要求成立了各级党组织的党校、训练班和动员小组等。1938 年，斯大林亲自主持、审定和出版了《联共（布）党史简明教程》，从理论上总结了苏联建成的政治经济体制，并肯定了这一体制。11 月 14 日，联共（布）中央通过了《由于〈联共（布）党史简明教程〉的出版而对宣传工作的布置》的决议。根据决议的安排，苏联掀起了学习《联共（布）党史简明教程》的热潮。随着《联共（布）党史简明教程》的出版和传播，苏联的思想理论工作进一步集中化。1939 年成立了联共（布）中央高级党校，是各州、边疆区、共和国的党和苏维埃领导、工作人员以及报刊编辑、理论工作者进行培训和学习的学校。

在党的高度重视和直接领导下，社会主义意识形态、共产主义理想被深深地灌输到苏联人民的脑海里。在马克思主义科学思想、共产主义理想信念的教育和感召下，苏联人民为社会主义建设作出了巨大贡献。

（四）政治化倾向

无产阶级政党负有教育引导广大人民群众了解和接受马克思主义科学理论的职责和使命，这是武装人民群众的必要过程。但是，高度集中、自上而下的文化意识形态体制存在压制不同意见、压制民主，抑制和扼杀文学、艺术的创造性和积极性等问题。受到政治经济体制高度集中的影响，文化建设也越来越趋于僵化和高度集中，科学文化领域也出现了僵化停滞的局面，影响了科学文化事业的发展。

在建设过程中，党和政权对思想理论和文学艺术的行政干涉和粗暴制裁成了领导文化工作的主要方法，混淆了学术问题与政治问题，造成了思想文化领域的政治化倾向。在斯大林时期，出现了依靠行政命令、高压手段来解决思想意识形态和文化问题的现象。斯大林干涉文学艺术和科学领域的学术讨论，以行政命令的方式肯定或贬斥某个学派，并通过政治的途径评判学术之争，甚至把不同的学术观点的争论统统归之为政治斗争或阶级斗争。在思想意识形态领域设置了很多禁区，粗暴干预社会科学和自然科学各学科的自我发展，最终造成了通过政治行为干涉学术研究的问题，阻碍了社会主义文化事业的良性发展。

第五节　苏联社会主义模式的影响

苏联社会主义模式在马克思主义发展史上留下了不可磨灭的印记。苏联社会主义模式无论对国际共产主义运动、社会主义国家的建立与发展，还是对资本主义国家以及广大发展中国家都产生了巨大而深远的影响。

一、苏联社会主义模式的评价

苏联模式是在特定历史条件下形成的，对巩固苏联社会主义制度起到了重要作用，促进了国家经济和整个社会生活的快速发展，也为苏联夺取反法西斯战争的胜利提供了制度保障。这种高度集中的政治经济模式，也存在一些弊端和问题，对苏联及世界社会主义事业造成了负面影响。

（一）苏联社会主义模式开创了人类社会发展的新道路

苏联建立了以工人阶级为领导、工农联盟为基础的政治制度，以生产资料公有制和按劳分配为特征的经济制度，以马克思列宁主义为指导的文化制度，形成了高度集中的苏联社会主义模式。这一模式是把科学社会主义基本原则运用到苏联具体实际的产物，它是实现科学社会主义基本原则的一种探索。

苏联社会主义模式的形成彰显和巩固了苏联社会主义的成果。这一模式的高度集中性发挥了将人力、物力和财力用于最需要的地方的优势，使苏联在20世纪的三四十年代取得了举世瞩目的成就。苏联人民以高昂的热情建设社会主义，在极短的时间里使国家在经济、政治、文化建设等各个方面都取得了相当大的成就，实力增强、社会稳定、国家巩固。20世纪30年代的苏联率先实行七小时工作制，推广工人带薪假期制度，公费医疗、义务教育广为实行并卓有成效。国家为人民建设了大批住宅、学校、图书馆、博物馆、电影院、医院、疗养院等公共服务设施。

当时，苏联这个以工农联盟和各族人民联盟为基础的社会主义国家充满朝气地向前发展同当时动荡不安的资本主义世界形成了鲜明对照。1929—1933年，世界资本主义经济危机爆发之后，资本主义制度岌岌可危。在资本主义世界陷于经济危机之时，苏联的生命力有力地显示了社会主义制度的优越性。在第二次世界大战中，在其他国家在疯狂的法西斯攻击下纷纷落败的艰难形势下，苏联奋力抵御法西斯德国的进攻，斯大林格勒战役成为第二次世界大战的转折点，为全世界人民取得反法西斯战争的胜利作出了巨大的贡献。随着苏联社会主义制度的巩固，随着一系列人民民主国家和社会主义国家的建立，社会主义阵营与以美国为首的资本主义阵营对立较量。1949年9月苏联成功爆炸了第一颗原子弹，打破了美国的核垄断，形成了两个阵营之间的核均衡，有效制约了帝国主义霸权力量。苏联在科技文化方面也取得了举世瞩目的成就。在人类历史上首先开创了宇航事业，先于美国成功发射人造卫星，在世界人民面前展现了强大的社会主义制度的力量。

可以看到，这一时期苏联模式虽然还处于初创阶段，却显示了社会主义制度旺盛的生命力和巨大的优越性。苏联社会主义制度模式体现了不同于资本主义制度的新型社会制度的特点，为世界提供了一个新的发展道路。

（二）苏联社会主义模式创造了伟大成就

建立初期，苏维埃政权的经济基础十分薄弱，建设难度可想而知。斯大林提出了优先发展重工业的方针，建立起高度集中的政治经济体制，集中全国的人力、物力、财力，超高速地实现了社会主义工业化。1929—1937 年间，苏联工业以平均每年 20% 的增长速度向前发展，迅速增强了综合国力。这种发展势头与当时普遍陷入危机和萧条的资本主义国家形成了鲜明对比。苏联在这一时期基本完成了工业化，由一个落后的农业国发展为强大的工业国。1928年，苏联开始实行发展国民经济的第一个五年计划，并只用了四年零三个月的时间就顺利完成。第一个五年计划的实行使苏联的工业产量大大增加。"1932年全部工业的总产值为 1928 年产值的 202%，为 1913 年水平的 267%。同时，1932 年生产生产资料的工业（第一部类）的产值增长为 1928 年的 2.7 倍，1913 年 4.2 倍，而同时消费品生产（第二部类）的增长分别为 1.5 倍和 1.8 倍。全部工业总产值年平均增长速度为 19.2%，其中第一部类为 28.5%，第二部类为 11.7%。按工业产值的增长速度来说，苏联从前就占世界第一位。"[①]

从 1933 年起，苏联又开始执行第二个五年计划(1933—1937 年)。在"二五"计划期间，苏联总共有 4500 个大企业建成投入生产；工业总产值增长了 120%，其中重工业增长了 139%，轻工业增长了 100%，国民收入增长了 109%，人民的工资基金增加了 1.5 倍，到 1937 年，大工业总产值比 1932 年增加了 1 倍，比1913 年增加了 7 倍，大工业特别是机器制造工业的增长，使国民经济各部门获得了技术上的重新装备。苏联在短时期内建立起了较为全面独立的大工业体系和对国民经济技术改造及国防建设具有重大意义的一系列重工业部门，如机床

---

① ［苏］波梁斯基等主编：《苏联国民经济史讲义》（下册），生活·读书·新知三联书店1964 年版，第 550 页。

制造业、汽车工业、拖拉机工业、化学工业、发动机制造业、飞机制造业、联合收割机制造业、大型涡轮和发电机、优质钢、铁合金、合成橡胶、氮、人造纤维的生产等部门。到1937年，苏联已经实现了机器设备自给并开始出口。

第三个五年计划（1938—1942年）继续高速发展国民经济，坚持优先发展重工业的方针。由于德国发动对苏联的侵略战争，第三个五年计划实行三年半后被迫中断，但是成绩依然卓著。据统计，从1917年到1940年，工业已经增长14倍，国民总收入增长7倍，其中机器制造和金属加工超过34倍，发电量超过24.4倍。苏联通过三个五年计划的实施为反法西斯战争的胜利奠定了必要的物质基础。

1913年，俄国工业在世界上居第五位，到1940年，苏联的工业产值已经超过英、法、德三国，跃居欧洲第一位、世界第二位。苏联只用了15年时间就完成了主要资本主义国家用50年到100年所取得的成就。工业化适应了当时苏联的经济需要，为以后的经济发展奠定了重要的基础。苏联社会主义模式虽然也存在着弊病和矛盾，但它使苏联从一个落后的农业国家在短时期内发展成为工业化国家，而且在解体时也还依然保持着超级大国的地位，这些都是这一模式的积极成果。

农业集体化运动开创了农业社会主义改造的道路，在一定程度上促进了农业的发展，为迅速改变当时苏联内外交困的被动局面，巩固新生的苏维埃政权，起到了一定的积极作用。苏联在农业生产力相当落后的条件下，通过集体化在较短的时间里实现了农业社会主义改造，引导千百万农民走上集体化的道路。这一时期的农业集体化根本改造了小农经济，使农村面貌发生巨大变化。农业集体化的实现和农业生产的增长，保证了苏联社会主义工业化的迅速完成，它不单纯是促进农业发展的经济政策，它同时担负着保卫社会主义工业化和稳定国家政权的政治目的。

（三）苏联社会主义模式为战胜法西斯发挥了重要作用

战前实施的三个五年计划取得的成就、工业化的快速发展，大大增强了苏联的实力，为战胜法西斯奠定了物质基础。1941年6月，德国纳粹背信弃义入侵苏联，苏联迅速转入战时状态，经历艰难的战争，最终战胜法西斯，取得卫国战争的伟大胜利。在反法西斯战争中，政治上经济上高度集中的社会主义体制，使苏联实现了大规模的战时快速动员。这一模式以强大的凝聚力、高效的动员组织力激发苏联人民战胜困难，有效调动了苏联的人力、物力和财力，全力抵抗侵略。重工业是苏联国防力量和武装部队的强大基础。苏联以强大的重工业为依托，才抵挡住了法西斯德国及其盟国的进攻。

第二次世界大战的爆发及苏联卫国战争的胜利对苏联"赶超战略"的强化和持续无疑起了非常显著的作用。第二次世界大战使苏联几乎没有选择其他发展战略的可能，制定和推行"赶超战略"的基本前提和出发点，很大程度上是由于处在资本主义包围之中的苏联，为安全计，只有在经济上拼命赶超资本主义强国这一条道路。斯大林之所以能够战胜提出更符合经济发展规律方案的布哈林等反对派，可以说其主要原因就在于此。卫国战争的胜利又促使苏联社会主义模式持续和强化。苏联在战争中的伟大表现，彰显了社会主义模式的成功。在斯大林看来，战争胜利的结果表明，在最初几个五年计划中，社会主义工业化、农业集体化是正确的和英明的。苏联在前所未有的短促的时期内实现了国家工业化、农业集体化和文化革命，才抵挡住了法西斯德国及其盟国的进攻。斯大林把战争的胜利归结为苏维埃社会制度的优越性，伟大卫国战争的胜利意味着苏联的社会主义制度和国家制度取得了胜利。斯大林肯定了五年计划的伟大作用，正是五年计划的实施帮助苏联创造了这些物质条件，创造了能够赢得战争的经济基础。正是利用了国家工业化和农业集体化所发展的物质条件，发展军工生产并供给红军必需的装备，最终保障了卫国战争的伟大胜利。

第二次世界大战给苏联造成的损失是极其惨重的，但苏联仅用两年时间工业生产就达到了第二次世界大战前水平，到1950年其工业总产值比战前增长了73%，平均年增长率高达20%—30%，农业总产值也恢复到了战前水平。20世纪50年代初，从苏联的工农业总产值来说，在欧洲第一，在世界上也成为仅次于美国的第二经济大国。

（四）苏联社会主义模式的弊端与反思

苏联社会主义模式在一定程度上适应了当时以战争与革命为主题的时代要求，但它存在的问题也是非常突出的。这种模式的高度集中的经济政治体制和思想意识文化体制存在一些弊端。从苏联及世界社会主义各国实践的坎坷和曲折中，也可以看到这一模式的问题与不足。

苏联当时轻、重工业都很落后，但由于国际形势的紧迫性，使重工业的发展更为迫切。苏联制定和通过了重点发展冶金工业和机器制造业的第一个五年计划（1928—1932 年），"一五"计划执行的结果已经显露出片面强调重工业，忽视轻工业和农业的弊端，轻工业和农业不能满足广大人民的需要。斯大林也看到了这些问题，所以"二五"计划（1933—1937 年）对重、轻、农的发展速度作了些调整，规定整个工业投资中生产资料的生产占 76.8%，增长 1.5 倍，而消费资料的生产占 23.1%，增长 3.6 倍；增长率与"一五"计划相比，轻工业由 13.2% 提高到 18.5%，农业由 2.6% 提高到 18.5%，而重工业则由 40.1% 降为 14.5%，但这种不平衡的发展战略并未根本改变。

关于工业化，斯大林不是从生产力或国民经济结构的角度来强调，更多地是从社会制度和国际政治形势的角度来强调的。苏联在实现社会主义工业化的过程中，由于片面发展重工业，造成苏联经济结构很不合理，比例失调，工业增长速度日趋下降，同国家经济实力相比，人民生活水平提高不快。据统计，从 1925 年到 1953 年，苏联生产资料增长 54 倍，消费品只增长 11 倍；在这个时期内，重工业在工业中的比重从 34% 上升到 70%。从 1940 年至 1953 年，生产资料增长 2 倍多，消费品只增长 72%。从 1940 年至 1952 年，工业增长 1.3 倍，农业只增长 10%。

农业集体化也存在很多问题。由于斯大林教条式地理解马克思主义理论，由于农业集体化带有强烈的政治性目的，由于农业集体化运动主要不是基于农业发展、农民的要求，而是为了配合国家工业化运动而实行的，使农业集体化更注重其政治功效，把发展农业经济放在从属的地位。农业集体化存在不符合生产力发展要求，不符合农民利益，伤害农民感情，挫伤农民生产的积极性等问题。农业集体化是农村社会生产关系的一次伟大革命，是传统的个体占有生产资料和个体生产劳动向集体占有生产资料和集体生产劳动的一次伟大转变，但是，从个体的、简单的小商品经济过渡，在落后的生产力现实下，需要相当长的时间才能达到，而斯大林时期的农业集体化运动存在过急过快地追求目标的实现，存在冒进和过火行为，常常采取强力甚至暴力手段强迫农民加入集体农庄，严重地伤害了农民的利益和感情，这都是必须吸取的深刻教训。

习近平同志在纪念毛泽东同志诞辰 120 周年座谈会上的讲话中指出："对历史人物的评价，应该放在其所处时代和社会的历史条件下去分析，不能离开对历史条件、历史过程的全面认识和对历史规律的科学把握，不能忽略历史必然性和历史偶然性的关系。不能把历史顺境中的成功简单归功于个人，也不能把历史逆境中的挫折简单归咎于个人。不能用今天的时代条件、发展水平、认识水平去衡量和要求前人，不能苛求前人干出只有后人才能干出的业绩来。"①
这也适用于对斯大林的评价，后人对历史的评价不能离开当时的历史条件。苏
联社会主义模式的形成与发展，主要是当时的国内现实和国际形势下的选择，
在经济文化基础落后以及遭到西方国家敌对、封锁的条件下，这种模式有助于
社会主义国家依靠自身的力量进行发展。这种模式在社会主义国家建立初期和
工业化初期适应了战争与革命的历史条件，起到了积极的历史作用。但是，从
来没有一种一劳永逸、一成不变的发展模式，当时代主题由战争与革命转变为
和平与发展后，这一模式的缺陷和弊端就日趋显露，社会主义建设应随着经济
社会发展的不同阶段的不同特点，根据具体历史条件进行相应的变革。

二、苏联社会主义模式对资本主义国家的影响

在苏联社会主义建设展现出巨大成就的这一时期，世界资本主义虽然有短
暂的发展与繁荣，但经济危机频发，战争的危险也依然存在，苏联社会主义建
设的成就影响了资本主义世界。

（一）苏联社会主义模式的伟大成就震惊资本主义世界

在苏联的第一个五年计划提出之初，资产阶级及其报刊报之以嘲笑，认为
那是幻想、梦想、乌托邦。在五年计划实施后，看到苏联的成就，他们又攻击
苏联，说五年计划威胁到资本主义各国的生存，这一计划的实现将使欧洲市场
充斥商品，使倾销政策加强，使失业现象加深。但是，随着苏联五年计划的进
行，各种公司、报刊、团体的代表就开始来到苏联，他们想亲眼看看这个国家
究竟在做什么。一些人不得不承认苏联在制造业方面和其他领域的成就是不容
置疑的："五年计划的成绩是一种令人惊奇的现象。哈尔科夫和斯大林格勒的
拖拉机制造厂、莫斯科的'阿模'汽车制造厂、下新城的汽车制造厂、德涅泊
水电站、马格尼托哥尔斯克和库兹涅茨克的巨大的钢铁厂、正在变成苏联的鲁
尔的乌拉尔的许多机器制造厂和化学工厂，——所有这些成绩以及全国工业方

---

① 中共中央文献研究室编：《十八大以来重要文献选编》（上），中央文献出版社 2014 年版，
第 693 页。

面的其他成绩都证明苏联工业好像灌溉得很好的植物一样，不管有什么困难，还是在日益增长，日益巩固……五年计划为苏联将来的发展奠定了基础，非常有力地加强了苏联的实力。"①但是，资产阶级的舆论仍然在诋毁苏联的五年计划，认为这个计划是不可能成功的，说苏维埃政权的工业化和集体化已陷入绝境，五年计划的一切任务都遭到失败了。

随着第一个五年计划的完成，苏联的经济、政治和国防实力迅速强大，以无可辩驳的事实打破了苏维埃制度必然"灭亡"和"破产"的预言。苏联社会主义的伟大成就使社会舆论、资产阶级报刊、各种资产阶级团体等开始出现分化。一些人说五年计划已经完全破产，布尔什维克已经濒于灭亡。另一些人则说：布尔什维克虽然是一些坏人，但他们的五年计划还是有办法的，他们大概会达到自己的目的。也有一些资产阶级不得不承认："苏联不依靠外国资本而实现工业化，就是赢了第一局。""共产主义正在用极快的速度完成改造事业，而资本主义制度却只能缓步前进……法国因为地产分散于无数小私有者之间，农业机械化是无法实行的；但是苏维埃却解决了这个问题，使农业工业化了……布尔什维克在和我们比赛中成了胜利者。"②总之，苏联社会主义模式取得的伟大成就令资产阶级世界震惊和分化。

（二）苏联的快速发展促进资本主义国家的改革与调整

苏联借助强大的国家政权力量，以高度集中的计划作为资源配置的方式，这一新模式在西方资本主义的危机年代凸显了独特的优越性。在西方世界面临巨大危机之时，苏联向全世界表明社会主义制度拥有巨大的活力和潜力并为人类开创了新的通向未来的道路。

1929 年开始的资本主义经济危机使资本主义世界爆发了第一次世界大战后第一次世界经济危机。在世界经济震荡和军事政治灾祸的汹涌浪潮中，在资本主义世界饱受经济危机之苦之时，对苏联来说，"这些年却是它壮大和繁荣的年份，是它的经济和文化进一步高涨的年份，是它的政治和军事威力进一步增长的年份，是它为维护全世界和平而斗争的年份。"③与危机期间美国和其他

---

① 《斯大林全集》第 13 卷，人民出版社 1956 年版，第 151—152 页。
② 转引自《斯大林全集》第 13 卷，人民出版社 1956 年版，第 151 页。
③ 《斯大林文集（1934—1952 年）》，人民出版社 1985 年版，第 235 页。

资本主义国家的经济状况形成鲜明对比的是，社会主义国家苏联正在以资本主义国家前所未有的速度快速发展国民经济。在苏联的第一个五年计划期间，它对西方资本主义国家的先进技术和设备特别是工业设备需求强劲。苏联成为世界市场上西方技术和机器设备的最大买主。斯大林认为，苏联没有生产过剩的危机，没有几百万的失业者，没有生产的无政府状态，因为实行了计划经济。苏联还是工业积累程度最高的国家，苏联积极发展工业，出现了前所未有的劳动生产率，展现了高速的积累速度。危机、失业、浪费和广大群众的贫困，——这都是资本主义的不治之症。"我们的制度不患这种病症，因为政权掌握在我们手里，掌握在工人阶级手里，因为我们实行计划经济，有计划地积累资财，并且按国民经济各部门合理地加以分配。我们不患资本主义的不治之症。这就是我们和资本主义不同的地方，这就是我们优越于资本主义的有决定意义的地方。"[1]

对比资本主义经济危机的频发及危害，苏联集中国家人力、财力、物力进行工业建设的计划经济显示出独特的优越性，计划经济、"计划"受到美国和西方报刊的关注。西方一些有识之士对计划经济也进行了探讨。1929年美国经济学家弗·曼·泰勒（1855—1932）在《社会主义国家生产指南》一文中提出了"指导性计划"这一概念。他提出，资本主义国家如果采用"指导性计划"对市场经济加以宏观调控会大有好处。

苏联社会主义模式第一次对社会化大生产进行全面的计划管理，取得了很多成绩、经验和启示。资本主义世界在面临诸多危机之时不得不借鉴苏联，在资本主义内部进行一些调整和改良以挽救其制度危机。1933年初罗斯福（1882—1945）就任美国总统后推行了"新政"，开始实行一系列政府干预经济的挽救措施，并对工人阶级和其他劳动人民进行了一些让步，这一系列措施被称为"罗斯福新政"。罗斯福采取政府干预经济的办法，运用一系列财政手段，控制和引导社会经济活动，刺激经济发展，增加就业机会，调节收入分配，逐步使美国走出了困境。在此之前，资本主义世界奉行由所谓"看不见的手"来支配，国家一般不介入经济生活。罗斯福的新政被一些人认为是社会主义的口号。1934年7月，斯大林在和英国作家赫·乔·威尔斯的谈话中曾指出，在当时的英国对于苏联的社会舆论已经有了重大的转变，其深刻原因就是"广大

---

[1] 《斯大林全集》第13卷，人民出版社1956年版，第32—33页。

的各界人民认识了以私人营利为基础的制度正在瓦解"。威尔斯甚至认为："世界离开旧制度死亡的日子已经很近了"。[①]

现实社会主义的存在，它在解决许多极为重要的经济、社会和政治问题中取得的成就迫使资产阶级不得不满足劳动者的某些社会经济政治要求，采取灵活的策略和改革方法。苏联建立了广泛的、普遍的保障体系，包括公费医疗制度、福利住房制度、退休养老金制度等，使广大劳动群众的生活得到了保障，体现了社会主义制度的优越性。正是在苏联成功经验的影响下，一些资本主义国家通过国有化、计划性，加强国家干预和宏观调控，出台了一系列社会福利政策，遏制了经济危机的势头，缓和了社会矛盾和阶级矛盾。1945 年英国进行的改革就仿效了苏联的一些做法，主要有实行国有化，将矿山、银行、交通运输、钢铁生产等收归国家所有，使经济领域中国有成分达到 20%；实行高额累进税，使总收入的 2/5 通过税收由国家再分配；实行社会保障制度，提供免费医疗，实行失业、伤残、生育、年老、死亡等多方面的社会保障。资本主义世界的国家干预政策，一系列社会福利政策的实施，在有利于加强资产阶级统治的同时，也极大地改善了工人和广大劳动人民的生产、生活条件。

三、苏联社会主义模式对世界无产阶级、社会主义阵营、世界民族民主运动的影响

十月社会主义革命胜利后，苏维埃俄国成为受到世界各国被压迫阶级和被压迫人民景仰的革命圣地。苏联经济的迅速发展，在第二次世界大战中取得的辉煌胜利，再加上苏联对世界被压迫阶级和被压迫民族革命斗争的声援和支持，使社会主义制度的吸引力、苏联在国际上的政治影响力达到了空前的高度。在世界社会主义凯歌行进的时候，苏联代表着现实社会主义的形象，在全世界产生了巨大的影响力和吸引力。

（一）苏联社会主义模式伟大成就对世界无产阶级的影响力和感召力

苏联模式作为人类历史上第一个社会主义模式，让世界人民看到了社会主

---

① 转引自《斯大林文集（1934—1952 年）》，人民出版社 1985 年版，第 15 页。

义运动从理论变为现实的伟大成果，极大地鼓舞了世界无产阶级和劳动人民。他们钦佩苏维埃政权的创举和成功，拥护苏联工人阶级，在第一个五年计划成功实现后，就有很多外国工人代表团到苏联来参观。比利时工人代表团是这样评论的："我们在旅行时所看见的伟大建设使我们不胜钦佩。无论在莫斯科或在马凯叶夫卡、戈尔洛夫卡、哈尔科夫和列宁格勒，我们都可以看到人们在多么热情地工作。所有的机器都是最新式的。工厂里都很清洁，空气新鲜，光线充足。我们看到在苏联是怎样给予工人医疗卫生帮助的。工人住宅建筑在工厂附近。工人区设有学校和托儿所；儿童受到无微不至的照顾。我们可以看到旧工厂和新工厂、旧住宅和新住宅之间的差别。我们所看见的一切使我们明确地认识到在共产党领导下建设着新社会的劳动者的巨大力量。我们看到了苏联巨大的文化高涨，而其他国家却各方面笼罩着衰败现象，笼罩着失业现象。我们可以看到苏联劳动者在自己的道路上遇到了多么可怕的困难。因此，我们更加了解他们在向我们指出自己的胜利时所具有的那种自豪心。我们深信他们一定能克服一切障碍。"① 在欧洲乃至世界工人中间，苏维埃政权的存在、它的成长、它的物质繁荣、它的巩固就是有利于苏维埃政权的最好宣传。苏联社会主义模式取得的伟大成就对全世界革命运动的发展有极大的鼓舞意义和实践意义。

当时资产阶级世界对苏联怀有强烈的敌视，舆论大肆宣传苏维埃社会制度注定是要失败的冒险试验，在实际生活中没有根基，它是强加于人民的一座"纸牌搭的小房子"，稍微一推就会倒塌。苏维埃多民族国家是一个"人工造成而不合实际的建筑物"②，苏维埃联盟的崩溃是不可避免的。但是，苏联以辉煌的成绩驳倒了这一切毫无根据的攻击，多民族的苏维埃国家制度经住了考验，显示了强大的生命力。

（二）苏联社会主义建设的伟大成就推动世界民族民主运动的蓬勃开展

苏联在世界反法西斯战争中的贡献、第二次世界大战后苏联大国地位的确立、全球影响力的迅速增强，这些成就鼓舞着被压迫国家和被压迫阶级去为争取社会和民族解放而斗争。第二次世界大战后初期，世界民族解放运动战果辉煌，帝国主义殖民体系土崩瓦解，国际形势发生了有利于民主、和平和社会主义

---

① 转引自《斯大林全集》第 13 卷，人民出版社 1956 年版，第 155—156 页。
② 《斯大林选集》下卷，人民出版社 1979 年版，第 491、492 页。

的重大变化。社会主义的苏联作为西方资本主义强大的对立面，吸引和鼓舞了欠发达国家愿意同它携手，形成了国际政治中弱小反对强大的同盟，形成了同帝国主义势力相抗衡的力量。全世界无产阶级的革命斗争同被压迫人民和被压迫民族的解放斗争汇成一股强大的洪流，猛烈地冲击着帝国主义和各国反动派的统治。世界工人阶级和全世界劳动人民为民主、社会进步和社会变革而斗争。

苏联是对欠发达国家民族民主运动有强大吸引力的楷模，苏联社会主义制度的巩固为亚非拉殖民地半殖民地国家的民族解放运动开辟了道路，鼓舞了他们的斗志，坚定了他们必胜的信心。苏联社会主义建设取得的成就影响着民族解放运动的内容、形式、特点和民族解放国家的发展方向。苏联向已摆脱帝国主义统治的人民指出了巩固民族独立、克服落后、实现经济独立和社会进步的途径。苏联的成就增强了社会主义对广大发展中国家选择发展道路的吸引力。据统计，第二次世界大战以后全世界近100个殖民地国家经过斗争取得了独立，其中有30多个国家宣布自己是"向社会主义方向发展"或"走社会主义道路的国家"。尽管许多国家并未建立社会主义制度，但这也足以说明苏联社会主义影响的扩大。

在新的大好形势下，国际共产主义运动也进入了一个新的发展阶段，开创了社会主义革命和建设蓬勃发展的新时期。社会主义从一国走向多国展示了被压迫国家和人民的选择和胜利。东欧、亚洲十多个社会主义国家的建立极大加强了世界社会主义的力量，使世界政治力量的对比和国际格局发生了有利于社会主义的巨大变化。

（三）苏联社会主义模式对社会主义阵营国家的影响

第二次世界大战后，苏联的社会主义建设模式受到了新建立的人民民主国家和社会主义国家的重视，一些国家或主动或被动地将苏联的经济建设体制作为本国发展的样板、实现国家现代化的路径。苏联也积极帮助和推动新生的社会主义国家恢复经济，初步建立工业基础。社会主义各国通过双边或多边条约、协定等法律形式，建立了密切的联系。苏联不再仅仅依靠自身的力量与西方世界对垒，而是依靠联合起来的社会主义阵营的力量来反对西方资本主义阵营。苏联成为"社会主义大家庭"的领导者和进步力量的中心。社会主义阵营的形成有利于巩固各国的社会主义成果。

苏联在帮助解放东欧各国的同时对于稳定东欧也发挥了重要作用。第二次世界大战后初期，东欧各国工业凋敝，农业破败，国民经济处于混乱崩溃状态，遭受战火洗劫的东欧各国在恢复和发展经济方面困难很多。苏联的援助和相互贸易对发展这些国家的电力、冶金和机器制造等基础工业部门起了重要作用。东欧各国也向苏联提供了大量的机器设备、矿产、工业消费品和食品，对促进苏联经济发展和缓和苏联消费品的严重不足提供了切实的帮助。苏联在机器设备、日用工业品和农产品方面依赖于东欧各国的供应。东欧各国的燃料、原料以及许多工业产品则依赖于苏联。苏联和东欧各国之间的经济、贸易、科技关系已成为这些国家经济生活正常运转的不可或缺的要素。"社会主义国家在苏联对外贸易总额中所占的比重，从 1946 年的 54.5% 增长到 1950 年的 81%。这一时期，波兰、捷克斯洛伐克和德意志民主共和国成了苏联最大的外贸伙伴。与此同时，苏联在社会主义各国对外贸易额中的比重也增长了。例如在 1950 年，苏联占保加利亚对外贸易总额的 52%，匈牙利的 26%，民主德国的 39%，波兰的 26%，罗马尼亚的 50% 和捷克斯洛伐克的 27%。社会主义国家之间（不包括苏联）的相互贸易额也大大增长了。"[1]"1950 年，经互会国家之间的贸易比重已达到它们外贸总额的 60%。苏联同资本主义国家和发展中国家的贸易额占其贸易总额的 18.9%，保加利亚—11.4%，匈牙利—38.4%，民主德国—27.7%，波兰—41%，罗马尼亚—16.8%，捷克斯洛伐克—44.4%。"[2] 在战后的恢复中，社会主义阵营国家依靠社会主义国家自己的力量，发展社会主义国家之间的经济合作与互助，迅速实现了经济恢复和发展。

　　面对西方对社会主义阵营的封锁，斯大林还提出了两大平行市场理论，斯大林的两大平行市场理论的提出首先反映了第二次世界大战后世界经济发展的现状。由于受到意识形态的影响，发达资本主义国家对苏联和其他社会主义国家进行各种形式的经济封锁，甚至美国等国家不惜以武力直接威胁一些社会主义国家。当时世界上确实形成了所谓的资本主义的市场和社会主义的市场，斯大林的"两大平行市场"理论就是这种状况的反映[3]。这一理论对社会主义国

---

[1]　苏联科学院经济研究所编：《苏联社会主义经济史》第 6 卷，盛普安等译，东方出版社 1986 年版，第 263 页。

[2]　苏联科学院经济研究所编：《苏联社会主义经济史》第 6 卷，盛普安等译，东方出版社 1986 年版，第 264 页。

[3]　参见郑吉伟：《斯大林经济思想研究——兼评西方学者的观点》，北京出版社 2010 年版，第 275—276 页。

家依靠社会主义阵营内国家的紧密团结、互助互利，独立自主地恢复和建立国民经济体系起到了积极的作用。社会主义国家在消除战争创伤、恢复生产、提供充分就业、发展经济、提高人民生活水平等方面取得了举世瞩目的成就，与资本主义出现的低发展、高失业率以及接连不断的经济危机形成鲜明对照。1956年，世界社会主义体系的"工业生产量提高到1937年的生产水平的四倍"，"世界社会主义体系的采煤量占全世界的37%以上，钢铁产量约占四分之一，棉花产量约占三分之一。社会主义各国的谷物收获量约占世界的40%"①。社会主义国家谱写的辉煌显示出了社会主义制度的优越性，提高了社会主义的世界声望。

可以看到，在社会主义阵营与资本主义阵营相抗衡的时期，苏联社会主义建设模式的推广在当时的历史条件下，对粉碎西方的遏制封锁、加强社会主义阵营的团结统一以及新建立的社会主义国家的经济恢复和发展起到了积极的作用。但是，斯大林在社会主义建设上轻视别国具体的历史特点和现实状况，强制推行苏联社会主义模式的一些不妥当甚至错误的做法，阻碍了这些国家独立自主地探索适合本国国情的社会主义建设道路。苏联不是平等地对待其他国家的共产党，而是推行大国沙文主义，伤害了别国人民的民族情感，损害了苏联与社会主义各国之间的关系。随着国际形势的变化和世界经济的发展，这种高度集中的社会主义建设模式的弊端进一步显现，高度集中的经济政治体制导致了国家经济政治结构不合理、人民生活水平难以提高、官僚主义盛行等问题，影响了社会主义制度优越性的发挥。

---

① ［苏］伊·费·伊瓦辛：《苏联外交简史》，春华等译，商务印书馆1995年版，第359页。

第七章　马克思主义在中国的传播和初步运用

马克思主义所历经的清末民初、五四运动前夕等阶段的传播，实质上是一场思想启蒙。自五四运动以来，马克思主义以一种前所未有的力量谱写了中国历史的新篇章，它为中国无产阶级培养了卓越的先锋队——中国共产党，也为中国共产党造就了用最先进思想武装起来的工农大众。从新民主主义革命到社会主义革命和建设，马克思主义向世界一次次展示了它的科学性和真理性。建党前后马克思主义在中国的传播，更向世人展示了它的真理的力量。

第一节　马克思主义在中国的系统介绍

十月革命开辟了人类历史的新纪元，标志着人类历史进入社会主义新时期，标志着人类解放的理论真正实现了从理论到现实的转变。"十月革命一声炮响，给我们送来了马克思列宁主义"，[1] 十月革命的胜利极大地鼓舞了中国人民斗争的士气，促使中国的先进分子由学习西方转向学习俄国，迫切地向大众

---

[1] 《毛泽东选集》第 4 卷，人民出版社 1991 年版，第 1471 页。

宣传、介绍、传播马克思主义的先进思想和文化，从而为中国人民提供了消灭剥削、实现解放、争取民族独立与伟大复兴的强大思想武器。

一、李大钊的《我的马克思主义观》

李大钊，河北乐亭人，少年时名耆年，字寿昌，后改名李大钊，字守常。李大钊是中国最早的马克思主义者，伟大的马克思主义先驱，中国共产党的主要创立者。

1913 年 9 月 1 日在《言治》上发表诗作《登楼杂感》二首，开始署名李大钊，同年东渡日本。1914 年春，李大钊考入东京早稻田大学政治本科，开始接触马克思主义的著作。日本经济学教授河上肇翻译的《资本论》，给李大钊以马克思主义的启蒙。1915 年，因北洋政府与日本密谋签订丧权辱国的"二十一条"，李大钊撰写了《警告全国父老书》、《国民之薪胆》等，号召四万万同胞"众志成城"、"挽救民族于危亡"。1916 年，李大钊主编留日学生总会刊物《民彝》杂志，5 月 15 日在创刊号上发表《民彝与政治》一文，以发展的观点观察历史的发展，猛烈抨击封建专制制度，强调人民群众的历史作用，为后来的思想转变奠定了基础。

1918 年 1 月，李大钊应邀到北京大学工作，担任图书馆主任，并参加《新青年》编辑部工作，其间发表了大量宣传研究马克思主义的文章。李大钊先后在北大史学系、经济系、法律系开设"唯物史观研究"、"史学思想史"、"社会主义与社会运动"等课程，还为北京师范大学、朝阳大学、中国大学等学府讲授"女权运动史"、"图书馆学"等课程，通过课堂教学向青年宣传马克思主义。[1]1920 年 10 月北京共产党小组成立，同年 12 月，李大钊在《新青年》上发表《唯物史观在现代史学上的价值》一文，集中探讨"社会发展的根本原因"与"人类思想上和人类生活上大变动的根本原因"，指出"经济生活，是一切生活的根本条件"[2]。

在北京大学任教期间，李大钊创立了"马克思学说研究会"，收集各种文

---

[1] 参见《李大钊年谱》，甘肃人民出版社 1984 年版，第 116 页。

[2] 李大钊：《史学要论》，北京出版社 2011 年版，第 26 页。

本的马克思主义书籍和报章杂志达数百种，编译、刊印了大量马克思主义的书籍和论文。① 同时，李大钊还撰写了一些传播唯物史观的重要论著，其中最突出的是他在 1919 年 9—11 月间连载于《新青年》杂志第 6 卷第 5 号、6 号的《我的马克思主义观》，标志着唯物史观在中国的最初传播，拉开了马克思主义中国化的序幕，对马克思主义传播史、中国近代思想史和中国革命史产生了极其深远的影响。

（一）唯物史观与马克思主义

李大钊的《我的马克思主义观》一文，对马克思的唯物史观、剩余价值学说和科学社会主义理论作了比较系统的论述，是"我国马克思主义哲学史上，对社会的基本结构、社会发展的动力、经济基础和上层建筑的关系、社会革命、群众的历史作用等唯物史观的基本原理，表述最完整的第一篇文献"。② 李大钊将唯物史观称作历史的唯物主义，将信仰唯物史观的人称为历史的唯物论者，论述了唯物史观对中国现代化进程的指导作用。唯物史观在中国一经传播，首先为马克思的科学社会主义和政治经济学的传播提供了理论基础，是马克思主义在中国深入传播的标志，它直接为随后展开的"问题与主义之争"、"科学与玄学的论战"提供了思想指导，为马克思主义同假社会主义、无政府主义、国家主义以及戴季陶主义的论战提供了理论武器，为中国共产党的创建奠定了哲学基础。

李大钊认为唯物史观必须坚持史论结合的原则，对待马克思主义尤其如此。因此，历史学研究必须以唯物史观为依据、方法，"离了他的特有的史观，去考他的社会主义，简直的是不可能"。③ 马克思的社会主义理论大致分为三部分："一为关于过去的理论，就是他的历史论，也称社会组织进化论；二为关于现在的理论，就是他的经济论，也称资本主义的经济论；三为关于将来的理论，就是他的政策论，也称社会主义运动论，就是社会民主主义。"④ 这三部分理论之间有着一

① 参见《李大钊年谱》，甘肃人民出版社 1984 年版，第 139—140 页。
② 宋德宣：《论李大钊唯物史观的形成和发展》，载中国社会科学院哲学研究所中国哲学史研究室、《中国哲学史研究》编辑部编：《中国近代哲学史论文集》，天津人民出版社 1984 年版，第 355 页。
③ 《李大钊全集》第 3 卷，人民出版社 2006 年版，第 18 页。
④ 《李大钊全集》第 3 卷，人民出版社 2006 年版，第 18 页。

贯的逻辑联系，历史论是"理论"或"论据"，经济论是"推论"或"论证"，而政策论则是"结论"或"应用"。紧接着，李大钊说："这三部理论，都有不可分的关系，而阶级竞争说恰如一条金线，把这三大原理从根本上联络起来。"①

（二）唯物史观的基本原理

李大钊说："观察社会现象，以经济现象为最重要"。社会是一个复杂的有机体，它包含着多种组成部分，而相对于社会政治、社会文化等方面，社会经济是社会有机体的本质的组成部分，除此以外的其他组成部分无非是社会有机体的现象。李大钊在突出经济对于社会发展的决定性作用的同时，还强调了现象的表面构造之于本质的基础构造关系。李大钊论述了经济基础决定上层建筑的基本原则，"经济现象虽用他自己的模型，制定形成全社会的表面构造（如法律、政治、伦理，以及种种理想上、精神上的现象都是），但这些构造中的哪一个也不能影响他一点"。②

李大钊一方面强调了经济现象对其他社会现象、社会总体发展的基础性、决定性作用；另一方面又认为诸如政治现象、文化现象等不能对经济现象产生任何反作用，"经济的构造，依他内部的势力自己进化，渐于适应的状态中，变更全社会的表面构造，此等表面构造，无论用何方法，不能影响到他这一方面，就是这表面构造中最重要的法律，也不能与他以丝毫的影响"。即是说，作为"人类的综合意思中最直接的表示"的法律，"也只能受经济现象的影响，不能与丝毫的影响于经济现象"，③甚至可以说，"经济现象只能由他一面与其他社会现象以影响，而不能与其他社会现象发生相互的影响，或单受别的社会现象的影响"。④这种观点存在一定的偏颇性，后来李大钊做了某种程度的修改。

（三）唯物史观与历史的科学

李大钊不仅是我国最早宣传介绍马克思主义、传播唯物史观的先驱，还是国内将马克思主义结合具体实践、运用唯物史观分析社会现象、寻找革命出路的第一人。李大钊也最早开创了我国马克思主义史学研究。在《唯物史观在现

---

① 《李大钊全集》第 3 卷，人民出版社 2006 年版，第 19 页。
② 《李大钊全集》第 3 卷，人民出版社 2006 年版，第 20、21 页。
③ 《李大钊全集》第 3 卷，人民出版社 2006 年版，第 21 页。
④ 《李大钊全集》第 3 卷，人民出版社 2006 年版，第 21 页。

代史学上的价值》一文中，李大钊指出，唯物史观开创了史学研究的科学阶段。唯物史观与之前的一切历史分析方法都不同。"斯时人才看出他所生存的境遇，是基于能也［时］时变动而且时时变动的原因；斯时人才看出那些变动，都是新知识施于实用的结果，就是由像他自己一样的普通人所创造的新发明新发见的结果，这种观念给了很多希望与勇气在他的身上；斯时人才看出一切进步只能由联合以图进步的人民造成，他于是才自觉他自己的权威，他自己在社会上的位置，而取一种新态度。"①

李大钊自接受唯物史观始，就自觉地与机械的唯物论者划清界限。他高度评价历史发展中的人的主体能动性，指出社会发展史要自觉树立"人的权威"，鲜明檄告"历史的一切进步都取决于一切人的进步"的思想。他说，如果"以为社会的进步只靠物质上自然的变动，勿须人类的活动，而坐待新境遇的到来"，那显然是"有些人误解了唯物史观"的结果。②

李大钊不是"纯粹"的经济决定论者。马克思主义的唯物史观一经出现，就受到各种非议和诘难。西方学者指责它格式化了人类发展的历史阶段，在某种程度上带有"准则"的意味，以至于人类社会必遵循现成的"法律"而陷入"宿命论"。《我的马克思主义观》严厉批判了唯物史观的"经济决定论"的"宿命论"。文中，李大钊迎头痛击了此种论点，"有人说，历史的唯物论者以经济行程的进路为必然的、不能免的，给他加上了一种定命的彩色……然自马氏与昂格思合布《共产者宣言》，大声疾呼，檄告举世的劳工阶级，促他们联合起来，推倒资本主义，大家才知道社会主义的实现，离开人民本身，是万万作不到的，这是马克思主义一个绝大的功绩。无论赞否马氏别的学说的人，对于此点，都该首肯。"③

二、陈独秀论马克思的精神与学说

陈独秀，安徽省怀宁县人，字仲甫，号实庵。新文化运动的领导者和五四

---

① 《李大钊全集》第 3 卷，人民出版社 2006 年版，第 220 页。
② 《李大钊全集》第 3 卷，人民出版社 2006 年版，第 221 页。
③ 《李大钊全集》第 3 卷，人民出版社 2006 年版，第 32 页。

运动的"总司令",中国共产党的主要创始人之一和早期领袖。

1896 年，陈独秀考中秀才，次年赴日本留学，1902 年为反对《中俄密约》回国，在安徽创办《安徽俗话报》，组织岳王会，进行反清斗争。1905 年加入同盟会，1913 年参加"二次革命"，失败后被捕入狱，出狱后到日本。1915 年 9 月在上海创办《青年杂志》（从第 2 卷始名《新青年》），倡导新文化运动，大力宣传"德先生"（指民主"Democracy"）和"赛先生"（指科学"Science"）。1917 年，陈独秀应蔡元培之邀，出任北京大学文科学长，并继续主编《新青年》。次年与李大钊共同发起创办《每周评论》，宣传马克思主义，成为五四爱国运动的舆论指导。1919 年参加并领导五四运动。1920 年 4 月与李大钊会见共产国际派来的第一位使者——维经斯基，就建立共产党问题进行商谈。9 月起，发起组织上海共产党早期组织。12 月应陈炯明之请赴广州担任广东革命政府教育委员会委员长，并组建广东共产党组织。这一时期，陈独秀撰写文章、发表讲演、编辑文集，领导和组织了马克思主义与假马克思主义和无政府主义的论战，为唯物史观的传播作出了重要贡献。

在中国共产党"一大"至"五大"上，陈独秀当选为中央局书记，中央执行委员会委员长、总书记。1922 年与李大钊率先加入国民党，被孙中山指定为国民党改进案起草委员会委员。1924 年 1 月被孙指派为国民党一大代表，未出席。1926 年中山舰事件后写信给共产国际，建议退出国民党，改为党外联盟。1927 年大革命失败后，陈独秀被指责犯右倾机会主义错误，其后在上海成立托派组织。1929 年 11 月被开除出中国共产党。1932 年 10 月遭国民党当局逮捕。1937 年全民族抗日战争爆发后，赞同建立抗日统一战线，和托派组织脱离关系。拒绝出任国民政府劳动部部长，也拒绝张国焘拉拢另立"共产党"，还拒绝发表声明承认错误回到中共。[1]

陈独秀一生著述颇丰。尤其在 1915 年至 1922 年的八年中，陈独秀共写作文章近 400 篇，其中仅 1919 年一年，就有 150 多篇。[2] 尽管多数文章字数较少，但言辞犀利、观点独到、洞见深刻。《独秀文存》收录了这一时期的大部分文章。

---

[1] 参见吴殿尧主编：《亲历者说建党纪事》，解放军出版社 2011 年版，第 5 页。

[2] 参见冯建辉：《从陈独秀到毛泽东——中共六任领袖新视角》，中央文献出版社 1998 年版，第 8 页。

（一）马克思主义的科学观

陈独秀探讨了科学与哲学的关系，首先批判现代中国的意识形态的幻象，大体是指从虚假的前提出发，通过谬误的方法对问题作出虚幻的研判。陈独秀认为，现代中国意识形态的幻象正在释放两种信号：一是"科学无用了，我们应该注重哲学"，二是"西洋人现在也倾向东方文化了"①。在他看来，旧文化的代表必将中国哲学引入死胡同，其研究方法始终都是前科学或非科学的，从未将自然科学的方法纳入哲学思维的考查范围内，而且也从未在自然科学的基础上审视自身的思维方法，这无论如何也是行不通的。如果不重视自然科学的成果，不将哲学奠基在自然科学的成就之上，那么真正无用的将是哲学而非科学。陈独秀批判旧文化的术士们，从来都是不注重自然科学，更不屑于运用自然科学的方法于哲学思维中。

陈独秀认为，社会科学必须且要善于运用自然科学的研究方法。他以为"用在一切社会人事上的学问，像社会学、伦理学、历史学、法律学、经济学等，凡是用自然科学方法来研究、说明的都算是科学"②，这与马克思主义的科学的逻辑思维大体一致。陈独秀还认为，自然科学的研究、思维方法并不是完美无缺的，至少在与哲学思维对话的过程中，还需经历很长的一段历程。马克思主义经典作家十分注重对自然科学方法的批判。恩格斯的《自然辩证法》、《反杜林论》，列宁的《唯物主义和经验批判主义》就是其中的代表作。陈独秀在列举西方现代自然科学的研究方法时，过分地看重其中有益的成分，而忽视了它们的瑕疵与缺陷，他只看到詹姆士、伯格森与罗素的心理学与数学的研究方法对哲学进步所产生的积极影响，却忽视了这些思维逻辑与马克思主义的思维逻辑本质上的差别，甚至于某些方面不只是差别，而是关乎本质的问题。

"西方人也倾向东方文化了"，陈独秀认为这是一个错误的判断，西方文化与东方文化、西方人的思维模式与东方人的思维模式之间存在很大差异。"吾华国于亚洲之东，为世界古国之一，开化日久，环吾境者皆小蛮夷，闭户自大之局成，而一切学术政教悉自为风气，不知其他"，"欧洲输入之文化，与吾

---

① 《陈独秀文集》第 1 卷，人民出版社 2013 年版，第 2 页。
② 《陈独秀文集》第 1 卷，人民出版社 2013 年版，第 1 页。

华固有之文化，其根本性质极端相反"。① 陈独秀认为，造成东西文化差异的原因非常复杂，其表现有："（一）西洋民族以战争为本位，东洋民族以安息为本位"；"（二）西洋民族以个人为本位；东洋民族以家族为本位"；"（三）西洋民族以法治为本位，以实利为本位；东洋民族以感情为本位，以虚文为本位"。② 鉴于东西文化及思维方式的巨大差异，陈独秀评价照搬照抄西方社会文明是反科学的做法，必须要脚踏实地从自身的情况出发，寻求中国革命自己的道路。

（二）唯物史观中的哲学思维

陈独秀完全区分了"物质的行动"与"主观的哲学冥想"，在物质与精神的关系上坚持了马克思主义的唯物史观。他认为，"人格、情感"终究是意识的范畴，是与物质的力量相对的，尽管它也包含物质的成分，但是不能以为仅仅依靠发挥"人格、情感"就够了，还需要人的行动，即物质的行动。进一步，陈独秀又阐释了"物质的行动"的内涵和实质，"物质的行动"主要包括"自然科学的行动"和"社会生产的运动"两大类，离开了"物质的行动"，纯粹的思想毫无用处。他说："思想……离开科学的基础和方法——Logical system——便是诗人的想象和妄人的胡思乱想，和思想大两样"，③"科学者何？吾人对于事物之概念，综合客观之现象，诉之主观之理性而不矛盾之谓也。想象者何？既超脱客观之现象，复抛弃主观之理性，凭空构造，有假定而无实证，不可以人间已有之智灵，明其理由，道其法则者也。"④陈独秀在肯定物质存在的第一性的同时，还做了补充："并不是说自然科学万能，物质文明万能，更不是说思想革新无用；是说离开物质的文明，离开自然科学的思想，容易发生复古的清谈的流弊"。⑤ 因此，社会实践是首位的，它与"物质的文明"是推动社会进步的第一驱动力；在社会实践的基础上，能够为其提供"科学的基础和方法"的"Logical system"，即哲学，也是完全必要的。

陈独秀论述了马克思主义的思维方法迥异于形而上学的思维方法。他说，马克思注重"实际研究的精神"，"搜集了许多社会上的事实"，并"应用自然

---

① 《陈独秀文集》第 1 卷，人民出版社 2013 年版，第 136 页。
② 《陈独秀文集》第 1 卷，人民出版社 2013 年版，第 126、127、128 页。
③ 《〈独秀文存〉选》，贵州教育出版社 2005 年版，第 333 页。
④ 《陈独秀文集》第 1 卷，人民出版社 2013 年版，第 95 页。
⑤ 《〈独秀文存〉选》，贵州教育出版社 2005 年版，第 332、333 页。

科学归纳法研究社会科学"，从而"证明其原理和学说"；而"古代人的思想大都偏于演绎法"，"就是以一个原理应用许多事实"。① 哲学史上始终存在着两条路线的斗争，一条是由概念去演绎世界，这是思辨的唯心主义的哲学路线；一条是从现存的事物出发去寻求关于世界和思维的普遍规律和法则，这是一般的唯物主义的哲学路线。在陈独秀看来，中国两千年来的哲学思想，大体上遵循了唯心主义的演绎的思维逻辑，以不变的概念、范畴去论证变化的世界，现时代是如何也行不通了。他驳斥康梁独尊孔教的言行和主张，批判他们"试更以演绎之法，推论孔子之道，实证其适用于现代与否，其断论可得而知之矣"。② 为此，陈独秀断言，"今后我们对于学术思想的责任，只应该把人事物质一样一样地分析出不可动摇的事实来，我以为这就是科学，也可以说是哲学"。③

此外，陈独秀还提出了大众的精神生活的思想。新文化运动与新哲学，决不是社会部分人的生活实践与思维活动，而是全社会全体人民的共同的行为规范。不像"封建时代之道德，礼教，生活，政治，所心营目注，其范围不越少数君主贵族之权利与名誉，于多数国民之幸福无与焉。何以明之？"④ 反观中国精神生活的现状，陈独秀痛心疾首，"我们四万万人中，至少总有二万万人不能由正当手段得着衣食住的物质生活资料，还有何心肝来高谈什么精神生活！我们四万万人中，至少总有三万万人不认识我们这倒运的象形字，还有何脸面来高谈什么东方文化！"因此，陈独秀认为文化、精神生活问题不是首位的，"精神生活不能离开物质生活而存在"，"精神生活不能代替物质生活"，⑤ 应该从物质生活中去寻找答案。

进一步，陈独秀探讨了人与社会的关系。首先是个人与社会的人的关系。社会是"世界人生之全体"，"社会是个人集成的，除去个人，便没有社会"。然而，"个人是生灭无常的，社会是真实存在的"，⑥ 所以"社会是个人的总寿命，社会解散，个人便没有"。因此，必须从社会——"人生之全体"的角度去讨论社会发展，而不应仅仅着眼于"单个的人"。"社会的人"才是社会发展、

---

① 《陈独秀文集》第 2 卷，人民出版社 2013 年版，第 249 页。
② 《陈独秀文集》第 1 卷，人民出版社 2013 年版，第 186 页。
③ 《陈独秀文集》第 2 卷，人民出版社 2013 年版，第 167 页。
④ 《陈独秀文集》第 1 卷，人民出版社 2013 年版，第 189 页。
⑤ 《陈独秀文集》第 2 卷，人民出版社 2013 年版，第 541 页。
⑥ 《〈独秀文存〉选》，贵州教育出版社 2005 年版，第 87、88 页。

进步的希望，仅仅解决某些个人以及少数人所构成的那个阶级的社会问题，对于历史进步来说是无所谓的。陈独秀关于"人生之全体"的论述，已经孕育了"劳动阶级联合起来"、"全世界无产者联合起来"的唯物史观萌芽。

再进一步，陈独秀对国家制度的变革有了新的认识，单纯地从制度上变革国家是无益的，必须从经济的手段中去寻找社会变革的出路。"关于社会经济的设施，应当占政治的大部分；而且社会经济的问题不解决，政治上的大问题没有一件能解决的，社会经济简直是政治的基础。"①关于国家的概念，陈独秀的理解是基本正确的。他说："国家不过是人民集合对外抵抗别人压迫的组织，对内调和人民纷争的机关。"他将国家视作一种阶级工具，这是对的；但他又说，"善人利用他可以抵抗异族压迫，调和国内纷争。恶人利用他可以外而压迫异族，内而压迫人民"。②显然，陈独秀仍旧将国家"善恶"的品性归于"人"的"善恶"，认为"为人谋幸福的国家"是值得我们热爱的，"人民做牺牲的国家"应是我们加以反对的。不难看出，陈独秀对马克思主义的唯物史观的理解不完全、不彻底，这也为他后来表现出改良主义、阶级调和论倾向埋下了伏笔。

陈独秀概括和凝练了马克思主义学说的核心和精髓，已经初步形成了唯物史观的思想。他从三个方面总结了马克思学说的内容，一是剩余价值学说，二是唯物史观，三是阶级斗争。关于剩余价值学说，陈独秀称其为"唯物的历史观察"或"经济的历史观察"，认为它主要提出并回答了"资本主义的生产方法怎样利用机器对手工业起了产业革命，怎样夺取剩余价值集中资本，怎样造成大规模的产业组织，同时便造成大规模的无产阶级，又怎样造成无产阶级对于资本主义革命之危机"等一系列问题。关于唯物史观，陈独秀认为应从文化与制度两方面加以认识，即唯物史观一方面阐明了"人类文化之变动"，"社会生产关系之总和构成社会经济的基础，法律、政治都建立在这基础上面"；一方面又阐明了"社会制度之变动"。关于阶级斗争，陈独秀引用《共产党宣言》中的论点——"一切过去社会的历史都是阶级斗争的历史"，以此论证"阶级之成立和争斗崩坏都是经济发展之必然结果"。③而且，陈独秀还论述了阶级斗争学说与唯物史观相辅共生的关系。

① 《陈独秀文集》第1卷，人民出版社2013年版，第495页。
② 《陈独秀文集》第1卷，人民出版社2013年版，第490页。
③ 胡明编选：《陈独秀选集》，天津人民出版社1990年版，第170—179页。

根据建党前后陈独秀在思想上发生的变化，我们可以看出陈独秀早期是一个典型的资产阶级民主主义者。但从五四运动前夕开始，陈独秀逐步转变为初步的马克思主义者，这个转变经历了三个阶段：一是 1917 年十月革命至 1919 年五四运动，从追求法兰西文明转向十月革命，拥护十月革命；二是从五四运动到 1920 年秋，他逐步接受了马克思主义的基本观点和基本原理；三是从 1920 年末至 1921 年下半年，建立了科学社会主义的信仰，坚持中国走社会主义道路，基本完成了从激进民主主义者向共产主义者的历史转变，领导和组织了马克思主义与假社会主义和无政府主义的论战，为唯物史观的传播作出了重大贡献。

三、李达论马克思主义的历史与理论

李达（1890—1966），湖南零陵人，著名的马克思主义哲学家、翻译家和无产阶级教育家。

1913 年，李达赴东京第一高等师范学习理科，开始接受并学习马克思主义。1917 年，李达产生对十月革命的向往，次年组织留日学生救国团罢课回国，开展救亡运动，其间认识到"'实业救国'道路也是一种行不通的幻想。只有由人民起来推翻反动政府，象俄国那样走革命的道路。而要走这条道路，就要加紧学习马克思列宁主义的理论，学习俄国人的革命经验"[1]。一年来，李达研读了《共产党宣言》、《资本论》第一卷、《〈政治经济学批判〉序言》、《国家与革命》等马列著作，翻译了《唯物史观解说》、《社会问题总览》、《马克思经济学说》等书。当"五四"运动发展到"六三"运动之际，李达在《民国日报》副刊《觉悟》上发表了《什么叫社会主义》、《社会主义的目的》两篇文章。

1920 年夏，李达回国，参与中国共产党的组织筹备工作，主编中国共产党第一个党刊——《共产党》月刊，并参加《新青年》的编辑工作。1921 年 9 月，中国共产党创立自己的第一个出版社——人民出版社，由李达主持工作。一年内，人民出版社共出版了 15 种书籍，其中包括《共产党宣言》、《工钱劳动与资本》、《国家与革命》等马列著作，以及《〈资本论〉入门》、《第三国际决议

---

① 《李达文集》第 4 卷，人民出版社 1988 年版，第 733—734 页。

案及宣言》、《李卜克内西纪念》等马列研究资料。1921 年 10 月，李达创办上海平民女校，运用唯物史观分析中国妇女的现状，写作了《女子解放论》。

建党前后，李达以极大的努力从事马克思列宁主义理论的研究和宣传，与各种反马克思主义思潮进行了斗争。为系统批判无政府主义，李达以他主编的《共产党》月刊为阵地，写作了《社会革命的商榷》、《无政府主义之解剖》等论文。他还写作了《张东荪现形记》、《讨论社会主义并质梁任公》等文章，在击败以梁启超（1873—1929）、张东荪（1886—1973）为首领的研究系及其反动思潮的斗争中发挥了很大作用。此外，李达于建党前夕发表了《第三国际（即国际共产党）大会的缘起》、《马克思还原》、《马克思派社会主义》等文章，批判了修正主义的马克思主义，阐明了无产阶级专政的一系列问题，为在中国建立列宁主义的政党做了思想准备。

建党前后，李达的著作不免带有早期共产主义者不成熟的痕迹，然而，他对各种反马克思主义思潮的批判，对坚持马克思列宁主义的指导、坚持社会主义道路的论证，在当时的共产主义者中是非常突出的，为马克思主义在中国的传播和中国共产党的创建作出了重大贡献。①

（一）李达对马克思主义唯物史观的初步运用

李达的《女子解放论》是一部尝试用马克思主义的唯物史观解读妇女权益、妇女社会地位的历史变迁的经典力作。书中，李达创造性地运用、阐发了马克思主义唯物史观的"物质决定精神"、"经济基础决定上层建筑"的基本原理。

李达认为，女子的自由同男子的自由一样，大致包括两种类型：一类是精神的自由，一类是物质的自由。纵观人类史，女子先是逐步地失去物质的自由，然后才是精神自由亦步亦趋的消失。②

在李达看来，女子社会生产地位逐步逊落，随之而来的便是女权陷落。他说："由渔猎时代转入畜牧农工时代，发生了一个大大的社会革命，生产的方法大进了步，……事实上将女子驱逐出来，单变成男子的独占事业了。"③ 即是说，在生产方式转变的过程中，女性逐渐退出了实际的社会生产活动，其社会

---

① 参见《李达文集》第 1 卷，人民出版社 1980 年版，第 3—9 页。
② 参见《李达文集》第 1 卷，人民出版社 1980 年版，第 23 页。
③ 《李达文集》第 1 卷，人民出版社 1980 年版，第 12 页。

地位与权力也就日益衰落下来。随着农业时代的来临，土地日益显现出象征社会财富的巨大潜力，男性地位逐步确立并稳固起来。这样，"男性中心社会之确定"，不仅造成女性在生产环节中的地位缺失，而且加速了女性退出分配、交换领域的历史过程。女性逐步丧失了从生产、分配到交换领域的全部社会活动，随之而来的是"女子之商品化"。① 女性的政治地位可想而知，她们绝无参与国家事务管理的可能，没有选举权，更没有被选举权；同时，女性失去了教育文化的权利，只能沦为道德伦理的约束者。

李达从经济史角度去分析人类社会的阶级变迁，认为是资本主义的生产方式解放了近代女性。在资本主义生产方式的大变革中，女性是如何获得从内容到形式的解放的呢？一说女性受益于资产阶级启蒙，追求民主、向往自由的意识萌生而致愈发强烈，故而，掀起女性主权运动从而获得政治的经济的权力和地位。李达却认为，"女子劳动问题，是现在过渡时代的妇人问题之最要点"，② 必须从社会生产关系中去寻找女性解放的答案。机器大工业催生了劳动力队伍的持续壮大。③ 一方面，女性被迫参与到生产过程中来，实现直接的劳动异化；另一方面，女性也确立了自己在社会生产中的地位，重拾"社会劳动者"的角色。李达说："女子既然从事劳动，一则得免家庭的拘束，二则由劳力所得，有独立的收入，可以自营生活。所以渐渐的不为男子所左右，并且与男子立于相对的地位了。"④ 李达对资本劳动力的分析契合了马克思主义的剩余价值论。

李达运用唯物史观分析、寻找中国妇女解放的道路。他草拟了妇女解放的七个条件，首当其冲便是"男女共同教育"。进一步，"女子精神的独立"又是"男女共同教育"的必要条件，"女子若自己要解放，就应该早知自觉，先求精神上的独立"。因此，女性首先要冲破男尊女卑的思想牢笼，确立女性之为"人"、为"劳动者"的主权思想。"既然知道女子的能力和男子是一样的，就应该把女子当一个'人'看"⑤，每一个女子必须首先从思想上真正解放自己，才能实现全体的女人"解放成为人"。⑥ 李达还认为，妇女的精神自由首先取

① 《李达文集》第 1 卷，人民出版社 1980 年版，第 12、13 页。
② 《李达文集》第 1 卷，人民出版社 1980 年版，第 21 页。
③ 参见《马克思恩格斯文集》第 5 卷，人民出版社 2009 年版，第 374 页。
④ 《李达文集》第 1 卷，人民出版社 1980 年版，第 15 页。
⑤ 《李达文集》第 1 卷，人民出版社 1980 年版，第 17、19、20 页。
⑥ 《马克思恩格斯文集》第 1 卷，人民出版社 2009 年版，第 18 页。

决于物质自由，而物质自由又直接取决于社会经济制度，因此，实现妇女解放最终取决于社会制度的变革。

（二）李达对马克思主义的革命理论的阐述

李达说："马克思社会主义的性质，是革命的，是非妥协的，是国际的，是主张劳工专政的"。他从"（一）唯物史观；（二）资本集中说；（三）资本主义崩坏说；（四）剩余价值说；（五）阶级斗争说"①五个方面七个要点阐述了马克思主义的历史唯物论。从对历史的经验分析中，李达概括了无产阶级社会主义运动的一般形式和规律，为中国无产阶级的运动形式与中国革命的道路提供了有益的启示：一是，无产阶级革命的道路必然不会一帆风顺，要坚信马克思主义的科学性和革命性，坚信无产阶级的先进性和社会主义道路的光明前途；二是，俄国"劳工专政"的无产阶级道路是被历史所证明了的，对中国革命的发展具有重大的借鉴意义。

李达还具体分析了中国革命的道路问题，指明中国革命只能采取类似于俄国革命的"直接进行"手段，改良主义的社会主义不符合中国国情。他从实践与理论两方面分析了德国社会民主党的社会主义思想史，正面阐明了马克思主义的社会主义革命学说。在李达看来，主张阶级调和的议会政策具有明显的缺陷，倘若"无产阶级能够真正有觉悟，一致结合起来，举行示威运动，使政府晓得他们的力量，政府若依然顽迷不悟，无产阶级就可借口争自由争平等，或者可以革命起来"，然而另一方面，倘若"资本家政府能够见机行事，于革命未爆发以前，实行普通选举，那么，到这时候，无产阶级就没有口实可借了。结果又怎样呢？不过无产阶级能够选出几名议员送到国会中和资本阶级妥协，立几条使政府行社会政策的法案就完事了……德国的社会民主党就是一个先例。"②这也为辛亥革命以来的中国社会政治所证明，这条道路显然行不通。接着，李达认为中国无产阶级革命运动同样不宜采用"工会运动"的手段。"归结到中国的劳动界来。中国是劳动过剩的国家，大多数都是失业者，所以中国的工会运动是不易行的"，即是说，在"经济界不发达的地方，劳动者失业的多，要求一个卖劳力换饭吃的地方都不能得，那能够举行罢工惹起失业的危险

① 《李达文集》第 1 卷，人民出版社 1980 年版，第 31 页。
② 《李达文集》第 1 卷，人民出版社 1980 年版，第 53 页。

呢?""所以中国多数无产阶级都是失了业的劳动者,所以工会运动在现在的中国,是不容易发达的"。① 简言之,"劳动运动(也称'工会运动')的手段,只于工业国相宜,而于农业国不相宜"②,在中国产业革命的现状下,尚不具备在各地形成强有力的工会组织的前提条件,自然中国的社会主义革命不能寄希望于工会运动。最后,李达指出在中国无产者中农民占多数,因此必须形成由"工人农民兵士及其他种属于无产阶级的人"组成的"大团体",进行"最普遍最猛烈最有力量"的"突发"的阶级斗争——暴力革命。

(三)肯定劳动者和拥护"劳工专政"

依据马克思主义的劳动观念,李达提出"劳动者是万物的创造主"的思想。"地面上所有的东西,没有不由劳动者手创造出来的。土地、资本、银行、军队、纸币等等,都是劳动者造的",因此,"万物的所有权,属于劳动者",所有土地上产出的东西,劳动者"都可以主张所有权"。③ 接着,李达认为,"神"也是劳动者创造出来的,是无尽的剥削造就了压迫者的"君权神授"思想与被压迫者的"自我反抗意识"的蒙昧产物。"古时的人尊敬消费的人,今日是崇拜生产者的时候了",④ 劳动者应该意识到,"他有万物,他是资本家的创造主"。⑤ 劳动者应该联合起来,实现自身的解放。

李达具体分析了中国阶级社会的现状,指出中国社会革命的时机成熟了。他说:"中国田主佃户两阶级的分立,是固有的;现在受了产业革命的影响,又形成了资本劳动两阶级。无产阶级和有产阶级的对抗越发显明,无产阶级的贫困增大,有产阶级的财富增加,社会革命的机会到了。"⑥ 进而,李达又说:"劳动问题,是劳动者自身死活的问题,劳动者自己非有觉悟不可。所以劳动者若看清了资本的专横跋扈掠夺无人道,就应该组织劳动者的团体(如工会之类)去和资本家对抗。"⑦ 劳动的问题是劳动者自身的问题,必须由劳动者自己解决不可。

---

① 《李达文集》第 1 卷,人民出版社 1980 年版,第 54、55 页。
② 《李达文集》第 1 卷,人民出版社 1980 年版,第 73 页。
③ 《李达文集》第 1 卷,人民出版社 1980 年版,第 44、45 页。
④ 《李达文集》第 1 卷,人民出版社 1980 年版,第 43 页。
⑤ 《李达文集》第 1 卷,人民出版社 1980 年版,第 45 页。
⑥ 《李达文集》第 1 卷,人民出版社 1980 年版,第 48 页。
⑦ 《李达文集》第 1 卷,人民出版社 1980 年版,第 41 页。

李达指出，劳动者进行社会革命的组织形式，必须以马克思主义的阶级斗争学说为指导思想。西方国家工会组织中的劳动者失败的经验表明，"信赖议会政策，专从事投票的竞争，不惜和别的阶级妥协，反失掉革命的精神"[①]，无产阶级组织必须与资产阶级保持思想上的对立，保证自己思维中的绝对自由，使自己不受调和主义、投降主义的侵害而保持自己的纯洁。依据马克思的唯物史观，经济基础决定上层建筑，而在革命的过程中，这个顺序却是值得商榷的。李达认为，尽管说"社会构成的基础，成立在支持人类生活的物资生产和生产交换之上的。一切革命的原因，皆由生产交换的方法手段而生，不是人的智力发明出来的，也不是由抽象的真理产生出来。简单说，社会革命不是在哲学中探求而得的，乃是发生于现社会的经济状态之变动"，[②] 然而，劳工专政的确能够避免先经济后政治的现实缺陷，防止无产阶级组织沦为资产阶级政府的附庸以丧失革命性的危险，因此，革命的现实道路应分两步走，第一步，通过"无产阶级的革命，在颠覆有产阶级的权势，建立劳动者的国家，实行无产阶级专政"；第二步，"无产阶级借政治的优越权，……将一切生产工具，集中到劳动者的国家手里，用最大的加速度，发展全生产力"。[③]

四、瞿秋白的贡献

瞿秋白，江苏常州人，中国共产党早期的重要领导人，著名社会活动家、理论宣传家和文学家。幼时受母影响较深，涉入文学。1917年，瞿秋白考入北京政府外交部立俄文专修馆，研究文学、社会科学和哲学，学习俄语、英语、法语。次年，他又研读《共产党宣言》，倍倍尔的《妇女与社会主义》，以及卢梭、狄德罗等资产阶级启蒙思想家的著作。1919年，瞿秋白以俄专学生代表身份积极参加五四运动，11月发起创办《新社会》杂志，并在该刊上发表18篇文章、1篇译作，其中有《欧洲大战与国民自解》、《中国知识阶级的家庭》、《中国的劳动问题？世界的劳动问题?》、《社会运动的牺牲者》、《读〈美

---

① 《李达文集》第1卷，人民出版社1980年版，第96页。

② 《李达文集》第1卷，人民出版社1980年版，第47页。

③ 《李达文集》第1卷，人民出版社1980年版，第31页。

利坚之宗教新村运动〉》、《社会与罪恶》、《文化运动——新社会》、《将来的社会与现代的逆势》等，抨击时政，讨论社会主义，宣传唯物史观。1920 年 3 月，瞿秋白参加"马克思学说研究会"。1920 年秋至 1922 年 12 月，他受聘于北京《晨报》担任驻莫斯科特派员，写了《饿乡纪程》、《赤都心史》、《俄罗斯革命论》、《俄国文学史》等数十篇旅俄通讯、散文和评论，介绍了俄国十月革命后的政治生活和社会面貌，在国内产生了较大的影响。1922 年加入中国共产党。

1923 年 1 月，瞿秋白回国，随即为中共中央机关报《向导》写作《政治运动与智识阶级》一文，分析辛亥革命后中国的政治形势，指出知识分子日趋"阶级分化"的趋向，强调青年学生的作用。同年夏，瞿秋白担任上海大学教务长兼社会学系主任，主编《社会科学讲义》，较全面地介绍与阐述了唯物辩证法的思想，同时将辩证法与唯物论、辩证唯物主义和历史唯物主义作为一个整体进行宣传。1926 年，瞿秋白写作《唯物的宇宙观概说》和《马克思主义之意义》，又将马克思主义分为辩证法的唯物论、唯物史观、经济学说、科学社会主义，指出马克思主义哲学是整个马克思主义的基础，纠正了五四以来人们把马克思主义限于唯物史观和经济学说的片面认识。①

瞿秋白积极参加和领导中国革命运动，是党的三大至六大的中央委员。在革命的紧急关头，主持党的八七会议，结束了陈独秀右倾机会主义路线在党内的统治地位。他在历史上也曾犯过"左"倾盲动错误，后被纠正。但在对敌斗争中，瞿秋白始终是一个坚贞不屈的无产阶级革命家。

（一）新思想者与"温和派"

在《社会哲学概论》中，瞿秋白概括地介绍和分析恩格斯《反杜林论》的基本思想，指出哲学的基本问题是思维与存在、物质与意识的关系问题，划分唯物、唯心两大对立的派别。其中，瞿秋白还着重论述了物质与意识的关系以及真理的检验标准等一系列问题，较为全面地介绍了唯物辩证法的三大基本规律，为在我国建立无产阶级哲学的思想体系奠定了一定基础。

瞿秋白首先回顾了西方哲学史的发展历程，概括了唯心论占据西方哲学主体地位的历史原因：一是科学总是为信仰保留地盘，人们习惯于用科学的眼光去审视已经认识的事物，而在人类认识不及的领域，人们又惯于将它们归之于

---

① 参见庄福龄主编：《中国马克思主义哲学传播史》，中国人民大学出版社 1988 年版。

"天神力量"；二是信仰的历史关乎人的认识的有限性与自然的无限性的矛盾过程，未知领域与已知领域的此消彼长是不变的社会现象与趋势。人类对未知领域的每一寸占领都将引起社会变动，并首要地体现为思想领域的变动。旧思想的代表者——旧阶级势必表现出反动性，他们中的大部分对历史的发展是十足的"保守力"，另一小部分则表现出"温和的面孔"附庸于新阶级。瞿秋白从新阶级的出身、革命性及其与伪"新阶级"的斗争等方面详细阐明了"阶级分化"与人类思维的发展史。①

新思想一出，真正的持有者便与那假持有者之间产生分化、斗争，这是历史的必然现象。俄国十月革命一声炮响给我们送来了马克思主义，马克思主义是一种新思想，昭示与一切旧时代、旧理论作彻底决裂的自觉和勇气。它是代表着无产阶级的新思维、新观念，与历史上各式各样的剥削阶级进行最后的决战，故而，无产阶级的马克思主义与有产阶级的非马克思主义思潮进行着殊死的斗争。自马克思主义在中国传播的那一刻起，直至20世纪20年代中期，围绕着马克思主义发生了数次论战，譬如："问题与主义的论战"、"关于社会主义的论战"、"马克思主义与无政府主义的论战"、"科学与人生观之论"、"马克思主义与国家主义的论战"、"对戴季陶主义的批判"，以及"无神论与有神论的论战"等等，每一次都是新旧数种阶级势力从经济的、政治的到文化的社会诸领域的对立与斗争。

以此贯之，瞿秋白分析了哲学史上的"新思想"与"温和派"的斗争，其斗争的实质是唯物论与唯心论的对立，更进一步是阶级利益的对立。唯物论是顺从历史潮流的，日渐壮大的哲学家队伍便从唯心论转到唯物论，唯物论的哲学思想与它所唤醒的社会现实之间势必凸显日益尖锐的利益冲突，在哲学家自身将要卷入纷争时，他便自觉地与唯物论决裂而再次转投到唯心主义阵营中去了。瞿秋白详细地阐释了这一点："新兴的高等阶级既借'自由思想'的名义而已有所得，便可以停止进行；不像穷无所告的无产阶级……既说思想自由便要自由到底！因此，哲学思想和社会思想之中便起争端。自由思想'乘流东下'煞是危险。高等阶级便要用'五马追己出之言'，以求镇定那'民众的服从心'。所以继唯物派的自由思想而起的便有唯心派的反动思想。"②于是，唯物派每每

---

① 参见《瞿秋白文集（政治理论编）》第2卷，人民出版社1988年版，第321页。

② 《瞿秋白文集（政治理论编）》第2卷，人民出版社1988年版，第322页。

充当新思想者的角色，相反，"温和派"仅每每借用唯物论而在唯物论冲击其阶级利益时便会止步，因而又称作彻头彻尾的"折中派"。

（二）辩证唯物主义与社会现象

瞿秋白认为现代的社会哲学的研究，必须先研究哲学上之宇宙的根本问题，然后分析社会现象的秘密，最后解说社会主义。

瞿秋白阐释了世界的物质性以及物质先在、意识由物质派生的关系。人是自然界的产物，人的意识归根结底也是实质的。"自然界是一切现象的根本，亦即是人的意识的根本，外界的实质能确定'意识'——这是科学的基础"。①进一步，瞿秋白又分析了意识是人脑对外界刺激进行加工的产物，即意识直接来源于经验，随着人与外界的关系的深度和广度的日益增深，人的经验越来越丰富，人的意识随之逐步深邃。

瞿秋白分析了道德上的善恶标准。他认为没有一种道德能够永久称善，之所以具有相对的善恶标准，是因为道德观的阶级属性。举例说现存社会里存有贵族、资产阶级、无产阶级，他们的道德观存在天壤之别，贵族的善的道德观在资产阶级看来未必是善的，资产阶级的善的道德观在无产阶级看来也未必是善的，没有从一而终的善或恶的道德观。"所以一切绝对永久的道德说都是错误的"，道德决不是"超时空"而独立，相反，"道德学说都是随着社会组织的基础——经济的变迁而变迁的"。②

瞿秋白客观评价了标榜"平等自由"的民权原理。瞿秋白概括了无产阶级的"平等"观念的两层含义，一是广义的平等，即奴隶、农民、现代无产者"反抗社会不平"，其表现是"穷的反抗富的，饿的反抗饱的，奴仆反抗老爷"；二是狭义的平等，即无产阶级反抗资产阶级，其表现是无产阶级反对资产阶级的"平等自由"的民权原理，打破旧的平等秩序从而谋求多数人的平等，"目的在于消灭社会内的阶级"。因此，"平等"是一个历史范畴，是社会经济关系的产物。统治阶级要求平等的权利，同样被统治阶级也会要求平等的权利；"资产阶级的平等运动，同时就有无产阶级的平等运动"。③

---

① 《瞿秋白文集（政治理论编）》第 2 卷，人民出版社 1988 年版，第 349 页。
② 《瞿秋白文集（政治理论编）》第 2 卷，人民出版社 1988 年版，第 349 页。
③ 《瞿秋白文集（政治理论编）》第 2 卷，人民出版社 1988 年版，第 352 页。

瞿秋白论证了自由与必然、数质互变的唯物辩证法。"自由的意义在于能自治治物"，因而自由是相对的，人只有立身自然、认识自然进而改造自然的无限的自由，决不在于"昧于事理"，"超脱自然界及社会关系的束缚"。瞿秋白对自由的规律进行了总结，他说："人类的自由不过是历史发展的必然结果"。在谈及物质的根本属性时，瞿秋白以为"宇宙现象的根本便是'物质的动'"，"物质的动"是现实的宇宙及社会的'根本属性'"。宇宙中到处有矛盾然后才有互变而动。从简单的机械运动到复杂的生物机体运动，再到包罗万象的社会运动无不充斥着矛盾及其互变。所以，"宇宙的根本是物质的动，动的根本性质是矛盾——是否定之否定，是数量质量的互变"。[①]

关于物的唯物辩证法内涵自然界的唯物辩证法，主要包括社会现象的唯物辩证法。瞿秋白认为"社会现象的根本是经济的（生产关系的）动——亦即是'社会的物资'之互变"，因此"研究社会哲学，应当从经济关系的哲理入手"[②]。在《社会哲学概论》中，瞿秋白用了大量篇幅来说明社会经济的变动史。

"社会里的动象——一切变易，都是跟着物质生产的变易而定的。"瞿秋白把经济看作一种物质，认为，只有从作为物质的经济入手，运用唯物辩证法研究社会现象的变易，然后"才能彻底探悉各种政治宗法关系之根本原因"。关于运用唯物辩证法的"公律"，瞿秋白追溯了"原始的共产主义及私产之起源"，阐述了"阶级之发生与发展"，并进一步论述"分工"如何产生"复杂的与简单的劳动"，说明"资本及剩余价值"的来源和本质。瞿秋白还论述了唯物辩证法在政治经济学研究中的价值与意义——"指示出现社会的缺点是当代生产方法之必然的结果，并且同时指出这种生产方法必然败灭的朕兆；不但如此，还要能发见这种正在败灭过程中之旧经济形式里，含着发展将来的新生产方法及新交易方法的动力在内，——足以消灭那些缺点"。[③]

瞿秋白分析了私有制的起源与未来命运。在他看来，私有制并不是从来就有的，是在氏族社会内部产生并最终摧毁氏族社会的。氏族社会的主要经济特征是"共同的集合劳动"与"共同的财产占有"，主要政治特征是自然系的母系制度。人类在生存竞争中逐渐提高了社会生产力，产出了越来越多的剩余产

---

① 《瞿秋白文集（政治理论编）》第 2 卷，人民出版社 1988 年版，第 353、354、357 页。

② 《瞿秋白文集（政治理论编）》第 2 卷，人民出版社 1988 年版，第 349 页。

③ 《瞿秋白文集（政治理论编）》第 2 卷，人民出版社 1988 年版，第 357、360 页。

品。剩余产品的出现，一方面仍然体现财产共有的原则，即剩余产品作为社会财富是面向全体氏族成员的；另一方面也使得生产分工成为可能，男性成员"采取实物及制造生产工具"，女性成员"保护家宅、制备食品、看护子女"。生产分工使得男性"渐渐有独占生产品的权利"，"人类社会的经济结构既然变更，两性间的关系亦就变更了"，"母系的制度"被破坏，取而代之的是"父系的制度"。于是男性中再以生产能力较强的人集聚而形成一个权力团体，逐渐取代了人人平等的组织形式，对内发号施令组织生产、分配，对外组织防御、发动战争，奴隶产生标志着氏族社会的彻底破灭，人类进入了阶级社会。

阶级社会是以私有制的经济基础为依据的，国家是阶级斗争的工具和结果。"古代的国家是奴隶主的国家，封建时代的国家是诸侯贵族的国家；现代的国家是资产阶级的国家。"瞿秋白得出结论，要想消灭国家，必预先消灭私有制，消除一切阶级对立，他说："只有无产阶级的国家，才能开始社会的规划经济，消灭资产阶级，以至于一切阶级的差别，——根本上铲除国家的基础，——那时才能消灭政府，实现自由、平等和博爱。"①

瞿秋白阐述了阶级的发展史。阶级之分表面上是政治上的不平等现象，实质上是经济上的不平等。阶级的产生与发展，伴随着社会生产力每每发展到一定高度并社会分配愈发不均衡从而自我扬弃的历史过程。譬如，奴隶社会的产生必需生产力上的条件："必需有为奴隶用的生产工具，必需有供给奴隶生活的资料"，原始氏族社会因其大部时间没有剩余产品，故不具备奴隶社会要求的生产力条件；奴隶社会的产生还必需"分配的不平均也要发达到一定的程度"，这也正是原始社会解体的原因。奴隶社会、封建社会、资产阶级社会的依次更替，无不服从上述规律。

现时代的资产阶级的命运"不是完全破灭，便是彻底变革社会的结构"。瞿秋白运用唯物辩证法分析阶级的命运，尤其是统治阶级的历史命运。一方面，封建统治阶级之所以能够战胜奴隶主阶级，是因为它适应了商品经济的发展，破坏了"土地公有制度"，使得"各人独自生产以便取得交易之利"；资产阶级之所以战胜封建统治阶级，是因为它破坏了封建主设置的"各种行会条例和内地关卡"以解放"手工业及工厂手工业的发展"，从而"造成一种适宜于新式经济的政治环境"。另一方面，封建主义的生产方式发展到极致，使得贵

---

① 《瞿秋白文集（政治理论编）》第 2 卷，人民出版社 1988 年版，第 364、365 页。

族阶级变成了"多余的"阶级，资本主义的生产方式发展到极致，同样使得"资产阶级的自身亦渐渐变成多余的"。①

（三）唯物历史观与《现代社会学》

《现代社会学》与《社会哲学概论》均是瞿秋白在上海大学授课时的讲义，从时间上我们无法考证授课时的具体顺序，但仅从两部著作的思维逻辑、内容安排的体例上讲，《现代社会学》应在《社会哲学概论》之后，它是对《社会哲学概论》第二章"经济"的发展和深化。

《现代社会学》一书从全篇布局看来，不失为一篇严谨的学术论著。它包含两个要素：一是定义社会学，二是社会学研究的意义。瞿秋白定义社会学"乃是研究人类社会及其一切现象，并研究社会形式的变迁，各种社会现象相互间的关系，及其变迁之公律的科学"。他认为社会学作为一门科学，必须有自己独特的研究对象，有自己固有的科学领土，围绕着"什么是社会"、"社会的发展或衰亡之根本原因"以及"社会现象相互的关系"等问题展开。关于社会学研究的重大现实意义和理论意义，瞿秋白另起一节"社会学存在之根据"，分别从"理化科学"、"生物学"、"心理学"、"集体心理学"以及"其他社会科学"等学科与社会学的关系方面来加以阐述，概括为一点："历史便是社会学的材料，社会学是历史的方法"。②

瞿秋白认为，"社会科学中的根本方法是互辩的唯物主义。""互辩的唯物主义"乃为科学的"一切现象间的关系之动力观"。自然界和社会现象都遵循唯物辩证法。瞿秋白不仅论述了自然界的辩证法，同时还论述社会现象的辩证法，即全世界的物、人和事都服从于辩证法的一般规律。围绕着唯物辩证法，瞿秋白阐释了社会科学的原因论与目的论、有定论与无定论的论战，分析它们直接关乎辩证法的合法性，并称它们为辩证法的现象学的有效组成部分。

在区分唯物辩证法的"自然"形式与"社会"形式的基础上，瞿秋白阐释了社会现象的唯物辩证法。依据辩证法的一般原则，"考察一切现象，第一要看现象之间的不断的联系，第二要看他们的动象"。社会的经济结构无不处在变动之中，譬如苏维埃的公有制代替沙皇专制时期的私有制，社会的政治组

---

① 《瞿秋白文集（政治理论编）》第 2 卷，人民出版社 1988 年版，第 365、367、368 页。

② 《瞿秋白文集（政治理论编）》第 2 卷，人民出版社 1988 年版，第 398、409 页。

织、人与人之间的关系以及科学、宗教、习俗等亦随之发生变动。因此，研究世界史上无产者的性质，不仅要看到他们的共性，还要看到他们的差异性，即"应当研究每一种形式的社会之个别的'自性'"，"不可以混淆奴隶、农奴、无产阶级、'穷人'，当他们是同等的性质"，决不可以"把古代的富商与现代的资本家相混"，也决不可以将"希腊、罗马的'游民无产阶级'和现代的无产阶级相混"。此外，研究社会不仅要看到社会内部不断发生的矛盾，还要看到一种社会形态与外部社会形态的矛盾。现代资本主义就其内部而言也不是一成不变的，它就包括"商业资本主义、工业资本主义、财政资本主义及其帝国主义、欧战中之国家资本主义"①等多种形式；当然，还要看到现代资本主义"必然消灭向前发展"的历史倾向。

马克思主义的社会学是合原因论的。无论是主观唯心主义或客观唯心主义，还是机械唯物主义或者辩证唯物主义，都在不同程度上承认"自然及社会之中同样有一定的规律性"，不同的是他们对"规律性之性质及设问之方法"。对于现存事物 A →B 的设问，瞿秋白概括了两种方式，一是 A 最终一定会发展为 B；一是 A 为什么一定会成为 B。他认为，前者是目的论的，譬如宇宙社会都有一定的目的，永久趋向于美善；后者是原因论的，它不断言宇宙社会必定是美好的，而是追问宇宙社会怎样才能趋善黜弊。目的论中的内在目的论是最唯心主义的，尽管某种程度上它也预见事物的现实性，却不过是用理性来规范全体以服从此种目的。据此，瞿秋白认为目的论是有神论、依附于宗教。无论是"君权神授"还是"意志自由"，他们总愿意相信事物之中存有合乎目的的推动力，人类历史不过是无实质的"总进步论"罢了。目的论的失误之处在于只讲求目的，不问目的背后的原因。②瞿秋白还论述了历史的必要与必然，历史的必要是历史的必然的条件，历史的必然是历史的必要的结果，是合历史的原因论而非目的论的。

马克思主义的社会学是有定论的。瞿秋白认为目的论之所以不追究原因，问题在于目的论以为"意志自由"，即不受原因的束缚，不受环境的束缚。事实恰恰相反，"人的感觉及意志完全联系于其机体及其所处环境"，即是说，"意志并不自由，而是许多原因所规定，人因此能这样做，而不能那样做"。瞿秋白对社会的形态进行了划分，一为无组织的社会，一切阶级社会均归属于此；

---

① 《瞿秋白文集（政治理论编）》第 2 卷，人民出版社 1988 年版，第 454 页。

② 《瞿秋白文集（政治理论编）》第 2 卷，人民出版社 1988 年版，第 410、422—423 页。

一为有组织的社会,共产主义社会即如是。无论是无组织的社会还是有组织的社会,社会现象都是"各个意志总汇的'社会的结果'"①。

《现代社会学》遵循了苏联历史唯物主义教科书的书写体系,对中国社会的社会现象作了精辟的注解,是以中国传统与马克思主义唯物史观相结合的光辉力作,对唯物史观、马克思主义在中国的传播作出了不可磨灭的历史贡献。

第二节 20世纪20年代前后围绕马克思主义的争论

"马克思学说在整个文明世界中引起全部资产阶级科学(官方科学和自由派科学)极大的仇视和憎恨",②中国也不例外。俄国十月革命以后,马克思主义开始在中国真正传播开来,辩证唯物主义和历史唯物主义这一锐利的思想武器,开始被中国的先进分子和广大被压迫劳动群众所掌握,作为观察国家命运和进行革命的工具。这不仅触动了帝国主义在华的利益,也触动了封建地主买办阶级的利益,同时也引起了一些资产阶级的不安。因此,在马克思主义的传播过程中,各种反动阶级的代言人,接连向马克思主义发难,这就出现了中国共产党成立前后马克思主义和反马克思主义的三次大论战,这也就是马克思主义哲学思潮和反马克思主义哲学思潮的三次论争。其中第一次就是问题与主义的论战。③

一、关于问题与主义的论战

1919年7月20日,《每周评论》31号刊登了胡适(1891—1962)的《多研究些问题,少谈些"主义"!》一文,文章直言"中国应该赶紧解决的问题"实

① 《瞿秋白文集(政治理论编)》第2卷,人民出版社1988年版,第426、429页。
② 《列宁专题文集 论马克思主义》,人民出版社2009年版,第66页。
③ 李振霞、管培月编:《中国现代哲学史资料选辑(一九一七年——一九四九年)》上,红旗出版社1984年版,第1页。

在多得很，譬如"从人力车夫的生计问题到大总统的权限问题；从卖淫问题到卖官卖国问题；从解散安福部问题到加入国际联盟问题；从女子解放问题到男子解放问题……哪一个不是火烧眉毛紧急问题"。胡适认为，这些问题紧急得很，确需实实在在地一个个加以解决；要将注意力放在研究现实问题上，而不要去宣传什么"主义"，"研究问题是极困难的事，高谈主义是极容易的事"。"因为深觉得高谈主义的危险"，胡适劝导新舆论界的同志，"请你们多提出一些问题，少谈一些纸上的主义"，不仅如此，还"请你们多多研究这个问题如何解决，那个问题如何解决，不要高谈这个主义如何新奇，那种主义如何奥妙"。①

胡适猛烈抨击"社会主义"，认为社会主义作为一种主义毕竟是抽象的，与解决社会问题并无实际利益。他说："马克思的社会主义，和王揖唐的社会主义不同；你的社会主义和我的社会主义不同，决不是一个抽象名词所能包括。你谈你的社会主义，我谈我的社会主义，王揖唐又谈他的社会主义，用同一个名词，中间也许隔开七八个世纪，也许隔开两三万里路，然而你和我和王揖唐都可自称社会主义家，都可以用这一抽象名词来骗人。这不是'主义'的大缺点和大危险吗？"此外，胡适还攻击马克思主义为"过激主义"。②

（一）经验主义是胡适思维的哲学基础

"实验主义"（或"经验主义"）是胡适思想的哲学基础。胡适信奉实验主义的哲学，并从折中哲学得出他改造中国社会的方法论、真理论和实在论。一是所谓方法论，它包含三种应用（或意义）：（甲）用来规定事物（Objects）的意义，即一切事物只要能够对我们产生作用，此事物就是有意义的；（乙）用来规定观念（Ideas）的意义，即只需要把观念作为一种工具，使得观念在我们的经验内发生作用，那么它就是有意义的；（丙）用来规定一切信仰（定理、圣教、量之类）的意义，即是说，在确定了事物的意义，也确定了观念的意义以后，就可以确定信仰的意义了。二是所谓真理论，就是"同实在相符合"。胡适认为，与旧哲学不同，经验主义的"同实在相符合"有一层新意义，即"真理同'实在'相符合并不是静止的符合，乃是作用的符合；从此岸过渡到彼岸，

---

① 胡适：《多研究些问题，少谈些"主义"！》，载李振霞、管培月编：《中国现代哲学史资料选辑（一九一七年———一九四九年）》上，红旗出版社1984年版，第42页。

② 胡适：《多研究些问题，少谈些"主义"！》，载李振霞、管培月编：《中国现代哲学史资料选辑（一九一七年———一九四九年）》上，红旗出版社1984年版，第42页。

把困难化为容易，这就是'和实在相符合'了。符合不是临摹实在，乃是应付实在，乃是适应实在"。① 胡适还将"应付"、"适应"形象地比喻成"摆渡"、"做媒"，② 他说，"历史所以成为公认的真理，正因为他替我们摆过渡，做过媒"，"这便是实验主义的真理论"——也称作"历史的真理论"。三是所谓实在论，胡适接受詹姆士的经验主义的实在论观点，认为"实在是我们自己改造过的实在"，与理性哲学的实在论不同，"理性主义的宇宙是绝对平安无事的，实验主义的宇宙是还在冒险进行的"，换句话说，我们根本无法预见未来社会的样子，当然不必相信各种主义向我们描述的未来社会的样子，只需要我们努力着眼于现实的社会问题，不用理会它会回报给我们什么。

杜威哲学给了胡适进一步发挥的空间。关于经验，胡适说："经验即是生活，生活即是应付环境"，不仅如此，"在这种应付环境的行为中，思想的作用最为重要；一切有意识的行为都含有思想的作用；思想乃是应付环境的工具"。在胡适看来，"思想是用已知的事物作根据，由此推测出别种事物或真理的作用"③，"推论的作用"才是至关重要的；而推论的前提是"假定种种解决疑难的办法"，然后再证实这些办法是否适用——起到"摆渡"或"做媒"的功效。

胡适从西方"经验主义"哲学中得出自己的推论，思想训练的目的在于使人获得学问知识，而学问知识又来自于人生有意识的活动。只有从活动事业中得来的经验才是真实可靠的学问知识。"这种有意识的活动，不但能增加我们假设意思的来源，还可训练我们时时刻刻拿当前的问题来限制假设的范围，不至于上天下地的胡思乱想。"④

（二）胡适论问题与主义及其关系

胡适对中国问题的看法，是以他对于经验主义的认识与运用为基础的。当今中国舆论界最应该关注什么？胡适认为，一是学理，另一是实验，当然，最

---

① 胡适：《实验主义》，载李振霞、管培月编：《中国现代哲学史资料选辑（一九一七年——一九四九年）》上，红旗出版社 1984 年版，第 26 页。

② 胡适：《实验主义》，载李振霞、管培月编：《中国现代哲学史资料选辑（一九一七年——一九四九年）》上，红旗出版社 1984 年版，第 26 页。

③ 胡明主编：《胡适精品集(9)——少年中国之精神》，光明日报出版社 1998 年版，第 8、9 页。

④ 胡适：《实验主义》，载李振霞、管培月编：《中国现代哲学史资料选辑（一九一七年——一九四九年）》上，红旗出版社 1984 年版，第 35 页。

关键的还是实验。那么，与实验相比，学理（或主义）在中国社会发展中究竟起什么作用？胡适说："要知道舆论家的第一天职，就是细心考察社会的实在情形。一切学理，一切主义，都是这种考察的工具。有了学理作参考资料，便可使我们容易懂的所考察的情形，容易明白某种情形有什么意义，应该用什么救济的方法。"① 学理、主义固然重要，它是帮我把"方法"产生出来的"工具"，是辅助考察过程的一个工具，然而，它既不是我们为之努力的理想与奋斗目标，也不是我们对于未来社会之构造的价值模型。况且，"舆论家的第一天职"只能是而且仅是"考察社会的实在情形"，换句话说，"现在舆论界的大危险，就是偏向纸上的学说，不去实地考察中国今日的社会需要究竟是什么东西"。② 由此可见，学理与主义并非直接参与从情形到方法这一过程中的逻辑思维，也不能真正指向通过"考察"而最终得出结论的价值意义。

　　胡适所谓的"问题"不是总体性的问题，而是隐蔽了总体性意识的问题的"个体"。胡适所谈"车夫生计"、"政治腐败"、"妇女解放"、"国际联盟"等等，较之于中国社会的"总"的情形，它们不过是一个个需要加以解决的无关联的"子"问题，类似于他探讨的"头痛"、"脚痛"、"腹痛"等分别需要加以诊治的专科病，恰恰忽视了"头痛"、"脚痛"、"腹痛"在一个患者身体内的关联，甚至没有意识到"头痛"的"患者"需要医治的是"患者"的"头痛"。詹姆士、杜威的实验主义哲学正是个人主义哲学，并以"个人"反对"人的总体"，归根结底，不承认普遍性的社会经验与社会意识。

（三）李大钊对胡适的驳斥

　　距离胡适发表《多研究些问题，少谈些"主义"!》不足月余，李大钊即发表《再论问题与主义》与之"商榷"。综观时下情境，一方面，"十月革命一声炮响，给我们送来了马克思列宁主义"③，立即迎合了先进知识分子探究中国道路的迫切心境，马克思主义在中国的传播即将开辟一个人类历史的新时代；另一方面，各种思潮涌起，进而攻讦马克思主义、大有形成"合围"之势，一切

---

① 胡适：《多研究些问题，少谈些"主义"!》，载李振霞、管培月编：《中国现代哲学史资料选辑（一九一七年———一九四九年）》上，红旗出版社 1984 年版，第 26 页。

② 胡适：《多研究些问题，少谈些"主义"!》，载李振霞、管培月编：《中国现代哲学史资料选辑（一九一七年———一九四九年）》上，红旗出版社 1984 年版，第 26 页。

③ 《毛泽东选集》第 4 卷，人民出版社 1991 年版，第 1471 页。

先进的思想（其中也包括部分资产阶级理论）均被执政者、社会有产阶级视为"激进主义"、"洪水猛兽"，马克思主义代表当其冲。为了马克思主义在中国生根、发芽继而成长壮大，以李大钊为代表的先进知识分子必须对各种歪曲马克思主义、反马克思主义的论点进行批驳。

李大钊说："我觉得'问题'与'主义'，有不能十分分离的关系。"① 进而，李大钊从两个方面阐述了他的理解，一方面，马克思主义是多数人的主义；另一方面，马克思主义是理想、是信念，是行动的指南。什么是多数人的主义，什么又是多数人的胜利？在《庶民的胜利》一文中，李大钊说："政治的结果，是'大……主义'失败，民主主义战胜"，所谓"大主义"失败并以民主主义取而代之，正因为"世间资本家占最少数，从事劳动的人占最多数"，故而"民主主义的胜利，就是庶民的胜利"。② 较之于其他一切阶级思想、主义，马克思主义是最大多数人的主义，所以马克思主义才能胜利。

马克思主义是多数人的主义，马克思主义事业是全人类共同的事业。《Bolshevism 的胜利》回答了"究竟是谁的胜利的问题"，所谓"德国军国主义的失败"，"不是德国的国民降服在联合国武力的面前，乃是德国的皇帝、军阀、军国主义降服在世界新潮流的面前"，"对德国军国主义的胜利，不是联合国的胜利，更不是我国徒事内争托名参战的军人，和那投机取巧卖乖弄俏的政客的胜利，而是人道主义的胜利，是平和思想的胜利，是公理的胜利，是自由的胜利，是民主主义的胜利，是社会主义的胜利，是 Bolshevism 的胜利，是赤旗的胜利，是世界劳工阶级的胜利，是二十世纪新潮流的胜利"。③ 概言之，对德国军国主义的胜利是全世界无产阶级对全世界资产阶级、社会主义对帝国主义的初步胜利，是一个阶级对另一个阶级的宣战。全人类解放的事业必然以劳工阶级的"总体"为主体，是劳工阶级的经济、政治、文化代替有产阶级的经济、政治、文化的过程（至少在一个国家、民族内部是这样）。

劳工阶级为什么需要主义？李大钊认为："历史是人间普遍心理表现的记

---

① 李大钊：《再论问题与主义》，载李振霞、管培月编：《中国现代哲学史资料选辑（一九一七年——一九四九年）》上，红旗出版社 1984 年版，第 44 页。

② 李大钊：《庶民的胜利》，载李振霞、管培月编：《中国现代哲学史资料选辑（一九一七年——一九四九年）》上，红旗出版社 1984 年版，第 3 页。

③ 李大钊：《Bolshevism 的胜利》，载李振霞、管培月编：《中国现代哲学史资料选辑（一九一七年——一九四九年）》上，红旗出版社 1984 年版，第 5 页。

录。一个人的未来，和人间全体的未来相照应。一件事的朕兆，和全世界的朕兆有关联。……一九一七年俄罗斯的革命，不独是俄罗斯人心变动的显兆，实是二十世纪全世界人类普遍心理变动的显兆。"马克思主义是和全世界劳工的总体相联系的，而非某一个劳动团体独自的事情。李大钊还说："俄国的革命，不过是天下惊秋的一片桐叶罢了。Bolshevism 这个字，虽为俄国人所造，但是他的精神，可是全世界人类人人心中共同觉悟的精神。所以 Bolshevism 的胜利，就是二十世纪世界人类人人心中共同觉悟的新精神的胜利！"① 可见，李大钊强调马克思主义是一种觉悟的精神，是一种普遍心理的变动，而且是劳工阶级的普遍心理与觉悟的精神。李大钊提出必须用马克思主义作为武器，作为劳工阶级思想解放的工具。进一步，李大钊阐述了主义与现实结合的思想，他说："高谈的理想，只要能寻一个地方去实验，不把它做了纸上的空谈，也能发生些工具的效用，也会在人类社会中有相当的价值。"不管什么主义，只要与现实一相结合，总会产生一定的成效，李大钊认为他"在这一点上稍与先生（胡适）不同"。② 李大钊有力地驳斥了胡适，所谓"多研究些问题，少谈些'主义'"，正是以经验主义作为指导思想，既然经验主义能够起到一种信仰的作用，为什么劳工阶级反而不能高谈马克思主义，进而指导自己的社会实践呢？

主义为劳工阶级提供了什么？中国的社会问题是一揽子问题，还是主次矛盾问题？对于中国社会难题的解决是坚持"平均主义"的改良主义原则，还是坚持辩证的唯物史观？胡适认为，"现在中国应该赶紧解决的问题，真多得很"，"凡是有价值的思想，都是从这个那个具体问题下手的"。③ 即是说，胡适的解决方案完全是从实验主义哲学——确切说是从杜威那里——临摹来的。在他看来，众多疑难困惑需一个个同时加以解决，每一个难题固然对应众多假定，而后分别确定一种"适宜"的方法。关涉劳工阶级生育难题的，改良生育部门即可；关涉劳工阶级交通难题的，改良交通局办即可；关涉劳工阶级生计问题的，改良经济署下达劳资纠纷最佳处理方案即可；关涉劳工阶级住房问题

---

① 李大钊：《Bolshevism 的胜利》，载李振霞、管培月编：《中国现代哲学史资料选辑（一九一七年——一九四九年）》上，红旗出版社 1984 年版，第 8 页。

② 李大钊：《Bolshevism 的胜利》，载李振霞、管培月编：《中国现代哲学史资料选辑（一九一七年——一九四九年）》上，红旗出版社 1984 年版，第 45 页。

③ 胡适：《多研究些问题，少谈些"主义"！》，载李振霞、管培月编：《中国现代哲学史资料选辑（一九一七年——一九四九年）》上，红旗出版社 1984 年版，第 42 页。

的，改良住建局办即可……一个个社会问题的解决即可实现社会的全面进步了。如此，劳工阶级相应划分为各个群体，每一群体均无关其他群体而成为独立的"个体"，有产阶级是热衷于这种情势的，他们最害怕也最反对劳工群体形成的总体。马克思哲学区别于一切旧哲学的地方就在于，它总是关注"社会的人"——处于一定生产关系的阶段中结成的一定劳动关系的人的"集合体"，因而它也总是反对利己的个人主义，马克思哲学是劳工阶级的大众哲学。

李大钊驳斥胡适的"经验"、"学问"。无论"三步法"还是"五步法"，与詹姆士、杜威一样，不过是利己的个人主义的生活体悟罢了，绝不是人类生活的总体性的经验意识——社会意识。李大钊认为，"马克思的唯物史观有二要点：其一是关于人类文化的经验说明；其二即社会组织进化论。……人类生产关系的总和，构成社会经济的构造。这是社会的基础构造"，"一切社会上政治的、法治的、伦理的、哲学的，简单说，凡是精神上的构造，都是随着经济构造的变化而变化"。[1] 较之于胡适的琐屑的个人的方法，"唯物史观所取的方法，则全不同。他的目的，是为得到全部的真实……社会一语，包含着全体人民，并他们获得生活的利便，与他们的制度和理想。这与特别事变、特别人物没什么关系。一个个人，除去他与全体人民的关系以外，全部重要，就是此时，亦是全体人民是要紧的，他不过是附随的。"[2] 依据唯物史观，李大钊为中国社会提出了"根本解决"的方案，（一）从学理上讲，"经济问题的解决，是根本解决，经济问题一旦解决，什么政治问题、法律问题、家族制度问题、女子解放问题、工人解放问题，都可以解决"。（二）从实践上讲，要进行阶级斗争。李大钊指出，"专取唯物史观（又称历史的唯物主义）第一说，只信这经济的变动是必然的，是不能免的，而在于他的第二说，就是阶级竞争说，稍不注意，丝毫不去用这个学理作工具，为工人联合的实际运动，那经济的革命，恐怕永远不能实现，就能实现，也不知迟了多少时期。我们应该承认：遇着时机，因着情形，或须取一个根本解决的办法，而在根本解决以前，还须有相当的准备活动才是。"[3] 革命的劳工阶级必须以马克思主义为指导、为武器、为改造社会所

---

① 李大钊：《我的马克思主义观》，载李振霞、管培月编：《中国现代哲学史资料选辑（一九一七年———一九四九年）》上，红旗出版社 1984 年版，第 12 页。

② 《李大钊史学论集》，河北人民出版社 1984 年版，第 148 页。

③ 李大钊：《再论问题与主义》，载李振霞、管培月编：《中国现代哲学史资料选辑（一九一七年———一九四九年）》上，红旗出版社 1984 年版，第 46、47 页。

必须遵循的规律，寻找根本解决的办法。李大钊阐述了唯物史观在现代社会学上的重要价值和意义，他说："社会学得到这样一个重要法则，使研究斯学的人有所依据；俾得循此以考察复杂变动的社会现象，而易得比较真实的效果。这是唯物史观对于社会学上的绝大贡献，全与对于史学上的贡献一样大。"[①]

（四）毛泽东和瞿秋白对胡适的驳斥

1919 年 11 月 25 日，毛泽东在给罗璈阶的信中，对胡适的经验主义进行了批判。毛泽东反对胡适对主义的歪曲，"我虽然不反对零碎解决，但我不赞成没有主义头痛医头脚痛医脚的解决"。实际上，毛泽东已经认识到改良主义不适用中国社会，不是中国不需要主义，相反，急需一种新的意识、新的思想来普照中国社会与中国劳工阶级。毛泽东直言："中国坏空气太深太厚，吾们诚哉要造成一种有势力的新空气，才可以将他斟换过来。我想这种空气，固然要有一班刻苦励志的'人'，尤其要一种为大家共同信守的'主义'，没有主义，是造不成空气的。"毛泽东形象地将主义比作空气，比作旗帜，"主义譬如一面旗子，旗子立起来，大家才有所指望，才知所趋赴"。[②]

瞿秋白的《实验主义与革命哲学》是一部关于"问题与主义"论战的光辉著作。瞿秋白认为，任何一种哲学都有阶级性，实验主义归根结底是资产阶级的哲学，尽管它有时也表现出革命性。进一步，瞿秋白指出实验主义具有两面性，一面是革命性，一面是反动性，原因在于实验主义"没有抽象的价值"，它的全部价值仅在于解决问题的实用性上。为此，瞿秋白说，"实验主义"便是"唯用主义"，"他的应用亦是因时因地而异其性质的"，"他应用于中国的时候，对于资产阶级是很好的一种革命手段：且不管什么礼教罢，怎样能发展你自己，便怎样做；可是他对于劳动阶级的意义，却是：不用管什么社会主义了，怎样能解决你们目前的难题，便怎样做去算了"，[③]实验主义的最终目的就是取消无产阶级革命的目的，消弭无产阶级哲学。

实验主义是多元论。实验主义凭借科学方法，讲究以不同的方法应对不同的事物，真正是一种典型的"市侩哲学"，因为，"市侩所需要的是'这样亦有

---

① 《李大钊史学论集》，河北人民出版社 1984 年版，第 154 页。
② 《毛泽东年谱（1893—1949）》上册，中央文献出版社 2013 年版，第 70 页。
③ 《瞿秋白文集（政治理论编）》第 2 卷，人民出版社 1988 年版，第 619—620 页。

些，那样亦有些'：一点儿科学，一点儿宗教，一点儿道德，一点儿世故人情，一点儿技术知识，色色都全，可是色色都不澈底。这样才能与世周旋"。瞿秋白研究了实验主义"与世周旋"的原因，就在于规避"过激主义"的社会革命，以改良主义取消劳工阶级专政。无产阶级革命与改良主义有天壤之别，实验主义自嘲："现状是可以改造的，却不必根本更动现存的制度，只要琐琐屑屑，逐段应付好了"，紧接着，瞿秋白断言："所以实验主义是多元论，是改良派"。①

实验主义是唯心论。瞿秋白说："实验主义的弱点，却亦在他的轻视理论，——因为实验主义的宇宙观根本上是唯心论的。"所谓实验主义轻视理论，是在它对待经验世界的观念上来讲的，它只注重经验世界是否与我们的观念相符，即是说，"实验主义的重要观念在于利益"，"现实生活里的目的和愿望完全依着我们的利益而定的"，"所以实验主义便只能承认：有几种利益便有几种真理"。瞿秋白揭露了实验主义的唯心论及其价值观，他说，"各种观念是由于各种感觉所引起的；感觉乃是人对于外界环境直接起的反应作用；人的行为大致依照着自己的需要和利益而定"，又说，"马克思主义所注意的是科学的真理，而并非利益的真理"，"现实只有一个，真理亦只有一个"②，唯物史观并不会因为无产阶级的信赖而增加其真理的砝码，当然亦不会因为资产阶级的"改头换面"而贴上资产阶级标签，唯物史观就是那一个存在着的真理——唯一的真理。

二、关于社会主义的论战

关于社会主义的论战，自 1920 年开始，持续一年多的时间。论战的一方以张东荪、梁启超等研究系分子为主，另一方以李达、李大钊、毛泽东、陈独秀、蔡和森等为代表。"以社会主义为中心的这场论战，主要是关于中国社会向何处去的政治论战，但包含有重要的哲学意义。它关系到是以辩证唯物主义世界观，还是以唯心主义世界观，来观察社会历史的发展，承不承认社会发展的客观进程，承不承认历史发展有普遍规律。"③

---

① 《瞿秋白文集（政治理论编）》第 2 卷，人民出版社 1988 年版，第 620—621、621 页。
② 《瞿秋白文集（政治理论编）》第 2 卷，人民出版社 1988 年版，第 622、625、626、644 页。
③ 李振霞、管培月编：《中国现代哲学史资料选辑（一九一七年——一九四九年）》上，红旗出版社 1984 年版，第 55 页。

（一）张东荪关于"社会主义"的言论

1. 张东荪思维逻辑的前提

张东荪承认阶级以及阶级的对立。他说："历史与学说有教训于我们就是凡是一种主义的政治都是一种阶级的要求"，"如民主主义的政治是建筑在市民阶级（亦名为第三阶级）上"。而且，张东荪还提到新兴阶级、劳工阶级、无产阶级、资产阶级、寄生阶级，等等。尽管张东荪比较混乱地使用了这些概念，但显然他认为阶级总是存在于一个社会共同体内的互相关系、发生作用的人的群体，并且差异了的经济势力最终决定各自的社会地位。

张东荪描述了中国社会两大阶级的对立。1920 年 11 月 5 日，张东荪在《时事新报》发表《由内地旅行而得之又一教训》一文，文中描述了中国阶级贫富的差距之大，阐述了其评判阶级贫富差异的思维逻辑，阶级划分不遵从所有制下人与人结成的生产关系，而要遵从地域的划分，他说："现在中国人除了在通商口岸与都会的少数外，大家都未曾得着'人的生活'"，[①] 简言之，在"开发实业"的"通商口岸"居住的人过着"人的生活"，那里的人都是自由人；凡属实业不发达或尚未开发之地，必然居住着过着"非人的生活"的那种阶级。进一步，张东荪推论："救中国只有一条路，一言以蔽之，就是增加富力。而增加富力就是开发实业"，就是发展中国式的资本主义工业，造就中国自己的资本家。

2. 张东荪论中国资本主义

中国近代资本主义"贫乏"得很。张东荪详细地论证了中国社会经济发展的现状，"以中国言，……资本主义之经济迄今未成"，"近来始有二三实业组织，谓资本主义方在萌芽可也"。[②] 对于资本主义未在中国发展壮大的原因，张东荪概括了两条原因："第一为远因，曰物产未开发，而物产未开发之原因则由于资本缺少而不能集中"，"而资本缺少与不能集中……最大之原因莫甚于企业者之不道德"，"视投资为危途则资本自不能集中"，终"致实业无发展"；"第二为近因，曰外货之压迫，夫外货挟资本主义与国家主义之势力而来，自

① 张东荪：《由内地旅行而得之又一教训》，载李振霞、管培月编：《中国现代哲学史资料选辑（一九一七年——一九四九年）》上，红旗出版社 1984 年版，第 60 页。
② 张东荪：《再答颂华兄》，载李振霞、管培月编：《中国现代哲学史资料选辑（一九一七年——一九四九年）》上，红旗出版社 1984 年版，第 74 页。

不可抗。……中国至今日所以愈加贫困者，尤在近因。"中国资产阶级之所以发展缓慢，主要还是由外国资产阶级对中国资源的掠夺与对中国实业的压制所造成，"盖中国民不聊生急有待于开发实业，而开发实业方法之最能速成者莫若资本主义"。① 张东荪认为，既然中国资本主义发展缓慢主要是由于外国资本主义的压制造成的，那么，中国资本主义若要发展起来，只有较之于外国资本主义更加强势才能办到。

军阀是中国未来资产阶级的潜在力量与主力军。张东荪认为近代中国并无真正的资产阶级，除却占据多数的劳农阶级和人数极少的所谓"资产阶级"以外，主要还有一个军阀阶级。张东荪分析了中国社会各阶级的力量对比，说："中国没有市民（亦称公民），则被治者中便从来没有对于政治上经济上之有力的阶级，所有的止原始生活的农民与人性变态的兵匪"，"此外工人商人都是很少的——总之工人与商人都不成为有力的阶级"，那么，"自然是军阀当道"。②与数量极大的劳农阶级对立的是资产阶级，与数量极大的兵匪对立的是军阀阶级，既然所谓中国资产阶级只是少数实力较弱的商人，并不构成真正意义上的现代资产阶级，那么，在中国社会政治上经济上占据统治地位的只能是军阀阶级。

3. 张东荪论中国劳农阶级

张东荪在分析造成中国社会落后的原因时，阐述了他关于中国劳农阶级的见解。他说："今日中国之大患，一曰无知识，二曰贫乏。内地大多数人民，大抵蠢然一物，较原始人类之状态所差未必甚大。"关于造成劳动阶级如此现状的原因，张东荪归纳了两点：一是劳农阶级的精神生活贫乏，二是劳农阶级的物质生活极度贫乏，归根结底，精神生活的富足与否决定于物质生活的状况，是故，改变劳动阶级现状要从其物质生活方面入手。为主张他的意图，张东荪借引用并发挥了罗素的观点，他说："罗素先生观察中国已久，即已洞见症结。其言曰，中国目下之所急者止在教育，次则实业"，张东荪进一步说明了教育与实业的关系，"盖人之精神生活必待其物质生活在最小限度以上而始能维持"，"今中国人大多数所以不能发挥其精神生活者实在由于其物质生活太

① 张东荪：《答高践四书》，载李振霞、管培月编：《中国现代哲学史资料选辑（一九一七年——一九四九年）》上，红旗出版社 1984 年版，第 71—72 页。

② 张东荪：《现在与将来》，载李振霞、管培月编：《中国现代哲学史资料选辑（一九一七年——一九四九年）》上，红旗出版社 1984 年版，第 82 页。

不堪"。[1] 由此推论，张东荪认为解决中国劳动阶级的问题出路还在于发展资本主义实业，远不在于自身的解放——劳农阶级的专政。

觉悟低下的劳农阶级无法形成自觉的阶级意识，故而中国社会尚未形成亦不需要有效力、有作为的阶级政党。张东荪认为中国劳动者根本不需要什么主义，因为自身尚处在蒙昧之中，无法形成一支真正自觉的阶级力量，无法形成一支依靠主义、发扬主义的政党，更何况俄国劳工专政的经验根本不适用中国，中国也不需要俄国式的共产党组织。

4.张东荪推论"我们的使命是什么"

在《现在与将来》一文中，张东荪认为中国的未来出路无非有两种可能性：一是"宣传社会主义劳农主义，并进一步组织团体"，二是"在静待中择几个基础事来做"。所谓"宣传社会主义劳农主义"，张东荪认为其实质是"伪劳农革命"，是对"苏俄劳农革命"的照搬和抄袭，这无异于"看了几本书"就起了"理想"、"主义"的做法。进而张东荪得出结论："现在中国的现状不能立刻实行何种主义，正是给我们以从容研究的时机。我们不患不能干革命事业，而患所宣传的是半生不熟的。凡是半生不熟的必定易于被人利用"，以阻断"爆发伪劳农革命的趋势"。

针对社会主义研究与社会主义者，张东荪表明了自己的观点，"伪劳农主义万一发生必是纯粹破坏的，绝难转到建设方面"，所以"我们要明白我们的使命是代绅商阶级而兴"，故而，"我们当有自知之明"，"只能干文化教育与协社等事业"，"至于主义的详细内容，则须研究后再确定"。[2]

（二）社会主义者对反社会主义者的批判 [3]

1.对"开发实业"逻辑前提的批判

1920年11月4、5日，《时事新报》连续刊登张东荪文章《由内地旅行而得之教训》、《由内地旅行而得之又一教训》，发表了中国的贫乏在于缺乏实业而使大多数人得不着"人的生活"的论点。此论点一出，即招致李达的强烈批

---

[1] 张东荪：《再答颂华兄》，载李振霞、管培月编：《中国现代哲学史资料选辑（一九一七年——一九四九年）》上，红旗出版社1984年版，第74页。

[2] 张东荪：《现在与将来》，载李振霞、管培月编：《中国现代哲学史资料选辑（一九一七年——一九四九年）》上，红旗出版社1984年版，第89页。

[3] 参见《李达文集》第1卷，人民出版社1980年版，第57页。

驳！是月 7 日，李达旋即以"江春"的笔名在《民国日报》副刊《觉悟》上发表《张东荪现原形》一文，尖锐地批驳了张东荪的混乱的思维逻辑。

张东荪认为之所以有些人贫困有些人富足，皆源于发达的实业成就"人的生活"，贫瘠的实业造成"非人的生活"。对此，李达提出了两点疑问：一是生长在实业发达的通商口岸地区的人们，果真过着"人的生活"吗？二是为得着"人的生活"，必须开发实业而不能谈及社会主义，究竟社会主义和开发实业存在怎样不可调和的矛盾？李达着重释疑了第一点，他举例说："英、美、法、日等国府实业总算发达，那些国的人民，也应该过了人的生活了。但据我们晓得，他们大多数人民辛辛苦苦替别人做工，替别人赚钱图安乐，自己也还难得温饱，这算不算人的生活呢？"① 陈独秀也认为，"中国多数人未曾得着人的生活，这句话确是不错；要使中国多数人得着人的生活，只有从增进物质文明上着手，这句话更是不错"，但是，张东荪只看到了少数人的"人的生活"，而未理解"人的生活"必然是多数人的生活，他不懂得"人的生活"的本质。陈独秀还说，"所谓人的生活，就狭义的说，总不外衣食住三者能够充分享用；就广义的说，如个性的伸张，美感的满足，艺术的享乐等，都包括在人的生活范围内。"更为重要的是，当代中国社会满足不了多数人的物质生活要求——即狭义的人的生活，更使多数人失去了获得精神生活的自由。依据唯物史观，陈独秀认为当务之急是首先满足人们的物质生活需求——在这点上大力发展实业是正确的出路，然后再逐步给予劳苦大众以精神享受。邵力子也撰文《再评东荪君的"又一教训"》，指出张东荪对"人的生活"的理解是错误的，"我以为'人的生活'的严格解释，一定要兼顾到精神和物质两方面。东荪君似乎专注在物质一方，其实，那些'饱暖思淫欲'的人，何尝能得着'人的生活'？……内地的农夫固然很苦，通商口岸的工人何尝不苦？东荪君区别人的生活与非人的生活，拿是否通商口岸与都会做标准，东荪君真太迷信'西洋物质文明的工业状态'了"。②

关于第二点疑问，李达、陈望道（1891—1977）都指出了张东荪早期大讲特讲社会主义，如今弃明从暗转向资本主义了。邵力子阐述了主义的不可

---

① 《李达文集》第 1 卷，人民出版社 1980 年版，第 25—26 页。

② 邵力子：《再评东荪君的"又一教训"》，载李振霞、管培月编：《中国现代哲学史资料选辑（一九一七年———一九四九年）》上，红旗出版社 1984 年版，第 70 页。

或缺，"我承认现在的中国人都未曾得着'人的生活'——我却不承认通商口岸和内地有分别——而要使中国人得着'人的生活'，一定非先有一种主义不可。"① 进一步，陈独秀认为不但要存在一种主义，而且，适宜中国社会的只能是社会主义并非资本主义。陈独秀解释，张东荪抛弃社会主义无非是向资本主义献媚，他倾向资本主义实业、救国救民的思想是错误的，在"资本主义生产制下……决不能使多数人'都'得着人的生活"，要"想使中国人'都'得着人的生活，非废除资本主义生产制、采用社会主义生产制不可"，因为"资本主义不能使中国人都得着人的生活，就是排除了外国资本家，造成一班中国资本家，也不过使中国人中之少数人免了贫乏"。②

2. 对"反社会主义"的阶级意识的批判——"中国现在已经是产业革命的时期了"之劳动阶级

李达在《讨论社会主义并质梁任公》一文中，指出"中国现在已经是产业革命的时期了"，以此驳斥梁启超的"中国无产业革命"的论点。梁启超曾言："中国国内未梦见工业革命之作何状，工厂绝少，游民最多，并无劳动阶级"。③ 李达却认为，梁启超以"中国并无劳动阶级"的错误判断而致他对社会主义的谬解。中国的工人无产者真的数量稀少吗?! 国外资产阶级和国内资产阶级协同起来对劳工阶级造成的压榨还算轻吗?! 李达进一步反驳，"中国现在已是产业革命的时期了"，类似"恃丝业，茶业，土布业，土糖业，以至制订业，制铁业"的"中国旧有的小生产机关，既然受了欧美日本产业大革命的影响，差不多完全破坏，而新式生产机关又非常的少，因此之故，中国大多数无产阶级的人民，遂由手工业者变而为失业者，专成为欧美日本工业生产品消费的失业劳动者了"，"所以我说中国人民，已在产业革命的梦中，不过不自知其为梦罢了"。④ 梁启超所谓"工厂绝少"固然不假，不过是所谓资本主义大工厂绝少，不过是纯粹的"生产"的劳工阶级数量太少。然而，由于欧日大工业冲击造成的传统手工业、制造业的破产，已向社会源源不断地输出了绝大多

---

① 邵力子:《再评东荪君的"又一教训"》,载李振霞、管培月编:《中国现代哲学史资料选辑（一九一七年——一九四九年）》上，红旗出版社 1984 年版，第 70 页。

② 陈独秀:《关于社会主义的讨论》,载李振霞、管培月编:《中国现代哲学史资料选辑（一九一七年——一九四九年）》上，红旗出版社 1984 年版，第 77 页。

③ 《李达文集》第 1 卷，人民出版社 1980 年版，第 58 页。

④ 《李达文集》第 1 卷，人民出版社 1980 年版，第 62 页。

数的纯粹的"消费"的劳工阶级，须知劳工阶级不只是生产的还是消费的，劳工阶级的数量不是减少而是大大增加了。

反社会主义者从未将流民视作未来社会主义的基础力量。梁启超极其鄙视流民，不把他们视作劳动阶级及社会主义运动的中坚力量，甚至将流民与资本家、租借流氓、政党领袖等归为一类人，[①] 他说："今穿短衣服跑腿的人虽盈满天下，然其中实分为劳动者与游民之两大类，断不容并为一谭。其属于劳动者一类，则可以为社会运动之主体者也；其属于游民之一类，则决不可以为社会运动之主体者也"[②]，"劳动阶级运动之结果能产出神圣劳动者。游民阶级运动之结果，只有增加游民"[③]，"劳动阶级之运动，可以改造社会；游民阶级之运动，只有毁灭社会"[④]。张东荪异常憎恶流民，认为他们不是市民阶级（即劳动阶级）的组成部分，相反，称他们为"寄生阶级"，对劳农阶级专政"虽无力而害事有余"[⑤]。相反，李达却认为，"中国的游民，都可说是失业的劳动者"[⑥]，因为中国国内现有的资本确是国际的，从消费的无产阶级角度去看，全中国四万万人都算是劳动者，实际上，"中国是劳动过剩，不能说没有劳动阶级，只不过没有组织罢了"[⑦]，包括流民在内的劳动阶级也不像张东荪所谓"比较知能低下"，"方在将自觉而未自觉之间"[⑧]，而是已经形成一个充分自觉的谋求着"人的生活"的阶级。李达进一步阐释，"劳动问题，是劳动者自身死活的问题，劳动者自己非有觉悟不可"[⑨]，只是这种劳动觉悟被颠倒的社会意识有意遮盖了。劳动者必然有劳动"自由"、得着"人的生活"的意识，瞿秋白形象地

---

① 参见李伏虎编选：《少年中国的呼唤——梁启超杂文代表作品选》，甘肃人民出版社 1998 年版，第 138、139、140 页。

② 中国社会科学院近代史研究所编：《五四运动文选》，生活·读书·新知三联书店 1959 年版，第 515—516 页。

③ 《李达文集》第 1 卷，人民出版社 1980 年版，第 60 页。

④ 梁启超：《复张东荪书论社会主义运动》，载李振霞、管培月编：《中国现代哲学史资料选辑（一九一七年——一九四九年）》上，红旗出版社 1984 年版，第 106 页。

⑤ 张东荪：《现在与将来》，载李振霞、管培月编：《中国现代哲学史资料选辑（一九一七年——一九四九年)》上，红旗出版社 1984 年版，第 83、84 页。

⑥ 《李达文集》第 1 卷，人民出版社 1980 年版，第 62 页。

⑦ 《李达文集》第 1 卷，人民出版社 1980 年版，第 67 页。

⑧ 张东荪：《现在与将来》，载李振霞、管培月编：《中国现代哲学史资料选辑（一九一七年——一九四九年)》上，红旗出版社 1984 年版，第 83 页。

⑨ 《李达文集》第 1 卷，人民出版社 1980 年版，第 41 页。

概述了劳农阶级的反抗意识，"受剥削的农民阶级，无论他们如何守旧，如何愚蠢，始终不至于馨香祷祝请督军去杀他们，请政客去污辱他们，请官僚土豪去鱼肉他们：——他们最小限度的要求——生存"①。蔡和森在给毛泽东的信中，对无产阶级的觉悟的必然性和社会力量做了说明，"有人以为中国无阶级，我不承认。只因小工小农不识不知，以穷乏惨苦归之命，一旦阶级觉悟发生，其气焰必不减于西欧东欧。"②毛泽东在回信中着重强调中国无产阶级已然觉悟的事实，"无产者既已觉悟到自己应该有产，而现在受无产的痛苦是不应该，因无产的不安而发生共产的要求，已经成了一种事实"。③

3. 对"反社会主义"的阶级意识的批判——"中国现在已经是产业革命的时期"之资产阶级

反社会主义者极力鼓吹资本主义发展阶段的不可逾越性，意欲在中国造成一个资本家阶级，由于他们深知资本家阶级和劳动阶级的对立性，因此反社会主义者陷入了理论上的自相矛盾。无论是改良主义还是社会主义，都要发展大工业以促进社会经济进步，这是毫无疑义的；问题的分歧在于，究竟是采用资本主义大工业，还是社会主义大工业，无论资本主义大工业还是社会主义大工业，它们的共同之处是都以"资本"作为实行的前提，不同之处是作为各自经济基础的劳动关系不同。李达说，所谓资本主义大工业，就是"以自由竞争及私有财产为根本的社会组织"，谋求资产阶级利益的最大化，所谓社会主义大工业，就是"一切生产机关归为公有，共同生产共同消费"的社会组织，"谋社会中最多数的最大幸福"④。据此，李达认为，崇尚"自由竞争"、占据"私有财产"的资产阶级才是社会矛盾的最大制造者，哪里还有为着实行社会主义而需无产阶级，进而制造大量资本家的道理！

陈独秀驳斥了反社会主义者张东荪等混淆了资本与资本家两个概念。他说："资本与资本家既非一物"，当然"不应因为开发实业需要资本便牵连到需要资本家并资本主义"。陈独秀指出张东荪在思考资本与资本家关系时的混乱逻辑，"如果说中国贫穷极了，非增加富力不可，我不反对这话；如果说增

① 《瞿秋白文集（政治理论编）》第 2 卷，人民出版社 1988 年版，第 2 页。
② 蔡和森：《蔡林彬给毛泽东》，载李振霞、管培月编：《中国现代哲学史资料选辑（一九一七年——一九四九年）》上，红旗出版社 1984 年版，第 59 页。
③ 《毛泽东书信选集》，中央文献出版社 2003 年版，第 5 页。
④ 《李达文集》第 1 卷，人民出版社 1980 年版，第 61、62 页。

加富力非开发实业不可，我也不反对这话；如果说增加实业非资本不可，且非资本集中不可，我们不但不反对这话而且极端赞成；但如果说开发实业非资本主义不可、集中资本非资本家不可，我们便未免发笑。资本和资本家不同……"①资本主义不是利用资本组织社会生产的唯一方式，社会主义同样可以利用资本进行社会生产；在资本主义生产制度下，资本从属于少数的资本家阶级，资本、资本的集中与剩余价值、剩余价值的再生产陷入因果循环的无底深渊，在社会主义生产制度下，资本从属于多数人的劳动共同体，资本的运作成为由多数人得着"人的生活"向以每一个"人"的解放为标志的"全人类的共同体"迈进的有益的桥梁和纽带。

4. 对"反社会主义"的思维逻辑的批判

梁启超在《复张东荪书论社会主义运动》中表明了自己的困惑："今日为改造中国社会计，当努力防资本阶级之发生乎？抑借资本阶级以养成劳动阶级为实行社会主义之预备乎？"②这是社会主义者和反社会主义者在思维逻辑的前提上的重大区别。那么，他们的逻辑推论又分别是什么呢？梁启超认为"社会主义所以不能实现于今日之中国者，其总原因在于无劳动阶级"③，张东荪等皆以为是。他们全然反对苏俄劳工专政，以为只有改良主义而非激进革命才能救中国，因此，资本主义在中国决不可免，显然是一个必经阶段了。反社会主义者竭力完成一个现代中国的资本主义社会，意在形成所谓"真正"意义上的无产阶级，然后"直入"社会主义社会。作为逻辑推论的"直入社会主义"的关键形式又是什么呢？张东荪和梁启超的观点基本一致，他们都以为教育是"直入社会主义"的有效手段。张东荪在《现在和将来》一文中给"未来的无产阶级专政"开出了"救命"药方——鉴于将来有"渐造绅商阶级"与"爆发伪劳农革命"之"一缓一急、一必然一可能"的"两种趋势"，现在的"我们只能干文化教育与协社等事业"，而当务之急是"教育"的普及，协社还不是最重要的。梁启超则更为直接，"事理以为吾辈今后进行方针如下：一、对资本家

① 参见陈独秀：《复东荪先生的信》，载李振霞、管培月编：《中国现代哲学史资料选辑（一九一七年——一九四九年）》上，红旗出版社1984年版，第78页。

② 梁启超：《复张东荪论社会主义运动》，载李振霞、管培月编：《中国现代哲学史资料选辑（一九一七年——一九四九年）》上，红旗出版社1984年版，第105页。

③ 梁启超：《复张东荪书论社会主义运动》，载李振霞、管培月编：《中国现代哲学史资料选辑（一九一七年——一九四九年）》上，红旗出版社1984年版，第106页。

采矫正态度，在现行经济制度下，徐图健实的发展。二、极力提倡协社，使尽量分取生产事业，以移入公众之手。三、谋劳动团体之产生发育强立，以为对全世界资本阶级最后决胜之准备。"[1] 如何能够让资产阶级退出历史舞台呢？梁启超则认为，即使"资产阶级培养了自己的掘墓人和接班人——无产阶级"的那一时刻真地到来，无产阶级也不用采用暴力革命的形式去打碎资产阶级的国家机器，只需在这一过程渐渐酿成之时，对资本家采取徐徐渐进的教育态度即可。

毛泽东斥责梁启超所谓社会教育是超现实主义的，"理论上说得通，事实上做不到"[2]，在资产阶级掌权以后，他们的意识观念就会成为占据社会统治地位的观念。马克思从理论上说明了资产阶级的意识形态的观念，"关于环境和教育起改变作用的唯物主义学说忘记了：环境是由人来改变的，而教育者本人一定是受教育的"[3]，即是说，资产阶级一定会向社会提供符合于自己阶级利益的教育事业，无产阶级同样也会向社会提供符合自己阶级利益的教育事业。毛泽东从政治、经济等角度对文化教育的阶级属性作了说明，从教育权的经济基础、政治基础、价值取向等方面驳斥了梁启超、张东荪等研究系的错误主张，从根本上摧毁了研究系所谓资本主义阶段的改良主义的立论基础。

三、关于无政府主义的论战

第一次世界大战结束后，无政府主义思潮开始在中国广泛的传播，据不完全统计，到五四时期，全国出版宣传无政府主义的书刊大概有 70 余种，另外许多无政府主义的团体组织也开始涌现出来。1919 年 2 月，无政府主义者黄凌霜在《进化》月刊上发表《评〈新潮杂志〉所谓今日世界之新》一文，在这篇文章中他把马克思主义歪曲成所谓"集体主义"并加以攻击。1920 年春，几个无政府主义者在《奋斗》杂志上连续发表题为《我们反对布尔扎维克》和《为什么反对布尔扎维克》的文章，公开向马克思主义发起挑战。

---

[1]　梁启超：《复张东荪书论社会主义运动》，载李振霞、管培月编：《中国现代哲学史资料选辑（一九一七年——一九四九年）》上，红旗出版社 1984 年版，第 109 页。

[2]　《毛泽东书信选集》，中央文献出版社 2003 年版，第 4 页。

[3]　《马克思恩格斯文集》第 1 卷，人民出版社 2009 年版，第 500 页。

（一）无政府主义的逻辑基础——自由主义与个人主义

无政府主义有其历史根源。施蒂纳从"政治自由主义"、"社会自由主义"、"人道自由主义"三方面说明了"自由者"，[①]"一为政治上的自由，一为社会上的自由，一为人道上的自由"，[②] 施蒂纳是个人无政府主义的首创者，然后蒲鲁东制造了社会的无政府主义，最后巴枯宁提出了团体的无政府主义。[③] 无论施蒂纳、蒲鲁东，还是巴枯宁以及后来的克鲁泡特金，他们都与自由主义和个人主义有着千丝万缕的关系。中国的无政府主义者信奉的正是这种自由主义和个人主义。

陈独秀认为，无政府主义"各派共通的精髓所在，就是尊重个人或小团体的绝对自由"。[④] 绝对自由适用于艺术领域，但在政治经济领域则完全不适用。对政治经济领域的绝对自由就变成了一种奢望，在资本主义社会固然不能存在，即使在社会主义阶段也无法完全实现。陈独秀指出，社会主义生产不仅不能够消除生产的强制性和组织性，而且自身就是资本主义生产的无政府状态的自我扬弃的必然产物。在政治方面，无政府主义者主张"社会由个人自发的冲动而进步，不由立法者的思想和意思而进步"[⑤]，原因在于"有产阶级和统治阶级绝不可能满足人民的激情和人民的要求；因此只有一种工具……就是国家……就是借助于在可能的情况下伪装起来的、而在万不得已的情况下就撕下伪装、真相毕露的暴力的统治"。[⑥] 在无政府主义者看来，俄国工农专政决不是无产阶级专政的有效形式，它无论在政治上、经济上还是教育上，都不能取代无政府主义的优越性。他们宣称，"无论什么性质的代议政治和劳银制度，都是维持拥护资本主义的"，由此，"将来在资本主义的社会里起的社会革命，非以建设无政府共产主义的社会为目的不可"[⑦]。

---

① 参见 [德] 施蒂纳：《唯一者及其所有物》，金海民译，商务印书馆 1989 年版，第 105、124、133 页。
② 《李达文集》第 1 卷，人民出版社 1980 年版，第 81 页。
③ 参见《李达文集》第 1 卷，人民出版社 1980 年版，第 80、81、82 页。
④ 吴晓明编选：《德赛二先生与社会主义——陈独秀文选》，上海远东出版社 1994 年版，第 183 页。
⑤ 《李达文集》第 1 卷，人民出版社 1980 年版，第 82—83 页。
⑥ [俄] 巴枯宁：《国家制度和无政府状态》，马骧聪等译，商务印书馆 1982 年版，第 24 页。
⑦ 《李达文集》第 1 卷，人民出版社 1980 年版，第 85 页。

无政府主义者攻击马克思的集产社会主义。克鲁泡特金曾在《面包与自由——一个流亡贵族关于面包的思考》中谈及集产主义一方面要废除资本制度的统治，另一方面又支持代议政体和劳银制度，认为这是马克思的集产社会主义不可克服的内在矛盾。李达却认为，集产社会主义是历史发展的必经阶段。未来的共产主义必定抛弃货币制度而采用"物物经济"，但在资本主义向共产主义的过渡时期尚需要一个货币交易过程。同时，代议制也是集产社会主义阶段必不可少的。李达举例说："现在劳农俄国所行的独裁政治并未拥护资本主义"①，从而驳斥了克鲁泡特金所谓的"自任、选举、平民阶级"政府都是独裁政府的错误言论。

陈独秀正面阐述了无产阶级专政的深刻含义。他引用了《共产党宣言》中的话语，指出："无产阶级的革命，第一步是使他们跑上权利阶级的地位……既达第一步，劳动家就用他的政权渐次夺取资本阶级的一切资本，将一切生产工具集中在国家手里，就是集中到组织权力阶级的劳动者手里"②，还引用了《哥达纲领批判》中的话语，指出："在资本主义的社会和共产主义的社会的中间，有一个由这面推移到那面的革命的变形的时期。而这个时期，政治上的过渡时代就为必要。这个政治上的过渡时代，不外是无产阶级底革命的独裁政治"③，以此批判马克思主义发展史上的无政府主义行为，即德国社会民主党放弃农工专政的领导权，期望与资产阶级一起进入无政府时代，纯粹是民主主义的幻想。

（二）陈独秀的"工具论"——"工具不好，只可改造他，不必将他抛弃不用"

作为统治工具的国家在无产阶级专政的初期是有益的。陈独秀认为，资产阶级借以制造罪恶的国家、政治、法律，尽管有它落后的地方，但是作为无产阶级夺取政权、巩固政权进而确立社会地位的工具确是十分必要的，无产阶级不应该在革命胜利以后，立即丢掉这个工具，而是应该善于利用善于改造这个工具，使得它们成为无产阶级专政下的社会政治改造、社会经济改造、社会文

---

① 《李达文集》第 1 卷，人民出版社 1980 年版，第 88 页。
② 《陈独秀文集》第 2 卷，人民出版社 2013 年版，第 132 页。
③ 《陈独秀文集》第 2 卷，人民出版社 2013 年版，第 132 页。

化改造的有力工具；如果贸然丢掉这个工具，实行所谓的"议会政治"，便有失去无产阶级专政、重蹈资本主义覆辙的危险，资产阶级的反动势力必定疯狂反扑，无产阶级将再次沦为资产阶级的奴隶。1920 年 9 月 1 日，《新青年》八卷一号发表了陈独秀的《论政治》一文，文中他说，"无政府党所诅咒的资产阶级据以制造罪恶的国家，政治，法律，我们也应该诅咒的；但是劳动阶级据以铲除罪恶的国家，政治，法律，我们不是应该诅咒的；若是诅咒他，到算是资产阶级的朋友了。换句话说，就是我们把国家，政治，法律，看做一种改良社会的工具。工具不好，只可改造他，不必将他抛弃不用。"①

"国家只能做工具不能做主义"。陈独秀科学地阐释了国家是暴力统治的工具的定义，历史上一切的阶级国家都是少数剥削阶级压迫大多数的被剥削阶级的统治工具，但还要注意统治者与被统治者的社会力量的对比，如果国家为大多数人所掌控，用以组织多数人参与的自主的生产、分配和消费，那么国家就是无产阶级的专政国家，它的组织形式尽可以是民主的——民主并不是资产阶级的专利，社会主义也可以利用民主；如果国家为少数人所掌握，如历史上的奴隶主的国家、封建主的国家、资产阶级的国家，大多数人处于社会的底层，在政治上、经济上、文化上附庸于少数的特权阶层，那么，国家就是有产阶级、剥削阶级的国家。进一步地，陈独秀阐述了他对马克思国家学说的理解，尽管"劳动者和资产阶级战斗的时候，迫于情势，自己不能组成一个阶级，而且不能不用革命的手段去占领权力阶级的地位，用那权力去破坏旧的生产方法；但是同时阶级对抗的理由和一切阶级本身，也是应该扫除的；因此劳动阶级本身的权势也是要去掉的"②，即是说，历史上已经出现的与尚未出现的，过去的、现在的乃至将来的国家政权这一组织形式，在阶级属性上都是一致的——都是一个阶级压迫另一个阶级的专政工具，在共产主义社会，随着全体人成为自由人的联合体，国家这一专政工具必然消亡；而在无产者摧毁资产阶级体制夺取政权、建立农工专政的初期，保留着一个国家形式仍旧是历史发展的必然趋势。

---

① 陈独秀：《论政治》，载李振霞、管培月编：《中国现代哲学史资料选辑（一九一七年——一九四九年）》上，红旗出版社 1984 年版，第 120 页

② 陈独秀：《论政治》，载李振霞、管培月编：《中国现代哲学史资料选辑（一九一七年——一九四九年）》上，红旗出版社 1984 年版，第 121 页。

第三节　马克思主义对于当时社会思潮的批判

在马克思主义的广泛传播中，先进的中国共产党人同各种反马克思主义思潮作了最坚决的斗争，取得了决定性的胜利。随着马克思主义思想阵地的逐步扩大，先进的中国共产党人意识到，他们有必要同一切落后的、反动的社会思潮作斗争，必须对它们散播的各式各样的错误观点及谬论予以迎头痛击，正本清源，维护并宣扬了马克思主义的真理性与科学性，从而为马克思主义的广泛传播奠定了更加坚实的理论基础与群众基础。

一、评"科学与人生观之争"

"科学与人生观之争"又称"科学与玄学的论战"，主要发生在 1923 年，持续时间较短。1923 年 2 月，张君劢在清华大学做了关于"人生观"的演讲，随后丁文江在《努力周报》上发表了《玄学与科学》一文驳斥张君劢，论战开始，5 月 4 日，梁启超写作《人生观与科学》提出了"对张丁论战的批评"，以"骑墙论者"的面貌出现，两边各打一棒，实际上仍旧是一个"玄学"的唯心主义者。中国共产党人陈独秀、瞿秋白对这场论战进行了批判，鲜明地指出"科学派"与"玄学派"的唯心主义哲学基础，指责张君劢贩卖伯格森的生命主义哲学，以及宣扬自由主义意志的谬误；同时揭露了"科学派"代表丁文江信仰马赫主义的实质，归根结底是要反对马克思主义的唯物史观。

对于"科学与人生观之争"，陈独秀可谓一语中的，"攻击张君劢、梁启超的人们，表面上好像得了胜利，其实并未攻破敌人的大本营……有的暗中却已投降了。就是主将丁文江大攻击张君劢的唯心的见解，其实他自己也是以五十步笑百步了"。瞿秋白指出这场论争的实质，是"自由"与"必然"的问题，他以阐发马克思主义的基本原理为宗旨，对这场论战进行了总结。[①]

（一）《欧游心影录》与玄学启蒙

1920 年 3 月，梁启超在《时事新报》发表了《欧游心影录》一文，实际上为玄学派奠定了基调，为"科学与玄学的论战"埋下了伏笔。文中，梁启超驳斥科学万能论，声称科学万能的宣言在现代破产了。科学的发展过程表明，它在与哲学斗争的过程中，一方面使人们摆脱了宗教信仰、哲学意识的禁锢，凸显了其历史进步的意义；另一方面，科学也暴露了自身的遗憾，人们并没有因为科学带来的物质生产的富足而获得真正的幸福，且不消说人人能够享受科学发展所带来的实惠，人与人之间的对立不仅没有消减，反而在某种情况下越来越大了。

梁启超过高地估计了西方近代文明的价值。他这样解释人类享受文明成果的过程，文明首先由少数特权阶层创造出来，由于特权阶层的恩施传递到中产阶级手中，而后再逐层传递到底层阶级那里，英国就是梁启超心目中的典范，"英国从前种种权力都是很少数的贵族专有，渐渐拿出来给中级的人共享，渐渐拿出来给次中级又次中级乃至最低级的人一齐共享。不独物质上的权利如此。就是学问上、艺术上乃至思想上，由集而散的情形也复如此。"[②]

（二）"科学的方法"之于"我与非我之九项"以及马克思主义的批判

张君劢认为科学是客观的，而人生观是主观的。科学就其实质来说，提供无数"推诸四海而准焉"的"公例"，然后用"公例"来判断周围事物的对与错、是与非。进一步，张君劢认为人生观纯粹是模糊的、主观的、变动不居的，它不具备持久性与稳定性。科学的客观效力可见，而人生观之义不可见；科学是实证的，而人生观无法进行试验；与我有关的东西皆在于我之内，我即是纯粹的"主观意志"，而我之外的东西全是"死物质"，"易以一例相绳"也。[③]

---

① 瞿秋白：《自由世界与必然世界》，载季甄馥等主编：《中国近代哲学史资料选编》第四卷，上海社会科学院出版社 1989 年版，第 13—14 页。

② 梁启超：《欧游心影录》，载李振霞、管培月编：《中国现代哲学史资料选辑（一九一七年———九四九年）》上，红旗出版社 1984 年版，第 168 页。

③ 张君劢：《人生观》，载李振霞、管培月编：《中国现代哲学史资料选辑（一九一七年———九四九年）》上，红旗出版社 1984 年版，第 173 页。

此外，张君劢还分析了科学与人生观的方法论。科学的方法有两种：一曰归纳，一曰演绎，二者均是纯粹的理性的方法，由"若干事例"、"求其公例"即是归纳法，由"其公例"推论得出"若干原则、实例"即是演绎法。张君劢着重论述了演绎法的实例，譬如，"以政治学言之，先立国家之定义，继之以若干基本概念，而后其书乃成为有系统之作"。这是客观唯心主义的做法，完全附和了黑格尔的国家观，先由纯粹的概念出发，然后由思维的外化运动，演绎出关于国家的种种范畴、概念，最后形成一整套现实的合理的政治组织。而张君劢所谓的归纳法，即使从客观事物的有限性貌似探究出真理的无限性来，实质上也属于客观唯心主义。张君劢在谈及人生观的方法论时认为，不论儒教的"修身齐家主义"、"亲疏远近等级分明"，或是佛教的"出世主义"，还是西方的"乐观主义"抑或"悲观主义"，皆"自其良心之所命"，显然又倾向于主观唯心主义。

"科学可以以分析方法入手而人生观则为综合的。"张君劢说："科学关键，厥在分析"。无论是科学的物质世界还是科学的精神世界，都可以用分析的方法窥见其奥秘，以此，物质世界的构成可以分成三种元素，"曰阴电，曰阳电，曰以太"，精神世界的构成也可称作"感觉"、"意象"等。然而，人生观只能采用综合的方法，因为它是一个包含多层次多方面的有机体，抽取其中任一都不能描摹人生观的性状，"人生观者，全体也，不容于分割中求之也"。① 显然，张君劢区分了物质世界和精神世界的大部，视作一体并称为科学，另精神世界的剩余部分自成一体，称之为人生观。纵观西方哲学，科学与人生观作此划分者明显不占据主流，更多的是将物质和精神、存在与意识作为区分原则并以此叙述人类思想史。

人生观既非科学，张君劢直接将它们称之为社会思潮了。因人与人相异，自然人生观也就各异了，那么，"亚当·斯密的个人主义"、"叔本华的悲观主义"、"柏拉图的乐观主义"、"马克思的社会主义"，"彼此各执一词，而决无绝对之是与非"。进一步推论，没有一种思潮是正确的，也没有一种思潮是错误的，或者说，所有的思潮既非科学的而又非非科学的。这样，马克思主义与无政府主义、马克思主义与反马克思主义的论争也就全然失去意义。

---

① 张君劢：《人生观》，载李振霞、管培月编：《中国现代哲学史资料选辑（一九一七年——一九四九年）》上，红旗出版社 1984 年版，第 174 页。

张君劢举例"我与非我之九项"来论证科学的无效性。所谓"我与非我之九项"包括：一、就我与我之亲族之关系（大家族主义与小家族主义）；二、就我与我之异性之关系（男尊女卑与男女平等、自由婚姻与专制婚姻）；三、就我与我之财产之关系（私有财产制与共有财产制）；四、就我对于社会制度之激进态度（守旧主义与维新主义）；五、就我在内之心灵与在外之物质之关系（物质文明与精神文明）；六、就我与我所属之全体之关系（个人主义与社会主义）；七、就我与他我总体之关系（为我主义与利他主义）；八、就我对于世界之希望（悲观主义与乐观主义）；九、就我对于世界背后有无造物主之信仰（有神论与无神论、一神论与多神论、个神论与泛神论）。[1] 梁启超不同意张君劢的观点，认为："物界"也并非他所说的"我"之外所有的"非我"的世界，而是"包含自己的肉体及己身以外的人类乃至己身所属之社会等等"，如此，人生观就包含了人与自然、人与社会的关系，其目的是将科学的方法引入人生观的议题。梁启超断言："君劢列举'我对非我'之九项，他以为不能用科学方法解答者，依我看来十有八九倒是要用科学方法来解答。"[2]

比梁启超更为彻底，陈独秀认为张君劢所谓"我与非我之九项"全部能够依赖社会科学进行解答。他说："所辩论之九项中，一部分明明是推求社会现象变迁之动因及人类态度随此变迁而变迁之动因，如第一，第二，第三，第四，第六，第九皆是；一部分明明是推求人类之人生观所以不同的动因，如第五，第七，第八皆是。"[3] 张君劢之所以否定社会科学在历史研究中的作用，正是因为他始终秉持玄学家以个人自由意志为社会变迁之根本动因的谬见。唯有马克思主义的唯物史观能够为社会变动及人生观变动提供科学的说明。不仅社会变动可用唯物史观加以说明，就连人生观变动也并非如张君劢般求助于玄学，而是可以用物质的原因加以解释。

陈独秀批评社会心理与个人心理附庸于自然科学的方法所作的价值判断——其结果"只承认物质科学是真正的科学，并力言社会科学之超生活较个

---

① 参见张君劢：《人生观》，载李振霞、管培月编：《中国现代哲学史资料选辑（一九一七年——一九四九年）》上，红旗出版社 1984 年版，第 172—173 页。

② 梁启超：《人生观与科学》，载李振霞、管培月编：《中国现代哲学史资料选辑（一九一七年——一九四九年）》上，红旗出版社 1984 年版，第 189 页。

③ 吴晓明选编：《德赛二先生与社会主义——陈独秀文选》，上海远东出版社 1994 年版，第 258 页。

人心理更甚"。张君劢认为，自然科学因建立了一套完整的方法论而后被世人研知，然而个人心理既无法分析又无法归纳，自然不善功绩于科学方法，因此它便无规律可言，那么，社会生活作为个人心理的"总和"，尤显得混乱、无章可循，无疑社会现象研究是一门最玄的学问。从唯物史观出发，陈独秀认为最能反映社会发展规律的确是个人心理，较之于社会的经济基础，个人心理更直接、更明确因而更易于为世人所俘获，它是立足于社会经济作用的人的心理的综合。因此，物质现象是根本，个人心理是根本之具体表象，而社会现象则是无数个人心理的斗争、融合的结果。

（三）"科学派"的主张

丁文江论欧洲自然科学史，正所谓自然科学与玄学斗争并从玄学中涅槃重生的历史。他认为，自然科学始终与玄学相存共生，譬如亚里士多德的物理学就是与玄学结合在一起的，中世纪以前它作为形而上学的婢女而存在，中世纪神学兴盛至极时物理科学的地位更是低贱，直至十七八世纪自然科学仍受严禁但已突飞猛进了，而至 19 世纪时，英国首先开始重视自然科学的发展和社会教育事业。因此，提及欧洲文化的破产，责任最大的当属形而上学（玄学），决非科学。丁文江更进一步推论说欧洲战争造成了国际文明的破产，政治家和教育家当负主要责任。遗憾的是，丁文江并未谈及欧美资产阶级如何依循形而上学抵制科学，来维护其在社会政治、社会经济上的统治地位，也并未阐明资产阶级的意识形态与自然科学及形而上学的关系。陈独秀认为，"把这个责任归到玄学家教育家政治家身上，却也离开事实太远了"，国际文明破产的直接责任者决非这些人，而是"资本主义大工业发展引发的世界商场之战争"。欧洲文明的破产，既不能归咎于"科学与物质文明"，也不能由"玄学家教育家政治家"来承担全部责任，而只能用"物质原因引发的社会变动"来说明。陈独秀斥责丁文江，"我们相信只有客观的物质原因可以变动社会，可以解释历史，可以支配人生观，这便是唯物的历史观。"[①]

在资产阶级形而上学与中国玄学相趋合的问题上，丁文江一方面严厉地批判了中国玄学"自孔孟以至宋元明之理学家侧重内心生活之修养，其结果为精神文明"的谬论，他认为，"只要尽心研究历史的实际"，人们必然就会怀疑"所

---

① 胡明编选：《陈独秀选集》，天津人民出版社 1990 年版，第 195 页。

谓'精神文明'究竟在什么地方"。另一方面，丁文江某种程度上肯定了"衣食足而后知礼节；仓廪实而后知荣辱"，物质生活是精神生活的基础，只有先改善了人们的经济地位而后方能普及教育、提高素质。丁文江对中国玄学的批判有一定的进步意义。

（四）马克思主义者对"科学与人生观之争"的总论战

在张君劢与丁文江激烈辩论的同时，梁启超写了《人生与科学观》一文，认为人生观不能和科学分家。科学不是万能的，人生观又何必同一呢？梁启超认为，科学不能涵盖人类生活的全部，即是说，人类生活中总有部分东西是超自然科学的，比如情感，"就是爱和美"，"'科学帝国'的版图和威权无论扩大到什么程度，这位'爱先生'和那位'美先生'依然永远保持他们那种'上不臣天子下不友诸侯'的身份。"[1] 梁启超在理性的区域内为超理性的情感保留了一分田地。因此，人的精神世界就由直觉、理性和超理性三部分组成，直觉划给了经验，理性划归了科学，情感自然归附于不可知的上帝。

与梁启超不同，陈独秀说："人生观和（社会）科学的关系之深""很显明"，从辩证唯物主义的历史观看来，一切社会科学都与人生观的养成不可分割，所谓"人生观是主观的、综合的、自由意志的"说法完全是谬论，其性状可由"客观的、论理的、分析的、因果律的科学"加以阐明。换句话说，张君劢所谓"我与非我之九项"列举"种种不同人生观都为种种不同客观的因果所支配，而社会科学可一一加以分析论理的说明，找不出哪一种是没有客观的原因，而由于个人主义的直觉的自由意志凭空发生的。"[2] 一切直觉、意志乃至情感都来自社会生活的真实环境，并非什么先天的直觉加以后天的养成的混合物，就连人的智力也是大自然与社会共同选择的结果。陈独秀自觉地阐发了唯物史观的基本原理。"什么先天的形式，什么良心，什么直觉，什么自由意志，一概都是生活状况不同的各时代民族之社会的暗示所铸而成"，"世界上哪里真有什么良心，什么直觉，什么自由意志"，"良心"、"直觉"、"自由意志"无非是社会生活的一定阶段的物质生产决定的人类意识的客观反映。[3]

---

① 梁启超：《人生观与科学》，载李振霞、管培月编：《中国现代哲学史资料选辑（一九一七年——一九四九年）》上，红旗出版社 1984 年版，第 189 页。

② 胡明编选：《陈独秀选集》，天津人民出版社 1990 年版，第 192 页。

③ 胡明编选：《陈独秀选集》，天津人民出版社 1990 年版，第 193、194 页。

瞿秋白阐述了历史现象背后总存有个人动机和群众动机的论点。研究历史，不仅要追究藏匿在现象背后的个人动机和群众动机，还应探究动机背后的深层次原因。群众动机较之于个人动机更有说服力。"英雄伟人以至于群众的动机，不论是显而易见的或是隐匿难见的，都不是历史现象的最后原因；最后原因却是造成这些种种动机的现实力量。"① 所谓个人的"自由意志"无不是受这种现实力量的支配。现实力量服从"历史的进程之共同因果律"，因此，"自由意志"或许不是"自由"的；而它之所以称作是"自由意志"，恰恰是因为"自由意志"服从历史发展的必然性，它愈是证明历史事实，愈是自由。玄学派主张的个人的"自由意志"，决非客观的历史的自由，而是主观的思辨的幻想。他们仅仅承认人生观的表面现象，却不去发现表面现象背后的历史动因，故而历史的偶然性也就不可避免了。"所谓历史的偶然，仅仅因为人类还不能完全探悉其中的因果"，决不能"不知因果"便说"没有因果"，"既如此，一切动机（意志）都不是自由的而是联系的"，"一切历史现象都是必然的"。②

"人类离自然而独立自由，完全在于探悉自然界的公律。"瞿秋白认为，空谈"意志自由"对于研究历史决没有任何益处，只有科学才能够为唯物的历史研究提供依据。马克思主义的唯物史观为科学的社会学研究提供了理论指导，社会学才成为一门科学。"社会学之所以能成科学，全在于他能解释明白人之社会的目的何故发生；社会的目的是社会发展过程之必然的果。"③ 丁文江肯定科学对社会发展的重大意义，这是对的；然而他主张笼统的"科学万能论"，及其对科学进步论的现象分析，却是错误的。人类社会之所以发展，"追寻它最后的原因，却在于经济发展"，科学的进步主要地对社会发展起着间接作用而非直接作用。

在阐述社会与个性的关系问题时，瞿秋白不仅批判了玄学派与科学派，还进一步批判了企图调和两派的中间派，他说："'科学与人生观的论战'里，人生派一让步到仅仅'情感是超科学的'（梁启超），再让步到仅仅'先天的义务意识是超科学的'（范寿康）……这样的情感和义务意识是否是超科学的，是否是先天的？当然不是！""必然论"是社会的"有定论"而不是"宿命论"，

① 《瞿秋白文集（政治理论编）》第 2 卷，人民出版社 1988 年版，第 296 页。

② 《瞿秋白文集（政治理论编）》第 2 卷，人民出版社 1988 年版，第 297 页。

③ 《瞿秋白文集（政治理论编）》第 2 卷，人民出版社 1988 年版，第 298、300 页。

其说"社会现象的最后原因在于经济，并不曾否认社会里的心理现象及个性天才，他仅仅解释心理及天才的原因而已。"①

二、批判国家主义

1922 年 7 月，中国共产党召开党的第二次全国代表大会，大会通过了《世界大势与中国共产党》、《国际帝国主义和中国共产党》等 9 个决议案和《中国共产党章程》，发表了《中国共产党第二次全国代表大会宣言》，《宣言》分析了国际形势和中国社会半殖民地半封建的性质，阐明了中国革命的性质、对象和动力，指出当前中国革命的性质是民主主义革命，革命的对象是帝国主义和封建军阀，制定党的最低纲领是消除内乱、打倒军阀，建设国内和平；推翻帝国主义压迫，达到中华民族完全独立；统一中国为真正的民族共和国。这一纲领一方面得到了全国人民的热烈拥护，另一方面也遭到部分人的疯狂反对，国家主义派别是其中最典型的代表。

国家主义派几个主要成员曾琦、陈启天、李璜等，自 1924 年秋回国后便以《醒狮》为阵地，陆续刊发了《国家主义者之四大论据》、《国家主义与共产主义的分歧》、《国家主义之哲学基础》等文章，大肆宣扬"外抗强权、内除国贼"，"一刀两断用武力铲除共产党人"等谬论，矛头直指中国共产党与苏俄劳工专政，献媚于国内外资产阶级势力。

旅欧的中国共产党人首先与国家主义派进行了针锋相对的斗争，他们以《少先》、《赤光》等报刊为阵地，陆续刊发了周恩来的《批判曾琦君的内除国贼外抗强权的释义》、《救国运动与爱国主义》、《实话的反感》等文章。随着国家主义派主要成员转战上海，中国共产党人又以《中国青年》为理论阵地，对国家主义派进行了清算，恽代英（1895—1931）、萧楚女（1891—1927）等发表了多篇文章，阐明了唯物史论的国家观、马克思主义阶级斗争的实质，至1926 年下半年，这场争论以对国家主义派的胜利而结束。②

---

① 《瞿秋白文集（政治理论编）》第 2 卷，人民出版社 1988 年版，第 303 页。

② 参见李振霞、管培月编：《中国现代哲学史资料选辑（一九一七年——一九四九年）》上，红旗出版社 1984 年版，第 247 页。

（一）国家主义之立论四据及其与共产主义的分歧

1925 年 10 月，曾琦在无锡第三师范学校演讲，后以《国家主义者之四大论据》为题刊登在《醒狮》上。鉴于"国家主义"在西方"正如旭日中天"，曾琦忧虑五四运动以后的中国"国家主义"反而有被"世界主义"、"国际主义"取代的危险，他坚信"欲救今日之中国，非国家主义不为功矣"。他从"世界大势论"、"本国情形论"、"社会道德论"、"人类本性论"四个方面阐述了"国家主义"指导中国前途命运的必要性。

首先着眼于"世界大势论"。"'国家主义'潮流，既蓬勃于世界。"综观世界强国，譬如，英国、法国、美国、日本、德国，甚至苏俄，曾琦认为，它们之所以"耀然兴起"，皆因"信仰国家主义"之力；以"国家主义"为信仰，强国就会"图廓国权"以求霸主，弱国就会"图复国土"以求中兴，破国就会"独立建国"以求自决。无论西方强盛的资本主义国家还是新兴的苏维埃无产阶级专政，都在信仰"国家主义"，因此，中国从世界形势着眼也应该选择信仰"国家主义"而非"世界主义"、"国际主义"。

其次着眼于"本国情形论"。曾琦认为中国若要发达，不应选择马克思主义而应信仰"国家主义"。马克思主义的唯物史论认为人类社会应该由发达资本主义社会渐次过渡到共产主义，然而资本发达程度不及英美两国，甚至落后于日本的苏俄却又率先发展到社会主义，是故曾琦断言："马氏学说之武断，于此已得一明证"。[①] 一方面处于西方帝国主义的封锁和包围，另一方面工业薄弱、农业待兴、教育极其落后，新生的苏俄无产阶级政权面临重重困难，曾琦据此推论："共产主义之要旨在于平均分配"，"欲行共产须具备物质精神两方面之条件"，一曰"物质方面之条件：（一）须工业发达，（二）须交通发达"；一曰"精神方面之条件：（一）须共产观念普遍，（二）须公共道德发达"，而"俄之所以陷于此境者无他，条件不具备而强行共产之过也"。以此观中国情形，曾琦认为中国缺乏发达的资本主义工业和交通业，即使有些许发展也是遭受帝国主义大工业围剿并掌握在少数买办资产者手中，况且俄国势单力薄无暇自顾以致"真心助我亦力有未逮"，"如此则行共产之结果，势必陷入共管"，"其结

---

① 曾琦：《国家主义者之四大论据》，载李振霞、管培月编：《中国现代哲学史资料选辑（一九一七年——一九四九年）》上，红旗出版社 1984 年版，第 282 页。

果亦不免于害国也"。①

再次着眼于"社会道德论"。曾琦以为国家之要旨在于道德,"一国之社会能秩然有序而日趋进步,全赖有最高道德以维系之",是典型的唯心论的国家观。曾琦所说的国家主义的实质就是爱国主义,歪曲马克思主义的国家阶级斗争学说,抹杀国家是阶级统治的暴力工具这一本质,宣扬阶级调和论,力主以"道德"规范国家的一切职权与功能。曾琦断言"中国社会之所以陷入混乱",正是因为"爱国之信条未成",以致"无最高道德以范围一切",所以"一般卖国贼乃敢于横行无忌耳"。②

最后着眼于"人类本性论"。曾琦信奉黑格尔的客观唯心主义,认为"'国家主义'本由经验而产生,并非任何人所发明",作为概念的"国家"是自在人心的,然后由内而发于外,形成国家自始至终存在的理念。因此,曾琦断言"人苟自自爱共国,推而亦爱人之国","国家主义者,救中国之惟一之良方也"。③"国家主义"强调其客观唯心主义的哲学基础,正是要区分于共产主义。

陈启天与李璜分别撰写了《国家主义与共产主义的分歧》、《国家主义的哲学基础》,阐释了国家主义的哲学倾向,以此歪曲共产主义。陈启天分别从理论前提、指导思想与方法论等三个方面对两种主义做了区分。一是"国家主义以国家为前提,共产主义以阶级为前提"。陈启天主张将"国家"与"阶级"分离,认为共产主义只讲阶级而不谈国家,并以俄国为例反诘马克思主义的唯物史观抹杀了爱国主义。"国家主义"表面上攻击苏俄政权,实质上攻击马克思主义。陈启天显然不懂得俄国无产阶级专政下的国家与阶级的辩证法。二是"国家主义主张物心并重,共产主义主张唯物史观"。陈启天认为唯物史观的实质是"经济观","以为物质或经济为构成社会的唯一要素,不承认心理要素有同等的重要,甚至完全否认精神生活"。"国家主义""一面主张用国家的力量厉行经济的政策……增进一般国民的物质生活","一面主张用国家的力量厉行

---

① 曾琦:《国家主义者之四大论据》,载李振霞、管培月编:《中国现代哲学史资料选辑(一九一七年——一九四九年)》上,红旗出版社 1984 年版,第 284—285 页。

② 曾琦:《国家主义者之四大论据》,载李振霞、管培月编:《中国现代哲学史资料选辑(一九一七年——一九四九年)》上,红旗出版社 1984 年版,第 285 页。

③ 曾琦:《国家主义者之四大论据》,载李振霞、管培月编:《中国现代哲学史资料选辑(一九一七年——一九四九年)》上,红旗出版社 1984 年版,第 285 页。

文化政策……培植一般国民的精神生活"，这确实为马克思主义的理论和实践共同反对，因为马克思主义所主张的国家是有阶级属性的，这一点恰恰为陈启天忽略了，他所谓的国家是资产阶级专政的国家，其所培植的文化也必然是资产阶级文化，不过是套在无产阶级头上的精神枷锁。三是"国家主义主张本国政治革命，共产主义主张世界经济革命"。《共产党宣言》明确主张无产阶级经济革命的前提是政治革命——通过暴力革命，无产阶级夺取政权然后才能实行经济基础的革命，陈启天陷入了自相矛盾，他所列举的共产主义主张"世界经济革命"的四种表现形式："阶级革命、打倒帝国主义、劳农专政、扑灭异党"不仅不是经济革命的内容与实质，恰恰是其立论前提和阶级基础。

李璜进一步阐发了国家主义的哲学基础。李璜首先定义了国家的本质，不仅包括"人民"、"土地"、"主权"、"心情"等要素，而且至关重要的是"国家灵魂"，并声称"国家灵魂"并不是"玄学"的"故弄玄虚"，其本质恰恰是"玄学"的附体。李璜所谓"国家灵魂"又称作"民族性"、"国性"、"国情"、"国家人格"、"国家样范（type national）"，他一方面将"民俗"、"民风"、"宗教"等理解为"国家之要义"，另一方面又将"社会性"与"国家人格"混为一物。

（二）"国家主义"与"阶级斗争"

共产党人指出国家主义是"抽象"的爱国主义，是无视中国大多数人的福祉的虚幻概念，它既不考虑社会底层的劳苦大众的真实的"物质与经济势力"，也不考虑中国广大被压迫群众的政治地位与权力。"国家主义"反对民族解放运动，因为他们只为单纯地"抵御国际资本主义压迫而存在"，共产党人提倡民族解放运动因而反对"国家主义"，只为革命的目的有两重：一方面与国家资本主义压迫做最坚决的斗争，使得这场革命具有世界普遍性的意义；另一方面"保障无产阶级平民的利益"，"力求那些最受压迫而占人口多数的农工阶级的解放"，因而"是一种相当的国家主义"——"为着一般'中国人'的生活，要求全民族的解放"。"国家主义"假设资产阶级为着"生之欲望"加入国民革命，待革命胜利后再"主张产业国营，征收遗产税"，"令资产阶级还中国无产阶级以普通选举权"，"他们（中国资产阶级）便无力反抗！"恽代英严厉批判信仰"国家主义"的智识阶级，"你真太轻看中国的资产阶级了！"如果仅听命于资产阶级而放弃争取民族解放运动中的领导权，至于革命成功后再行"节制资本"，此种途径若不是"昧于事理的空想"便是"存心欺骗无产阶级"。①

恽代英在《国家主义的误解》中与"国家主义"一同回顾了"统治阶级的历史"。他首先指出，"统治阶级的历史"确是以"共同的回忆"使国民"产生一种爱国的感情"，但"国家主义"仅重视并提倡"感情形式"而忽视了"内容"。"爱国主义""以为国民自有一种与物质生活无关的爱国精神"，恽代英以为不然，这不过是"受了统治阶级历史欺骗的结果"，因而主张"研究另一种与物质生活有关的爱国精神"。基于人类史的考察，"爱国精神"才能不致褊狭而得到科学的说明，即是说，只有将爱国精神联系人类的经济史，方能免其陷入与"国际主义"的矛盾境地。恽代英解释道，爱国主义并不是从来就有的，"国家主义"也不是从来就有的，"游牧时代需要结伴移徙的部落生活，人类易于爱部落"；"农业时代需要聚处并耕的家庭生活，人类易于爱家庭"；"工商业既兴，需要贸迁有无的都市生活"，"人类易于爱都市"；"交通发达而经济关系频繁，都市不复能独立而自给，于是全国成一共存互助的经济单位，人类亦进于爱国家"。因此"爱国主义"所提倡的"内除国贼、外抗强权"就不仅仅是全体国民反抗外国资本主义压迫的斗争，而是本国无产者联合全世界无产者共同反抗国外资产阶级连同它的国内走狗的斗争。②

"国家主义"主张"阶级调和论"而惧怕阶级斗争。以梁启超、张君劢、丁文江、江亢虎、汤尔和等所谓中国的智识阶级，唯独不见中国资产阶级意欲同国外资产阶级勾结形成一个反共产主义的同盟，唯独不见"'五卅'明明白白是一幅紧张无比的超国界的世界'阶级斗争'的意义事件！"萧楚女总结了"五卅"事件的阶级斗争实质，驳斥了"国家主义"、"阶级调和论"的主张，依据唯物史观分析了国家与阶级互存共生的辩证关系。在萧楚女看来，所谓"国家主义"主张"爱国主义"并主张"各阶级融合一致的国家"，"这纯凭自己脑中所幻成的抽象的空的理论方程式瞎说"，在"外抗强权"中"只要外人的利益和他们的利益是一致的"，资产阶级便摇身一变为"内贼"；无产阶级就要联合"组织一切下层被压迫阶级——成一条国民革命的坚固的联合战线"，因此，"尤其要紧的，是时时作经济的阶级斗争，扩大无产阶级革命的力量与

---

① 恽代英：《与李珩卿君论新国家主义》，载李振霞、管培月编：《中国现代哲学史资料选辑（一九一七年——一九四九年)》上，红旗出版社1984年版，第264—266页。

② 《恽代英文集》上卷，人民出版社1984年版，第590—592页。

燃烧性！"①

（三）"国家主义"与"国际主义"

国家主义者大多数从国外留学归来，由于不谙于国内情势加之西方思想影响至深，容易"一时误入歧途"，恽代英在《敬告从歧路自拔归来的青年》时，提醒迷途青年要注意清除"国家主义"的流毒，号召他们"加紧研究现代的社会科学"，学习马克思主义的唯物史观，"了解革命的主义与政策的真正意义"。② 国家主义者不了解中国民族革命的真正目的、意义及其与中国的乃至全世界的无产阶级运动的关系，因此万分仇视共产党的"联俄联共"的主张，作为《醒狮》创刊人之一的左舜生就认为："中国的革命分子应当用他自己的力量去与国内以及国外压迫我们的人奋斗，别国的同志若是对于我们有什么援助，是应当无条件拒绝的。"③ 恽代英、萧楚女等认为苏俄无产阶级政党不仅不是我们排斥、斗争的对象，而应积极接纳其加入中国的民族解放运动。

"国家主义之发展是与两国间资产阶级利益冲突之进展为正比例的。"④ 全世界无产者联合不但不会助长国际间资产阶级利益冲突，相反有可能促进它们联合成一个反动同盟，一定程度上消弭、化解各国间资产阶级的经济矛盾。郑超麟分析了帝国主义资产阶级的历史，阐明了资产阶级利用"国家主义"压制无产阶级的事实，"帝国主义时代，国家主义自然成了资产阶级最厉害的工具，资产阶级利用这个工具不但可以进攻别国无产阶级，而且可以紊乱本国无产阶级之觉悟，缓和国内阶级斗争的怒潮"。郑超麟认为李璜等人一边信奉"国家主义"，一边疯狂攻击马克思主义，国家主义者"对马克思主义的'无知'实在是太令人可怕"，"国家主义"与马克思主义强调的"国际主义"是绝对不能相容的。郑超麟还引用列宁的话来说明这个事实："马克思主义与国家主义势

---

① 萧楚女：《反抗五卅残杀运动中所见的阶级斗争》，载李振霞、管培月编：《中国现代哲学史资料选辑（一九一七年———一九四九年）》上，红旗出版社1984年版，第278—279页。

② 恽代英：《敬告从歧途自拔归来的青年》，载李振霞、管培月编：《中国现代哲学史资料选辑（一九一七年———一九四九年）》上，红旗出版社1984年版，第280页。

③ 恽代英：《答〈醒狮周报〉三十二期的质难》，载李振霞、管培月编：《中国现代哲学史资料选辑（一九一七年———一九四九年）》上，红旗出版社1984年版，第273页。

④ 郑超麟：《醒狮派的国家主义》，载李振霞、管培月编：《中国现代哲学史资料选辑（一九一七年———一九四九年）》上，红旗出版社1984年版，第260页。

不两立，无论这个国家主义是最'公平'的，'纯粹'的，圆滑的和文明的。马克思主义提出国际主义来抵制所有的国家主义。"①中国革命的民族解放运动被爱国主义者混淆为"救国运动"，鉴于此，周恩来提出对"救国运动"与"爱国主义"进行区分，针砭时弊地抨击"爱国主义"的狭隘性与迷惑性，他说："我们倡言救国运动是根据于国际政治经济情势、弱小民族地位，非内倒军阀外倒国家帝国主义不足以图存的见地而来，决非狭义的爱国主义运动。狭义的爱国主义运动的流弊，至少对内会造成法西斯蒂……的局势，对外会养成帝国主义的野心，这种趋势，非特为中国现实情形所不许，即或有造成的可能，我们着眼于革命图进化之途的人，也决不容有此谬误的主张引导国人入了歧途。"

"我们为救国而倒军阀、倒国际帝国主义，但我们心中却不容丝毫忘掉与我们受同样痛苦的全世界无产阶级和弱小民族，亦即是全世界的被压迫阶级。并且我们若认清事实果想将军阀打倒，国际帝国主义打倒，我们也非与全世界被压迫阶级联合一致来打此共同敌人不可，故我们的救国运动乃必须建立在国际主义上面。"②

三、批判戴季陶主义

戴季陶（1891—1949）在中国近现代思想史上以其"戴季陶主义"影响国民党蒋介石政权而闻名。戴季陶，又名戴传贤，生于四川广汉，祖籍浙江吴兴，地主、买办资产阶级的政治代表，国民党蒋介石集团的理论家。1907年肄业于日本大学法科，学名戴良弼。青年时代用"天仇"笔名（意在与清朝不共戴天）写过许多反清的文章。后改名戴季陶（意在学习陶朱公），同蒋介石一起参与了在上海证券交易所的投机活动。③

辛亥革命期间，戴季陶曾在《中外日报》、《天铎报》、《光华报》等任职，发表反帝制反封建文章。五四期间参与创办《星期评论》、《建设》，研究和介绍马克思主义政治经济学和唯物史观。戴季陶还将考茨基的《马克思资本论解

① 郑超麟：《醒狮派的国家主义》，载李振霞、管培月编：《中国现代哲学史资料选辑（一九一七年——一九四九年）》上，红旗出版社1984年版，第259页。
② 《周恩来早期文集（1912.10—1924.6）》下，南开大学出版社1993年版，第454—455页。
③ 参见庄福龄：《中国马克思主义哲学传播史》，中国人民大学出版社1988年版，第253页。

说》由日文翻译到中文。从其后来政治思想的转变看，戴季陶最终没有信仰马克思主义，反而极力拒斥马克思主义，诋毁苏俄农工专政。其一生大部分时间与蒋介石保持良好关系。

1925年5月，戴季陶在国民党一届三中全会上提出了"建立纯正三民主义"的"最高原则"，反对国共合作。同年6、7月间相继抛出《孙文主义之哲学的基础》、《国民革命与中国国民党》两本小册子，极力歪曲并肢解孙中山的三民主义，宣传他的反共、反马克思主义的主张。这两本小册子为国民党蒋介石集团的反共活动提供了理论依据。

在《孙文主义之哲学的基础》一文中，戴季陶阐述了三民主义的思想体系及其构成要素之间的相互关系。他认为要继承和发扬三民主义，首先应该对人之"能作"与"所作"加以区分。所作部分是关于政治的主张，即在现代世界的经济组织、国家关系种种制度上面着眼创制出新的理论。而所能是所作的基础，因为世界的状况不同，所以能作的理论虽然继承古人，而它的实际和古代不能尽同。所谓能作部分就是关于道德的主张，体现在三民主义那里就是中国正统伦理思想。戴季陶认为三民主义中能作的理论继承古人的伦理思想，因而是中华民族文化的结晶，并评价孙中山是中国继往开来的圣哲。①

戴季陶认为三民主义的核心在于民生问题，而解决民生问题的关键在于民族问题。建设"在政治上、经济地位上立于被压迫的农工阶级的权力"，是"三民主义"之民生的要义。进一步，戴季陶又将民生问题与民族问题紧密联系起来，"就民生的真义说来，民族问题实在是民生问题当中最大的一个部分"。戴季陶认为，民族问题的关键在于建立国家，"要排斥障碍民生的恶势力，第一便先要民族自身具备一种伟大的能力，把国家和民族的地位扶植起来，脱离帝国主义的压迫，造成完全自由独立的国家。"民族主义是解决民生问题的关键，换句话说，民族主义的国家才是拯救民生于水火之中的救世主。以此，要解决中国的问题，就要先建立国家，然后由国家统一意志、组织民众对内发展社会生产、对外抵御外侮。②

戴季陶论三民主义的文化观。他认为中国古代的伦理哲学和政治哲学是全

---

①　戴季陶：《孙文主义之哲学的基础》，民智书局1925年版，第8页。

②　戴季陶：《孙文主义之哲学的基础》，民智书局1925年版，第14页。

世界文明史上最有价值的人类精神文明的结晶。三民主义实现世界大同"要以中国固有的仁爱思想为道德基础，把一切科学文化都建设在这一种仁爱的道德基础上面，然后世界人类才能得真正的平和，而文明的进化也才有真实的意义"。戴季陶论及中国伦理文化与世界文明的关系，认为"中国道德文化是人类同胞精神的产物"，"把这一道德的文化恢复起来以之救国，并且用来做统一全世界的基础"。① 进一步，戴季陶阐述了中国的伦理哲学和政治哲学的精髓，"孟子所谓'惟仁者惟能以小事大'"就是其中之一，孟子的"以小事大""是国际政治理论当中的异彩"，是"西方的政治学者、经济学者所万不及的"。反观现实，"惟能者"就是革命的"发明者"与"计划者"，是利他主义的"先知先觉者"。戴季陶区分革命者为三类：一是先知先觉者，二是后知后觉者，三是不知不觉者。先知先觉者是革命的"发明者"和"计划者"；后知后觉者是革命的"宣传者"，此二种是利他主义的；不知不觉者是革命的"实行者"，是利己主义的，是被"先知先觉者"、"后知后觉者"拯救的对象。他说，"革命利益是为不知不觉的人的利益"，"革命的动机是由于一种利他的道德心，不是由于利己心"，"所以仁爱是革命道德的基础"。② 戴季陶得出三民主义的文化观就是"继承尧舜以来至孔孟而中绝的仁义道德的思想"。

戴季陶在论述民生主义与共产主义的关系时概括了"两同三异"。所谓"两同"即是说三民主义与共产主义在目的、性质上完全相同，都强调实现世界大同，所谓"三异"指两主义在"哲学基础"、"实行方法"与"对待社会问题的态度"上完全不同。一是"民生主义与共产主义在哲学基础上完全不同"。戴季陶说："共产主义是很单纯地以马克思的唯物史观为理论的基础，而民生主义是以中国固有之伦理哲学的和政治哲学的思想为基础。因此在范围上也就有一个很大的差异点。就是共产主义要解决的问题是陷于经济生活的问题。而民生主义在育与乐的两个部分，已经超出经济的生活之外——先生所已定而未讲的两个重要问题，在先生的思想体系上实在是有重大意义的。"二是"三民主义与共产主义在实行方法上完全不同。"戴季陶解释说，"共产主义以无产阶级之直接的革命行动为实行方法，所以主张用阶级专政打破阶级；民生主义是以国民革命的形式，在政治的建设工作上以国家的权力达实行的目的。所以主张

① 戴季陶：《孙文主义之哲学的基础》，民智书局 1925 年版，第 34 页。
② 戴季陶：《孙文主义之哲学的基础》，民智书局 1925 年版，第 41 页。

革命专政，以各阶级的革命势力阻止阶级势力的扩大，以国家的权力建设社会的共同经济组织，而渐进消灭阶级。"[①] 三是"三民主义与共产主义对待社会问题的态度是完全不同的"。戴季陶认为，三民主义注重理论与实践的结合，追求"学理之再证明"，将社会建设、发展生产放在首位，然后才谈主义的真理性。而共产主义只知道"批评和攻击资本主义而将建设的主张放在第二层，甚至完全不顾及"，是典型的"演绎伦理"的纯粹理论的方法。进一步，戴季陶主张大力发展资本主义，"产业落后的中国最要紧的"，"实在并不在怎样去攻击资本主义、批评资本主义，而是要有一个如何建设的方案"，攻击资本主义"实在只是把一只刚刚受了孕的资本主义胎儿堕了胎而已"，这是"最没良心和最无知识"的偏见和愚蠢，[②] 直接攻击以中国共产党为代表的先进的阶级力量。戴季陶主义是胡适的"多研究些问题，少谈些主义"与改良主义的翻版。

戴季陶 1925 年写作《国民革命与中国国民党》，把共产党人加入国民党污蔑为"利用国民党"，把国共两党合作说成是共产党人"只是单纯地利用国民党政治的保护力，和经济的维持力，扩张自己的生命"。戴季陶还认为，共产党人的苏俄农工专政并不适用于中国，实现"中国社会的急激的进化"的"条件毫不具备"，"突破国民的需要程度和社会的经济条件，结果就是使中国受长时期的扰乱，使中国衰微的民族，更因扰乱的灾祸，而减少人口，阻碍文化"[③]。戴季陶主义的实质在于反对共产党人的共产主义信仰，在革命道路上走向资产阶级复辟。

戴季陶主义以"民族竞争"概念偷换"阶级斗争"概念，攻击马克思主义的唯物史观。在戴季陶看来，人类欲望从属于两大领域，一类是生活领域，主要包含经济领域，以人类的"食欲"竞争为根本原因和目的；一类是"血统"领域，它无关于经济，是人类在满足食欲以后显现出来的更高级的"人性"。因此，依据人性论而非唯物史观，社会解放应分作两个阶段，一是较为低级的经济解放阶段，另一是最终的民族解放阶段。戴季陶说，"把全世界资本主义的经济组织打破了的时候，然后真正的单纯的民族竞争，才会现出来"，而"社会主义者在打算世界和平问题的上面，把为民族竞争基本的人口问题，完全

---

① 戴季陶：《孙文主义之哲学的基础》，民智书局 1925 年版，第 18—19 页。

② 戴季陶：《孙文主义之哲学的基础》，民智书局 1925 年版，第 25 页。

③ 戴季陶：《国民革命与中国国民党》，载魏宏远主编：《中国现代史资料选编 2：第一次国内革命战争时期》，黑龙江人民出版社 1981 年版，第 693 页。

忽略了"，"认为全世界的经济组织变更了，资本主义消灭了，民族的差别，民族的生存竞争，便因此终结"。① 戴季陶只讲民族竞争，不讲阶级斗争，企图以民族竞争的现象掩盖阶级斗争的事实，并将民族问题与经济问题分割开来，实则是歪曲共产主义的理论学说，攻击共产党人的无产阶级联合政策。

戴季陶主义宣传"团体的排拒性"，极力污蔑国共合作。戴季陶首先以生物学特征的"同性相斥、异性相吸"去解释社会现象上的党团关系，把共产党与国民党的合作视为"小团体"、"寄生"、"大团体"的关系。② 其次依据人性相斥原则，三民主义是以中国正统伦理道德为人性基础的，共产主义信仰斗争、暴力而不擅于人与人之间的友爱，不愿相信资产阶级的人性亦是善的。最后依据组织原则，三民主义强调民族的联合与斗争，其哲学基础是民生主义；而共产主义信仰阶级的联合与斗争，以阶级斗争为解放的手段和武器。因此，国民党人应该批判共产党人"用单纯以阶级斗争为手段达阶级专政的目的"，"却不把孙先生的民生主义拿来做指导的理论"③，如此差异的组织原则决定了革命道路的不同，国民党遵从"孙先生主张要把自己的民族力增进了，自己的国家建设完成了，才可以主张世界主义"，而共产党人主张全世界无产者大联合实现无产者的暴力夺权，既然"建设的理论和政策不同，决不能够成为真正的同志"。④

对于戴季陶主义，共产党人立即进行了回应。1925 年 8 月，陈独秀、瞿秋白、恽代英等人分别撰文进行了抨击，批判戴季陶主义理论上与实际上的反动性，揭露其反对共产党、反对阶级斗争、仇视苏俄工农专政的反革命真面目。瞿秋白尖锐地批判了戴季陶主义的实质，他说戴季陶"理论上是所谓建立纯粹三民主义的中心思想，实际上是反对左派，反对阶级斗争，反对 C.P. 的

---

① 戴季陶：《国民革命与中国国民党》，载魏宏远主编：《中国现代史资料选编 2：第一次国内革命战争时期》，黑龙江人民出版社 1981 年版，第 696—697 页。

② 戴季陶：《国民革命与中国国民党》，载魏宏远主编：《中国现代史资料选编 2：第一次国内革命战争时期》，黑龙江人民出版社 1981 年版，第 690、692、693 页。

③ 戴季陶：《国民革命与中国国民党》，载魏宏远主编：《中国现代史资料选编 2：第一次国内革命战争时期》，黑龙江人民出版社 1981 年版，第 698 页。

④ 戴季陶：《国民革命与中国国民党》，载魏宏远主编：《中国现代史资料选编 2：第一次国内革命战争时期》，黑龙江人民出版社 1981 年版，第 695、700 页。

存在之宣传"，并一针见血地指出它的危害——"不仅是在思想上摧毁了工人的阶级斗争，实在还是削弱国民革命主力军的工人阶级，因此亦就是削弱中国的国民革命运动"。①

瞿秋白所作《中国国民革命与戴季陶主义》在系统批判戴季陶主义，全面宣传马克思主义的唯物史观方面，堪称一部力作。

首先，瞿秋白批判了戴季陶主义的所谓的哲学基础——"三民主义"。瞿秋白认为，"三民主义是很简单明了的、中国一般民众——各阶级所共同的政治要求"，"都是极具体极明显的民众要求"，是"中国一般民众要求经济生活的改善"，"并用不着什么哲学基础"。② 三民主义的核心既为民生主义，试问民生主义如何能够指导中国革命？瞿秋白指出，民生主义有着经济平等、政治公平、民族独立的一般革命要求，然而戴季陶主义的"民生主义"却要求"不知不觉"的民众放弃革命领导权，并拱手让于"先知先觉"的智识阶级，先行建立资产阶级实业发达的国家，然后再"诱发资本家地主的仁爱性能"，以保障全体民众"衣、食、住、行、育、乐"六种需要的"普遍均等的满足"，事实上，"民生主义那种经济政策，是想以诱发资本家地主仁爱的性能之方法而实现的"，这种主义、政策在现实中纯属天方夜谭，历史上从未发生过资产阶级、封建地主、奴隶主自觉让位于无产阶级、农民、奴隶的情形！亦从未发生过奴隶主自觉让位于封建主、封建主自觉让位于资产阶级的情形！戴季陶主义的民生主义的经济政策必定产生反动的政治政策，其所主张的民权主义亦荒谬无比，实际上剥夺了无产阶级的革命意识，他们承认"农民工人自己现在虽然要团结组织，可是不准实行阶级斗争，暂且组织起来帮着国民党攫取政权，建设起'三民主义的民国'再说"。③ 瞿秋白认为民权主义不仅不能从工农阶级意识中抹除，相反应该大力提倡、鼓励劳动者以斗争争取民权。依据马克思主义的唯物史观，瞿秋白正面阐述了中国工农阶级的革命道路，"中国工人阶级应当努力实行阶级斗争，不但要求经济生活（民生问题）的改善，不能希望事

---

① 瞿秋白：《中国国民革命与戴季陶主义》，载季甄馥等主编：《中国近代哲学史资料选编》第 4 卷，上海社会科学院出版社 1989 年版，第 30 页。

② 瞿秋白：《中国国民革命与戴季陶主义》，载季甄馥等主编：《中国近代哲学史资料选编》第 4 卷，上海社会科学院出版社 1989 年版，第 35 页。

③ 瞿秋白：《中国国民革命与戴季陶主义》，载季甄馥等主编：《中国近代哲学史资料选编》第 4 卷，上海社会科学院出版社 1989 年版，第 33—34 页。

实上绝对不会有的资本家的爱心，而且要力争劳动民众的真正民权，其结果也只有剥夺地主大资本家的政权，才能实现"。① 戴季陶主义的民生主义与民权主义是彻头彻尾的唯心主义，是反马克思主义的。

其次，瞿秋白揭露了戴季陶主义暗合"资产阶级蒙蔽愚弄农工阶级"的真面目。瞿秋白指出，中国革命的实质是"中国工人农民反抗剥削阶级的斗争"，"是中国被压迫的各阶级反抗帝国主义及军阀的斗争"。戴季陶主义一边"要做民生主义和民权主义的运动"，一边"却又不许有阶级斗争，只许为'民族和国家的利益'"，实际上是阉割了阶级斗争的完整含义，只是截取中国革命的外部世界的斗争而否定其内部世界的斗争，是帮助资本家"利用所谓民众的爱国运动达到自己的目的"。瞿秋白剖析了中国革命与世界革命的关系，以及无产阶级斗争的任务，"国民革命的本身既是一世界的阶级斗争，中国的各被压迫阶级反对国际的资产阶级的斗争；这种所谓的阶级斗争里，亦不能不包含着对内部的阶级斗争（譬如，假使中国工人阶级根本上绝对满意自己的经济地位，绝对不要反抗资本主义，那么，他们对于中国资产家不反对，何必一定要反抗外国资本家的帝国主义者呢）。"②

再次，瞿秋白论述了国民革命的真正领导者——中国共产党。戴季陶要求国民党拒斥共产党、高举"鲜明阶级旗帜"的做法，实质上是排斥共产主义信仰，最终目的有二：一是"不准工人农民在国民党中主张阶级利益，使国民党完全变成资产阶级的政党"，二是尽量把各阶级的革命分子"吸收"进去，"使他们都变成戴季陶派——资产阶级的民族主义者"。瞿秋白从四个要点驳斥了戴季陶主义。要点一，戴季陶以为唯物史观和阶级斗争会打破国民革命，为此号召国民革命中的青年要认清国内形势。瞿秋白对此进行反驳，"国民革命中有阶级斗争是一个事实，工农阶级的斗争足以发展国民革命也是事实"，戴季陶主义之于唯物史观正是虚幻之于现实的破灭。要点二，戴季陶以为共产主义不适宜于中国革命形势，所以共产党必不能担负中国革命领导者之重任。与之相反，瞿秋白认为国民党政策一方面保护了资本主义，一方面却又完全失掉了工农民众。而中国革命的前途在于无产阶级，"以无产阶级的斗争领导中国一

① 瞿秋白：《中国国民革命与戴季陶主义》，载季甄馥等主编：《中国近代哲学史资料选编》第4卷，上海社会科学院出版社1989年版，第34页。

② 瞿秋白：《中国国民革命与戴季陶主义》，载季甄馥等主编：《中国近代哲学史资料选编》第4卷，上海社会科学院出版社1989年版，第35—36页。

切被压迫民族的解放运动，是最适合于中国所需要的，同时也是合于世界社会所需要的革命政纲"，因此无产阶级的代表共产党人才是中国革命的领导者。要点三，戴季陶以为中国共产党利用了国民党的组织发展壮大自己，却又在适当时机分裂国民党。瞿秋白却认为中国共产党正是响应国民党主张"增加工农阶级成分"、"使其充分革命化"的组织原则，并看到其"三民主义的政治经济要求，能一部分地代表工农阶级的利益"的时候才加入国民党的，而在当下国民党日益反抗无产阶级的利益时毅然退出国民党的组织，以此诽谤中国共产党革命的利益主张实在是谬论。要点四，戴季陶中伤共产党人吸收国民党人加入C.P. 和 C.Y.。瞿秋白则严厉批评戴季陶掩盖了事实真相——"两年来的事实，只有 C.P. 同志在国民党中工作，努力替国民党增加了不少真实党员，其中有许多并没有进 C.P."，就此事实，瞿秋白质问戴季陶，国民党既要纯正的"三民主义"，驱除一切热衷于"阶级斗争"的异质思想，"又何必舍不得这些有阶级觉悟的分子都进入 C.P. 呢？"[①]

最后，瞿秋白总结了戴季陶主义的实质是资产阶级的民族主义，以国家或民族文化为所谓最高原则，其最终目的是要造成中国资本主义的帝国主义。瞿秋白认为戴季陶主义的"帝国主义论"表现出错误的思维逻辑，其将中国革命分为两部分，一部分是消灭中国资产阶级和世界资产阶级，之后"民族竞争"仍在继续，世界和平远未到来，这时便需要中国的正统伦理道德来解决"世界人口问题"。这恰恰是戴季陶主义的中国革命的真实目的。这哪里是无产者的世界大同，分明是造成一个新的帝国资产阶级压迫全世界的无产阶级的新趋向。

1925 年 8 月 30 日，陈独秀完成了《给戴季陶的一封信》，分次发表在《向导报》第 129—130 期上，主要就戴季陶排斥共产党的错误理论及其批评共产党的错误态度进行了回应。

陈独秀阐明了"阶级斗争和民族斗争并行"的辩证逻辑。戴季陶主义的"根本错误"就在于"只看见民族斗争的需要而看不见阶级斗争的需要"，陈独秀还认为，认识到阶级斗争的必要性，不但不是戴季陶所污蔑的"只见其齐不见其歧"的表现，相反正是对中国革命现实的真知灼见。西方资产阶级革命已经表明，无产阶级是革命中最重要的进步力量，他们是反对旧统治阶级最主要

---

① 瞿秋白:《中国国民革命与戴季陶主义》，载季甄馥等主编:《中国近代哲学史资料选编》第 4 卷，上海社会科学院出版社 1989 年版，第 36—40 页。

的革命动力，尽管他们是在造成与己对立的新的统治阶级。现时中国因帝国主义、封建军阀以及与之寄生的买办资产阶级和地主阶级的存在，"决不会有资产阶级的民族革命实现出来"。"在国民革命未有相当成功以前"，中国革命"当以工农群众的力量之发展与集中为正比例；而工农群众的力量，又只有由其切身利害而从事阶级的组织与斗争，才能够发展与集中"，故而，"在殖民地半殖民地主张停止阶级斗争，便是破坏民族争斗之主要的力量"。① 陈独秀认为，既要民族联合又要阶级斗争，决不是"空想"中的"矛盾现象"，而是符合了马克思主义的辩证逻辑。中国革命者"不但不能否认中国现社会已经有比从前更剧烈的阶级斗争这个事实，也不能否认中国民族争斗中需要发展阶级斗争这个矛盾的事实"②。

陈独秀揭露了戴季陶主义所谓"共信不立，互信不生；互信不生，团结不固"的假面目。假借孙中山的三民主义，戴季陶主义亦宣称国民党的共信只在于"对外谋求民族解放，对内谋求政治自由"。陈独秀认为共产主义的阶级斗争与三民主义在此一点上是完全一致的，共产党人的主张与国民党人的主张之间存在"共信"的基础，那么国民党便应肩负起组织联合统一战线的重担，同样，"于共信（即共同利害所产生的政治理想共同点）之外，便应该有别信（即各别阶级利害所产生的政治理想各别点）存在"。③ 事实上，基于"共信"的国民党无论在党内还是党外都陷入了"危机"，这正是他们坚持用"中心思想"拒斥其他主义的原因和结果。陈独秀认为，国民党党内尚且有戴季陶所谓的左派、右派难以"驯化"，党外又有如此之多同情农工、赞成阶级斗争情势的团体、分子，而戴季陶所谓的纯粹的"三民主义"竟没有多少群众基础，意欲假借阶级意识进行同化其他阶级的做法固然行不通，相反，阶级斗争确是以农工阶级的利益为基础的，因此必然会逐渐壮大自己以发展革命。陈独秀揭露了戴季陶主义敌视阶级斗争、破坏革命统一战线、发展资产阶级的民主主义的反革命本质。

---

① 陈独秀：《给戴季陶的一封信》，载黄枬森、庄福龄主编：《马克思主义哲学史教学资料选编》，北京大学出版社 1984 年版，第 1265—1266 页。

② 陈独秀：《给戴季陶的一封信》，载黄枬森、庄福龄主编：《马克思主义哲学史教学资料选编》，北京大学出版社 1984 年版，第 1264—1265 页。

③ 陈独秀：《给戴季陶的一封信》，载黄枬森、庄福龄主编：《马克思主义哲学史教学资料选编》，北京大学出版社 1984 年版，第 1267—1270 页。

恽代英是党内最早批判戴季陶主义的马克思主义者。[①]1925 年 8 月 8 日，恽代英在《中国青年》第 87 期上发表《读〈孙文主义之哲学的基础〉》，9 月 14 日又在该报第 95 期上发表《唯物史观与国民革命》，12 月 27 日在上海大学《中山主义》第 2 号上发表讲演辞：《孙中山主义与戴季陶主义》，此间还发表了其他一系列文章，对戴季陶主义进行了猛烈的批判，宣传了马克思主义的唯物史观。

恽代英批判戴季陶主义假借孙中山的三民主义实则歪曲三民主义。孙中山的三民主义内涵着"绝对的平等的思想"与"革命的精神"两部分内容，而戴季陶主义则完全丧失了革命的精神，以至于它的"平等"思想也蜕变成一阶级压迫另一阶级的自由思想。对于三民主义的文化观，恽代英批判了戴季陶鼓吹封建文化、反对阶级斗争的谬论。他认为，对待中国文化应该采取唯物辩证的态度，有利于社会进步的固然应该加以弘扬，阻碍社会发展、遗为历史陈迹的必须加以摒弃。他还说，由于中国文化与"民族革命的自信力没有什么必要的关系"，"革命的能力，发源于主义的信仰与群众的党的组织"，所以，"我们不应拿一国的文化来决定他的命运"。[②]

恽代英批判戴季陶误解了唯物史观、唯物史观与阶级斗争的关系以及阶级斗争与农工革命在国民运动中的关系。恽代英指出，唯物史观是学术界中"很普通的一种唯物的历史观察法——研究法"，其价值在于"对一切客观事实，作一综合的研究，以发见其一定的物质上之因果关系"。既然戴季陶也承认孙中山的三民主义是遵从了唯物史观，为何又说"争得一个唯物史观，却打破一个国民革命"呢？恽代英认为戴季陶真正是混淆了唯物史观与阶级斗争的关系，将两者混为一词，为着反对阶级斗争而反对唯物史观。唯物史观是历史的科学，那么阶级斗争难道不是历史的事实吗？恽代英批判戴季陶忽视了孙中山的"民生主义"的溯源——正是"阶级斗争在中国业已开始存在之明证"。孙中山的民生主义所谓"限制资本、平均地权"，"在一方面看来，固然可以说是要防止阶级斗争，以国家之力发达产业而使之集中；但在另一方面看来，实也无由于正在那里代了无产阶级向资产阶级作经济的斗争"，那么，"阶级斗争乃正是实现戴先生所说的为农工而奋斗的国民革命之必要的工具"，又如何能说"不

① 庄福龄主编：《中国马克思主义哲学传播史》，中国人民大学出版社 1988 年版，第 262 页。
② 参见李良明、钟德涛主编：《恽代英年谱》，华中师范大学出版社 2006 年版，第 280、288 页。

是革命者所应取的途径?"[1] 恽代英最后指出,"国民革命托生于唯物史观:唯物史观与国民革命并不相反,而且实属必要。……每个国民党员,都应以唯物史观为最高原则而训练农工阶级去革命!"[2]

第四节　中国共产党的成立和毛泽东思想的萌芽

马克思主义在中国的广泛传播与发展为中国共产党的成立奠定了思想条件。马克思主义一经介绍到中国,便被先进的知识分子接受、吸收,在中国大地上生根发芽,中国共产党正是在马克思主义思想光辉的普照下孕育而生。中国共产党成立后,先进的中国共产党人自觉地以马克思主义为指导,将其运用到指导中国革命的具体实践中,实现了马克思主义的中国化,产生了中国化马克思主义的伟大理论成果——毛泽东思想的萌芽。

一、马克思主义与中国共产党的创立

马克思主义在中国的传播,适应了中国革命的现实要求,而中国共产党的创立则是中国先进知识分子寻求救国之路、谋求社会进步的理论升华与实践结晶。将马克思主义与中国共产党联系起来的是这样一些人,他们一方面在中国最早接受、宣传、研究了马克思主义,另一方面又以马克思主义为精神信仰和思想指导,积极建立马克思主义研究团体、共产党早期组织,并最终创立共产党。李大钊、陈独秀、毛泽东、李达、瞿秋白、周恩来、恽代英等就是那些人中的优秀人物。

---

[1]　恽代英:《唯物史观与国民革命》,载北京大学哲学系现代中国哲学教研室、编译资料室编:《中国现代哲学史教学资料选辑》下册,北京大学出版社1988年版,第400—403页。

[2]　恽代英:《唯物史观与国民革命》,载北京大学哲学系现代中国哲学教研室、编译资料室编:《中国现代哲学史教学资料选辑》下册,北京大学出版社1988年版,第404页。

俄国十月社会主义革命的胜利开辟了人类历史的新纪元，极大地促进了全世界殖民地、半殖民地的民族解放事业。中国人民是经过俄国十月社会主义革命认识和接受马克思主义的，十月革命为中国人民送来了马克思列宁主义的思想武器，"十月革命帮助了全世界的也帮助了中国的先进分子，用无产阶级的宇宙观作为观察国家命运的工具，重新考虑自己的问题"。①

马克思主义真正传入中国并产生较大社会影响是在俄国十月革命以后。在此之前，"马克思"、"恩格斯"的名字以及他们的零星事迹已为国人知悉，然而，纵观这一时期马克思及其片段思想的译介，一是为着发展资产阶级民主思想，有利于在社会造成一个新的统治阶级——资产阶级，以为冲破帝国主义和封建主义的专制羁绊，造成历史思潮竞自由的活泼画面，譬如胡适、江亢虎、戴季陶等；二是为着谋求中国革命的正确道路、谋求被压迫阶级的解放，先期确立一种科学的指导思想和行动指南，譬如被历史证明了的中国的先进知识分子。这一时期马克思主义在中国的传播具有启蒙性质，是自发性的，并非以共产主义的世界大同为最终目标。是故，十月革命以前，马克思主义在中国并没有得到真正传播。理论一经与现实结合并产生巨大社会效应，才能被公认为是一种势力、一种进步；只有马克思主义的俄国化及其十月社会主义革命的胜利成果，才能够真正吸引中国的思想者与变革者。"唯物史观"、"劳农专政"、"阶级斗争"、"共产主义"、"社会主义"、"剩余价值"、"经济学说"等一时间成为中国先进知识分子中最时髦的话语，他们迫切需要将马克思主义从理论的武器改造为物质的武器，他们要为四万万同胞树立一种新的信仰，把社会各底层的无产者、少产者团结成为一种新的阶级力量。从1917年至建党前后，马克思主义的学说、共产主义的幽灵开始在中国大地上游荡，信仰共产主义的先进知识分子被中国社会公认为是一种势力，马克思主义在中国的传播已经由不知不觉转变为自觉自为的状态，论述和翻译马克思主义的著述大为增加，在内容上突出了理论与社会现象相结合的取向，在知识分子的"阶级区分"的过程中，涌现出一大批具有初步共产主义思想的知识分子。

马克思主义在中国的传播充分体现了实践性与理论性、革命性与科学性、应用性与学术性的结合。早期共产主义者首先集中地传播和介绍了马克思主义的唯物史观。唯物史观着重对于人类历史的更替、社会物质的和社会精神的历

① 《毛泽东选集》第4卷，人民出版社1991年版，第1471页。

史分析，对于中国革命的道路选择有着直接的现实意义。围绕着唯物史观，李大钊撰写了《我的马克思主义观》、《由经济上解释中国近代思想变动的原因》、《唯物史观在现代史学上的价值》、《唯物史观在现代社会学上的价值》，以及西方学者鲍丹、鲁雷、孟德斯鸠、韦柯、孔道西、圣西门等的历史思想。陈独秀在《新青年》第八卷四号上汇编了《关于社会主义的讨论》等文集。李达也翻译了《唯物史观解说》、《社会问题总览》等书，自日本寄回国内出版。

随着唯物史观的广泛传播，关于辩证唯物主义的宣传介绍愈发显得迫切、重要。中国共产党自觉地意识到应加深对马克思主义的哲学基础的认识与研究，瞿秋白较早地认识到早期马克思主义传播的历史局限，建党后，他在上海大学社会学系写作《社会哲学概论》、《现代社会学》两本小册子，集中介绍了辩证唯物主义，特别是唯物辩证法的基本原理。[①]

中国共产党成立的组织条件之一，是在各地建立了"共产党支部"或"共产党小组"，有计划、有组织地扩大马克思主义的研究和宣传，与各种反马克思主义思潮进行针锋相对的斗争，创办先进刊物，譬如《新青年》、《共产党》、《群报》等，介绍十月革命与苏俄农工专政的历史经验，评述国内外政治时事，紧密联系中国社会现象宣传马克思主义与唯物史观，努力宣传共产党人与无产阶级专政的政治主张。

中国共产党成立的组织条件之二，是培养了革命的工会组织，发展了工人运动，在无产阶级队伍中宣传了马克思主义，奠定了中国共产党的思想基础和阶级基础。1920 年夏季开始，具有初步共产主义思想的革命知识分子，在上海、北京、武汉、长沙、广州、济南等地建立了共产党早期组织，开始深入到工人群众中进行马克思主义的宣传教育和组织工作。他们大量创办工人刊物，譬如上海组创办了《劳动界》，广州组创办了《劳动者》，北京组创办了《劳动音》。1920 年冬至 1921 年上半年，在上海、北京、唐山等地产生了我国最早一批革命工会。

1921 年 7 月 23 日，中国共产党第一次全国代表大会在上海召开，最后一天的会议转移到浙江嘉兴南湖举行，宣告了中国共产党的成立，从组织上完成了建党的任务。"中国产生了共产党，这是开天辟地的大事变，深刻改变了近代以

---

① 参见赵德志、王本浩：《中国马克思主义哲学七十年（1919—1989）》，辽宁大学出版社1992 年版，第 3—4 页。

后中华民族发展的方向和进程，深刻改变了中国人民和中华民族的前途和命运，深刻改变了世界发展的趋势和格局。"① 中国共产党一经诞生，就把为中国人民谋幸福、为中华民族谋复兴确立为自己的初心使命。"中国产生了共产党，这是开天辟地的大事变，中国革命的面貌从此焕然一新。"② 中国共产党的成立不仅在实践上具有重大意义，而且在思想文化上形成了伟大建党精神。"中国共产党的先驱们创建了中国共产党，形成了坚持真理、坚守理想，践行初心、担当使命，不怕牺牲、英勇斗争，对党忠诚、不负人民的伟大建党精神，这是中国共产党的精神之源"。③ 1922 年党的第二次全国代表大会召开，制定了民主革命的最低纲领和最高纲领，阐明了民主革命的性质、动力、对象、前途，从思想上完成了马克思主义的无产阶级政党的创建。中国共产党是以马克思列宁主义为指导思想的无产阶级政党，它从诞生之日起，就十分注重自身的理论建设，坚持不懈地推动着马克思主义在中国的传播与本土化。

二、制定中国民主革命纲领

党的一大制定了《中国共产党的第一个纲领》，其规定如下：（1）革命军队必须与无产阶级一起推翻资本家阶级的政权。必须援助工人阶级，直到社会阶级区分消除的时候。（2）直至阶级斗争结束为止，即直至社会的阶级区分消除为止，承认无产阶级专政。(3) 消灭资本家私有制，没收和征用机器、土地、厂房和半成品等生产工具。（4）加入第三国际。党的一大纲领提出了无产阶级专政的革命路线，对未来社会主义和共产主义进行了前景设计，但对革命的过程、步骤未做出详细说明，表明这一时期中国共产党人还缺乏对于中国社会性质和革命性质的总体性认识。

中国共产党的第二次全国代表大会制定了民主革命的纲领，指出中国革命必须"分两步走"，这一战略是在中国共产党人结合世界革命形势，在对中国社会现状进行科学分析后主观努力的结果。对民主革命纲领的问世起到积极作

① 　习近平：《在庆祝中国共产党成立 100 周年大会上的讲话》，《人民日报》2021 年 7 月 2 日。
② 　《中共中央关于党的百年奋斗重大成就和历史经验的决议》（2021 年 11 月 11 日中国共产党第十九届中央委员会第六次全体会议通过），《人民日报》2021 年 11 月 17 日。
③ 　习近平：《在庆祝中国共产党成立 100 周年大会上的讲话》，《人民日报》2021 年 7 月 2 日。

用的因素主要有以下几个方面：

党的一大以后，马克思主义的传播事业得到迅速发展。《新青年》作为宣传马克思主义的前沿阵地，继续发挥着重大作用，直至 1922 年 7 月休刊。1921 年 9 月，中国共产党的第一家出版社——人民出版社成立，在随后的一年中便发行马克思主义书籍 36000 余册，其中包括《马克思全书》2 种，《列宁全书》5 种，《共产主义者丛书》5 种。1922 年年初，青年团北京地委机关刊物《先驱》创刊，后由北京迁至上海。1922 年 5 月 5 日，由中共中央发起在全国各地共产党小组、共产党支部举行纪念马克思诞辰 104 周年纪念大会。马克思主义的阶级组织——工人工会不断壮大。1921 年 8 月成立了党领导工人运动合法的公开的总机关——"中国劳动组合书记部"，出版机关刊物《劳动周刊》，在工人阶级队伍中宣传马克思主义，截至 1922 年 5 月共计印行 165000 份，对于提高党在工人群众中的威信、培养工人群众的阶级觉悟起到积极作用。①

列宁关于民族殖民地问题的理论和远东大会精神，对民主革命纲领的制定起到了催化剂作用。1922 年 1 月，远东各国共产党及民族革命团体第一次代表大会在莫斯科召开，中国共产党应共产国际邀请参加会议。此次会议对于中国共产党深入了解列宁的民族殖民地问题理论，正确认识中国社会性质和革命性质，起了积极的指导作用。列宁在《民族和殖民地问题提纲初稿》、《民族和殖民地问题委员会的报告》中提出以下思想：（1）马克思主义的基本原则。"在民族问题上也不应当把提出抽象的和形式上的原则当做主要之点，主要之点应当是：第一，准确地估计具体的历史情况，首先是经济情况；第二，把被压迫阶级、被剥削劳动者的利益，同笼统说的民族利益这样一种意味着统治阶级利益的一般概念，明确地区分开来；第三，把被压迫的、附属的、没有平等权利的民族，同压迫的、剥削的、享有充分权利的民族也明确地加以区分。"②（2）革命的领导者、主力军、同盟与革命任务的联系。一切民族殖民地运动必须同无产阶级紧密联系在一起，殖民地国家的无产阶级必须同最广大的农民建立巩固的联盟，应当与资产阶级民主派结成临时同盟，共同进行资产阶级的民

---

① 参见肖甡撰稿：《革命纲领：中国共产党第二次全国代表大会》，万卷出版公司 2008 年版，第 1—2 页。

② 《列宁专题文集 论资本主义》，人民出版社 2009 年版，第 252—253 页。

族民主革命，民族民主革命中无产阶级应当保持自身的独立性。（3）革命道路的灵活性。"农民苏维埃、被剥削者苏维埃这种手段不仅适用于资本主义国家，也适用于还保留资本主义前的关系的国家；无论在落后国家或者在殖民地，普遍宣传建立农民苏维埃、劳动者苏维埃这一思想是各国共产党和准备建立共产党的人责无旁贷的义务；只要是条件允许的地方，都应该立即进行建立劳动人民苏维埃的尝试。"①即是说，在资产阶级民族革命过程中，无产阶级要善于认清形势、把握机遇积极进行社会主义革命，实现无产阶级专政。

中国共产党重新审视中国社会形势和革命形势并作出正确的判断，是制定民主革命纲领的充要条件。1922 年 6 月，《东方杂志》第 19 卷第 15 号发表了陈独秀的《对于现在中国政治问题的我见》一文，陈独秀运用马克思列宁主义基本原理于中国社会和革命形势的分析，阐明了中国革命的性质，从而提出了彻底的反帝反封建的民族革命纲领。陈独秀首先分析了中国的经济状况和政治状况，指出："中国的阶级斗争不得不分为两段路程：第一段是大的和小的资产阶级对于封建军阀之民主主义的斗争，第二段是新起的无产阶级对于资产阶级之社会主义的争斗。"并对第一段斗争详加说明，"只有集中全国民主主义的分子组织强大的政党，对内倾覆封建的军阀，建设民主政治的全国统一政府，对外反抗国际帝国主义"，"才是目前扶危定乱的唯一方法"②。党的二大召开前夕发表的《对于时局的主张》进一步深化了这种思想，提出"继续辛亥革命"，"联合各阶级打倒帝国主义和军阀"的口号。

由陈独秀执笔的《中国共产党第二次全国代表大会宣言》（以下简称《宣言》）坚持了对第一次世界大战和十月革命后中国所处的国际环境的分析，指出："中国因为有广大的肥美土地，无限量的物产和数万万贱价劳力的劳动群众，使各个资本主义的列强垂涎不止：你争我夺，都想夺得最优越的权利，因而形成中国目前在国际上的特殊地位"，"帝国主义的列强在这八十年侵略中国时期内，中国已是事实上变成他们共同的殖民地了"。《宣言》深刻揭露了帝国主义的侵略和掠夺中国的实质，"历来帝国主义者的互竞侵略，变为协同的侵略"，"帝国主义的列强历来侵略中国的进程，最足表现世界资本帝国主义的本相"。《宣言》指明了中国革命所处的时代特点，"中国的反帝国主义的运动也

---

① 《列宁专题文集 论资本主义》，人民出版社 2009 年版，第 280 页。
② 《陈独秀文集》第 2 卷，人民出版社 2013 年版，第 271 页。

一定要并入全世界被压迫民族的民主革命潮流中，再与世界无产阶级革命运动联合起来，才能迅速地打倒共同的压迫者——国际资本帝国主义。中国劳苦群众要从帝国主义的压迫中把自己解放出来，只有走这条唯一的道路。"①

《宣言》具体分析了中国国内的政治经济形势与受压迫的劳动群众，主张建立民主联合战线。中国已然是半殖民地半封建社会，一方面，"帝国主义的列强既然在中国政治经济上具有支配的实力，因此中国一切的政治经济，没有不是受他们操纵的"；另一方面，"又因现尚停留在半原始的家庭农业和手工业的经济基础上面，工业资本主义化的时期还是很远，所以在政治方面还是处于军阀官僚的封建制度把持之下"。因此，"加给中国人民（无论是资产阶级、工人或农民）最大的痛苦是资本帝国主义和军阀官僚的封建势力"，现时中国革命的最直接的敌人是国际资本帝国主义和本国军阀。《宣言》分析了中国民主革命的动力，对中国各革命阶级进行了划分，提出无产阶级与一切革命阶级的联合的主张。"中国三万万农民，乃是革命中的最大要素。"三万万农民包括：（1）富足的农民地主；（2）独立耕种的小农；（3）佃户和农业雇工，去除富足农民和地主，贫苦农民占据总数的百分之九十五，只有无产阶级的工人队伍与贫苦农民"握手革命"，"那时可以保证中国革命的成功"。"新兴的中国资产阶级"，"已能结合全国的力量，反抗外国帝国主义和北京卖国政府"。《宣言》指出，新兴资产阶级处在"世界侵略的资本主义极大组织之下"，不能"自由发展和自由竞争而达独立的地位"，尽管"幼稚"，但"为免除经济上的压迫起见"，"一定要起来与世界资本帝国主义奋斗"，因而具有革命性。《宣言》还指出，"中国的智识阶级"、"小资产阶级"是跟随工业资产阶级进行民族革命反抗帝国主义的。至于"手工业者小店主小雇主"，"也是日趋困苦，甚至破产失业"，"也势必痛恨那拿痛苦给他们受的世界资本主义，加入到革命的队伍中来"。共产党人认识到必须建立无产阶级与资产阶级民主派的联合战线，团结一切受压迫的阶级势力，正如《宣言》指出的："我们无产阶级相信在现今的奋斗进行中间，只有无产阶级的革命势力和民主主义的革命势力合同动作，才能使真正民主主义革命格外迅速成功。"②

---

① 中共中央文献研究室、中央档案馆编：《建党以来重要文献选编（1921—1949）》第 1 册，中央文献出版社 2011 年版，第 122、127、128 页。

② 中共中央文献研究室、中央档案馆编：《建党以来重要文献选编（1921—1949）》第 1 册，中央文献出版社 2011 年版，第 128、131、132 页。

《宣言》与党的二大通过的各项决议案，以及中国民主革命纲领的制定，既贯彻了列宁的民族殖民地革命纲领，又符合中国国情的客观实际，是马克思列宁主义的基本原理与中国实际相结合的一次光辉典范。当然，由于受到社会历史条件和认识水平的限制，中国民主革命纲领没有规定中国民主革命的领导权，没有详细阐述中国民主主义革命向社会主义革命的过渡，没有论述无产阶级在中国民主革命中的具体任务，以及没有说明无产阶级革命突破民主主义革命的可能性。

三、毛泽东思想的萌芽

毛泽东，字润之（原作咏芝，后改润芝），湖南湘潭人。辛亥革命爆发后在起义新军中当兵半年。1914 年至 1918 年在湖南省第一师范学习。毕业前夕，他与蔡和森等人在长沙发起成立革命团体新民学会。为筹划新民学会会员赴法勤工俭学事，1918 年 8 月第一次到北京，同年 10 月由恩师杨昌济推荐入北大图书馆任助理员，开始接触马克思主义。在京期间，毛泽东接触到李大钊、陈独秀、胡适等人，1919 年 3 月离开北京，经上海返回长沙。1919 年五四运动爆发，消息一传到长沙，立即得到毛泽东和其他新民学会会员、进步学生的极大的响应。同年 7 月，湖南学生联合会出版了《湘江评论》周刊，毛泽东担任主编。次年 7 月，毛泽东在长沙创办《文化书社》，发起组织俄罗斯研究会，宣传唯物史观，开始筹建中国共产党的活动。1921 年 7 月，毛泽东出席中国共产党建党的第一次全国代表大会，会后任中共湘区委员会书记，领导长沙、安源等地工人罢工。1923 年 6 月，出席中共三大，当选为中央执行委员，参与领导中央工作。国共合作后，在国民党第一、二次全国代表大会上均当选为候补中央执行委员，曾任国民党中央宣传部代理部长，主编《政治周报》。1926 年 11 月毛泽东任中共中央农民运动委员会书记。1927 年 9 月领导秋收起义，接着率领起义部队上井冈山，开展游击战争，发动土地革命，建立第一个农村革命根据地，开创了农村包围城市、最后武装夺取全国政权的革命道路。1931 年 11 月中华苏维埃共和国临时中央政府在江西省瑞金成立，毛泽东被选为中华苏维埃共和国主席。以王明为代表的"左"倾冒险主义者反对毛泽东关于中国革命和中国革命战争的正确主张，在他们进入中央革命根据地后，便将毛泽东排斥于党中央和红军的领导集体之外。1935 年 1 月，中央政治局在长征途中举行遵义会议，事实上确立了毛泽东同志在党中央和红军的领导地位。毛泽东从 1936 年 12 月起开始担任中共中央军委主席，1943 年 3 月被选为中共中央政治局主席，从 1945 年七届一中全会起，一直担任中共中央主席。

毛泽东是中国共产党、中国人民解放军（人民军队）、中华人民共和国的主要缔造者（创始人）和领导人，伟大的无产阶级革命家、战略家、理论家。当然，青年时期毛泽东同当时的其他先进分子一样，是经受了五四时期革命风暴的洗礼，借鉴俄国十月革命经验，才从纷繁复杂的诸多思想学说中选择了马克思主义，成为坚定的马克思主义者的。在长沙求学期间，毛泽东还是一个积极追求进步的资产阶级革命民主主义者。

（一）毛泽东的《民众的大联合》

1919 年 7 月 21 日《湘江评论》第 2、3、4 期连续刊发了毛泽东的《民众的大联合》一文，文中毛泽东热情讴歌了十月革命，抨击流弊，指出现时代"中华民族原有伟大的能力"必将爆发，"压迫愈深，反动愈大，蓄之既久，其发必速"，故而中华民族的崛起必然实现，"他日中华民族的改革，将较任何民族为彻底，中华民族的社会，将较任何民族为光明"①。

毛泽东宣传俄国的十月社会主义革命，赞成俄国的劳农专政。毛泽东分析了古今中外的"民众的大联合"情势，认为凡一次"民众的大联合"定然引起社会的变动。况且封建王朝、西方世界的社会变动，并不是多数人的联合所引起的，而是由少数人的联合引发的，那么，如若实现真正的"大多数人的联合"（"民众的大联合"），又将会引起怎样的变动？毛泽东反思了辛亥革命的性质，认为它是由少数人联合的革命，不符合社会大多数人的共同利益，指出："辛亥革命，似乎是一种民众的联合，其实不然。辛亥革命乃留学生的发踪指示。哥老会的摇旗唤呐，新军和巡防营一些丘八的张弩拔剑所造成的，与我们民众的大多数毫无关系。"在毛泽东看来，唯有十月革命才是真正的"民众的大联合"的结果，他指出，"世界战争的结果，各国的民众，为着生活痛苦的问题，突然起了许多活动。俄罗斯打倒贵族，驱逐富人，劳农两届合立了委办政府，红旗军东施西突，扫荡了多少敌人，协约国为之改容"，不仅"民众的大联合"

---

① 中共中央文献研究室、中共湖南省《毛泽东早期文稿》编辑组编：《毛泽东早期文稿》，湖南人民出版社 2008 年版，第 394 页。

以大多数人的同盟反抗少数人而得着革命的胜利，而且十月革命以"民众的大联合"的经验向外传播，造成了世界范围内的"许多活动"，西方世界"匈牙利崛起，布达佩斯又出现了崭新的劳农政府。德人奥人捷克人和之，出死力以与其国内的敌党搏战"；贯之中国，"异军突起，更有中华长城渤海之间，发生了'五四'运动。旌旗南向，过黄河而到长江，黄浦汉皋，屡演活剧，洞庭闽水，更起高潮"①。

（二）从革命民主主义者向马克思主义者的转变

1921 年前后，毛泽东完成了从民主主义者向马克思主义者的转变。1919年 12 月到次年 7 月，毛泽东因率驱张（敬尧）代表团第二次到北京以及在返回湖南途中于上海停留期间，进一步系统地接受和传播马克思的唯物史观。他阅读了《共产党宣言》等马克思主义著作，并同在上海的陈独秀讨论阅读马克思著作的心得和在湖南开展革命活动等问题。他后来回忆说，到了 1920年夏天，在理论上，而且在某种程度的实际上，他成了一个马克思主义者。回湖南后，他在传播马克思主义和新文化运动方面做了很多工作，为这一时期唯物史观的传播作出了积极的贡献。②1920 年夏，毛泽东在长沙创办"文化书社"，并在湖南其他地市设立分社，在宣传马克思主义和推广新文化运动方面发挥了极其重要的作用。随后，毛泽东与何叔衡等发起组织"俄罗斯研究会"，在青年学生中研究世界社会主义革命的先进经验，曾组织"改造中国与世界"的专题研讨会，对各种社会思潮发表了唯物主义的论见。在与蔡和森的信中，毛泽东着重谈论了"改造中国与世界"的方法问题，对无政府主义的社会思潮进行了批判，主张通过无产阶级专政的暴力革命建设社会主义。毛泽东赞同蔡和森的主张："认清社会主义为资本主义的反映，其重要使命在打破资本经济制度，其方法在无产阶级专政"，"以为应用俄国式的方法去达到改造中国与世界，是赞成马克思的方法的"；毛泽东还指出萧子升的主张是倾向于无政府主义的，其"颇不认俄式——马克思式——革命为正当，而倾向于无政府——蒲鲁东式——之新式革命，比较和而缓，虽缓然和"。

---

① 中共中央文献研究室、中共湖南省《毛泽东早期文稿》编辑组编：《毛泽东早期文稿》，湖南人民出版社 2008 年版，第 390 页。

② 庄福龄主编：《中国马克思主义哲学传播史》，中国人民大学出版社 1988 年版，第 144 页。

此时，毛泽东尝试从民国教育的现状去分析中国社会的道路选择，断然不能取改良主义与无政府主义，他说，"对于绝对的自由主义，无政府的主义，以及德谟克拉西主义，依我现在的看法，都只认为于理论上说得好听，事实上是做不到的"[1]。毛泽东还赞同学习苏俄劳农专政，"以为先要组织共产党，因为它是革命运动的发动者，宣传者，先锋队，作战部"，这为毛泽东的建党思想奠定了基础。1921 年 1 月 21 日，毛泽东给蔡和森的回信中，开篇直言"唯物史观是吾党哲学的根据"，"你这一封信见地极当，我没有一个字不赞成"，指明中国革命必须是马克思主义的唯物史观为指导的，由共产党领导的无产阶级革命。[2] 此时，毛泽东已经由一个革命民主主义者转变为共产主义者。

（三）唯物史观与毛泽东思想的萌芽

毛泽东在成为一个马克思主义者之后，就立即深入到中国革命的实践中。《中国社会各阶级的分析》、《湖南农民运动考察报告》就是毛泽东把马克思主义普遍真理与中国革命的具体实践相结合取得的最初成果，它们集中体现了党内的正确意见，融进毛泽东本人的思考，代表着毛泽东思想的萌芽。[3]

1925 年毛泽东写作《中国社会各阶级的分析》，是为反对当时党内存在着的两种倾向而写的。第一种倾向是以陈独秀为代表的右倾机会主义，只注意同国民党合作，忘记了农民；第二种倾向是以张国焘为代表的"左"倾机会主义，只注意工人运动，同样忘记了农民。不同的倾向代表着中国革命的不同命运，无论哪一种倾向都将对中国革命造成不可估量的损失，引导中国的民主主义革命走向歧途，带来无产阶级革命的挫折而造成一个完完全全的新兴资产阶级的国家。这是对无产阶级的革命领导权的背叛，是对革命民主主义的民众联合战线的彻底背叛，是对苏俄劳工专政的彻底背叛，是对世界无产阶级总体性事业的彻底背叛。1927 年发生的事变，证明了这一点。

《中国社会各阶级的分析》开篇直言："谁是我们的敌人？谁是我们的朋友？这个问题是革命的首要问题。"马克思列宁主义的民族殖民地问题理论是分析

---

① 中央文献研究室编：《毛泽东书信选集》，中央文献出版社 2003 年版，第 3 页。

② 中央文献研究室编：《毛泽东书信选集》，中央文献出版社 2003 年版，第 6 页。

③ 梁树发主编：《马克思主义史》第 3 卷，人民出版社 1996 年版，第 309 页。

中国社会和革命问题的指南，必须用马克思主义的基本原理实事求是地分析现实的中国社会各阶级，才能形成真正有效的革命民主联合战线。毛泽东指出，"中国过去一切革命斗争成效甚少，其基本原因就是因为不能团结真正的朋友，以攻击真正的敌人"，"革命党是群众的向导，在革命中未有革命党领错了路而革命不失败的。我们的革命要有不领错路和一定成功的把握，不可不注意团结我们的真正的朋友……不可不将中国社会各阶级的经济地位及其对于革命的态度，作一个大概的分析"①。

依据社会各团体的经济地位划分中国社会各阶级及其对待革命的态度，体现了毛泽东对马克思主义唯物史观的具体运用。中国社会大体包括地主阶级和买办阶级、中产阶级、小资产阶级、半无产阶级，以及无产阶级，此外还有游民无产者、失了土地的农民和失了工作机会的手工业工人等。地主阶级和买办阶级代表中国最落后的和最反动的生产关系，阻碍中国生产力的发展，和中国革命的目的完全不相容，始终站在帝国主义一边，是极端的反革命派。中产阶级代表中国城乡资本主义的生产关系，他们在受到外资打击、军阀压迫感觉痛苦时，会参加革命的民众联合战线；但在当着革命有本国无产阶级的勇猛参加，在国外有国际无产阶级的积极援助，对于其欲达到大资产阶级地位的阶级的发展感觉到威胁时，他们又怀疑革命，他们对于中国革命具有矛盾的态度。小资产阶级都是小生产的经济，包含三个不同的部分，一部分是有余钱剩米的，总想爬上中产阶级地位，是小资产阶级的右翼，对革命持怀疑的态度；一部分在经济上大体上可以自给的，是小资产阶级的中间派，对革命采取中立的态度；还有一部分是生活下降的，是小资产阶级的左翼，"这种人在革命运动中颇要紧"②。半无产阶级包含：（一）绝大部分半自耕农，（二）贫农，（三）小手工业者，（四）店员，（五）小贩等五种。绝大部分半自耕农和贫农是农村中一个数量极大的群众，所谓农民问题主要就是他们的问题，半自耕农、贫农和小手工业者所经营的都是更细小的小生产的经济。他们是工人阶级的同盟军。工人阶级是革命的主力军。

《湖南农民运动考察报告》是毛泽东1927年2月16日给中共中央写的一篇考察报告，同年3月28日发表于《中央副刊》第7号。《湖南农民运动考察

---

① 《毛泽东选集》第1卷，人民出版社1991年版，第3页。

② 《毛泽东选集》第1卷，人民出版社1991年版，第6页。

报告》运用了唯物史观的阶级分析的方法，是对《中国社会各阶级的分析》的延续和深化。《中国社会各阶级的分析》提出，与工人阶级一样，农民阶级也是中国革命中最坚定和最忠诚的力量，而基于具体的中国国情、社情，农民问题又最为突出。1926年9月，毛泽东在《国民革命与农民运动》一文中正式提出，农民问题是中国民主革命的中心问题，国民革命没有农民参加和拥护，就不会成功。这也就为《湖南农民运动考察报告》的问世提供了理论依据。

1924年国共两党实现合作以后，农民运动蓬勃兴起，革命形势迅速发展。1926年7月，开始了反对北洋军阀和帝国主义的北伐革命战争。随着革命运动的深入发展，国民党右派极力限制、诋毁共产党领导下的农民运动，以此分裂民族联合统一战线，篡夺中国民族民主革命的领导权。以陈独秀为代表的党内右倾机会主义势力，忽视农民运动的阶级基础与革命力量，从形式上破坏了民族革命的联合战线，从内容上破坏了民族民主革命内涵的社会主义革命性质的组成部分，实质上损害了无产阶级革命的阶级基础，事实上断送了共产党对民族民主革命的领导权。

毛泽东较早地开展了农民运动调查工作，尤其是五卅运动之后到1926年间，他深入农村做了大量的实地研究。《湖南农民运动考察报告》就是这一调查研究的辉煌成果。

中国的男子普遍受着国家系统、家族系统以及神权系统三种权力的支配，中国的女子除此以外还多受着夫权的支配。毛泽东认为，政权、族权、神权、夫权代表了全部封建宗法的思想和制度，是束缚中国人民特别是农民的四条极大的绳索。封建地主政权是中国政权系统的根基，中国农民直接承受地主的政权的压迫。进一步，毛泽东指出，"地主政权，是一切权力的基干"。地主政权只要稳定，族权、神权、夫权就会稳定，全部封建宗法的思想和制度就会稳固；相反，"地主政权既被打翻，族权、神权、夫权便一概跟着动摇起来"。[①]因此，毛泽东认为，农民想要政治上、经济上、文化上的独立自主，必须首先推翻地主政权。

"推翻地主武装，建立农民武装"。毛泽东认为，农民要想推翻地主政权，必须拥有自己的武装，以农民武装作为推翻地主武装的工具，然后才能夺得县政治，建立真正意义上的农民协会。他还分析了湖南湘乡、湘潭、醴陵、衡山

---

① 《毛泽东选集》第1卷，人民出版社1991年版，第31页。

等县的政治状况，在这些地方，"（一）凡事取决于县长和革命民众团体的联合会议"。"（二）承审员没有案子。""（三）警备队、警察、差役，一概敛迹，不敢下乡敲诈。"换句话说，县政治必须农民起来才能澄清，并且在农民势力极盛的县，农民协会说话是"飞灵的"，而要想农民"说话飞灵"，只有"在地主权力被农民权力完全打下去了的时候"①。

　　毛泽东阐述了农民运动与农民协会的性质。农民是农民运动的主力军，他们的敌人或"主要攻击目标是土豪劣绅，不法地主，旁及各种宗法的思想和制度，城里的贪官污吏，乡村的恶劣习惯"。毛泽东高度赞扬农民运动在推翻几千年封建地主特权中的作用，称其"好得很"。它不仅直接动摇了封建专制政治的基础——"宗法封建性的土豪劣绅、不法地主阶级"，还间接摧毁了"帝国主义、军阀、贪官污吏的墙脚"。毛泽东还说，孙中山先生致力国民革命凡四十年，正是要打翻这个封建势力，所要做而没有做到的事，农民在几个月内便做到了。是农民而且仅是农民，才真正实现了国民革命的目标。毛泽东指出，农民运动有着无产阶级暴力革命的一般性质，"是农民阶级推翻封建地主阶级的权力的革命"②，为此，需要在农村中"鼓动成千成万的群众""形成一个大的力量"，否则，"决不能推翻几千年根深蒂固的地主权力"③。农民协会是农民运动后为稳固农村政权而设的权力机关，尽管在发展之初还没有明确的政党性质和组织机构，但是，它却是几千年来农民组织起来、向着封建主义开炮的真正第一步。毛泽东尖锐地批评了国民党右派对农民运动与农民协会的污蔑——他们以为"农民运动是痞子运动，是惰农运动"，同时批评少数共产党人对农民运动的轻视、非议，认为农民运动"过分"，毛泽东恰恰以为"矫枉必须过正，不过正不能矫枉"，"要终结旧的封建秩序，必须用群众的革命方法，而不是用修正的——改良的方法"。毛泽东最后得出结论，"阻碍农民运动的兴起，其结果破坏了革命，我们不能不坚决地反对"④。

　　政治是革命的先导，经济是革命的基础。毛泽东指出，先要在"政治上打击地主"，同时还要在"经济上打击地主"。他列举了农民打击地主的政治形式，譬如清算、罚款、捐款、小质问、大示威、戴高帽子游乡，以及关进监狱、驱

① 《毛泽东选集》第1卷，人民出版社1991年版，第28、30、31页。
② 《毛泽东选集》第1卷，人民出版社1991年版，第14、15、17页。
③ 《毛泽东选集》第1卷，人民出版社1991年版，第17页。
④ 《毛泽东选集》第1卷，人民出版社1991年版，第17、18、42页。

逐、枪毙，等等。同时，毛泽东还指出了经济上对地主的制裁措施：（一）不准谷米出境，不准抬高谷价，不准囤积居奇；（二）不准加租加押，宣传减租减押；（三）不准退佃；（四）减息。毛泽东认为，只有实现了政治上的完全打击，建立农民政权，才能够获得经济上的话语权，否则，农民运动必将失败，农民协会必将失效。这是对苏俄十月社会主义革命的经验阐释及运用。

《湖南农民运动考察报告》将苏俄十月社会主义革命的经验运用于中国农民运动的分析，自始至终贯穿了唯物史观的基本原理。

第八章　农村包围城市革命道路理论与 毛泽东哲学思想的形成

　　从 1927 年大革命失败，到 1937 年全民族抗日战争爆发，是中国共产党领导的土地革命时期。十年间，中国马克思主义的发展在错综复杂的局势中艰难推进，有反复的思考，有失败的痛苦，有流血的代价，有历史性成就，在马克思主义发展史和国际共产主义运动史上树立了一个又一个丰碑。这一时期，中国的马克思主义者一方面以马克思主义的世界观和方法论为指导，独立自主地解决中国的革命问题，从客观的、现实的层面推进马克思主义中国化；另一方面努力学习和研究马克思主义，用马克思主义的世界观、方法论分析中国的社会性质，解释中国的革命实践，批判各种非马克思主义思潮，提高中国共产党的马克思主义理论素养，从理论的、文化的层面展开马克思主义中国化。从时间轴上看，马克思主义在理论层面的中国化和在实践层面的中国化是紧密结合、相互促进的同一过程。在这个过程中，中国共产党人对马克思主义普遍真理的理解能力、运用能力逐步提高，把中国革命经验马克思主义哲学化的自觉性逐步增强，不仅形成了农村包围城市的中国特色革命道路理论，而且形成了毛泽东哲学思想，实现了中国革命经验的首次哲学升华，为马克思主义中国化的第一次伟大飞跃作了系统的哲学奠基。其间，无论是在实践方面，还是在理论方面，毛泽东都是实事求是、独立自主、勇于创新的最杰出代表。

第一节 20世纪二三十年代关于中国社会性质的大论战

1927年大革命失败，对中国共产党人乃至中国思想界来说，革命局势是急切的，也是迷茫的。中国共产党内许多理论家开始从学理层面展开对中国革命道路的探索，他们运用苏联特色的马克思主义社会历史理论，围绕着中国究竟要选择一条什么样的革命道路的问题展开了激烈的争论。这场党内争论很快引向社会争论，而且在广度和深度上不断推进，这就是20世纪二三十年代中国思想界关于中国社会性质的大论战。这场大论战，不仅在具体内容和具体观点上推动着中国革命道路理论的形成，更是在哲学方法论上提出了"什么才是真正的马克思主义"、"应该怎样对待马克思主义"的问题，推动着马克思主义中国化的发展。

一、大论战爆发的历史必然性

20世纪二三十年代中国思想界大论战的发生，有其必然性。从思想史的角度看，它是马克思主义在中国进一步传播和运用的逻辑必然。从中国本身的社会存在来看，帝国主义的入侵造成了近代中国错综复杂的社会关系，社会关系的这种复杂性必然会在人们头脑中反映出来。从中国革命史的角度看，中国革命道路的选择要求认识中国社会的复杂性，大革命的失败又加剧了这一要求的紧迫性。从中国共产党同共产国际、苏联共产党的关系来看，大论战的发生又同共产国际、苏联共产党内部分歧密不可分。

（一）马克思主义在中国进一步传播的逻辑必然

如本卷第七章所述，新文化运动是一个不断发展的过程，表现为中国进步知识分子从最开始对西方民主与科学的崇尚，转为对马克思主义唯物史观的接受和宣传。经过20世纪20年代的社会主义论战和科玄学关系论战，第一，马克思主义在与各种自由主义、社会改良主义的同台亮相、公开竞赛中，扩大了自身在中国思想界的影响。第二，马克思主义在对科学与玄学关系的分析和解释中、在对社会进化的必然性和科学性的强调中，积累了自身在中国思想界的更多威望。第三，这场论战推动着一批有责任有担当的中国青年知识分子朝着马克思主义的大道迅跑，培养了包括毛泽东、蔡和森、周恩来、李立三等在内的一批马克思主义者，获得了它与中国实际相结合的最初实践主体。这些都表明，从欧洲出发，取道苏俄的共产主义"幽灵"，已经徘徊到了中国的土地上。

随着中国共产党的成立，特别是经历了大革命的洗礼之后，来自西方的共产主义"幽灵"，开始寻求在中国的生长点，以完成其从"解释世界"到"改变世界"的转向、从"幽灵"到实际运动的转变。作为一种社会理论，马克思主义要在中国这片古老的土地上寻找到一个合适的生长点，就不得不先认清这片土地的社会性质，这是马克思主义在中国传播进一步升级的内在逻辑要求。

（二）中国社会关系的复杂性在人们思想中的反映

中国是一个有着几千年封建社会历史的国家，封建社会内部商品经济的发展，虽然孕育出了其自身的否定因素——资本主义生产关系的萌芽，但是直到 1840 年鸦片战争前，自然经济都是社会经济的主要形式，地主阶级和农民阶级的矛盾都是社会的主要矛盾。1840 年鸦片战争后，外来资本主义的强制性入侵，一方面，起到了瓦解中国自然经济基础、促进中国资本主义发展的作用；另一方面，外国资本的强大和自私自利本性，又严重阻碍了中国民族资本主义的发展。这就造成了中国"不仅苦于资本主义生产的发展，而且苦于资本主义生产的不发展"① 的状态。这种状态反映到中国思想界，就产生了帝国主义究竟是推动了中国经济发展，还是阻碍了中国经济发展的困惑。

另外的一个困惑就是，中国是一个由多个帝国主义统治的国家，这种统治又不是直接统治，而是间接统治。为了实现在中国的间接统治，各帝国主义在中国的封建势力中扶持自己的代理人，于是就形成了帝国主义同已经被自己冲击成封建残余的封建政治力量相互勾结的奇怪现象。这些得到扶持的封建残余一时间又焕发出极强的压迫性，并为了各自的宗主国利益和自身利益相互争

---

① 《马克思恩格斯文集》第 5 卷，人民出版社 2009 年版，第 9 页。

斗，造成了军阀割据的混乱局面。这种混乱的局面反映到中国思想界，就产生了中国到底是封建社会，还是资本主义社会的迷茫。

（三）中国革命运动的急切需要

1921 年 7 月，中国共产党召开第一次全国代表大会，会议就政治形势、党的基本任务、党的章程、党组织发展等问题进行讨论，"在这些问题的讨论中间，对于党的基本任务与组织原则曾经发生过严重的争论"①。发生严重争论说明当时中国共产党在确定自身的基本任务时是难以决议的，这就暴露出当时的中国共产党人对中国社会性质还没有清晰认识，甚至还没有把它作为一个前提性问题提出来讨论。

1922 年春，中国共产党代表参加了共产国际的远东代表会议，会议通过了《关于民族与殖民地问题决议》，并要求所有的参会者都必须弄清楚民族革命和工人运动之间的关系。这才促使中国共产党的代表开始意识到，想要确定中国革命的基本任务，就必须先认清中国社会的性质。这一认识在 1922 年 7 月召开的中共二大中得到了体现。二大发表了《中国共产党第二次全国代表大会宣言》，着重分析了中国的社会性质，指出中国是一个半殖民地半封建的社会，并根据这一社会性质确定了党的最高纲领和最低纲领。然而，由于理论水平和实践经验的限制，年幼的中国共产党没能形成一个"半殖民地半封建"的完整认知，也没能真正确定一个适合中国社会性质的行动方案。

从接下来中共三大作出了建立国共统一战线的决定、四大提出了无产阶级革命领导权的问题来看，中国共产党对中国社会性质的认识又向前迈进了一步。同时我们也注意到，由于中国共产党人对中国"半殖民地半封建"的复杂性和敌人力量之强大缺乏足够的认识，所以直到大革命失败前夕召开的五大，无产阶级掌握武装力量这一问题仍然是被忽视的。

1927 年大革命失败，把一个"中国向何处去"的问题提了出来。革命任务是否已完成？中国是否还要继续革命？要进行什么性质的革命？怎样进行革命？这些都是关涉中国革命前途和命运的重大理论问题。而正确回答这些问题，又必须弄清一个理论前提，那就是中国社会性质问题。因为社会性质决定

①　陈潭秋：《第一次代表大会的回忆》（1936 年），转引自黄一兵等编著：《大决策：中国共产党历次全国代表大会探踪》，人民出版社 2012 年版，第 3 页。

革命性质，而革命性质又决定革命的领导权、革命的对象和任务、革命的目标等一系列基本问题，这是"整个财富领域对政治领域的关系"① 问题。这样，对中国社会性质的理性分析就成为一个再也不能回避的理论问题。

（四）共产国际和苏联共产党内部在中国问题上分歧的影响

这场大论战发生的背后，还有一个不容忽视的原因就是共产国际和苏联共产党的影响。中国共产党是在共产国际的指挥下进行革命的，而共产国际又是由苏联共产党来主持的。中国共产党人在分析中国社会性质时，都是用的苏联马克思主义为世界观方法论指导。苏联马克思主义，本身又分为不同的传统。在列宁去世后，又分为斯大林派和托洛茨基派，恰好中国社会性质和中国革命问题还是两派争论的焦点之一。

早在大革命还处于高潮时期，共产国际对中国社会性质以及中国革命问题就有两种不同的观点：一是以斯大林、布哈林等为代表的"多数派"观点；二是以托洛茨基、季诺维也夫、拉狄克（1885—1939）等为代表的"少数派"观点。前者认为中国是半封建半殖民地社会，中国革命的任务是反帝反封建的民权革命；后者认为中国已经是一个资本主义占绝对优势的国家，封建主义压迫虽然仍然存在，但已经是"残余"，中国资产阶级民主革命已经完成。共产国际和苏联共产党内关于中国问题的争论，直接引发了大革命失败后中国共产党内的相关争论。

1928 年 7 月，直接受斯大林影响的中共六大在莫斯科召开，着重讨论了中国的社会性质和革命任务问题。大会认为，中国虽然有了资本主义的一定程度的发展，但中国土地关系的封建残余性，决定了中国社会的半封建性质，所以中国正处在由封建主义向资本主义过渡的阶段，而不是由资本主义向社会主义过渡的阶段。然后，大会又根据中国的封建残余同帝国主义之间的联系，确定了中国社会的半殖民地性质。最后，大会根据中国半封建半殖民地的社会性质，规定了中国革命的主要任务是反帝国主义和封建主义的双重任务。中共六大关于中国革命的性质、革命的动力、革命的前途以及革命的策略方针等决议正是上述精神的体现。毛泽东后来所说的，六大对"红旗到底能打多久"的问题作了答复，为中国革命的发展奠定了理论基础，也正是从这个意义上而言的。

---

① 《马克思恩格斯文集》第 1 卷，人民出版社 2009 年版，第 8 页。

1928—1929 年，托洛茨基连续写了《中国革命的总结和前瞻》、《共产国际六次大会后的中国问题》、《中国的政治状况和反对派（布尔什维克列宁派）的任务》三篇文章，认为中国资产阶级民主革命已经完成，目前已经进入了政治安定和经济复兴时期，革命已经遥遥无期。几乎与此同时，陈独秀也先后三次致信中共中央，认为大革命已经完成了资产阶级民主革命的任务，中国已经是资本主义社会且尚未具备无产阶级革命的条件，中国共产党人现在要做的不是继续革命，而是等待新革命时机的成熟。陈独秀的观点和托洛茨基派的观点基本一致，这就是所谓的"托陈取消派"。陈独秀的来信让中国共产党意识到，对中国社会性质，除了从政治上作出决议外，还必须从学理上说服人。1929 年 12 月，李立三写了《中国革命的根本问题》一文，并于次年 3 月开始在中共中央机关刊物《布尔塞维克》上发表，论证中共六大政治路线的正确性，批判"托陈取消派"的错误，拉开了党内关于中国社会性质大争论的序幕。因为国共合作的破裂不仅是关乎国共两党命运的事情，也是关乎中国命运的大事，于是其他社会知识分子纷纷加入争论。又以党外陶希圣（1899—1988）发表《中国社会到底是什么社会?》一文为直接导因，把中共党内的讨论引向社会，由此拉开了整个中国思想界的大论战序幕。

二、大论战的基本派别和主要内容

20 世纪二三十年代大论战，从 1928 年开始，到 1938 年结束，历时十年。论战主题由中国社会性质问题开始，然后引申出中国社会史问题，再深入到中国农村社会性质问题。论战参与的派别众多、观点纷呈。主要有"新思潮派"、"动力派"、"新生命派"、"中国农村派"和"中国经济派"。除此之外还有一些中间派。

（一）参与大论战的基本派别

1."新思潮派"、"动力派"和"新生命派"

"新思潮派"因以中共中央宣传部文化工作委员会通过创造社 1930 年 4 月创办的《新思潮》杂志为主要阵地而得名，由中国共产党直接领导，带有苏联斯大林"多数派"对中国问题的回声。主要代表人物有潘东周（1906—1935）、王学文（思云）（1895—1985）、李一氓（1903—1990）、刘苏华（生卒年不详）、张闻天（刘梦云）（1900—1976）、瞿秋白、何干之（杜鲁人）（1906—1969）、沈泽民（1902—1933）等。1930 年 7 月《新思潮》杂志被当局查封，之后"新思潮派"又以中共中央机关刊物《布尔塞维克》《读书杂志》为阵地继续战斗，反驳"动力派"、"新生命派"和其他中间派的观点。其间相继成立了左翼作家联盟和中国社会科学家联盟。"新思潮派"认为中国仍然是封建社会，又因帝国主义的入侵而具有了半封建半殖民地的性质，中国革命任务是反帝反封建。

"动力派"因以 1930 年 7 月严灵峰（1903—1999）等人创办的《动力》杂志为论战主阵地而得名，受陈独秀的影响，带有明显的苏联托洛茨基"少数派"观点的回声。代表人物有严灵峰、任曙（生卒年不详）、刘静园（刘仁静）（1902—1987）、李季（生卒年不详）等。"动力派"内部会互相攻击对方误读了托洛茨基的马克思主义，会有某些意见分歧，但他们共同点是都坚持认为中国民主革命已经完成，中国已经是资本主义社会，中国目前应该等待无产阶级社会主义革命时机的成熟。

"新生命派"因以 1928 年 1 月陶希圣、周佛海（1897—1948）等人在上海出版的《新生命》杂志、成立的新生命书局为依托而得名，从党性上看属于中国国民党右派的一个理论派别。代表人物是陶希圣、周佛海、梅思平（1896—1946）等。"新生命派"的宗旨是研究建设计划，介绍和批评各国的学说制度，并在此基础上阐明三民主义的理论，发扬三民主义的精神。他们关于中国政治问题的发声也涉及中国社会性质问题而实际地参与了这场思想大论战。

2."中国农村派"和"中国经济派"

"中国农村派"因以 1934 年 10 月创办的《中国农村》杂志为主要阵地展开关于中国农村社会性质的论战而得名。20 世纪二三十年代中国广大农村遭遇天灾，面临前所未有的危机，使中国农村问题异常突出，成为中国社会性质论战中广受关注的问题。以陈翰笙（1897—2004）为首的一批爱国青年，组织成立了"中国农村经济研究会"，创办《中国农村经济研究会会报》（内刊）和《中国农村》（外刊），以马克思主义为指导，从理论和实践上研究中国农村经济关系，寻找压迫中国农民的原因。"中国农村派"基本上由出身农村、绝大多数未受过高等教育的爱国青年组成，主要成员有陈翰笙、钱俊瑞（1908—1985）、薛暮桥（1904—2005）、冯和法（1910—1997）、李紫翔（1902—1979）、毕相辉（1905—1947）等。

"中国经济派"因以 1933 年创办的《中国经济》为主要阵地与"中国农村派"对峙而得名。《中国经济》是由南京政府中国经济研究会创办的理论刊物，其撰稿人大多为大学教授，基本上是在"动力派"思想的框架内对中国农村经济问题发声。主要成员有王宜昌（1910—不详）、张志澄（1910—1997）、王毓铨（1910—2002）、王景波（生卒年不详）等。

3. 中间派

他们是论战中的调和派，主要人物有孙倬章（生卒年不详）、汤涵昌（生卒年不详）、白英（生卒年不详）、胡秋原（1910—2004）等，也包括胡适（1891—1962）和梁漱溟（1893—1988）。他们试图对"动力派"和"新思潮派"的观点加以折中，宣扬自己不偏不倚的温和政治主张。

（二）大论战的三个阶段和三个主题

依据大论战的主题，可以把它划分为三个阶段：第一阶段从 1928 年到1930 年，这是论战的开始阶段，围绕中国社会性质的问题展开，主要在"新思潮派"和"动力派"之间进行。第二阶段从 1931 年到 1934 年，这是论战高潮阶段，由中国社会性质的争论引出中国社会史争论，两个主题的论战交叉进行，主要在马克思主义史学家和"新生命派"、"动力派"之间展开。第三个阶段从 1935 年到 1938 年，这是论战的进一步深入，围绕着中国农村社会性质问题展开，主要在"中国农村派"和"中国经济派"之间进行。

1. 关于中国社会性质的论战

"新思潮派"方面，有潘东周的《中国经济的性质》、王学文的《中国资本主义在中国经济中的地位、其发展及其前途》、李一氓的《中国劳动问题》、沈泽民的《第三期的中国经济》、张闻天（刘梦云）的《是取消派取消中国革命，还是中国革命取消取消派？——评"中国左派共产主义反对派政纲"》、瞿秋白的《中国经济和阶级关系》等文章参与了论战。其中张闻天（刘梦云）的《是取消派取消中国革命，还是中国革命取消取消派？——评"中国左派共产主义反对派政纲"》是"新思潮派"在此阶段论战中的一面旗帜。"动力派"方面，有严灵峰的著作《中国经济研究》和《追击与反攻》、任曙的著作《中国经济研究绪论》和刘仁静发表在《读书杂志》上的《中国经济之分析和前途之预测》等文章。这个阶段争论焦点为以下三个问题：

一是关于帝国主义在中国的作用。帝国主义的入侵究竟有没有促进中国资本主义的发展？帝国主义是否和中国的封建势力勾结？"动力派"认为帝国主义的入侵促进了中国资本主义的发生、发展，绝对地摧毁了中国的封建势力，为资本主义扫清了道路。所以，帝国主义和中国资本主义的利益基本一致，和中国封建势力的利益则是对立的。严灵峰还引用《共产党宣言》中的观点说明帝国主义和封建主义处于不可调和的状态①。由此他们得出的结论是帝国主义根本不可能同中国的封建势力相勾结，根本不存在反帝反封建的问题，中国革命的主要任务是反对资本主义。"新思潮派"的王学文、张闻天、朱其华（1907—1945）、何干之等反驳了"动力派"的观点，认为帝国主义的侵入虽然也促进了中国商品和贸易的发展，但商品经济不等于资本主义；帝国主义入侵中国并不是绝对地摧毁封建势力，并未从实质性上帮助中国发展资本主义。相反，帝国主义为了自身的在华利益，必然会选择与中国封建势力勾结，共同打压中国民族资本主义，共同剥削中国人民大众，使得包括民族资产阶级在内的中国人民除了遭受现代的灾难外，还要遭受许多封建社会遗留下来的灾难。所以，帝国主义同中国封建社会存在共同利益，同中国资本主义尤其是中国民族资本主义存在矛盾，反帝反封建是中国革命的主要任务。

二是关于中国资本主义的发展程度。"动力派"和"新思潮派"都承认帝国主义的入侵改变了中国社会的经济关系，分歧在于它究竟在多大程度上改变了中国社会的经济关系？换句话说就是，中国目前究竟是封建社会还是资本主义社会？"动力派"认为，封建生产方式尽管没有被帝国主义彻底消灭，尽管中国目前在剥削方式上还带有封建的意味，但封建生产方式已经成为"残余的残余"，资本主义生产方式已经在经济中占据了主导地位，中国已经不再是封建社会，而是资本主义社会。任曙还用中国的轮船和帆船、银行和钱庄的比例变化来证明中国资本主义经济的繁荣②。至于军阀割据，"动力派"也认为它属于资本主义性质，而不属于封建性质，因为这种割据完全是由帝国主义造成的，不是由封建主义造成的。对于"动力派"的观点，"新思潮派"持反对意见。他们认为中国目前不仅没有进入任曙、严灵峰所说的经济繁荣期，相反正是由于帝国主义的打压，造成了中国农村经济的破产和城市民族资产阶级的艰

---

① 参见严灵峰：《中国经济问题研究》，新生命书局 1931 年版，第 12 页。

② 参见任曙：《中国经济研究绪论》，沪滨书局 1931 年版，第 140—142、165 页。

难，导致了中国的经济恐慌，加剧了中国资本主义摆脱封建束缚的困难①。中国目前的经济状态只是在原有的封建经济基础上半殖民化了，呈半封建半殖民地化的态势，而不是资本主义的独立发展。

三是关于中国革命的性质、任务和前途问题。这是双方各自在前两个问题上推出的逻辑结论。由第一个问题中的帝国主义和封建主义是否勾结，推导出革命到底要不要建立工农联盟来反帝反封建的问题；由第二个问题中的中国资本主义在中国经济是否已居主导地位，推导出革命要不要反对资本主义的问题。"动力派"认为，1927 年大革命的结束表明资产阶级民主革命的任务已经完成了，中国在政治上已经是资产阶级专政国家，无产阶级现在要做的是积蓄革命力量，以待时机成熟发动无产阶级革命，建立无产阶级专政，而不是现在和农民结盟建立工农民主政权。"新思潮派"则认为大革命是失败的，就经济而言，中国仍然是半殖民地半封建的；就政治而言，大资产阶级对革命的叛变恰好暴露出中国资产阶级的软弱。所以资产阶级民主革命任务并未完成，而且这场革命必须由无产阶级来领导，联合包括农民在内的广大人民群众，建立工农民主政权。张闻天认为，任曙和"托派"关于中国资产阶级民主革命已经完成的观点不仅是错误的，而且这种企图让中国历史跳过民主革命、取消革命的做法，还是危险的。

2. 关于中国社会历史的论战

关于中国社会历史的论战，从逻辑上说是对中国社会性质的"回溯"。因为中国思想界在争论中国到底是封建社会，还是半封建半殖民地社会，还是完全的资本主义社会的时候，必然要先认可马克思主义关于人类社会历史的阶段划分标准，再认可中国在近代以前是封建社会，否则任何一方关于中国社会性质的判定都是伪命题。因此，中国社会性质问题论战很快就引出了中国社会历史问题的论战。中国社会史论战是由郭沫若（1892—1978）1930 年 3 月的《中国古代社会研究》引爆的，在同一时间轴上和中国社会性质论战交叉进行，把思想论战推向高潮。参加论战的主要有郭沫若的《中国古代社会研究》、吕振羽（1900—1980）的《中国经济之史的发展阶段》、王昌宜的《中国封建社会史》、翦伯赞（1898—1968）的《"商业资本主义社会问题"之清算》、李季的《对于

---

① 参见刘梦云（张闻天）:《中国经济之性质问题研究——评任曙君的〈中国经济研究〉》，载《读书杂志》编辑:《中国社会史的论战》专辑第 1 辑，1931 年。

中国社会性质论战的贡献与批评》、杜畏之（1906—1992）的《古代中国研究批判引论》，胡秋原的《中国社会＝文化发展草书》、陶希圣的《中国社会形式发达进程的新估定》和《中国社会到底是什么社会》等。争论的焦点有四个：

一是关于亚细亚生产方式是人类的一般发展阶段还是东方特殊的发展阶段的争论。这其实是一个东方社会思想界长期争论的问题。"亚细亚生产方式"最早由马克思在 1859 年《政治经济学批判〈序言〉》中提出，他说："亚细亚的、古希腊罗马的、封建的和现代资产阶级的生产方式可以看做是经济的社会形态演进的几个时代。"[①] 后来普列汉诺夫在把马克思主义唯物史观推向微观领域研究的过程中提出，亚细亚是东方社会独特的地理环境决定下的一种特殊阶段[②]，此观点在俄国引起了广泛争论。在后来苏联共产党和苏联学术界的争论中，"亚细亚生产方式"是放在中国问题的讨论中进行的，最后苏联以政治决议的方式否了中国是一种特殊的社会形态，持亚细亚解释模式的一方成了"托派"分子。

在中国，郭沫若 1930 年的《中国古代社会研究》，第一次用马克思主义唯物史观来解释中国历史，认为亚细亚是人类社会发展的一般阶段，相当于氏族社会阶段，并把中国古代社会的演进表述为原始社会、奴隶社会、封建社会的有规律的更替，这样就把中国古代历史纳入马克思主义的历史观研究范式之中。郭沫若的观点立即引来了李季、杜畏之和胡秋原的攻击。双方就亚细亚到底是东方社会特有的发展阶段，还是人类社会发展的必经阶段展开论战。李季和胡秋原都认为亚细亚并不是人类发展的一般阶段，李季认为亚细亚生产方式和古代（奴隶）社会是并行的，在东方是亚细亚生产方式，在西方是古代奴隶制，指责郭沫若对氏族社会一无所知，只是根据马克思"那个已经废弃"的经济分期表得出结论。[③] 杜畏之干脆由否认中国存在亚细亚阶段而走向否认人类社会历史存在一般规律。对上述"新生命派"和"托派"的观点，吕振羽给予反驳，他虽不认同郭沫若把亚细亚等同于氏族制的观点，而认为它应该相当于西方的古希腊罗马时期，但他支持郭沫若把亚细亚看作是人类社会发展一般阶段的观点，指出了李季观点的地理决定论实质，认为这样不仅不能真正地理解

---

① 《马克思恩格斯文集》第 2 卷，人民出版社 2009 年版，第 592 页。

② 见王荫庭编：《普列汉诺夫读本》，中央编译出版社 2008 年版，第 202 页。

③ 李季：《对于中国社会史论战的贡献与批评》，载《读书杂志》编辑：《中国社会史论战》第 2 辑和第 3 辑，1932 年。

生产力和生产关系的辩证关系，还犯了取消阶级矛盾、取消历史发展内在动力的错误。①

二是关于中国到底有没有经历过奴隶制的争论。如果把亚细亚阶段理解为奴隶制阶段，那么随之而来的问题就是，中国有没有经历过奴隶制？如果有，那么又是对应哪个朝代？郭沫若虽然认为亚细亚生产方式是氏族制，不是奴隶制，但却坚持中国是有奴隶制阶段的，并认为中国的奴隶制是西周王室时期。李季认为既然东方的亚细亚生产方式和西方的古代（奴隶）社会是并行的，那么中国就只有亚细亚方式而没有奴隶社会，这就从根本上否认了中国有过奴隶社会存在。他抨击郭沫若只因看到马克思把"亚细亚生产方式"放在"古代社会"之前，就不顾客观事实地把马克思的"亚细亚生产方式"放到了中国的西周之前。陶希圣认定中国从战国开始到清朝一直都是商业资本主义阶段，虽有奴隶存在，但不是奴隶社会。

吕振羽驳斥了李季的观点。他坚持奴隶社会是人类发展的必经阶段，认为各民族若不经历奴隶社会就不会有现代文明，并认为这是符合马克思恩格斯思想的。在此基础上，吕振羽还发展了郭沫若的观点，把奴隶社会分期由郭沫若的西周向前推进到殷商时期。王宜昌认为中国存在过奴隶社会，同时认为典型的奴隶制应该属于开化的文明时代，所以中国奴隶社会应该持续到魏晋时代，而不是郭沫若所说的西周末年，更不是吕振羽所认为的殷商时期。

三是关于中国封建社会的争论。这是中国社会史中和中国革命关系最为紧密的问题，也是大论战中最具争议的一个问题。中国封建社会从什么时候开始到什么时候结束？是什么因素导致了中国封建社会的长期存在？如果认为中国封建社会早就结束了，或者根本就没有过封建社会的存在，那么"反封建"一说就没了现实依据。对于中国有没有封建社会的问题，郭沫若认为，中国从东周开始进入的封建社会。他提出应该遵循马克思主义的阶级理论，以地主和农民的阶级对立作为确定封建社会的依据。陶希圣认定中国从战国开始到鸦片战争前都是商业资本主义社会，不存在奴隶社会，也不存在封建社会。胡秋原认为中国从秦到清都是以封建经济为基础的"专制主义社会"。李季从"中国已是资本主义社会"的立场出发，把鸦片战争之前的中国社会称为"前资本主义

---

① 参见温乐群、黄冬娅：《二三十年代中国社会性质和社会史论战》，百花洲文艺出版社2004年版，第123页。

社会"。翦伯赞、吕振羽、朱新繁（生年不详—1945）等人对上述观点进行了批驳。首先，他们运用马克思主义唯物史观关于经济基础决定上层建筑的原理，批驳陶希圣的"商业资本主义社会"，认为它作为一种派生物、一种上层建筑，不可能找到与它相对应的经济基础。所以，"商业资本主义"根本不是一个独立的发展阶段，人类自从有了私有制，就有了商业和商业资本，它既可以存在于奴隶社会，也可以存在于封建社会。其次，他们批驳了胡秋原的"专制主义社会"，认为"专制主义社会"根本不是与封建制度对立的一种政治体制，而恰恰是封建制度的延长和变态。

四是什么导致了中国社会的长期停滞？对这个问题的回答有很多。陶希圣认为是封建思想和封建士大夫，胡秋原认为是专制主义，陈邦国（生卒年不详）认为是中国长期找不到海外市场，朱伯康（生卒年不详）认为是商业资本本身的问题，王礼锡（1901—1939）认为是外敌入侵和农民暴动，陈伯达（1904—1989）认为是缺乏国内市场，等等。对这些观点，邓拓（1912—1966）等人进行了一一批驳，认为中国封建社会长期存在的原因是旧的生产方式的长期存在。邓拓的这个观点和马克思"除了现代的灾难而外，压迫着我们的还有许多遗留下来的灾难，这些灾难的产生，是由于古老的、陈旧的生产方式以及伴随着它们的过时的社会关系和政治关系还在苟延残喘。不仅活人使我们受苦，而且死人也使我们受苦"① 的观点是一致的。

3. 关于中国农村社会性质问题的论战

就中国社会性质的论战而言，转向中国农村社会性质是论战的进一步深入，因为前者本身就内在地包含着后者。就中国社会史论战而言，转向中国农村社会性质则是从历史回到现实。20 世纪 30 年代农村破产的日益严重，使中国社会各方都把更多的目光投向了农村，思想界的论战也自然转向了农村问题。以严灵峰、任曙为代表的"动力派"和以张闻天为代表的"新思潮派"，还有中国传统文化的代表梁漱溟等都对中国农村的社会性质和如何帮助农村摆脱破产困境的问题提出了自己的看法。1933 年 7 月开始，"动力派"和"新思潮派"轮番在《新中华》上发表文章批驳对方的观点。从 1934 年年底和 1935年年初开始，发展为分别在《中国农村》和《中国经济》上发表文章相互对抗，即"中国农村派"和"中国经济派"的对抗。论战文章主要有王宜昌的《中国

---

① 《马克思恩格斯文集》第 4 卷，人民出版社 2009 年版，第 468 页。

农村经济研究方法》、《从农民来看中国农村经济》、《从土地来看中国农村经济》、《从农业来看中国农村经济》、《农村经济统计应有的方向转换》，钱俊瑞的《现阶段中国农村经济研究的任务》，薛暮桥的《怎样研究中国农村经济》、《答复王宜昌先生》，等等。争论的焦点为以下两个：

第一个是中国农村经济应该研究人与自然的关系，还是应该研究人与人的关系。即应该研究生产力，还是应该研究生产关系。"中国经济派"认为，根据马克思主义基本原理和苏联的社会主义实践，生产力都是社会发展的第一要素，所以，中国农村经济问题研究首先以生产力为对象，解决中国农村问题应该首先发展农村生产力。"中国农村派"则认为，目前要寻找压迫中国农民的主要原因，解决农村面临的破产问题，就必须首先确定中国农村的社会性质，而要确定中国农村的社会性质，就要研究中国农村的生产关系，即便是"对于农业经营的研究也须落实到人与人的关系上，才能发现问题的本质"[1]。所以，如果要解决农村问题，必须先行改变中国农村的生产关系。

第二个是中国农村到底是什么性质的社会？这是农村问题论战的核心。"中国经济派"的王宜昌、张志澄秉承严灵峰和任曙关于中国已经是资本主义社会的思想，认为农村经济已经是商品经济，农民已经成为农村的无产者，资本主义经济已经在农村经济中占优势，所以，中国农村接下来的主要任务不是分田地，而是解决资本问题。"中国农村派"认为商品经济不等于资本主义，因为商品经济一开始出现的时候，并不属于资本主义，只有当劳动力成为商品的时候，商品经济才成为资本主义商品经济。从中国农村的土地关系来看，虽然有某些资本主义的萌芽，但占优势的还是封建残余，应该属于半殖民地半封建的社会性质。不改变这种社会性质，无论怎样改良生产技术，怎样发展金融，都不可能促进农村生产力的发展。

在这场历时十年的思想大论战中，除了"新思潮派"和"动力派"、"新生命派"、"中国农村派"、"中国经济派"之外，还有一些主张调和的中间派，他们在政治立场上属于自由主义，在思想观点上则有持西方文化的，也有持中国传统文化的。如孙倬章一方面认为在经济上帝国主义和中国民族资本主义并无本质区别，另一方面又承认在政治上帝国主义是不愿意中国真正发展起资本主

---

[1] 温乐群、黄冬娅：《二三十年代中国社会性质和社会史论战》，百花洲文艺出版社 2004 年版，第 208 页。

义的；汤涵昌对帝国主义作了区分，认为最阻碍中国资本主义发展的是日本和英国，美国对中国则是扶持的；白英则认为以张闻天为代表的观点和以任曙为代表的观点都是极端的，前者把帝国主义在华企业排除在中国资本主义经济之外，是一种非科学的抽象，后者则把帝国主义的支配曲解为资本主义的支配，同样是一种非科学的抽象；胡秋原则认为"托派"关于资本主义在中国已取得优势的观点是正确的，但"托派"否认帝国主义和封建残余勾结则是错的；梁漱溟在《乡村建设理论》中主张"中国文化至上"，主张"认识老中国，建设新中国"①；胡适在其 1930 年的《我们走哪一条路？》中则干脆认为中国革命的真正对象不是资本主义和资产阶级，也不是封建势力，而是贫穷、疾病、愚昧、贪污和扰乱这"五大恶魔"②。总之，中间派既不赞成中国共产党的反帝反封建的革命主张，也不满意中国国民党的独裁政治。他们的观点，集中体现了20 世纪二三十年代一部分中国知识分子的政治诉求。

三、大论战对马克思主义发展史的重大意义

综上所述，从时间上看，20 世纪二三十年代中国思想界的大论战经历了中国社会性质→中国社会史→中国农村社会性质，即现实→历史→现实三个阶段，体现出大论战强烈的现实感。从空间上看，大论战首先在中国共产党内展开，然后波及社会，涉及的内容广泛，参与的人数众多，参与的学术"派系"繁杂等等，因而显得声势浩大。无论是从中国革命史和马克思主义发展史来看，还是从毛泽东哲学思想史和中国文化思想史来看，它的意义都重大而深远。

（一）促进了马克思主义与中国具体实际的结合

兼具政治性和学术性的大论战，有力地促进了马克思主义与中国实际的结合。这不仅体现在马克思主义和中国社会历史与现实的结合上，也体现在马克思主义与中国历史文化、中国学术研究的结合上。

① 陈晋：《毛泽东阅读史》，生活·读书·新知三联书店 2014 年版，第 93 页。
② 胡适：《我们走哪条路？》，《中国现代思想史资料简编》第 3 卷，浙江人民出版社 1983 年版，第 177 页。

首先，在关于中国社会性质和中国农村社会性质的论战中，中国马克思主义者首次系统地尝试运用马克思主义的基本原理分析中国的现实问题，回答"中国向何处去"的迫切问题。一方面把中国问题努力纳入马克思主义的理解范式之中，体现出中国马克思主义者使马克思主义成为主流意识形态、赋予马克思主义在中国的合法性的努力。另一方面也让理论形态的马克思主义直面中国社会现实，与中国社会现实相结合，使马克思主义在 20 世纪 20 年代初期那场论战中树立起来的理论威望得到了进一步提升。大论战展现出来的景象是："数年来，风靡整个中国学术界的中国社会史争论，似乎大多数人都还以'唯物史观'或'辩证法唯物论'相标榜；敢于公开否认唯物史观的，似乎比较不多，因为如有谁公开地来做这样否定的，他的文章就不会引起人们一读的兴趣……这种现象只具有这样的意义，即唯物史观在中国也已具有最大的真理权威。"①这种现象说明，中国思想界已经意识到，马克思主义对中国的现实是具有解释力的，也是可以引领中国人"改变世界"的。

其次，在关于中国社会史的论战中，中国马克思主义者努力把中国的历史发展纳入人类历史发展的共同规律中，同时又注意到中国历史文化不同于其他民族的特殊性。所以，我们看到，大论战除了体现出中国马克思主义者寻找中国历史文化的世界认同感的集体意识之外，除了收获郭沫若的"西周末期是中国奴隶社会与封建社会的分阶"、吕振羽的"中国奴隶社会应前推至殷代社会"这类史学研究的具体观点之外，更为重要的是，它让马克思主义第一次直接地、大规模地接触中国的历史和中国的传统文化，不仅开启了马克思主义和中国史学研究相结合的先河，也促进了马克思主义与中国传统文化的结合。

最后，在关于中国社会性质特别是中国农村社会性质的论战中，无论是"中国经济派"，还是"中国农村派"，都努力运用马克思主义关于生产力和生产关系的原理来分析中国农村的经济问题，提出自己的解决方案。特别引人注目的是，"中国农村派"的陈翰笙带领着一大批爱国青年投身于中国农村社会调查，在调查中，其关注重点已超越人与自然的关系（生产力），定位于人与人的关系（生产关系）。在马克思主义的指导下，他们的理论水平迅速提高，

---

① 温乐群、黄冬娅：《二三十年代中国社会性和社会史论战》，百花洲文艺出版社 2004 年版，第 239—240 页。

以唯物史观基本原理为指导，以调查结果为依据，反驳"中国经济派"教授们的"生产力说"，提出研究中国农村问题要首先研究生产关系，破解中国农村困境首先要改变生产关系的观点。把生产关系作为研究对象，这恰恰是马克思主义政治经济学所坚持的原则。如果说《资本论》是马克思运用唯物史观基本原理研究资本主义经济关系的成功典范，那么"中国农村派"就是运用唯物史观基本原理研究半殖民地半封建中国农村经济关系的开端。这批爱国青年绝大多数没有受到高等教育，他们当时未必读过《资本论》，但是他们却通过这场论战开启了把马克思主义与中国经济学研究的结合之旅，为中国的马克思主义政治经济学的创立作了准备。这是马克思主义中国化的另一个巨大成果。

（二）推动中国新民主主义革命理论的形成

论战者特别是马克思主义理论家，带着强烈的现实感，始终关注着中国的现实政治，在学术研究中体现出了"改变世界"、"改变中国"的马克思主义价值指向，也表达了中国社会对适合自己的革命理论的呼唤。"没有革命的理论，就没有革命的运动"。对中国马克思主义者而言，在急迫的政治形势下，他们所需要的马克思主义，是能够拿来指导中国革命实践的马克思主义。它不应该只是塞纳河畔那只黄昏起飞的猫头鹰，而应该也是唱响黎明的高卢雄鸡。正是出于这种紧迫感，无论是托陈"动力派"、"新思潮派"，还是"中国经济派"、"中国农村派"，他们的观点都会通过各种方式对中国革命道路理论的探索产生直接或间接的影响，都会从不同的方向推动新民主主义革命理论和毛泽东哲学思想的形成。

一是为中国革命道路理论的形成提供了失败教训。"新思潮派"的瞿秋白、李立三等人对中国社会性质判断是半殖民地半封建社会，由这一判断出发，在革命中表现为把城市小资产阶级和农村富农当作封建主义来大力打击的"左"的做法。于是在井冈山出现了"三月（1928 年——引者注）湘南特委的代表到宁冈，批评我们太右，烧杀太少，没有执行所谓'使小资产变成无产，然后强迫他们革命'的政策"，"这种打击小资阶级的过左的政策，把小资产阶级大部驱到豪绅一边，使他们挂起白带子反对我们"。[①] 被指为"右倾投降主义"

---

① 《毛泽东选集》第 1 卷，人民出版社 1991 年版，第 78 页。

的"动力派"认为中国已经是资本主义社会，无产阶级的主要任务是反对资产阶级，拿这种判断去指导土地革命，就会因为强烈反对无产阶级和农民结盟而反对以"农村为中心"，坚持主张在大城市没收资本主义企业；在农村工作中同样也表现为过度地打击具有资产阶级性质的富农的过"左"行为。所以，"左"和右都可以导致革命的受挫，给中国共产党人留下了惨痛的教训。

二是为中国革命道路理论的形成提供了有益的启示。"动力派"的刘仁静从对中国社会性质的判断出发，把根据地某些阶段的失败同根据地打击富农的行动联系起来，作为论证他"建立工农民主专政是根本错误"这一观点的论据，把根据地的失败归因于工农民主政权，认为工农民主政权给资产阶级混入无产阶级革命队伍提供了可乘之机，正是混进政权的资本主义性质的富农破坏了无产阶级队伍的纯洁性导致了失败。刘仁静的这个逻辑推导显然是有问题的。但是，他提出党的苏区革命队伍中的非无产阶级思想、干部腐化、官僚化的问题却是实际存在的，不能不引起党内的关注。毛泽东也是从井冈山开始就特别注重对红军的政治教育，纠正各种非无产阶级思想，后来的古田会议《关于纠正党内的错误思想》的决议，正是针对了这些问题。

三是为中国新民主主义理论的形成提供思想资源。"新思潮派"认为中国是半殖民地半封建社会，中国革命的任务是反帝反封建。这一判断符合中国国情，和中国共产党"八七"会议及六大关于进行土地革命的精神是一致的。在"工农武装割据"中，中国共产党领导的土地革命，先变革农村的生产关系，打破封建生产关系对生产力的束缚，促进红色区域农业生产的发展，正是"中国农村派"观点的实践，而且这种思路在苏维埃区域中一直被坚持，甚而延续到新中国成立后的土地改革运动。毛泽东在《中国革命战争的战略问题》、《中国共产党在民族战争中的地位》、《战争和战略》等文章里对中国社会性质的分析和判断也是半殖民地半封建社会。1939 年的《中国革命和中国共产党》系统地提出了中国革命的对象、任务、动力、性质、前途等。在该文的第一章"中国社会"的第二节"古代的封建社会"中，毛泽东写道："中国自从脱离奴隶制度进到封建制度以后，其经济、政治、文化的发展，就长期地陷在发展迟缓的状态中。这个封建制度，自周秦以来一直延续了三千年左右。"[1]这相当于对 20 世纪二三十年代的中国社会史论战作了结论。同时，毛泽东还根据日本

---

[1] 《毛泽东选集》第 2 卷，人民出版社 1991 年版，第 623 页。

侵占中国东三省、成立伪"满洲国"的事实，进而作出"中国又变成了一个殖民地、半殖民地和半封建的社会"① 的判断。

（三）从理论上提出了马克思主义哲学中国化的历史任务

20 世纪二三十年代中国思想界大论战向中国马克思主义者提出了两个问题：第一个问题是"什么才是真正的马克思主义"；第二个问题是"怎样在中国革命中运用马克思主义"。前一个问题关系到对马克思主义的理解，后一个问题关系到对马克思主义的运用。两个问题都属于哲学方法论问题，这样就不仅提出了马克思主义哲学中国化的必要性，而且还规定了马克思主义哲学中国化的问题阈，推动着中国马克思哲学研究由辩证法向认识论和方法论的转向，达到辩证法、认识论和方法论的统一。

首先，通过对大论战基本派别及其基本观点的分析，我们可以看到，这场论战在中国共产党内部表现为中国的斯大林派反对托陈"取消派"的斗争；在社会上，除去各派内部的观点分歧外，则集中体现为以王学文、潘东周、瞿秋白为代表的受斯大林马克思主义影响的"新思潮派"和以严灵峰、任曙等为代表的受托陈马克思主义思想影响的"动力派"之间的斗争，正在生成中的马克思主义史学家和陶希圣的"新生命派"、托陈"动力派"之间的斗争，以马克思主义为指导的"中国农村派"和受托陈"取消派"思想影响的"中国经济派"之间的斗争。在大论战中，每一派都努力地用马克思主义，确切地说是努力地用自己以为"正确"的马克思主义来判断中国社会性质，来透视中国社会历史，来分析中国农村问题。几乎每个人都认为自己才是真正的马克思主义者，而指责甚至大骂对方不懂马克思主义、歪曲了马克思主义。如白英指责张闻天和任曙对中国社会性质的判断走了极端，都是用了非科学的抽象法；李季指责郭沫若把马克思的"亚细亚生产方式"套用到中国奴隶社会，是"公式主义"的做法；王宜昌批评严灵峰是"先天式的唯物史观"；等等。如果我们抽取掉论战的具体内容，就会发现这是一场关于"什么才是真正的马克思主义"的争论，是一场对待马克思主义的态度之争。

其次，由于斯大林派和托洛茨基派分别代表了苏联马克思主义的不同传统，所以，"动力派"和"新思潮派"各自代表的就是中国马克思主义者对苏

---

① 《毛泽东选集》第 2 卷，人民出版社 1991 年版，第 626 页。

联马克思主义传统的不同选择。论战的双方或者选择斯大林马克思主义，或者选择托洛茨基马克思主义，来作为自己的理论武器。在论战中，双方基本都熟读马列主义经典著作，随时都能对《共产党宣言》、《资本论》等引经据典。但无论是陈独秀还是李立三、严灵峰还是瞿秋白、任曙还是吕振羽，他们对马克思主义的运用都是从理论到理论、由理论出理论，甚而用理论来裁剪实践。他们给中国社会和中国革命开出的"药方"基本上是从逻辑推导出来的，这样的"药方"到了根据地，只能是"一种形式主义理论"[①]。此为这场论战的重大缺陷和严重不足。但是，从唯物辩证法来看，事物内部的否定性因素恰恰是事物本身积极的、能动的要素，是事物本身的发展动力。所以，我们认为，论战中存在的缺陷和不足也正是论战的最成功之处，它向中国共产党提出了"怎样对待马克思主义"和"怎样运用马克思主义"的问题，推动着马克思主义中国化的进程。

以上两个问题，又可以归结为一个问题，那就是如何才能不把马克思主义当教条？如何才能把马克思主义当作方法论？毛泽东"上山"是从实践上对这些问题的解答，毛泽东哲学思想形成及系统化则是从理论上对这些问题的解答。

第二节　中国共产党对中国革命道路的理论探索

在马克思主义发展史和国际共产主义运动史上，世界无产阶级革命的第一次尝试——法国巴黎公社是在中心城市爆发，世界无产阶级革命的第一个成功先例——俄国十月革命也是在中心大城市爆发。先在农村发生革命，建立苏维埃政权，由农村包围城市，最后夺取全国胜利，则没有成功的先例。以毛泽东为主要代表的中国马克思主义者从对"城市中心论"思维模式的突破，到"工农武装割据"思想的提出和践行，再到"农村包围城市，武装夺取政权"中国特色革命道路理论的形成，是马克思主义发展史上的一大创举，同时也为毛泽东哲学

[①]　《毛泽东年谱（一八九三──一九四九）》上卷，中央文献出版社 2013 年版，第 272 页。

思想的最终形成提供了丰富的感性经验。

一、上井冈山与"城市中心论"的开始突破

在俄国十月革命影响下建立起来的中国共产党，诞生伊始，就把工作重心放在城市民众运动。第一次国共合作，北伐战争重点攻打大城市势如破竹，共产党员以公开身份大力开展城市工人运动成效卓著。这些都让绝大多数的中国马克思主义者更加坚信"城市中心论"的普遍正确性甚至唯一正确性。在马克思主义发展史和国际共产主义运动史上，毛泽东是率先从实践上突破"城市中心论"的主要代表。

（一）大革命失败后的形势提出了突破"城市中心论"的必然要求

1927年4月12日，以蒋介石为首的国民党新右派在上海发动反革命政变。在大革命生死存亡的紧急关头，中国共产党于1927年4月27日—5月10日在武汉召开了第五次全国代表大会。中共五大虽然批评了陈独秀的错误，但却继续执行陈独秀的右倾错误，并未能承担起挽救革命的重任[①]。紧接着，1927年5月12日，许克祥（1890—1964）在长沙发动"马日事变"；1927年6月6日，朱培德（1888—1937）在江西以"礼送出境"的名义驱逐革命势力；1927年7月15日，以汪精卫(1883—1944)为首的武汉国民政府宣布停止国共合作。至此，轰轰烈烈的大革命正式宣告失败，中国共产党由合法变为非法，由地上被迫转入地下。大革命失败后，蒋介石凭借其掌握的强大武装力量，占据了大部分的中心城市，建立反动政权，破坏共产党组织，封闭革命工会，疯狂屠杀共产党人和革命群众，白色恐怖笼罩全国。

任何社会意识都是被意识到了的社会存在。大革命的失败让中国共产党深刻认识到把武装斗争和民众运动相结合的重要性，先后发动了南昌起义、秋收起义、广州起义等城市武装暴动。然而，由于"城市中心论"已是思维定势，已成党内一时难以突破的教条，所以，这些起义依然把夺取敌人重兵把守的大

---

① 参见黄一兵等编著：《大决策——中国共产党历次全国代表大会探踪》，人民出版社2012年版，第108页。

城市视为理所当然的军事目标。广州起义还模仿巴黎公社和十月革命,成立了具有苏维埃政权性质的"广州公社"。"城市中心论"的指导思想,导致这些起义很快受挫、失败。革命失败了,矛盾依然存在,问题更为复杂,形势更为严峻。虽已由专注于民众运动转向了暴力革命,但斗争却无法开展。这是中国社会现实对"以城市为中心"提出的严峻挑战。中国共产党必须回应这个挑战,打破原有的思维惯性,思考如何开展中国式暴力革命这样一个问题,寻找新的革命中心,保存、发展、壮大革命力量。

（二）大革命时期毛泽东对农民运动的关注奠定了突破"城市中心论"的最初基础

在中国共产党内,毛泽东并不是最早在实践上和理论上关注农村和农民运动的。早在 1922 年,彭湃(1896—1929)就在广东海丰地区从事农民运动并产生了很大的影响;1923 年 7 月,陈独秀在《前锋》发表《中国农民问题》一文,很细致地分析了中国农民的状态;1924 年 1 月,邓中夏(1894—1933)在《中国青年》发表《中国农民状况及我们运动的方针》,认为农民运动是中国革命中前途乐观的现象[①];1925 年 1 月,党的四大提出了"工农联盟"的问题,认为无产阶级必须去发动和组织农民斗争。但是,总的来说,当时中国共产党和共产国际还只是把农民运动当作城市工作的补充,大大低估了农民和农村在中国革命中的地位和作用。大革命失败前夕召开的中共五大,对毛泽东提交的"要求迅速加强土地斗争的意见,甚至没有进行讨论"[②],就证明了这点。

毛泽东对中国农村和农民的关注,既出自同农民的天然联系,更出于一个马克思主义者自觉自为的走向。受彭湃海丰农民运动良好势头的影响,1923年 4 月,正在全力从事工人运动的毛泽东,派工会领导成员刘东轩(1897—1928)、谢怀德(1892—1927)前往衡山县岳北白果乡开辟农民工作。1925 年2 月,毛泽东回韶山探亲,开始正式走向农民运动,在韶山的几个月里,他大量接触农民,深入了解农民的生存状况和农村的阶级构成;同年 11 月,毛泽东写了《中国社会各阶级的分析》,这篇标志着毛泽东哲学思想萌芽的文章,

① 参见《毛泽东传(1983—1949)》,中央文献出版社 1996 年版,第 108—109 页。
② 黄一兵等编著:《大决策——中国共产党历次全国代表大会探踪》,人民出版社 2012 年版,第 103 页。

运用马克思主义的矛盾原理分析中国的阶级关系，把农民称为"半无产阶级"，认为他们是无产阶级真正的朋友。在 1926 年 1 月国民党二大上，毛泽东参与《农民问题决议案》的修改，该《决议案》指出："中国之国民革命，质言之即为农民革命。要巩固国民革命之基础，亦唯有首在解放农民。"[①] 表明毛泽东此时对中国农民在中国革命中的重要性的认识，已经站到了一个新的起点上，而这个起点，普遍高于党内及共产国际内的其他马克思主义者。

毛泽东在对农民这个中国革命的关键问题有了一定的自觉认知之后，就把自己的主要精力投入于农民工作中，参加国民党中央农民运动委员会、主办农民运动讲习所、亲自讲授有关中国农民问题的课程、编印《农民问题丛刊》、深入农村作社会调查，等等。1926 年 9 月，毛泽东对他这一时期的实践经验进行总结，写了《国民革命与农民运动》，明确提出农民问题是中国革命的中心问题，认为如果没有农民的参加和拥护，革命不可能成功。他呼吁更多的革命同志去做组织农民的工作，"要立刻下了决心，向党里要到命令，跑到你那熟悉的或不熟悉的乡村中间去，夏天晒着酷热的太阳，冬天冒着严寒的风雪，搀着农民的手，问他们痛苦些什么，问他们要些什么。从他们的痛苦与需要中，引导他们组织起来，引导他们向土豪劣绅争斗"[②]。毛泽东的这个思想同马克思《〈黑格尔法哲学批判〉导言》中"应当让受现实压迫的人意识到压迫，从而使现实的压迫更加沉重；应当公开耻辱，从而使耻辱更加耻辱……为了激起人民的勇气，必须使他们对自己大吃一惊"[③] 的思想是一致的。虽然在当时毛泽东还没能阅读到马克思这篇文本，但是他却从实践中得出了与马克思相同的结论。说明他已经开始自觉地运动马克思主义的基本原理，观察中国的社会现实，独立思考中国革命问题。1927 年 3 月，毛泽东发表《湖南农民运动考察报告》，该文在国际共产主义运动中引起了广泛关注，不仅国内许多报刊陆续转载，共产国际也先后用俄文和英文发表在其机关报《共产国际》上。这表明毛泽东关于中国农民对中国革命重要性的认识又迈出了重要的一步，已经走在了整个国际共产主义运动的前列，这为他后来能突破"城市中心论"，创造性地提出"农村包围城市，武装夺取政权"的中国特殊革命道路奠定了最初的基础。

---

① 《毛泽东传（1893—1949）》，中央文献出版社 1996 年版，第 114 页。

② 《毛泽东文集》第 1 卷，人民出版社 1993 年版，第 39 页。

③ 《马克思恩格斯文集》第 1 卷，人民出版社 2009 年版，第 6—7 页。

（三）秋收起义受挫提供了突破"城市中心论"的适当契机

1927 年 9 月，毛泽东领导秋收起义。起义部队由三个团组成，以"中国工农革命军第一军第一师"为旗号，以进攻湖南中心城市长沙为目标。由于敌我力量悬殊、起义部队兵力分散，使得起义的目标难以实现。由原国民革命军第二方面军总指挥部警卫团组成的第一团在平江遭受巨大损失；由安源路矿工人武装和湖南各地农民自卫队合编组成的第二团在攻克醴陵、浏阳县城后，被国民党正规军集中兵力反攻而几乎全部溃散；由原修水、浏阳工农义勇队组成的第三团在进攻浏阳东门市时因力量弱小而严重失利。当起义部队退却到浏阳文家市时，人数已由原先的五千人锐减到一千五百人。面对这一事实，进攻还是退却？敌我力量悬殊，进攻肯定不可避免挫败甚至全军覆没；退却则违背中央的主张，还会被加上"逃跑"的罪名。尽管这是一个两难抉择，但危急的形势却要求起义军当机立断。毛泽东以极大的勇气和清醒的头脑，力主放弃进攻，向南部敌人统治力量薄弱的农村山区转移。当部队历尽艰险到达江西永新县三湾村时，人数已不足一千。经过著名的"三湾改编"，起义部队被合并为中国工农革命军第一军第一师第一团，挺进井冈山，开辟第一块农村革命根据地。如果说退却文家市还只是出于应急之权宜，那么引兵井冈山则已是带有对大革命失败后如何保存和发展革命力量这一问题的理性思考。稍后，方志敏（1899—1935）、邵式平（1900—1965）领导的赣东北工农武装，朱德（1886—1976）、陈毅（1901—1972）领导的湘南工农武装，贺龙（1896—1969）、周逸群（1896—1931）领导的湘鄂边工农武装，郭滴人（1907—1936）、邓子恢（1896—1972）领导的闽西工农武装，也都纷纷开展游击战争，创建农村革命根据地。所有这些，都从实践上为"城市中心论"的突破、革命重心的转移提供了更多的具体经验，对随后"工农武装割据"思想的提出具有特别重要的意义。

从秋收起义爆发，到毛泽东带领秋收起义部队上井冈山，揭开中国革命中心由城市转入农村的历史序幕。"从进攻大城市转为向农村进军，是中国革命具有决定意义的新起点。"[①] 这一过程历经曲折，看起来充满着偶然性。但是，

---

① 《中共中央关于党的百年奋斗重大成就和历史经验的决议》，《人民日报》2021 年 11 月 17 日。

事物的发展总是必然性和偶然性的统一，偶然性的表象之下往往蕴含着内在的必然性，必然性总是潜藏在种种偶然性之下，这一点在重大历史事件上表现尤为突出。中国革命中心由城市向农村转移，是中国政治经济发展不平衡的必然要求。秋收起义的受挫只是给这种必然性提供了一个适当的契机，为这种必然性开辟了道路。在这一过程中，毛泽东也开始显露出他实事求是的工作作风，在中国社会现实这本"无字之书"面前，能够迅速抓住问题的实质，作出合乎实际的新决断，用来修正原有的计划，指导未来的实践。

二、"工农武装割据"思想的提出与"城市中心论"的进一步突破

毛泽东带领三湾改编后的部队到达井冈山后，在极端复杂和困难的环境中，顽强地贯彻着"八七会议"关于武装斗争和土地革命的总方针。在实践中，革命部队一边打游击，一边发动广大农民群众开展土地革命，把土地革命和武装斗争结合起来。同时，为避免流寇主义，使军队有相对稳固的后方依托，毛泽东把无产阶级暴力革命理论、马克思主义政党理论和国家政权理论，创造性地运用于农村革命根据地建设，努力发展生产，恢复和发展党组织，建立地方红色政权。其中，有成功的经验，也有失败的教训。以毛泽东为主要代表的中国马克思主义者，有意识地对这些宝贵的经验进行系统总结，上升为理性认识，创造性地提出了"工农武装割据"的思想，从理论和实践相结合的角度进一步突破"城市中心论"。

1928 年 5 月，在宁冈茅坪召开的湘赣边界党的第一次代表大会上，毛泽东首次提出深入土地革命，加强革命根据地政权建设、军队建设和党组织建设的任务。1928 年 10 月，在为湘赣边界党的第二次代表大会写的决议《政治问题和边界党的任务》（《中国的红色政权为什么能够存在？》是其中的部分内容）中，毛泽东明确提出了同"封建军阀割据"对立的"工农武装割据"思想，指出："'工农武装割据'的思想，是共产党和割据地方的工农群众必须充分具备的一个重要的思想。"[①] 这是"工农武装割据"思想正式形成的标志。在稍后的《井冈山的斗争》、《关于纠正党内的错误思想》、《红军第四军前委给中央的信》、

---

① 《毛泽东选集》第 1 卷，人民出版社 1991 年版，第 50 页。

《星星之火，可以燎原》中，这一思想得到进一步阐明和完善，它把武装斗争、土地革命和根据地建设结合起来，并把党的建设贯穿其中，形成有机统一的"三位一体"。

（一）"工农武装割据"发生和存在的独特原因

矛盾是普遍存在的，但是不同事物的矛盾又具有特殊性。井冈山时期，毛泽东运用唯物辩证法去认识中国社会现实，分析了"工农武装割据"能够发生和长期存在的特殊原因。

第一，中国半殖民地半封建的社会性质，是"工农武装割据"得以发生和存在的社会历史条件。所谓的"工农武装割据"，就是在四周白色政权的包围中，有若干小块红色区域的长期存在。毛泽东认为，这种奇特的景象不可能发生在任何的帝国主义国家内，也不可能发生在任何帝国主义直接统治的殖民地中，只能发生在由多个帝国主义间接统治的半殖民地半封建社会的中国。由于多个帝国主义国家的统治，所以帝国主义国家之间发展的不平衡必然导致它们为了各自在中国的势力范围而争斗不断；因为多个帝国主义国家的间接统治，所以它们之间持续不断的利益争斗就直接表现为它们各自代理人——新旧军阀之间持续不断的战争；又因为新旧军阀之间持续不断的战争，所以有了白色政权之间的长期的分裂和战争；正是这种分裂和战争，给了小块红色政权发生和存在的空间。毛泽东认为，只要新旧军阀之间的分裂和战争是持续的，全国的革命形势就会向前发展，全国各地的"工农武装割据"就能够不断发生并能够长期存在。

第二，便利的作战地势，是"工农武装割据"能够发生和长期存在的自然条件。罗霄山脉沿广东北部，经湖南江西两省边界至湖北南部，属于三省交界地，正是各军阀势力范围的"缝隙"之地。毛泽东认为，整个罗霄山脉各部分比较起来，又以宁冈为中心的中段最利于军事割据。北段太迫近敌人力量强大的政治大都会，在还没有实力进攻武汉、长沙之前，长期在此驻军危险系数大；南段则不利于形成对湘赣两省的政治辐射。中段的井冈山介于湖南酃县和江西宁冈、遂川、永新四县之交，远离中心城市，敌人力量薄弱，交通不便，地势险要，进可攻退可守，而且一举一动都可以辐射到两省的下游，便于扩大革命影响，是理想的割据之地。之后转战赣南闽西，以及全国各地的武装割据，基本都是在远离中心城市的、落后的、几省交界的农村发生。

第三，共产党领导的红军及相当力量的地方武装的存在，是"工农武装割据"能够发生和长期存在的军事保障。初到井冈山，起义部队团结和争取到了当地由袁文才（1898—1930）、王佐（1898—1930）率领的两支农民武装力量，改编为工农革命军第一师第二团，开始在井冈山站稳了脚跟。到了 1928 年 2 月，工农革命军由不足一个团发展为两个团，同时与当地农民运动紧密结合，建立了赤卫队、游击队，一个巩固的革命根据地也随着革命军事力量的壮大而初步建立。1928 年 4 月，由朱德、陈毅带领的湘南暴动部队在井冈山与毛泽东会合，这一具有伟大历史意义的"朱毛会师"，直接催生了史上著名的井冈山红四军，革命军兵力由原来的一千多人增加到了六千多人，大大增强了井冈山革命根据地的武装实力。1928 年 11 月，彭德怀（1898—1974）、滕代远（1904—1974）率领在平江起义中创建的红五军到达井冈山，进一步加强了井冈山的武装力量。正是日益壮大的革命武装力量，为红色政权的存在提供了有力的军事保证。

第四，良好的群众基础，是"工农武装割据"能够发生和长期存在的重要社会条件。大革命时期，井冈山地区的四县都建立了党的组织和党领导的农民自卫队，群众基础比较好。井冈山已有的两支农民武装的首领袁文才、王佐在大革命时期也都接受过革命影响，且袁文才已在 1926 年加入中国共产党。这是起义部队最初能够在井冈山立足的原因之一。之后，毛泽东又在土地革命、军队建设方面，推行了一系列的惠民、利民政策和安民纪律，不仅让根据地群众受到了政治训练，而且还提高了红军队伍的威望，赢得了当地群众的支持，使根据地建设有了坚实的群众基础。

第五，党的组织力量和正确政策是"工农武装割据"能够发生和长期存在的政治保证。毛泽东带领的起义部队到达井冈山后的第一件事情，就是抓军队党建和地方党建。到 1928 年 2 月，湘赣边界各县党组织都初步得到了恢复，给"工农武装割据"提供了强有力的政治保证。在《中国的红色政权为什么能够存在?》、《井冈山的斗争》、《关于纠正党内的错误思想》等文本中，毛泽东都特别强调党的组织力量对红色政权的重要性，把党的组织建设称为根据地的"灵魂"。同时，毛泽东还从正反两个方面总结了党的政策的正确对红色政权的至关重要性。他指出，割据地区一天天扩大，原因就在于湘赣边界党的政策是正确的；八月的失败，则完全在于一部分同志只知道错误地执行湖南省委的命令所导致 ①。

---

① 参见《毛泽东选集》第 1 卷，人民出版社 1991 年版，第 51、52 页。

（二）"工农武装割据"的基本内容

在内容上，"工农武装割据"包括武装斗争、土地革命和根据地建设三个方面，三个方面相互依存，相互促进，并由党的建设贯穿其中，构成一个以党的建设为核心的有机统一的"三位一体"。

1.武装斗争是"工农武装割据"的主要形式，也是红色区域的军事内容和军事保障

"工农武装割据"以武装斗争为主要形式，是对"枪杆子里出政权"思想的进一步发展。面对当时党内一些人"军事投机"、"枪杆子主义"的指责，毛泽东坚持认为，在强大的白色恐怖面前，工农割据必须和武装斗争相结合，红色区域的产生靠的是武装斗争，红色区域的斗争成果靠武装斗争去巩固，红色区域的扩大也靠武装斗争去推进。他指出："所谓割据，必须是武装的。哪一处没有武装，或者武装不够，或者对付敌人的策略错了，地方就立即被敌人占去了。"①"所以虽有很好的工农群众，若没有相当力量的正式武装，便决然不能造成割据局面，更不能造成长期的和日益发展的割据局面。"②武装斗争必须有武装力量，所以，建立和发展正式红军，就成为武装割据的首要任务。毛泽东在这里抓住了几个关键问题。

一是坚持党对军队的绝对领导权。这是一个对人民军队建设具有深远意义的思想。秋收起义，毛泽东就主张部队"应该高高打出共产党的旗子"，而不是继续打"左派国民党"的旗子③。三湾改编时确定了"支部建在连上"的原则，但由于当时时间急促，具体措施没能得到落实。1927年10月，毛泽东在叶家祠堂召开各连的党代表会议，发展新党员，"支部建在连上"的原则开始真正得到落实。这一举措使军队立刻有了灵魂，政治空气逐渐浓厚起来。毛泽东提出要坚持军队的党代表制度，"特别是在连一级，因党的支部建设在连上，党代表更为重要。他要督促士兵委员会进行政治训练，指导民运工作，同时要担任党的支部书记。事实证明，哪一个连的党代表较好，哪一个连就较健全，而连长在政治上却不易有这样大的作用"④。另外，军队党要帮助地方党的发展，

---

① 《毛泽东选集》第1卷，人民出版社1991年版，第63页。

② 《毛泽东选集》第1卷，人民出版社1991年版，第50页。

③ 参见《毛泽东传（1893—1949）》，中央文献出版社1996年版，第143页。

④ 《毛泽东选集》第1卷，人民出版社1991年版，第64页。

军队武装要帮助地方发展赤卫队和工农暴动队，以创造群众的割据，进一步壮大人民武装。随着党建推进，边界军队内部建立起比较完备的组织系统：自上而下有军委、团委、营委、连支部，之下还有班党小组。有了党组织，军队就有了凝聚力，红军才能够在极其艰难的政治经济和自然环境下奋战而不溃散。

二是实行军内民主。这是又一个对人民军队建设具有深远意义的思想。湘赣边界红军初建，其来源非常复杂，有贺龙、叶挺（1896—1946）旧部，前国民政府的警卫团，湖南平江、浏阳等地的农民，湖南常宁水口山的矿工，边界各县的农民，军阀部队的俘虏兵，等等。从成分上来说有工人、农民和游民无产者，而工人又占少数。红军士兵的大部分由旧式军队而来，不可避免地会把原有的雇佣观念和旧军阀习气带到红军队伍中来。毛泽东认为，红军在基本生活难以为继、战争如此频繁的条件下仍能坚持，除了党的作用之外，实行军队民主主义是另一个重要原因。军队民主可以肃清旧军队带来的旧习气，让士兵成为主人。规定长官不能打骂士兵，士兵开会有说话的权利，这是政治平等；主张士兵自己管理伙食，使其能节余出一些"伙食尾子"作零用，这是经济公开。这些民主举措不仅让士兵满意，还能增强士兵的主体意识，在战争中更能发挥能动性。军队民主主义让新来的俘虏兵感觉到国民党军队和共产党军队的天壤之别，认为虽然物质生活艰苦，但精神得到了解放。这又成为破坏旧军队的一个重要武器，起到了瓦解白军、宣传红军的作用。当然，军队的民主必须是和纪律相对的民主，是有制约的民主，否则会走向极端民主化。为了纠正军队中曾经一度严重存在的极端民主化现象，毛泽东为边界红军第九次代表会议写了《关于纠正党内的错误思想》。

三是明确提出革命军队的打仗、筹款和做群众工作三大任务。这一举措是毛泽东对人民军队理论的巨大贡献，它缔造了一支全新的人民军队，彻底改变了边界群众和革命队伍本身对军队本质的认知，也根本改变了红军和人民群众的关系。一直以来，军队的主要任务就是打仗，加上旧式军队自身的阶级局限性，导致群众对军队的态度是疏远的、排斥的，甚至是痛恨的。湘赣边界百姓刚接触工农红军的时候，由于不了解革命军队和旧式军队的区别，也持同样的态度。红军部队行军打仗，最初每到一个地方，都无法接近群众，行动受到极大限制。毛泽东认为，如果这个问题不解决，红军就无法生存。为此，毛泽东提出军队不仅要打仗，还要做群众工作；革命军队不仅是战斗队，还是宣传队和工作队，在打仗的同时还要"宣传群众、组织群众、武装群众"①。发展到后来，原来被看作军队主要任务和主要作用的打仗，反而变成了一种手段，做群众工作则成为主要任务和主要作用。②宣传工作，不能只靠口头的宣传，更重要的要靠红军的行为表现。要确保革命军队在行动上做到爱护群众，维护群众利益，就必须有严明的纪律。在实践中，毛泽东和朱德等人不断总结经验，逐渐形成了"三大纪律、六项注意"。"三大纪律，六项注意"的绝大多数内容都与保护人民群众的利益有关，从而改变了革命军队和群众之间的关系，使军队有了战胜敌人的重要力量源泉。

四是在敌强我弱的形势下，军队作战要重在斗智不在斗力，要有合理的战略战术。在战略上，毛泽东主张红军以集中为原则，地方武装以分散为原则。在战术上，毛泽东等人还概括出"敌进我退，敌驻我扰，敌疲我打，敌退我追"的游击战十六字诀。这个带有朴素性质的游击战争基本原则，契合了当时敌强我弱的特点，起到了趋利避害的作用，既能很好地保存自己，又能达到消灭敌人有生力量的目的。1929 年在转战赣南闽西的时候，毛泽东根据江西东固红军把公开的武装斗争与秘密的武装割据有机结合起来的成功经验，把井冈山时期在固定区域开展的灵活游击战术，改为运动战和游击战相结合，即"打圈子政策"。全民族抗日战争中，毛泽东又对运动战在游击战争中的战略问题进行了论述，使抗日游击战争具有了战略意义，为马克思主义军事辩证法增加了独具特色的内容。

2. 土地革命是"工农武装割据"的基本社会内容，也是红色区域的生产关系革命

毛泽东十分重视土地革命，主张根据地在保存自己、消灭敌人的同时也要尽一切可能进行土地革命，变革边界的土地所有制关系，促进边界的经济发展。从唯物史观的视角看，土地革命具有如下重要性。

一是土地革命代表了农村生产力发展的内在要求。生产力决定生产关系，生产关系反作用于生产力。而生产关系之所以能够反作用于生产力，是因为作为生产的社会形式，它为生产力中人的要素与物的要素的结合提供某种形式，让潜在的生产力变为现实的生产力。中国的封建土地所有制延续了几千年，近

---

① 《毛泽东选集》第 1 卷，人民出版社 1991 年版，第 86 页。
② 《毛泽东文集》第 1 卷，人民出版社 1993 年版，第 57 页。

代以来的半殖民地化，也并未从根本上改变这种土地所有制性质。农村土地集中于大小地主和富农手中，造成了生产资料和劳动者的分离，阻碍了农业生产中人的要素与物的要素的结合，已经严重地束缚了农村生产力的发展，严重地制约了农民的生产积极性，成为导致农村和农民贫困的根源。从这个意义上说，"打土豪，分田地"，为边界农业生产力中人的要素与物的要素的结合提供好的方式，极大地解放了生产力。

二是土地革命代表广大农民群众的根本利益。生产力包括劳动资料、劳动对象和劳动者三大实体性要素。三大要素中，只有劳动者才是主体性要素、有意识的要素。生产力发展的内在要求，会通过劳动者的愿望来表达。中国是传统的农业大国，中国人口的绝大多数是农民，井冈山地处罗霄山脉，更是交通闭塞的小农经济区域，几乎全是农业人口，土地是最重要的生产资料。这里的土地，百分之六十甚至百分之八十属于地主所有，无地或少地的农民向地主租种土地，受到各种盘剥。中国的半殖民地化，进一步加剧了农民的贫困。拥有自己的土地，成为这些贫苦农民最强烈的愿望。最彻底的革命就是最彻底的需要的革命。中国共产党为人民谋福利的最切实际的做法就是带领广大农民起来"打土豪，分田地"，满足根据地广大农民最彻底的需要。这样才能获得农民群众的切实拥护，唤起农民群众的革命意识。

三是土地革命打破了白色政府对红色区域的经济封锁。工农武装割据造成了红区和白区的对抗，犹如两个敌对国。敌人对红色区域严密封锁，军民日用必需品和现金都极度缺乏，"这种经济压迫，不但中等阶级忍不住，工人、贫农和红军亦恐将有耐不住之时"[①]。在这种情形下，要冲破敌人的经济封锁，必须大力发展井冈山的经济，只有根据地的经济发展了，才能给红军提供应有的给养，给革命战争提供相应的物质基础；也只有在经济发展的情况下，才能改善广大人民群众的生活，激发群众对革命胜利的信心和参加革命的积极性，从而使红军不断得到新的后备力量。

起义部队到达井冈山之初，发动群众的主要方式是打土豪、分浮财，可这远远不能满足广大农民的生产生活需要。1928 年 5—7 月，湘赣边界割据进入全盛时期，各县都掀起了分田的高潮。在湘赣边界党的第一次代表大会上，毛泽东确定了"深入割据地区的土地革命"的政策，并把它视为在井冈山建立巩

---

① 《毛泽东选集》第 1 卷，人民出版社 1991 年版，第 70 页。

固的革命根据地的基本条件之一。在此期间，党的六大在莫斯科召开。六大不仅认真总结了大革命失败后的经验教训，还正确地分析了中国的土地关系和土地革命的意义，提出和规定了一条正确的土地革命的阶级路线，表明党在土地革命路线和政策的制定上取得了很大的进展①。与此同时，为了在分田实践中更好地保护和满足自耕农和贫农的利益，毛泽东作了大量的社会调查，并依据调查中掌握的实际，制定了中国共产党历史上的第一个土地法《井冈山土地法》。这个土地法尽管由于缺乏经验而存在某些不足，但后来随着毛泽东的寻乌调查、东塘调查、兴国调查的开展，以及兴国的《兴国土地法》、闽西的《土地问题决议案》、瑞金的《中国土地法大纲》等一个又一个法律法规的制定和颁布，这些不足逐步得到克服。为纠正土地革命工作中发生的不良偏向，毛泽东还专门写了《怎样分析农村阶级》，运用马克思主义的阶级分析方法，对农村阶级阶层进行细致的分析，这一文件成为后来划分农村阶级成分的基本标准。

毛泽东在井冈山领导的土地革命，是中国历史上第一次由中国共产党领导的土地革命，在红色割据地区带来了一场深刻的生产关系大变革，推翻了湘赣边界几千年来的封建土地所有制，实现了农民拥有土地的梦想。通过土地革命，一方面根据地的生产有了明显发展，人民群众的生活有了明显改善，根据地的给养有了保障；另一方面也让广大农民从分田的事实中，看到了共产党及红军为人民谋福利的初心，从而发自内心地理解并支持红军和根据地的各项工作，涌现了参军潮，红军队伍得到了扩大，根据地的发展进入一个良性循环。

3. 农村革命根据地建设是"工农武装割据"的依托，是其得以长期存在和发展的现实性空间

"工农武装割据"是大革命失败后中国革命的一种状态，准确的说是国民党四周白色恐怖之下的一种局部的红色革命、局部的红色执政状态。既然是局部革命和局部执政，就得有自己的"地盘"、"依托"，这个"地盘"、"依托"就是根据地。毛泽东对根据地重要性的认识，随着大革命时期的"上山"提议，到秋收起义失败后割据湘南引兵井冈山，再到为了进一步扩大红色区域而转战赣南闽西的一系列革命实践，经历了一个由实践、认识、再实践、再认识的不断提高过程。最初是出于以防国共合作一旦破裂能有自己的军事基础而不至于

---

① 参见庄福龄、杨瑞森、余品华主编：《毛泽东哲学思想史》，中国人民大学出版社 2011 年版，第 239 页。

两手空空、毫无办法之考虑，接着是出于城市暴动失败后革命力量往哪里转移之考虑，然后是出于在湘赣边界创造苏区以影响城市工作（湘鄂赣三省总暴动）之考虑，最后才是出于准备坚持长期农村斗争，谋求全国政权之考虑。无论是出于哪一个层次的考虑，毛泽东都批评那种只愿意打仗，不愿意做艰苦的根据地建设、不耐烦做群众工作的单纯军事思想和流寇主义。对于红军来说，根据地是后方，是部队休养之地、兵力之源、群众之所。没有根据地，武装斗争就会陷入流寇主义。毛泽东把根据地形象地比喻为"红军的屁股"，他说人不能总是走着、站着，总要坐下来休息，而坐下来就必须有屁股，根据地就是红军的屁股。对于整个"工农武装割据"来说，根据地建设是其得以全面展开的空间，没有根据地，武装斗争的成果、土地革命的成果，都不能保全。

根据地建设是全方位的建设，主要包括经济建设、政治建设、文化建设等方面。

经济建设是根据地建设的基础工程。边界地区本就经济落后，加上敌军不断"进剿"、"会剿"、封锁，造成现金和生活日用品如药材、布匹、食盐奇缺。红军得不到给养，一些中间阶级忍受不住而"反水"，因而根据地经济建设同时还具有政治意义。在四周白色封锁的情况下，根据地只能生产自救。除了大力开展土地革命，从根本上变革生产关系之外，根据地通过布告宣传、政府倡导等形式来激励农民的生产积极性，恢复和发展边界经济，共渡难关。同时利用冬季农闲时间，组织青壮劳力整修道路、兴修水利、创办医院等基础设施；创办修械所、军械处等解决军需；创办红军造币厂、红军印刷厂、红军被服厂，发展个体编织手工坊、个体缝纫手工坊、个体铁器和木器手工坊等解决日用，使根据地成为一个相对独立的经济实体。

政治建设是根据地建设的核心工程，而政治建设又以政权建设为核心。这既是中国革命自身的实践逻辑使然，又是马克思主义发展的理论逻辑使然。首先，它符合无产阶级暴力革命学说。马克思主义认为，工人必须作为阶级来行动，才是有力量的；而无产阶级的行动又必须通过政党来领导，才是有方向的。在领导革命的过程中，"工人阶级不能简单地掌握现成的国家机器，并运用它来达到自己的目的。奴役他们的政治工具不能当成解放他们的政治工具来使用"①。所以，无产阶级暴力革命的首要任务，就是打碎旧的国家机器，建立

---

① 《马克思恩格斯选集》第 3 卷，人民出版社 2012 年版，第 163 页。

新的国家机器。井冈山红军在攻克茶陵之初，虽然成立了人民委员会，但没有打碎旧的国家机器，使用的是旧政府人员，沿用的是旧政府制度，引起群众的强烈不满。毛泽东了解情况之后，要求他们改变做法，召开工农兵代表大会，成立工农兵政府，于是有了第一个红色政权。随着遂川、宁冈等工农兵政府的先后建立，根据地政权建设问题更是提上了重要议程。其次，红色政权建设符合马克思主义的国家学说。政权问题是上层建筑的核心问题，它直接规定着整个政治上层建筑的性质。红色政权是根据地存在的政治标志，它代表和维护边界广大人民群众的根本利益。井冈山时期毛泽东把红色政权称为"工农兵政府"、"民众政权"、"人民群众的政权"、"工农民主政权"、"工农民主专政"等，主张执行保护和团结民族工商业者的政策，采取"工兵代表会"的组织形式。红色政权虽然采取了和苏联相同的苏维埃政权组织形式，红色区域虽然被称为"苏区"，但中国革命的性质，决定了红色政权不同于苏联的无产阶级专政的政权性质，而属于无产阶级（通过共产党）领导的反帝反封建的工农民主专政。因而"工农民主专政"可以说是中国特色人民民主专政思想的起点，是毛泽东对马克思主义国家学说的重大贡献。最后，红色政权建设也是"工农武装割据"的重要政治任务。毛泽东把红军定义为"执行革命的政治任务的武装集团"[1]。这个政治任务包括"对外推翻帝国主义，求得彻底的民族解放；对内肃清买办阶级的在城市的势力，完成土地革命，消灭乡村的封建关系，推翻军阀政府"[2]。当红军还不具备在全国范围推翻军阀政府的时候，在红色割据的一小块区域逐步建立工农民主政权就成为主要内容。

文化建设是根据地存在和发展的思想保证和内在动力。相对于经济建设和政治建设而言，根据地文化建设是更深层次的内容，也是更艰巨的任务。由于历史的原因加上敌人的封锁，边界区域几乎成为文化的荒漠，长时间接触不到书报，党内军内充斥着各种落后思想，红四军军事技术"烂牛皮不是烂牛皮，烂豆腐不是烂豆腐"[3]，这又进一步加剧了根据地文化建设的艰巨性和急迫性。面对这种情况，毛泽东除了多次写信给中央和湘赣两省省委请求委派军官、邮寄书报之外，主要是自力更生搞文化建设。

---

[1] 《毛泽东选集》第1卷，人民出版社1991年版，第86页。
[2] 《毛泽东选集》第1卷，人民出版社1991年版，第77页。
[3] 《毛泽东文集》第1卷，人民出版社1993年版，第70页。

根据地文化建设的特色是把马克思主义作为主要内容，把一般文化知识的普及教育与马克思主义先进文化的宣传教育合二为一，使经济文化落后的根据地文化建设一开始就是先进文化建设，代表着时代的先声。在教育的形式上，针对红军军事技术太差的情况，成立军官教导队，对红军进行军事教育；针对边界军民文盲太多、文化水平太低的情况，成立各种形式的识字班、农民夜校和红军小学，对军队和群众进行文化教育；针对红军党内各种非无产阶级思想严重存在的情况，召开各种学习会议，对军队进行思想教育。在文化产品的创作上，采用诗词楹联、歌谣戏曲、故事传说、标语漫画等生动活泼的形式，对广大军民进行马克思主义和中国革命文化教育，涌现了如《西江月·井冈山》、《抬头望见北斗星，心中想念毛泽东》、《空山计》、《八角楼的灯光》、《红军第四军司令部布告》等作品。根据地文化建设的意义是深远的，一方面用"毛毛细雨"的方式，让马克思主义这一属于现代社会劳动主体的工人阶级的革命理论，去掌握属于古代社会劳动主体的中国农民群众，不仅彻底改变了中国传统农民运动的性质，缩短了中国农民运动与世界无产阶级运动的时代差，而且实践了马克思主义工农联盟思想。另一方面用朴素的方式让马克思主义的思想闪电，去击中中国这块"素朴的人民园地"①，开创了马克思主义通俗化、大众化的先河。

总之，通过"工农武装割据"，以毛泽东为主要代表的中国马克思主义者，开始把马克思主义、枪杆子和中国农民统一起来，在实践上使中国无产阶级暴力革命开始具有了中国特色，在理论上开始彰显了"工农武装割据"和"工农武装暴动"的巨大区别，为中国特色革命道路的开辟奠定了实践基础和理论基础。

三、"农村包围城市"特殊革命道路的形成与"城市中心论"的最终突破

从"枪杆子里出政权"到"工农武装割据"，奠定了中国革命道路理论的起点。随着中国革命的推进，全国各地更多割据政权的建立及其政治影响的扩

---

① 《马克思恩格斯文集》第1卷，人民出版社2009年版，第17—18页。

大，"工农武装割据"思想才在党内逐渐获得了普遍认同，中国的马克思主义者才开始把"工农武装割据"作为中国革命道路的实践起点和逻辑起点，从战略上看待农村革命根据地的建立和发展，逐渐形成了"农村包围城市，武装夺取政权"的革命道路。

（一）"农村包围城市"革命道路理论的形成

从"工农武装割据"到"农村包围城市"，是一个从特殊到普遍的曲折过程。毛泽东"工农武装割据"思想的提出，不等于其"农村包围城市"中国特色革命道路理论的形成。而毛泽东"农村包围城市"中国特色道路理论的形成，又不等于中国共产党内"城市中心论"的彻底打破。在这个过程中，无论是毛泽东个人，还是中国共产党集体，对中国无产阶级革命模式和革命道路的认识都是随着革命实践的发展而发展的。

1. 毛泽东个人关于中国革命道路认识的发展

毛泽东 1927 年 11 月开始在井冈山开辟革命根据地，1928 年 2 月打开了工农武装割据的新局面，1928 年 10 月在总结实践经验的基础上明确提出"工农武装割据"思想，表明他此时已经认识到党的领导、武装斗争、土地革命和根据地建设的结合，对顺利开展中国式暴力革命的重要性。但是，如果说毛泽东在提出"工农武装割据"的时候，就已经有了通过"工农武装割据"走向夺取全国政权的自觉意识，这种观点显然不妥。据土地革命时期毛泽东的文本显示，当时他还只是把武装割据作为保存和积蓄力量、辅助城市斗争的一种方式，作为"取得全国政权的许多力量中间的一个力量"，虽然相信红色区域会继续发展，"日渐接近于全国政权的取得"[①]，但还未能把农村革命根据地建设当作革命的重点看待，也没有把它看作是完成新民主主义革命的必经阶段。

毛泽东开始把农村的武装割据看作革命重点，并从战略上思考它和全国革命胜利之间的联系，是在转战赣南闽西期间。1929 年 1 月 14 日，为打破湘赣两省国民党对井冈山的"会剿"，使根据地走出空前的困难，朱德和毛泽东率井冈山红四军主力向赣南进击，开辟更大的革命根据地。3 月 20 日，红四军前委在长汀召开扩大会议，毛泽东以红四军前委的名义向中央报告长汀会议精

---

① 《毛泽东选集》第 1 卷，人民出版社 1991 年版，第 50 页。

神。这个报告在总结井冈山红四军主力这两个多月的革命经验和东固红四军革命经验的基础上，向中央描绘了这样一幅蓝图："以赣南、闽西二十余县为范围，用游击战术，从发动群众以至于公开苏维埃政权割据，由此割据区域以与湘赣边界之割据区域相连接。"并强调"这一计划决须确立，无论如何不能放弃，因为这是前进的基础"。建议"在全国范围内要猛力地夺取群众"；"不仅在湘、赣、粤、闽等地，江苏、皖北、鄂北、豫南、直隶都应有红军及小区域苏维埃之创立"。① 把在全国范围内建立农村革命根据地看作"前进的基础"的主张，标志着毛泽东等人萌发了把"工农武装割据"由"个案"推广到全国的战略思考。采用由量变到质变，从部分质变走向全局质变的形式，通过建设全国众多的小区域割据，再连成更大范围的割据，造成全国性革命胜利，这个战略决策，孕育着"农村包围城市"革命道路的萌芽。

在 1929 年 4 月 5 日致中央的信中，毛泽东写道："我们建议中央在国民党混战的长期战斗中间，我们要和蒋桂二派争取江西，同时兼及闽西、浙西，在三省扩大红军的数量，造成群众的割据，以一年为期完成此计划。此一年中，要在上海、无锡、宁波、杭州、福州、厦门等处建设无产阶级斗争的基础，使能领导赣浙闽三省的农民斗争。"② 在这里，除了"以一年为期"带着急躁性之外，毛泽东"农村包围城市"的中国革命道路理论已经是呼之欲出了。接下来1930 年 1 月 5 日的《星星之火，可以燎原》，则是毛泽东"农村包围城市"革命道路理论初步形成的标志。在这篇文章中，毛泽东明确指出："红军、游击队和红色区域的建立和发展，是半殖民地中国在无产阶级领导之下的农民斗争的最高形式"，是"促进全国革命高潮的最重要因素"③。

经过中央苏区的三次反"围剿"，毛泽东"农村包围城市"革命道路理论各方面的具体路线得以大致形成。红军长征结束后，在 1935 年 12 月的《反对日本帝国主义的策略》中，毛泽东对中国革命的长期性、持久性问题有了明确的认识。他指出："由于中国政治经济发展的不平衡，产生了革命发展的不平衡。""要把不平衡的状态变到大体上平衡的状态，还要经过很长的时间，还要花费很大的气力，还要依靠党的策略路线的正确。"④ 至此，毛泽东个人的中国

---

① 《毛泽东年谱（一八九三——一九四九）》上卷，中央文献出版社 2013 年版，第 267 页。

② 《毛泽东文集》第 1 卷，人民出版社 1993 年版，第 58 页。

③ 《毛泽东选集》第 1 卷，人民出版社 1991 年版，第 98 页。

④ 《毛泽东选集》第 1 卷，人民出版社 1991 年版，第 152、152—153 页。

革命道路理论基本形成。

2. 中国共产党中国革命道路集体意识的形成

同毛泽东个人的思想发展相比，中国共产党对"城市中心论"的突破却艰难曲折得多。作为一个政治组织，中国共产党要形成"农村包围城市"革命道路的集体意识，第一步要从"工农武装暴动"转向"工农武装割据"；第二步要认识到"工农武装割据"是通向夺取全国政权的必由之路，并把这种认识上升为党的总路线和总方针，作好长期农村根据地斗争的准备。当时制约中国共产党观念转变的主观因素主要有三个：一是国内外的历史经验和马克思主义经典作家的论述，使得中国共产党内的多数同志，抱着"城市工农暴动"的教条不放；二是当时共产国际内部、苏联共产党内部出现了复杂的斗争，这种斗争及其结果不可避免地影响到作为共产国际"中国支部"的中国共产党；三是大革命失败后，党内盲动蛮干和消极悲观两种情绪长期交织存在，在中国革命应该走什么样的道路问题上争论不休。所有这些，都制约着中国共产党从"工农武装暴动"走向"工农武装割据"，进而走向"农村包围城市"的理论与实践进程，这种制约在某些时期还特别严重。

1928 年 3 月，正当井冈山打开武装割据新局面的时候，湘南特委派周鲁（生卒年不详）到井冈山贯彻中央的"左"倾盲动政策，指责井冈山"行动太右，烧杀太少"，批判毛泽东是"右倾逃跑"、"枪杆子主义"，并把党中央关于开除毛泽东中央临时政治局候补委员的决定误传为"开除党籍"，命令部队开赴湘南配合暴动，直接导致井冈山的"三月失败"[①]。1928 年 6 月至 7 月，井冈山割据进入全盛期，中共六大也在莫斯科召开。六大虽然总结了大革命失败的教训，确定了基本正确的路线，但并没有解决根据地问题，而是继续提出"准备暴动，夺取大城市"的方针，且决议案直到次年 1 月初才传到井冈山革命根据地。正是在此期间，湖南省委先后派袁德生（1894—1934）、杜修经（1907—2007）到井冈山传达指示，要求红四军主力"毫不犹豫地立即执行"命令，向湘南发展，参与湘南工农暴动，造成湘南割据，直接导致了井冈山的"八月失败"[②]。

井冈山斗争的"三月失败"和"八月失败"折射出"城市中心论"思维惯

---

① 参见《毛泽东传（1893—1949）》，中央文献出版社 1996 年版，第 171 页。

② 参见《毛泽东传（1893—1949）》，中央文献出版社 1996 年版，第 180—183 页。

性的力量之大。从某种意义上说，"农村包围城市"革命道路理论的形成过程，就是整个中国共产党同"城市中心论"作斗争的过程。在这个过程中，毛泽东多次向中央汇报井冈山的做法，中央也通过各种方式向各个根据地介绍井冈山斗争的经验，扩大了井冈山革命根据地经验的影响，推动了全国农村革命根据地的创建进程，推动了全国革命形势的发展。

1929 年初，朱德、毛泽东带领井冈山红四军主力开辟赣南闽西革命根据地，一路被敌军围追，处境不容乐观。此时中央的"二月来信"，对工农武装割据的客观形式和主观力量作了悲观分析，认为农村工作难以展开，仍然强调党的工作要以城市为中心，甚至要求朱德、毛泽东离开部队。接下来的几个月内，红四军党内爆发了关于个人领导和党的集体领导、前委和军委关系的争论。正如毛泽东所说，这场争论不是个人的和一时的问题，而是党内一直以来路线斗争的总爆发。所以，从马克思主义辩证的否定观来看，这场争论的发生不是坏事而是好事，是党的进步，是党对大革命失败后一直困扰中国革命的几个根本性问题：党和武装斗争的关系问题、军队和根据地政权建设的关系问题、军事观点和群众观点两条不同的政治路线的关系问题等的集中讨论。这场争论，预示着中国共产党即将突破原有革命模式之茧，寻求一种全新的中国革命模式和革命道路。

1929 年 7 月底，陈毅受红四军前委委派，赴上海向中央汇报有关红四军的历史及现状。于是，就有了具有决定性意义的中央"九月来信"。该信肯定了红四军及各地红军的斗争经验，指出中国革命的道路是"先有农村红军、后有城市政权，这是中国革命的特征，这是中国经济基础的产物"[①]。"九月来信"是中国共产党在探索中国特色革命道路上迈出的重要一步。它在继六大对"工农武装割据"思想作了肯定之后，认识到中国革命须"先有农村红军、后有城市政权"，开始把农村革命根据地纳入中国革命的战略考虑。表明中国共产党已经开始突破"城市中心论"、转向"农村中心论"。正是以"九月来信"的精神为指导，红四军于 1929 年 12 月召开了古田会议，通过了毛泽东起草的八个决议，其中包括为毛泽东哲学思想的初步形成作思想政治准备的《关于纠正党内的错误思想》。至此，红四军党内长期争论的问题基本得到解决，思想基本达到统一。

然而，事物的发展是一个否定之否定的过程，总是体现为前进性和曲折性

---

① 《毛泽东年谱（一八九三——一九四九）》上卷，中央文献出版社 2013 年版，第 284 页。

的统一，客观世界如此，主观认识也是如此。随着全国革命形势的发展，特别是赣南闽西革命根据地的扩大，党内因大革命遭受严重挫折而带着悲壮拼命色彩的蛮干，这时却转变为因过分夸大革命有利形势下的带有急性病色彩的冒险，新的一轮"左"倾错误又开始了。1930年2月，中央认为全军已经具备了向中心城市发展，建立全国政权的条件，确定了准备武装起义、建立全国政权的总路线和总任务。从1930年2月到9月的时间里，中央多次下令攻打大城市，指责在全国革命的有利形势下，红四军继续专注于根据地建设的做法是保守的。李立三认为毛泽东的"农村包围城市"路线是一种不切实际的幻想，是一种绝对错误的观念，他提出了"会师武汉，饮马长江"①的极端冒进方针，指责毛泽东是妨碍目前中央实行武装夺取城市政权总战略的主要代表人物。

　　1930年9月24日的中共六届三中全会虽然结束了李立三"左"倾冒险主义在中共中央的统治，但"左"倾冒险主义的错误思想却仍然存在，并在1931年1月以王明为代表重新在中央占据了统治地位且长达四年之久。虽然临时中央于1933年被迫从上海迁入中央苏区，形式上宣告了"城市中心论"的破产。但是，接下来"左"倾错误还是导致了红军被迫长征。直到1935年遵义会议，才结束了"左"倾冒险主义在中央的统治，"农村包围城市"的革命道路才获得了组织保证。红军到达陕北之后，环境相对稳定，中国共产党得以逐步从思想路线、军事路线、哲学认识论路线上清算党内的各种错误思想。1935年12月的瓦窑堡会议及稍后的《论日本帝国主义的策略》，从思想路线批判了党内的各种错误思想；1936年12月的《中国革命战争的战略问题》，从军事路线批判了党内的各种错误思想；1937年7—8月的《实践论》、《矛盾论》，则是从马克思主义哲学认识论路线上对党内的各种错误思想作了总清算。《实践论》、《矛盾论》的写作，使毛泽东哲学思想达到了系统化，使中国共产党真正拥有了属于自己的哲学世界观和方法论。之后，毛泽东运用这种世界观和方法论，根据中国革命正反两方面的历史经验，结合中国当时的全民族抗日战争实践，写了《战争和战略问题》、《〈共产党人〉发刊词》、《中国革命和中国共产党》等文章，进一步阐述了中国革命的特点和中国革命战争的特点，说明了中国的社会历史

---

① 见《毛泽东年谱（一八九三——一九四九）》上卷，中央文献出版社2013年版，第307—308页。

状况、中国资产阶级民主革命的基本特点和基本规律，形成了包括"农村包围城市"的革命道路在内的一整套关于中国革命的理论。到此，"农村包围城市"的革命道路理论才真正成为中国共产党的集体革命意识，成了为全党所接受的理论。

（二）"农村包围城市"革命道路理论的主要内容

依据从"工农武装割据"思想到"农村包围城市"革命道路理论的发展逻辑，以及毛泽东和中国共产党的相关论述，我们可以把"农村包围城市"的革命道路概括为：中国的民主主义革命，必须在中国共产党的领导下，以武装斗争为主要形式，以土地革命为主要内容，以农村革命根据地建设为主要依托，长期坚持工农武装割据，壮大革命力量，走一条先占领乡村，再进攻城市，最后夺取全国胜利的道路。"农村包围城市"革命道路理论包括以下几个方面内容。

1. 中国半殖民地半封建的社会性质决定了中国革命必须是而且只能是"以农村为中心"的暴力革命

第一，中国不是一个独立的民主的国家，而是一个半殖民地半封建国家。半殖民地性质意味着在外部没有民族独立，受到帝国主义的压迫；半封建性质意味着在内部没有民主制度，受到封建制度的压迫。因此，中国革命力量在全局上和长时期内不具备合法斗争的条件。这就决定了中国革命必须采取暴力革命的手段。"以武装的革命反对武装的反革命。这是中国革命的特点之一和优点之一。"①

第二，在半殖民地半封建的中国社会，政治经济发展极不平衡。力量强大的敌人占据中心城市，力量弱小的革命因素在城市无法发展壮大，革命要继续发展，必须寻找新的空间以积蓄力量，这就产生了革命中心转移的必要性。政治经济发展的不平衡加上军阀割据，使农村成为敌人统治的相对薄弱环节，而且农村经历过大革命农民运动的洗礼，有一定群众基础，这就为革命力量能够以农村为中心提供了可能性。

第三，中国社会的半殖民地性质，使得中国的民族工商业落后，导致工人阶级人数很少，因而不可能像资本主义国家那样，有一个强大的无产阶级作为革命的主力军，中国无产阶级革命必须寻找革命的同盟者，而与中国无产阶级

———————————
① 《斯大林选集》上卷，人民出版社1979年版，第487页。

有着天然联系的中国农民，无疑是这一同盟者的首选。这是中国革命中心向农村转移的又一个必要性。中国社会的半封建性质，决定了农民在全国人口中占绝大比例，且受到多重压迫，具有革命意愿，一经革命理论动员起来，就会爆发出惊人的力量。这是中国革命向农村转移的又一个可能性。

2. 中国革命战争的特点决定了"以农村为中心"的长期性

在《论反对日本帝国主义的策略》、《中国革命战争的战略问题》、《论持久战》、《中国革命和中国共产党》等著作中，毛泽东都强调了中国革命的长期性、持久性。在《论反对日本帝国主义的策略》中，毛泽东指出，中国政治经济发展是不平衡的，"要把不平衡的状态变到大体上平衡的状态，还要经过很长的时间，还要花费很大的气力"①，这就决定了中国革命战争的长期性。在《中国革命战争的战略问题》中，毛泽东进一步概括出中国革命战争的四大特点：发生在经过了大革命洗礼的政治经济发展不平衡的半殖民地大国；敌人的强大；红军的弱小；中国共产党的领导和土地革命。"第一个特点和第四个特点，规定了中国红军的可能发展和可能战胜其敌人。第二个特点和第三个特点，规定了中国红军的不可能很快发展和不可能很快战胜其敌人，即是规定了战争的持久，而且如果弄得不好的话，还可能失败。"②

中国革命战争的特点规定了中国革命的长期性，中国革命的长期性又规定了中国的革命者必须真正树立"以农村为中心"的思想。什么叫"以农村为中心"？今天在农村战斗，明天就去攻打大城市，这不是真正的"以农村为中心"；在农村搞武装斗争，却又不愿意进行根据地建设的艰苦工作，也不是真正的"以农村为中心"；在农村偏安一隅，不积极地推进革命事业，同样不是真正的"以农村为中心"。真正的"以农村为中心"，是以农村为战略起点，以全国政权为最后目标，经过长期的武装割据，逐步把红色区域连成一片，最后覆盖全国，夺取全国胜利。

3. 走农村包围城市的革命道路必须处理好党的领导、武装斗争、土地革命和农村根据地建设的辩证关系

第一，中国革命必须坚持共产党的领导。中国半殖民地半封建的社会性质决定了中国革命反帝反封建的民主主义性质，从它的对象上看，革命的主要敌

---

① 《毛泽东选集》第1卷，人民出版社1991年版，第152页。

② 《毛泽东选集》第1卷，人民出版社1991年版，第191页。

人是帝国主义和封建主义；从它的目的上看，革命是为中国资本主义的发展扫除障碍，开辟道路。所以，这场革命本质上属于资产阶级民主主义革命。在社会形态的发展序列上，资产阶级革命本该由资产阶级领导。英国资产阶级革命、法国大革命都是如此。然而，中国社会的阶级状况却是：生产资料私有制决定了中国资产阶级的自私自利性，政治经济的不独立决定了中国资产阶级的软弱性，使其主观上没有意愿、客观上没有能力领导中国革命；中国农民和城市小资产阶级，有彻底革命的意愿且人数众多，可以作为革命的主力军，但小生产的狭隘性限制了其政治眼光，决定了其不能充当革命的领导者。如此一来，中国革命就历史地选择了中国无产阶级和中国共产党。中国共产党的阶级先进性和政治眼光，也使她有能力担此重任。

第二，工农武装割据的三大要素，武装斗争、土地革命和根据地建设必须保持"三位一体"的态势。武装斗争是中国革命的主要形式，是革命的工具；土地革命是中国革命的主要内容，只有把两者统一起来，革命运动才具有彻底性和人民性；根据地建设是革命的主要依托，是中国革命运动的存在形式，是中国革命的内容和形式得以统一起来的场所，得以展现开来的空间。而使这三者统一起来的灵魂纽带则是党的领导。

（三）"农村包围城市"革命道路理论的重大意义

"农村包围城市"革命道路理论，是以毛泽东同志为主要代表的中国共产党人，在 20 世纪二三十年代极其复杂的国际国内环境下，独立自主地探索中国特殊革命道路的伟大理论成果，在马克思主义发展史上，在中国革命史上，都具有重大的理论意义和实践意义。

1. 这一理论的形成，使中国有了适合自己的革命道路，为中国革命的最终胜利提供了有力的理论保证

"农村包围城市"的革命道路，在充分认识中国社会性质的前提下，揭示了中国革命发展的客观规律，创造性地解答了中国应该进行什么样的革命、怎样进行革命的重大问题，指明了大革命失败后，中国革命继续前进并走向胜利的唯一正确的道路。在这一理论指导下，中国共产党带领以农民和小资产阶级为主力军的革命力量，走过了第一次大革命失败后的迷茫、井冈山武装斗争的艰辛、第五次反"围剿"的失败、红军长征的战略大转移、抗日民族统一战线的建立、解放战争的胜利，使革命力量由小到大，从弱变强，战胜了日本侵略

者，打败了国民党反动派，完成了反帝反封建的新民主主义革命任务。

2. 这一理论的形成，极大地解放了中国马克思主义者的思想

在开创出这条革命新道路之前，国际共产主义运动内部，无不认为无产阶级及其政党夺取政权只有一条道路、一个模式，且认为把之套用到中国革命上是理所当然。即使在中国共产党内，有些人也如毛泽东所言："湘赣边界割据问题在四军党内的一致仅仅是表面的罢了，骨子里面是有一部分同志时时刻刻要脱离边界的斗争。"① 但是，以毛泽东同志为主要代表的中国共产党人，顽强地坚持马克思主义基本原理同中国革命的具体实践相结合，创造性地走出一条完全不同的路径，变"城市中心"思维为"农村中心"思维。从南昌起义到全民族抗日战争，从井冈山到延安，每走一步，都伴随着同各种机会主义尤其是教条主义的斗争，都包含着毛泽东对中国革命的哲学思考，都产生着中国共产党人对马克思主义的新认识。从这个意义上说，"农村包围城市"中国特色革命道路的形成，无论是对中国革命而言，还是对中国共产党的思想解放而言，无异于一场"哥白尼式的倒转"。

3. 这一理论的形成，使中国马克思主义者开始拥有属于自己的革命理论

毛泽东说："十月革命一声炮响，给我们送来了马克思列宁主义。"② 其实，当时中国的马克思主义者能够吸收到的，更多的是列宁主义，是苏联经验，是苏联马克思主义，是马克思主义的苏联形态。如果不作任何改变地把这种特殊形态的马克思主义拿到中国来用，只能削足适履。所以，"我们固然应该特别尊重苏联的战争经验，因为它是最近代的革命战争的经验，是在列宁、斯大林指导之下获得的；但是我们还应该尊重中国革命战争的经验，因为中国革命和中国红军又有许多特殊的情况。"③ "农村包围城市"的革命道路理论是以毛泽东同志为主要代表的中国共产党人坚持实事求是，一切从中国国情出发，把马克思主义普遍原理同中国革命具体实际相结合，独立自主地解决中国革命问题的光辉典范；是我们党领导中国人民进行革命斗争实践经验的科学总结和理论创造；是马克思列宁主义同中国实际相结合的重大历史性飞跃，是中国的马克思主义。

---

① 《毛泽东文集》第 1 卷，人民出版社 1993 年版，第 69 页。

② 《毛泽东选集》第 4 卷，人民出版社 1991 年版，第 1471 页。

③ 《毛泽东选集》第 1 卷，人民出版社 1991 年版，第 172 页。

4. 这一理论的形成，丰富和发展了马克思主义的无产阶级革命学说

"农村包围城市"革命道路，不仅具有中国革命的意义，"而且是具有国际的革命意义的"①。马克思主义是关于无产阶级解放条件的学说。马克思主义认为，无产阶级解放运动，应该根据不同的时代条件，或采取暴力革命的手段，或采取和平斗争的手段。巴黎公社开创了无产阶级暴力革命之先河，俄国十月革命创立了无产阶级暴力革命胜利之典范，为世界共产主义运动提供了一种可资借鉴的"城市中心"模式，是对无产阶级暴力革命学说的丰富和发展。中国共产党以马克思主义为指导，创造性地提出适合中国国情的"农村包围城市"的革命道路理论，为半殖民地半封建社会国家的共产主义运动提供了一种"农村中心"模式，同样是对无产阶级暴力革命学说的丰富和发展。另外，列宁根据垄断时期帝国主义的特点，提出了无产阶级革命的"一国胜利"说，认为无产阶级革命可以在帝国主义统治链条上相对薄弱的俄国首先取得胜利，丰富和发展了马克思恩格斯的"同时胜利说"。中国"农村包围城市"的革命道路理论，则在半殖民地半封建的中国内部准确地找到了帝国主义在中国统治链条的薄弱环节，提出了中国革命应该且可以首先在农村发生，首先在农村取得胜利。这是中国马克思主义者对列宁主义"一国胜利"说的丰富和发展，是对无产阶级革命学说的又一个伟大贡献。

第三节　毛泽东哲学思想的形成及系统化

在中央苏区时期，面对党内严重存在的教条主义，毛泽东开始从哲学上思考"什么才是真正的马克思主义"、"怎样在中国革命中运用马克思主义"的问题。所以，毛泽东哲学思想的形成和毛泽东对教条主义的批判，是同一过程的两个方面，表现出历史和逻辑相一致的清晰脉络。萌芽于大革命时期《中国社会各阶级的分析》中的毛泽东哲学思想，在 1930 年 5 月的《反对本

---

① 《毛泽东选集》第 1 卷，人民出版社 1991 年版，第 185 页。

本主义》中初步形成；此后毛泽东哲学思想开始由初步形成向系统化方向过渡，这种系统化的雏形包含在 1936 年 12 月的《中国革命战争的战略问题》中；最后通过 1937 年 7—8 月的《实践论》、《矛盾论》达到完全呈现。毛泽东哲学思想的形成及系统化，为马克思主义中国化作了哲学奠基，为中国共产党人了解中国情况、解决中国问题提供了中国自己的马克思主义世界观和方法论，也为马克思主义哲学形态和中国传统哲学形态的结合提供了合理的形式。

一、《反对本本主义》与毛泽东哲学思想的初步形成

同样是受到斯大林马克思主义的影响，同样是把中国社会和中国农村性质判定为半殖民地半封建社会，同样是主张反帝反封建，但是，在如何理解马克思主义及如何把马克思主义运用于中国革命实践的问题上，毛泽东和瞿秋白、李立三、王明等人所走的路径是不一样的。毛泽东遵循的是用理论来指导实践，再从实践上升到理论的路径。即是说，毛泽东是把马克思主义当作世界观和方法论来看待的，坚持的是马克思主义哲学"实践第一"的原则，理论来源于实践并用于指导实践。瞿秋白、李立三、王明等人遵循的是用理论解释实践的路径，坚持的是"本本第一"的原则，属于主观主义、教条主义。《反对本本主义》就是毛泽东哲学思想同教条主义的第一次直接交锋。

（一）《反对本本主义》的生成过程

早在开辟井冈山革命根据地的时候，毛泽东就意识到了教条主义的危害。1928 年 10 月，毛泽东写《中国的红色政权为什么能够存在？》，分析"工农武装割据"发生和长期存在的条件，最后加了一条"除了上述条件之外，还须有一个要紧的条件，就是共产党组织的有力量和它的政策的不错误"[①]。这是对井冈山几个月前经历的"三月失败"和"八月失败"的反思。紧接着 11 月的《井冈山的斗争》中，毛泽东分析了"八月失败"的原因，他指出："湖南省委代表杜修经和省委派充边界特委书记的杨开明，……不察当时的环境……只知形

---

① 《毛泽东选集》第 1 卷，人民出版社 1991 年版，第 50 页。

式地执行湖南省委向湘南去的命令"。①"只是形式地执行命令"这是对教条主义在工作中的表现的批评。接下来 1929 年党中央对红四军作出的命令和决定，如"二月来信"、带着苏联的形式主义理论而来的刘安恭（1899—1929）、赣南闽西红四军党内关于建军原则的大争论、让毛泽东离开红四军主要领导岗位的决定等，都和教条主义密切相关。毛泽东正是从这种反复多次的事实中看到了教条主义的危害，意识到必须从根本上解决这个问题。

1929 年 12 月，按照中央"九月来信"的精神，古田会议胜利召开，毛泽东把"主观主义"写进了《关于纠正党内的错误思想》，他批评了主观主义的危害，认为主观主义"对分析政治形势和指导工作，都非常不利。因为对于政治形势的主观主义的分析和对于工作的主观主义的指导，其必然的结果，不是机会主义，就是盲动主义"。同时提出了纠正主观主义的方法，一是要"用马克思列宁主义的方法"，二是要"注意社会经济的调查和研究"，三是要"防止主观武断和把批评庸俗化"②。《关于纠正党内的错误思想》为后来的《反对本本主义》作了思想政治上的铺垫。

1930 年 5 月，毛泽东在寻乌做了一个月的社会调查。在这次调查中，毛泽东邀请寻乌本地来自不同阶层的十一个人，连续开了十多天的座谈会，内容涉及寻乌的政治区划、交通、商业、旧有土地关系、土地斗争等五大类，区域包括了乡镇和农村。之后毛泽东把这次调查的结果整理成五章三十九小节共 8 万多字的《寻乌调查》。这是一个很有分量的调研报告，用毛泽东的话说是"做的调查以这次为最大规模"③。《寻乌调查》为接下来党的土地政策的制定提供了实际依据，也为毛泽东写作《反对本本主义》提供了实际依据和调查经验。

《反对本本主义》写于寻乌调查的同一个月。据毛泽东 1961 年 3 月 23 日在广州中央工作会议上的讲话中回忆，当时他写了两篇文章，第一篇是《反对本本主义》，第二篇是《调查工作》。他说："《关于调查工作》（引者注：原名为《调查工作》）④ 这篇文章，我不赞成现在公开发表"，"这篇文章（引者注：指已更名为《关于调查工作》的《调查工作》）是一九三〇年写的，总结了那个时期的经验。写这篇文章之前，还写了一篇短文，题目叫《反对本本主义》，

---

① 《毛泽东选集》第 1 卷，人民出版社 1991 年版，第 60 页。
② 《毛泽东选集》第 1 卷，人民出版社 1991 年版，第 91、92 页。
③ 《毛泽东文集》第 1 卷，人民出版社 1993 年版，第 118 页。
④ 《毛泽东文集》第 8 卷，人民出版社 1999 年版，第 240 页"注释 2"。

现在找不到了。这篇文章是最近找出来的。别的文章丢了，我不伤心，也不记得了，这两篇文章我总是记得的。忽然找出一篇来了，我是高兴的。"① 在1964年3月25日给田家英（1922—1966）的信中也有相似的表述："先写了一篇短文，题名'反对本本主义'，是在江西寻乌县写的。后来觉得此文太短，不足以说服同志，又改写了这篇长文，内容基本一样，不过有所发挥罢了。当时两文都有油印本。"② 从毛泽东的这些话中我们得知：

第一，在毛泽东哲学思想史上，一共有两个版本的《反对本本主义》。我们现在看到的《反对本本主义》不是原来的那篇《反对本本主义》，而是原题为《调查工作》（1930 年），失而复得之后改名为《关于调查工作》（1961 年），收入《毛泽东著作选读》（甲种本）时又改名为《反对本本主义》（1964 年）的那篇文章。现在《毛泽东著作选读》（上、下册）、《毛泽东选集》第 1 卷（1991 年版）中的《反对本本主义》，都是原来的《调查工作》。

第二，两个版本的《反对本本主义》都写于 1930 年 5 月，原版的成文要稍早于现版，且文字比现版的短，是"一篇短文"。以这样的先后顺序来判断，现版是根据原版的精神写的，是对原版精神的发挥，也是为了反对红四军党内的教条主义而写的，都名为《反对本本主义》是合理的。

第三，当时两篇文章都出有油印本，后来丢失近 30 年才在 20 世纪 50 年代末失而复得一个石印本③。说明当时两篇文章都没有公开发表。这种情况表明：一方面，这两篇文章在当时及后来很长时间内，对中国革命并没有发挥应有的作用；另一方面，毛泽东当时在党内的个人处境是受到压制的，也从侧面反映出当时党内教条主义盛行，实事求是的观点反而常常受到打压。1991 年把《反对本本主义》作为唯一的一篇增补文章收入《毛泽东选集》第 1 卷第二版④，则说明了此文写作 60 年后，我们对这篇文章在毛泽东思想史中的重要性的认识。

（二）《反对本本主义》的主要观点

现版的《反对本本主义》公开发表时虽然作了一些词句的修改，但基本上

---

① 《毛泽东文集》第 8 卷，人民出版社 1999 年版，第 256、257 页。

② 《毛泽东和他的秘书田家英（增订本）》，中央文献出版社 1996 年版，第 24 页。

③ 倪德刚：《为何有两个版本的〈反对本本主义〉》，《北京日报》2014 年 6 月 23 日。

④ 参见《毛泽东选集》第 1 卷，人民出版社 1991 年版，"第二版出版说明"。

保持了原文的模样。该文将在古田会议决议中纠正主观主义的两条建议统一起来，从认识论高度反对当时红军党内存在的教条主义。这是毛泽东最早的一篇哲学著作，标志着毛泽东哲学思想的初步形成。这篇不长的战斗性檄文全文分为七个小节，主要包括以下几个观点：

1. 没有调查就没有发言权

这是对马克思主义哲学唯物论立场的通俗表达，已经包含有实事求是路线的思想因子。1934 年 4 月，毛泽东在《总政治部关于调查人口和土地状况的通知》中，把这个论断进一步完善为"一，不做调查没有发言权。二，不做正确的调查同样没有发言权"①。

从存在论角度看，马克思主义哲学的唯物论立场是物质第一性，意识第二性。毛泽东把它表述为先调查，后发言，在我们对事物下结论、作判断之前，都必须先做调查。如果反其道而行之，那就是唯心主义。毛泽东从批评唯心主义思想路线的角度展开论述，认为如果对一个对象完全没有调查，完全没有了解它的现状和历史，就去对它发表看法，那一定是主观唯心主义的瞎说。"离开实际调查就要产生唯心的阶级估量和唯心的工作指导，那末，它的结果，不是机会主义，便是盲动主义。"②共产党员是唯物主义者，如果也这样瞎说，那是共产党员的耻辱。毛泽东在这中间批评了刘安恭式唯心主义作风："许多巡视员，许多游击队的领导者，许多新接任的工作干部，喜欢一到就宣布政见，看到一点表面，一个枝节，就指手划脚地说这也不对，那也错误。这种纯主观地'瞎说一顿'，实在是最可恶没有的。"③

从认识论角度看，马克思主义的唯物论立场首先是，实践是认识的来源。在这里，毛泽东对马克思主义这一思想的表述是"一切结论产生于调查情况的末尾，而不是在它的先头"④。他批评当时红军党内的一些干部，遇到困难的时候，就一个人或找一帮人坐在一起"想办法"、"打主意"。一旦想不出解决办法了就泄气，不是抱怨工作难，就是埋怨自己能力不行。毛泽东提出的解决办法就是去做调查，认为调查清楚了，办法自然就有了。所以他说"调查就是解决问题"。其次，马克思主义认识论的唯物论立场还在于，认为实践是认识的

---

① 《毛泽东文集》第 1 卷，人民出版社 1993 年版，第 267—268 页。
② 《毛泽东选集》第 1 卷，人民出版社 1991 年版，第 112 页。
③ 《毛泽东选集》第 1 卷，人民出版社 1991 年版，第 110 页。
④ 《毛泽东选集》第 1 卷，人民出版社 1991 年版，第 110 页。

目的。在这里，毛泽东对这一思想表述是"调查就像'十月怀胎'，解决问题就像'一朝分娩'。调查就是解决问题"①。同时，毛泽东认为，社会经济调查，重点应该放在人与人的关系上，"社会经济调查，是为了得到正确的阶级估量，接着定出正确的斗争策略"②。我们看到，远在"山沟"的毛泽东，事实地参与着当时在大城市进行得如火如荼的中国社会性质大论战，几年后"中国农村派"对农村生产关系的认识和毛泽东这个观点正好一致。

2. 反对本本主义

在对待马克思主义的问题上，毛泽东提出要坚决反对教条主义。这是整篇文章的核心思想。当时党内的教条主义包括两种：一种表现为对马克思主义"本本"的迷信，另一种表现为对苏联经验和斯大林、共产国际命令的迷信，后一种是更为主要的。针对教条主义的这两种表现，毛泽东提出了两个重要观点，也是后来被广泛引用的两个观点：一个是"马克思主义的'本本'是要学习的，但是必须同我国的实际情况相结合。我们需要'本本'，但是一定要纠正脱离实际情况的本本主义"③。另一个是"中国革命斗争的胜利要靠中国同志了解中国情况"④。第二个观点已经包含有独立自主的思想因子。

如本章前两节所述，无论是在开辟农村革命根据地的艰辛历程中，还是在20世纪二三十年代中国思想界关于中国社会性质的大论战中，都暴露出中国的马克思主义者、中国共产党内部普遍存在着的教条主义。教条主义的危害是巨大的，从中国革命实践层面来说，它通过中国共产党的革命政策和领导干部的工作方法影响着农村革命根据地建设，影响着红军的发展状态，进而影响着中国革命实践的进展。从中国革命理论层面来看，它形成了"城市中心论"的僵化思维，阻碍了中国革命中心向农村的转移，影响了中国革命道路理论的形成。从中国共产党自身的发展来看，党内教条主义的背后，往往又有来自斯大林和共产国际的强有力的支持，它制约着中国共产党自身的成长和成熟。所以，《反对本本主义》在相当大的程度上，还具有思想解放的意义。

---

① 《毛泽东选集》第1卷，人民出版社1991年版，第110—111页。
② 《毛泽东选集》第1卷，人民出版社1991年版，第113页。
③ 《毛泽东选集》第1卷，人民出版社1991年版，第111—112页。
④ 《毛泽东选集》第1卷，人民出版社1991年版，第115页。

（三）《反对本本主义》的历史意义

从实践方面看，由于历史原因，《反对本本主义》当时没能公开发表，最初只是以油印本、石印本在中央苏区内小范围流传，后面丢失近 30 年。所以，事实上，在整个新民主主义革命战争时期，这个文本的传播范围和在党内产生的影响都是非常有限的，因而毛泽东在《反对本本主义》中提出的这些正确的基本立场、基本路线、基本观点、基本方法，在当时对党的反教条主义工作的指导作用也是很小的。相反，教条主义在党内和中央苏区却是广泛流行，最后导致了革命根据地几乎全部丧失。《反对本本主义》对中国共产党人实践的指导作用的发挥，主要是在失而复得之后。1961 年《反对本本主义》重新出现，中国共产党正在对"大跃进"进行反思，毛泽东在党内印发传阅，它对纠正工作中的浮夸风，重提调查研究，起了很大作用。

从理论方面看，《反对本本主义》是毛泽东对过去革命经验和自身多次社会调查经验的哲学总结，是毛泽东认识的一大飞跃。时隔 30 多年后《反对本本主义》公开发表，研究者们得以把它放在整个毛泽东思想的发展史、马克思主义中国化的历史中去看它的历史意义。龚育之（1929—2007）认为这个文本的最重大意义就在于它是"毛泽东向党内阐明他所主张的思想路线的第一篇完整的代表作"①，认为《反对本本主义》已经包含了毛泽东思想活的灵魂"实事求是、独立自主、群众路线"的思想因子，把它看作是毛泽东思想初步形成的主要标志，是毛泽东哲学思想初步形成的主要标志。

在《反对本本主义》中，毛泽东通篇论述的是反对脱离中国实际的"本本主义"，认为我们之所以需要马克思主义，不是因为它是某种"先哲"的形式，而是因为我们要用它来解决中国革命的实际问题。这表明毛泽东对马克思主义哲学的兴趣，不在于存在论，而在于认识论和方法论，在于把马克思主义的世界观转化为认识世界和改造世界的方法，这不仅显示了毛泽东哲学思想特有的个性化特征，也规定了毛泽东哲学思想的未来发展方向。之后毛泽东哲学思想正是沿着认识论和方法论的发展逻辑去构建，并逐渐走向系统化的。另外，《反对本本主义》通篇都使用了通俗的、生活化的语言来表述深奥的马克思主义哲学观点，开了马克思主义哲学通俗化之先河。

---

① 龚育之：《陈云对毛泽东思想的形成和发展的历史贡献》，《学习时报》2005 年 6 月 6 日。

二、《中国革命战争的战略问题》与毛泽东哲学思想系统化的雏形

写作《反对本本主义》之后，中国革命经历了一系列重大事件。一是中华苏维埃共和国临时中央政府成立，毛泽东出任临时中央政府主席，他把主要的精力放在中央苏区的根据地建设上，同时继续深入社会调查。二是中央苏区在第五次反"围剿"中严重失利，中央红军被迫长征，并通过长征途中的遵义会议结束了"左"倾冒险主义在党内的统治。三是国际国内时局剧变，中日矛盾上升为社会主要矛盾，中国共产党积极谋求抗日民族统一战线的建立。面对新的主要矛盾、党内存在的关门主义和宗派主义，特别是教条主义，中国共产党迫切需要从政治路线和军事路线上对大革命、土地革命战争的经验教训进行总结，进一步批判教条主义，更好地"在斗争中创造新局面"。

1935 年 12 月 17—25 日，中共中央政治局扩大会议在瓦窑堡召开，会议着重讨论全国的政治形势和党的策略路线、军事战略。在大会的政治讨论环节，产生了关于民族资产阶级抗日可能性的争论。博古（秦邦宪，1907—1946）引经据典地论证"中间势力是最危险的"，认为同民族资产阶级联合就是对马克思主义的背离。毛泽东则主张联合民族资产阶级抗日，并坚持认为这是根据马克思主义基本原理和基本立场分析中国目前时局得出的正确结论，明确提出"我们要从关门主义中解放出来"[①]。最后大多数人同意了建立抗日民族统一战线的主张，通过了《中共中央关于目前政治形势与党的任务的决议》。27 日，毛泽东在瓦窑堡党的活动分子会议上作《论反对日本帝国主义的策略》的报告，进一步明确瓦窑堡决议精神，运用辩证法唯物论基本原理剖析了当时极其复杂的民族矛盾和国内阶级矛盾，明确指出了当前的主要矛盾是中日民族矛盾；继《中国社会各阶级分析》之后再次分析了中国民族资产阶级的两面性，批评了狭隘的关门主义和"左"倾急性病（二者本质上都是教条主义），提出了建立抗日民族统一战线的必要性和可能性，指出了中国革命的长期性、曲折性和艰巨性。《论反对日本帝国主义的策略》是从政治路线上总结土地革命的经验教训，是对中国革命政治策略的最完整分析，把《反对本本主义》中的辩证法认识论思想向前推进了一步。

---

① 参见《毛泽东传（1893—1949）》，中央文献出版社 1996 年版，第 378 页。

从政治路线上总结了历史经验之后，毛泽东接着把注意力放到了军事路线的总结上来。因为"过去的革命战争证明，我们不但需要一个马克思主义的正确的政治路线，而且需要一个马克思主义的正确的军事路线"①。军事路线的问题是红军党内从中央苏区起就一直争论的问题，《中国革命战争的战略问题》是这方面长期争论的结果。同时，它也是毛泽东本人长期革命实践经验的总结和学习前人经验的结果。为了这个工作，"他通过各种渠道从国民党统治区购买到一批军事方面的书籍。他反复地精读马克思主义的军事著作，认真研究德国克劳塞维茨的《战争论》，日本人写的关于外线作战的书籍等，还研读了中国古代的《孙子兵法》。"②

《中国革命战争的战略问题》是一篇未完成的著作，写于 1936 年 12 月西安事变之前，曾在陕北的红军大学作过报告，后因西安事变而搁笔，只完成了五章，按写作计划后面还有战略进攻、政治工作等③。在 1937 年 5 月首次出油印本，1941 年在延安出单行本④。收入 1986 年版《毛泽东著作选读》（上下册）只有前四章；收入 1991 年版《毛泽东选集》第 1 卷有五章共十七小节。《中国革命战争的战略问题》从军事路线上对近十年土地革命时期的各种机会主义错误，特别是"左"倾教条主义错误进行了清算，从军事辩证法的角度开展毛泽东的认识论思想。

（一）如何认识战争规律

1. 一般战争规律和特殊战争规律的关系

文章一开篇，毛泽东就提出了三对重要范畴：战争和战争规律、革命战争和革命战争规律、中国革命战争和中国革命战争规律，认为这是战争及战争规律中的一般、特殊和更加特殊的关系问题。接下来，毛泽东批判了对于战争规律的三种教条主义错误，一种是只研究一般战争规律，把国外的军事条令直接照抄照搬到中国来；另一种是只研究特殊的革命战争规律，把俄国和苏联的军事条令直接照抄照搬到中国来；再一种是只研究北伐战争时期进攻大城市的经

---

① 《毛泽东选集》第 1 卷，人民出版社 1991 年版，第 186 页。
② 《毛泽东传（1893—1949）》，中央文献出版社 1996 年版，第 439 页。
③ 见《毛泽东选集》第 1 卷，人民出版社 1991 年版，第 170 页"注"。
④ 见《毛泽东年谱（一八九三———一九四九）》上卷，中央文献出版社 2013 年版，第 635—636 页。

验，把它直接照抄照搬到目前的战争来。毛泽东认为，这三种错误的实质，不在于这三种战争规律、三种战争经验本身，而在于不顾中国革命特殊性去照抄照搬的做法。他指出："我们固然应该尊重过去流血的经验，但是还应该尊重自己流血的经验。""我们固然应该特别尊重苏联的战争经验，因为它是最近代的革命战争的经验，是在列宁、斯大林指导之下获得的；但是我们还应该尊重中国革命战争的经验，因为中国革命和中国红军又有许多特殊的情况。""我们只应该采用北伐战争中那些在现时情况下还能适用的东西，我们应该按照现时情况规定我们自己的东西。"①

在指出了三种教条主义错误之后，毛泽东分析了他们错误的原因，那就是没有注意到战争规律是会因时间、空间和性质的不同而不同。从时间维度上看，"战争和战争指导规律都是发展的，各个历史阶段有各个历史阶段的特点"②，所以把北伐战争时期的经验直接用于指导土地革命战争就会犯错误。从性质上看，"革命战争和反革命战争，各有其不同的特点"③，所以不能把反革命战争的军事理论直接用于指导中国革命战争。从空间维度上看，"各个国家各个民族特别是大国家大民族均有其特点"④，所以不能把苏联的军事理论直接用于指导中国革命战争。毛泽东认为，就是目前的中国革命战争，同样是变化的、发展的，如果总是"抱着一技之长和一孔之见"，是不能进步的。

2. 战争规律中的全局和局部的关系

毛泽东认为，全局和局部的关系在战争中是普遍存在的。所谓的战争中的全局，就是贯穿于整个战争的各个方面和各个阶段的，对战争的发展起到决定性作用的东西，是我们的眼睛看不见的，"只能用心思去想一想才能懂得"⑤的东西，即内在的东西。所谓战争中的局部，则是不需要照顾到整个战争的各个方面和各个阶段的东西。毛泽东认为，战争中带全局性的规律，属于战略学的研究任务；战争中带局部的规律，属于战役学和战术学的研究任务。它们之间的关系是全局决定局部，战略决定战役和战术；同时全局又由一切局部组成，不能脱离局部而存在。从这一基本原理出发，毛泽东批评了"战略胜利取决于

① 《毛泽东选集》第 1 卷，人民出版社 1991 年版，第 172—173 页。
② 《毛泽东选集》第 1 卷，人民出版社 1991 年版，第 173 页。
③ 《毛泽东选集》第 1 卷，人民出版社 1991 年版，第 173 页。
④ 《毛泽东选集》第 1 卷，人民出版社 1991 年版，第 173 页。
⑤ 《毛泽东选集》第 1 卷，人民出版社 1991 年版，第 177 页。

战术胜利"的错误观点，指出这是从根本上混淆了全局和局部的决定和被决定关系，没有认识到决定战争胜败的首要问题是对全局的观照。

根据局部对全局的影响程度，毛泽东进一步把局部分为具有决定意义的局部和非决定意义的局部。具有决定意义的局部对全局的影响或者是"一着不慎，满盘皆输"，或者是在连战皆捷的情况下吃一个决定性的败仗而前功尽弃。非决定意义的局部则可以在连吃了许多败仗之后，以一役之胜而扭转整个战争的局面。

3. 战争发展的前进性和曲折性的关系

毛泽东通过十年内战时期敌人和红军之间的"围剿"和反"围剿"的辩证关系，来展开论述战争发展过程中前进性和曲折性的辩证关系。他说，从战争和战斗的形式来看，进攻和防御，"围剿"和反"围剿"的不断反复，古今中外都是一样的。对于中国土地革命，只是加上了长期性。十年以来，一直都是这样；如果没有中日民族矛盾来代替国内阶级矛盾成为主要矛盾，这种"围剿"和反"围剿"会一直继续到敌弱我强的那一天为止，因为国民党政府总会把红军当作敌人来"围剿"。"立三路线"、王明路线，都是因为不懂得这种长期的反复性，而犯了"左"倾错误。

但是，从战争和战斗的具体内容上看，则不是简单的反复了，而是有前进，有发展，是"'围剿'和反'围剿'的规模一次比一次大，情况一次比一次复杂，战斗一次比一次激烈"[1]。中间又有第五次反"围剿"失败这样的起落。然而，在毛泽东看来，就是这样的大起落、大曲折，同样内在地包含着前进性，同样是前进性和曲折性的统一。因为从战略上看，第五次反"围剿"的失败，不是土地革命战争的失败，不是红军的整体覆灭，长征是红军的战略退却，是战略防御的一种继续。如果看不到防御，看不到退却，总是提进攻，在军事上是一定会犯"左"的错误。

（二）如何认识中国革命战争的特殊性

为什么要认识中国革命战争的特殊性？毛泽东认为红军已经用血的教训回答了这个问题。教条主义者由于看不到红军的特点，把红军对国民党军的作战，等同于一般战争，等同于苏联内战，只会机械地套用苏联的经验，在敌人已经改变策略的时候，自己反而回到"老套"上去，导致"受了一次极大的历

史性的惩罚"。教条主义者其实是没有学到一点马克思主义的马克思主义者，因为"马克思主义的最本质的东西，马克思主义的活的灵魂，就在于具体地分析具体的情况"①。

1. 中国革命战争的目的是消灭战争

毛泽东从战争的性质出发来论述中国革命战争目的的特殊性。任何战争都是残酷的，其直接表现都是人类的互相残杀，其直接目的都是消灭敌人、保存自己。但是，战争又有正义战争和非正义战争之分，毛泽东把中国革命战争放到整个人类发展的历史大尺度空间去看，一方面指出了中国革命战争的正义性质，目的是要借助于战争去消灭战争实现和平。在这里，战争只是手段，人类和平才是目的。另一方面，毛泽东也指出，即使是正义战争，也是战争，同样带有残酷性。中国革命战争又是最大和最残酷的战争，由于日本帝国主义的入侵，把这个最大的非正义战争强加在了中国人民的头上，所以我们不得不打起这个反非正义战争的旗帜，去消灭日本帝国主义，挽救中华民族危亡。

2. 中国革命战争的特点

中国革命战争的特点是什么？在《中国革命战争的战略问题》中，毛泽东把它概括为四个方面，把"工农武装割据"的相关思想朝着系统化的方向推进。第一个特点是"中国是一个政治经济发展不平衡的半殖民地的大国，而又经过了一九二四年至一九二七年的革命"②。第二个特点是敌人的强大，第三个特点是红军的弱小，第四个特点是中国共产党的领导和土地革命。毛泽东运用矛盾分析法分别对这四个特点作了分析，指出这四个特点产生了中国革命的有利方面和不利方面。第一和第四个特点是中国革命的有利方面，它们共同决定了中国革命战争发生、发展和胜利的可能性；第二和第三个特点是中国革命的不利方面，它们共同决定了中国革命的长期性和艰巨性。

上述中国革命战争的两面性，决定了中国革命特殊的战略战术，如在"进攻时反对冒险主义，防御时反对保守主义，转移时反对逃跑主义"③等。中国革命战争的两面性还决定了中国内战的主要形式是"围剿"和反"围剿"，并由此产生了战略的防御、反攻、退却问题，战术的运动战、速决战、歼灭战等

---

① 《毛泽东选集》第1卷，人民出版社1991年版，第187页。

② 《毛泽东选集》第1卷，人民出版社1991年版，第188页。

③ 《毛泽东选集》第1卷，人民出版社1991年版，第191页。

一系列问题。

（三）如何在战争中达到主观的指导和客观的实际情况的统一

研究中国战争规律和特点的最终目的，就要正确认识战争规律，并把这种认识运用于指导战争，避免主观地犯错误。所有这些，都需要做到主观和客观的统一。那么，如何才能达到主观和客观的统一呢？

1. 要确定战争中的主观和客观的关系

要在战争中达到主观和客观的统一，首先必须分清什么是主体，什么是客观实际。毛泽东认为，"除了我们的头脑以外，一切都是客观实际的东西"。"只有我们的头脑（思想）才是研究的主体。"[①] 这就把指战员思想之外的敌我双方都纳入了战争客体的范围，纠正了那种只看到自己的实际情况，看不到对方的实际情况，或者只看到对方的实际情况，不注意研究自己的实际情况的错误做法，做到"知彼知己，百战不殆"。

2. 要从战争中学习战争规律

毛泽东认为，书本上的军事理论，是前人战争经验的总结，应该着重学习。但是在战争史上，很多人即使能把书本上的战争学问讲得头头是道，打起仗来还是会犯主观错误。究其原因是因为战争规律是发展的，客观实际是经常变动的，战争的双方都是活人，不是静止的物件。这样一来，就发生了军事学习的另一件事情，而且是更为重要的一件事情，那就是：从战争实践中、从自己的经验中学习战争，把战争中获得的各种材料加以"去粗取精、去伪存真、由此及彼、由表及里的思索"[②]，综合敌我双方的力量对比，作出判断，制定军事计划。

毛泽东认为，到此为止，整个学习过程并未结束。"认识情况的过程，不但存在于军事计划建立之前，而且存在于军事计划建立之后。当执行某一计划时，从开始执行起，到战局终结止，这是又一个认识情况的过程，即实行的过程。"[③] 在这里，毛泽东把军事实践即军事规律的使用也引入到对战争的认识过程中。这样，就构成了一个从战争中学习——制定军事计划——到战争中实行

---

① 《毛泽东选集》第 1 卷，人民出版社 1991 年版，第 182 页。

② 《毛泽东选集》第 1 卷，人民出版社 1991 年版，第 180 页。

③ 《毛泽东选集》第 1 卷，人民出版社 1991 年版，第 180 页。

的一个完整的认识路线，在这个认识路线中，战争实践既是认识的来源，又是认识的目的和归属。

3. 要充分发挥人的自觉能动性

首先，学习和认识战争规律需要发挥自觉能动性。因为规律的东西是眼睛看不见的，只能用"心"去想才行，"有局部经验的人，有战役战术经验的人，如肯用心去想一想，就能够明白那些更高级的东西"①。这里所谓"更高级的东西"就是指的战争规律，它属于理性认识，是认识的高级阶段，是"想一想"的结果，是思维的产物。从战争经验到战争规律，必须动用思维的能动性。

其次，使用战争规律更需要发挥自觉能动性。毛泽东认为，战争的胜负，主要取决于物质条件，如对峙双方的军事、政治、自然条件。这些是战争的物质基础、客观实际，是"军事家活动的舞台"，不尊重这一点就是唯心主义。教条主义者不顾敌强我弱的客观实际，或主张攻打大城市，或主张分兵冒进，就是在这个问题上犯了唯心主义的错误。我们应该反对战争中的唯心主义。另一方面，毛泽东又反对战争中的机械论，认为军事家可以且应该利用这个物质舞台，"导演出许多有声有色威武雄壮的活剧来"。要做到这一点，"就用得着而且必须用我们的主观指导的能力"②。在后来的《论持久战》中，毛泽东把这个"主观指导的能力"称为"自觉的能动性"③。

通过以上分析，我们看到《中国革命战争的战略问题》虽然以军事问题为研究对象，但其辩证法认识论思想同后来的《实践论》、《矛盾论》在理论内涵和语言表述上均有许多共同之处，如坚持实践在认识中的基础性作用、重视主观和客观的统一、强调研究矛盾的特殊性、注意对中国传统文化的吸收、语言的朴实化和通俗化，等等。区别在于《中国革命战争的战略问题》中，认识论思想是借助于辩证法来表达的，而认识论和辩证法又是借助于具体的军事话题来表达的，在理论上带有明显的具体性和一定程度的朴素性；《实践论》、《矛盾论》则更富于哲学上的抽象性和一般性。如《中国革命战争的战略问题》中的一般战争规律、革命战争规律、中国革命战争规律，在《矛盾论》中被理论化为矛盾的普遍性和特殊性的辩证关系；《中国革命战争的战略问题》中关于

① 《毛泽东选集》第 1 卷，人民出版社 1991 年版，第 177 页。
② 《毛泽东选集》第 1 卷，人民出版社 1991 年版，第 182 页。
③ 《毛泽东选集》第 2 卷，人民出版社 1991 年版，第 477 页。

战争规律的学习和使用的关系、主观能动性和客观规律性的关系，在《实践论》中被理论化为认识辩证运动的总规律，等等。所以，我们说《中国革命战争的战略问题》为《实践论》、《矛盾论》提供了思想素材和理论准备，是《实践论》、《矛盾论》的雏形。

三、《实践论》、《矛盾论》与毛泽东哲学思想的系统化

土地革命末期和全民族抗日战争前期，虽然只有短短的三年时间，但却是中国新民主主义革命史、中国马克思主义传播史和发展史上最活跃、最丰富、最生动的一个历史时期，也是毛泽东哲学发展的关键时期[1]。在这三年内，初长于《反对本本主义》的毛泽东哲学思想之苗，不仅在 1936 年 12 月的《中国革命战争的战略问题》中绽放出美丽的智慧之花，更是在 1937 年 7—8 月《实践论》、《矛盾论》（以下并提时均称作"两论"）中结出了丰硕的哲学之果。

（一）"两论"产生的历史必然性

作为马克思主义中国化的首次哲学升华、毛泽东思想的精华所在、毛泽东哲学思想系统化理论化的标志性成果，"两论"的写作有深刻的现实背景和充分的理论准备。

1. 空前复杂的国内矛盾和尖锐的民族矛盾客观上迫切要求中国共产党从哲学认识论上对自己的各种错误思想进行彻底清算

1935 年，日本帝国主义加快了侵吞中国领土的步伐，"何梅协定"的达成、"华北自治运动"的发动，给中国带来了空前的民族危机，激起了空前的民族情绪，也给南京政府造成巨大的政治压力和舆论压力。然而，蒋介石却抱着"攘外必先安内"想法，做着两手准备：一方面通过各种途径与中共方面频繁接触，表示了两党联合抗日之意愿；另一方面却继续加紧着手对红军的"追剿"，否定了两党联合抗日之可能。面对这种形势，中国共产党中央虽然在瓦窑堡会议确定了建立抗日民族统一战线的策略，但最初的抗日方针只能是"反蒋抗日"，把

---

① 参见庄福龄、杨瑞森、余品华主编：《毛泽东哲学思想史》，中国人民大学出版社 2011 年版，第 251 页。

建立抗日民族统一战线的工作重点放在张学良（1901—2001）的东北军和杨虎城（1893—1949）的十七路军身上，并与之初步达成了停战抗日的秘密协定。①

1936 年 12 月 12 日，张学良、杨虎城突然发动了"逼蒋抗日"的西安事变。对于这个来得很仓促的事件，中共中央顺势而为，迅速作出判断和处置，改"反蒋抗日"方针为"拥蒋抗日"方针。经过多方努力，最终促成西安事变和平解决。西安事变的和平解决，除了表明中国共产党和毛泽东政治上的成熟外，也表明中国当时矛盾的复杂性和多变性。在促成西安事变和平解决的过程中，中国共产党内一些同志因不能在复杂多变的矛盾群中抓住主要矛盾而继续主张"反蒋抗日"。这让毛泽东意识到："一切大的政治错误没有不是离开辩证唯物论的。"② 所以，继政治路线和军事路线之后，从思想路线上对过去的实践经验进行系统化、理论化的总结，批判主观主义，统一全党认识，齐心协力投入全民族抗日战争，就成为一种迫切需要。

2. 马克思主义哲学在中国的传播和发展在逻辑上迫切要求实现在中国的本土化

马克思主义在中国的传播包括马克思主义哲学的传播，甚或说马克思主义在中国的传播是以哲学为起点的。20 世纪一二十年代，陈独秀、李大钊最初在中国传播唯物史观。20 世纪 20 年代中期，瞿秋白开始在中国传播辩证唯物主义③。至 20 世纪 30 年代，马克思主义哲学在中国哲学界已成席卷之势。马克思主义哲学在传播过程中，势必会同中国传统哲学、在中国的西方哲学产生碰撞、冲突、交汇。这种碰撞、冲突、交汇就表现为各哲学派别之间的论战。

1930 年，胡适在《介绍我自己的思想》一文中认为："辩证法出于海格尔的哲学，是生物进化成立以前的玄学方法。"④ 雷仲坚（生卒年不详）以《辩证法与进化论在历史上及理论上之比较的研究——评胡适博士论辩证法》一文迎战。20 世纪 30 年代中国哲学界的唯物辩证法论战由此爆发，并在 1936 年达到高潮。论战开始在唯物辩证法的捍卫者雷仲坚和唯物辩证法反对者张东荪一派之间，叶青（生卒年不详）和张东荪、傅统先（1910—1985）之间展开。随

① 参见《毛泽东传（1893—1949）》，中央文献出版社 1996 年版，第 403 页。
② 《毛泽东哲学批注集》，中央文献出版社 1988 年版，第 311—312 页。
③ 参见陶德麟、何萍主编：《马克思主义哲学中国化：历史与反思》，北京师范大学出版社 2007 年版，第 363 页。
④ 《胡适文选》，亚东图书馆 1930 年版，第 3 页。

着论战的推进，叶青由正确理解马克思主义哲学转为歪曲地解释马克思主义哲学，于是论战变为真马克思主义者艾思奇（1910—1966）、李达、胡绳（1918—2000）等人和假马克思主义者叶青之间的对抗。其间又因受到苏联哲学界批判德波林派的影响，而交织着马克思主义者内部关于唯物辩证法和形式逻辑关系问题的争论、艾思奇和社会各界之间哲学的对话，等等。论战几乎涵盖了所有的哲学问题，争论的焦点集中在马克思主义辩证法和黑格尔辩证法的关系、唯物辩证法与形式逻辑的关系、客观辩证法和主观辩证法的关系、理论与实践的关系、思维与存在的关系、内因与外因的关系、唯物辩证法是否具有客观性、哲学会不会消灭、心物能否综合，等等。主要参与者有胡适、张东荪、叶青、张岱年（1909—2004）、牟宗三（1909—1995）、雷仲坚、李达、艾思奇、胡绳、陈伯达等。

从内容来看，这场论战围绕着马克思主义哲学的科学性和革命性之关系展开；从学派来看，这场论战是传统哲学与现代哲学、马克思主义哲学与中西方哲学之间的对话对抗，体现的是马克思主义哲学中国化历史走向的逻辑要求。它预示着在中国广泛传播的马克思主义哲学，要成为"中国的哲学"，就必须转化为一种既能回应中国传统哲学现代化要求，又能反映中国社会现实、中国大众社会心理，还能指导中国革命实践的哲学。

在这场哲学运动中成长起来的马克思主义哲学的杰出代表李达和艾思奇，对马克思主义哲学作了深入的探讨，强调了实践在马克思主义哲学中的地位和作用，翻译了许多苏联哲学著作，撰写了《社会学大纲》、《大众哲学》、《哲学与生活》这样的优秀著作，举起了马克思主义通俗化、大众化的大旗。然而，由于他们毕竟不具备如毛泽东那样丰富的实践经验，所以他们未能从根本上解决马克思主义哲学同中国革命实际相结合的问题[①]。但是，他们的努力以及成就，却为"两论"的产生扫清了理论障碍，准备了思想资源，提供了理论前提。

3. 毛泽东个人思想的发展也内在地要求对自身的哲学认识作系统化总结

毛泽东哲学思想是中国共产党集体智慧的结晶，但也不能以此来否定毛泽东作为这一理论主创者的巨大贡献。由于客观条件的限制，毛泽东在土地革命

---

① 参见庄福龄、杨瑞森、余品华主编：《毛泽东哲学思想史》，中国人民大学出版社 2011 年版，第 257 页。

战争时期读的马列著作并不多，经常读的有三本：恩格斯的《反杜林论》、列宁的《社会民主党在民主革命中的两种策略》和《共产主义运动中的"左派"幼稚病》。《反杜林论》中有关唯物辩证法的内容，是他非常关注的，后来的"两论"中就大量地引用了恩格斯有关物质与运动、质与量的论述。而列宁的这两本，前一本论述的是无产阶级与资产阶级民主革命的关系问题，后一本是对"左"倾机会主义的批评，这三本书显然对毛泽东认识土地革命中的各种机会主义特别是教条主义错误有过很大帮助。

1936 年 9 月，红军主力到达陕北，环境相对安稳，毛泽东开始发奋阅读各种军事和哲学书籍。这个阶段的阅读，从小的方面说是为了摆脱被留苏知识型青年革命家扣上的"狭隘经验主义"、"山沟里的马克思主义"的帽子，大的方面来说是为了总结土地革命的经验教训，从哲学认识论上批判党内的各种错误思想。据中央文献出版社出版的《毛泽东哲学批注集》及《毛泽东年谱》显示，从 1936 年 11 月至 1937 年 4 月以前，毛泽东读了西洛可夫和爱森堡等著、李达和雷仲坚译的《辩证法唯物论教程》（中译本第三版）三四遍，写了约 12000 字的批注；1937 年 7 月前读了米丁等著、沈志远（1902—1965）译的《辩证法唯物论与历史唯物论》（上册），写了约 2600 字的批注。从文字的权重上看，两本书的批注都集中在认识论和辩证法部分，尤以对立统一规律的批注最为集中。从具体内容上看，这些批注可以分为四个层次：一是对原著内容的直接摘要，二是对原著内容作出评价，三是结合中国革命实际对原著内容发表观点，四是对原著内容作进一步的理论发挥。从行文风格来看，这些批注有着毛泽东个人的显著特点，一是紧密结合中国的革命实际，二是注意对党内错误路线的批判，三是用通俗易懂的谚语、成语、典故来解释深奥的哲学观点。①

依据这些批注以及之后"两论"的内容，我们可作如下判断：

第一，毛泽东对这两本苏联哲学著作的阅读及批注是写作"两论"的直接准备；"两论"吸收了这两本著作的相关观点，也受到相关观点的影响，如《辩证法唯物论（讲授提纲）》把形式逻辑当作形而上学来批判，就明显受到当时苏联哲学的影响。

---

① 参见《毛泽东哲学批注集》，中央文献出版社 1988 年版，第 1—189 页的相关内容；《毛泽东年谱（一八九三———一九四九）》上卷，中央文献出版社 2013 年版，第 615—616、686—687 页。

第二，从内容上看，这两本苏联哲学著作涉及马克思主义整个哲学体系，毛泽东批注文字却权重在认识论和辩证法，说明毛泽东不是单纯地阅读，而是带着他对待马克思主义的一贯态度、带着对中国革命问题的思考在读，带着创造性思维在读。写批注绝对不是一种简单的"摘抄"工作。

第三，从行文风格来看，毛泽东实际上在对这两本苏联哲学著作做一项通俗化和中国化的理解和解释工作，同样不是简单的"摘抄"工作。

总之，到 1937 年 7 月，毛泽东思维已经处于从"收集材料"向"处理材料"飞跃的过渡期。接下来对这些批注"去粗取精、去伪存真、由此及彼、由表及里"，进行系统化的思维创造，就成为顺理成章之事了。

综上所述，无论是从实践方面来看，还是从理论方面来看；无论是从中国共产党方面来看，还是从毛泽东个人方面来看，"两论"的产生都已经是"箭在弦上"。正如毛泽东后来回忆写作"两论"的主旨时所说："我们在第二次国内战争末期和抗战初期写了《实践论》、《矛盾论》，这些都是适应于当时的需要而不能不写的。"[1]

（二）"两论"原稿的写作、流传和"两论"的正式发行

1."两论"原稿的写作

毛泽东写作"两论"的直接目的是为了给延安抗大学员授课。延安时期，抗大为了帮助教员和学员肃清各种机会主义错误思想，邀请中共中央有关领导去授课，毛泽东受邀讲授马克思主义哲学。他从 1937 年 4 月开始精心准备《辩证法唯物论（讲授提纲）》，1937 年 5 月开始在抗大授课，每周二、四的上午各讲四小时，下午参加学员讨论，并辅导答疑。到 1937 年 8 月他共计授课达 110 多小时，撰写的讲授提纲已有三章十六小节，约 61000 字。

提纲的第一章讲唯物论和唯心论、第二章是辩证法唯物论、第三章是唯物辩证法[2]。后来由于卢沟桥事变，授课中断，第三章只写了第一节"矛盾统一法则"。从整个提纲来看，有详有略，写得最详细且最具毛泽东个人独创性思想的是第二章第十一节"实践论（认识与实践的关系，理论与实际的关系，知与行的关系）"和第三章第一节"矛盾统一法则"。这两部分就是后来正式发表

---

[1] 《毛泽东文集》第 8 卷，人民出版社 1999 年版，第 109 页。

[2] 参见《毛泽东年谱（一八九三——一九四九）》上卷，中央文献出版社 2013 年版，第 673 页。

的"两论"的原稿。

2."两论"原稿的流传

20世纪60年代，有些国外研究者开始质疑"两论"的写作时间。1965年，斯诺（1905—1972）向毛泽东提出"你是否写过一篇题为《辩证唯物主义》的文章"的所谓"斯诺难题"，则更进一步地引来了相关质疑。因为斯诺说当时毛泽东的回答是"从没有写过《辩证唯物主义》的文章"①。多年以来，国内众多毛泽东思想的捍卫者和研究者多方搜集"两论"原稿的各种流传本，对"两论"的写作时间和作者做严谨的考证。

从研究者们搜集的资料显示，《辩证法唯物论（讲授提纲）》最早的流传本是封面为"1937年9月印"的油印本，没有作者署名，但文尾有注（论矛盾统一律完。1937.8.7）。这个油印本是后来流行的各种翻印本的底本，后来各种翻印本除翻印工作本身出现的错漏外，内容和这个底本完全一致。这些翻印有连载的，也有集中收录的；有注明毛泽东主讲的，也有并未注明的。如1938年4月广州统一出版社发行的《抗战大学》（半月刊）第1卷第6期起分期连载了这个讲授提纲并署名"毛泽东主讲"；1940年3月上海的《民主》杂志第1卷第1期起也分期连载并署名毛泽东；1942年12月中共中央书记处编印的党内高级干部的学习资料《六大以来》则集中收录了"两论"原稿。②

在全国毛泽东哲学思想研究会主编的《毛泽东哲学"三论"与党的理论创新》（中共党史出版社2008年版）和《毛泽东哲学思想研究三十年》（中央文献出版社2011年版）、中央文献研究室科研部图书馆编的《毛泽东著作是怎样编辑出版的》（中国青年出版社2003年版）中，国内知名的毛泽东哲学思想研究专家都从毛泽东思想文献学的角度来考证了"两论"的写作时间和作者。③

① 裘克安编：《斯诺在中国》，生活·读书·新知三联书店1982年版，第283—284页。

② 参见黄楠森、庄福龄、林利主编：《马克思主义哲学史》第6卷，北京出版社1989年版，第272—273页；龚育之：《〈实践论〉三题》，收入全国毛泽东哲学思想研究会主编的《毛泽东哲学思想研究三十年》，中央文献出版社2011年版。

③ 其中，中共安徽淮南市委党校的杨德勇教授，以他手中存有的一部1942年淮北拂晓出版社的《辩证法唯物论（讲授提纲）》和一部1946年《淮南日报》出版的《辩证法唯物论（讲授提纲）》，有力地论证了"两论"的写作时间和作者。他得出结论：之所以会有"斯诺难题"，是因为斯诺问的是"辩证唯物主义"，而毛泽东写的是"辩证法唯物论"。（参见杨德勇：《新发现的两部毛泽东著作早期珍本〈辩证唯物论〉》，收入全国毛泽东哲学思想研究会主编的《毛泽东哲学"三论"与党的理论创新》，中共党史出版社2008年版）

的确，在《毛泽东选集》出版发行之前，"两论"没有正式公开发行，是不争之实。这也是新中国成立后"两论"正式公开发行后，引来一些质疑的一大客观原因。

3."两论"的正式公开发行

《实践论》1950年12月29日首次在《人民日报》上公开发表，一个月后《人民日报》专门为此写了社论。当时中共中央也正在主持编辑出版《毛泽东选集》，但是，毛泽东却不主张把《矛盾论》和《实践论》一起收入。在给田家英的信中，他说《矛盾论》"论形式逻辑的后面几段，词意不畅，还须修改。其他有些部分也还须作小的修改。此件在重看之后，觉得以不加入此次选集为宜，因为太像哲学教科书，放入选集将妨碍《实践论》这篇论文的效力"①。因此，1951年《毛泽东选集》第一版第1卷发行的时候，并未收入《矛盾论》。《矛盾论》是在1952年4月1日的《人民日报》上首次公开出现在众人面前，然后被收入1952年发行的《毛泽东选集》第一版第2卷。《毛泽东选集》第二次印刷时，又按写作时间的先后顺序，把《矛盾论》由第2卷改入第1卷②。1991年的第二版《毛泽东选集》中"两论"是第1卷的最后两篇文章。

《实践论》原稿大约9600字，重新发表时大约9400字，其中删减约500字，增写约300字，在结构和内容上所作的改动都不多。《矛盾论》原稿大约25000字，重新发表的时候大约24000字，其中删减近7000字，增写约6000字③，在结构和内容上所作的改动都比较大。

"两论"原稿的产生及流行，证明它们确实是毛泽东写于1937年的作品，这是历史事实。"两论"公开发表时所作的调整、修改、增删，确实使其理论水平比1937年的原稿有了新的提高，这也是不争的事实。但是，我们不能以后一个事实来否定前一个事实，也不能以前一个事实来否认后一个事实。这前后两个事实合在一起，实际上恰好体现了毛泽东思想本身的不断发展。

---

① 《毛泽东和他的秘书田家英》，中央文献出版社1996年版，第3页。
② 参见《毛泽东选集》第1卷，人民出版社1991年版，"本书出版说明"。
③ 参见黄楠森、庄福龄、林利主编：《马克思主义哲学史》第7卷，北京出版社1989年版，第17页的页下注。

（三）"两论"的主要内容及其对马克思主义辩证法认识论的丰富和发展

1.《实践论》的主要内容及其对马克思主义认识论的丰富和发展

《实践论》的实质是马克思主义认识论，是结合中国革命实践来谈认识"何以可能"和"如何可能"的问题，来批判党内各种机会主义。它以认识和实践的辩证关系、理论和实践的辩证关系、知和行的辩证关系为核心展开论述，丰富和发展了马克思主义认识论，建立起一个以实践为中心的，包括认识的来源、认识的发展动力和发展过程、认识的目的、认识的真理标准等在内的中国特色的马克思主义认识论体系。其主要内容可以概括为认识中的实践观和认识中的辩证法两个部分。

一是认识中的实践观。毛泽东认为，马克思主义哲学有两个显著特征，一个是阶级性，一个是实践性。阶级性就是公开申明为无产阶级服务，而为无产阶级服务归根到底来说就是为实践服务，所以阶级性说到底还是实践性。《实践论》从社会实践是认识的来源、是推动认识发展的动力、是检验认识结果真理性与否的标准、是认识的目的这几个方面来论述"实践的观点是辩证唯物论的认识论之第一的和基本的观点"①。

关于实践是认识的来源。毛泽东指出：如何认识客观外界的问题，离开社会实践活动是不可能解决的。人们主要是依赖于物质生产活动，逐渐地认识自然，认识人与自然的关系，认识人与人的关系。毛泽东认为，人的实践形式，除了物质生产活动之外，还有阶级斗争、政治生活、科学和艺术的活动。所以人类除了物质生活，还有政治生活和文化生活。在阶级社会中，政治生活和文化生活是有阶级性的，所以，阶级社会中人们对社会的各种认识都会打上阶级烙印。在这里，毛泽东在列宁对实践活动形式论述的基础上，加上了"艺术"这种形式，是对列宁相关思想的丰富和发展。由于看到了艺术活动的重要性及其阶级性，在后来的《在延安文艺座谈会上的讲话》中，毛泽东向广大革命文艺工作者提出了文艺"为什么人服务"的问题。

关于实践是推动认识发展的动力。在《毛泽东哲学批注集》中，毛泽东写道："客观世界是发展的，主观认识也是发展的。"②《实践论》进一步发挥了这

---

① 《毛泽东选集》第 1 卷，人民出版社 1991 年版，第 284 页。
② 《毛泽东哲学批注集》，中央文献出版社 1988 年版，第 14 页。

一思想。毛泽东指出：人类社会的生产实践，一步一步地由低级向高级发展，相应地，人的认识也必然且必须一步一步地由低级向高级发展。最初，由于生产力的不发达，生产规模的狭小，人们对社会的认识是非常片面的。到了人类的工业时代，人们才开始了科学的认识，才有了马克思主义。

关于实践是检验真理的标准和实践是认识的目的。毛泽东指出："只有人们的社会实践，才是人们对于外界认识的真理性的标准。"①因为只有把认识运用于物质生产、阶级斗争和科学实践，并取得了预期的结果时，才能说这个认识被证实了。如果不能达到预期的结果，那么实践就是失败的。这时候，人们就会从失败中总结经验，慢慢地反败为胜，"所谓'失败者成功之母'，'吃一堑长一智'，就是这个道理。"②在毛泽东看来，认识接受实践检验的过程，也是认识去指导实践、实现其目的的过程。毛泽东在认识运动过程的第二次飞跃中对此作了论述。

二是认识中的辩证法。这是对"认识中的实践观"的进一步发挥。人的认识是如何随着实践的发展而一步一步地由低级向高级发展，又回到实践中接受检验和指导实践的呢？《实践论》把这个总过程概括为认识的三个阶段两次飞跃。

认识的感性阶段到理性阶段的飞跃。人们在实践中，参加各种会议，听到各种讲话，读到各种文件，产生了各种感觉，有了对事物各种现象、片面和外部联系的认识，这就是感性认识，它是认识的第一个阶段；在这个阶段中，"人们还不能造成深刻的概念，作出合乎论理（即合乎逻辑）的结论。"③随着社会实践的继续发展，人就会产生概念，并在脑里"想一想"，运用这些概念来作出判断和推理，于是人的认识就进入到论理阶段，它是认识的第二个阶段。从第一个阶段到第二个阶段，是认识的飞跃和质变，所谓的"眉头一皱计上心来"就是这个意思。第一次飞跃是人们把对客观世界的现象、片面和表面的认识，推进到对事物的全体、本质和全面认识的过程。毛泽东指出，要实现这个飞跃和质变，必须有一个"将丰富的感觉材料加以去粗取精、去伪存真、由此及彼、由表及里的改造制作工夫"④。在这里，毛泽东继《中国革命战争的战略问题》

① 《毛泽东选集》第 1 卷，人民出版社 1991 年版，第 284 页。
② 《毛泽东选集》第 1 卷，人民出版社 1991 年版，第 284 页。
③ 《毛泽东选集》第 1 卷，人民出版社 1991 年版，第 285 页。
④ 《毛泽东选集》第 1 卷，人民出版社 1991 年版，第 291 页。

之后，再一次使用了这"十六字诀"来概括科学的抽象法。

认识的理性阶段到革命实践的飞跃。毛泽东指出：从感性认识到理性认识"还只说到问题的一半。而且对于马克思主义的哲学说来，还只说到非十分重要的那一半。马克思主义的哲学认为十分重要的问题，不在于懂得了客观世界的规律性，因而能够解释世界，而在于拿了这种对于客观规律性的认识去能动地改造世界"①。这是对马克思《关于费尔巴哈的提纲》中"哲学家们只是用不同的方式解释世界，问题在于改变世界"②思想的继承和发展。所以，毛泽东认为，认识的能动作用不仅表现在从感性认识到理性认识的能动飞跃，更表现为从理性认识到革命实践的飞跃。这是认识过程第二次飞跃，是比第一次飞跃更为重要的飞跃。它既是检验和发展理论的过程，也是让理论实现自己"改造世界"的目的、真正成为有对象的理论的过程。

认识辩证运动的总规律。毛泽东指出，认识在经历了三个阶段两次飞跃之后，认识过程既完成了，又没有完成。说它完成了，是对于某个具体的认识过程而言的；说它没有完成，是因为客观的运动过程总是向前发展的，作为对客观运动过程之主观反映的认识也应该是继续向前发展的。所以，"实践、认识、再实践、再认识，这种形式，循环往复以至无穷，而实践和认识之每一循环的内容，都比较地进到了高一级的程度。"③这就是认识运动的总规律。因而，认识的发展是无限的，马克思主义并没有结束真理，只是在实践中开辟了认识真理的道路。

毛泽东认为，认识的感性阶段和理性阶段不是分离的，它们在社会实践中统一起来。在这个基础上，毛泽东批判了教条主义和经验主义的错误。教条主义者在认识中没有坚持实践第一的观点，不承认认识依赖于革命实践，他们的认识脱离现实、超前于当前的现实，不知道马克思主义理论产生和存在是为了指导无产阶级的革命实践，在理论上成为"左"的空谈主义，在行动上则表现为盲动主义和冒险主义。经验主义者不承认理性认识是比感性认识更高一级的阶段，认为只有感性经验才是可靠的，不承认革命理论对于革命实践的重要性，他们不注重理论学习，而沾沾自喜于一得之功、一孔之见，结果只能是目

---

① 《毛泽东选集》第 1 卷，人民出版社 1991 年版，第 292 页。
② 《马克思恩格斯文集》第 1 卷，人民出版社 2009 年版，第 502 页。
③ 《毛泽东选集》第 1 卷，人民出版社 1991 年版，第 296—297 页。

光短浅，形成不了远大的方针。教条主义和经验主义看起来各执一端，但实质上都犯了主观和客观相分离、认识和实践相脱节的错误。

2.《矛盾论》的主要内容及其对马克思主义辩证法的丰富和发展

《矛盾论》的实质是马克思主义辩证法，是结合中国革命实践来谈对立统一法则，来谈马克思主义对宇宙发展法则的"辩证法的见解"①，来批判各种机会主义。它以矛盾的普遍性和矛盾的特殊性关系为核心，展开对唯物辩证法对立统一规律的论述，丰富和发展了马克思主义辩证法，建立起一个严密完整的有中国特色的唯物辩证法体系。主要内容包括以下几个方面。

一是在深刻发挥列宁关于对立统一是辩证法的实质和核心的思想的基础上，阐述了矛盾的普遍性。毛泽东指出，矛盾的普遍性有两个方面的含义："其一是说，矛盾存在于一切事物的发展过程中；其二是说，每一事物的发展过程中存在着自始至终的矛盾运动。"② 第一个含义是从空间上理解矛盾的普遍性，即处处有矛盾；第二个含义是从时间上理解矛盾的普遍性，即时时有矛盾。在当时，对于第一个方面的理解没有什么争议，对于第二个方面的理解却因为德波林学派的观点而引发了争议。德波林学派认为，在事物发展的起始阶段是没有矛盾只有差异的，只有当过程进行到一定阶段的时候，才会产生矛盾。毛泽东指出了德波林学派在这个问题上的形而上学实质，认为德波林学派的这个观点，等于把事物起始阶段的发展动力诉诸外部原因，是一种形而上学的外因论和机械论。对此，毛泽东提出了"差异即是矛盾"的命题，认为"人的概念的每一差异，都应把它看作是客观矛盾的反映"。"世界上的每一差异中就已经包含着矛盾，差异就是矛盾。""这是矛盾的差别性的问题，不是矛盾的有无的问题。"所以，不论从空间上看，还是从时间上看，矛盾都是普遍的、绝对的，"矛盾即是运动，即是事物，即是过程，也即是思想"③，这是《矛盾论》对马克思主义辩证法矛盾普遍性的一大贡献。

二是特别着力于矛盾特殊性问题的分析，批判教条主义者不懂得中国革命的特殊性，阐发认识矛盾特殊性的重要意义。这是《矛盾论》所占篇幅最长的内容。第三节矛盾的特殊性、第四节主要的矛盾和主要的矛盾方面都可以说是

---

① 《毛泽东选集》第 1 卷，人民出版社 1991 年版，第 300 页。

② 《毛泽东选集》第 1 卷，人民出版社 1991 年版，第 305 页。

③ 《毛泽东选集》第 1 卷，人民出版社 1991 年版，第 306、307、319 页。

对矛盾特殊性及其意义的专门论述。毛泽东详细地列举并分析了矛盾特殊性的五种情形：一是不同的运动形式中的矛盾带有特殊性，二是各种运动形式在各个发展过程的矛盾带有特殊性，三是各个发展过程的矛盾有特殊性，四是各个发展过程在各个发展阶段上的矛盾还有特殊性，五是每一矛盾的两个方面又各自有特殊性。其间，毛泽东进一步区分了根本矛盾和非根本矛盾、主要矛盾和次要矛盾、主要的矛盾方面和非主要的矛盾方面。在这个基础上，毛泽东指出，研究问题，就是要全面地研究事物矛盾的特殊性，切忌主观性、片面性和表面性，要对具体的事物作具体的分析。结合中国革命经验，毛泽东研究中国社会复杂的矛盾群，强调要抓主要矛盾、主要的矛盾方面，反对均衡论，并针对不同性质的矛盾提出了不同的解决方法。他说："无产阶级和资产阶级的矛盾，用社会主义革命的方法去解决；人民大众和封建制度的矛盾，用民主革命的方法去解决；殖民地和帝国主义的矛盾，用民族革命战争的方法去解决；在社会主义社会中工人阶级和农民阶级的矛盾，用农业集体化和农业机械化的方法去解决；共产党内的矛盾，用批评和自我批评的方法去解决；社会和自然的矛盾，用发展生产力的方法去解决。"[1]教条主义者不了解这一点，拿一个方法当作公式到处套用，只能使革命遭受挫折。这些观点，也反映出毛泽东研究马克思主义不只是"解释矛盾"，更重要的是"解决矛盾"的哲学方法论倾向。

三是系统地阐发了矛盾的普遍性和矛盾的特殊性之关系，明确提出"矛盾问题"精髓的理论。在全面分析了矛盾的普遍性、矛盾的特殊性之后，毛泽东指出，矛盾的普遍性和矛盾的特殊性都是客观存在的，两者相互联结，每一事物内部既包含了矛盾的普遍性，又包含了矛盾的特殊性。只看到矛盾的普遍性，或只看到矛盾的特殊性，都会犯主观主义错误。另一方面，由于事物本身空间的广阔性和时间的无限性，所以，"在一定场合为普遍性的东西，而在另一一定场合则变为特殊性。反之，在一定场合为特殊性的东西，而在另一一定场合则变为普遍性。"[2]即矛盾的普遍性和矛盾的特殊性在一定的条件下是可以相互转化的。毛泽东指出，矛盾的普遍性和矛盾的特殊性是共性和个性、绝对和相对的关系，是不可分割的关系，"这一共性个性、绝对相对的道理，是关

---

① 《毛泽东选集》第 1 卷，人民出版社 1991 年版，第 311 页。

② 《毛泽东选集》第 1 卷，人民出版社 1991 年版，第 318 页。

于事物矛盾的问题的精髓，不懂得它，就等于抛弃了辩证法"①。这是毛泽东对马克思主义辩证法的最精辟概括。

四是系统论述了各种矛盾的相互转化。《矛盾论》通篇贯穿着矛盾的转化思想。除了上述矛盾的普遍性和矛盾的特殊性的相互转化之外，毛泽东还专门指出，矛盾的地位都不是固定不变的，它们在一定的条件下都会相互转化，包括内因和外因的相互转化、主要矛盾和次要矛盾的相互转化、主要的矛盾方面和非主要的矛盾方面的相互转化、矛盾同一性和矛盾斗争性的相互转化、矛盾的不同对抗方式的相互转化，等等。毛泽东认为，即使是生产力和生产关系之间、经济基础和上层建筑之间，矛盾双方的主次地位在一定条件下也是可以转化的。一般而言，在这两对矛盾对立的双方中，生产力、经济基础是主要的决定的方面。但是，当不变更生产关系，生产力就不能发展的时候；当不变更上层建筑，经济基础就不能发展的时候，生产关系、上层建筑就上升为主要的决定的方面了。如果不认识到这一点，就会犯机械唯物论的错误。

总之，从内容上看，"两论"不是"抄写"苏联的哲学著作，而是在很多方面丰富和发展了马克思主义认识论和辩证法。这也是得到国内外学界的广泛认可的。苏联把"两论"写进了他们的哲学教科书，称赞《实践论》"全面地考察了辩证唯物论的认识论，并论证和发展了每一个原理"，认为《矛盾论》"是对马克思主义辩证法理论的卓越贡献"②。英国马克思主义哲学家康福斯在他的《唯物主义与辩证方法》多处直接引用"两论"的观点，并认为《矛盾论》在矛盾特殊性上是"对于这个概念作了现实马克思主义著作中最为完备的探讨"。③

3."两论"之间的关系

从上述对"两论"主要内容的分析可知，"两论"在内容上，具有高度一致性。"两论"同为《辩证法唯物论（讲授提纲）》中的最重要部分，同为十年中国革命的经验总结，同为对党内各种错误思想的哲学方法论的系统批判。其中，《实践论》是从认识论的角度展开论述；《矛盾论》则是"被当作认识论的辩证法"，是对《实践论》中认识和实践的辩证关系、认识运动过程的辩证性、

---

① 《毛泽东选集》第 1 卷，人民出版社 1991 年版，第 320 页。

② 转引自金羽、石仲家、杨耕主编：《毛泽东〈实践论〉〈矛盾论〉新探》，中国人民大学出版社 1991 年版，第 74 页。

③ ［英］康福斯：《辩证唯物主义》，郭舜平等译，生活·读书·新知三联书店 1958 年版，第 115 页。

如何去认识中国革命中各种复杂矛盾等问题的进一步深化。《矛盾论》在分析矛盾的普遍性和特殊性的关系时认为："一个是由特殊到一般，一个是由一般到特殊。人类的认识总是这样循环往复地进行的。"① 可见，《实践论》中关于认识的运动过程就是《矛盾论》中关于从特殊到一般，再从一般到特殊的转化过程。另外，《矛盾论》还认为："事物矛盾的法则，即对立统一的法则，是自然和社会的根本法则，因而也是思维的根本法则。它是和形而上学的宇宙观相反的。它对于人类的认识史是一个大革命。"② 这表明，在毛泽东那里，并没有独立存在的辩证法，只有作为方法论的辩证法，作为认识论的辩证法。从这个意义上说，"两论"实质上是"一论"，是中国马克思主义的"实践论"、认识论。

"两论"不仅在内容上具有高度一致性，在毛泽东哲学思想史上也具有同等地位。"两论"不仅同为毛泽东哲学思想系统化的标志，事实上也已同为毛泽东哲学思想的重要标志。自"两论"产生以来，它们通常是被一同提起的。人们一提起毛泽东哲学思想，就会想到"两论"；或者一提起"两论"，就会想到毛泽东哲学思想。透过"两论"，我们可以完整地把握到毛泽东哲学思想的科学内涵和理论特征，那就是：它是马克思主义哲学在中国的具体运用，是中国革命正反两方面经验的哲学总结，是中国共产党人甚而是中国人民的思想方法和工作方法，是马克思主义哲学形态和中国传统哲学形态相结合的产物。从这个意义上，"两论"同样可以说是"一论"。我们认为作这样理解的好处是，不但有助于消除毛泽东当年"《矛盾论》会妨碍《实践论》效力"的顾虑，反而有助于让《矛盾论》进一步增强《实践论》的威力。

（四）"两论"在马克思主义发展史中的作用和地位

作为毛泽东哲学思想系统化之标志的"两论"，不仅在毛泽东哲学思想史上有着重要作用和地位，而且在整个马克思主义发展史上都有着重要的作用和地位。具体表现在以下几方面。

1."两论"对中国革命经验作了哲学论证，为无产阶级革命提供了正确的方法论指导

首先，毛泽东作"两论"不是出于单纯的学术研究，而是着眼于中国革命

---

① 《毛泽东选集》第 1 卷，人民出版社 1991 年版，第 310 页。
② 《毛泽东选集》第 1 卷，人民出版社 1991 年版，第 336 页。

实践需要。"两论"的论述紧扣中国革命主题，强烈的实践性使得"两论"中的认识论和方法论本身就内在地包含着实践的环节。"两论"强调从实践出发去认识世界，从实践出发去评判理论并发展理论；通过实践去发挥马克思主义哲学改造世界的功能，去达到其改造世界的目的。它真正实现了马克思主义哲学解释世界和改变世界的统一，世界观、认识论和方法论的统一。这种统一，是马克思恩格斯对待哲学的态度，也是中国共产党人对待马克思主义哲学的正确态度。它时刻提醒人们，不要把马克思主义当作教条，而要把马克思主义当作分析和解决实际问题的方法。这样，"两论"就反对了教条主义，使马克思主义哲学在实践中化作中国共产党人的思想方法和工作方法，开启了一条实事求是的思想路线。

其次，"两论"以中国革命经验为感性材料，在对马克思主义认识论和辩证法作系统阐述和发挥、发展的同时，也是在对中国革命经验作了哲学论证和哲学总结。所以，"两论"是中国革命经验的哲学升华。升华后的中国革命经验就具有了哲学的普遍性。在空间上，它既属于中国民族革命，又属于世界无产阶级运动，不仅对中国革命，甚而对半殖民地半封建落后国家的共产主义运动，都具有普遍的方法论意义。在时间上，它虽然成于全民族抗日战争前夕，但它不仅成功地指导了中国革命，而且对今天的中国特色社会主义建设，也具有指导意义。《实践论》提出的两个任务："无产阶级和革命人民改造世界的斗争，包括实现下述的任务：改造客观世界，也改造自己的主观世界——改造自己的认识能力，改造主观世界同客观世界的关系。"[1]仍然是我们今天和今后的工作方向。《矛盾论》中提出的一系列矛盾解决方法，对于我们今天正确处理中国同世界的关系、社会主义同资本主义的关系、人和自然的关系、社会进步和人的发展的关系，等等，仍然具有指导意义。

2."两论"把马克思主义哲学运用于中国革命的具体实践，实现了马克思主义哲学在中国的认识论转向

中国先进知识分子学习、选择、接受和宣传马克思主义，一开始就带着强烈的现实感和明确的应用目的。十月革命后，因为看到了唯物史观在改造俄国社会中所取得的巨大成功，以李大钊、陈独秀为代表的中国知识分子大力宣传唯物史观。受这两位中国马克思主义先驱的影响，当时的毛泽东、蔡和森等人

---

[1] 《毛泽东选集》第1卷，人民出版社1991年版，第296页。

也都主张"唯物史观是吾党哲学的根据"①。到了大革命时期，为了确定中国社会性质、中国社会发展规律及其客观性，中国的马克思主义哲学传播和研究逐渐走向了哲学本体论和辩证法。随着土地革命的推进，马克思主义和中国革命实践日益结合，理论和实践的关系问题也日益突出，李达、艾思奇等人通过20世纪30年代的"新哲学"运动，提升了实践在马克思主义唯物论中的地位和作用。"两论"，则是在这基础上进一步明确了实践在马克思主义认识论和方法论中的基础地位，实现了马克思主义哲学的认识论转向，实现了认识论和方法论的高度统一。

抱着"改造中国与世界"的目的，毛泽东一开始接触马克思主义，就把它当作分析问题和解决问题的方法，这也是他对待马克思主义的一贯态度。据毛泽东后来回忆，在1920年，他第一次读到了考茨基的《阶级斗争》、陈望道翻译的《共产党宣言》和一个英国人写的《社会主义史》，就"初步地得到认识问题的方法论"②；大革命时期，毛泽东运用马克思主义阶级理论分析中国社会复杂的阶级关系；井冈山时期，毛泽东强烈地意识到，只有把马克思主义基本原理用于分析中国的特殊性，才能确保中国共产党"政策的不错误"；1930年的《反对本本主义》则强调，马克思主义必须和中国革命实践相结合，才能获得"正确的阶级估量"和"正确的斗争策略"③；1936年的《中国革命战争的战略问题》同样强调指挥员应该运用唯物辩证法去认识中国革命战争规律的特殊性，努力做到主观与客观的统一，最大限度地避免犯主观主义错误；等等。"两论"则直接从认识论和方法论的高度对中国革命中的主观主义作总体清算，可以说是毛泽东多年来一直努力推动的马克思主义哲学认识论转向的完成，也是马克思主义哲学中国化走向的逻辑结果。《实践论》的开篇第一句话就是："马克思以前的唯物论，离开人的社会性，离开人的历史发展，去观察认识问题，因此不能了解认识对社会实践的依赖关系，即认识对生产和阶级斗争的依赖关系。"④这句话精准地指出了教条主义者离开实践去谈认识、离开现实去谈理论的错误，同时也亮明了毛泽东哲学思想的认识论实质。《矛盾论》则认为："辩证法的宇宙观，主要地就是教导人们要善于去观察和分析各种事物的矛盾的运

① 《毛泽东书信选集》，人民出版社1983年版，第15页。
② 《毛泽东文集》第2卷，人民出版社1993年版，第379页。
③ 《毛泽东选集》第1卷，人民出版社1991年版，第113页。
④ 《毛泽东选集》第1卷，人民出版社1991年版，第282页。

动，并根据这种分析，指出解决矛盾的方法。"① 这同样直接强调了马克思主义辩证法的认识论意义。

"两论"之所以能够实现马克思主义哲学在中国的认识论转向，是因为毛泽东写"两论"本身就有很强的问题意识，对党内各种机会主义作哲学批判是他写作的主旨。中国共产党内的教条主义者和经验主义者是马克思主义者，也是革命者。在哲学立场上，他们并不公开主张意识第一性、物质第二性。也就是说，他们不是系统的唯心主义者，不是马克思批判的费尔巴哈，更不是青年黑格尔派的鲍威尔兄弟，也不是列宁批判的马赫主义者。党内教条主义者的错误主要在于"本本主义"，在于迷信书本（确切地说是迷信苏联经验），在于忽视中国特殊国情、轻视中国革命经验，在于看问题主观化、片面化和表面化。这种错误实质上是中国革命过程中表现出来的主观主义倾向，造成这种主观主义倾向的思想根源是主客观分离。这种主客观分离不属于本体论问题，而属于认识论和方法论的问题；不属于唯心主义立场，而属于唯心主义倾向。所以，想要彻底清算党内的主观主义错误思想，就不能按照教科书的模式，系统地讲物质第一性原理和世界物质统一性原理。特别是对曾经在苏联直接接受马克思主义哲学教育的知识青年革命者，他们普遍有着很高的马克思主义理论素养，能够把物质第一性、意识第二性讲得头头是道，能够把《关于费尔巴哈的提纲》背得滚瓜烂熟，他们不需要毛泽东对他们讲唯物主义本体论原理。所以，毛泽东就把马克思主义哲学中的思维和存在的关系问题，具体化为革命工作中意识和物质、主观和客观、理论和实践、一般和特殊的相统一问题。而这一系列的相统一问题，恰恰是认识论的核心问题。

3. "两论"在哲学上总结了中国思想界长期存在的各种"主义"之争，为马克思主义在中国思想界占据主导地位奠定了基础

自马克思主义传入中国，就一直处于同各种"主义"的相互争论和斗争之中。从 20 世纪 20 年代初的"问题与主义"之争、"科学与玄学"之辩，到二三十年代中国社会性质和社会史大论战，再到 30 年代以唯物辩证法论战为主要形式的新哲学运动，说到底都是马克思主义同各种文化形态的冲突、交锋、融合。特别是 30 年代唯物辩证法论战，由于它几乎涉及所有的哲学问题，因此可以说它是五四运动以来各种"主义"之争的总汇聚。这个

---

① 《毛泽东选集》第 1 卷，人民出版社 1991 年版，第 304 页。

时候，哪一种"主义"能够对这次论战作出积极的回应，作出合理的总结，那就意味着这种"主义"能够成为中国的时代精神，能够在中国思想界占据主导地位。

从内容上看，"两论"对上述争论作了全面、深刻的总结。《实践论》批评了马克思以前的唯物主义的致命缺陷，指出了产生于前工业文明的各种社会理论的历史局限性，肯定了产生于大工业基础之上的马克思主义对社会历史认识的科学性，揭示了马克思主义哲学的阶级性和实践性，等等。《矛盾论》批判了形而上学宇宙观或庸俗进化论的错误，揭露了中国"天不变，道亦不变"的形而上学性及其腐朽性，论述了唯物辩证法是整个辩证法的宇宙观在经过了古代的素朴形态、黑格尔的唯心形态之后发展起来的最合理形态，批评了德波林学派关于差异不是矛盾的错误观点，等等。可见，尽管"两论"除了对德波林学派的直接批评之外，对 20 世纪 30 年代的唯物辩证法论战双方的观点和人物并未直接引用或直接批判，但在内容上却就论战中涉及的诸多问题作出了回应和总结。因此，透过"两论"，我们不仅能够在实践层面看到中国革命中各种复杂矛盾的涌现与解决，能够在思想政治层面看到中国共产党内部各种机会主义错误的轮番出现与不断纠正，还能够在文化层面看到马克思主义对中国思想界长期以来各种"主义"之争的哲学回应和总结。这种回应和总结，大大超越了同时代其他流派所作的工作，为马克思主义成为中国思想界的主流，奠定了坚实的基础。

4."两论"实现了马克思主义文化形态和中国传统文化形态的结合，为马克思主义中国化和中国传统文化现代化开辟了道路

从整个人类文化思想史来看，在 19 世纪 40 年代之后将近半个世纪的时间里，无论是对于西方还是对于中国而言，都是一个文化大变革的时期。在西方，马克思恩格斯实现了哲学的革命性变革，西方哲学也由近代向现代转型。而在中国，由于西方列强的入侵，中国文化被迫启动大变革，开始由传统向现代转型。面对呼啸而来的外来文化，中国自身却完全没有做好准备，导致中国文化由传统向现代的转型"道阻且长"，不仅伴随着沉重的文化危机，而且伴随着沉重的民族危机，情况极为复杂。尽管中国先进知识分子意识到，以作为中国封建社会主流意识形态的儒家文化之力，不可能完成文化转型之重任，必须广泛吸取外来文化，创造出一种"新文化"。然而，一直到五四运动前夕，中国的"新文化"也还是只具雏形。而且，这种新文化屈从于西方文

化之下，以西方文化主导为本位。它把西方哲学这种特殊哲学形态当作"哲学的一般"，并以此为标准来评判中国有没有哲学；以西方哲学的逻辑架构为模版，来构建中国传统哲学体系。这让中国人的民族自尊心和自信心大受打击。20 世纪 20 年代以来，梁漱溟、熊十力（1885—1968）、冯友兰（1895—1990）、贺麟（1902—1992）等人为推进中国传统哲学的现代化作了很多努力和尝试，30 年代还有"中国本位"文化派的努力，但这些只是表达了中国传统文化在现代化的历史潮流中的自省与革新诉求，却未能满足中国传统文化的这种诉求。如何把代表中国的传统文化和代表现代的西方文化结合起来创新出新的文化，一直是中国新文化运动面临的重大历史课题。具体地说就是，如何才能达到中国传统文化现代化和西方现代文化中国化的同时共建？显然，在这个课题中，无论是中国传统文化，还是西方现代文化，都必须"变"。作为一种西方文化，五四运动以来在中国迅速传播的马克思主义，要实现在中国的本土化，同样必须"变"。

如上所述，"两论"对中国思想界长期以来各种"主义"之争的总结，奠定了马克思主义主导中国思想界的基础。但是，假如通过"两论"阐述出来的马克思主义，是那种原创意义上的马克思主义，或者是苏联传统的马克思主义，那么，它即使在中国思想界占据了主导地位，也仍然是和"中国"分离的马克思主义，而不是"中国的"马克思主义。这种马克思主义在中国人面前仍然会不可避免地保持一种外来现代文化的高高在上的姿态。如果这样来阐述马克思主义，实质上也是一种"全盘西化"，既不能完成中国传统文化现代化的任务，也未能完成西方现代文化中国化的任务。

情况恰好相反，通过"两论"系统阐述出来的马克思主义，是"中国的"马克思主义。

首先，从讨论的议题上看，《实践论》本身讨论的就是中国传统哲学的核心问题——知行关系问题。《实践论》以"论认识和实践的关系——知和行的关系"作为副标题，以"实践、认识、再实践、再认识，这种形式，循环往复以至无穷，而实践和认识之每一循环的内容，都比较地进到了高一级的程度。这就是辩证唯物论的全部认识论，这就是辩证唯物论的知行统一观"[①] 作为结束语。这就把中国传统哲学的知行观纳入马克思主义哲学的语境中来，一方面

---

① 《毛泽东选集》第 1 卷，人民出版社 1991 年版，第 296—297 页。

促进了马克思主义哲学形态和中国传统哲学形态的结合，预示着一种新的哲学形态的产生；另一方面为中国传统哲学的现代化转型找到了突破口，开辟了道路。

其次，从文风和用语上看，"两论"秉承了毛泽东一贯的中国味道和中国作风。如《实践论》用"知行关系"来表述辩证唯物论的理论与实践关系，《矛盾论》用"相反相成"来表述唯物辩证法的对立统一法则，等等。这种通俗化和中国化的表述方式，使通过"两论"系统阐述出来的马克思主义哲学就不再是一种高高在上的哲学，而是一种"中国的哲学"、"中国的文化"。一方面，马克思主义哲学属于哲学，高居于意识形态之端。通俗化表述能够让马克思主义哲学除去哲学的阳春白雪的外观，走进了中国"下里巴人"的世俗生活，转化为中国大众的社会心理；另一方面，马克思主义属于西方现代文化，属于工业文明，在中国农业文明面前是有优越感的（比如留苏的中国青年革命者嘲笑"山沟里的马克思主义"）。中国化表述能够让来自西方的马克思主义除去西方文化本身所特有的疏离感，主动地接纳中国的本土文化。于是，产生于西方的、带着西方文化传统的马克思主义，就具有了中国的民族形式，逐渐成为中国的话语体系。

再次，从内容上看，"两论"在中国传统文化现代化和马克思主义中国化上的历史贡献和历史地位，不仅在于它使用了多少中国传统哲学的范畴，也不仅在于它努力以中国人特有的思维方式和认知方式去理解马克思主义。更为重要的是，它以中国人的革命实践经验去充实马克思主义哲学的内容，去发展马克思主义哲学的基本原理，反过来再拿它去指导中国实际问题的解决。这才是"两论"最值得中国人骄傲之处。鸦片战争以来，在中国延续了几千年的传统文化尽显劣势，就连同中国文化中是否有哲学存在都受到西方文化的质疑，更别提它能解决中国的现实问题了。通过"两论"，中国人重新拥有了属于自己的新文化。这种新文化是中国人自己实践经验的总结，它指导中国人民赢得了抗日战争的胜利（这可是自鸦片战争起一百年以来的第一次伟大胜利），接下来又指导中国人民创建了新中国，指导中国人民开创了中国特色社会主义道路，还将继续指导中华民族伟大复兴的中国梦的实现。

最后值得一提的是，毛泽东哲学思想的形成和系统化，马克思主义在中国的"变"，并不是说它的哲学立场和阶级立场变了。它没有转变为"新"儒学，没有变为别的什么西方文化，它本质上还是马克思主义。正如毛泽东后来所说的，中国的马克思主义是马克思主义的一个"分店"[①]。在这个"分店"里，马克思主义实现了同中国民族文化的结合，实现了同中国革命实践的结合，实现了同中国人民头脑的结合，由一种外来文化变成了中国人的思维方式。今天我们只要提起毛泽东思想、毛泽东哲学思想，就都知道它是中国人的思想、中国人的哲学、中国的马克思主义。

---

① 见《毛泽东文集》第 5 卷，人民出版社 1996 年版，第 261 页。

第九章　新民主主义理论的系统阐发

以毛泽东同志为主要代表的中国共产党人在领导中国人民革命过程中，运用马克思主义的立场、观点和方法，正确认识近代中国的社会性质及其特征，实现了马克思列宁主义基本原理同中国革命具体实践的结合，创造性地提出了新民主主义理论，不仅以新民主主义革命理论指导中国革命取得了最终胜利，而且提出了完整的新民主主义政治、经济、文化理论。

第一节　准确认识近代中国国情

毛泽东准确地把握了旧中国半殖民地半封建社会这一基本国情，并总结归纳其重要特点，为提出正确的革命理论奠定了科学的基础。

一、近代中国半殖民地半封建的社会性质

回顾近代中国一百多年的革命斗争史，要把灾难深重的中国人民从近代备受凌辱、饱受欺凌的悲惨境遇中解放出来，最重要的就是要准确把握近代中国特殊的国情，认清中国的社会性质，从尖锐复杂的矛盾中，梳理出基本的阶级

关系。对于中国近代社会究竟是一个什么样的社会，在 20 世纪 30 年代初党内外进行了激烈的争论。毛泽东在《中国革命和中国共产党》、《新民主主义论》等著作中，吸收了社会性质论战的成果，科学、准确地阐述了近代中国的半殖民地半封建的社会性质。

近代中国社会是半殖民地半封建社会。这是一种畸形的社会，它既不同于鸦片战争以前的封建社会，也有别于一般的资本主义社会。1840 年鸦片战争以后，中国社会发生了两个方面的变化。一方面，外国资本主义的侵入，使本来领土完整、主权独立的中国，沦为表面上独立、实际上受列强共同支配的半殖民地国家。另一方面，外国资本主义的侵入，对中国原有的延续了几千年的封建社会起了很大的解体作用，资本主义在中国有了初步的发展，中国由一个完全的封建社会变为有了一定程度资本主义成分的半封建社会。所以，近代中国的半殖民地半封建社会，是一个特殊的社会形态。它是在已经崛起的资本主义"首次开创了世界历史"，"消灭了各国以往自然形成的闭关自守的状态"①的冲击下，中国这样一个古老的封建大国被迫卷入"世界历史"圈后不自觉地痛苦蜕变的结果，它使中国陷入了屈辱和苦难的深渊之中。这样一个社会的形成受到内部与外部的、主观与客观的多种因素的制约和影响，是一个错综复杂的演变过程，因而它具有自己鲜明的特点。

第一，帝国主义不但从中国攫取和"租界"了大片领土，操纵了中国的财政和经济命脉，而且控制了中国的政治和军事力量，使中国丧失了主权国和独立国的地位，成为近代中国一切灾难、祸害和贫穷落后的总根源，是阻碍中国发展的根本原因。

第二，中国的封建势力已经同帝国主义侵略势力狼狈为奸、互相勾结，成为帝国主义奴役近代中国的社会基础。封建势力——无论是皇帝和贵族专政政权，地主阶级的军阀官僚统治，还是地主阶级和大资产阶级的联合专政，对外投降帝国主义，对内残酷剥削人民，是近代中国最黑暗最反动的势力。帝国主义侵略中国的目的，是将中国变成它们的殖民地。它们之所以要利用封建势力来间接地统治中国，完全是由于中国人民不甘屈服的反抗斗争和帝国主义列强之间无法弥合的矛盾的结果。而要对中国实行有效的统治，除了培植买办阶级，使中国的封建地主阶级变为它们统治中国的工具之外，并无其他符合其本

---

① 《马克思恩格斯选集》第 1 卷，人民出版社 2012 年版，第 194 页。

性的办法。帝国主义及其在中国的全部财政军事势力，成为支持、栽培、保存封建残余及其全部军阀官僚上层建筑的力量。

第三，民族资本主义有了一定的发展，但它没有成为中国社会经济的主要形式。代表新的生产关系的民族资本主义有了某些发展，并在中国的政治、文化生活中起了很大的作用，但它既受外国资本的严重排挤和打击，又受本国官僚买办资本和封建势力的压抑和阻挠，同时与外国帝国主义和国内封建主义有着千丝万缕的联系，它的力量很软弱，因而始终没有成为社会经济的主要形式。

第四，外国资本主义的入侵，加速了中国封建时代自给自足的自然经济的解体，客观上促进了中国资本主义因素的发展，但封建剥削制度的根基——地主阶级对农民的剥削，不但依旧保持着，而且同官僚资本和高利贷资本的剥削结合在一起，在中国社会经济生活中仍然占据着显著的优势。

第五，由于帝国主义列强在中国划分势力范围，实行分裂剥削政策，又由于地方性农业经济的广泛存在，造成中国实际上处于长期的不统一状态，加上中国地域广大，中国的经济、政治和文化的发展，表现出极大的不平衡性。

第六，在帝国主义和封建主义的双重压迫下，中国的广大人民，尤其是农民群众，日益贫困化以至大批破产，过着饥寒交迫和毫无政治权利的生活，中国人民在经济上的贫困和政治上的不自由程度，在世界上是罕见的。压迫愈深，反抗愈强烈，对于饥寒交迫、挣扎在死亡线上的农民和手工业者来说，对于深受帝国主义、封建主义和资本主义三重压迫的工人阶级来说，除了奋起抗争以外，并无别的出路。

二、中国半殖民地半封建社会的特点

（一）尖锐复杂的矛盾

中国半殖民地半封建社会的矛盾是错综复杂的，既有内部矛盾，又有外部矛盾；既有对立阶级之间的矛盾，又有统治阶级内部的矛盾。随着近代工业的出现，产生了无产阶级和资产阶级，也就有了他们之间的矛盾。当然，在这众多的矛盾中，必然有主要矛盾。由于帝国主义是近代中国一切灾难、祸害和贫穷落后的总根源，是阻碍中国社会发展的根本原因；而封建势力是近代中国最反动的势力，所以帝国主义和中华民族的矛盾、封建主义和人民大众之间的矛盾，成为近代中国半殖民地半封建社会的主要矛盾。而帝国主义和中华民族之间的矛盾，则是最主要的矛盾。帝国主义是封建主义的靠山，中国封建势力是帝国主义统治中国的社会基础。因此，推翻帝国主义和封建主义在中国的反动统治，就成为近代中国的基本任务。近代中国的民族民主革命，就是在这些矛盾的基础上发生和发展起来的。中国人民的近百年不屈不挠的斗争，就是为解决中国社会的主要矛盾，推动中国社会前进。

半殖民地半封建社会的基本矛盾是动态的，是一个运动过程。在各个历史时期，基本矛盾的具体内容和表现形式是不同的，即不同时期又各有其特殊性，构成各个时期的主要矛盾。

清朝后期，清政府逐渐变成"洋人的朝廷"。因此在这一时期，殖民地半殖民地社会的基本矛盾就集中表现为外国列强同中华民族之间的矛盾、清政府同人民大众之间的矛盾。反对列强侵略，推翻清王朝统治，就成为这一时期斗争的焦点。

辛亥革命虽然推翻了清王朝，但是以袁世凯为代表的北洋军阀篡夺了政权，开始了北洋军阀的统治时期。北洋军阀是清朝末年由袁世凯建立起来的封建买办的武装政治集团，是近代中国最反动最黑暗的势力之一。他们对外投降帝国主义，实行卖国政策，对内进行反动独裁统治，残酷剥削与压迫人民群众。袁世凯死后，北洋军阀分裂为许多派系，都以一个或几个帝国主义国家作为靠山，各自为政，你争我夺，北洋政府如走马灯似的随着各派军阀势力的消长不断更换。军阀之间互相残杀，"一年三小仗，三年一大仗"，国无宁日，民不聊生。因此，这一时期的基本矛盾，就集中表现为中国人民同帝国主义及其支持下的北洋军阀之间的矛盾。"打倒列强，除军阀"成为这一时期革命的目标。

国民革命失败以后，在英美帝国主义和江浙财阀的支持下建立起来的国民党新军阀的统治，同北洋军阀没有本质的区别，依然是城市买办阶级和封建地主阶级的统治。它对外投降帝国主义、对内残酷剥削压迫工农阶级。中国社会仍然是半殖民地半封建的性质。中国人民同帝国主义支持下的蒋介石新军阀之间的矛盾，上升为主要矛盾。打倒蒋介石，解放全中国，成为革命的主要目标。

九一八事变后，日本帝国主义侵略中国，中日民族矛盾日益激化。1935年华北事变后国内阶级之间矛盾下降到次要地位，中华民族同日本帝国主义之间的矛盾发展成为主要矛盾。反对日本帝国主义侵略，成为中华民族的基本任务。尽管国民党蒋介石在全民族抗日战争时期实行片面抗战路线，政治上不给人民民主自由权利，积极反共，消极抗战，经济上加紧盘剥人民，聚敛财富，阶级矛盾仍然存在，但中日民族矛盾始终是主要矛盾。

抗战胜利后，美国成为世界头号强国。它积极推行称霸全球战略，而独占中国是其重要组成部分，它力图在中国建立一个以国民党蒋介石为中心的亲美政府，使中国变成完全服从美国的附庸。国民党蒋介石集团在美国的支持下，坚持独裁卖国和内战的反动政策，抢占抗战的胜利果实，并发动了全面内战。在全民族抗日战争时期急剧膨胀起来的官僚资本，在战后发展到顶峰。因此，中国人民同美帝国主义支持下的国民党反动派之间的矛盾，上升为主要矛盾。打倒蒋介石，解放全中国，成为革命的主要目标。

近代中国社会的性质和主要矛盾，不仅成为中国革命发生和发展的根本原因，而且决定了中国革命的对象、任务和性质。

（二）错综复杂的阶级关系

半殖民地半封建社会经济的多元化也决定了中国阶级和阶层的多样性，错综复杂的矛盾实质是错综复杂的阶级关系：不仅有地主阶级和农民阶级，而且有资产阶级和无产阶级；地主阶级中有大地主和小地主，有土豪劣绅和开明绅士；农民中有富农、中农和贫雇农；资产阶级中有买办资产阶级、官僚资产阶级（统称大资产阶级）和民族资产阶级（或称中产阶级），此外，还有各种类型的小资产阶级，如知识分子和青年学生、小商人、手工业者、自由职业者等。这种复杂的阶级结构，与发达资本主义国家内主要存在资产阶级和无产阶级两大阶级的状况相比较，有着显著的不同特点。而且在革命的不同阶段，有些阶级在革命中的地位和作用也会因国内外形势的不同而发生变化。如中国的民族资产阶级，由于其先天不足，是带有两重性的阶级，一方面，他们受帝国主义的压迫和束缚，与帝国主义、封建主义有矛盾，是革命的力量之一；另一方面，"由于他们在经济上和政治上的软弱性，由于他们同帝国主义和封建主义并未完全断绝经济上的联系，所以，他们又没有彻底的反帝反封建的勇气。这种情形，特别是在民众革命力量强大起来的时候，表现得最为明显"①。即民

---

① 《毛泽东选集》第2卷，人民出版社1991年版，第640页。

族资产阶级既有反帝反封建的革命要求，同时又缺乏彻底的革命精神。所以他们在革命中的态度与立场如毛泽东所分析的："民族资产阶级的这种两重性，决定了他们在一定时期中和一定程度上能够参加反帝国主义和反官僚军阀政府的革命，他们可以成为革命的一种力量。而在另一时期，就有跟在买办大资产阶级后面，作为反革命的助手的危险。"[①]在大革命时期，民族资产阶级就加入革命的洪流中来，但当代表大地主大资产阶级的国民党右派叛变革命，大肆屠杀工人阶级、农民阶级及其他革命群众时，他们又附和了国民党右派。再如"带买办性的大资产阶级，是直接为帝国主义国家的资本家服务并为他们所豢养的阶级，他们和农村中的封建势力有着千丝万缕的联系。因此，在中国革命史上，带买办性的大资产阶级历来不是中国革命的动力，而是中国革命的对象"[②]。但是，当某一帝国主义对中国加紧侵略，给中华民族带来亡国灭种的威胁时，也危及其他帝国主义和代表这些帝国主义国家的买办资产阶级的利益时，这些利益受威胁的买办资产阶级，也可能加入反侵略的革命统一战线中。这是"因为中国带买办性的大资产阶级是分属于几个帝国主义国家的，在几个帝国主义国家间的矛盾尖锐地对立着的时候，在革命主要地是反对某一个帝国主义的时候，属于别的帝国主义系统之下的买办阶级也有可能在一定程度上和一定时间内参加当前的反帝国主义战线。但是一到他们的主子起来反对中国革命时，他们也就立即反对革命了"[③]。全民族抗日战争时期，亲日派的汪精卫集团直接投降了日本帝国主义，而亲英美的蒋介石集团虽然也参加了抗日统一战线，但态度是摇摆不定的，既幻想同日本帝国主义妥协，又因日本要价太高和害怕人民的反对而犹豫不定；既想利用人民的力量来抵抗日本的侵略，又害怕人民在抗日战争中觉醒和壮大力量，希望日本侵略者和人民抵抗力量在斗争中两败俱伤。国民党政府在九一八事变爆发十年以后的 1941 年 12 月 9 日才跟在美英后面正式对日宣战。而当战胜日本帝国主义以后，代表美英帝国主义利益和大地主大资产阶级利益的国民党，迅速地恢复了反共反人民的立场。

　　所以，复杂的阶级关系也给中国革命带来了复杂性和艰难性。要在不同的历史阶段，根据具体的历史条件，恰当地处理复杂的阶级关系，这是革命力量

---

① 《毛泽东选集》第 2 卷，人民出版社 1991 年版，第 640 页。
② 《毛泽东选集》第 2 卷，人民出版社 1991 年版，第 639 页。
③ 《毛泽东选集》第 2 卷，人民出版社 1991 年版，第 639 页。

所必须面对的问题，要正确地分析各个阶级和阶层，制定恰当的阶级政策和策略，从而调节阶级关系，推动革命的进程。

（三）两头小中间大的社会结构

毛泽东分析指出，旧中国虽然有了资本主义，但是，其力量还很小，"没有成为中国社会经济的主要形式"，仍然是一个封建经济占优势的农业大国。农民在全国总人口中大约占百分之八十，是中国国民经济的主要力量。各类型的小资产阶级，亦构成广大的人群，有相当的数量。工业无产阶级仅占总人口的百分之几，而地主、资产阶级的人数更少。所以，毛泽东指出："中国社会是一个两头小中间大的社会，无产阶级和地主大资产阶级都只占少数，最广大的人民是农民、城市小资产阶级以及其他的中间阶级。任何政党的政策如果不顾到这些阶级的利益，如果这些阶级的人们不得其所，如果这些阶级的人们没有说话的权利，要想把国事弄好是不可能的。"[1] 无产阶级尽管是一个最有觉悟、最有组织性纪律性、革命性最强的阶级，但在中国人数毕竟比较少，在全国人口中所占的比重毕竟不到百分之一，力量比较弱。大地主大资产阶级虽然人数也不多，但他掌握着全国性政权，有国际帝国主义的支持，因而仍然是比较强大的，如蒋、宋、孔、陈四大家族在从 1927 年到 1935 年的短短几年中，就形成了庞大的官僚资本，垄断了全国的经济命脉。在这种情况下，农民、城市小资产阶级、民族资产阶级等处在中间地位的阶级、阶层，往往在革命中具有举足轻重的作用。这种独特社会结构，使无产阶级在其革命中建立同盟军的要求更加迫切。正如毛泽东所说："中国无产阶级应该懂得：他们自己虽然是一个最有觉悟性和最有组织性的阶级，但是如果单凭自己一个阶级的力量，是不能胜利的。而要胜利，他们就必须在各种不同的情形下团结一切可能的革命的阶级和阶层，组织革命的统一战线。"[2]

（四）社会政治经济发展的不平衡性

在对中国国情分析的过程中，毛泽东深刻指出：中国政治、经济发展的极大不平衡性，是半殖民地半封建中国的一个重要特点。而这一点对中国革命的

---

[1] 《毛泽东选集》第 3 卷，人民出版社 1991 年版，第 630、808 页。
[2] 《毛泽东选集》第 2 卷，人民出版社 1991 年版，第 645 页。

发展是十分重要的。

毛泽东在《中国的红色政权为什么能够存在？》一文中指出，中国不是一个帝国主义直接统治的殖民地，而是多个帝国主义间接统治的经济落后的半殖民地，各派新旧军阀一直进行持续不断的战争，这是半殖民地中国的特征之一。在 1936 年的《中国革命战争的战略问题》中，他对这种不平衡状况作了更加深刻而形象的分析，指出中国的特点是："中国政治经济发展不平衡——微弱的资本主义经济和严重的半封建经济同时存在，近代式的若干工商业都市和停滞着的广大农村同时存在，几百万产业工人和几万万旧制度统治下的农民和手工业工人同时存在，管理中央政府的大军阀和管理各省的小军阀同时存在，反动军队中有隶属蒋介石的所谓中央军和隶属各省军阀的所谓杂牌军这样两部分军队同时存在，若干的铁路航路汽车路和普遍的独轮车路、只能用脚走的路和用脚还不好走的路同时存在。"① 除此之外，如上所述中国是一个半殖民地国家，各帝国主义间的矛盾，决定了中国统治集团间的不统一。"中国是一个大国——'东方不亮西方亮，黑了南方有北方'，不愁没有回旋的余地。"② 加上强大的敌人、弱小的红军、土地革命的开展这几个特点，就规定了中国革命战争有发展和胜利的可能，但又不可能很快发展和不可能很快战胜敌人，即规定了战争的持久，规定了中国革命战争的指导路线及其许多战略战术的原则。

1939 年底，毛泽东在《中国革命和中国共产党》这篇著作中，对中国经济、政治和文化发展表现出的极端的不平衡性，又作了最集中的概括。毛泽东指出："由于中国经济发展的不平衡（不是统一的资本主义经济），由于中国土地的广大（革命势力有回旋的余地），由于中国的反革命营垒内部的不统一和充满着各种矛盾，由于中国革命主力军的农民的斗争是在无产阶级政党共产党的领导之下，这样，就使得在一方面，中国革命有在农村区域首先胜利的可能；而在另一方面，则又造成了革命的不平衡状态，给争取革命全部胜利的事业带来了长期性和艰苦性。"③

---

① 《毛泽东选集》第 1 卷，人民出版社 1991 年版，第 188 页。
② 《毛泽东选集》第 1 卷，人民出版社 1991 年版，第 189 页。
③ 《毛泽东选集》第 2 卷，人民出版社 1991 年版，第 635 页。

三、准确把握近代中国国情的意义

马克思恩格斯不止一次指出，共产主义基本原理的实际运用，随时随地都以当时的历史条件为转移。正如恩格斯所指出："如果不把唯物主义方法当做研究历史的指南，而把它当做现成的公式，按照它来剪裁各种历史事实，那它就会转变为自己的对立物。"①把社会主义置于现实基础之上，就必须研究和认识国情。认清和掌握国情，是共产党领导人民实践科学社会主义的关键。

毛泽东是科学认识和把握中国国情的典范，他一贯重视了解和掌握中国国情。早在土地革命战争时期的 1930 年，他就明确指出："中国革命斗争的胜利要靠中国同志了解中国情况。"②共产党的正确不动摇的斗争策略决不是少数人坐在房子里产生的，不是只读书或者照搬上级机关的指示来的，而是来源于实践，在实际斗争中产生的。毛泽东指出，马克思主义是对的，决不是因为马克思这个人是什么"先哲"，而是因为他的理论，在我们的实践中，在我们的斗争中，证明了是对的。在此基础上，他又特别强调反对"本本主义"，指出"马克思主义的'本本'是要学习的，但是必须同我国的实际情况相结合。我们需要'本本'，但是一定要纠正脱离实际情况的本本主义。"③因为搞"本本主义"的人们，离开实际调查，势必产生唯心的阶级估量和唯心的工作指导，其结果，不是机会主义，便是盲动主义。

全民族抗日战争时期，毛泽东进一步总结在国情认识方面的历史经验教训，在《〈共产党人〉发刊词》一文中，再一次阐明了认识和掌握国情的重要意义。他说，大革命末期，中国共产党之所以未能领导全党巩固革命的胜利，原因之一是因为中国共产党"终究还是幼年的党"④，是对中国的历史状况和社会状况、中国革命战争的特点、中国革命的规律都懂得不多的党，是对马克思列宁主义的理论和中国革命的实践还没有完整统一的了解的党。而在土地革命战争时期，中国共产党之所以能进行土地革命并且在一定时期内取得了一定程度的成功，原因之一，就是由于党对于中国的历史状况和社会状况、中国革命

① 《马克思恩格斯选集》第 4 卷，人民出版社 2012 年版，第 595 页。
② 《毛泽东选集》第 1 卷，人民出版社 1991 年版，第 115 页。
③ 《毛泽东选集》第 1 卷，人民出版社 1991 年版，第 111—112 页。
④ 《毛泽东选集》第 2 卷，人民出版社 1991 年版，第 610 页。

的特点、中国革命的规律的进一步了解，由于我们的干部更多地领会了马克思列宁主义的理论和中国革命的实践相结合。但是有一部分人（以王明为代表）在革命中跌入了机会主义的泥坑，其原因是他们对于中国历史和中国的社会状况、中国革命的特点、中国革命的规律不了解，对于马克思列宁主义的理论与中国革命的实践没有统一的了解。其结果是党和革命在一个时期遭受过李立三"左"倾机会主义的危害，而在另一个时期，又遭受过革命战争中的"左"倾机会主义和白区工作中的"左"倾机会主义的危害。红军和革命根据地损失了百分之九十，而白区党的工作几乎损失了百分之百。

国情不仅是一个国家社会状况和自然情况的统一，又是历史与现实的统一。国情包含诸多方面的内容，但这些内容又不是简单并列的，而是分层次的。了解和掌握国情，首先应当了解和掌握基本国情。所谓基本国情，是指现阶段的社会性质和发展状况。对此，毛泽东强调指出，中国的社会性质，即中国的特殊的国情，这是解决中国一切革命问题的最基本的依据。"只有认清中国社会的性质，才能认清中国革命的对象、中国革命的任务、中国革命的动力、中国革命的性质、中国革命的前途和转变。所以，认清中国社会的性质，就是说，认清中国的国情，乃是认清一切革命问题的基本的根据。"[1] 正是依据这一理论观点，毛泽东准确把握了旧中国的基本国情即一个包含了多种复杂而深刻的矛盾的，政治、经济发展不平衡的半殖民地半封建大国，并依据这一国情进而阐明了中国革命的一系列基本问题。

第二节　新民主主义革命理论

毛泽东运用马克思主义原理，科学分析中国的实际情况，创造性地提出了新民主主义革命理论，为中国革命的胜利提供了完全正确的理论指导。

---

[1] 《毛泽东选集》第 2 卷，人民出版社 1991 年版，第 633 页。

一、中国革命的规律和特点

由于中国半殖民地半封建社会的社会性质、尖锐复杂的矛盾、错综复杂的阶级关系、两头小中间大的社会结构及政治经济发展的不平衡性，中国革命必须分成民主革命和社会主义革命两步走。这一重大认识突破和理论创新是毛泽东在《中国革命和中国共产党》、《新民主主义论》等著作中系统阐述的。毛泽东认为："中国革命的历史进程，必须分为两步，其第一步是民主主义的革命，其第二步是社会主义的革命，这是性质不同的两个革命过程。"[1]第一步革命的任务，是要推翻帝国主义列强和封建主义在中国的统治，改变半殖民地半封建的社会形态，使中国成为一个独立的新民主主义社会；第二步革命的任务是使革命向前发展，建立一个社会主义社会。毛泽东认为革命的第一步还是资产阶级民主主义革命，他具体分析指出："既然中国社会还是一个殖民地、半殖民地、半封建的社会，既然中国革命的敌人主要的还是帝国主义和封建势力，既然中国革命的任务是为了推翻这两个主要敌人的民族革命和民主革命，而推翻这两个敌人的革命，有时还有资产阶级参加，即使大资产阶级背叛革命而成了革命的敌人，革命的锋芒也不是向着一般的资本主义和资本主义的私有财产，而是向着帝国主义和封建主义，既然如此，所以，现阶段中国革命的性质，不是无产阶级社会主义的，而是资产阶级民主主义的。"[2]

同时，毛泽东又明确指出："但是，现时中国的资产阶级民主主义的革命，已不是旧式的一般的资产阶级民主主义的革命，这种革命已经过时了，而是新式的特殊的资产阶级民主主义的革命。这种革命正在中国和一切殖民地半殖民地国家发展起来，我们称这种革命为新民主主义的革命。"[3] 这种革命"是为了终结殖民地、半殖民地、半封建社会和建立社会主义社会之间的一个过渡的阶段，是一个新民主主义的革命过程"。"所谓新民主主义的革命，就是在无产阶级领导之下的人民大众的反帝反封建的革命。"其特点是："这种新式的民主革命，虽然在一方面是替资本主义扫清道路，但在另一方面又是替社会主义创造

---

[1] 《毛泽东选集》第 2 卷，人民出版社 1991 年版，第 665 页。

[2] 《毛泽东选集》第 2 卷，人民出版社 1991 年版，第 646—647 页。

[3] 《毛泽东选集》第 2 卷，人民出版社 1991 年版，第 647 页。

前提。""中国的社会必须经过这个革命，才能进一步发展到社会主义的社会去，否则是不可能的。"① 这样，毛泽东就旗帜鲜明地亮出了"新民主主义"理论的大旗，使原来令人眼花缭乱的纷繁的社会现象顿时显得那样井井有条而易于理解，使人们在复杂多变的局势面前感到心明眼亮，能够始终清醒地把握住基本的方向，保持了一致的步伐。随后，毛泽东在《新民主主义论》以及 1945 年党的七大上所作的《论联合政府》的报告中，对新民主主义的基本特征进行了更为深入全面的阐发。其基本内容包括以下几个方面。

二、新民主主义革命的内容

（一）新民主主义革命的对象

高举新民主主义革命的大旗，如何完成这一艰巨的任务呢？以毛泽东同志为主要代表的中国共产党人，从中国的社会历史状况出发，深刻研究了中国革命的特点，指出："新民主主义的革命，不是任何别的革命，它只能是和必须是无产阶级领导的，人民大众的，反对帝国主义、封建主义和官僚资本主义的革命。"② 这就是中国共产党关于新民主主义革命的总路线和总政策。这条总路线，正确地解决了新民主主义革命的性质、对象、任务、动力和领导权的一系列基本问题，丰富和发展了马克思列宁主义关于民主革命的学说。

分清敌友，是中国革命的首要问题。中国革命的对象是谁？中国革命的对象是帝国主义、封建主义和官僚资本主义。中国共产党成立以前，中国人民对外国侵略者和本国封建势力进行过长期的斗争。但是，在这些斗争中都没有能完全认清革命的战争对象，都没有明确提出革命的根本目标。太平天国虽然既反封建又反侵略，但却不能从理论上加以论证，实践上又沿袭了封建专制的那套做法，也不能弄清楚反侵略和反封建的关系。义和团"扶清灭洋"的口号及其行动，说明农民没有认清本国封建主义者同外国侵略者之间的关系。以孙中山为代表的资产阶级革命民主主义者虽然制定出三民主义的纲领，其中却没有反对帝国主义的内容；辛亥革命失败后的十几年间，以孙中山为首的中国国民

① 《毛泽东选集》第 2 卷，人民出版社 1991 年版，第 647 页。
② 《毛泽东选集》第 4 卷，人民出版社 1991 年版，第 1313 页。

党只以维护《临时约法》为口号，联合地方军阀反对北洋军阀，缺乏反对帝国主义的明确立场。五四运动以前的革命运动，除了没有广泛发动人民群众参与革命以外，就是对中国革命的对象始终不明确，致使革命发展到一定阶段就迷失了方向，最后都不免夭折的命运。直到中国共产党成立以后，才破天荒地指出：帝国主义和封建主义是中国革命的主要对象，后来根据形势发展，又将官僚资本主义列为革命的对象。

帝国主义和封建主义之所以成为中国革命的主要对象，完全是近代中国社会的主要矛盾和社会性质所决定的。帝国主义和封建主义残酷剥削和压迫中国人民，成为中华民族独立和发展的严重障碍。所以，它们是中国革命的首要对象。中国革命的另一个对象是官僚资本主义。中国的官僚资本最早产生于19世纪后期的洋务运动。1928年国民党新军阀统治建立以后，官僚买办阶级凭借政治特权，进行超经济剥削和掠夺，逐步积累了巨大的财富。到1936年前后，形成了以蒋、宋、孔、陈四大家族为代表的官僚资本。这个官僚资本在全民族抗日战争期间和日本投降以后，达到了最高峰，集中了价值上百亿美元的巨额财富，垄断了全国的经济命脉，是国民党独裁统治的基础。中国的官僚资本主义是依靠帝国主义、勾结封建主义，直接利用政治军事权力，以超经济手段搜刮民脂民膏而形成的垄断资本。因此，官僚资本主义的超速度发展并不等于中国社会生产力的发展，更不可能把中国社会引向繁荣富强之路，只能造成中国进一步的贫穷落后。在四大家族为代表的官僚资本的形成和发展过程中，中国民族工商业经营艰难，日益萎缩；农村经济一片凋敝，广大农民流离失所，挣扎在死亡线上。就这样，官僚资本把中国搞得民困国弱，终于招来了日本帝国主义的全面侵略。事实说明，官僚资本主义是中国社会经济发展的严重障碍，反对官僚资本主义也就成了中国革命的重要任务之一。

帝国主义、封建主义、官僚资本主义是压在中国人民头上的三座大山，是整个新民主主义革命阶段的革命对象。但是，由于各个革命时期国内外形势不同，革命所打击的主要对象也有区别。如国民革命时期，革命的主要对象是北洋军阀和支持它们的帝国主义；土地革命战争时期，革命的主要对象是国民党新军阀和支持它们的帝国主义；全民族抗日战争时期，革命的主要对象是日本帝国主义和亲日派、汉奸卖国贼；解放战争时期，革命的主要对象是美帝国主义及其走狗国民党反动派。

（二）新民主主义革命的领导力量

毛泽东指出："中国革命领导责任的问题，乃是革命成败的关键。"[①] 中国革命是由无产阶级领导还是资产阶级领导，这是区别新民主主义革命和旧民主主义革命的根本标志。坚持无产阶级在革命中的领导权，是毛泽东新民主主义革命理论的核心，也是马克思主义的一项根本原则。马克思认为，无产阶级应该积极地参加资产阶级民主革命，并且从中发展自己的力量；列宁进一步指出，无产阶级不仅应该积极参加民族革命和民主革命运动，而且从一开始就要掌握革命领导权，使得民主革命胜利，"这个革命的完全胜利就是民主革命的终结和为社会主义革命而坚决斗争的开始"。[②]

在领导权问题上，中国共产党人走过曲折的道路。国民革命时期，以陈独秀为代表的右倾机会主义者认为，中国工人阶级人数很少，很"幼稚"，"不是独立的革命势力"[③]，不能领导中国革命。中国革命必须由资产阶级来领导。在这种思想指导下，陈独秀否定了毛泽东等人的正确意见，自愿放弃对统一战线和武装力量的领导权，导致国民革命失败。土地革命战争时期，王明等"左"倾机会主义者虽然强调无产阶级的领导权，但忽视中间力量，甚至把中间势力看作"最危险的敌人"，因而其领导权是"空"的，是要无产阶级孤军奋战，最后导致革命力量遭受重大挫折。全民族抗日战争爆发后，王明又犯了如同大革命时期的陈独秀一样的右倾机会主义错误，宣传"一切经过统一战线，一切服从统一战线"这种放弃革命领导权的错误口号。由于毛泽东等人的及时批评和制止，其错误才没有造成全局性的损失。毛泽东深刻总结中国革命实践中的经验教训，全面阐述了无产阶级在半殖民地半封建国家的民族民主运动中的领导权问题。

首先，中国革命必须由无产阶级来领导，这是民主革命历史发展的自然结果，也是中国无产阶级自身的特点和优越性所决定的。这是因为，中国的资产阶级由于自身的软弱性，不能领导民族民主革命取得胜利。在中国社会各阶级中，无产阶级是最先进的阶级。中国的无产阶级同世界各国无产阶级一样，不

---

① 《毛泽东选集》第 1 卷，人民出版社 1991 年版，第 262 页。

② 《列宁选集》第 1 卷，人民出版社 2012 年版，第 633 页。

③ 《陈独秀文章选编》（中），生活·读书·新知三联书店 1984 年版，第 368 页。

占有任何生产资料，与最先进的经济形式相联系，富于组织性和纪律性，是中国历史上最进步、最富有远大前途的阶级。不仅如此，成长于灾难深重的半殖民地半封建社会的中国无产阶级，还有自己的特殊优点。这主要是："第一、中国无产阶级身受三种压迫（帝国主义的压迫、资产阶级的压迫、封建势力的压迫），而这些压迫的严重性和残酷性，是世界各民族中少见的；因此，他们在革命斗争中，比任何别的阶级来得坚决和彻底。在殖民地半殖民地的中国，没有欧洲那样的社会改良主义的经济基础，所以除极少数的工贼之外，整个阶级都是最革命的。第二、中国无产阶级开始走上革命的舞台，就在本阶级的革命政党——中国共产党领导之下，成为中国社会里比较最有觉悟的阶级。第三、由于从破产农民出身的成分占多数，中国无产阶级和广大农民有一种天然的联系，便利于他们和农民结成亲密的联盟。"① 中国无产阶级的这些优点，决定了中国无产阶级是中国社会中最先进、最有觉悟、最有战斗力的阶级。毛泽东指出："工业无产阶级人数虽不多，却是中国新的生产力的代表者，是近代中国最进步的阶级，做了革命运动的领导力量。"② 由中国无产阶级取代资产阶级领导中国革命，不仅是区分中国新旧民主革命的根本标志，也是中国革命取得最后胜利的根本保证。对此，毛泽东总结道："由于无产阶级的领导，根本地改变了革命的面貌，引出了阶级关系的新调度，农民革命的大发动，反帝国主义和反封建主义的革命彻底性，由民主革命转变到社会主义革命的可能性，等等。所有这些，都是在资产阶级领导革命时期不可能出现的。"③

其次，无产阶级的领导权必须通过自己的政党——中国共产党才能实现。毛泽东明确指出："半殖民地的中国的社会各阶层和各种政治集团中，只有无产阶级和共产党，才最没有狭隘性和自私自利性，最有远大的政治眼光和最有组织性，而且也最能虚心地接受世界上先进的无产阶级及其政党的经验而用之于自己的事业。因此，只有无产阶级和共产党能够领导农民、城市小资产阶级和资产阶级，克服农民和小资产阶级的狭隘性，克服失业者群的破坏性，并且还能够克服资产阶级的动摇和不彻底性（如果共产党的政策不犯错误的话），而使革命和战争走上胜利的道路。"④ 因此，要想领导这个革命达到彻底

① 《毛泽东选集》第 2 卷，人民出版社 1991 年版，第 644 页。

② 《毛泽东选集》第 1 卷，人民出版社 1991 年版，第 8 页。

③ 《毛泽东选集》第 1 卷，人民出版社 1991 年版，第 315 页。

④ 《毛泽东选集》第 1 卷，人民出版社 1991 年版，第 183—184 页。

的完成，"除了中国共产党之外，是没有任何一个别的政党（不论是资产阶级的政党或小资产阶级的政党）能够担负的。"[①] 中国民主革命必须由无产阶级领导，并不等于一定由无产阶级领导。因为革命的领导权不会天然地落到无产阶级手中，它需要无产阶级本身去努力、去争取。而这种争取领导权的责任，是靠无产阶级政党来实现的。无产阶级政党是无产阶级革命事业的发动者、组织者和领导者。无产阶级只有在其政党的领导下，才能最后完成自己的历史使命，实现全人类的伟大事业。因为在旧制度下，统治阶级掌握了绝大部分的经济政治文化资源，整个无产阶级要提高到应有的觉悟程度是不可能的，必须有一个先觉悟了的领导集团，其先锋队组织用先进的社会主义思想来教育广大的无产者，从而把他们联合起来，使他们在斗争中发挥领导作用。但中国共产党的政治领导既不是自封的，也不是谁任命的，而是通过其党员了解群众，忠实地为群众的利益而奋斗和牺牲赢得的，是要经过一个长期艰苦和正确的争取群众的工作过程。对此，毛泽东总结提出了实现这种领导所必备的四个条件：第一，党必须根据历史发展行程提出基本的政治口号和为了实现这种口号而提出关于每一个发展阶段和每一重大事变中的动员口号，即指明斗争目标和行动纲领；第二，在为实现斗争目标和行动纲领的斗争中，共产党员必须起先锋模范作用；第三，在一定政治目标的基础上，建立和发展与同盟者的适当关系；第四，共产党队伍的发展及其思想的统一性和纪律的严格性。[②] 即中国共产党只有具备了这些条件，才能使无产阶级对于革命的领导权不至于落空。

再次，无产阶级必须和资产阶级争取领导权。虽然资产阶级无法领导完成近代中国民族民主革命任务，但这并不意味着它会自动放弃领导权。所以在与资产阶级建立统一战线的过程中，无产阶级必须坚持领导权，实行独立自主和又团结又斗争的方针。资产阶级虽然由于在经济上和政治上的软弱性，不可能领导中国革命取得胜利，但它在参加民族民主革命时，仍然要千方百计地争夺领导权。因此，无产阶级及其政党一定要保持清醒的头脑，时刻警惕资产阶级夺取领导权。无产阶级对革命的领导权绝不是自然地、平稳地得来的，而是在同资产阶级的又联合又斗争中实现的。进而，毛泽东明确指出，无产阶级要实现自己在民主革命中的领导权，实现自己对同盟者的领导，必须具备两个条

---

① 《毛泽东选集》第 2 卷，人民出版社 1991 年版，第 652 页。

② 参见《毛泽东选集》第 1 卷，人民出版社 1991 年版，第 262—263 页。

件：一是率领被同盟者向着共同的敌人作坚决的斗争并取得胜利；二是对被领导者给以物质利益，至少不损害其利益，同时给以政治教育。

最后，革命武装是保证无产阶级领导权的坚强支柱。毛泽东明确指出，枪杆子里面出政权。在外无民族独立内无民主自由的半殖民地半封建的中国，中国革命主要的斗争形式是战争，主要的组织形式是军队。没有强大的革命武装，在中国就不可能有无产阶级和共产党的地位，更谈不上所谓无产阶级领导权。所以，无产阶级要保持自己在民主革命中的领导权，就必须建立起强大的革命武装。

（三）新民主主义革命的动力

革命动力问题，也是革命的基本问题。在近代中国革命史上，孙中山有一个比较完整的资产阶级革命纲领，但缺乏实现这一纲领的依靠力量。孙中山进行革命主要依靠两方面的力量。一是各地的会党，如兴中会、光复会、华兴会，还有各地的帮会组织等，并把这些帮会结成同盟会。帮会中有不少英雄人物，但帮会毕竟不是进步组织，它们没有明确的政治目标，封建意识浓厚，纪律松散，个人英雄主义严重，无法协调行动。所以，辛亥革命以前，孙中山依靠帮会搞了十几次武装起义，都失败了。孙中山革命所依靠的另一股力量就是新军。同盟会成立以后，不断把革命青年派到新军中去，在新军中慢慢形成了一股进步力量。正是在这股力量的影响和推动下，辛亥革命得以成功。但是新军并不是一支真正的革命军队，从本质上说，它仍然与旧军队没有区别，因而随着革命的发展，新军也不断发生分化。辛亥革命以后，孙中山更加倚重军队，不注意发动群众，因而慢慢陷入了军事投机的陷阱。谁手里有军队，并说要拥护他（孙中山），他就依靠谁。其结果是，孙中山想利用军阀打倒军阀，结果他最后被军阀所利用。

中国共产党成立以后，虽然大力开展群众运动，依靠群众进行革命，但对革命动力不是一开始就认识得很清楚的，在认识上经历了曲折。在建党初期，只重视工人运动，让工人阶级单枪匹马干革命；在大革命时期，以陈独秀为代表的右倾机会主义者，不仅否认无产阶级的领导作用，也否认农民阶级的革命作用；在土地革命战争时期，王明路线又把以资产阶级和小资产阶级为代表的"中间势力"列为最危险的敌人。这些错误的认识和政策，都给新民主主义革命事业带来了严重的危害和灾难性的后果。

毛泽东在深入调查研究，总结中国革命实践经验的基础上，科学地分析了中国社会各阶级的政治经济状况，准确而完整地解决了新民主主义革命的动力问题。新民主主义革命的动力就是新民主主义革命总路线中所说的"人民大众"，其中包括无产阶级、农民阶级、小资产阶级和民族资产阶级。

1. 无产阶级

无产阶级是中国社会中最进步最坚决的革命阶级，因此它是革命的领导阶级，也是新民主主义革命的核心动力。但是，中国无产阶级毕竟人数少，力量单薄，必须联合其他阶级共同推进革命。毛泽东指出："中国无产阶级应该懂得：他们自己虽然是一个最有觉悟性和最有组织性的阶级，但是如果单凭自己一个阶级的力量，是不能胜利的。而要胜利，他们就必须在各种不同的情形下团结一切可能的革命的阶级和阶层，组织革命的统一战线。在中国社会的各阶级中，农民是工人阶级的坚固的同盟军，城市小资产阶级也是可靠的同盟军，民族资产阶级则是在一定时期中和一定程度上的同盟军，这是现代中国革命的历史所已经证明了的根本规律之一。"[①]

2. 农民阶级

农民是"人民大众"的主体，在半殖民地半封建的中国社会中占了绝大多数。所以农民问题在中国民主革命中具有特别重要的地位。其一，在中国这样一个落后的农业大国里，广大的农民既是帝国主义势力最大的掠夺对象，也是封建地主阶级最直接的压榨对象，因而其具有强烈的反帝反封建的革命性。约占全国人口 80% 的农民是中国革命的主力军。在中国社会各阶级中，除了无产阶级是最彻底的革命民主派之外，农民是最大的革命民主派，中国的民主革命，实际上是无产阶级领导下的农民革命；中国革命战争，实际上是共产党领导下的农民战争。这是中国共产党人经过长期革命斗争所得出的一个重要认识。其二，农民是无产阶级最可靠的同盟军。农民是一个人口众多的阶级，他们因为经济地位和生活条件的不同，又可以分为不同的阶层。毛泽东将中国的农民分为富农、中农、贫农三个阶层，三者状况不同，对于革命的态度也不一样。富农是农村中的资产阶级，约占农村人口的 5%，他们有土地出租，又放高利贷，带有半封建性，但一般自己也参加劳动。在农民群众反对帝国主义的斗争中可能参加一份力量，在反对地主的土地斗争中也可能保持中立。因此，

---

① 《毛泽东选集》第 2 卷，人民出版社 1991 年版，第 645 页。

要把富农和地主阶级有所区别，不能过早地采取消灭富农的政策。中农约占农村人口的 20%，一般不剥削别人，经济上能自给自足，政治上没有权力，受帝国主义、地主阶级和资产阶级的压迫，"中农不但能够参加反帝国主义革命和土地革命，并且能够接受社会主义。因此，全部中农都可以成为无产阶级的可靠的同盟者，是重要的革命动力的一部分。中农态度的向背是决定革命胜负的一个因素"。[①] 贫农，连同雇农在内，约占农村人口的 70%，而贫农没有或很少有自己的土地，是农村中的半无产阶级，是中国革命最广大的动力，是工人阶级天然的、最可靠的同盟军，是中国革命的主力军。

3. 小资产阶级

小资产阶级包含多个阶层，包括广大的知识分子、小商人、手工业者和自由职业者。他们和农民中的中农的地位有某些相似之处，都受帝国主义、封建主义和大资产阶级的压迫，是革命的动力之一，是无产阶级的可靠同盟军。其中，知识分子和青年学生并不是一个阶级和阶层，从他们的家庭出身、政治立场、生活条件看，多数人可以归入小资产阶级范畴。他们身受三重压迫，有很大的革命性，具有科学文化知识，富于政治敏感性，在革命中往往是最先觉悟的部分，起着先锋和桥梁的作用。"革命力量的组织和革命事业的建设，离开革命的知识分子的参加，是不能成功的。"[②] 但知识分子身上的主观主义、个人主义等倾向，则必须在长期的群众斗争中加以克服。

4. 民族资产阶级

民族资产阶级也是新民主主义革命的动力之一，但这是一个比较复杂的阶级。这个阶级具有两重性："一方面，民族资产阶级受帝国主义的压迫，又受封建主义的束缚，所以，他们同帝国主义和封建主义有矛盾。从这一方面说来，他们是革命的力量之一"，"又一方面，由于他们在经济上和政治上的软弱性，由于他们同帝国主义和封建主义并未完全断绝经济上的联系，所以，他们又没有彻底的反帝反封建的勇气。"[③] 民族资产阶级的两重性是与生俱来的，是"从娘肚子里带出来的老毛病"[④]。民族资产阶级的两重性，决定了他们在一定时期和一定程度上能够参加反帝反封建的革命，可以成为革命的一种力量，所

---

① 《毛泽东选集》第 2 卷，人民出版社 1991 年版，第 643 页。
② 《毛泽东选集》第 2 卷，人民出版社 1991 年版，第 641 页。
③ 《毛泽东选集》第 2 卷，人民出版社 1991 年版，第 640 页。
④ 《毛泽东选集》第 1 卷，人民出版社 1991 年版，第 147 页。

以无产阶级不要忽略了这一点，和民族资产阶级建立反帝反封建的革命统一战线。而在另一个时期，民族资产阶级就有可能跟在官僚买办资产阶级后面，作为反革命助手的危险。民族资产阶级的这种既有革命要求又有动摇性的两面性，决定了无产阶级在民主革命中对他们政策的两面性，即实行又团结又斗争的政策。对于其革命性方面，应该给予肯定，实行团结的政策；对于他们的动摇妥协性方面，则要恰当地实行批评和斗争的政策，以便尽可能地坚定其革命性，克服其动摇性，以共同对付强大的敌人。

三、新民主主义革命的目的和前途

(一) 新民主主义革命的目的

中国共产党作为中国工人阶级的先锋队，建立时就是以中国先进生产力的代表走上历史舞台的，始终代表着中国先进生产力的发展要求。党领导的新民主主义革命，目的是取消帝国主义在中国的特权，消灭地主阶级和官僚资产阶级的剥削和压迫，改变买办的封建的生产关系，以及改变建立在这种经济基础之上的腐朽的政治上层建筑，确立以人民民主执政为核心的新的政治上层建筑，从根本上解放被束缚的生产力。毛泽东在党的七大上明确指出："中国一切政党的政策及其实践在中国人民中所表现的作用的好坏、大小，归根到底，看它对于中国人民的生产力的发展是否有帮助及其帮助之大小，看它是束缚生产力的，还是解放生产力的。消灭日本侵略者，实行土地改革，解放农民，发展现代工业，建立独立、自由、民主、统一和富强的新中国，只有这一切，才能使中国社会生产力获得解放，才是中国人民所欢迎的。"[1]在半殖民地半封建的中国，只有先进行新民主主义革命，实行新民主主义的政治、经济、文化纲领，才能取消帝国主义在中国的特权，才能消灭地主阶级和官僚资产阶级的剥削和压迫，才能改变买办的封建的生产关系以及建立在这种经济基础之上的腐朽的政治上层建筑，才能确立以人民民主专政为核心的新的政治上层建筑，才能从根本上解放被束缚的社会生产力，才能发展现代工业，实现中国由落后的农业国向先进的工业国的转变。中国共产党制定的新民主主义革命的总路线和

---

① 《毛泽东选集》第3卷，人民出版社1991年版，第1079页。

新民主主义的基本纲领，体现了不断解放和发展社会生产力的根本要求，从而使我们党能够始终站在时代前列，保持先进性，最终取得了新民主主义革命的胜利。

（二）新民主主义革命的特点和前途

中国半殖民地半封建社会的性质决定了中国革命的性质是资产阶级民主主义革命，而不是无产阶级社会主义革命。但是，五四运动以后的中国革命，已经不再是旧式的一般的资产阶级民主主义革命，而是新式的特殊的资产阶级民主革命，即新民主主义革命。新民主主义革命，虽然在性质上与旧民主主义革命一样，从属于资产阶级民主革命的性质范围，但又有着严格区别于旧民主主义革命的新特点：一是革命的领导权不同。旧民主主义革命的领导者是资产阶级，工人阶级只是追随资产阶级参加革命；新民主主义革命则由无产阶级及其政党——中国共产党领导。二是时代条件不同，新民主主义革命发生在十月革命之后，属于无产阶级世界革命的范畴。三是革命的指导思想不同。旧民主主义革命以资产阶级民主主义思想为指导；新民主主义革命以马克思列宁主义、毛泽东思想为指导。四是革命目标与革命前途不同，旧民主主义革命是要在中国建立资产阶级专政的国家和资本主义的社会制度；新民主主义革命要在中国建立以工人阶级为领导的，以工农联盟为基础的人民民主专政的国家，然后过渡到社会主义社会，最终目标是实现共产主义。

同时，新民主主义革命又不同于社会主义革命。中国共产党领导的中国革命包括新民主主义革命和社会主义革命。毛泽东指出，中国革命必须分"两步走"，"第一步，改变这个殖民地、半殖民地、半封建的社会形态，使之变成一个独立的民主主义的社会。第二步，使革命向前发展，建立一个社会主义的社会。"[①] 所以，只有认清新民主主义革命和社会主义革命的区别，又认清两者的联系，才能正确地领导中国革命。

新民主主义革命和社会主义革命是性质不同的两个阶段，只有完成前一个阶段的革命任务，才能进行下一阶段的革命，不能"毕其功于一役"。搞所谓"无间断"的革命，混淆两个革命的界限，就会犯"左"倾错误；割裂两个革命之间的衔接，中间横插一个资本主义社会，即所谓"二次革命论"，就会犯

---

① 《毛泽东选集》第 2 卷，人民出版社 1991 年版，第 666 页。

右倾错误。

　　新民主主义革命和社会主义革命又是紧密衔接的两个阶段。无产阶级领导的新民主主义革命的全部结果是：一方面有资本主义因素的发展，另一方面是社会主义因素的发展，但两者不是相同比例的，其中社会主义因素起着决定的作用。因此，中国革命将经过新民主主义走向社会主义，而不经过资本主义阶段。总之，"民主主义革命是社会主义革命的必要准备，社会主义革命是民主主义革命的必然趋势"[①]。

四、新民主主义革命总路线

　　新民主主义革命总路线是新民主主义革命理论的重要组成部分和集中体现。它的完整的准确的表述是："无产阶级领导的，人民大众的，反对帝国主义、封建主义和官僚资本主义的革命。"[②]这条新民主主义革命总路线是中国共产党在长期的革命实践中，经过坚持不懈地探索而逐渐形成的。

　　近代以来，中国人民进行了顽强的反帝反封建斗争，但在中国共产党成立之前，其成效甚少。之所以如此，主要有两个根本性的弱点：一是没有分清敌友，不能团结真正的朋友，以攻击真正的敌人；二是没有广泛地发动群众特别是工农群众，没能形成有组织的、持久的群众运动。因此，中国共产党要领导革命获得成功，必须首先回答革命的性质、对象、动力、领导权、前途等一系列中国革命的基本问题。

　　中国共产党刚诞生时，由于对马克思主义与中国革命实践之统一性缺乏认识，中共一大未能制定出党在民主革命阶段的任务和奋斗目标，只是笼统地提出了无产阶级领导，推翻资产阶级政权，实行无产阶级专政，直至实现共产主义的最高纲领。其后，在领导和推动中国革命的过程中，中国共产党不断学习运用马克思主义的基本立场观点来观察、分析和解决中国革命的实际，开始研究和解决中国革命的若干基本问题。1922 年 7 月，中共二大正式制定了党在民主革命阶段的纲领，即最低纲领：消除内乱，打倒军阀，建设国内和平；推

---

① 《毛泽东选集》第 2 卷，人民出版社 1991 年版，第 651 页。
② 《毛泽东选集》第 4 卷，人民出版社 1991 年版，第 1313 页。

翻国际帝国主义的压迫，达到中华民族完全独立；统一中国本部（东三省在内）为真正民主共和国。这样，中国共产党就在全国人民面前破天荒地第一次提出了明确的反帝反封建的民主革命纲领。

1923年6月召开的中共三大，进一步加深了对寻找无产阶级同盟军问题的认识，正式决定与国民党合作，建立广泛的国民革命联合战线。随着国共合作的形成和国民革命的发展，如何正确认识无产阶级在民主革命中的地位和作用，即如何正确认识和处理无产阶级和资产阶级的关系问题，便尖锐地提到了共产党人面前。1925年1月，中共四大召开，这次大会的最大历史功绩就是，总结了建党以来，特别是国共合作以来的经验，提出了无产阶级在民主革命中的领导权和工农联盟的问题。

这一时期，不少党的领导人，如李大钊、毛泽东、邓中夏、瞿秋白、刘少奇、周恩来等对中国革命的基本问题都作出了马克思主义的思索，毛泽东是其中的杰出代表。他发表的《中国社会各阶级的分析》（1925年12月）以及《国民党右派分离的原因及其对于革命前途的影响》（1925年冬）、《国民革命与农民运动》（1926年9月）等文章，运用马克思主义的阶级分析方法，对中国社会各阶级作出了比较系统的科学的分析，初步提出了中国新民主主义革命的基本思想：第一，强调分清敌友是革命的首要问题。第二，论证了无产阶级是中国革命的领导力量。第三，分析了小资产阶级和半无产阶级的经济地位和政治态度，论述了农民同盟军的问题。第四，精辟地分析了中国资产阶级。将资产阶级分为买办资产阶级和民族资产阶级两部分。买办资产阶级是中国革命的对象。民族资产阶级对中国革命具有矛盾的态度，是一个动摇不定的阶级，其右翼可能是我们的敌人，其左翼可能是我们的朋友。第五，提出中国革命的目的不是实现资产阶级统治的国家，而是建立一个革命民众合作统治的国家。

显然，大革命时期，中国共产党已经初步提出了中国新民主主义革命的基本思想，这就是：无产阶级领导农民和其他小资产阶级，争取部分民族资产阶级，反对帝国主义及其与之相勾结的军阀、官僚、买办阶级和地主阶级，建立各革命阶级的联合专政。这个革命将为中国走向社会主义准备条件。中共关于新民主主义革命基本思想的提出，为完整的新民主主义革命理论的形成奠定了基础。

大革命失败后，中国共产党独立地领导了土地革命战争，使中国革命走向复兴。在全民族抗日战争时期，为了打败日本帝国主义，为了驳斥国民党顽固派"一个主义、一个党、一个领袖"的论调，为了给中国人民指明前进的道路，为了向全国人民阐述中国共产党关于中国革命和新中国建设的全部见解，毛泽东集中全党智慧，在科学总结中国革命经验教训的基础上，于20世纪30年代末40年代初，先后发表了《〈共产党人〉发刊词》、《中国革命和中国共产党》、《新民主主义论》等重要著作，科学完整地论述了中国共产党关于新民主主义革命的理论、路线和纲领。全民族抗日战争胜利后和解放战争时期，毛泽东又发表了《论联合政府》、《目前形势和我们的任务》、《在晋绥干部会议上的讲话》、《在中国共产党第七届中央委员会第二次全体会议上的报告》、《论人民民主专政》等一系列文章，对新民主主义革命总路线和总政策，新民主主义的政治、经济和文化纲领，以及一系列相应的方针、政策作了进一步的阐述，从理论和政策上为中国社会从新民主主义向社会主义转变奠定了基础。

第三节　新民主主义政治

新民主主义政治是要在中国建立一个无产阶级领导的一切反帝反封建的人们联合专政的民主共和国。这一理论在土地革命战争、全民族抗日战争、解放战争时期，在根据地、在解放区都进行了成功的实践。

一、新民主主义的共和国

毛泽东的新民主主义理论，不仅包括新民主主义革命理论，而且包括新民主主义社会的建设理论。新民主主义社会是连接新民主主义革命和社会主义革命的一个历史阶段，它的任务是通过工业化建设，奠定社会主义的政治、经济、文化条件，完成向社会主义的过渡，"将中国建设成为一个独立、自由、民主、统一和富强的新国家。"①

毛泽东指出，新民主主义政治纲领是要建立一个"无产阶级领导下的一切反帝反封建的人们联合专政的民主共和国，这就是新民主主义的共和国"②。这种新民主主义共和国的主要特点是：

第一，就国体而言，即就社会各阶级在国家中的地位而言，新民主主义共和国是无产阶级领导的，以工农联盟为基础的，包括小资产阶级、民族资产阶级和其他反帝反封建的人们在内的几个革命阶级的联合专政。这些阶级中，无产阶级、农民阶级和其他小资产阶级既是新民主主义革命的基本动力，也决定了国家命运前途的基本势力和新民主主义共和国的基本力量，他们占了全国人口的90%以上。所以，新民主主义国家制度体现了绝大多数人的统治，是彻底的民主制度。

毛泽东指出，建立新民主主义国家制度，既是中国历史发展的选择，也是"中国人口中的最大多数"的共识："第一，中国的国家制度不应该是一个由大地主大资产阶级专政的、封建的、法西斯的、反人民的国家制度，因为这种反人民的制度，已由国民党主要统治集团的十八年统治证明为完全破产了。第二，中国也不可能、因此就不应该企图建立一个纯粹民族资产阶级的旧式民主专政的国家，因为在中国，一方面，民族资产阶级在经济上和政治上都表现得很软弱；另一方面，中国早已产生了一个觉悟了的，在中国政治舞台上表现了强大能力的，领导了广大的农民阶级、城市小资产阶级、知识分子以及其他民主分子的中国无产阶级及其领袖——中国共产党这样的新条件。第三，在中国的现阶段，在中国人民的任务还是反对民族压迫和封建压迫，在中国社会经济的必要条件还不具备时，中国人民也不可能实现社会主义的国家制度。"③

第二，就政体而言，即政权构成的形式而言，新民主主义采取"全国人民代表大会、省人民代表大会、县人民代表大会、区人民代表大会直到乡人民代表大会的系统，并由各级代表大会选举政府。但必须实行无男女、信仰、财产、教育等差别的真正普遍平等的选举制"，"这种制度即是民主集中制。"④"新民主主义的政权组织，应该采取民主集中制，由各级人民代表大会

---

① 《毛泽东选集》第3卷，人民出版社1991年版，第1053页。
② 《毛泽东选集》第2卷，人民出版社1991年版，第675页。
③ 《毛泽东选集》第3卷，人民出版社1991年版，第1055页。
④ 《毛泽东选集》第2卷，人民出版社1991年版，第677页。

决定大政方针，选举政府。它是民主的，又是集中的，就是说，在民主基础上的集中，在集中指导下的民主。只有这个制度，才既能表现广泛的民主，使各级人民代表大会有高度的权力，又能集中处理国事，使各级政府能集中地处理被各级人民代表大会所委托的一切事务，并保障人民的一切必要的民主活动。"① 这种政权组织形式的最大优越性是，"只有民主集中制的政府，才能充分地发挥一切革命人民的意志，也才能最有力量地去反对革命的敌人。"②

第三，新民主主义社会的基本政治制度，既与欧美式的"三权分立"有本质区别，也与苏联的无产阶级的苏维埃制度不同。资本主义国家标榜民主政治，实行行政、立法、司法三权分立的"内阁制"或"总统制"，以两党或多党轮流执政为基本形式。实际上，这些党派都是资产阶级政党，无论哪个政党上台，均代表资产阶级的某些集团、某些阶层的利益，都是资产阶级一个阶级专政的政权组织形式。而新民主主义政治实行人民代表大会制度，在中国共产党的领导下，代表了最广大人民群众的根本利益，人民代表由有选举权的全体公民投票选举产生，是全体人民的真正代表。新民主主义社会的基本制度，与苏联的苏维埃制度虽然都实行民主集中制，但也有不同之处。苏联在十月革命前是独立的资本主义国家，无产阶级革命的目的是消灭资产阶级和资本主义，直接建立社会主义社会，它的苏维埃政权中不包括资产阶级在内。中国的无产阶级首先要领导全国人民进行反对帝国主义、反对封建主义和反对官僚资本主义的民主革命，建立过渡性质的新民主主义社会，然后再进行社会主义革命，建立社会主义制度。因此，中国的人民代表大会制度是包括民族资产阶级在内的全体人民在民主集中制原则下的平等合作，带有统一战线的特点。当然，新民主主义国家仍然是一种过渡形式，它是半殖民地半封建的中国在"一定历史时期中所采取的国家形式，只能是第三种形式，这就是所谓新民主主义共和国。这是一定历史时期的形式，因而是过渡的形式，但是不可移易的必要的形式"。③"经过新民主主义的改革，而在将来，在国家经济事业和文化事业大为兴盛了以后，在各种条件具备了以后，在全国人民考虑成熟并在大家同意了以后，就可以从容地和妥善地走进社会主义的新时期。"④

① 《毛泽东选集》第 3 卷，人民出版社 1991 年版，第 1057 页。
② 《毛泽东选集》第 2 卷，人民出版社 1991 年版，第 677 页。
③ 《毛泽东选集》第 2 卷，人民出版社 1991 年版，第 675 页。
④ 《毛泽东文集》第 6 卷，人民出版社 1999 年版，第 80 页。

总之，"国体——各革命阶级联合专政。政体——民主集中制。这就是新民主主义的政治，这就是新民主主义的共和国"。[①]

二、革命根据地的政权建设

中华人民共和国的成立，标志着中国已从半殖民地半封建社会进入新民主主义社会，开始新民主主义建设。新民主主义社会是带有过渡性质的社会，而不是独立的社会形态，它属于社会主义体系。

一切革命的根本问题都是政权问题。在新民主主义革命过程中，以毛泽东同志为主要代表的中国共产党人对新民主主义政权建设进行了不懈的探索，形成了有中国特色的新民主主义政权理论，对马克思主义国家学说作出了重大的贡献。

在土地革命战争时期，以毛泽东同志为主要代表的中国共产党人，在根据地建设过程中，把建立工农民主政权当作最重要的工作之一。各根据地都成立了工农民主政府（苏维埃政府），并于 1931 年在江西的瑞金成立了中华苏维埃临时中央政府，选举毛泽东为政府主席。这些政权实际上都是"工人、农民和城市小资产阶级联盟的政府"。[②]

在民族矛盾上升为主要矛盾的时候，中共中央及时将"工农共和国"的口号改为"人民共和国"的口号。由于民族危机进一步加深，民族资产阶级和其他阶级的力量也相继加入统一战线，所以，1936 年又将"人民共和国"的口号改为"民主共和国"的口号。在这样的政权中，"除了工人、农民和城市小资产阶级以外，还要加上一切其他阶级中愿意参加民族革命的分子"。[③]"这种政权，是一切赞成抗日又赞成民主的人们的政权，是几个革命阶级联合起来对于汉奸和反动派的民主专政。它是和地主资产阶级的反革命专政区别的，也和土地革命时期的工农民主专政有区别。"[④] 它是抗日的，又是民主的，所以称为抗日民主政权。

随着抗日革命根据地的扩大和巩固，中国共产党在政权建设中逐渐找到一种适应抗日民族统一战线、被称为"三三制"的组织形式。按照这种形式，在

① 《毛泽东选集》第 2 卷，人民出版社 1991 年版，第 677 页。
② 《毛泽东选集》第 1 卷，人民出版社 1991 年版，第 156 页。
③ 《毛泽东选集》第 1 卷，人民出版社 1991 年版，第 156 页。
④ 《毛泽东选集》第 2 卷，人民出版社 1991 年版，第 741 页。

抗日民主政权的人员组成中，共产党员、进步势力、中间分子各占三分之一。在政治上，允许各党派合法存在，人民群众拥有咨询权、建议权、批评权、罢免权、弹劾权等民主权力。"三三制"的抗日民主政权既保证了抗日民族统一战线的巩固与发展，也体现了政权的新民主主义性质。邓小平指出："三三制"政权不仅是"敌后抗战的最好政权形式，而且是将来新民主主义共和国所应采取的政权形式。"①

全民族抗日战争后期，由于国民党消极抗日，积极反共，贪污腐化，国民党统治区危机逐渐加深，人民民主运动逐渐高涨，中国共产党提出了建立民主联合政府的主张。在《论联合政府》中，毛泽东阐述了建立联合政府的一般纲领和具体纲领，作为一般纲领，就是"在彻底地打败日本侵略者之后，建立一个以全国绝对大多数人民为基础而在工人阶级领导之下的统一战线的民主联盟的国家制度，我们把这样的国家制度称之为新民主主义的国家制度"②。这种国家制度"采取民主集中制，由各级人民代表大会决定大政方针，选举政府"③。作为具体纲领，第一步，是经过各党各派和无党无派代表人物的协议，成立临时联合政府；第二步，是经过自由的无拘束的选举，召开国民大会，建立正式的联合政府。联合政府就是"团结一切愿意参加的阶级和政党的代表在一起，在一个民主的共同纲领之下，为现在的抗日和将来的建国而奋斗"④。

全民族抗日战争胜利以后，经过国共两党和政治协商会议，国共双方基本上达成了制定宪法的原则和改组政府的方案。按照1946年1月政治协商会议通过的协议，国民党的一党专政将废除，中国将实行西方式的议会制和内阁制，将组成国民党、共产党、各民主党派和无党派人士组成的联合政府。这种联合政府正是体现了毛泽东在党的七大上提出的具体纲领。但是，很快蒋介石便撕毁了政协协议，悍然发动了全面内战，联合政府就成了泡影。

蒋介石拒绝成立联合政府，发动内战，顽固坚持其独裁统治。但事与愿违，国民党很快就陷入了政治、军事、经济的全面危机之中。随着解放战争的顺利发展，毛泽东适应新形势，提出了建立人民民主专政的思想，即"建立无产阶级领导的以工农联盟为基础的人民民主专政，打倒帝国主义、封建主义和

① 《邓小平文选》第1卷，人民出版社1994年版，第8页。
② 《毛泽东选集》第3卷，人民出版社1991年版，第1056页。
③ 《毛泽东选集》第3卷，人民出版社1991年版，第1057页。
④ 《毛泽东选集》第3卷，人民出版社1991年版，第1069页。

官僚资本主义的反动专政"①。1949 年 6 月，毛泽东发表了《论人民民主专政》的专题文章，系统地阐述了新中国的国家性质和各阶级在国家中的地位和相互关系，公开阐明中国共产党在民主革命胜利后的施政纲领。1949 年 9 月，中国人民政治协商会议第一次全体会议通过了《中国人民政治协商会议共同纲领》，规定"中华人民共和国为新民主主义即人民民主主义的国家，实行工人阶级领导的、以工农联盟为基础的、团结各民主阶级和国内各民族的人民民主专政"。② 这样，就以法律的形式，确定了人民民主专政的国家制度。

政权问题是革命的根本问题，中国革命的根本任务是打碎反动统治阶级的国家机器，建立人民自己的国家政权。在近代中国，中国人民为解决这个根本问题，先后提出过君主立宪、民主共和国等救国方案，并为此进行过多次英勇的斗争，但都失败了。"西方资产阶级的文明，资产阶级的民主主义，资产阶级共和国的方案，在中国人民的心目中，一齐破了产，……康有为写了《大同书》，他没有也不可能找到一条到达大同的路。"③ 中国共产党在长期的革命实践中，经过艰苦曲折的探索，不仅找到了中国革命夺取政权的正确道路，而且积累了建立和发展革命政权的丰富经验，创造了适合中国国情的人民代表大会制的人民民主专政，解决了国家政权这个革命的根本问题。毛泽东总结道："总结我们的经验，集中到一点，就是工人阶级（经过共产党）领导的以工农联盟为基础的人民民主专政。这个专政必须和国际革命力量团结一致。这就是我们的公式，这就是我们的主要经验，这就是我们的主要纲领。"④

这与中国革命分两步走的特点相吻合。中国革命的胜利，只是走完了第一步，完成了新民主主义革命的任务，接着就要走第二步，实现社会主义革命的任务。实现人民民主专政可以避免第二次夺取政权，避免第二次流血和社会的激烈震荡，通过人民民主专政，在工人阶级和共产党的领导下，稳步地把农业国建成工业国，由新民主主义社会转变为社会主义社会，进而消灭阶级，实现共产主义。这是实现人民民主专政的目的和任务。

人民民主专政是新民主主义政治纲领的实现。在人民民主专政的国家政权

---

① 《毛泽东文集》第 5 卷，人民出版社 1996 年版，第 135 页。

② 中央文献研究室编：《建党以来重要文献选编（1921—1949）》第 26 册，中央文献出版社 2011 年版，第 759 页。

③ 《毛泽东选集》第 4 卷，人民出版社 1991 年版，第 1471 页。

④ 《毛泽东选集》第 4 卷，人民出版社 1991 年版，第 1480 页。

中，人民是共和国的主体，人民的范围包括"工人阶级、农民阶级、城市小资产阶级和民族资产阶级"。工人阶级是国家的领导阶级，工农联盟是共和国的力量基础，民族资产阶级在共和国中仍然有重要的作用。人民民主专政包括两个方面的内容：一方面是在人民内部实行民主；另一方面是对反动派实行专政。"这两方面，对人民内部的民主方面和对反动派的专政方面，互相结合起来，就是人民民主专政。"①在人民内部实行人民民主，即人民享有言论、集会、结社、选举等各项权利，国家保护人民的利益。人民中的人犯了法，也一样会受处罚，要坐班房，也有死刑，"但这是若干个别的情形，和对于反动阶级当作一个阶级的专政来说，有原则的区别。"对于反动派，则是"只许他们规规矩矩，不许他们乱说乱动。如要乱说乱动，立即取缔，予以制裁"。如果"他们不造反，不破坏，不捣乱"，也一样给出路，让他们改造成新人。民主与专政是辩证的统一，只有实行人民民主，才能对反动派实行有效的专政；也只有对敌人实行有效的专政，才能保障人民的民主权利。因此，民主与专政是紧密联系，不可分割的。②

从国家职能上看，人民民主专政的主要任务是，在对内方面是保护人民的利益，实现国家的工业化。毛泽东指出，由于帝国主义的存在，国内反动派还存在，国内阶级还存在，因此，人民民主专政的任务是：其一，强化国家机器，以巩固国防和保护人民的利益；其二，有步骤地实现国家工业化；进行经济建设，并逐步实现国有化和农业社会化；其三，用民主的方法，教育人民，改造自己，肃清国内外反动派的思想影响，树立共产主义远大理想。在对外关系方面，实行平等互利的外交方针。这就是要联合国际革命力量，孤立和打击帝国主义和一切反动势力。在平等互利、互相尊重和主权完整的基础上，同一切国家建立外交关系。但是，必须坚定地站在社会主义一边，与国家反帝力量团结一致，共同奋斗。

在中国共产党与各民主党派的关系上，实行中国共产党领导下的多党合作和政治协商制度。毛泽东提出"究竟是一个党好，还是几个党好？现在看来，恐怕是几个党好。不但过去如此，而且将来也可以如此，就是长期共存，互相监督"③的方针。在人民民主条件下，中国共产党是执政党，处于领

---

① 《毛泽东选集》第 4 卷，人民出版社 1991 年版，第 1475 页。
② 参见《毛泽东选集》第 4 卷，人民出版社 1991 年版，第 1475、1476 页。
③ 《毛泽东文集》第 7 卷，人民出版社 1999 年版，第 34 页。

导地位，其他民主党派既不是反对党，也不是在野党，是参政党。他们参与国家政权，参与国家大政方针的制定和领导人选的协商，参与国家事务的管理，参与国家法律、法规、政策的制定执行与监督。民主党派在政治上接受中国共产党的领导，但其组织是独立的，其法律地位是平等的，这种领导关系只是政治上的关系，并不是上下级的组织关系。中国共产党同其他民主党派的沟通是采取平等的、协商的态度，采用讲道理、摆事实的方法来阐明自己的观点，说明自己的政策，而不是发号施令，强加于人。在人民民主专政中实行的这种政党合作制，既体现了我国民主生活的广泛性，也体现了我国政治生活的活泼性。这种新型的政党关系，是我国政治民主生活的一个特点和优点。

第四节　新民主主义经济

毛泽东不仅科学分析了旧中国的经济社会状况，提出了新民主主义经济纲领，提出了根据地经济建设的理论，并进行了成功的实践。

一、科学分析旧中国的经济社会状况

毛泽东的经济建设思想是建立在他对中国半殖民地、半封建社会经济形态的科学分析基础之上的，没有这一科学分析就没有革命根据地经济建设的成功实践，也就没有新民主主义经济纲领的提出。

（一）对旧中国经济社会的宏观把握

要完成近代中国救亡图存的历史任务，首要的就是认清中国的社会经济状况，如毛泽东所指出的："只有认清中国社会的性质，才能认清中国革命的对象、中国革命的任务、中国革命的动力、中国革命的性质、中国革命的前途和转变。所以，认清中国社会的性质，就是说，认清中国的国情，乃是认清一切革命问题的基本的根据。"① 毛泽东在 20 世纪二三十年代中国社会性质大论战的背景下和他自己大量详尽而科学的调查研究的基础上，不断深化自己对中国社会经济性质的认识，在 1925 年他就认为中国是"经济落后的半殖民地"②，在 1936 年毛泽东又指出："中国是一个政治经济发展不平衡的半殖民地的大国"，"中国政治经济发展不平衡——微弱的资本主义经济和严重的半封建经济同时存在，近代式的若干工商业都市和停滞着的广大农村同时存在，几百万产业工人和几万万旧制度统治下的农民和手工业工人同时存在"。③ 到 1938 年 11 月他就更明确地提出了："中国的特点是：不是一个独立的民主的国家，而是一个半殖民地的半封建的国家"④。而在 1939 年 12 月发表的《中国革命和中国共产党》一文中，他比较详尽地分析了中国半殖民地半封建社会的形成过程和特点，"自从一八四〇年的鸦片战争以后，中国一步一步地变成了一个半殖民地半封建的社会。自从一九三一年九一八事变日本帝国主义武装侵略中国以后，中国又变成了一个殖民地、半殖民地和半封建的社会。"⑤"一、封建时代的自给自足的自然经济基础是被破坏了；但是，封建剥削制度的根基——地主阶级对农民的剥削，不但依旧保持着，而且同买办资本和高利贷资本的剥削结合在一起，在中国的社会经济生活中，占着显然的优势。二、民族资本主义有了某些发展，并在中国政治的、文化的生活中起了颇大的作用；但是，它没有成为中国社会经济的主要形式，它的力量是很软弱的，它的大部分是对于外国帝国主义和国内封建主义都有或多或少的联系的。……五、由于中国是在许多帝国主义国家的统治或半统治之下，由于中国实际上处于长期的不统一状态，又由于中国的土地广大，中国的经济、政治和文化的发展，表现出极端的不平衡。六、由于帝国主义和封建主义的双重压迫，特别是由于日本帝国主义的大举进攻，中国的广大人民，尤其是农民，日益贫困化以至大批地破产，他们过着饥寒交迫和毫无政治权利的生活。中国人民的贫困和不自由的程度，是世界所少见的。"⑥ 具体地说，就是"中国的工业和农业在国民经济中的比重，就全国范

① 《毛泽东选集》第 2 卷，人民出版社 1991 年版，第 633 页。
② 《毛泽东选集》第 1 卷，人民出版社 1991 年版，第 3 页。
③ 《毛泽东选集》第 1 卷，人民出版社 1991 年版，第 188 页。
④ 《毛泽东选集》第 2 卷，人民出版社 1991 年版，第 542 页。
⑤ 《毛泽东选集》第 2 卷，人民出版社 1991 年版，第 626 页。
⑥ 《毛泽东选集》第 2 卷，人民出版社 1991 年版，第 630—631 页。

围来说，在抗日战争以前，大约是现代性的工业占百分之十左右，农业和手工业占百分之九十左右。这是帝国主义制度和封建制度压迫中国的结果，这是旧中国半殖民地和半封建社会性质在经济上的表现，这也是在中国革命的时期内和在革命胜利以后一个相当长的时期内一切问题的基本出发点。"①当然这也就是经济恢复和建设的出发点。

毛泽东深刻指出使中国贫穷落后的罪魁祸首就是帝国主义（早期为资本主义）与封建主义，由于帝国主义的侵略、掠夺与压迫，中国逐渐由一个独立自主的封建国家沦为帝国主义的殖民地、半殖民地，打乱了中国社会自己演进的步伐，从而也就丧失了建立资产阶级民主共和国，发展比较完整资本主义的机遇，因为，其一，"帝国主义列强侵入中国的目的，决不是要把封建的中国变成资本主义的中国。帝国主义列强的目的和这相反，它们是要把中国变为它们的半殖民地和殖民地。"②"正是帝国主义和封建主义束缚了中国人民的生产力，不破坏它们，中国就不能发展和进步，中国就有灭亡的危险。"③其二，由于中国民族资产阶级的软弱性，他们没有彻底的反帝反封建的勇气。这两点已为辛亥革命所验证，而整个世界的形势又因俄国十月社会主义革命的成功而为之一新，中国的民主革命也由以建立资产阶级民主共和国，发展资本主义为目的的旧民主主义革命，转变为以社会主义为前途的新民主主义革命。

毛泽东对旧中国社会经济状况和阶级关系的准确认识，不仅为他制定完整的新民主主义革命纲领奠定了牢固的基础，而且为其确立新民主主义经济纲领和经济政策提供了最充分的依据。

（二）对革命根据地社会经济状况与阶级关系的正确认识和科学分析

在土地革命战争时期和全民族抗日战争时期，毛泽东能领导根据地军民进行卓有成效的经济建设，有力地支撑革命战争，改善人民生活，首先是因为他能准确地把握根据地的社会经济状况和阶级关系，从而制定正确的方针与政策。因为敌我力量之悬殊，根据地都是建立在自然条件较差，经济文化较落后的地区，加上敌人的军事围剿和经济封锁，而且又基本上没有外援，在革命在

---

① 《毛泽东选集》第 4 卷，人民出版社 1991 年版，第 1430 页。

② 《毛泽东选集》第 2 卷，人民出版社 1991 年版，第 628 页。

③ 《毛泽东文集》第 3 卷，人民出版社 1996 年版，第 432 页。

全国完全取得胜利之前，根据地将普遍存在着较严重的经济困难。在创建第一块革命根据地时，毛泽东就深刻认识到了这一点，"在白色势力的四面包围中，军民日用必需品和现金的缺乏，成了极大的问题。一年以来，边界政权割据的地区，因为敌人的严密封锁，食盐、布匹、药材等日用必需品，无时不在十分缺乏和十分昂贵之中，因此引起工农小资产阶级群众和红军士兵群众的生活的不安，有时真是到了极度。红军一面要打仗，一面又要筹饷。每天除粮食外的五分钱伙食费都感到缺乏，营养不足，病的甚多，医院伤兵，其苦更甚。"[1] 而农村中阶级对立非常严重，封建地主阶级占有大量土地，广大的贫雇农只拥有少量的土地，在根据地显得更为严重和突出。如 1927 年闽西的土地占有情况：65% 为地主所有，25% 是公尝（为死去的人留的田产，或凑份子抽田立公，这部分田闽西称公尝）的，农民所有的不过占全部土地的 10%。[2] 另据 1931 年毛泽东在兴国的调查：占人口 6% 的地主、富农，却占有土地的 80%，占人口 20% 的中农，占有土地的 15%，占人口 60% 的贫农，仅有土地的 5%。[3] 所以说，打碎封建制度的任务十分艰巨，也只有实行彻底的土地革命，改变旧的生产关系，才能使农民获得真正的解放，解放被摧残的社会生产力。"只有在我们把土地分配给农民，对农民的生产加以提倡奖励以后，农民群众的劳动热情才爆发了起来，伟大的生产胜利才能得到。"[4]

（三）中国社会经济发展的不平衡性和矛盾的复杂性

中华民国建立以来，军阀战乱不断，造成这种局面的重要原因就是"帝国主义和国内买办豪绅阶级支持着的各派新旧军阀，从民国元年以来，相互间进行着继续不断的战争，这是半殖民地中国的特征之一"。而"这种现象产生的原因有两种，即地方的农业经济（不是统一的资本主义经济）和帝国主义划分势力范围的分裂剥削政策。"[5] 同时中国国内的矛盾也因帝国主义之间的矛盾而日趋复杂，"帝国主义争夺中国一迫切，帝国主义和整个中国的矛盾，帝国主

① 《毛泽东选集》第 1 卷，人民出版社 1991 年版，第 53 页。

② 参见许毅主编：《中央革命根据地财政经济史长编》上册，人民出版社 1982 年版，第 9—10 页。

③ 参见《毛泽东农村调查文集》，人民出版社 1982 年版，第 199—200 页。

④ 《毛泽东选集》第 1 卷，人民出版社 1991 年版，第 131 页。

⑤ 《毛泽东选集》第 1 卷，人民出版社 1991 年版，第 49 页。

义者相互间的矛盾，就同时在中国境内发展起来，因此就造成中国各派反动统治者之间的一天天扩大、一天天激烈的混战，中国各派反动统治者之间的矛盾，就日益发展起来。伴随各派反动统治者之间的矛盾——军阀混战而来的，是赋税的加重，这样就会促令广大的负担赋税者和反动统治者之间的矛盾日益发展。伴随着帝国主义和中国民族工业的矛盾而来的，是中国民族工业得不到帝国主义的让步的事实，这就发展了中国资产阶级和中国工人阶级之间的矛盾，中国资本家从拚命压榨工人找出路，中国工人则给以抵抗。伴随着帝国主义的商品侵略、中国商业资本的剥蚀和政府的赋税加重等项情况，便使地主阶级和农民的矛盾更加深刻化，即地租和高利贷的剥削更加重了，农民则更加仇恨地主。因为外货的压迫、广大工农群众购买力的枯竭和政府赋税的加重，使得国货商人和独立生产者日益走上破产的道路。因为反动政府在粮饷不足的条件之下无限制地增加军队，并因此而使战争一天多于一天，使得士兵群众经常处在困苦的环境之中。因为国家的赋税加重，地主的租息加重和战祸的日广一日，造成了普遍于全国的灾荒和匪祸，使得广大的农民和城市贫民走上求生不得的道路。因为无钱开学，许多在学学生有失学之忧；因为生产落后，许多毕业学生无就业之望。"[1] 受 1929—1933 年世界经济危机的影响，帝国主义不仅向中国继续推销工业品，而且大量倾销农业品，一方面使中国的农产品价格大幅度下降；另一方面使中国的入超急剧增加。加上严重的自然灾害和苛捐杂税的压榨，中国的农业先于民族工业陷于危机：农产品价格跌落，农民购买力下降；农村金融枯竭，农业生产衰落；农村劳动力过剩，农民生活条件生产条件恶化；土地价格下降，地权重新集中。同时，加上国际市场"金贵银贱"的缘故，帝国主义加紧了对中国的资本输出，中国的民族工业在经历了 1927—1931 年的短暂繁荣以后，于 1932—1935 年重陷危机。

在全民族抗日战争时期，毛泽东对中国社会政治经济发展的不平衡性有了更深刻的认识，他直接指出："中国是半殖民地半封建的国家，政治、经济、文化各方面发展不平衡的国家，半封建经济占优势而又土地广大的国家"[2]。"中国政治经济发展不平衡——微弱的资本主义经济和严重的半封建经济同时存在，近代式的若干工商业都市和停滞着的广大农村同时存在，几百万产业工

---

[1]　《毛泽东选集》第 1 卷，人民出版社 1991 年版，第 101 页。

[2]　《毛泽东选集》第 2 卷，人民出版社 1991 年版，第 604 页。

人和几万万旧制度统治下的农民和手工业工人同时存在，管理中央政府的大军阀和管理各省的小军阀同时存在，反动军队中有隶属蒋介石的所谓中央军和隶属各省军阀的所谓杂牌军这样两部分军队同时存在，若干的铁路航路汽车路和普遍的独轮车路、只能用脚走的路和用脚还不好走的路同时存在。"①即中国的农村经济对城市还保持着相当大的独立性，自然半自然的经济占有比较大的比重，这就为农村革命根据地的存在和发展奠定了经济基础。在这种情况下，距离中心城市较远，交通不便，地处边界地区的农村，往往是敌人鞭长莫及，统治力量薄弱的地方，却正是革命力量易于立足，易于发展的地方，最利于"军事割据"。毛泽东正是在把握了这些特点的基础上，领导开展土地革命战争的。

二、新民主主义经济纲领

毛泽东认为，政治是经济的集中表现，新民主主义的政治就是新民主主义经济的集中表现，建立新民主主义的共和国，必然要建立新民主主义的经济制度。在《新民主主义论》中，毛泽东提出了发展新民主主义经济的基本政策，后来毛泽东将建立新民主主义经济制度的三项措施概括为新民主主义的三大经济纲领，即"没收封建阶级的土地归农民所有，没收蒋介石、宋子文、孔祥熙、陈立夫为首的垄断资本归新民主主义的国家所有，保护民族工商业。"②

（一）没收封建阶级的土地归农民所有

农民问题是中国革命的中心问题，其中最主要的是农民的土地问题。因为旧中国是半殖民地半封建的农业大国，土地制度极不合理，不到农村人口10%的地主、富农掌握了70%—80%的土地，占农村人口总数90%以上的贫农、雇农、中农和其他劳动者只有20%—30%的土地。封建的土地所有制和剥削关系严重阻碍了社会生产力的发展，是中国长期贫穷落后的根源。因此，消灭封建地主阶级，实现土地制度的根本改革，这是新民主主义的一项基本任务。毛泽东指出：新民主主义共和国"将采取某种必要的方法，没收地主的土

---

① 《毛泽东选集》第 1 卷，人民出版社 1991 年版，第 188 页。

② 《毛泽东选集》第 4 卷，人民出版社 1991 年版，第 1253 页。

地，分配给无地和少地的农民，实行中山先生'耕者有其田'的口号，扫除农村中的封建关系，把土地变为农民的私产。"[1]1948 年 4 月，毛泽东《在晋绥干部会议上的讲话》中，为新民主主义的土地改革规定了一系列的方针政策：第一，土地改革的总路线，是依靠贫农，团结中农，有步骤地、有分别地消灭封建剥削制度，发展农业生产。第二，土地改革所依靠的基本力量，只能和必须是贫农。第三，土地改革的一个任务，是满足某些中农的要求。必须容许一部分中农保有比较一般贫农所得土地的平均水平为高的土地量。我们赞成农民平分土地的要求，并非提倡绝对的平均主义。第四，土地改革的对象，只能和必须是地主阶级和旧式富农的封建剥削制度，不能侵犯民族资产阶级，也不要侵犯地主富农所经营的工商业，特别注意不要侵犯没有剥削或者只有轻微剥削的中农、独立劳动者、自由职业者和新式富农。第五，土地改革的目的是消灭封建剥削制度，即消灭封建地主之为阶级，而不是消灭地主个人。因此，对地主必须分给和农民同样的土地财产，并使他们学会劳动生产，加入国民经济生活的行列。除了可以和应当惩办那些为广大人民群众所痛恨的查有实据的罪大恶极的反革命分子和恶霸分子以外，必须实行对一切人的宽大政策，禁止任何的乱打乱杀。第六，发展农业生产，是土地改革的直接目的。只有消灭封建制度，才能取得发展农业生产的条件。在任何地区，一经消灭了封建制度，完成了土地改革的任务，党和民主政府就必须立即提出恢复和发展农业生产的任务，将农村中的一切可能的力量转移到恢复和发展农业生产力方面去。

完成土地改革，消灭封建剥削制度，解放农村生产力，发展农业生产，将能为发展工业生产、实现国家工业化和农业现代化奠定基础，因而具有伟大而深远的意义。

（二）没收官僚资本归新民主主义国家所有

以蒋、宋、孔、陈四大家族为代表的官僚资本，在土地革命战争后期形成，全民族抗日战争时期达到顶峰，聚集了价值 200 亿美元的巨资，垄断了全国的经济命脉。它同外国垄断资本、本国地主经济相勾结，成为买办、封建的国家垄断资本，代表着反动的生产关系，是国民党反动统治的经济基础，不仅压迫工人和农民，而且压迫小资产阶级和民族资产阶级，严重阻碍中国社会生

---

[1] 《毛泽东选集》第 2 卷，人民出版社 1991 年版，第 678 页。

产力的发展。到 1949 年新中国成立前夕，官僚资本约占全国工业资本总额的 2/3，占全国工矿、交通运输业固定资产的 80%，并垄断全国的金融业。毛泽东指出："美国的独占资本和蒋介石的官僚买办资本紧紧地结合在一起，控制着全国的经济生活。其结果，就是极端的通货膨胀，空前的物价高涨，民族工商业日益破产，劳动群众和公教人员的生活日益恶化。这种情形，迫使各阶层人民不得不团结起来为救死而斗争。"①

没收官僚资本具有双重性质：一方面，反帝反封建、摧毁国民党反动政权的经济基础，是新民主主义革命的性质；另一方面，解决大资产阶级与官僚资本问题又带有社会主义革命的性质。此外，由于官僚资本具有高度垄断性，它同帝国主义在华企业结合在一起，成为中国现代工业的主体，因此没收这些资本归无产阶级领导的新民主主义国家所有，就使新民主主义共和国掌握了国家经济命脉，使国有经济在整个新民主主义社会的多种经济成分中居于领导地位，为确立新民主主义经济，向社会主义过渡奠定了基础。

第三，保护民族工商业。民族工商业是民族资本家经营的那部分企业。保护民族工商业是新民主主义革命的性质所决定的。在近代中国，民族资本主义是一种比较进步的生产关系，民族工商业代表了中华民族的资本主义经济。毛泽东指出："新民主主义革命所要消灭的对象，只是封建主义和垄断资本主义，只是地主阶级和官僚资产阶级（大资产阶级），而不是一般地消灭资本主义，不是消灭上层小资产阶级和中等资产阶级。由于中国经济的落后性，广大的上层小资产阶级和中等资产阶级所代表的资本主义经济，即使革命在全国胜利以后，在一个长时期内，还是必须允许它们存在；并且按照国民经济的分工，还需要它们中一切有益于国民经济的部分有一个发展；它们在整个国民经济中，还是不可缺少的一部分。"②

不仅如此，在毛泽东看来，保护民族工商业，并允许其在革命取得胜利后仍然得到一定程度的发展，还有利于将来实现中国的工业化。他强调指出："拿资本主义的某种发展去代替外国帝国主义和本国封建主义的压迫，不但是一个进步，而且是一个不可避免的过程。它不但有利于资产阶级，同时也有利于无产阶级，或者说更有利于无产阶级。现在的中国是多了一个外国的帝国主

① 《毛泽东选集》第 4 卷，人民出版社 1991 年版，第 1225—1226 页
② 《毛泽东选集》第 4 卷，人民出版社 1991 年版，第 1254—1255 页。

义和一个本国的封建主义，而不是多了一个本国的资本主义，相反地，我们的资本主义是太少了。"①当然这种发展必须限制在其不能操纵国计民生的范围之内。正确的方针是"发展生产、繁荣经济、公私兼顾、劳资两利"②。

三、根据地经济建设的理论

（一）正确处理根据地经济建设与革命战争的关系

1. 经济决定战争，战争主导经济，经济服从于战争

唯物史观认为，进行革命的最终目的就是为生产力的发展开辟道路，对此毛泽东明确指出："我们搞政治，搞政府，搞军队，为的是什么？就是要破坏妨碍生产力发展的旧政治、旧政府、旧军队。日本帝国主义占了我们的地方，我们还有什么生产力可以发展？这是妨碍生产力发展的。妨碍生产力发展的旧政治、旧军事力量不取消，生产力就不能解放，经济就不能发展。因此，第一个任务就是打倒妨碍生产力发展的旧政治、旧军事，而我们搞政治、军事仅仅是为着解放生产力。"③虽然在经济与政治的关系中，一般来讲经济是第一位的，但在敌对阶级矛盾尖锐，在革命力量与反动势力决战之时，政治斗争（军事斗争是其最重要的形式）的胜负往往成为决定性的因素，这时其他的方面都应服从和服务于军事斗争。

毛泽东指出，在半殖民地半封建的中国进行的革命，面对的是武装到牙齿的异常强大的敌人，必须以武装革命对付反动派的武装镇压，"以农业为主要经济的中国的革命，以军事发展暴动，是一种特征。"④"边界的斗争，完全是军事的斗争"⑤。所以说，"革命战争是当前的中心任务，经济建设事业是为着它的，是环绕着它的，是服从于它的。"⑥没有武装斗争的胜利，也就没有革命根据地，一切经济工作就是无源之水，无本之木。忽视革命战争，离开革命战

---

① 《毛泽东选集》第3卷，人民出版社1991年版，第1060页。
② 《毛泽东选集》第4卷，人民出版社1991年版，第1285页。
③ 《毛泽东文集》第3卷，人民出版社1996年版，第108—109页。
④ 《毛泽东选集》第1卷，人民出版社1991年版，第79页。
⑤ 《毛泽东选集》第1卷，人民出版社1991年版，第63页。
⑥ 《毛泽东选集》第1卷，人民出版社1991年版，第123页。

争去进行经济建设，是错误的，"当前的工作是战争所迫切地要求的一些工作。这些工作每件都是为着战争，而不是离开战争的和平事业。如果同志们中间有离开战争进行经济建设的想法，那就应立刻改正。"①

2. 经济建设为战争提供物质保障，改善人民生活

毛泽东明确指出，处于反动政权包围之中的根据地，在革命战争频繁的情况下必须进行经济建设，"革命战争的激烈发展，要求我们动员群众，立即开展经济战线上的运动，进行各项必要和可能的经济建设事业。"②他认为经济建设具有重大的意义，第一，可以巩固革命根据地，支持武装斗争，为取得革命胜利提供必需的物质供给。第二，可以有效打破敌人的经济封锁，改善人民生活，以巩固工农联盟及工农民主政权。第三，可以在经济战线上组织广大人民群众，使战争获得新的群众力量。"如果不进行经济建设，革命战争的物质条件就不能有保障，人民在长期的战争中就会感觉疲惫。"而"只有开展经济战线方面的工作，发展红色区域的经济，才能使革命战争得到相当的物质基础，才能顺利地开展我们军事上的进攻，给敌人的'围剿'以有力的打击；才能使我们有力量去扩大红军，把我们的战线开展到几千里路的地方去，……也才能使我们的广大群众都得到生活上的相当的满足，而更加高兴地去当红军，去做各项革命工作。必须这样干才叫做服从战争"③。后来，毛泽东从革命事业的全局指出："我们不但应该会办政治，会办军事，会办党务，会办文化，我们也应该会办经济。如果我们样样能干，惟独对于经济无能，那我们就是一批无用之人，就要被敌打倒，就要陷于灭亡。"④

（二）统筹安排农业与工业、手工业、对外贸易之间的关系

在根据地的经济建设中，毛泽东科学地处理了农业、工业、手工业生产和对外贸易之间的关系。

1. 农业生产是经济建设的第一位

革命根据地是建立在生产力水平低下，比较偏远交通闭塞的农村。毛泽东明确指出："在目前的条件之下，农业生产是我们经济建设工作的第一位，它

① 《毛泽东选集》第 1 卷，人民出版社 1991 年版，第 123 页。
② 《毛泽东选集》第 1 卷，人民出版社 1991 年版，第 119 页。
③ 《毛泽东选集》第 1 卷，人民出版社 1991 年版，第 119—120 页。
④ 《毛泽东文集》第 2 卷，人民出版社 1993 年版，第 466 页。

不但需要解决最重要的粮食问题，而且需要解决衣服、砂糖、纸张等项日常用品的原料即棉、麻、蔗、竹等的供给问题。森林的培养，畜产的增殖，也是农业的重要部分。"①

首先，根据地原有的工业基础十分薄弱，又都处于各省的边界，自然条件差，自然经济还占优势，加上国民党的连年封锁，货物出口和进口非常困难，不可能将工业生产作为经济建设的中心环节。而根据地实行了土地改革，农民分得了土地，生产积极性空前提高，有力地促进了农业生产的发展。"经过分配土地后确定了地权，加以我们提倡生产，农民群众的劳动热情增长了，生产便有恢复的形势了。现在有些地方不但恢复了而且超过了革命前的生产量。有些地方不但恢复了在革命起义过程中荒废了的土地，而且开发了新的土地。很多的地方组织了劳动互助社和耕田队，以调剂农村中的劳动力；组织了犁牛合作社，以解决耕牛缺乏的问题。同时，广大的妇女群众参加了生产工作。这种情形，在国民党时代是决然做不到的。在国民党时代，土地是地主的，农民不愿意也不可能用自己的力量去改良土地。只有在我们把土地分配给农民，对农民的生产加以提倡奖励以后，农民群众的劳动热情才爆发了起来，伟大的生产胜利才能得到。"②、

其次，革命战争要求根据地的农业生产有一个大发展。中国革命走的是农村包围城市的道路，革命战争所需的物资既不可能大部分从城市取得，又没有任何外援，只能从农业生产中取得。随着革命队伍的不断壮大，战争对农产品的需求却十分庞大，供需矛盾很深。克服这个矛盾的根本途径，在于领导农民恢复发展根据地的农村经济。

2. 大力发展手工业和对外贸易

在根据地的经济建设中，毛泽东非常重视手工业、工业、商业及对外贸易，"我们的经济建设的中心是发展农业生产，发展工业生产，发展对外贸易和发展合作社。"③虽然由于敌人的封锁，根据地的许多手工业衰落了，但毛泽东认为这些困难完全是可以克服的，"因为广大群众的需要，我们自己即有广泛的市场。应该首先为着自给，其次也为着出口，有计划地恢复和发展手工

---

① 《毛泽东选集》第 1 卷，人民出版社 1991 年版，第 131 页。
② 《毛泽东选集》第 1 卷，人民出版社 1991 年版，第 131 页。
③ 《毛泽东选集》第 1 卷，人民出版社 1991 年版，第 130—131 页。

业和某些工业。"①他指出，手工业应以烟、纸、钨砂、樟脑、农具、肥料等为主，还大力提倡织布、制药、制糖等工业。

对于根据地的商业和对白区的贸易，毛泽东非常关注，他具体分析了敌人的封锁和奸商的剥削所带来的危害，要么是根据地的富余产品卖不出去，必需品无法输入；要么是奸商贱买贵卖，进行了残酷的剥削。"谷子秋冬便宜，春夏又贵得厉害。这些情形，立即影响到工农的生活，使工农生活不能改良。这不是要影响到工农联盟这一个基本路线吗？工农群众如果对于他们的生活发生不满意，这不是要影响到我们的扩大红军、动员群众参加革命战争的工作吗？"②他提出，"我们的目的不但要发展生产，并且要使生产品出口卖得适当的价钱，又从白区用低价买得盐布进来，分配给人民群众，这样去打破敌人的封锁，抵制商人的剥削"③。

为大力发展经济，毛泽东提出，还要提倡和奖励私人经济，"因为目前私人经济的发展，是国家利益和人民利益所需要的。私人经济，不待说，现时是占着绝对的优势，并且在相当长的期间内也必然还是优势"。而"国营的工业或商业，都已经开始发展，它们的前途是不可限量的"。"合作社事业，是在极迅速的发展中"。④"所以，尽可能地发展国营经济和大规模地发展合作社经济，应该是与奖励私人经济发展，同时并进的。"⑤

（三）科学把握发展经济与财政保障的辩证关系

毛泽东明确提出了正确处理发展经济与财政保障之间关系的总方针是"发展经济，保障供给"⑥。

1.经济决定财政

毛泽东明确指出："从发展国民经济来增加我们的财政收入，是我们财政政策的基本方针。"⑦"财政政策的好坏固然足以影响经济，但是决定财政的却

① 《毛泽东选集》第 1 卷，人民出版社 1991 年版，第 132 页。
② 《毛泽东选集》第 1 卷，人民出版社 1991 年版，第 120 页。
③ 《毛泽东选集》第 1 卷，人民出版社 1991 年版，第 122 页。
④ 《毛泽东选集》第 1 卷，人民出版社 1991 年版，第 133 页。
⑤ 《毛泽东选集》第 1 卷，人民出版社 1991 年版，第 134 页。
⑥ 《毛泽东选集》第 3 卷，人民出版社 1991 年版，第 894 页。
⑦ 《毛泽东选集》第 1 卷，人民出版社 1991 年版，第 134 页。

是经济。未有经济无基础而可以解决财政困难的，未有经济不发展而可以使财政充裕的。"① 在此，毛泽东具体分析了经济和财政的关系，明确提出财政问题是个分配问题，是一种分配关系，它所分配的对象是社会总产品，而社会总产品又是社会生产活动的结果，没有社会产品的生产和交换，也就没有财政分配。正如毛泽东所说："如果不发展人民经济和公营经济，我们就只有束手待毙。财政困难，只有从切切实实的有效的经济发展上才能解决。忘记发展经济，忘记开辟财源，而企图从收缩必不可少的财政开支去解决财政困难的保守观点，是不能解决任何问题的。"②

2. 财政服务经济建设

在肯定经济决定财政的同时，毛泽东又认为财政也有促进或阻碍经济发展的巨大反作用。据此，毛泽东提倡运用许多财政手段来促进经济的发展。例如，解放区的财政税收政策，就是根据毛泽东制定的"取之于民，用之于民"，"取之合理，用之得当"的原则，逐渐建立起了以统一累进税为基础的财政税收制度。在全民族抗日战争期间，为促进边区经济发展，毛泽东提出不仅要投资于公营事业，还应贷款支持合作社及私营事业的发展。他针对边区 1941 年的财政安排指出："今年的八百万投资仅顾及公营事业，全没有顾及私人农业贷款与合作社贷款，仅是不得已的过渡时期的办法，今后必须停止公业投资，发动私业投资，即大放农贷与合作社贷款，兼放畜牧贷款与私商贷款，以达增加粮食产量、牛羊产量与相当繁荣商业之目的。如能投三四百万元于农业，加以政府的春耕秋收运动之动员，增产二十万至三十万担粮食，则收二十万担粮税数千万斤草税而民不伤，或尚可向绥、榆输出数万担。如能使畜产繁殖及商业有相当繁荣，则年收二三百万元羊税与七八百万元商税而民不怨，财政的基本问题即解决了。"③

（四）制定经济管理的基本方针：统一领导与分散经营

毛泽东提出了根据地经济、财政管理的基本原则："统一领导，分散经营"④。1942 年，毛泽东明确指出："切实执行统一领导分散经营的原则，所有中央一级，边区一级，专区一级，县署一级，均应建立关于统一一切生产事业

---

① 《毛泽东选集》第 3 卷，人民出版社 1991 年版，第 891 页。
② 《毛泽东选集》第 3 卷，人民出版社 1991 年版，第 891—892 页。
③ 《毛泽东文集》第 2 卷，人民出版社 1993 年版，第 366—367 页。
④ 《毛泽东选集》第 3 卷，人民出版社 1991 年版，第 1105 页。

的强有力的领导机关，按系统按级统一企业经营方针，统一调整各企业相互间的关系，统一检查各企业的经营方法，并在允许以相当收益归各生产单位所有的条件下，在各相当的范围内，按生产性质与经营情形，统一支配生产赢利，务必免除各自为政。"①在各解放区处于被分割的情况下，我军及经济工作人员只能是处于分散的情况下作战和从事经济工作，处于极不稳定状态。只能实行分散经营的原则，放手让各地自力更生地发展生产，允许地方党和军队的领导机关保持着很大的自治权。"为什么要这样分散经营呢？这主要是因为劳动力分散在党政军各部门，如果集中起来，则将破坏其积极性的原故。……又原料分散，交通不便，也是分散经营的重要原因。……由于这些原故，我们利用各部门为解决自己需要而进行生产的积极性，采取'分散经营'的方针是正确的，企图什么也集中的意见是错误的。"②实行分散经营，是以统一领导为前提的，"经济和财政机构中的不统一，闹独立性，各自为政等恶劣现象，必须克服，而建立统一的，指挥如意的，使政策和制度能贯彻到底的工作系统。"③

要实现统一领导，就必须加强经济工作特别是工业的计划性，毛泽东提出要"建立全部自给工业的统一领导，克服严重存在的无政府状态。……一九四三年应由财经办事处建立统一的领导，首先要使所有的公营工业，不论是属于那一部门管理的，均须有一个统一的计划"④。同时他提出要建立经济核算制度，改善工厂的组织与管理，实行计件工资制，建立奖惩制度，"建立经济核算制，克服各企业内部的混乱状态。为此必须：第一，每一工厂单位应有相当独立的资金（流动的和固定的），使它可以自己周转，而不致经常因资金困难妨碍生产。第二，每一工厂单位的收入和支出，应有一定的制度和手续，结束收支不清、手续不备的糊涂现象。第三，依照各厂具体情况，使有些采取成本会计制，有些则暂不采取，但一切工厂必须有成本的计算。第四，每一工厂的生产，应有按年按月生产计划完成程度的检查制度，不得听其自流，很久不去检查。第五，每一工厂应有节省原料与保护工具的制度，养成节省原料与爱护工具的习惯。所有这些就是经济核算制的主要内容。有了严格的经济核算制度之后，才能彻底考查一个企业的经营是否是有利的。""改善工厂的组织与

① 《毛泽东选集》，东北书店 1948 年版，第 870—871 页。
② 《毛泽东选集》，东北书店 1948 年版，第 813—814 页。
③ 《毛泽东选集》，东北书店 1948 年版，第 750 页。
④ 《毛泽东选集》，东北书店 1948 年版，第 821 页。

管理，克服工厂机关化与纪律松懈状态……使一切工厂实行企业化。一切工厂，应依自己经济的盈亏以为事业的消长。""平均主义的薪给制抹杀熟练劳动与非熟练劳动之间的差别，因而降低劳动积极性，必须代以计件累进工资制，方能鼓励劳动积极性，增加生产的数量与质量。"[①]"工厂应奖励最有成绩的工人与职员，批评或处罚犯错误的工人与职员。没有适当的奖惩制度，是不能保证劳动纪律与劳动积极性的提高的。"[②]

第五节 新民主主义文化

与新民主主义政治、新民主主义经济相适应的新民主主义文化，是反帝反封建的民族的科学的大众的文化。在中央苏区和陕甘宁边区，都进行了卓有成效的文化建设。必须重视文艺在新民主主义文化中具体突出地位和重要作用。

一、民族的科学的大众的文化

毛泽东指出："一定的文化（当作观念形态的文化）是一定社会的政治和经济的反映，又给予伟大影响和作用于一定社会的政治和经济；而经济是基础，政治则是经济的集中的表现。这是我们对于文化和政治、经济的关系及政治和经济的关系的基本观点。"[③]新民主主义文化是新民主主义政治、经济在观念形态上的反映，并为新民主主义的政治、经济服务的。

中国的新民主主义文化以五四运动为起点，五四运动以前，中国文化属于旧民主主义文化，五四运动以后，中国文化则属于新民主主义文化。

---

① 《毛泽东文集》第 2 卷，人民出版社 1993 年版，第 463—464 页。
② 《毛泽东文集》第 2 卷，人民出版社 1993 年版，第 464 页。
③ 《毛泽东选集》第 2 卷，人民出版社 1991 年版，第 663—664 页。

旧民主主义文化是资产阶级的思想文化，表现为资产阶级文化与封建阶级文化的斗争。在五四运动以前，"学校与科举之争，新学与旧学之争，西学与中学之争，都带着这种性质。那时的所谓学校、新学、西学，基本上都是资产阶级代表们所需要的自然科学和资产阶级的社会政治学说（说基本上，是说那中间还夹杂了许多中国的封建余毒在内）。在当时，这种所谓新学的思想，有同中国封建思想作斗争的革命作用，是替旧时期的中国资产阶级民主革命服务的。可是，因为中国资产阶级的无力和世界已经进到帝国主义时代，这种资产阶级思想只能上阵打几个回合，就被外国帝国主义的奴化思想和中国封建主义的复古思想的反动同盟所打退了，被这个思想上的反动同盟军稍稍一反攻，所谓新学，就偃旗息鼓，宣告退却，失了灵魂，而只剩下它的躯壳了。旧的资产阶级民主主义文化，在帝国主义时代，已经腐化，已经无力了，它的失败是必然的。"①

新民主主义文化"既不是资产阶级的文化专制主义，又不是单纯的无产阶级的社会主义，而是以无产阶级社会主义文化思想为领导的人民大众反帝反封建的新民主主义"，是"民族的科学的大众的文化"。②

第一，新民主主义文化是以无产阶级社会主义文化思想为领导的。这是新民主主义文化区别于中国旧文化的根本标志。毛泽东指出："由于现时中国革命不能离开中国无产阶级的领导，因而现时的中国新文化也不能离开中国无产阶级文化思想的领导，即不能离开共产主义思想的领导。"③但是，在新民主主义革命阶段，它是领导人民大众去进行反帝反封建的政治革命和文化革命，所以整个国民文化的内容还是新民主主义的，而不是社会主义的。但由于它同时具有社会主义的因素，所以，毫无疑义地应该扩大共产主义思想的宣传，加紧马克思列宁主义的学习，没有这种宣传和学习，不但不能引导中国革命到将来的社会主义阶段，更不能领导现时的民主革命达到胜利。"但是我们既应把对于共产主义的思想体系和社会制度的宣传，同对于新民主主义的行动纲领的实践区别开来；又应把作为观察问题、研究学问、处理工作、训练干部的共产主义的理论和方法，同作为整个国民文化的新民主主义的方针区别开来。"④毛泽东区别了这两个方面的关系，既坚持了共产主义思想的指导地位，又贯彻落实

---

① 《毛泽东选集》第 2 卷，人民出版社 1991 年版，第 696—697 页。
② 《毛泽东选集》第 2 卷，人民出版社 1991 年版，第 706 页。
③ 《毛泽东选集》第 2 卷，人民出版社 1991 年版，第 705 页。
④ 《毛泽东选集》第 2 卷，人民出版社 1991 年版，第 706 页。

了新民主主义文化的指导方针；既坚持了新民主主义的性质，又端正了新民主主义文化的发展方向，防止了思想文化上的两种偏向。

第二，新民主主义文化是民族的。这是新民主主义文化的民族特色。因为新民主主义文化的主要内容是反对帝国主义压迫，主张中华民族尊严和独立，继承与发扬中华民族的优良传统，是以民族形式表现出来的。因为"我们这个民族有数千年的历史，有它的特点，有它的许多珍贵品。"[①]"今天的中国是历史的中国的一个发展；我们是马克思主义的历史主义者，我们不应当割断历史。从孔夫子到孙中山，我们应当给以总结，承继这一份珍贵的遗产。"[②]中国的新民主主义文化有着强烈的民族性，它决不同其他民族的任何反动文化相结合，但也不会盲目地排斥外来进步文化，而是注意吸收外国的进步文化作为自己文化食粮的原料，但必须去其糟粕，取其精华，决不能生吞活剥、毫无批判地吸收，更不能搞所谓的"全盘西化"。中国共产党人主张"马克思主义中国化"，强调把马克思主义的普遍原理同中国革命的具体实践相结合，毛泽东明确指出："马克思主义必须和我国的具体特点相结合并通过一定的民族形式才能实现。马克思列宁主义的伟大力量，就在于它是和各个国家具体的革命实践相联系的。……离开中国特点来谈马克思主义，只是抽象的空洞的马克思主义。因此，使马克思主义在中国具体化，使之在其每一表现中带着必须有的中国的特性，即是说，按照中国的特点去应用它，成为全党亟待了解并亟须解决的问题。洋八股必须废止，空洞抽象的调头必须少唱，而代之以新鲜活泼的、为中国老百姓所喜闻乐见的中国作风和中国气派。"[③]即要旗帜鲜明地反对教条主义和经验主义。

第三，新民主主义文化是科学的。这是新民主主义文化的内容特征。新民主主义文化反对一切封建思想和迷信思想，主张实事求是，尊重客观真理，强调理论和实践相一致；是一种"反对武断、迷信、愚昧、无知、拥护科学真理，把真理当作自己实践的指南，提倡真能把握真理的科学与科学的思想，养成科学的生活与科学的工作方法的文化"。[④]在方法论上要以辩证唯物论为指导，对传统文化采取批判继承的态度，既不菲薄历史、割断历史，也不颂古非今。对中国的传统文化，并不简单地抛弃，而要尊重历史，给历史以一定的科学的

---

① 《毛泽东选集》第 2 卷，人民出版社 1991 年版，第 533—534 页。
② 《毛泽东选集》第 2 卷，人民出版社 1991 年版，第 534 页。
③ 《毛泽东选集》第 2 卷，人民出版社 1991 年版，第 534 页。
④ 《邓小平文选》第 1 卷，人民出版社 1994 年版，第 24 页。

地位，认真清理一切文化遗产，剔除其封建性的糟粕，吸取其民主性的精华，决不能无批判地兼收并蓄。必须将古代封建统治阶级的一切腐朽的东西与古代优秀的人民文化即多少带有民主性和革命性的东西区别开来。既反对民族虚无主义，又与文化保守主义划清界限。在文化统一战线问题上，中国共产党可以同某些唯心论者甚至宗教徒建立政治上反帝反封建的统一战线，但绝不会赞成他们的唯心主义和宗教主义。

第四，新民主主义文化是大众的。这是新民主主义文化的主体和服务对象。它是大众的，因而即是民主的。"它应为全民族中百分之九十以上的工农劳苦民众服务，并逐渐成为他们的文化。"[1] 它是"反封建、反专制、反独裁、反压迫人民自由的思想习惯与制度，主张民主自由、民主政治、民主生活与民主作风的文化"，是"代表大多数人民利益的、大众的、平民的文化"[2]。毛泽东指出：革命文化，对于人民大众，是革命的有力武器。革命文化，在革命前，是革命的思想准备；在革命中，是革命总路线中的一条必要和重要的战线。而革命的文化工作者，就是这个文化战线上的各级指挥员。因此，革命的文化工作者必须首先解决好为什么人服务的问题，必须站在无产阶级的立场上，深入实际，深入生活，及时准确地反映人民大众的愿望与要求，引导民众走上正确的革命道路。必须正确处理普及与提高的关系，力求做到政治和艺术的统一，内容和形式的统一，革命的政治内容和尽可能完美的艺术形式的统一。必须继承一切优秀的文学艺术遗产，批判地吸收其中一切有益的东西。必须在一定条件下改革文字，言语必须接近民众，因为民众是革命文化的无限丰富的源泉。只有这样，才能真正实现文化大众化和民主化的目标，使之成为团结人民、教育人民，打击敌人、消灭敌人的有力武器。

二、革命根据地的文化建设

在正确的理论方针指引下，无论是土地革命战争时期中央革命根据地，还是全民族抗日战争时期的陕甘宁边区文化建设事业都取得了重要的成就。

---

[1] 《毛泽东选集》第 2 卷，人民出版社 1991 年版，第 708 页。
[2] 《张闻天选集》，人民出版社 1985 年版，第 252—253 页。

（一）中央革命根据地的文化建设

中国共产党和苏维埃临时中央政府从土地革命一开始，就非常重视工农群众的思想文化教育工作，着力发展教育文化事业。中华苏维埃临时中央政府成立以后，对教育文化事业的发展作出了更明确的规定："中国苏维埃政权以保证工农劳苦民众有受教育的权利为目的。在进行国内革命战争所能做到的范围内，应开始施行完全免费的普及教育，首先应该在青年劳动群众中施行并保障青年劳动群众的一切权利，积极地引导他们参加政治和文化的革命活动，以发展新的社会力量。"[1] 在第二次全国苏维埃代表大会上，毛泽东更是强调指出："执行苏维埃的文化教育政策，开展苏维埃领土上的文化革命，用共产主义武装工农群众的头脑，提高群众的文化水平，实施义务教育制度，增加革命战争的动员民众的力量，同样是苏维埃的重要任务。"[2] 为着发展根据地的教育和文化，党和苏维埃政府明确提出了文化教育的总方针和中心任务。"苏维埃文化教育的总方针在什么地方呢？在于以共产主义的精神来教育广大的劳苦民众，在于使文化教育为革命战争和阶级斗争服务，在于使教育与劳动联系起来。"[3] 苏维埃文化教育的中心任务："是厉行全部的义务教育，是发展广泛的社会教育，是努力扫除文盲，是创造大批领导斗争的高级干部。"[4]

中央苏区教育实行国家办学和群众办学相结合的方针。以国家办学为主，同时鼓励和支持民办乃至私办学校。教材制定和教学办法的确立，主要由中央教育部负责。经中央教育部统编或审定的教材，都将科学文化知识与苏区斗争和建设实际紧密结合，使少年儿童乃至成年革命群众既能从中学习文化科学知识，又受到革命思想的熏陶和教育。

中央苏区的普通教育主要是儿童义务教育。《中华苏维埃共和国第一次全国工农代表大会宣言》宣布："一切工农劳苦群众及其子弟，有享受国家免费教育之权。"[5] 在 1933 年苏区教育大会所通过的《苏维埃学校建设决议案》更是明确规定："一切儿童自满七岁至十三岁，施以免费的强迫教育，但在某种

① 《中央革命根据地史料选编》下册，江西人民出版社 1982 年版，第 346 页。

② 《中央革命根据地史料选编》下册，江西人民出版社 1982 年版，第 331 页。

③ 《中央革命根据地简史》，江西人民出版社 2009 年版，第 169 页。

④ 《中央革命根据地简史》，江西人民出版社 2009 年版，第 169 页。

⑤ 《老解放区教育资料》（一），教育科学出版社 1981 年版，第 27 页。

条件之下，能早完成，或不能如期完（成）规定课程，可以减少修业年限，或增加修业年限。"①

中央苏区对儿童实行免费义务教育，主要是通过创办列宁小学（闽西苏区称劳动小学）来实现的。1934年苏维埃中央人民委员会颁布的《中华苏维埃共和国小学校制度暂行条例》和中央教育部颁布的《小学管理法大纲》，对苏区列宁小学（劳动小学）的设置、组织、编制、任务、设备及小学与群众组织的关系等，都作出了明确而又详细的规定。苏区儿童的义务教育是比较规范的，既体现了苏维埃教育的特点，又符合一般教育规律，有利于少年儿童的学习进步和健康成长。

中央苏区在发展儿童义务教育的同时，还大力开展扫除文盲运动，努力提高青壮年的文化水平。中央苏区扫盲识字的方法形式多样，最主要是办夜校、半日学校、业余补习班和识字班、识字组、俱乐部、列宁室，村头路口，街头巷尾，到处设立识字牌，刷标语，形成一个遍布城乡各街巷、村组、场屋和各机关单位、企业工厂、红军连队班排的业余教育网络。

中央革命根据地党的苏维埃政府十分重视培养和教育干部。在中央苏区，创办了中央马克思共产主义学校（即中央党校）、苏维埃大学、中央教育干部学校等，对干部进行正规培训。此外，各地还经常举办短期干部训练班。

新闻出版事业是文化事业的重要组成部分。中央革命根据地时期，尽管条件十分困难，各级党组织、苏维埃政府和红军部队以及群众团体，对新闻出版工作都十分重视，将其视为党的工作的喉舌。中央革命根据地的新闻出版机构主要有：中央出版局、中共中央局党报委员会、中央军事委员会出版局、中央教育部编审委员会等，此外还有中央印刷局、中央总发行部、中央局发行部、工农红军书局等负责报刊、书籍出版发行工作。

（二）陕甘宁边区的文化建设

中共中央和陕甘宁边区政府十分重视边区的人民教育事业。1937年11月发布的《陕甘宁特区政府施政纲领》中规定："实施普及的义务的免费的教育。"②1940年3月，边区政府正式颁布《陕甘宁边区实施普及教育暂行条例》

---

① 《中央革命根据地简史》，江西人民出版社2009年版，第171页。

② 《中共中央在延安十三年史》，中央文献出版社2016年版，第732页。

中规定："七岁至十三岁未入学之学龄儿童，不分性别、成分，一律就学，读毕小学学程。"[1] 同年 12 月，边区政府又颁布《陕甘宁边区实施义务教育暂行办法》，规定"儿童八岁至十四岁为受义务教育年龄，不分性别均应受义务教育"。在边区政府的重视下，边区小学教育得到迅速发展，同时通过创办鲁迅师范学校、边区中学等也开始边区的中等教育，这些都明显改变了边区教育落后状态。[2]

同时，从抗战和边区建设以及人民群众生产、生活的实际需要出发，适应群众的生产特点和生活习惯，把教育、生产、抗战三者结合起来，边区的社会教育从实际出发，取得了非常好的效果。为了加强社会教育，真正实现"把广大群众从文盲中解放出来"[3]，边区政府多次对社会教育进行整顿充实。1941年整顿识字组织，又提出推行新文字教育。1944 年又试行民办教育组织。1944年边区文教大会后，不脱离生产的群众识字教育组织广泛开展起来，读报识字组、夜校、午校等形式多样的教育组织纷纷涌现。

在群众识字教育广泛开展的同时，部队、机关、工厂的文化教育工作，也以不同方式普遍开展起来。如部队的文化学习，坚持学校内容与部队的实际生活相联系，学与用相一致，效果显著。

1937 年 1 月，中共中央进驻延安后，随着陕甘宁边区的建立和发展，新闻出版事业有了迅速的发展和提高。除先后作为中共中央机关报的《新中华报》、《解放日报》外，还有《群众报》等几十种报纸。同时还创办了《共产党人》、《中国工人》、《诗刊》、《民族音乐》等多种期刊。马列著作的出版发行也在党中央的高度重视和直接领导下取得了非常大的成就。

三、文艺在新民主主义文化的突出地位和重要作用

（一）文艺在革命中的地位和作用

毛泽东创造性地运用马克思主义文艺理论，阐明了文艺和政治、经济的辩

---

[1]　《陕甘宁边区政府文件选编》第 2 辑，档案出版社 1986 年版，第 548 页。

[2]　参见《陕甘宁边区教育史》，陕西人民出版社 1994 年版，第 266 页。

[3]　闫树声、胡民新、李忠全主编：《陕甘宁边区史（抗日战争时期）》（中下篇），西安地图出版社 1993 年版，第 274 页。

证关系，揭示了文艺在革命中的地位和作用。毛泽东坚持马克思恩格斯关于社会存在与社会意识关系的原理以及文化同经济、政治关系原理，从中国革命和建设的实际出发，把文艺问题放在整个社会范围内来具体分析，从而进一步揭示出文化艺术与政治和经济之间的客观存在的辩证关系。毛泽东指出："一定的文化（当作观念形态的文化）是一定社会的政治和经济的反映，又给予伟大影响和作用于一定社会的政治和经济；而经济是基础，政治则是经济的集中的表现。这是我们对于文化和政治、经济的关系及政治和经济的关系的基本观点。那末，一定形态的政治和经济是首先决定那一定形态的文化的；然后，那一定形态的文化又才给予影响和作用于一定形态的政治和经济。"[1]这是对马克思主义关于文化和政治、经济关系的精辟概括。这种概括，不仅阐明了文化艺术产生和发展变化的根源和实质，而且揭示了文化艺术在整个社会变革中的地位和作用。

第一，"一定的文化是一定社会的政治和经济在观念形态上的反映"[2]。毛泽东认为，在社会领域，经济是基础，经济决定政治和文化，政治和文化来源于经济，其变化和发展都是以经济的变化和发展为基础的。同时，政治和文化又具有相对独立性，而且政治和文化之间也相互制约和影响。毛泽东《在延安文艺座谈会上的讲话》中还指出，"这政治是指阶级的政治、群众的政治，不是所谓少数政治家的政治。"[3]即这里所讲的经济和政治，都是就整个社会宏观而言，是指社会的经济基础和政治上层建筑，而不是指的某一项具体的经济、政治任务或经济、政治活动。这里所说的文化也是属于上层建筑一部分的思想意识形态，即毛泽东特意在括号里用"当作观念形态的文化"做的解释，也就是说，是在革命的反映论的意义上使用文化这一概念的。毛泽东的论述，一方面说明了经济与政治的关系是决定与被决定的关系、内容与形式的关系，说明有什么样的经济和政治，就有什么样的文化，文化虽然是表现形式多种多样，但总是一定经济和政治的反映。要研究一个时代的文化及其演变发展的规律，首先必须考察这个时代的经济和政治，这样才能从根本上把握这个时代的文化并预示它的发展和未来。

---

① 《毛泽东选集》第 2 卷，人民出版社 1991 年版，第 663—664 页。

② 《毛泽东选集》第 2 卷，人民出版社 1991 年版，第 694 页。

③ 《毛泽东选集》第 3 卷，人民出版社 1991 年版，第 866 页。

第二,一定形态的文化反作用于一定形态的政治和经济。毛泽东认为,文化并不是单纯被动地接受经济和政治的决定,而是对政治和经济具有巨大的反作用。即一定形态的文化的产生、存在和发展的目的和意义,就在于它能够给一定社会的经济和政治具有强大的反作用。毛泽东认为,马克思"自有人类历史以来第一次正确地解决意识和存在关系问题",并认为,列宁深刻地发挥了能动的革命的反映论的基本观点。而研究中国文化问题,不能忘记这个基本观点。即对待一种文化,绝不能用孤立、静止、片面的眼光去看待,而必须坚持能动的革命的反映论,既要看到各种文化有受决定的一面,又要充分认识其反作用的一面。无论何种性质的文化,都在极力地维护它所依赖的这种政治和经济目的,从不同方面来为其服务,以达到巩固和发展它所依赖的这种政治和经济的目的。毛泽东还运用这一原理,对中国古今的社会状况进行了分析,"自周秦以来,中国是一个封建社会,其政治是封建的政治,其经济是封建的经济。而这种政治和经济之反映的占统治地位的文化,则是封建的文化。"[1]近代中国由于资本主义的侵略,逐渐生长了资本主义因素,从而变成了一个半殖民地、半封建的社会。"这就是现时中国社会的性质,这就是现时中国的国情。作为统治的东西来说,这种社会的政治是殖民地、半殖民地、半封建的政治,其经济是殖民地、半殖民地、半封建的经济,而为这种政治和经济之反映的占统治地位的文化,则是殖民地、半殖民地、半封建的文化。"[2]具体来说,半殖民地半封建的旧中国有帝国主义文化、有封建的文化,还有新文化,即伴随着资本主义经济和政治而产生的文化,"这种资本主义经济,对于封建经济说来,它是新经济。同这种资本主义新经济同时发生和发展着的新政治力量,就是资产阶级、小资产阶级和无产阶级的政治力量。而在观念形态上作为这种新的经济力量和新的政治力量之反映并为它们服务的东西,就是新文化。"[3]对于新文化,毛泽东又把它分为两个阶段,在五四运动以前,这种新文化是旧民主主义性质的文化,当时文化战线上的斗争,是资产阶级的新文化和封建阶级的旧文化之间的斗争。这种资产阶级的新文化,在当时还有同封建思想作斗争的革命作用,是为旧的资产阶级民主革命服务的;五四运动以后,这种新文化,则是

[1] 《毛泽东选集》第2卷,人民出版社1991年版,第664页。
[2] 《毛泽东选集》第2卷,人民出版社1991年版,第665页。
[3] 《毛泽东选集》第2卷,人民出版社1991年版,第695页。

新民主主义文化。中国产生了完全崭新的文化生力军，由于无产阶级和共产党登上了政治舞台，这支文化生力军就以新的装束和新的武器，向着帝国主义文化和封建文化展开了猛烈的进攻。毛泽东还进一步指出，新民主主义文化是反映新民主主义政治和经济并为之服务的，是无产阶级领导的人民大众的反帝反封建的文化。

（二）文艺的根本问题

毛泽东说："为什么人的问题，是一个根本的问题，原则的问题。"① 因为一种文艺是什么性质，就看它是为什么人服务来决定的。毛泽东指出，从历史上看，为着剥削压迫者的文艺，有为地主阶级服务的封建主义文艺，有为资产阶级服务的资产阶级文艺，而我们的文艺则是为人民的。文艺与人民的关系问题，亦即文艺对人民的态度如何，是衡量古今中外任何作家、作品的重要尺度。从屈原的"哀民生之多艰"，到杜甫的"朱门酒肉臭，路有冻死骨"；从《水浒传》所揭示的"官逼民反"的历史性主题词，到《红楼梦》对于封建社会的被压迫者和叛逆者的歌颂与同情，都证明了这个真理。但是，对于无产阶级的艺术家来说，文艺与人民的关系却发生了飞跃，这就是不能像过去时代的进步作家那样，最多只是满足于受苦受难的下层人民的怜悯和同情，而是必须使自己的阶级立场和思想感情来一个根本的变化，成为无产阶级和劳动人民的忠实儿女和勇敢战士，把人民的思想、感情、理想、追求转化为自己的世界观和艺术作品的内在血肉，以人民群众创造历史的真理光辉照彻艺术创造的每个环节和全部过程，从而使自己创作真正为人民大众所需要、所利用，起到"使人民群众惊醒起来，感奋起来，推动人民群众走向团结和斗争，实行改造自己的环境"② 的历史作用。

毛泽东进一步指出，在现阶段，也就是为占全人口90%以上的工人、农民、士兵和城市小资产阶级服务。即"我们的问题基本上是一个为群众的问题和一个如何为群众的问题。不解决这两个问题，或者这两个问题解决得不适当，就会使得我们的文艺工作者和自己的环境、任务不协调，就使得我们的文艺工作者从外部到内部碰到一连串的问题。"③

---

① 《毛泽东选集》第3卷，人民出版社1991年版，第857页。

② 《毛泽东选集》第3卷，人民出版社1991年版，第861页。

③ 《毛泽东选集》第3卷，人民出版社1991年版，第853—854页。

（三）文艺的创作原则、方法和评价标准

1. 文艺创作的"源"与"流"

文艺的源、流问题，实际上涉及文艺创作的源泉、文化遗产的继承等问题。毛泽东认为，文艺源于生活，生活是文艺的唯一源泉；而过去的文艺作品、文艺遗产都不过是流。他依据马克思主义的认识论，分析指出："作为观念形态的文艺作品，都是一定的社会生活在人类头脑中的反映的产物。革命的文艺，则是人民生活在革命作家头脑中的反映的产物。人民生活中本来存在着文学艺术原料的矿藏，这是自然形态的东西，是粗糙的东西，但也是最生动、最丰富、最基本的东西；在这点上说，它们使一切文学艺术相形见绌，它们是一切文学艺术取之不尽、用之不竭的唯一的源泉。这是唯一的源泉，因为只能有这样的源泉，此外不能有第二个源泉。"① 这一论述充分说明，文艺这一社会现象，同其他社会意识形态一样，不过是社会存在和社会生活的反映，社会生活是文学艺术的内容和源泉。文艺作品不过是社会存在和社会生活的反映，社会生活是文学艺术的内容和源泉。文艺作品作为观念形态的东西，不过是通过艺术家头脑对生活中的文艺原料进行加工的结果。人民生活就像一座绚丽多彩的宝库，蕴藏着无限丰富的内容，它不仅取之不尽，用之不竭，而且最具有丰富性和生动性。离开了人民的现实生活，文学艺术就成了无源之水、无本之木。针对有人把书本上的文艺作品，包括古代的和外国的文艺作品也看作文艺的源泉，毛泽东明确指出："过去的文艺作品不是源而是流，是古人和外国人根据他们彼时彼地所得到的人民生活中的文学艺术原料创造出来的东西。"② 即古代的和外国的文艺作品，不过是古代的外国的社会生活的反映，对我们来说，即间接经验的东西，是流而不是源。换言之，一切时代的文艺作品都只能是以社会生活作为唯一的"源"。古代的和外国的文艺作品，过去时代的文艺遗产只不过是"流"。

2. 文艺的普及与提高

文艺的普及与提高，实际上是文艺如何更好地为人民服务的问题。文艺要为劳动人民服务，不仅是文艺作品必须反映劳动人民的生活，而且还必须能被

① 《毛泽东选集》第3卷，人民出版社1991年版，第860页。
② 《毛泽东选集》第3卷，人民出版社1991年版，第860页。

广大人民群众所接受、所喜爱。因此，要解决好文艺如何为人民大众服务的问题，就必须正确处理普及和提高的问题。

毛泽东认为，在当时全民族抗战的情况下，普及的任务更加迫切，"普及的东西比较浅显，因此也比较容易为目前广大人民群众所迅速接受。高级的作品比较细致，因此也比较难于生产，并且往往比较难于在目前广大人民群众中迅速流传。现在工农兵面临的问题，是他们正在和敌人作残酷的流血斗争，而他们由于长时期的封建阶级和资产阶级的统治，不识字，无文化，所以他们迫切要求一个普遍的启蒙运动，迫切要求得到他们所急需和容易接受的文化知识和文艺作品，去提高他们的斗争热情和胜利信心，加强他们的团结，便于他们同心同德地去和敌人作斗争。对于他们，第一步需要还不是'锦上添花'，而是'雪中送炭'。所以在目前条件下，普及工作的任务更为迫切，轻视和忽视普及工作的态度是错误的。"① 同时，毛泽东认为，提高也是不能忽视的，普及和提高是密切联系的，"普及工作和提高工作是不能截然分开的。不但一部分优秀的作品现在也有普及的可能，而且广大群众的文化水平也是在不断提高着。……这种提高，为普及所决定，同时又给普及以指导。……所以，我们的提高，是在普及基础上的提高；我们的普及，是在提高指导下的普及。"② 而且，这种普及与提高必须为工农兵服务，"那末所谓普及，也就是向工农兵普及，所谓提高，也就是从工农兵提高。"③

3. 文艺的创作方法

毛泽东认为，文艺反映生活，但不等于生活；文艺源于生活，同时又高于生活。毛泽东把文艺的真实性和典型性联系起来，从真实性上升为典型性。他指出，尽管生活美是"最生动、最丰富、最基本的东西"，是一切文学艺术的唯一源泉，它毕竟是"自然形态的东西，是粗糙的东西"。人民对于生活美是不满足的，它还要求艺术美。因为"文艺作品中反映出来的生活却可以而且应该比普通的实际生活更高，更强烈，更有集中性，更典型，更理想，因此就更带普遍性"④。文艺作品是作家头脑能动反映生活的结果，这种能动性不仅表现在反映生活的自觉性、主动性、理想化，而且表现在通过对社会生活的感受和

① 《毛泽东选集》第 3 卷，人民出版社 1991 年版，第 861—862 页。
② 《毛泽东选集》第 3 卷，人民出版社 1991 年版，第 862 页。
③ 《毛泽东选集》第 3 卷，人民出版社 1991 年版，第 859 页。
④ 《毛泽东选集》第 3 卷，人民出版社 1991 年版，第 861、860 页。

体验，经过艺术的选择、提炼和概括，使实际生活材料转化为典型形象，从而使文艺反映社会生活的本质和特征成为可能。文艺高于生活，就是通过这种典型化的途径和方法达到的。

在强调现实主义的基础上，毛泽东又提出了革命的现实主义和革命的浪漫主义相结合的创作原则①。他明确指出："至于艺术上的浪漫主义，并不是完全没有道理的。它有各种不同的情况，有积极的、革命的浪漫主义，也有消极的、复古的浪漫主义。有些人每每望文生义，鄙视浪漫主义，以为浪漫主义就是风花雪月哥哥妹妹的东西。殊不知积极浪漫主义的主要精神是不满现状，用一种革命的热情憧憬将来，这种思潮在历史上曾发生过进步作用。一种艺术作品如果只是单纯地记述现状，而没有对将来的理想的追求，就不能鼓舞人们前进。在现状中看出缺点，同时看出将来的光明和希望，这才是革命的精神，马克思主义者必须有这样的精神。"②这种革命现实主义与革命浪漫主义相结合的创作原则，就是要求作家在冷静地描写现实的基础上，以革命的热情和理想，挖掘、描述和突出生活中蕴含着具有光明前途和无限生命力的因素，着重表现革命的英雄主义和理想主义精神，展示光明的前程和美好的未来。这一创作原则，把现实主义和浪漫主义巧妙结合起来，融为一体，铸成一种新的创作方法，丰富和发展了马克思主义文艺理论。

4. 文艺批评的标准

第一，思想内容和艺术形式相统一。在这个问题上，当时存在两种错误倾向：一种是过分强调作品的艺术性，甚至追求所谓的"为艺术而艺术"；一种是过分强调作品的政治性，乃至出现"标语口号式"的创作倾向。针对这种情况，毛泽东明确提出："我们的要求则是政治和艺术的统一，内容和形式的统一，革命的政治内容和尽可能完美的艺术形式的统一。缺乏艺术性的艺术品，无论政治上怎样进步，也是没有力量的。因此，我们既反对政治观点错误的艺术品，也反对只有正确政治观点而没有艺术力量的所谓'标语口号式'的倾向。"针对当时有些同志忽视艺术的倾向，他特别提出"应该注意艺术的提高"③。毛泽东这一思想，阐明了作品的思想内容与艺术形式的辩证关系，揭示了文艺事

---

① 参见《毛泽东文集》第 2 卷，人民出版社 1993 年版，第 121—122 页。

② 《毛泽东文集》第 2 卷，人民出版社 1993 年版，第 121—122 页。

③ 《毛泽东选集》第 3 卷，人民出版社 1991 年版，第 869—870、870 页。

业发展的基本规律。

第二，政治标准和艺术标准相统一。既然文艺作品是思想内容和艺术形式的统一，那么文艺批评标准也相应的有两个方面。毛泽东说："文艺批评有两个标准，一个是政治标准，一个是艺术标准。"① 一般来说，文艺批评总是把政治标准放在第一位，把艺术标准放在第二位。但不能把政治标准与艺术标准的关系绝对化，更不能对政治标准作狭隘的理解。文艺作品多种多样，有的政治性强，有的政治性弱，不能用千篇一律的标准要求每一件作品。特别不能从狭隘的政治观点出发来限制艺术创作，对政治标准的掌握要适当，主要看作品的大方向是否正确。

第三，动机和效果相统一。毛泽东指出，对文艺作品的检验和评判，不能只看作家的动机而不看效果，也不能只看效果而不看动机。"我们是辩证唯物主义的动机和效果的统一论者。为大众的动机和被大众欢迎的效果，是分不开的，必须使二者统一起来。""检验一个作家的主观愿望即其动机是否正确，是否善良，不是看他的宣言，而是看他的行为（主要是作品）在社会大众中产生的效果。社会实践及其效果是检验主观愿望或动机的标准。"②

---

① 《毛泽东选集》第 3 卷，人民出版社 1991 年版，第 868 页。
② 《毛泽东选集》第 3 卷，人民出版社 1991 年版，第 868 页。

第十章　马克思主义在中国的深入传播与延安整风运动

　　中国共产党成立后，坚持以马克思主义为指导思想，直面中国社会现实问题，把马克思主义基本原理同中国具体革命实践相结合，马克思主义由自发传播发展到自觉传播，从片段的、零星的翻译介绍发展到经典著作系统性完整地翻译出版。马克思主义经典著作大量地翻译出版，又极大地促进了马克思主义的传播、研究与运用，为新民主主义革命斗争提供了思想来源、文本基础和理论支撑。延安时期，是马克思主义经典著作在新中国成立前翻译出版的一个高峰和辉煌时期。马克思主义与中国革命实践"深相结合"的过程，是其与中国历史和传统文化"深相结合"同步的过程。延安时期，也是中国马克思主义史学迅速发展时期，马克思主义史学理论逐渐走向成熟，以马克思主义为指导的中国史学研究和中国传统文化整理取得了丰富成就。全民族抗日战争时期在延安开展的整风运动，是一次普遍的马克思主义教育运动和思想解放运动，推动了马克思主义中国化的进程，提高了全党的马克思主义水平，使马克思主义普遍原理与中国革命的具体实践真正结合起来，为抗日战争和解放战争的伟大胜利奠定了思想基础。

第一节 马克思主义经典著作在延安时期的翻译和出版

19 世纪末年，马克思及其学说被零星翻译介绍到中国，受辛亥革命、新文化运动、俄国十月革命以及五四运动的影响，马克思主义在诸多传入中国的西方社会思潮中脱颖而出。特别是五四运动，"以全民族的行动激发了追求真理、追求进步的伟大觉醒"，"改变了以往只有觉悟的革命者而缺少觉醒的人民大众的斗争状况，实现了中国人民和中华民族自鸦片战争以来第一次全面觉醒。经过五四运动洗礼，越来越多中国先进分子集合在马克思主义旗帜下，1921 年中国共产党宣告正式成立，中国历史掀开了崭新一页。"① 中国共产党成立后，马克思主义理论逐渐在中国"生根"、"发芽"，获得广泛传播，这"壮丽的日出"，"照亮了人类探索历史规律和寻求自身解放的道路"②，也给予中国人民追寻民族独立和人民解放以胜利的指引。

一、中国共产党成立后致力于马克思主义的传播

诚如马克思所言，"理论在一个国家实现的程度，总是取决于理论满足这个国家的需要的程度"③。马克思主义被苦难深重的中国人民接受，为当时先进的知识分子所选择，是经过反复失败、比较鉴别的结果。自成立之日起，中国共产党就将马克思主义写在自己的旗帜上，坚持以马克思主义为指导思想，并致力于马克思主义的翻译、学习、传播与研究。

马克思主义的进一步传播和各地中国共产党早期组织的活动，使得建立全国性党组织的条件日趋成熟。1921 年 7 月，中国共产党正式成立，"这是开

---

① 习近平：《在纪念五四运动 100 周年大会上的讲话》，人民出版社 2019 年版，第 3—4 页。
② 习近平：《在纪念马克思诞辰 200 周年大会上的讲话》，人民出版社 2018 年版，第 6 页。
③ 《马克思恩格斯文集》第 1 卷，人民出版社 2009 年版，第 12 页。

天辟地的大事变"，"自从有了中国共产党，中国革命的面目就焕然一新了"。①
从此，马克思主义经典著作开始有领导、有计划地被翻译出版。为了加强对马克思主义的宣传，中国共产党继续领导编印《新青年》，将其作为党的公开刊物，《共产党》月刊作为党内秘密刊物，并立即着手组织马克思主义经典著作的翻译和出版工作。1921 年 9 月 1 日，人民出版社在上海成立，这是中国共产党的第一个出版机构。该社成立后，制定了一个出版计划，包括"马克思全书"15 种、"列宁全书"14 种、"康民尼斯特丛书"11 种、其他理论书籍 9 种，共计 49 种。以全书、丛书形式出版马克思主义著作在中国历史上还是第一次。限于当时极为有限的条件和艰苦复杂的环境，人民出版社的宏大计划没有全部完成，但仍然在重重困难中出版了一些重要的马克思主义著作，如：《共产党宣言》、《工钱劳动与资本》、《马克思资本论入门》、《列宁传》、《国家与革命》、《劳农政府的成功与困难》、《哥达纲领批判》、《科学的社会主义》、《俄国现时经济的地位》以及《资本论》中的有关篇章。1923 年 11 月 1 日，中国共产党又成立了第二个出版发行机构——上海书店。上海书店经销马克思主义著作和革命书刊，并出版发行《向导》、《新青年》、《前锋》、《中国青年》等党的刊物。上海书店建立了自己的印刷所，还建立起了范围广泛的发行网络，对传播马克思主义发挥了重要作用。国共第一次合作以后，革命运动在北方迅速发展。中共北京地委和北方区委机关报《政治生活》登载了大量马克思恩格斯著作译文。1926 年《政治生活》第 76 期发表了猎夫（即李大钊）翻译马克思的《中国革命和欧洲革命》，译题为《马克思的中国民族革命观》。这是马克思恩格斯撰写的关于中国问题文章中的第一篇中译文。

这一时期，开展纪念活动也是传播马克思主义的一种重要方式。比如：1922 年 5 月 5 日，中国劳动组合书记部根据党的决定，在上海举行了盛大的纪念会，编辑出版了《马克思纪念册》，刊登了 3 篇文章，介绍马克思的生平活动及其思想学说。这是在我国出版的第一个马克思纪念册。1923 年 5 月，中国社会主义青年团中央的第一个机关报《先驱》第 17 号刊登了《马克思诞辰一百零五周年纪念日敬告中国青年》，明确指出："马克思主义是无产阶级革命的唯一武器"。1924 年马克思诞生日，北京大学的《北京大学经济学会半月刊》出版了"马克斯纪念专号"，刊登了《马克斯年谱》等 4 篇文章，介绍马

① 《毛泽东选集》第 4 卷，人民出版社 1991 年版，第 1514、1357 页。

克思的生平活动，列举了马克思恩格斯著作和学习参考书目。1924 年 1 月列宁逝世，北京举行了"国民追悼列宁大会"，印行特刊，发行《列宁纪念册》，登载了《国家与革命》等列宁著作中译文。1925 年 5 月，《中国青年》出版了"五月第一周特刊"，刊载了任弼时（1904—1950）为纪念马克思诞辰一百零七周年撰写的《马克思主义概略》一文，通俗地阐述了马克思主义的由来、组成及基本原理，并号召青年学习掌握马克思主义。他说："我们只有用马克思主义的宇宙观，去研究一切学问，方才可以得到一个正确的解答。"①

实际上，自五四运动以后，马克思主义在中国的传播就处于封建军阀和反动势力阻挠、查禁以及形形色色反马克思主义思潮攻击、敌视的处境之中。大革命失败后，中国国民党在对中央苏区进行军事"围剿"的同时，在国民党统治区对革命文化采取强制手段和恐怖政策，对进步书刊的出版加以严苛限制，对革命文化也进行"围剿"，并用野蛮的手段迫害文化出版界的进步人士和进步文化机构。国民党反动当局先后颁布了《出版法》、《出版法施行细则二十五条》、《宣传品审查标准》、《图书杂志审查办法》等，对革命进步书刊进行查禁，规定凡是宣传共产主义，便是反动。面对国民党政府的迫害摧残和高压政策，中国共产党人和革命文化工作者，在艰难困苦的环境中，继续翻译出版马克思恩格斯的著作。在国民党统治区，顽强不屈的共产党人和革命人士克服种种困难，掀起了翻译、研究和宣传马克思主义的社会科学运动热潮。为了防止国民党反动势力的查禁，出版者对一些马克思主义著作和进步书刊进行"改头换面"的巧妙包装，做成"伪装书"，供读者学习。1930 年，中国共产党领导下的中国社会科学家联盟在上海成立，其任务就是以马克思主义促进中国革命，普及马克思主义，批驳非马克思主义。上海是这一时期马克思主义著作出版传播的重镇。仅 1930 年上海一地就翻译出版了马克思恩格斯著作 25 种。恩格斯的被列宁称为"马克思主义的百科全书"的经典著作《反杜林论》，就是由吴黎平（1908—1986）翻译，上海江南书店 1930 年 11 月出版的。马克思的不朽著作《资本论》的翻译历程也是革命知识分子孜孜以求的生动写照。从 1920 年 10 月费觉天译《资本论自叙》（即《资本论》第 1 卷德文第 1 版序言），发表于《国民》月刊第 2 卷第 3 号为始，先后有李达、郭沫若、陈启修（1886—1960）、侯外庐（1903—1987）和王思华（1904—1978）、吴半农（1905—1978）和千

① 任弼时：《马克思主义概略》，《中国青年》第 77、78 期合刊，1925 年 5 月 2 日。

家驹（1909—2002）、郭大力（1905—1976）和王亚南（1901—1969）以及潘东舟（1906—1935）等进行了《资本论》的翻译。1938年八九月间，由郭大力和王亚南前后历经10年翻译的《资本论》中文三卷本才第一次全部呈现在中国读者面前。在中央苏区和革命根据地，党中央组织编辑出版了大量报刊和革命书籍，既有马克思主义通俗读物，也有马克思主义经典著作。1933年9月，中央马克思主义研究会在江西瑞金成立。研究会下设编译部，专门负责编辑、印刷马列主义理论著作和革命宣传资料。这一时期，中央苏区以中央出版局的名义印刷出版了列宁的《国家与革命》、《三个国际》、《社会民主派在民主革命中的两个策略》，以及斯大林的《为列宁主义化而斗争》、《斯大林同志论反对派》、《论布尔什维克中的几个问题》等一系列文章和著作，既有摘译本，也有全译本。

马克思主义文艺理论的介绍和宣传也是这一时期的重要成就。在中国共产党的领导下，以鲁迅为旗手的进步知识分子群体，创立了中国左翼作家联盟，后来还成立了"马克思主义文艺理论研究会"，团结了一大批左翼文化人士，促进了马克思主义文艺理论的翻译。1930年，鲁迅翻译了普列汉诺夫的《艺术论》。1932年，瞿秋白根据苏联共产主义科学院出版的《文学遗产》第1、2期编译了《现实——马克思主义文艺论文集》，其中包括恩格斯的书信两封。他还根据外国的资料结合中国的文艺运动实际需要，编写了《马克思恩格斯和文学上的现实主义》，比较系统地介绍了马克思恩格斯关于文学艺术的论述。这些译作受到鲁迅的称赞和文艺工作者的欢迎。

中国共产党成立后到土地革命时期，马克思主义经典著作的翻译和出版是在极其险恶的条件下进行的。在中国共产党的领导下，中共党员和进步知识分子进行了不屈不挠的斗争，翻译出版了相当数量的马克思主义经典著作。这一时期翻译的经典著作，译文质量比以往有了很大的提高，传播的范围也更加广泛。这些成就有力地证明，中国共产党始终坚持马克思主义，重视经典著作的翻译和出版，并将其作为无产阶级革命事业的有机组成部分。

二、马克思恩格斯著作在延安时期的翻译传播

延安时期是新中国成立前马克思、恩格斯、列宁、斯大林著作在中国大规

模翻译出版的一个高峰时期，也是马克思列宁主义开始在中国"开花"、"结果"的时期。长征结束之后，党中央以延安为依托建立稳固的革命根据地。在浴血奋战抗击日本侵略者的艰苦年代，中国人民掀起了探索革命真理的热潮，推动了马克思列宁主义著作的翻译和出版。如果说中国共产党成立后不久，第一次有领导有计划地组织翻译出版马克思主义经典著作的话，那么，延安时期则是中国共产党又一次有领导有计划地翻译出版马克思主义经典著作的高峰时期。1938 年 5 月 5 日，是马克思诞辰 120 周年纪念日，党中央在延安成立了马克思列宁主义学院（简称"马列学院"），学院下设干部培训部和编译部。张闻天任马列学院院长并兼任编译部主任，编译部的同志们专门从事马列主义经典著作翻译和编辑工作。可以说，马列学院编译部是中国共产党历史上第一个专门从事马列著作编译工作的机构。1939 年，党中央建立了中共中央出版发行部，统一领导党的出版发行工作。1941 年 12 月，中央出版发行部改为中央出版局，统一管理出版印刷发行工作，并指导各地的出版发行工作。党中央不光重视马克思列宁主义经典著作的翻译，还十分重视经典著作的翻译质量。1943 年 5 月，党中央决定成立"翻译校阅委员会"。《关于一九四三年翻译工作的决定》指出："延安过去一般翻译工作的质量，极端不能令人满意。为提高高级干部理论学习，许多马克思恩格斯列斯的著作必须重新校阅。为此特指定凯丰、博古、洛甫、杨尚昆、师哲、许之桢、赵毅敏等同志组织一翻译校阅委员会。"[①] 中央出版发行部出版的马列著作用"解放社"名义出版，一般社科读物则用新华书局名义出版。此后，马列学院编译部编译、解放社出版了两大丛书和两大选集：即"马克思恩格斯丛书"和"抗日战争参考丛书"，《列宁选集》和《斯大林选集》。其中，"马克思恩格斯丛书"共出版了 10 部，《列宁选集》计划出版 20 卷，最后出版了 16 卷[②]，《斯大林选集》出版了 5 卷。此外，还编译出版了《马克思文选》2 卷。"两大丛书"和"两大选集"集中体现了这一时期马列著作在中国翻译出版的新成果和新水平。"马克思恩格斯丛书"的 10 部著作都是马克思和恩格斯的重要著作，包括：《社会主义从空想到科学的发展》（吴黎平译，1938 年 6 月出版），《共产党宣言》（成

---

① 《建党以来重要文献选编》（第 20 册），中央文献出版社 2011 年版，第 328 页。

② 《列宁选集》原计划出版 20 卷，第 14、15、19、20 卷没有出版，实际出版了 16 卷。参见北京图书馆编：《列宁著作在中国（1919—1992 年文献调研报告）》，书目文献出版社 1995 年版，第 291 页。

仿吾、徐冰译，1938 年 8 月出版），《法兰西内战》（吴黎平、刘云译，1938 年 11 月出版），《政治经济学论丛》（王学文、何锡麟、王石巍译，1939 年 3 月出版），《德国的革命和反革命》（王石巍、柯柏年译，1939 年 4 月出版），《马克思恩格斯通信选集》（柯柏年、艾思奇、景林等译，1939 年 6 月出版），《〈资本论〉提纲》（何锡麟译、王学文校，1939 年 11 月出版），《哥达纲领批判》（何思敬、徐冰译，1939 年 12 月出版），《拿破仑第三政变记》（柯柏年译、吴黎平校，1940 年 8 月出版），《法兰西阶级斗争》（柯柏年译，1942 年 7 月出版）①。马列学院编译部编译的《列宁选集》含有列宁的大部分重要著作，其目的同样是供党的主要领导干部与广大干部学习。"马克思恩格斯丛书" 10 卷和《列宁选集》16 卷，与其他马克思列宁主义著作的出版发行，在延安以及全国各革命根据地的领导干部和知识分子中间产生了巨大影响，对国民党统治区文化知识界也产生了积极影响，为广大党员和革命群众学习马克思列宁主义提供了依据和便利，同时也促进了马克思主义理论在中国的传播与研究。

除系统性集中编译马列主义经典著作外，延安解放社还出版了马克思恩格斯著作汇本和单行本。比如，汇编本《什么是马克思主义》、《什么是列宁主义》，受到广泛欢迎。单行本包括《共产党宣言》、《法兰西内战》、《马克思恩格斯通信选集》、《哥达纲领批判》、《拿破仑第三政变记》等。1941 年 5 月，解放社为纪念马克思诞辰选编了《论马恩列斯》等书。在当时印刷设备简陋，纸张十分缺乏的情况下，解放社印刷马列著作尽可能用最好的纸张，但是有时还保证不了，就用自制的 "马兰纸" 等草纸。谢觉哉曾为延安中央印刷厂题词："马兰纸虽粗，印出马列篇。清凉万佛洞，印刷很安全。" 延安时期翻译的马克思恩格斯经典著作内容比以前更加广泛，除有关哲学、政治经济学、科学社会主义三个方面的重要著作以外，发展到翻译和出版军事、文艺、工人运动等其他方面的著作，并开始按照革命需要编译出版专题论文集。八路军军政杂志社出版的 "抗日战争参考丛书"，其中包括《马克思列宁主义论战争与军队》、《恩格斯军事论文选集》、《新德意志帝国建设之际的暴力与经济》（即《暴力在历史上的作用》——编者注）、《1870—1871 普法战争》等多种马克思主义著作②。

---

① 胡永钦等：《马克思恩格斯著作在中国传播的历史概述》，中共中央编译局马克思恩格斯室编：《马克思恩格斯著作在中国的传播》，人民出版社 1983 年版，第 300 页。

② 谢灼华：《中国图书和图书馆史》（修订版），武汉大学出版社 2005 年版，第 428 页。

焦敏之译、曾涌泉校的《恩格斯军事论文选集》收入了恩格斯5篇军事著作，是我国翻译出版的第一部恩格斯的军事论文集。1940年6月出版的曹葆华和天蓝（即王名衡——编者注）翻译的《马克思恩格斯列宁论艺术》，是鲁迅艺术文学院"鲁艺丛书"之一，介绍了马克思、恩格斯、列宁的文艺评论思想。同年，吴文焘翻译的《英国工人运动》由延安中国工人出版社出版。这本论文集收入恩格斯1881年5月7日—8月6日为伦敦《劳动旗帜报》撰写的10篇社论。这些情况表明，马克思主义著作得到了更加深入和广泛的传播与研究。

　　在国民党统治区和日本侵略者占领区，中国共产党通过地下组织，领导着马列著作的出版和传播工作。上海是当时马列著作出版的重点地区，武汉、重庆等地也是马克思主义著作出版的重要阵地。面对国民党文化专制主义和疯狂查禁破坏，国统区的共产党员和进步人士既采取合法手段，也使用秘密方法，马克思主义著作的出版并没有因摧残而削弱，反而有了更大的发展，而且还培养和锻炼了一大批出版人才。这一时期，国统区出版的马克思恩格斯著作主要有：《费尔巴哈论》（张仲实译，1937年，上海生活书店），《马克思恩格斯论中国》（方乃宜译，1938年，武汉中国出版社），《马克思主义的基础》（彭汉文编译，1938年，汉口竞成印务局印制），《德国农民战争》（钱亦石译，1938年，上海生活书店），《资本论》三卷本（郭大力、王亚南译，1938年，读书生活出版社），《劳动价值说易解》（西流译，1938年，上海亚东图书馆）、《德意志意识形态》（郭沫若译，1938年，上海言行出版社），《中国问题评论集》（杨克斋发行，1938年，上海珠林书店），《论犹太人问题》（郭和译，1939年，上海亚东图书馆），《资本论通信集》（郭大力译，1939年，上海读书生活出版社），《法兰西内战》（郭和译，1939年，上海南潮社），《雇佣劳动与资本》（沈志远译，1939年，重庆生活书店），《马克思恩格斯科学的文学论》（欧阳凡海编译，1939年，读书生活出版社），《价值价格与利润》（王学文、何锡麟、王石巍等译，1939年，重庆生活书店）等。

　　日本侵略者投降之后，蒋介石政府投靠美帝国主义，拒绝中国共产党和全国人民和平与正义的要求，悍然发动了全面内战，中国历史进入了解放战争时期，中国共产党丝毫没有放松马列主义经典著作的出版工作。全国各地的新华书店以及党领导的地下出版机构，重印了大量延安解放社出版的马克思主义经典著作，还有一些新的译著不断出版。1946年，上海骆驼书店出版了罗稷南（1898—1971）根据弗兰茨·梅林原著翻译的《马克思传》，受到读者欢迎。1947年，郭大力翻译了齐格弗里特·迈耶尔的德文版《恩格斯传》，由读书生活出版社出版。这是《恩格斯传》的第一个中译本。香港是这时出版马克思列宁主义著作和进步书刊的重要基地。"马列主义理论丛书"、《解放》杂志和《群众》周刊等都在香港出版发行，输送到内地，促进了革命理论和文化的传播。1947年11月，为纪念《共产党宣言》诞生100周年，香港中国出版社出版了成仿吾、徐冰翻译，乔冠华校订的《共产党宣言》。1949年5月，郭大力又完成了另一个重要译著《剩余价值学说史》，共三卷。在这些翻译出版活动中，"革命文化的堡垒"生活·读书·新知三联书店功不可没。

三、列宁和斯大林著作在延安时期的翻译出版

早在十月革命之后，中文报刊上就有人撰文介绍十月革命胜利及其领导者列宁的消息。从1918年开始，《东方》杂志、《劳动》月刊、《晨报》副刊相继刊文介绍列宁的生平和思想。1919年9月，北京的《解放与改造》半月刊创刊号上刊载了金侣琴（1894—1963）翻译的《鲍尔雪维克之所要求与排斥》一文，这篇文章是根据列宁的《俄国的政党和无产阶级的任务》英文转译的。这是我国报刊上发表最早的列宁著作中译文。1921年5月，《共产党》月刊第一卷第四号刊登了P生（即沈雁冰）翻译列宁的《国家与革命》第一章的部分内容。此后，更多的列宁著作开始被翻译出版。1921年12月，人民出版社出版的李立译《劳农会之建设》（即《苏维埃政权的当前任务》——编者注）和成泽人（即沈泽民——编者注）译《讨论进行计划书》，是中国最早出版的列宁著作中译本。从中国共产党成立到大革命失败期间，列宁著作翻译出版进入了一个高潮，列宁著作出版达23种，甚至超过了马克思恩格斯著作出版数量[①]。据统计，从中国共产党成立到大革命时期结束，北京、上海、广州、武汉等地18家报刊发表列宁著作中译文文献28篇，其中发表最多的为《新青年》杂志，登载列宁著作中译文12篇[②]。大革命失败以后，中国革命转入低潮，在极其艰苦的条件下，列宁著作在中国的翻译出版不仅没有中断，反而有了较大的发

---

① 参见王海军：《真理的追求——延安时期知识分子群体与马克思主义中国化研究》，人民出版社2013年版，第120页。

② 参见陈有进：《列宁著作在中国90年》，《中共云南省委党校学报》2007年第5期。

展。在报刊登载的列宁著作中译文文献有 19 篇，列宁著作中译本出版了近 40
种，其中包括《国家与革命》、《帝国主义是资本主义的最高阶段》、《唯物论与
经验批判论》、《共产主义运动中的"左派"幼稚病》等重要著作。

　　延安时期，经历过大革命失败和土地革命战争曲折历程的中国共产党，对
理论学习的热情和需要都是前所未有的。延安是党中央领导抗日战争的中心，
也是马列著作翻译出版的中心，列宁著作的翻译出版是重要内容之一。整风运
动中，党中央特别强调学习马列著作，在指定党员干部学习的马列主义五本书
之中，就有列宁的《社会民主党在民主革命中的两种策略》和《共产主义运动
中的"左派"幼稚病》，足见列宁著作受到重视的程度。此时，翻译出版《列
宁选集》是马列学院编译部的重点工作之一。解放社在出版说明中指出，出版
《列宁选集》的目的是"为了帮助中国广大的革命战士和一般先进读者，根据
列宁本人底基本著作去掌握列宁学说，以提高自己的政治理论的水准。原因是
列宁主义是全世界无产阶级和被压迫人民谋求解放底武器——理论与策略，唯
有正确地掌握着这一武器，中国革命底胜利，才会有充分的保证的"①。这个选
集是以莫斯科马克思恩格斯列宁研究院编的俄文 6 卷本《列宁选集》为基础，
部分卷册以"编"或"篇"的形式将目录分为不同的专题。以专题形式的编排
为更系统地理解和学习列宁著作提供了方便。此外，选集的内容既涵盖了列宁
在不同时期各个方面的重要著作，还力求紧密结合中国实际，具有强烈的现实
针对性。如《两个策略》、《国家与革命》、《论"左派"幼稚性和小资产阶级性》
等成为党的干部为斗争需要而深入学习的代表性著作。在宣传列宁主义方面，
还出现了专题文集和文献汇编等形式。1938 年 1 月—1940 年 5 月，出版了凯
丰编译的《什么是列宁主义》专题文摘 7 册；1939 年 6 月出版了柯柏年、王石
巍、吴黎平译的《马克思恩格斯与马克思主义》，收入列宁著作 38 篇；1939 年
10 月出版了《列宁读战争论的笔记》；1940 年 2 月出版了《社会主义与战争》；
1941 年 5 月出版了《论马克思恩格斯列斯》，收入列宁著作 3 篇。

　　全民族抗日战争爆发之后，在国民党统治区和日本侵略者占领区，党领导的
出版机构，以及其他一些进步的出版机构，努力克服困难，坚持翻译出版列宁著
作，延安编印的列宁著作中译本中有些在重庆等地获得重印。中国共产党在重庆
出版的刊物《新华日报》、《群众》等不遗余力地宣传和译介列宁著作。如戈宝权

---

① 　张静庐辑注：《中国现代出版史料·丙编》，中华书局 1956 年版，第 250 页。

（1913—2000）就连续在《群众》周刊上先后发表了《列宁论托尔斯泰》、《列宁论高尔基》、《列宁论党的文学的问题》、《列宁论俄国社会运动和文学发展的三个时期》等系列文章十数篇。《解放》周刊发表过《党的组织和党的文学》、《马克思学说的历史命运》等中译文 9 篇，《群众》周刊先后发表《纪念巴黎公社》、《革命底教训》等中译文 10 余篇。生活书店、读书出版社和新知书店出版了《列宁家书集》、《帝国主义论》、《二月革命到十月革命》、《左派幼稚病》、《社会主义与战争》、《克劳塞维兹〈战争论〉笔记》、《列宁论战争》、《卡尔·马克思》、《列宁论文化艺术》中译本。据不完全统计，延安时期，我国翻译出版的列宁著作约有 90 种[①]。

　　延安时期是中国共产党广泛学习斯大林思想的重要时期，延安和各抗日根据地在物质条件十分困难的情况下仍尽力出版斯大林的著作，斯大林及其思想在这个时期得到了广泛的传播。斯大林著作中译文最早出现在 1924 年《新青年》季刊第四期上，为蒋光慈翻译的《列宁主义之民族问题的原理》，文章摘译自斯大林《论列宁主义基础》的第六章《民族问题》。1927 年 1 月，这部著作由新青年社出版了中文全译本，书名为《列宁主义概论》。在延安时期的整风运动中，斯大林的著作成为整风的重要文件。在中共中央公布的 22 个整风文件中，斯大林的著作就有 5 种，分别是：《〈联共党史〉结束语六条》、《斯大林论党的布尔什维克化十二条》、《斯大林论领导与检查》、《列宁、斯大林论党的纪律与民主》、《斯大林论平均主义》[②]。毛泽东非常重视对斯大林著作的学习，特别是《斯大林论党的布尔什维克化十二条》与《联共（布）党史简明教程》。毛泽东联系中国共产党实际，有针对性地对斯大林提出的十二条逐条进行分析，为中共的布尔什维克化提出了具体的要求，对于加强党的建设，反对主观主义、宗派主义起了重要作用，同时也对正确解决陕甘宁边区党的领导问题起了重要作用。《联共（布）党史简明教程》可谓是斯大林思想的集大成，也是毛泽东推荐给党内干部必读的五本马列主义理论著作之一。毛泽东在中共七大政治报告中评价说："这本书是历史的，又是理论的，又有历史，又有理论，它是一个胜利的社会主义国家的历史，是马克思主义在俄国成功的历史，这本书要读。"[③] 斯大林关于中国革命问题的著作在这时期有了系统的翻译，"解

---

①　参见张静庐辑注：《中国现代出版史料·丙编》，中华书局 1956 年版，第 247 页。

②　《中共中央文件选集》第 13 册，中共中央党校出版社 1991 年版，第 367—371 页。

③　《毛泽东文集》第 3 卷，人民出版社 1996 年版，第 350 页。

放社"、《解放》周刊、《解放日报》等出版、登载了大量斯大林著作文摘、演说及文稿等。解放社出版的《列宁斯大林论中国》，流传甚广，影响显著。各抗日根据地也翻译或翻印了斯大林的著作，如晋绥分局翻译出版了《胜利冲昏头脑》，晋察冀书店翻印了《论民族问题》等著作。1939年年初解放社编译出版了《斯大林选集》，共五卷，收录了斯大林1924年4月至1938年5月期间发表的重要著作59篇。这是中国第一次出版多卷本斯大林选集，产生了较大影响。1939年，延安解放社出版了斯大林直接领导编著的《苏联共产党（布）历史简要读本》，随后在重庆、上海及一些抗日根据地翻印。1944年7月，中共中央书记处编印了《列宁、斯大林、共产国际论中国》，其中包括斯大林的著作23篇。这些著作的出版使得各级干部和革命群众得以有系统地学习斯大林关于中国革命的学说。全民族抗日战争期间在国统区，一些报刊经常译载斯大林的著作，1938年，武汉中国出版社出版的《斯大林言论选集》，收录斯大林著作14篇，是国统区收录斯大林著作最多的一个选集。据统计，全民族抗日战争时期全国出版的斯大林著作有80种，解放战争期间出版量达98种（有重复）①，数量远超同时期马克思恩格斯和列宁著作出版量。

第二节　历史唯物主义的传播和中国历史研究

马克思主义哲学是由辩证唯物主义和历史唯物主义组成的有机整体，是共产党人的世界观和方法论。历史唯物主义是马克思主义哲学在中国早期传播的主要内容。中国共产党成立以后，随着反帝反封建革命斗争形势的不断高涨，以及马克思主义在中国传播的深入，运用唯物史观来分析中国的历史与现实，进入了崭新的阶段。"历史是认真的，经过许多阶段才把陈旧的形态送进坟墓。"②在与形形色色非马克思主义和反马克思主义思想的斗争中，马克思主

---

① 参见张静庐辑注：《中国现代出版史料·丙编》，中华书局1956年版，第247页。

② 《马克思恩格斯选集》第1卷，人民出版社2012年版，第6页。

义史学理论随着马克思主义在论战中的胜利逐渐建立起来，并走向成熟。在全民族抗日战争和解放战争时期，我国马克思主义史学在通史、社会史、思想史、史学理论等诸多方面都取得了显著的成就。毛泽东关于史学工作的理论和方法，对中国马克思主义史学理论形成和发展作出了突出贡献。马克思主义中国化的历史发展，一方面同中国具体的社会现实相结合，一方面不断汲取中华优秀传统文化的精华，运用马克思主义理论来总结中国的历史遗产，使马克思主义具有中国作风和中国气派，造就了中国史学史上一次伟大的变革。

一、历史唯物主义的传播

五四运动之后，马克思主义在中国的传播形成了热潮，马克思主义哲学是传播的重要内容之一。"马克思主义哲学在中国的早期传播，主要是唯物史观的传播。从五四运动到发起成立中国共产党，是唯物史观在中国的最初传播时期，也是马克思主义哲学在中国的启蒙时期。"①马克思主义唯物史观的若干原理，自20世纪初年开始，就被陆续介绍到中国。随着十月革命后马克思主义在中国的广泛传播，系统地介绍与研究唯物史观，运用唯物史观来分析中国的历史与现实，成为越来越多进步知识分子的自觉选择。尽管当时人们对马克思主义学说的了解还不是很深入，但先驱者们"确实一开始就曾对这个学说的各个组成部分及其相互关联进行过全面的研究，并且获得了基本正确的理解"②。1919年5月5日《晨报》"马克思研究"专栏上发表了陈溥贤翻译日本马克思主义者河上肇（1879—1946）的《马克思的唯物史观》一文。文章节译了《共产党宣言》第一章和《〈政治经济学批判〉序言》的部分内容，简明扼要地说："俄德的社会革命，发源于马克思的社会主义。马克思的社会主义，在学问上，有两大根底，其一是历史观，其一是经济论。""他的历史观，普通所谓'唯物史观'就是了"。此后，《新青年》、《星期评论》、《民国日报》、《觉悟》副刊、《建设》等刊物刊登了李大钊、陈独秀、李汉俊、李达、施存统（1898—1970）等人的文章，介绍唯物史观。

① 庄福龄：《中国马克思主义哲学传播史论》，中国人民大学出版社2015年版，第51页。
② 沙健孙：《五四时期的思想解放运动与马克思主义》，《中共党史研究》1989年第3期。

"对于在中国传播马克思主义史学理论来说，李大钊不愧是第一个开辟道路的人。"① 作为"中国第一个马克思主义史学家"②，李大钊不仅是系统介绍和研究唯物史观的旗手，也是运用唯物史观来分析中国历史，并力图以之构建马克思主义史学理论体系的先行者。1919 年，李大钊撰写的《我的马克思主义观》是中国人撰写的第一篇比较详细介绍马克思主义的文章，文中对唯物史观做了重点解读。此后，李大钊发表了《由经济上解释中国近代思想变动的原因》、《唯物史观在现代史学上的价值》、《唯物史观在现代社会上的价值》、《物质变动和道德变动》、《马克思的历史哲学》和《原人社会于文字书契上之唯物的反映》等文，比较系统地介绍了历史学、历史观、史学与哲学的关系等问题，并以唯物史观来考察中国社会的现状，指导史学研究。1919 年年底，胡汉民（1879　1936）在《建设》上连载的《中国哲学史之唯物的研究》一文，是运用唯物史观研究中国哲学的开端之作，他的《唯物史观批评之批评》一文，对马克思恩格斯关于唯物史观的主要著作做了摘译，阐述了唯物史观的伟大意义及其创立和发展的主要历程。《共产党宣言》（陈望道译）、《社会主义从空想到科学的发展》（郑次川译）、《家庭、私有制和国家的起源》（恽代英译）、《〈资本论〉第一版序言》（费觉天译）、《哥达纲领批评》（熊得山译）、《国家与革命》第一章（P 生译）等经典著作的翻译和出版，对深入传播唯物史观起到了重要作用，也体现了当时唯物史观传播的内容和水平。1921 年 5 月，李达翻译的《唯物史观解说》是我国第一部系统介绍唯物史观的译著，在当时产生了很大影响。

第一次国共合作和大革命时期，马克思主义经典著作更多地被译成中文出版，进一步丰富了马克思主义唯物史观的传播。同时，一些中国人自己撰写的马克思主义哲学专著也有出版。1924 年，李大钊出版了《史学要论》，这是我国第一部系统阐述历史唯物主义并将之与历史研究的具体问题相结合的著作。他旗帜鲜明地说："从来的史学家，欲单从社会的上层说明社会的变革——历史，而不顾社会的基址，那样的方法，不能真正理解历史。社会上层，全随经济的基址的变动而变动，故历史非从经济关系上说明不可。这是马克思的历史

---

① 白寿彝：《六十年来中国史学大发展》，《白寿彝史学论集》，北京师范大学出版社 1994 年版，第 640 页。

② ［美］莫里斯·迈斯纳：《李大钊与中国马克思主义的起源》，中共党史资料出版社 1989 年版，第 167 页。

观的大体。"① 继李大钊之后，瞿秋白的《社会哲学概论》、《现代社会学》、《社会科学概论》等论著，尝试用唯物主义的观点和方法研究中国的政治、经济、历史和文化。1927 年，瞿秋白还翻译了苏联马克思主义哲学家郭列夫（1874—1937）的《无产阶级哲学——唯物论》一书。这是一本概述马克思主义哲学基本原理的通俗著作。在日益高涨的革命斗争中，马克思主义哲学与中国革命运动的结合有了新的进展，毛泽东的《中国社会各阶级的分析》和《湖南农民运动考察报告》，是马克思主义与中国革命实践相结合的产物，也是马克思主义哲学在中国传播的理论成果。

这一时期，一批党内理论家和进步理论工作者先后出版了研究社会发展史的著作，其中影响较大的有蔡和森《社会进化史》（1924）、李达《现代社会学》（1926）、陈翰笙（1897—2004）《人类的历史》（1927）、马哲民（1899—1980）《社会进化史》（1929）、邓初民（1889—1981）《社会进化史纲》（1931）。这些著作中，李达的《现代社会学》一书，是系统阐述唯物史观和科学社会主义原理的史学理论专著，在对唯物史观一些基本理论的理解和阐释上有明显进步，在运用唯物史观研究社会历史实践方面也有重要进展。这些著作所体现的研究水平虽有差别，但其共同特点是以唯物史观为指导，系统叙述人类社会的起源和发展，努力阐明社会发展的一般规律。在大革命失败后的国民党统治区，李达进行了中国近代经济史的拓荒性研究工作，他于 1929 年出版了《中国产业革命概观》一书。同时期，流亡日本的郭沫若也开始了对中国古代社会史的开创性研究。1928 年，他写出了第一篇运用唯物史观分析中国古代社会的文章——《周易的时代背景和精神生活》，又相继写出了《诗书时代的社会变革与其思想上之反映》、《中国社会之历史的发展阶段》等文。1930 年 1 月，郭沫若将这些论文汇集起来，取名《中国古代社会研究》，由上海联合书店出版。该书是第一本尝试将马克思主义理论与中国的历史相结合，运用唯物史观系统地研究中国古代社会的重要著作，"在中国马克思主义史学发展过程中具有划时代的意义，标志着中国马克思主义史学的真正建立"②。

大革命失败，蓬勃发展的革命形势遭受严重挫折，分析和认清革命形势与

---

① 《李大钊全集》第 4 卷，人民出版社 2013 年版，第 520 页。

② 陈其泰：《中国马克思主义史学的理论成就》，国家图书馆出版社 2008 年版，第 39 页。

条件，揭示革命的道路和前途，是中国革命最大的现实问题，也是对马克思主义哲学的严峻考验。大革命失败后，关于中国革命的性质问题，当时在共产国际和中国国内引起了激烈的争论，围绕着"中国革命向何处去"的问题，先后展开了关于中国社会性质和中国社会史问题的激烈论战。这场论战在时间上前后延续了近十年，波及政治界、学术界（主要是史学、经济学）等诸多领域，和当时中国社会正在进行的阶级斗争密切关联，是一场意义重大的理论斗争。为了解答论战中的一系列重大理论与实践问题，马克思主义理论界开始把唯物史观与中国历史的实际紧密地结合起来，由今而古开展对中国社会历史的系统研究。中国社会性质和社会史问题的论战，是马克思主义史学与非马克思主义或反马克思主义史学的正面碰撞和直接较量。通过论战，马克思主义史学在中国近代史、古代史等各个领域都取得了重要的研究成果。论战中，马克思主义唯物史观第一次广泛且深刻地应用到中国史学研究领域，使史学从封建统治阶级的垄断中解放出来，成为无产阶级的一门科学，生动地反映了党领导下的马克思主义史学的诞生和发展，有力地促进了中国马克思主义历史学的初步形成。

二、马克思主义史学理论的发展并趋于成熟和中国历史研究的成就

全民族抗日战争时期是马克思主义史学的迅速发展时期，马克思主义史学方法的运用和史料的掌握更加科学，全民族抗战的形势，也让马克思主义史学论著体现了鲜明的时代性、战斗性和批判性。在清算日本人秋泽修二的法西斯侵略史观的同时，马克思主义史学界还就中国历史发展进程中的一系列重大的理论问题进行了认真的探索，并取得了一系列重要成果。1937年，何干之（1906—1969）出版了《中国社会性质问题论战》和《中国社会史论战》，对20世纪30年代早中期的论战从理论上加以总结，并对论战中涉及的"亚细亚生产方式问题"、"奴隶制社会问题"、"封建制社会问题"、"商业资本主义问题"及"前资本主义社会问题"等一些重大的理论课题，作了比较深入的讨论。翦伯赞的《历史哲学教程》（1938年出版），是为了配合全民族抗日战争伟大斗争的现实行动而著，作者对"在中国历史研究领域中曾经或一直到现在还可以

多少发生一些支配作用的几种理论体系，作为批判的对象"①，阐发唯物史观，论述马克思主义的历史理论。吕振羽的《中国社会史诸问题》（1942年出版），对亚细亚生产方式、中国历史上的奴隶制问题、中国文化的批判与创新等问题做了阐述，促进了马克思主义史学理论研究的深入。侯外庐在20世纪40年代，相继完成了《中国古代社会史论》、《中国古代思想学说史》、《中国近世思想学说史》、《苏联历史学界诸问题解答》等，对中国马克思主义史学理论的发展作出了突出贡献。这些著作都是全民族抗日战争时期我国马克思主义史学理论发展的重要成果。尤其是翦伯赞的《历史哲学教程》一书，不仅对各种非马克思主义、假马克思主义的观点做"彻底澄清"，而且还对社会史论战时期进步史学界在运用唯物史观研究中国历史过程中出现的教条主义倾向，进行了认真的反思和纠正，标志着中国马克思主义史学理论体系的重要进展。

在马克思主义史学思想的指导下，还产生了郭沫若的《青铜时代》，吕振羽的《简明中国通史》，范文澜（1893—1969）的《中国通史简编》，吴泽的《中国社会简史》，邓初民的《中国社会史教程》等一批马克思主义历史学著作。它们以唯物史观为指导，以新的文献资料和考古发现为依据，通过对史实的考证，着力阐明中国历史发展的规律和特点。在编纂方法上，他们摒弃了封建主义正史的旧体例和资产阶级形式主义的编排，按照社会历史发展的客观进程，从纵横两个方面辩证地来编排纲目，既体现历史发展的阶段性，又反映经济基础与上层建筑多方面关系。这些情形表明中国马克思主义史学从形式到内容已摆脱了旧史学的体系，逐渐趋于成熟。

20世纪30年代末至40年代初，随着马克思主义史学在古代史研究领域的不断深化，一些专题性的研究领域也得以开拓，并取得了重要的研究成果。以唯物史观为指导编纂的几部中国通史，集中体现了马克思主义史学发展的重要成就，一支以马克思主义武装起来的史学理论研究队伍也初步建立起来。马克思主义史学家和理论工作者努力实践中国共产党的号召，在通史、断代史、思想史、经济史、文化史、世界史、军事史、中共党史、文献学及史学理论等各个方面，都获得了极其丰富的成果。一些马克思主义史学家还就史学研究方法进行了探讨。艾思奇在《辩证法唯物论怎样运用于社会历史研究》中强调了唯物史观，并对如何运用唯物辩证的方法来研究社会历史发展规律做了论述。

---

① 翦伯赞：《历史哲学教程》，新知书店1938年版，第50页。

杨松（1907—1942）在《关于马列主义中国化的问题》中提出要用历史唯物主义的观点，用世界革命的眼光去研究中国历史。金灿然（1913—1972）也倡导"运用历史唯物论的基本原理分析研究中国固有的材料，把中国历史学带到正确的道路上"①。这些研究成果和事实足以证明，在20世纪40年代，中国马克思主义历史学已经基本形成。

三、毛泽东对马克思主义史学理论发展的重要作用

作为杰出的马克思主义革命家、战略家、理论家，毛泽东熟读中国历史典籍，深知将马克思主义与中国的历史结合起来，对推动中国革命前进的重要作用。他对马克思主义史学的理论和方法作出过深刻的阐述，并运用马克思主义史学理论，对中国近代社会历史、革命史和中共党史等进行了深入研究，对促进马克思主义史学理论的发展和史学研究发挥了重要作用。

首先，毛泽东从马克思主义与中国革命实际相结合的角度阐明了学习和研究历史的重要性。在20世纪30年代，中国马克思主义史学的产生时期，毛泽东就指出：在马克思主义史学诞生之前，"在很长的历史时期内，大家对于社会的历史只能限于片面的了解，这一方面是由于剥削阶级的偏见经常歪曲社会的历史……人们能够对于社会历史的发展作全面的历史的了解，把对于社会的认识变成了科学，这只是到了伴随巨大生产力——大工业而出现近代无产阶级的时候，这就是马克思主义的科学。"②他认为，今天的中国是历史中国的一个发展，我们是马克思主义的历史主义者，我们不应当割断历史。"中国共产党人是我们民族一切文化、思想、道德的最优秀传统的继承者，把这一切优秀传统看成和自己血肉相连的东西，而且将继续加以发扬光大，""就是要使得马克思列宁主义这一革命科学更进一步地和中国革命实践、中国历史、中国文化深相结合起来。"③马克思主义与中国革命实践、与中国历史和文化这两个方面的深相结合，紧密相连，不可或缺。毛泽东批评主观

① 金灿然：《中国历史学的简单回顾与展望》，《解放日报》1941年11月20日。

② 《毛泽东选集》第1卷，人民出版社1991年版，第283—284页。

③ 《建国以来重要文献选编（1921—1949）》第20册，中央文献出版社2011年版，第318—319页。

主义的态度，对周围环境不作系统的周密的研究，单凭主观热情去工作，对于中国今天的面目若明若暗，必须改变"割断历史，只懂得希腊，不懂得中国，对于中国的昨天和前天的漆黑一团"。他说："马克思、恩格斯、列宁、斯大林教导我们说：应当从客观存在着的实际事务出发，从其中引出规律，作为我们行动的向导。"①

其次，毛泽东自己带头学习和研究历史，号召全党要大兴学习和研究历史之风。毛泽东曾多次在全党强调历史学习的重要性，号召"一切有相当研究能力的共产党员，都要研究马克思、恩格斯、列宁、斯大林的理论，都要研究我们民族的历史"。② 他极力提倡有组织地系统地进行历史研究，自己也投入极大精力于中国历史的研究，而且他本人有关于中国历史的论著就是这一时期马克思主义史学的重要组成部分。1939 年，在《中国革命和中国共产党》一文中，毛泽东在总结全党智慧的基础上，系统科学地阐明了中国近代半殖民地半封建的社会性质，对后来的中国史学界产生了深刻的影响。他的《〈共产党人〉发刊词》、《中国革命和中国共产党》、《新民主主义论》等，都是中国历史研究的代表著作，为马克思主义史学研究树立了典范。毛泽东的史学思想和理论，直接指导或间接影响了这一时期马克思主义史学的发展。著名史学家叶蠖生在《抗战以来的历史学》一文中评价说，延安时期马克思主义史学工作者在关于历史科学研究方法的"中国化"方面之所以能够取得很好的成就，是与毛泽东的领导分不开的。从事中国近现代史研究的德国汉学家罗梅君也认为延安时期的马克思主义史学工作者的著作"往往紧跟毛泽东的历史理论和有关历史问题的论断"③。毛泽东从赢得革命斗争的高度强调历史研究的重要作用，他说："指导一个伟大的革命运动的政党，如果没有革命理论，没有历史知识，没有对于实际运动的深刻的了解，要取得胜利是不可能的。"④ 毛泽东不仅把学习和研究历史看作是革命政党领导现实革命运动取得胜利的必要条件，还认为这是将马克思主义理论和中国的现实相结合，实现马克思主义中国化的必经之路。在 1938 年的六届六中全会上，他指出要使马克思主义在中国具体化，就不能

---

① 《毛泽东选集》第 3 卷，人民出版社 1991 年版，第 799 页。
② 《毛泽东选集》第 2 卷，人民出版社 1991 年版，第 532 页。
③ ［德］罗梅君：《政治与科学之间的历史编撰——30 和 40 年代中国马克思主义历史学的形成》，孙立新译，山东教育出版社 1997 年版，第 158 页。
④ 《毛泽东选集》第 2 卷，人民出版社 1991 年版，第 533 页。

离开中国的特点来谈马克思主义。中国的特点即中国的实际，而中国的实际又包括了中国的"历史实际和革命实际"①。因此，我们要继承"从孔夫子到孙中山"②这一份珍贵的历史遗产。他批评脱离中国特点的马克思主义，是抽象的、空洞的、没有实际作用的马克思主义，指出只有能将马克思主义与中国的实际结合起来的教员，才是好教员。同时，毛泽东还强调了历史研究在整理中国传统文化，发展中华民族新文化，提高民族自信心上的重要作用。

第三，在研究历史的目的和方法上，毛泽东的史学思想指导了延安时期马克思主义史学家的研究工作。关于历史研究的目的和方向，毛泽东强调历史的研究要服从和服务于当前现实革命斗争的大局。1939 年 1 月 17 日，毛泽东在写给何干之的信中与他探讨中国史、近代史、民族史研究问题，并称："如能在你的书中证明民族抵抗与民族投降两条路线的谁对谁错，而把南北朝，南宋，明末，清末一班民族投降主义者痛斥一番，把那些民族抵抗主义者赞扬一番，对于当前抗日战争是有帮助的。"③1942 年 5 月，毛泽东在《在延安文艺座谈会上的讲话》中指出："在现在世界上，一切文化或文学艺术都是属于一定的阶级，属于一定的政治路线的。为艺术的艺术，超阶级的艺术，和政治并行或互相独立的艺术，实际上是不存在的。"④ 他主张学术研究应该是政治斗争的工具，历史的研究必须为政治服务。关于历史研究的方法，毛泽东强调要以马克思主义唯物史观为指导，做到详细地占有史料和运用马克思主义的立场、观点和方法的辩证统一。他在《整顿党的作风》中说："现在我们党的中央做了决定，号召我们的同志学会应用马克思列宁主义的立场、观点和方法，认真地研究中国的历史，研究中国的经济、政治、军事和文化，对每一问题要根据详细的材料加以具体的分析，然后引出理论性的结论来。这个责任是担在我们的身上。"⑤ 正是在这样的史学研究思想和方法的指导下，毛泽东总结了"历史辩证法"、"阶级分析法"、"四面受敌法"、"古今中外法"等历史研究的具体方法。关于中国共产党历史的研究方面，他号召全党同志要把学习马列主义和研究党史结合起来，他还在中央学习组上亲自讲授党史，他的《如何研究中共党史》一文为科

① 《毛泽东选集》第 3 卷，人民出版社 1991 年版，第 820 页。
② 《毛泽东选集》第 2 卷，人民出版社 1991 年版，第 534 页。
③ 《毛泽东书信选集》，人民出版社 2003 年版，第 123 页。
④ 《毛泽东选集》第 3 卷，人民出版社 1991 年版，第 865 页。
⑤ 《毛泽东选集》第 3 卷，人民出版社 1991 年版，第 814—815 页。

学的中共党史研究奠定了理论基础和方法指导。

四、用马克思主义指导整理中国的传统文化

马克思主义与中国传统文化的"相遇"既是马克思主义在中国传播和发展的必然，也是马克思主义中国化无法回避的现实。"马克思的整个世界观不是教义，而是方法。它提供的不是现成的教条，而是进一步研究的出发点和供这种研究使用的方法。"①20 世纪 30 年代，在中国共产党领导下，由马克思主义者和左翼文化人士在北平、上海等地发起的"新启蒙运动"，以弘扬五四精神为旗帜，主张批判地继承中国传统文化，学习、改造传统文化。新启蒙运动促进了马克思主义在中国的深入传播，也为马克思主义中国化奠定了思想理论基础。在全民族抗日战争背景下，中国马克思主义知识分子在学习和研究马克思主义理论过程中，紧密结合中国革命实际，挖掘历史传统文化精华，吸收中国优秀传统文化遗产，不断推进马克思主义与中国传统文化的结合。对于中国的传统文化，1938 年，毛泽东在《中国共产党在民族战争中的地位》一文中指出："学习我们的历史遗产，用马克思主义的方法给以批判的总结，是我们学习的另一任务。我们这个民族有数千年的历史，有它的特点，有它的许多珍贵品……今天的中国是历史的中国的一个发展，我们是马克思主义的历史主义者，我们不应当割断历史。从孔夫子到孙中山，我们应当给以总结，承继这一份珍贵的遗产。这对于指导当前的伟大的运动，是有重要的帮助的。"② 以马克思主义理论为指导，整理、研究中国传统文化渐渐成为当时马克思主义理论工作者的自觉。正如范文澜所说："中国共产党担负着创造新中国的伟大任务，同时也担负着中国文化优秀部分的继承和发扬。中国历史的研究，正是我们当仁不让的工作之一。因为没有马列主义的正确指导，永远不会发现中国历史的真相。"③延安时期的马克思史学家和理论工作者以马克思主义为指导，对整理和研究中国传统文化做了大量卓有成效的工作，其中

---

① 《马克思恩格斯文集》第 10 卷，人民出版社 2009 年版，第 691 页。

② 《毛泽东选集》第 2 卷，人民出版社 1991 年版，第 533—534 页。

③ 范文澜：《原始公社到中央集权的封建制度的成立》，《中国文化》第 2 卷第 3 期（1940 年 11 月 18 日）。

的一个重要方面就是对儒家、墨家和道家思想的研究，代表性人物有陈伯达、范文澜（1893—1969）、尹达（1906—1983）、侯外庐、吴泽（1913—2005）等人。陈伯达对中国古代老子、孔子、墨子、庄子等古代哲学家的思想进行了系统整理，尤其推崇墨家思想，认为墨家"节用"、"兼爱"、"尚贤"等思想能够适应艰苦的抗战环境。陈伯达还主张用马克思主义方法论分析我国传统文化，他认为马克思主义与中国传统思想存在共同之处，主张采取灵活的方式来发展马克思主义。毛泽东也比较看重墨子思想中的唯物辩证思想。1939 年 2 月，在《关于〈墨子哲学思想〉一文给陈伯达的信》中，他与陈伯达交流了"墨子的唯物哲学"，认为墨家的"'两而无偏'、'正而不可摇'与儒家的'执两用中'、'择乎中庸服膺勿失'、'中立不倚'、'至死不变'是一个意思，都是肯定质的安定性，为此质的安定性而作两条战线斗争，反对过与不及"[1]。毛泽东认为孔子的"'名不正则言不顺，言不顺则事不成……'即作为实践论来说则是对的，这和'没有正确的理论就没有正确的实践'的意思差不多"[2]。毛泽东肯定孔子主张的"中庸"、"过犹不及"是重要的思想方法。他说："'过'的即是'左'的东西，'不及'即是右的东西。依照现在我们的观点说来，过与不及乃指一定事物在时间与空间中的运动，当其发展到一定状态时，应从量的关系上找出与确定其一定的质，这就是'中'或'中庸'，或'时中'。"[3]毛泽东对孔子哲学思想的分析体现了从传统哲学中吸取精华的方法，吸收了孔子哲学中具有辩证法倾向的观点，肯定其认识论上的局部真理，抛弃孔子哲学整体上的形而上学及其唯心论。

对批判继承传统文化，毛泽东提出了"剔除糟粕，继承精华"的方法论原则。1940 年 1 月，毛泽东指出，中国的长期封建社会中，创造了灿烂的古代文化，清理古代文化的发展过程，剔除其封建性糟粕，吸收其民主性的精华，是发展民族新文化提高民族自信心的必要条件。1944 年 7 月，毛泽东在会见中外记者西北参观团成员武道（Maurlce Votau）时说："我们批判地接受中国长期的传统，继承那些好的传统，而抛弃那些坏的传统。我们以同样的态度对待来自外国的事物。我们曾经接受了诸如达尔文主义、华盛顿和林肯树立的民

---

[1] 《毛泽东文集》第 2 卷，人民出版社 1993 年版，第 157 页。
[2] 《毛泽东文集》第 2 卷，人民出版社 1993 年版，第 160 页。
[3] 《毛泽东文集》第 2 卷，人民出版社 1993 年版，第 162 页。

主政治、十八世纪的法国哲学、费尔巴哈的唯物主义、德国的马克思主义以及俄国的列宁主义。我们接受一切来自国外的、对中国有益和有用的东西，我们抛弃坏的东西，例如法西斯主义。"① 毛泽东还指出，在吸取和评价中国历史和外国传统方面，采用适合的方法是非常重要的，切不可盲从。毛泽东对于中国传统优秀文化的整理不能说达到了系统和全面，但是他自觉地运用马克思主义的方法论，却无疑为全面系统整理中国传统文化起到了重要的指导作用。

在全民族抗日战争时期，一些马克思主义史学家和理论工作者对于整理、研究中国传统文化作出了贡献，较为突出的有陈伯达的《墨子的哲学思想》、范文澜的《中国经学史的演变》、郭沫若的《十批判书》、侯外庐的《中国古代思想学说史》、杜国庠（1889—1961）的《略论礼乐起源及中国礼学的发展》、尹达的《中华民族及其文化之源》等。他们虽然对中国古代思想家评价不一，有些观点甚至尖锐对立，但是他们在发掘中国传统文化中具有科学性和民主性的精华，批判其中封建的落后的糟粕方面，以及在为当时中华民族和中国人民的解放斗争服务这一点上却是一致的。他们在运用马克思主义的观点和方法上都达到了相当的自觉。

第三节　延安整风与马克思主义教育运动

1941 年 5 月至 1945 年 4 月，在党内开展的延安整风运动是中国共产党历史上的伟大创举，是一次全党普遍的马克思主义教育运动，也是一次伟大的思想解放运动。通过延安整风，中国共产党系统清算了实际工作中的唯心主义——主观主义，破除了将苏俄经验和共产国际指示神圣化的教条主义，巩固和发展了更换思想路线的成果，使实事求是的思想路线在全党范围内深入人心，对中国新民主主义革命事业产生了深远的影响。

---

① 《毛泽东年谱（1893—1949）》中卷，中央文献出版社 2013 年版，第 529 页。

一、延安整风的历史背景

为什么在全民族抗日战争十分紧张的情况下开展整风？这是毛泽东对现实问题的积极回应，也是对中国革命的深远考虑。在延安整风之前中国共产党 20 多年的历史中，经历过巨大的胜利和严重的失败，但是还没有来得及对历史经验进行系统总结，特别是没有从思想路线的高度对党内历次错误的根源进行深刻地总结，所以党在思想路线上仍存在一些分歧。此时，中国共产党已是拥有 80 万党员的大党，其中百分之九十以上党员是全民族抗日战争以后新入党的，毛泽东认为这些党员干部"如不提高一步，就不能掌握将来的新局面"[①]。因此，延安整风运动在复杂的历史背景下开展了。

（一）王明"左"倾和右倾错误路线给中国共产党和中国革命带来了严重危害

在以往的革命斗争历史中，中国共产党曾先后发生过瞿秋白、李立三、王明等三次"左"倾错误和右倾机会主义错误。其中，在六届四中全会上登台的王明"左"倾教条主义在党内占统治地位的时间最长、危害最大。它在军事上实行冒险主义，在政治上实行关门主义。其一系列"左"倾错误直接导致中央苏区第五次反"围剿"失败，南方各根据地相继丧失，国统区的党组织也几乎损失殆尽。1935 年的遵义会议虽然结束了第三次"左"倾错误，确立了毛泽东的领导地位，解决了最为迫切的军事和组织问题，但思想上、政治路线上的问题并未来得及解决。1937 年 11 月，王明从莫斯科回国，又教条地搬用共产国际指示，在国内抗日民族统一战线的新形势下，从"左"转到右，提出"一切服从统一战线，一切经过统一战线"的右倾口号，主张对国民党退让。王明此后还反对党坚持统一战线中独立自主的路线方针政策，并反对毛泽东关于统一战线中存在左、中、右不同政治集团的正确论断，鼓吹"不分左中右"，"凡抗战者皆吾友"等错误思想。由于王明的教条主义披着马克思主义的外衣，打着共产国际的旗号，有很大的欺骗性，给全党带来了很大的思想混乱，并对全民族抗日战争初期的工作造成了不良后果。要从思想上政治上彻底纠正"左"右错误的根源——主观主义，解决全党的思想方法问题，需

---

① 金冲及主编：《毛泽东传（1893—1949）》，中央文献出版社 1996 年版，第 625 页。

要把学习马克思主义理论和总结全党的历史经验结合起来，使干部在思想上彻底了解当时错误的原因、环境，分析错误的社会根源、历史根源和思想根源，找出改正这种错误的办法。整风运动正是适应当时总结党的历史经验的迫切需要而开展的。

（二）小资产阶级思想在党内广泛存在，一些干部理论学习脱离实际，全面提高党的理论水平成为紧迫任务

中国共产党是在阶级基础和理论基础都比较薄弱的情况下成立的，虽然在建党后的 20 多年里，十分重视扩大阶级基础，加强理论武装，但在艰苦的革命斗争环境下，党没有条件把全党的思想理论建设全力抓好。全民族抗日战争开始后，党的队伍迅速壮大，到 1940 年 7 月党员发展到 80 万人，有 75 万人是新党员[①]。党的新成员虽然有很高的革命热情，但大多数出身于农民和小资产阶级，自身存在许多弱点，也缺乏斗争经验。他们普遍缺乏基本的马克思主义素养，理论水平普遍不高；还有一些党员组织上入了党，思想上并没有完全入党，不同程度地存在着个人主义、自由主义、宗派主义、主观主义等思想意识。对于此种情形，毛泽东曾深刻指出："如果我们党有一百个至二百个系统地而不是零碎地、实际地而不是空洞地学会了马克思列宁主义的同志，就会大大地提高我们党的战斗力量，并加速我们战胜日本帝国主义的工作。"[②] 因此，需要通过理论学习，开展积极的思想斗争，提高理论水平，解决抗战中大批新入党的同志思想上入党的问题。1938 年六届六中全会后，毛泽东觉察到党内开展的马克思主义学习运动存在理论脱离实际的倾向，"一些干部，包括一些高级干部，不会运用马列主义的立场与方法来具体地分析和解决中国革命的问题"[③]。1941 年三四月间，他将《农村调查》加写了"序言"和"跋"付梓出版，批评那种"下车伊始"就哇喇哇喇地发议论、"钦差大臣"满天飞的作风，重申了"没有调查就没有发言权"的原则，对清算教条主义错误，端正思想路线，转变工作作风起到了推动作用，也为整顿学风作了舆论准备。1941 年 5

---

① 参见沙建孙：《中国共产党史稿（1921—1949）》第 4 卷，中央文献出版社 2006 年版，第 581 页。

② 《毛泽东选集》第 2 卷，人民出版社 1991 年版，第 533 页。

③ 石仲泉：《毛泽东与延安整风运动——纪念延安整风运动 70 周年》，《毛泽东邓小平理论研究》2012 年第 6 期。

月，毛泽东作《改造我们的学习》的报告，作为整风学习的动员，开始对全党高级干部的整风教育。这个报告在干部中引起了很大的思想震动，但是还是没有产生足够的影响。鉴于此，开展全党的整风运动，纠正那些错误的思想就成了中国共产党重要而紧迫的任务。

（三）革命根据地客观条件得到改善，党的领导核心逐渐确立，党在理论上逐渐成熟，开展整风运动在政治和组织上有了保障

20 世纪 40 年代初，全民族抗日战争进入相持阶段，党中央所在地陕甘宁边区的形势比较稳定，为党集中时间进行整风提供了较好的客观条件。另一方面，中国共产党经过革命斗争的洗礼和考验，逐渐形成了一批在思想上、政治上比较成熟的领导骨干，毛泽东在党内领袖地位得到共产国际的认可。1938 年，共产国际领导人季米特洛夫接见了即将从莫斯科回国的王稼祥，请他转告中国共产党全体党员，必须支持毛泽东为中共中央的主要领导人，认可毛泽东是在实际斗争中锻炼和成长起来的领袖。而且季米特洛夫还请王稼祥转告王明，指出王明缺乏实际工作经验，不应争当领袖。王稼祥回国后，在 1938 年 9 月中共中央政治局会议上如实地传达了季米特洛夫的讲话，他在《国际指示报告》的讲话中说："在领导机关中要在毛泽东为首的领导下解决，领导机关中要有亲密团结的空气"。[①] 共产国际对全民族抗日战争以来中共中央政治路线的肯定和对毛泽东的支持，提高和巩固了毛泽东在党内的领导地位。与此同时，党内一批饱受革命考验和锻炼的领导人毛泽东、刘少奇、周恩来、陈云等，以马克思主义为指导，深刻分析中国革命问题和国内国际环境，撰写了《中国革命战争的战略问题》、《实践论》、《矛盾论》、《中国革命和中国共产党》、《论共产党员的修养》、《论党内斗争》、《怎样做一个共产党员》等闪耀着马克思主义理论光辉的著作，为整风运动的开展做了思想和理论上的准备。

（四）共产国际的错误指示严重影响党的领导，皖南事变的发生促使党的领导人进一步决心调整与共产国际的关系

从中国共产党筹建到 20 世纪 40 年代初，共产国际和中国共产党实际上是上下级的关系，共产国际给予过中国共产党很大的帮助和支持，但也犯过许多

---

① 《建党以来重要文献选编（1921—1949）》第 15 册，中央文献出版社 2011 年版，第 556 页。

错误。毛泽东明确指出，共产国际对中共实行的是"家长制"的作风，党的历史上三次"左"倾错误和王明的右倾错误都与共产国际和联共（布）有关系。1941 年 1 月，皖南事变发生，新四军遭到惨重损失。而在事变前，党中央、毛泽东就对国民党有所戒备，但共产国际主张一味对国民党让步，皖南事变造成的巨大损失共产国际负有不可推卸的责任。皖南事变反映了中共中央与共产国际的意见分歧，同时这一经验教训也促使毛泽东进一步决心尽快改变与共产国际的关系，必须摆脱共产国际对中国革命的控制和干预，独立自主地领导中国革命的任务。要改变这一局势，就必须开展一次全党的整风，从思想根源上破除将共产国际指示神圣化和教条化的氛围。

总之，在延安整风前，中国共产党在处理中国革命问题时还不够成熟，时常犯"左"倾或右倾错误。无论是"左"的还是右的错误，很大程度上都是照搬照抄或盲目听信共产国际指示的结果，是严重的教条主义、主观主义的表现，是理论上不成熟的表现，中国共产党还没有把马克思主义与中国革命的具体实际很好地结合起来。正是在这样错综复杂的历史背景下，以毛泽东为领导的党中央，发动了第一次全党范围内的整风运动。

二、整风运动的主要过程和重要意义

整风运动是分两个层次进行的，一是党的高级干部的整风，二是一般干部和广大党员的整风，重点是党的中高级干部特别是高级干部的整风。1941 年 5 月，毛泽东在延安高级干部会议上作《改造我们的学习》的报告是高级干部整风开始的标志。在此之前的 3 月份，毛泽东将自己所作的农村调查增写了"序"和"跋"汇集成《农村调查》一书出版，他说，"所以印这个材料，是为了帮助同志们找一个研究问题的方法"[1]，并且重申"没有调查，没有发言权"的论断。毛泽东出版《农村调查》和作《改造我们的学习》的报告，都是为了改变党内特别是党的高级干部理论脱离实际的状况作出的。

1941 年 9 月 10 日至 10 月 22 日，中共中央召开了政治局扩大会议（又称"九月会议"）。会议断断续续开了一个多月，重点是检讨党在十年内战后期的

---

[1] 《毛泽东选集》第 3 卷，人民出版社 1991 年版，第 789 页。

领导路线问题，毛泽东主持编辑的历史文献集《六大以来——党内秘密文件》是会议要求大家认真阅读思考的主要材料。党的高级干部通过学习和研究党的历史，总结党的历史经验，以求从政治路线上分清是非。毛泽东在会议的第一天作了反对主观主义和宗派主义的报告，强调"要分清创造性的马克思主义和教条式的马克思主义"，"宣传创造性的马克思主义"，"要使中国革命丰富的实际马克思主义化"①。参会的绝大多数党的高级干部拥护毛泽东的报告，会上有28人次发言，谈到了开展反对主观主义和宗派主义的斗争的重大意义，很多人进行了自我批评，检讨了自己在历史上所犯的错误。博古在会上诚恳地作了自我批评，他表示对党在1932年至1935年的错误负主责，并且有勇气公开地检讨自己过去的错误，希望在大家的帮助下逐渐克服。王稼祥总结了主观主义产生的根源，他说："学了一些理论而没有实际工作经验的人，易做教条主义者，从莫斯科共产国际回来没有实际工作经验的人，更易做教条主义者；实际工作经验多的人，不易做教条主义者，而容易成为狭隘经验主义者。"②王明没有在会上做自我批评，他的两次发言只是推卸责任。

九月会议之后，毛泽东集中精力开展高级干部的整风学习，他认为"将多数高级及中级干部的思想打通，又能保存党与军的骨干，那我们就算是胜利了"。③从1941年冬季开始，高级干部的整风学习普遍开展起来。经过几个月的学习，高级干部的思想发生了深刻变化，认识上达到基本一致，开展全党普遍整风的条件成熟了。

1942年2月，毛泽东作《整顿党的作风》和《反对党八股》的报告，标志着全党普遍整风的开始。在报告中，毛泽东全面论述了整风的任务、内容、办法和意义。他指出："反对主观主义以整顿学风，反对宗派主义以整顿党风，反对党八股以整顿文风，这就是我们的任务。"关于整风的意义，毛泽东强调："学风和文风也都是党的作风，都是党风。只要我们党的作风完全正派了，全国人民就会跟我们学。党外有这种不良风气的人，只要他们是善良的，就会跟我们学，改正他们的错误，这样就会影响全民族。只要我们共产党的队伍是整齐的，步调是一致的，兵是精兵，武器是好武器，那末，任何强大的敌人都

① 《建党以来重要文献选编（1921—1949）》第18册，中央文献出版社2011年版，第592页。

② 《王稼祥选集》，人民出版社1989年版，第326页。

③ 《毛泽东文集》第3卷，人民出版社1996年版，第2页。

是能够被我们打倒的。"① 关于整风的方针和方法，毛泽东提出两条宗旨："惩前毖后"，"治病救人"。他提出："对以前的错误一定要揭发，不讲情面，要以科学的态度来分析批判过去的坏东西，以便使后来的工作慎重些，做得好些。""但是我们揭发错误、批判缺点的目的，好像医生治病一样，完全是为了救人，而不是把人整死"，"对待思想上的毛病和政治上的毛病，决不能采取鲁莽的态度，必须采用'治病救人'的态度，才是正确有效的方法。"毛泽东还指出，争取犯过错误的同志"决不是痛快一时，乱打一顿，所能奏效的。"②"惩前毖后，治病救人"这八个字就成为党内对待犯错误的同志采取的正确方针。

整风过程中，延安文艺界暴露出一些问题，有的还很突出。1942 年 5 月 2 日至 23 日，中共中央召开了延安文艺座谈会。毛泽东在第一次会议上发表讲话并在闭幕会上作总结，阐明了中国革命文艺的发展方向，系统地回答了文艺运动中许多有争论的问题。会后，文艺界开始了整风学习。延安文艺座谈会之后，广大文艺工作者一改过去脱离实际、脱离群众的不良风气，深入群众、深入基层、深入前线，创作出一大批深受群众欢迎的优秀作品。

从 1943 年 9 月起，中央领导层的整风进行到深入讨论党的历史问题阶段。为了统一高级干部的思想，毛泽东提议召开政治局会议。1943 年 9 月 7 日至 10 月 6 日，中共中央召开政治局扩大会议，按照 1941 年九月会议的方式，讨论抗战时期党的路线问题。在深入研究党的历史、认清路线是非的基础上，1945 年 4 月 20 日，历时 11 个月的六届七中全会闭幕，会议原则通过了《关于若干历史问题的决议》。《决议》总结了党的历史经验，"对若干重大历史问题作出了正确的结论，使全党尤其是党的高级干部对中国民主革命的基本问题的认识达到了在马克思列宁主义基础上的一致"。③ 至此，延安整风运动胜利结束。

延安整风既是深刻的马克思主义教育运动，也是彻底纠正以王明为代表的把马克思主义教条化、把共产国际指示和苏联经验神圣化错误倾向的思想解放运动。它坚持马克思列宁主义基本原理同中国革命实际相结合的原则，使实事求是的马克思主义思想路线深入人心。整风运动不仅教育训练了党的老干部，

---

① 《毛泽东选集》第 3 卷，人民出版社 1991 年版，第 812 页。

② 《毛泽东选集》第 3 卷，人民出版社 1991 年版，第 827、828 页。

③ 中共中央党史研究室：《中国共产党的九十年：新民主主义革命时期》，中共党史出版社、党建读物出版社 2016 年版，第 252 页。

也教育训练了大批新党员，实现了以毛泽东为核心的全党空前的团结和统一。整风运动还形成了党的建设的伟大成果，毛泽东在《论联合政府》中总结和概括的"理论联系实际、密切联系群众、批评与自我批评"的三大优良作风，就是延安整风运动中阐发和提炼出来的。

三、马克思主义教育运动

延安时期的马克思主义教育运动是一次普遍的影响深远的学习运动。开展马克思列宁主义思想教育运动，是党纠正"左"右倾错误路线、总结革命经验教训的必然结果，是加强党的思想理论建设的必然选择，也是用马克思主义及中国化的马克思主义武装全党的必然要求。在1938年10月的六届六中全会上，毛泽东特别强调领导干部学习马克思列宁主义的重要意义，号召全党学习马克思主义理论。他从中国共产党领导抗日战争的历史责任提出学习马克思主义理论的任务，又从学习马克思主义理论提出对待马克思主义的态度，提出要把它们看做"行动的指南"，当成"革命的科学"，作为"观察问题和解决问题的立场和方法"[1]。毛泽东在《论新阶段》的报告中说："我们的任务，是在领导一个四万万五千万人口的大民族，进行着空前的历史斗争。所以普遍地深入地研究理论的任务，对于我们，是一个亟待解决并须着重致力才能解决的大问题。我们努力罢，从我们这次扩大的六中全会之后，来一个全党的学习竞赛，看谁真正学到了一点东西，看谁学得更多一点，更好一点……学习理论是胜利的条件。"[2]1941年7月，刘少奇同样认识到学习理论的重要性和紧迫性，他在《答宋亮同志》的信中指出："中国党有一极大的弱点，这个弱点，就是党在思想上的准备、理论上的修养是不够的，是比较幼稚的。因此，中国党过去的屡次失败，都是指导上的失败，是在指导上的幼稚与错误而引起全党或重要部分的失败，而并不是工作上的失败。""因此，现在提倡党内的理论学习，就成为十分必要。中国党只要克服了这个弱点，就能有把握地引导中国革命到完全的胜利"[3]。

---

① 《毛泽东选集》第 2 卷，人民出版社 1991 年版，第 533 页。
② 《建党以来重要文献选编（1921—1949）》第 15 册，中央文献出版社 2011 年版，第 650 页。
③ 《刘少奇选集》上卷，人民出版社 1981 年版，第 220 页。

　　1935 年，党中央到达延安之后，就在一定范围内加强了马克思主义教育。为了提高党的理论水平，培养革命干部，党中央恢复了中央党校，先后成立了中国人民抗日军政大学、陕北公学、马列学院等教育和培训机构。党的六届六中全会后，毛泽东把加强马克思主义理论学习作为"有头等重要意义"的工作来抓。1939 年 5 月，他在延安在职干部教育动员大会上发表演讲中指出："我们要建设的一个大党，不是一个'乌合之众'的党，而是一个独立的、有战斗力的党，这样就要有大批的有学问的干部做骨干"，这就非学习不可。"领导工作、改善工作与建设大党，便是我们学习运动的直接原因"①。他提出要造一个热烈的学习大潮，把全党变成一个大学校。会后，中央一些部委组织了学习小组，在延安参加学习的干部达 4000 多人。此后，中央设立了干部教育部，以便有计划有组织地推动干部学习运动的开展。1939 年 8 月，《中央政治局关于巩固党的决定》指出："巩固党的中心一环，就是加强党内马克思列宁主义的教育、阶级教育与党的教育，使党员认识马列主义与三民主义、民族统一战线与阶级斗争、民族立场与阶级立场的正确关系。纠正各种'左'倾或右倾的不正确观点。各级党部必须根据具体环境与党员政治文化程度，采取各种方式来进行有系统有计划的教育工作。"②1940 年 1 月，中央发布关于干部学习的指示，要求"全党干部都应当学习和研究马列主义的理论及其在中国的具体运用"③。同年 3 月，中央再次发布关于在职干部教育的指示，进一步明确了干部学习的任务与内容，并决定以 5 月 5 日马克思诞辰日为学习节。到 1940 年，延安党的各级干部，包括中央领导同志，都参加了学习。学习的内容包括马列主义理论、联共党史、中国历史、时局与党的政策及文化知识。党中央还加强了马克思主义著作的翻译出版，推动了马克思主义学习运动的开展。但这一阶段的学习教育活动存在理论学习与实际脱离的倾向。

　　延安整风运动实际上是马克思列宁主义教育运动的全面推进阶段。毛泽东在中共中央组织部召开延安党政军民众团体检查工作的干部讲话中指出，从中央委员会各级干部研究较高深的理论起，一直到各机关事务人员，都要加紧学习马克思列宁主义、革命运动及中国的历史④。在这次学习运动中，包括陕甘

① 《建党以来重要文献选编（1921—1949）》第 16 册，中央文献出版社 2011 年版，第 319 页。
② 《建党以来重要文献选编（1921—1949）》第 16 册，中央文献出版社 2011 年版，第 580 页。
③ 《建党以来重要文献选编（1921—1949）》第 17 册，中央文献出版社 2011 年版，第 1 页。
④ 延安整风运动编写组：《延安整风运动纪事》，求实出版社 1982 年版，第 10 页。

宁边区在内的各抗日根据地所有的机关、学校、干部、团体等，从干事、科员、班长以上的基层干部直到中央一级领导干部，以及在大后方秘密环境下工作的干部，几乎全都参加了学习。从学习的内容来看，不是零碎的学习，而是完整系统的学习。针对党内教条主义屡次泛滥的情况，中央指示翻译出版马列主义基本著作，要求干部通过学习系统掌握马克思列宁主义基本原理。毛泽东指出，不应当"只会片面地引用马克思、恩格斯、列宁、斯大林的个别词句，而不会运用他们的立场、观点和方法，具体地分析中国革命问题和解决中国革命问题"①。他要求党的同志把马列主义当成革命的科学来学习，不仅了解他们研究广泛的真实生活和革命经验所得出的关于一般规律的结论，还应当学习他们观察问题和解决问题的立场和方法。从学习的目的来看，学习重点应着眼于应用，做到学以致用。毛泽东在党的六届六中全会上指出，马克思列宁主义的伟大力量在于与各个国家具体的革命实践相联系，对于中国共产党来说，就是要学会把马克思列宁主义的理论应用于中国的具体环境。离开中国特点来谈马克思主义，只是抽象的马克思主义。针对学习运动中存在的不注重研究现状、不注重研究历史、不注重马克思列宁主义的应用的问题，毛泽东提出改造学习的建议，要系统研究周围的环境，研究近百年的中国史，应确立以研究中国革命实际问题为中心，以马克思列宁主义基本原则为指导的干部教育方针。1942年，毛泽东在中央党校开学典礼的讲话中指出："对于马克思主义的理论，要能够精通它、应用它，精通的目的全在于应用。"② 毛泽东还深入浅出地阐释"理论联系实际"的道理。他说："马克思列宁主义理论和中国革命实际，怎样互相联系呢？拿一句通俗的话来讲，就是'有的放矢'。'矢'就是箭，'的'就是靶，马克思列宁主义和中国革命的关系，就是箭和靶的关系。"③理论联系实际为原则的学习方法就是在马列主义学习运动期间形成的。通过延安整风，中国共产党不仅初步确立了实事求是的思想路线，破除了将苏共经验和共产国际指示神圣化的教条主义，而且还将马克思主义中国化的第一个理论成果——毛泽东思想确定为党的指导思想，从而极大地推动了马克思主义中国化的进程，对中国革命事业产生了深远影响。

---

① 《毛泽东选集》第 3 卷，人民出版社 1991 年版，第 797 页。
② 《毛泽东选集》第 3 卷，人民出版社 1991 年版，第 815 页。
③ 《建党以来重要文献选编（1921—1949）》第 19 册，中央文献出版社 2011 年版，第 38 页。

整顿"三风"之后，在对党的历史经验特别是党史上几次大的路线错误进行全面、系统的总结的基础上，1945 年 4 月，党的六届七中全会通过了《关于若干历史问题的决议》，标志着延安整风胜利结束。《关于若干历史问题的决议》是新民主主义革命时期党的一份重要文献，是整风运动的丰硕成果。"党制定《关于若干历史问题的决议》，使全党对中国革命基本问题的认识达到一致。"① 它总结了自党成立到全民族抗日战争爆发，特别是 1931 年到 1934 年的历史，对十年内战时期党的若干历史问题作了明确结论。这个文献为党的七大召开作了重要的准备，对肃清王明"左"的错误路线的影响，统一全党思想，加强团结，发挥了巨大作用。

《关于若干历史问题的决议》运用辩证唯物主义的思想和方法论总结了中国革命正反两方面的经验，重点批判了王明的"左"倾错误，特别批判了他的《为中共更加布尔什维克化而斗争》。为了使全党进一步了解各次"左"倾错误尤其是王明"左"倾错误的实质和根源，《关于若干历史问题的决议》从政治上、军事上、组织上、思想上分别对他进行了批判。《决议》指出："一切政治路线、军事路线和组织路线之正确或错误，其思想根源都在于它们是否从马克思列宁主义的辩证唯物论和历史唯物论出发，是否从中国革命的客观实际和中国人民的客观需要出发。"其思想表现为主观主义和形式主义，更特别表现为教条主义，"他们不是实事求是，而是自以为是。"② 《决议》还分析了党内三次"左"倾错误的社会根源，对小资产阶级革命性的特点和小资产阶级的思想方法、政治倾向和组织生活方面的问题进行了剖析，指出其思想方法易表现为教条主义和经验主义。

《关于若干历史问题的决议》是在延安整风的基础上对王明教条主义的总清算，是对整风运动的总结，是对实际工作中的唯心主义——主观主义的系统全面的总批评。《关于若干历史问题的决议》"实事求是总结党的重大历史事件和重要经验教训，在重大历史关头统一了全党思想和行动，对推进党和人民事业发挥了重要引领作用，其基本论述和结论至今仍然适用"。③

---

① 《中共中央关于党的百年奋斗重大成就和历史经验的决议》(2021 年 11 月 11 日中国共产党第十九届中央委员会第六次全体会议通过)，《人民日报》2021 年 11 月 17 日。

② 《毛泽东选集》第 3 卷，人民出版社 1991 年版，第 988 页。

③ 《中共中央关于党的百年奋斗重大成就和历史经验的决议》(2021 年 11 月 11 日中国共产党第十九届中央委员会第六次全体会议通过)，《人民日报》2021 年 11 月 17 日。

通过延安整风，批评主观主义，毛泽东思想趋于全面成熟，形成了具有中国共产党人特色的立场、观点和方法，即实事求是的思想路线。在随后召开的七大上，毛泽东思想被确立为党的指导思想。七大结束后，全党掀起了学习毛泽东思想的高潮，并用这一理论来指导中国的革命实践。

马克思主义教育运动，还是推进马克思主义中国化的实际行动。整风学习是在毛泽东的亲自领导下进行，从酝酿准备到正式开展，历时六年多，不仅在我党历史上是一次普遍的思想解放、集中学习马克思主义的创举，也是在马克思主义发展史上成功运用马克思主义、实现马克思主义中国化的史无前例的创举。

毛泽东从哲学的高度认识"学风"，他指出："学风问题是领导机关、全体干部、全体党员的思想方法问题，是我们对待马克思列宁主义的态度问题，是全党同志的工作态度问题。"[1]虽然学习运动从一开始就强调理论联系实际的原则，但实际上理论脱离实际、教条主义和主观主义的错误倾向仍然普遍存在。1941年5月19日，毛泽东在延安干部会上作《改造我们的学习》的报告中指出："我们学的是马克思主义，但是我们中的许多人，他们学马克思主义的方法是直接违反马克思主义的。这就是说，他们违背了马克思、恩格斯、列宁、斯大林所谆谆告诫人们的一条基本原则：理论和实际统一。在学校的教育中，在在职干部的教育中，教哲学的不引导学生研究中国革命的逻辑，教经济学的不引导学生研究中国经济的特点，教政治学的不引导学生研究中国革命的策略，教军事学的不引导学生研究适合中国特点的战略和战术，诸如此类。其结果，谬种流传，误人不浅。在延安学了，到富县就不能应用。"[2]针对这种现象，毛泽东提议改革延安的干部教育，要求干部学习"应确立以研究中国革命实际问题为中心，以马克思列宁主义基本原则为指导的方针，废除静止地孤立地研究马克思列宁主义的方法"[3]。毛泽东还要求全党使马克思主义在中国具体化，按照中国的特点去应用它。他说："共产党员是国际主义的马克思主义者，但马克思主义必须通过民族形式才能实现。没有抽象的马克思主义，只有具体的马克思主义。所谓具体的马克思主义，就是通过民族形式的马克思主义，就是把马

---

① 《毛泽东选集》第3卷，人民出版社1991年版，第813页。
② 《建党以来重要文献选编（1921—1949）》第18册，中央文献出版社2011年版，第296页。
③ 《毛泽东选集》第3卷，人民出版社1991年版，第802页。

克思主义应用到中国具体环境的具体斗争中去，而不是抽象地应用它。成为伟大中华民族之一部分而与这个民族血肉相连的共产党员，离开中国特点来谈马克思主义，只是抽象的空洞的马克思主义。因此，马克思主义的中国化，使之在其每一表现中带着中国的特性，即是说，按照中国的特点去应用它，成为全党亟待了解并亟须解决的问题。"①1941 年 9 月，中共中央举行政治局扩大会议，毛泽东在会上作了反对主观主义和宗派主义的报告。他说："我们反对主观主义，是为着提高理论，不是降低马克思主义。我们要使中国革命丰富的实际马克思主义化。"②会后，中央决定成立高级学习组，毛泽东任组长。高级学习组以理论与实践相统一为方法，研究马克思恩格斯列宁斯大林的思想方法论与党的二十年历史，研究马克思恩格斯列宁斯大林与中国革命的其他问题，以达克服错误思想，发展革命理论的目的。毛泽东还为高级学习组拟定了具体的学习材料，包括党的六大以来党的文件及以研究思想方法论为主的马列著作等。在倡导马克思主义中国化之后，毛泽东先后发表了《〈共产党人〉发刊词》、《中国革命和中国共产党》、《新民主主义论》等重要著作，刘少奇、张闻天、彭真等党的高级领导干部纷纷强调要使马克思主义中国化，并用以指导革命实践。马克思主义理论工作者也进一步撰写文章，阐述马克思主义中国化问题。毛泽东提出的"马克思主义中国化"思想原则逐渐得到党内外一致的支持与肯定。整风运动，是一次极为深入细致的马克思主义教育运动，它以实现和推进马克思主义中国化为核心，进一步巩固和发展了毛泽东为纠正党的错误路线、确立新的正确的思想路线而做出的努力和成果，对党的思想路线建设和历史经验的总结，对取得全党认识上的一致和团结，都是一项创造性的学习活动，其发展的结果必然是全党形成对马克思主义中国化的高度共识，也必然是对中国化马克思主义更自觉的选择。因此，党的七大必然把中国化的马克思主义——毛泽东思想确立为党的指导思想，既是"众望所归"，也是马克思主义中国化历史上不可磨灭的丰碑。

---

① 《建党以来重要文献选编（1921—1949）》第 15 册，中央文献出版社 2011 年版，第 651 页。
② 《毛泽东文集》第 2 卷，人民出版社 1993 年版，第 374 页。

第十一章 毛泽东思想是马克思主义中国化飞跃的伟大理论成果

在全民族抗日战争时期，以毛泽东同志为主要代表的中国共产党人不仅制定了以抗日民族统一战线为主体，以持久抗战为基本方略打败日本侵略者的战略方针，而且形成了革命统一战线理论、武装斗争理论、党的建设理论等，这从根本上正是得益于毛泽东实事求是思想路线的提出和为全党所接受。中国共产党人将自己所积累的经验、所创立的理论，称为毛泽东思想。毛泽东思想是马克思列宁主义在中国的运用和发展，是被实践证明了的关于中国革命和建设的正确的理论原则和经验总结，是马克思主义中国化飞跃的伟大理论成果，是中国共产党集体智慧的结晶。

第一节 实事求是思想路线和党的群众路线的确立

实事求是是毛泽东思想的精髓，没有实事求是的思想路线，就没有毛泽东思想的形成与发展。群众路线是毛泽东对人民群众是历史的创造者这一马克思主义原理的创新与发展。

一、实事求是的思想路线

（一）实事求是思想路线的形成和含义

思想路线也就是认识路线，就是化为指导思想，并体现于革命实践中的哲学思想路线。实事求是是毛泽东思想活的灵魂，是毛泽东思想的根本点。实事求是是以毛泽东同志为主要代表的中国共产党人在把马克思主义普遍原理与中国具体实践相结合的过程中，在反对主观主义和教条主义的斗争中，形成和发展起来的我们党的一条马克思主义的思想路线。

实事求是思想路线的形成和发展过程，就是毛泽东思想形成和发展过程，就是不断与教条主义进行斗争的过程，就是马克思列宁主义普遍原理与中国实际不断结合的过程。毛泽东从接受马克思主义并积极投身革命起，就高度重视革命理论对革命运动的指导作用，强调必须坚持马克思列宁主义的基本原理，同时又十分重视深入实践，调查研究，了解中国国情，致力于将马克思列宁主义与中国实际相结合。大革命时期，他写作了《湖南农民运动考察报告》；土地革命战争时期，他在井冈山和中央革命根据地开展了一系列农村调查。在《关于纠正党内的错误思想》和《反对本本主义》等著作中，已包含有实事求是的思想，明确提出"中国革命斗争的胜利要靠中国同志了解中国情况"[①]，"马克思主义的'本本'是要学习的，但是必须同我国的实际情况相结合。"[②] 特别指出本本主义（教条主义）"完全不是共产党人从斗争中创造新局面的思想路线，完全是一种保守路线"[③]，从而在我党历史上第一次提出了"思想路线"的问题。他在《中国革命战争的战略问题》中说，有一种方法是要学习的，学习的时候要用这种方法，使用的时候也要用这种方法。"什么方法呢？那就是熟识敌我双方各方面的情况，找出其行动的规律，并且应用这些规律于自己的行动。"[④] 这里，实际上已包含从敌我双方的"实事"（实际）中求"是"思想。在《实践论》、《矛盾论》中，他从理论形态上完整地阐述了主观和客观、理论和实践、知和行的具体的历史的统一问题，实际上论述了为什么要实事求是

---

① 《毛泽东选集》第 1 卷，人民出版社 1991 年版，第 115 页。
② 《毛泽东选集》第 1 卷，人民出版社 1991 年版，第 111—112 页。
③ 《毛泽东选集》第 1 卷，人民出版社 1991 年版，第 116 页。
④ 《毛泽东选集》第 1 卷，人民出版社 1991 年版，第 178 页。

和怎样实事求是的道理，为实事求是思想路线奠定了理论基础。1938 年，毛泽东在中共六届六中全会的报告中首次明确提出共产党员必须是实事求是模范的要求。他指出："共产党员应是实事求是的模范，又是具有远见卓识的模范。因为只有实事求是，才能完成确定的任务；只有远见卓识，才能不失前进的方向。"①1939 年在《〈共产党人〉发刊词》中，他又以最完备的形态提出"马克思列宁主义的理论和中国革命的实践相结合"② 的思想。毛泽东正式提出"实事求是"的命题是在 1940 年 1 月写的《新民主主义论》中，他明确指出，要说明中国政治和中国文化的动向问题，"科学的态度是'实事求是'，'自以为是'和'好为人师'那样狂妄的态度是决不能解决问题的。我们民族的灾难深重极了，惟有科学的态度和负责的精神，能够引导我们民族到解放之路。真理只有一个，而究竟谁发现了真理，不依靠主观的夸张，而依靠客观的实践。只有千百万人民的革命实践，才是检验真理的尺度。"③ 这里已指出"实事求是"是科学的态度，是与"自以为是"的主观主义相对立的态度。

1942 年在延安干部会议上所作的著名的《改造我们的学习》报告中，毛泽东第一次明确把我们党的思想路线概括为"实事求是"，提出实事求是的思想路线和主观主义相对立，对"实事求是"这一中国传统命题进行批判改造，赋予它以马克思主义的科学含义。他指出，在学风上和主观主义相对立的，是马克思列宁主义的理论和实践统一的态度，即有的放矢的态度、实事求是的态度。所谓实事求是的态度，就是有目的地去研究马克思列宁主义的理论，要使马克思主义理论和中国革命的实践运动结合起来，为着解决中国革命的理论问题和策略问题而从它找立场、观点和方法。"的"是中国革命，"矢"就是马克思列宁主义。"我们中国共产党人所以要找这根'矢'，就是为了要射中国革命和东方革命这个'的'的。这种态度就是实事求是的态度。'实事'就是客观存在着的一切事物，'是'就是客观事物的内部联系，即规律性，'求'就是我们去研究。我们要从国内外、省内外、县内外、区内外的实际情况出发，从其中引出其固有的而不是臆造的规律性，即找出周围事变的内部联系，作为我们行动的向导。"④并强调，这种态度，就是党性的表现，就是理论和实际统一的

① 《毛泽东选集》第 2 卷，人民出版社 1991 年版，第 522—523 页。
② 《毛泽东选集》第 2 卷，人民出版社 1991 年版，第 611 页。
③ 《毛泽东选集》第 2 卷，人民出版社 1991 年版，第 662—663 页。
④ 《毛泽东选集》第 3 卷，人民出版社 1991 年版，第 801 页。

马克思列宁主义的作风。毛泽东的这一精辟论述，言简意赅地揭示了"实事求是"是马克思主义科学世界观的实质，它集中体现了辩证唯物主义和历史唯物主义的根本要求。

1942 年毛泽东为延安中央党校写了"实事求是"的题词。1945 年他又在中共七大纪念册上题了"实事求是，力戒空谈"八个大字。中共七大又将实事求是正式写入了党章，从此实事求是的思想路线正式确定下来，成为和主观主义相对立的辩证唯物主义思想路线的精辟概括，成为具有中国共产党人特色的立场、观点和方法。

（二）实事求是思想路线的特征

第一，实事求是集中体现了唯物论、辩证法和认识论的有机统一，因此也是彻底的唯物论和辩证法以及能动的、革命的反映论的根本原则。马克思主义是从科学的实践观出发，既唯物又辩证地解决了思维与存在的关系这个哲学的基本问题。实事求是中的"实事"，就是客观存在着的，不以人的意志为转移的一切事物，因此人们只有在实践的过程中按照事物的本来面貌去认识它，把握并遵循其固有的客观规律，才能达到改造和利用它来为自己服务的目的。事物所固有的客观规律，就是它内在的、本质的、必然的联系，可见实事求是就是要求在客观事物的普遍必然的联系与发展变化中去认识和改造自然、改造社会。显然，实事求是不仅是彻底的唯物论和辩证法的根本原则，而且也是辩证唯物主义能动的、革命的反映论的根本原则。

第二，实事求是体现了马克思主义科学世界观和方法论的有机统一。马克思主义的科学世界观与一切旧世界观的根本区别，就在于它并不满足于解释世界，而是以通过实践改造现存世界为根本目的，所以它以科学的实践观为其理论体系的基础，并以实践为目的和归宿，具有鲜明的实践性的特征。马克思主义科学世界观同时又是方法论，是二者的有机统一，是一个根本的方法论原则，我们只有严格遵循实事求是这个根本的方法论原则，才能达到正确地认识世界及其客观规律并有效地改造自然与社会的目的。

第三，实事求是也是马克思主义科学世界观的根本要求，是一切实践活动所必须遵循的根本原则。马克思主义的科学实践观认为，社会实践作为人类能动地改造客观世界的活动，并不是不受各种主客观条件的限制而为所欲为的，它同时具有受动性的一面。不仅实践活动的目的要受到各种条件的制约，而且作为实践活动对象的外部世界也是不以人的意志为转移的、具有固有规律的客观存在。由于这些限制条件的存在，人类实践活动的广度和深度在特定的历史时代都是有局限的，都是在特定的范围和水平上进行的。我们从事一定的实践活动时，必须考虑各种具体条件，必须尊重客观规律，即必须做到实事求是，一切从实际出发。因此实事求是也是一切实际工作必须遵循的根本原则。所以中国共产党把它确立为自己的思想路线。

同时，实事求是与群众路线、独立自主又构成了毛泽东思想活的灵魂，即三者是贯穿于毛泽东思想各个组成部分的最基本的立场、观点和方法。

二、从群众中来，到群众中去的群众路线

（一）群众路线的形成

群众路线是毛泽东思想活的灵魂之一，是我们党一切工作所必须遵循的基本方针和生命线。它是以毛泽东同志为主要代表的中国共产党人把马克思列宁主义关于人民群众是历史创造者的原理创造性地应用于党的全部活动中形成的一条基本路线。群众路线是我们党在长期艰苦卓绝的革命斗争中逐步创立并发展起来的，是对我们党历史经验的科学总结。

中国革命是在长期敌我力量悬殊的艰苦环境中进行的，中国共产党从成立起最根本、最重要的任务，就是密切联系群众，全心全意地依靠群众，宣传和发动群众，并为人民群众的利益而斗争。1922 年 7 月党的第二次全国代表大会通过的党章就明确指出：党的一切运动必须深入到广大群众中去。1925年 10 月中央扩大执委会的决议特别强调：中国革命运动将来的命运，全看中国共产党会不会组织群众、引导群众。毛泽东历来十分重视发动群众和依靠群众。1927 年初，他在对湖南农民运动的状况进行深入考察的基础上，以伟大革命家的气魄高度赞扬了农民群众的革命精神，坚决驳斥了对农民运动的种种责难。在这里，毛泽东已初步阐述了要相信和依靠群众、尊重群众首创精神的思想。在党的领导人中，周恩来比较早地使用了"群众路线"这个概念。他在1929 年 9 月《中央给红四军前委的指示信》中强调红军的工作要注意"群众路线"这一方式的运用。同年 12 月，毛泽东在《中国共产党第四军第九次代表大会决议案》中也使用了"群众路线"的概念，指出，一切工作在党的讨论和决议

之后，再经过群众路线去执行。1930 年，在著名的《反对本本主义》一文中，毛泽东强调指出，无产阶级政党的正确的斗争策略，只有在群众的斗争过程中才能产生。因此，只有深入群众斗争的实际，作艰苦细致的调查研究，才能形成正确的阶级估量和工作指导，如果像本本主义那样，脱离实际，脱离群众，对工作进行主观主义和唯心主义的指导，就一定会失掉群众并会把各项工作搞糟。1943 年 6 月，在为中共中央起草的《关于领导方法的若干问题》的决定中，毛泽东比较系统地阐述了党的群众路线，标志着这一路线经过系统的总结已达到成熟。1945 年在中共七大上毛泽东又从党的性质和宗旨出发，将"和最广大的人民群众取得最密切的联系"① 作为党的三大优良作风之一，作为中国共产党区别于其他任何政党的三个显著标志之一。刘少奇在关于修改党章的报告中专门论述了党的群众路线的极端重要性，将群众路线提高到了党的政治路线和组织路线的高度。中共七大在规定毛泽东思想是党的指导思想的同时，规定了党的群众观点和群众路线的基本内容与基本要求，并将其写入党章。

（二）一切为了群众，一切依靠群众

党的群众路线，就是一切为了群众，一切依靠群众，从群众中来，到群众中去。一切为了群众，一切依靠群众，集中体现了中国共产党人的马克思主义的群众观点。它主要包括以下四个方面的基本观点：一是一切为了群众，全心全意为人民服务；二是一切向人民群众负责；三是相信群众自己解放自己；四是向人民群众学习。在 1943 年 10 月，毛泽东就指出："有无群众观点是我们同国民党的根本区别，群众观点是共产党员革命的出发点与归宿。"②

第一，一切依靠群众，是因为人民群众是我们党的智慧和力量源泉。人民群众是改造客观世界实践的主体，是世界历史的创造者，中国共产党的一切智慧和力量都来源于中国人民的斗争实践。毛泽东特别强调尊重群众的意见，尊重群众的首创精神。他指出，我们党的一切理论、路线、方针和政策都应在群众的实践中产生，自觉接受群众的检验。因此我们应当虚心向群众学习，认真听取群众的意见，从群众的实践中产生，自觉接受群众实践的检验。毛泽东特别强调尊重群众的首创精神，他指出："应该使每一个同志懂得，只要我们

---

① 《毛泽东选集》第 3 卷，人民出版社 1991 年版，第 1094 页。

② 《毛泽东文集》第 3 卷，人民出版社 1996 年版，第 71 页。

依靠人民，坚决地相信人民群众的创造力是无穷无尽的，因而信任人民，和人民打成一片，那就任何困难也能克服，任何敌人也不能压倒我们，而只会被我们所压倒。"① 这既是对我们党历史经验的总结，也丰富了群众路线的内容。

第二，一切为了群众，全心全意为人民服务，是中国共产党的根本宗旨，是每一个共产党员必须始终牢记和践行的根本点。在共产党的队伍中，每一个党员都应该是人民的勤务员。每一个共产党员，不管他的职务有多高，都必须正确处理个人同群众的关系，真正做到人民群众的利益高于一切，将为人民服务作为自己思想和行动的最高准则。正如毛泽东在《论联合政府》的报告中所阐明的："我们共产党人区别于其他任何政党的又一个显著标志，就是和最广大的人民群众取得密切的联系。全心全意地为人民服务，一刻也不脱离群众；一切从人民的利益出发，而不是从个人或小集团的利益出发；向人民负责和向党的领导机关负责的一致性；这些就是我们的出发点。"② 当个人利益同群众利益发生冲突时，应当服从最广大人民的根本利益，甚至为了群众的利益牺牲自己的个人利益乃至个人的一切。

第三，一切为了群众，还必须做到一切向人民群众负责，敢于为人民的利益而坚持真理和修正错误。毛泽东指出："我们的责任，是向人民负责。每句话，每个行动，每项政策，都要适合人民的利益，如果有了错误，定要改正，这就叫向人民负责。"③ 这也涉及能否正确处理对人民群众负责和对领导机关负责的关系。

（三）从群众中来，到群众中去

从群众中来，到群众中去。要做到一切为了群众，一切依靠群众，就必须坚持从群众中来，到群众中去的原则，这也是中国共产党最基本的领导方法和工作方法。毛泽东指出："在我党的一切实际工作中，凡属于正确的领导，必须是从群众中来，到群众中去。这就是说，将群众的意见（分散的无系统的意见）集中起来（经过研究，化为集中的系统的意见），又到群众中去作宣传解释，化为群众的意见，使群众坚持下去，见之于行动，并在群众中考验这些意见是否正确。然后再从群众中集中起来，再到群众中坚持下去。如此无限循

① 《毛泽东选集》第 3 卷，人民出版社 1991 年版，第 1096 页。
② 《毛泽东选集》第 3 卷，人民出版社 1991 年版，第 1094—1095 页。
③ 《毛泽东选集》第 4 卷，人民出版社 1991 年版，第 1128 页。

环，一次比一次地更正确、更生动、更丰富。这就是马克思主义的认识论。"①
这形象地说明了从群众中来，到群众中去的领导方法和工作方法是实现一切为
了群众、一切依靠群众这一根本宗旨的根本途径和方法，只有通过这一根本途
径和方法，才能真正实现一切为了群众、一切依靠群众的根本宗旨。这两者是
目的与手段的辩证关系。同时，毛泽东的这一论述还说明，党的群众路线是与
马克思主义认识论完全一致的。人民群众的社会实践和经验是党的领导形成决
策，制定方针、政策的基础，是检验其是否正确的唯一标准。从群众中来的
过程，就是从实践到认识的过程，是从感性认识到理性认识的过程；到群众中
去的过程，就是将理论认识拿到实践中进行检验的过程，即从认识到实践的过
程。这样，毛泽东就在马克思主义实践观的基础上把唯物史观的群众观点与
辩证唯物主义关于认识过程的理论有机统一起来，深刻地揭示了实践——认
识——实践和群众——领导——群众这两个过程的内在一致性。

在上述基础上，毛泽东还进一步把群众路线具体化为一般与个别相结合、
领导与群众相结合的方法，从哲学上作出深刻的分析和论证。他指出："从许多
个别指导形成一般意见（一般号召），又拿这一般意见到许多个别单位中去考验
（不但自己这样做，而且告诉别人也这样做），然后集中新的经验（总结经验），
做成新的指示去普遍地指导群众。"②这就是一般号召和个别指导相结合的方法，
亦即"点"和"面"相结合的方法。这种方法要求领导者深入群众，虚心向群
众学习，做艰苦细致的调查研究和组织群众的工作，这样才能做好领导工作，
成为合格的领导者。否则，就会脱离群众、脱离实际，和党的群众路线相背离。

三、独立自主的原则

独立自主的思想原则是以毛泽东同志为主要代表的中国共产党人在领导中国革
命的过程中，把马克思主义与中国的具体情况紧密结合起来而得出的一个创造性结
论。独立自主、自力更生是坚持实事求是、一切从实际出发、依靠人民群众进行革
命和建设的必然结论。独立自主、自力更生和实事求是、群众路线一起，构成了毛

---

① 《毛泽东选集》第 3 卷，人民出版社 1991 年版，第 899 页。
② 《毛泽东选集》第 3 卷，人民出版社 1991 年版，第 900 页。

泽东思想活的灵魂，成为毛泽东思想各个组成部分的基本立场、观点和方法。

20 世纪 20 年代后期和 30 年代前期，在国际共产主义运动中和中国共产党内部存在着把马克思主义教条化、把共产国际决议和苏联经验神圣化的错误倾向。毛泽东早在 1930 年 5 月就提出："中国革命斗争的胜利要靠中国同志了解中国情况。"[①] 后来，他在回顾当时的情况时讲得更加透彻："中国这个客观世界，整个地说来，是由中国人认识的，不是在共产国际管中国问题的同志们认识的。共产国际的这些同志就不了解或者说不很了解中国社会，中国民族，中国革命。对于中国这个客观世界，我们自己在很长时间内都认识不清楚，何况外国同志呢？"[②]

1927 年大革命失败后，中国共产党面临的首要问题是寻找一条具有中国特色的夺取政权的道路。一开始，我们也是按照俄国十月革命的模式搞城市暴动。在马克思、恩格斯、列宁的著作里，无产阶级革命的重点也是放在城市。而巴黎公社和俄国十月社会主义革命都是发生在敌人统治心脏的大城市中，并且十月革命更成为"城市中心论"成功的范例。从此，无产阶级及其政党通过中心城市的武装起义夺取政权，似乎成为一切国家共产党人夺取革命胜利的唯一道路。中国的共产主义运动是在俄国的直接影响下发生发展的。同时在中国 20 世纪早期的革命斗争，也是以城市为中心展开的。辛亥革命是在大城市武汉首先爆发并取得成功的，北伐战争采取的也是长驱直进、重点攻打大城市的战略。所以中国共产党成立后的一段时间里，党把工作重心放在了上海、北京、广州、武汉这样的中心城市，大力开展以工人运动为中心的民众运动。这对于建党时只有几十名党员的党来说，在城市中开展工人运动，可以在革命实践中大量发展工人党员，增强党的阶级基础。事实也证明，当时党把工作重心放在城市，是十分必要的，也是卓有成效的。国民革命时期，由于国共合作的特殊历史条件，也使共产党能够合法在广州、武汉等大城市进行公开的活动，并一度成功举行了上海工人第三次武装起义，建立了有无产阶级参加的革命政权。但是，在 1927 年大革命失败后的中国，国民党凭借其掌握的强大的武装力量，占据了所有的城市。他们在城市中建立反动政权，实行白色恐怖，到处破坏共产党组织，封闭革命工会，疯狂屠杀共产党人和革命群众，革命力量遭

① 《毛泽东选集》第 1 卷，人民出版社 1991 年版，第 115 页。
② 《毛泽东文集》第 8 卷，人民出版社 1999 年版，第 299—300 页。

受严重损失，敌我力量对比悬殊。在这样的情况下，走以城市为中心的道路实际上已不可能，必须寻找一条新的革命道路，去争取革命的胜利。

　　1927 年党的八七会议，虽然确定了土地革命和武装反抗国民党的总方针，揭开了中国共产党独立领导武装斗争的新篇章，但由于对中国民主革命的特点和国民革命失败后的形势缺乏深刻了解和足够估计，对农村在革命中的重要地位和建立农村革命根据地的重要意义缺乏正确认识，未能从党的总体思想上，真正解决大革命失败后的中国革命道路问题。所以，以南昌起义、秋收起义、广州起义为代表的大多数起义都失败了。南昌起义虽然打响了武装反对国民党反动派的第一枪，但是没有直接到当地农村中去发动和武装农民，实行土地革命，建立农村根据地，而是按中央原定计划夺取广东，夺取海口，准备在取得外援以后攻打大城市，结果失败了。

　　而在这重大的历史转折关头，以毛泽东为代表的尊重实践、敢于创新的中国共产党人，果断地将革命的力量转移到农村。早在国民革命时期，在 1926 年 9 月发表的《国民革命与农民运动》一文中，毛泽东明确指出："农民问题乃国民革命的中心问题，农民不起来参加并拥护国民革命，国民革命不会成功。"[1]"若无农民从乡村中奋起打倒宗法封建的地主阶级之特权，则军阀与帝国主义势力总不会根本倒塌。"[2] 在 1927 年 3 月发表的《湖南运动考察报告》中，毛泽东提出推翻地主武装，建立农民武装的主张，热情支持工农武装群众。国民革命失败前夕，在 1927 年 7 月 4 日中央常委扩大会议上，针对陈独秀的消极主张，毛泽东预见性地提出农民自卫武装"上山"的意见，指出"不保存武力，则将来一到事变，我们则无办法"，"上山可以造成军事势力的基础"[3]。在八七会议上，毛泽东从以往党放弃统一战线的领导权，不注重军事问题，不发动农民进行土地革命和党组织脱离群众等四个方面总结了第一次大革命失败的教训，着重指出："以后要非常注意军事。须知政权是由枪杆子取得的。"[4] 在 1927 年 8 月 9 日召开的临时中央政治局会议上，针对有人提出湖南组织一个师的军队随南昌起义的军队往广东的主张，毛泽东说："湖南民众组织比广东还要广大，当前处在暴动时期更需要武装。'前不久我起草经党委通过的一个

---

①　《毛泽东文集》第 1 卷，人民出版社 1993 年版，第 37 页。

②　《毛泽东文集》第 1 卷，人民出版社 1993 年版，第 39 页。

③　《毛泽东年谱（1893—1949）》上卷，中央文献出版社 2002 年版，第 205 页。

④　《毛泽东文集》第 1 卷，人民出版社 1993 年版，第 47 页。

计划，要在湘南形成一师的武装，占据五六县，形成一政治基础，发展全省的土地革命，纵然失败也不用去广东而应上山．'"① 随后毛泽东领导了秋收起义，创建了工农武装。当起义部队攻打长沙计划受挫，继续进攻中心城市将面临全军覆灭的危急关头，他根据敌强我弱的形势，果断放弃原定计划，改向敌人统治薄弱、远离中心城市的农村进发。对初创时期的弱小的革命军队来说，为了避免在力量不够的时候同强大的敌人决战，为了求得自身的生存和发展，唯一的办法就是把进军转向农村，特别是转向两省或数省交界的山区。从进攻强大的大城市转向进军农村，这是中国人民革命历史中具有决定意义的新起点。毛泽东率领秋收起义的剩余部队在江西永新三湾进行整编，确立了党对革命武装的绝对领导地位后，于 1927 年 10 月到达井冈山地区，创建了第一块农村革命根据地，成功地开始了把党的工作重点由城市转入农村，从而开创了一条农村包围城市、武装夺取政权的革命新路。这是毛泽东对马克思主义的创造性贡献。在全民族抗日战争和解放战争时期，毛泽东进一步丰富和完善了独立自主、自力更生的原则。在政治方面，毛泽东十分明确提出了在抗日统一战线中应坚持"独立自主，既统一，又独立"② 的方针，指出必须保持无产阶级在统一战线中的领导权，以及我们党在政治、组织和思想上的独立性。在军事方面，毛泽东在对全民族抗日战争基本态势和特点进行深刻分析的基础上，提出进行"独立自主的山地游击战"③ 的战略原则。在经济方面，毛泽东依据根据地由于敌人封锁，财政经济十分困难的状况，提出了"自己动手，丰衣足食"④ 的号召。他强调指出，独立自主、自力更生是保证抗日战争取得胜利的根本原则，"我们是主张自力更生的。我们希望有外援，但是我们不能依赖它，我们依靠自己的努力，依靠全体军民的创造力。"⑤ 在独立自主、自力更生方针的指引下，中国共产党通过艰苦斗争，发展壮大了抗日民主力量领导中国人民取得了抗日战争的伟大胜利。在解放战争时期，中国共产党顶住了国内外种种的强大的压力，始终坚持独立自主、自力更生的原则，领导中国人民同美帝国主义和国民党反动派进行了艰苦卓绝的斗争。毛泽东指出："我们的方针要放在什

① 《毛泽东年谱（1893—1949）》上卷，中央文献出版社 2002 年版，第 209 页。
② 《毛泽东选集》第 2 卷，人民出版社 1991 年版，第 540 页。
③ 《毛泽东选集》第 2 卷，人民出版社 1991 年版，第 393 页。
④ 《毛泽东文集》第 3 卷，人民出版社 1996 年版，第 329 页。
⑤ 《毛泽东选集》第 3 卷，人民出版社 1991 年版，第 1016 页。

么基点上？放在自己力量的基点上，叫做自力更生。我们并不孤立，全世界一切反对帝国主义的国家和人民都是我们的朋友。但是我们强调自力更生，我们能够依靠自己组织的力量，打败一切中外反动派。"① 解放战争胜利的事实不仅证明了这一方针的正确，而且充分证明了能否坚定不移地坚持这一方针，直接关系到革命事业的成败。

实事求是、群众路线、独立自主构成了毛泽东思想活的灵魂。毛泽东思想活的灵魂，既体现了马克思主义的立场、观点、方法，又具有中国共产党人的特色；既贯穿于毛泽东的全部科学著作和党的重要文献中，又表现在中国共产党人的实践活动中，是党和人民十分宝贵的精神财富。

第二节　革命统一战线理论

近代中国的阶级关系与社会状况决定了建立革命统一战线不仅是必要的，而且是可能的。在统一战线中必须坚持无产阶级的领导权，处理好劳动者之间联盟、劳动者与非劳动者联盟这两个联盟之间的关系，并注意在统一战线中实施正确的政策和策略。

一、建立革命统一战线的必要性和可能性

（一）建立革命统一战线的必要性

革命统一战线，就是无产阶级及其政党为了反对主要的敌人，在一定的条件下，同一切可能团结的阶级、阶层、政党、社会集团所结成的联盟，从而孤立和瓦解敌人，团结和壮大自己。统一战线的实质，是无产阶级解放运动中的自身团结统一和同盟军问题。而在半殖民地半封建的中国，这是关系到无产阶

———————

① 《毛泽东选集》第 4 卷，人民出版社 1991 年版，第 1132 页。

级能否领导形成浩浩荡荡的革命大军，关系到中国革命能否成功的一个根本问题。中国无产阶级在革命斗争中必须建立最广泛的革命统一战线，这是由马克思主义理论与中国的实际所决定的。

建立广泛的革命统一战线是马克思主义的一个策略原则。马克思主义认为，无产阶级在革命斗争中，为了集中力量反对最主要的敌人，取得革命的胜利，必须团结一切可以团结的力量，争取一切可能争取的同盟军，结成广泛的统一战线。只有这样，无产阶级革命才能取得最终的胜利。这一原则在无产阶级的革命斗争中，特别是在列宁领导的俄国革命和中国共产党领导的革命过程中，经过验证是完全正确的。

同时，建立广泛的革命统一战线是由中国社会的阶级状况所决定的。

第一，中国革命所面对的敌人异常强大和凶恶。不仅有强大的帝国主义和封建势力，还有勾结帝国主义和封建势力并与人民为敌的买办大资产阶级。大地主大资产阶级虽然人数并不多，但在帝国主义的支持下，掌握着全国性的政权，并对广大人民进行残酷的统治。

第二，中国无产阶级人数少，力量小，单凭自己一个阶级的力量，无法打倒比自己强大得多的敌人。中国半殖民地半封建社会是一个"两头小中间大"的阶级结构状况，无产阶级和大地主大资产阶级都只占人口少数并尖锐对立，中国的无产阶级尽管是一个最有觉悟、最有组织性纪律性、革命性很强的阶级，但毕竟人数少，力量比较弱。而农民、城市小资产阶级以及其他中间阶级却占了全国人口的绝大多数，他们在革命中具有举足轻重的作用。

第三，中国革命的长期性和发展的不平衡性。要以弱小的革命力量战胜强大的敌人，必须经历一个较长的过程，敌人的强大和革命力量的暂时弱小决定了中国革命的长期性和残酷性。同时由于中国社会经济政治发展的不平衡性，又导致了革命发展的不平衡性。

因此，要取得中国革命的胜利，就必须在各种不同的历史条件下，采取广泛的统一战线策略，利用一切可以利用的矛盾，团结和争取一切可以团结的阶级和阶层，特别是团结占中国人口绝大多数的农民阶级和城市小资产阶级，还要团结和争取有重大社会影响的民族资产阶级和其他爱国人士，以便在长期斗争中逐步壮大自己，削弱和孤立敌人，改变敌我力量的对比，以最终取得革命胜利。无产阶级如果放弃了应该团结和可能团结的力量，必然使自己陷于孤立，从而导致革命的损失或失败。正如毛泽东所说："中国新民主主义的革命要胜利，没有一个包括全民族绝大多数人口的最广泛的统一战线，是不可能的。"①

（二）建立革命统一战线的可能性

半殖民地半封建社会的中国，是近代世界矛盾的焦点，存在着内外各种矛盾。种种错综复杂的矛盾，在不同的历史时期和不同的问题上，又不断发生推移、转化和变迁。这种极端复杂的中国社会政治局面，在客观上为中国共产党提供了利用矛盾建立和发展统一战线的可能性。帝国主义与中华民族的矛盾，封建主义与人民大众的矛盾，是近代中国社会的主要矛盾。在帝国主义和封建主义的双重压迫下，特别是由于帝国主义对中国的野蛮侵略和疯狂掠夺，使中国面临着空前的民族危机，帝国主义与中华民族之间形成了尖锐的矛盾。这就可能使反对帝国主义的革命统一战线在全民族规模上出现。

中国革命统一战线中不仅包括农民和城市小资产阶级这些革命的基本力量，而且包括民族资产阶级。中国资产阶级分为民族资产阶级和买办资产阶级（大资产阶级、官僚资产阶级）两部分。由于中国最大的压迫是民族压迫，中国民族资产阶级是能够在一定时期中和一定程度上参加反对帝国主义和反封建军阀的斗争的。因此，无产阶级在一定时期内，应该同民族资产阶级建立并尽可能地保持统一战线。当然，由于中国民族资产阶级在经济上、政治上的软弱性，他们在革命的不同时期参加革命统一战线的情况是不同的。地主阶级和大资产阶级是革命的对象，但是由于它们的各自集团是以不同的帝国主义为背景的，在帝国主义之间的矛盾尖锐化的时候，属于别的帝国主义系统的大地主大资产阶级集团有可能在一定程度上和一定限度内参加反对某一帝国主义的斗争。在这种情形下，中国共产党为了削弱敌人和加强自己的后备力量，可以同这一派大地主大资产阶级建立暂时的统一战线，并在有利于革命的一定条件下尽可能地保持之。

二、统一战线中的两个联盟与领导权问题

中国革命统一战线是包括工人、农民、小资产阶级和民族资产阶级在内

① 《毛泽东选集》第4卷，人民出版社1991年版，第1257页。

的最广泛的统一战线。从数量方面讲，它包括全民族绝大多数人口；从性质上面讲，它包括两个联盟。一个是劳动群众之间的联盟，即无产阶级同农民（贫雇农、中农）和城市小资产阶级及其他劳动群众的联盟，是在阶级利益根本一致基础上的劳动阶级的联盟，是被压迫者反抗共同的敌人的革命联盟，是新民主主义革命统一战线的主体。另一个联盟是劳动者与非劳动者之间的联盟，即无产阶级与资产阶级及其他非劳动群众的联盟，是剥削者与被剥削者之间的联盟，它在新民主主义革命中不是主体，但也是必不可少的。

统一战线必须以工农联盟为基础。中国革命的主要力量是农民。中国是一个落后的农业大国，农民在总人口中占80%。中国革命军队的主要来源是农民，中国反帝反封建的革命战争的实质就是无产阶级领导农民进行的战争。中国无产阶级只有紧紧依靠农民，领导农民进行土地改革，才能夺取新民主主义革命的胜利。并且中国农民和无产阶级有一种天然联系。中国农民不仅和无产阶级一样深受帝国主义、封建主义和官僚资本主义的压迫和剥削，有着同样的革命要求，而且中国无产阶级多数是破产的农民出身，这有利于形成巩固的工农联盟。

劳动者与非劳动者之间的联盟，即无产阶级与资产阶级及其他非劳动群众的联盟，是孤立和战胜敌人的重要条件。在民主革命时期和社会主义改造完成以前，这个联盟的中心问题是正确处理同资产阶级的关系，主要是同民族资产阶级的关系，在一定历史条件下还包括处理同一部分大资产阶级的关系。毛泽东从中国半殖民地半封建社会特点出发，把中国资产阶级区分为买办资产阶级（大资产阶级）和民族资产阶级。他指出，带买办性的大资产阶级，历来不是中国革命的动力，而是中国革命的对象。但由于中国买办性的大资产阶级是分属于几个帝国主义国家的，在各个帝国主义国家间的矛盾尖锐对立的时候，在革命主要是反对某一个帝国主义的时候，属于别的帝国主义统治下的买办阶级也有可能在一定程度上和一定时间内参加反对当前帝国主义战线。但是一到他们的主子起来反对中国革命，他们也就立即起来反对革命。民族资产阶级是具有两重性的阶级。一方面，它受帝国主义的压迫和封建主义的束缚，是革命力量之一；另一方面，由于同帝国主义和封建主义并未完全断绝经济上的联系，又缺乏彻底的反帝反封建的勇气，它们在一定时期和一定程度上能够参加反帝反封建的革命，成为革命的动力；但在另一个时期，就可能附和大资产阶级，成为反革命的助手。第二个联盟，是阶级利益互相冲突的阶级之间的联盟，所以基础相对脆弱。在中国新民主主义革命的不同时期，敌人有分有合，敌人营垒的变化，"特别是各阶级的代表人物更不是固定不变的"①，这就决定了它只能是一定基础、一定时期、一定程度上的联盟。

共产党必须处理好两个联盟的关系，其基本点是：第一，放手发展和加强工农联盟，使之真正成为统一战线的基础和依靠；第二，尽可能扩大第二个联盟，团结一切可以团结的力量；第三，正确地发挥两个联盟之间的相互作用，使它们互相促进。

在这两个联盟中，第一个联盟是基本的、主要的。参加这个联盟的是属于进步势力的阶级、阶层和集团。人数上占绝对优势，政治上具有极强的革命性，只有放手发展和加强工农联盟，统一战线才能从根本上坚强有力，使反帝反封建的民主革命有深厚的群众基础，才能推动中间势力向革命靠拢，才可能建立、巩固第二个联盟，最终孤立、分化、瓦解直至消灭敌人。在巩固和发展第一个联盟的同时，共产党也必须注意尽可能扩大第二个联盟，团结一切可以团结的力量，把民族资产阶级等中间势力争取到统一战线中来，并克服它们的动摇性；还要在特定的条件下，争取同一大部分大地主大资产阶级的暂时的联合。

在统一战线中，必须坚持无产阶级的领导权，毛泽东指出："中国反帝反封建的资产阶级民主革命的任务，历史已判定不能经过资产阶级的领导，而必须经过无产阶级的领导，才能够完成。并且只有充分发扬无产阶级在民主革命中的坚持性和彻底性，才能克服资产阶级的那种先天的动摇性和不彻底性，而使革命不至于流产。……这个中国革命领导责任的问题，乃是革命成败的关键。"② 无产阶级要想经过它的政党实现对于全国各革命阶级的政治领导，首先必须根据历史发展进程提出基本的政治任务和政治口号，并且为了实现这种任务和口号而提出关于每一发展阶段和每一重大事变中的动员口号，以作为全国人民一致行动的具体目标。同时，无产阶级特别是它的先锋队共产党必须发挥自己的积极性，成为实现这些目标的模范，为其他阶级的成员作出表率。

---

① 《周恩来选集》上卷，人民出版社 1980 年版，第 208 页。
② 《毛泽东选集》第 1 卷，人民出版社 1991 年版，第 261—262 页。

三、统一战线中的政策和策略

革命统一战线是通过一系列的方针、政策和策略建立起来的强有力的政治联盟。以毛泽东同志为主要代表的中国共产党人，在长期的革命实践中，结合中国实际，不断总结经验教训，提出的方针、政策和策略，使统一战线这一有效武器得到成功运用。

（一）又联合又斗争的政策

中国新民主主义革命的统一战线，是包括不同的阶级、阶层和党派在内的最广泛的统一战线，内部有着错综复杂的关系。能否正确处理与资产阶级的复杂关系，关系到党的存亡和革命的成败。无产阶级作为革命的领导者，为了巩固和发展统一战线，必须具有正确的策略和高明的斗争艺术，善于把原则的坚定性与策略的灵活性有机地结合起来。这主要是由于资产阶级的两重性所决定的。毛泽东指出，我们的统一战线政策，"既不是一切联合否认斗争，又不是一切斗争否认联合，而是综合联合和斗争两方面的政策。"① 所以对资产阶级的政策是又联合又斗争。所谓联合，就是同资产阶级建立统一战线；所谓斗争，就是在思想上、政治上、组织上进行"和平"的不流血的斗争，以斗争求团结。由于民族资产阶级没有掌握国家政权和武装力量，斗争的主要方式是批评教育。经过斗争、批评和教育，以便尽可能地坚定他们的革命性，克服其动摇性，使它们与我们建立联盟或者至少保持中立。中国新民主主义革命的经验表明，如果忽视资产阶级革命性的一面，不在这方面对它们实行联合的政策，就不能争取它们；同样，如果忽略了它们妥协的一面，不对它们的妥协性作必要的斗争、批评和教育，也会助长他们的妥协性，也不能达到争取民族资产阶级的目的。正如毛泽东所指出的："如果我们党不知道在一定时期中同资产阶级联合，党就不能前进，革命就不能发展；如果我们党不知道在联合资产阶级时又同资产阶级进行坚决的、严肃的'和平'斗争，党在思想上、政治上、组织上就会瓦解，革命就会失败；又如果我们党在被迫着同资产阶级分裂时不同资产阶级进行坚决的、严肃的武装斗争，同样党也就会瓦解，革命也就会失

---

① 《毛泽东选集》第 2 卷，人民出版社 1991 年版，第 763 页。

败。"① 这里所说的与之斗争的资产阶级是大资产阶级，同大资产阶级分裂时，要敢于同大资产阶级进行坚决的武装斗争，同时争取民族资产阶级的同情或中立。

争取民族资产阶级，必须具备一定的条件。毛泽东概括指出这些条件是：第一，我们有足够的力量；第二，尊重他们的利益；第三，我们同顽固派作斗争，并能一步一步地取得胜利。

（二）独立自主原则

无产阶级及其政党在同资产阶级结成统一战线时，要坚持独立自主的原则，既统一，又独立。既坚持联合、团结、维护统一战线，又坚定保持自己在思想上、政治上和组织上的独立性。毛泽东认为坚持统一战线中的独立自主是必要的，"不是因合作和统一而牺牲党派和阶级的必要权利，而是相反，坚持党派和阶级的一定限度的权利；这才有利于合作，也才有所谓合作。否则就是将合作变成了混一，必然牺牲统一战线。"② 所以，没有独立，就没有统一，统一和独立是可以而且应当一致起来的。在统一战线中，正如无产阶级力图吸引资产阶级及其政党一样，资产阶级也力图影响乃至"溶化"无产阶级及其政党，并争夺、影响小资产阶级和农民，力图把无产阶级和共产党变成资产阶级的尾巴。尤其在全民族抗日战争时期，国民党是当权的党，它剥夺其他党派的平等权利，削弱、限制其他党派的发展，国民党还不允许有抗日民族统一战线的组织形式和共同纲领。坚持共产党在抗日民族统一战线中的独立自主更为重要。所以，毛泽东指出："我们一定不要破裂统一战线，但又决不可自己束缚自己的手脚。""我们的方针是统一战线中的独立自主，既统一，又独立。"③ 在全民族抗日战争时期，毛泽东主张同资产阶级建立抗日民族统一战线，但是坚决反对王明"一切经过统一战线"和"一切服从统一战线"的投降主义思想，主张独立灵活地处理各种事情。如"在现时，有些应该先得国民党同意，例如将三个师的番号扩编为三个军的番号，这叫做先奏后斩。有些则造成既成事实再告诉它，例如发展二十余万军队，这叫做先斩后奏。有些则暂时斩而不奏，估计

① 《毛泽东选集》第 2 卷，人民出版社 1991 年版，第 608—609 页。
② 《毛泽东选集》第 2 卷，人民出版社 1991 年版，第 539 页。
③ 《毛泽东选集》第 2 卷，人民出版社 1991 年版，第 540 页。

它现时不会同意，例如召集边区议会之类。有些则暂时不斩不奏，例如那些如果做了就要妨碍大局的事情"①。

（三）发展进步势力，争取中间势力，孤立顽固势力

在正确的阶级分析的基础上，党制定了在统一战线条件下处理国内各阶级相互关系的策略方针：发展进步势力，争取中间势力，孤立顽固势力。这是三个不可分离的环节，是又联合又斗争政策和统一战线中的独立自主原则在统一战线内各个阶级相互关系上的体现。

发展进步势力，就是发展无产阶级、农民和城市小资产阶级的力量，发展八路军、新四军和抗日民主根据地，发展共产党组织到全国。进步力量是抗日的基本力量，也是抗日统一战线的基本力量。发展进步势力，是争取抗战胜利的基本条件，也是争取中间势力和孤立顽固势力的重要前提条件。

争取中间势力，就是争取民族资产阶级、开明绅士和地方实力派。它们各因其阶级性的不同，对待土地革命、对待民主、对待顽固派的态度也各不相同，但它们都可以和共产党合作抗日，党应该而且可以争取它们作为反对日本帝国主义的同盟者。这种争取政策，不但同争取到农民和城市小资产阶级有区别，而且对于各部分民族资产阶级也有区别。中间派的态度是摇摆的，而且容易动摇的，不可避免要发生分化，我们要针对其动摇态度进行适当的批评和斗争。争取中间势力必须具备三个条件：一是我们有足够的力量，二是尊重他们的利益，三是我们要对顽固派进行坚决的斗争并一步步取得胜利。没有这些条件，中间势力就会动摇，甚或变为顽固派向我进攻的同盟军。

孤立顽固势力，主要是孤立英美派大地主、大资产阶级，其代表就是国民党蒋介石集团。蒋介石集团在政治上是当权派，他们实行抗日和摧残进步势力的两面政策。共产党必须以革命的两手对付之，既要争取其团结抗日，争取它们留在统一战线中，又要同它们的反动言行在思想上、政治上，甚至军事上进行坚决的斗争。只有同顽固势力进行坚决的斗争，才能限制和缩小它们实施反动政策的范围，使进步势力得到发展，使顽固势力承认进步势力的地位，才能有效地争取中间势力，而使顽固势力陷于孤立。

但是孤立政策不同于消灭的政策，最后还是要争取他们共同抗日。为达此

---

① 《毛泽东选集》第 2 卷，人民出版社 1991 年版，第 540 页。

目的，同顽固派作斗争必须遵循有理、有利、有节三项原则。有理，就是人不犯我，我不犯人，人若犯我，我必犯人。这个原则又叫自卫原则。有利，就是不打无准备无把握之仗，不斗则已，斗则必胜。有节，就是休战原则，绝不可以无休止地斗下去，斗争适可而止。对于顽固势力，还要加以分别，实行"利用矛盾，争取多数，反对少数，各个击破"① 的方针。

第三节　武装斗争理论

在帝国主义、封建主义和官僚资本主义三座大山统治下的中国，必须创建共产党绝对领导下的人民军队，实行人民战争的路线，武装反抗中外反动统治者，才能取得革命的胜利。

一、人民军队理论

（一）没有人民的军队便没有人民的一切

"没有一个人民的军队，便没有人民的一切。"② 这是毛泽东深刻总结中国革命的一条基本经验，也是被中国革命斗争实践证明的一个颠扑不破的真理。

首先，这是中国革命的特点决定的。毛泽东指出，在半殖民地半封建的中国内部没有民主制度、外部没有民族独立。所以在中国"共产党的任务，基本地不是经过长期合法斗争以进入起义和战争，也不是先占城市后取乡村，而是走相反的道路"③。这就决定了中国革命主要的形式是战争，主要的组织形式是军队。当然强调主要的是斗争形式和组织形式，并不是忽视其他斗争形式和组

---

① 《毛泽东选集》第 2 卷，人民出版社 1991 年版，第 763 页。
② 《毛泽东选集》第 3 卷，人民出版社 1991 年版，第 1074 页。
③ 《毛泽东选集》第 2 卷，人民出版社 1991 年版，第 542 页。

织形式。没有其他斗争形式和组织形式的配合，要取得武装斗争的胜利以至夺取全国政权是不可能的。

第二，这也是对中国发展历史经验的科学总结。在中国，由于半封建、半殖民地社会造成的封建割据和军阀混战，决定了有军队则有权，谁枪多谁就势大。孙中山闹革命，发动了多次反对清王朝的武装起义，直到 1912 年把清政府推翻。袁世凯篡夺辛亥革命胜利果实，以图复辟帝制，用的是自己精心培养的北洋军阀军队。蒋介石之所以敢公开叛变革命，正是依靠了手中握有重兵。中国共产党要领导中国人民起来闹革命，不掌握革命武装，不组织自己的军队是绝对不行的。正如毛泽东所指出的："在中国，离开了武装斗争，就没有无产阶级和共产党的地位，就不能完成任何的革命任务。"①党和人民的地位，是与武装斗争和军队建设联系在一起的。建立新型的人民军队，是取得革命斗争胜利的根本保证。

第三，这是由党的性质、历史使命和担负的革命任务所决定的。毛泽东指出："帝国主义时代的阶级斗争的经验告诉我们：工人阶级和劳动群众，只有用枪杆子的力量才能战胜武装的资产阶级和地主；在这个意义上，我们可以说，整个世界只有用枪杆子才可能改造。"②即为了战胜敌人和创造新的世界，人民必须建立自己的军队。然而，在兵权的问题上，我们曾经是幼稚的，在大革命时期是犯过错误的，正如毛泽东所说："劳动人民几千年来上了反动统治阶级的欺骗和恐吓的老当，很不容易觉悟到自己掌握枪杆子的重要性。"③这就要求共产党必须扫除在兵权问题上的幼稚病，主动地担负起创造人民军队和进行革命战争的领导责任。全民族抗日战争时期，蒋介石曾试图利用统一战线，以高官厚禄腐蚀人民军队官兵，改变人民军队的性质，又借口统一政令、军令，妄图消灭人民军队；抗日战争胜利以后，蒋介石在美帝国主义的支持和配合下，利用"合法地位"要共产党交出军队，这些都被毛泽东及时地识破和粉碎了。毛泽东认为，创建中国人民的军队是中国人民的责任，人民军队是人民群众自由的保证。他还告诫全党："蒋介石总是要强迫人民接受战争，他左手拿着刀，右手也拿着刀。我们就按照他的办法，也拿起刀来。""中国人民经过长期的调

---

① 《毛泽东选集》第 2 卷，人民出版社 1991 年版，第 544 页。

② 《毛泽东选集》第 2 卷，人民出版社 1991 年版，第 547 页。

③ 《毛泽东选集》第 2 卷，人民出版社 1991 年版，第 546 页。

查研究，发现了这个真理。军阀、地主、土豪劣绅、帝国主义，手里都拿着刀，要杀人。人民懂得了，就照样办理。"① 人民的武装，一支枪、一粒子弹，都要保存，不能交出去。

毛泽东认为，人民要夺取政权必须建立强大的人民军队，夺取政权之后要巩固人民的国家政权，同样需要强大的人民军队。他指出："从马克思主义关于国家学说的观点看来，军队是国家政权的主要成分。谁想夺取国家政权，并想保持它，谁就应有强大的军队。"② 这一方面是因为，无产阶级用武装夺取国家政权之后，国内外被打倒的和赶走的反动势力，决不甘心自己的失败，必然要进行拼死的反抗和挣扎。无产阶级只有掌握强大的人民军队，才能抵御外来敌人的入侵，镇压国内敌对势力的反抗，巩固新生的国家政权。另一方面，从军队在国家政权中的地位和作用看来，一支强大的人民军队，也是国家长治久安和社会主义建设繁荣发展的必要条件。夺取政权之后，军队既是保卫祖国的钢铁长城，又是建设社会主义的重要力量。总之，在世界还存在帝国主义、霸权主义的情况下，国内阶级斗争在一定范围内还存在的情况下，保持一支强大的人民军队不仅是必要的，而且必须通过强化人民军队来巩固人民的国家政权。新中国成立初期，毛泽东就把"建立强大的国防军"③ 作为一件大事摆在全国人民和全军指战员面前。后来，他又对加强军队建设问题作了深刻的阐述，为和平时期的人民军队建设进一步指明了方向。

（二）坚持共产党对军队的绝对领导

人民军队，是中国共产党缔造和领导的，用来执行党的革命的政治任务的武装集团。为了保持人民军队的无产阶级性质和坚定正确的政治方向，成为党的忠诚可靠的工具，将革命战争进行到底，就必须始终将其置于党的绝对领导之下。这是人民军队建设的根本原则。早在建军初期，毛泽东领导进行的"三湾改编"和为红四军起草的"古田会议决议"，就明确提出在红军中建立党的"领导中枢"，规定"一切工作，在党的讨论和决议之后，再经过群众去执行"④。

---

① 《毛泽东选集》第4卷，人民出版社1991年版，第1126、1126—1127页。
② 《毛泽东选集》第2卷，人民出版社1991年版，第547页。
③ 《毛泽东军事文集》第6卷，军事科学出版社、中央文献出版社1993年版，第103页。
④ 《毛泽东文集》第1卷，人民出版社1993年版，第80页。

确立"每连建设一个支部，每班建设一个小组，这是红军中党的组织的重要原则之一"①。这就把党的军队的绝对领导的思想提到了相当明确的程度。1936年，毛泽东在总结土地革命战争经验时又进一步指出："共产党的这种绝对的领导权，是使革命战争坚持到底的最主要的条件。"②全民族抗日战争时期，毛泽东根据党内两条路线斗争的历史经验，针对张国焘的分裂主义、军阀主义错误，特别强调了"共产党员不争个人的兵权（决不能争，再也不要学张国焘），但要争党的兵权，要争人民的兵权。……我们的原则是党指挥枪，而决不容许枪指挥党"③。他在《上海太原失守以后抗日战争的形势和任务》中，他针对王明的右倾投降主义和国民党提出的无理要求，重申了我党对军队绝对领导的原则，表明了中国共产党的态度，"拒绝了国民党派遣他们的党员来当八路军干部的要求，坚持了共产党绝对领导八路军的原则。"④无论情况发生怎样的变化，党对军队的绝对领导这一条是不能动摇的。新中国成立以后，毛泽东重申："军队必须放在党委的领导和监督之下，现在基本上也正是这样做的，这是我军的优良传统。"⑤

毛泽东如此重视党对军队的绝对领导，把它作为我军建设的根本原则，首先是由人民军队的性质和职能所决定的。马克思主义认为，军队是阶级斗争的产物，是"国家政权的主要强力工具"⑥。它必须接受它所服务的那个阶级及其政党的领导。人民军队是中国共产党为进行中国革命而缔造的部队，是一个执行政治任务的武装集团，是完成党的政治任务的工具。这是人民军队与一切新旧军阀军队的根本区别。坚持党的绝对领导，就是贯彻党的路线，实践党的纲领。只有始终坚持党的绝对领导人民军队才能找到自己存在的价值，才能决定自己的奋斗目标，人民军队的指战员才具有了英勇作战、不怕流血牺牲的精神，所以才能创造出像长征这样的军事奇迹、人间奇迹。没有革命信念和革命意志的军队是没有战斗力的。而且，只有在党的领导下，人民军队才能高瞻远瞩，跳出为打仗而打仗的圈子，上升到综合运用政治和军事的优势，把自己的

① 《毛泽东文集》第1卷，人民出版社1993年版，第88页。
② 《毛泽东选集》第1卷，人民出版社1991年版，第184页。
③ 《毛泽东选集》第2卷，人民出版社1991年版，第546—547页。
④ 《毛泽东选集》第2卷，人民出版社1991年版，第393页。
⑤ 《毛泽东文集》第7卷，人民出版社1999年版，第356页。
⑥ 《列宁选集》第3卷，人民出版社2012年版，第116页。

胜利立足于对国际国内大势的把握上。也只有坚持党的绝对领导，军队才能建立起严明的纪律，具有强大的凝聚力。其次，是由我军的主要成分是农民这一基本情况所决定的。我国是个农业大国，农民为军队的主要成分，因而不可避免地存在着各种非无产阶级思想，这与我军性质、宗旨的要求是有矛盾的。只有对军队实行无产阶级政党的绝对领导，才能把一支以农民为主体的军队建设成为无产阶级性质的新型的人民军队。毛泽东指出："只有无产阶级和共产党，才最没有狭隘性和自私自利性，最有远大的政治眼光和最有组织性，而且也最能虚心地接受世界上先进的无产阶级及其政党的经验而用之于自己的事业。因此，只有无产阶级和共产党能够领导农民、城市小资产阶级和资产阶级，克服农民和小资产阶级的狭隘性，克服失业者群的破坏性，并且还能够克服资产阶级的动摇和不彻底性（如果共产党的政策不犯错误的话），而使革命和战争走上胜利的道路。"① 再次，这是由我国的国情所决定的。在中国这样一个半殖民地半封建的国度里，由于买办资产阶级的反动性和民族资产阶级的软弱性，他们已没有资格和能力担负起领导中国革命的重任。又由于中国革命的主要斗争形式是武装的革命反对武装的反革命。因此，领导革命的武装去夺取革命的胜利，非无产阶级及其先锋队中国共产党莫属。从一定意义说，在战争年代，领导中国革命就是领导革命的武装力量，组织指挥革命战争。这是中国共产党取得胜利的根本保证。

（三）党对军队的思想领导、政治领导和组织领导

党对军队的领导是通过思想领导、政治领导和组织领导来实现的。党对军队的思想领导，是对军队进行人民军队性质和宗旨的教育，用革命的思想尤其是马克思主义思想武装广大指战员。党的纲领、路线、方针、政策，党为军队确定的建军原则，都是以马克思列宁主义、毛泽东思想为理论基础的，只有用马克思列宁主义、毛泽东思想武装全体指战员的头脑，才能使广大官兵真正理解党的纲领、路线、方针、政策，理解军队的任务和建军原则，更加自觉、更加积极地履行自己的职责。特别是这支以农民为主要成分的军队，加强无产阶级的思想领导尤为重要。在《井冈山的斗争》中，毛泽东就明确指出："无产阶级思想领导的问题，是一个非常重要的问题。边界各县的党，几乎完全是农

① 《毛泽东选集》第 1 卷，人民出版社 1991 年版，第 183—184 页。

民成分的党，若不给以无产阶级的思想领导，其趋向是会要错误的。"① 后来，他反复强调，要用党的正确路线教育部队，用无产阶级思想克服各种非无产阶级思想，加强全心全意为人民服务的思想教育等。在全民族抗日战争时期，毛泽东提出要把掌握思想教育作为团结全党进行伟大政治斗争的中心环节。在解放战争时期，他总结推广各部队的实践经验，在全军倡导开展了以诉苦和"三查"（查阶级、查工作、查斗志）为主要内容的新式整军运动。新中国成立以后，毛泽东又要求部队加强马克思列宁主义基本理论的教育，极大地推动了我军的思想教育工作。

党对军队的政治领导，就是党对军队实施路线、方针、政策的领导，包括对军队基本任务和军队建设的基本原则的确定。这是使军队成为实现党的政治任务的工具的基本保证。在红军初创时期，毛泽东就指出："红军是一个执行革命的政治任务的武装集团。……红军的打仗，不是单纯地为了打仗而打仗，而是为了宣传群众、组织群众、武装群众，并帮助群众建设革命政权才去打仗的，离了对群众的宣传、组织、武装和建设革命政权等项目标，就是失去了打仗的意义，也就是失去了红军存在的意义。"② 这就明确了红军是执行革命的政治任务的武装集团，军事斗争要为政治斗争服务。因此，军队中的党组织，必须经常用党的纲领、方针、政策来统一部队的思想，使全体人员具有坚定的正确的政治方向。"经过政治教育，红军士兵都有了阶级觉悟，都有了分配土地、建立政权和武装工农等项常识，都知道是为了自己和工农阶级而作战。因此，他们能在艰苦的斗争中不出怨言。"③ 1928 年 10 月毛泽东为湘赣边界党的第二次代表大会起草的《政治问题与边界党的任务》，就曾油印下发部队学习。之后，他在《古田会议决议》中进一步指出："红军党内最迫切的问题，要算是教育的问题。为了红军的健全与扩大，为了斗争任务之能够负荷，都要从党内教育做起。不提高党内政治水平，不肃清党内各种偏向，便决然不能健全并扩大红军，更不能负担重大的斗争任务。因此，有计划地进行党内教育，纠正过去之无计划的听其自然的状态，是党的重要任务之一。"④ 在以后各个革命战争时期以及新中国成立以后，他都十分重视在军队中进行党的政治路线和方针、

---

① 《毛泽东选集》第 1 卷，人民出版社 1991 年版，第 77 页。
② 《毛泽东选集》第 1 卷，人民出版社 1991 年版，第 86 页。
③ 《毛泽东选集》第 1 卷，人民出版社 1991 年版，第 64 页。
④ 《毛泽东文集》第 1 卷，人民出版社 1993 年版，第 94 页。

政策教育，要求军队成为贯彻执行党的方针、政策的模范。

党对军队的组织领导，主要是通过在军队中建立党的各级组织和选派干部，实施党对军队的领导。早在井冈山时期，毛泽东就清醒地认识到："红军所以艰难奋战而不溃散，'支部建在连上'是一个重要原因。"①"党代表制度，经验证明不能废除。特别是在连一级，因党的支部建设在连上，党代表更为重要。他要督促士兵委员会进行政治训练，指导民运工作，同时要担任党的支部书记。事实证明，哪一个连的党代表较好，哪一个连就较健全，而连长在政治上却不易有这样大的作用。"②所以，他率先在红四军中建立了连支部、营委、团委、军委四级党组织。经过几十年的实践，中国人民解放军现在形成了连队建立党支部，营建立基层党委、团以上建立党委，作为各级部（分）队统一领导和团结的核心，对本单位的工作实施统一领导的组织系统。正是通过军队中各级党组织的严密和系统，党对军队的绝对领导才得以一级一级地贯彻到基层。毛泽东确定了"党管干部"的原则，通过党组织选拔培养和使用各级干部来加强党对军队的领导。他指出：政治路线确定以后，干部就是决定性的因素。他要求各级党的组织对干部工作予以积极的注意，按照德才兼备的标准任用干部，并将干部置于党组织的管理和监督之下。这就保证了军队的各级领导权牢牢掌握在忠诚于马克思主义的人的手中，从而保证党的领导得以落实到各项工作中去。

（四）人民军队的无产阶级性质和全心全意为人民服务的宗旨

军队是属于一定阶级的，也是为一定阶级利益服务的暴力工具。它的阶级性决定了它的建军宗旨。我军是中国共产党领导下的无产阶级性质的人民军队，其阶级性和人民性是根本一致的。人民军队自创建之日起，就公开申明，我们是中国共产党缔造和领导的队伍，是为解放人民，为人民利益而战斗的军队，是无产阶级进行革命斗争的工具。南昌起义时，部队虽然仍用国民革命军的名号，但在领导体制上建立了中国共产党的各级组织，并开始探讨对起义部队的旧基础进行改造。毛泽东领导的秋收起义部队定名为"工农革命军第一军第一师"，公开树起了"工农革命军"的旗帜，更是明确表明了人民军队的性质。随后，毛泽东在三湾改编中，在井冈山斗争时期和古田会议前后，对部队改造

---

① 《毛泽东选集》第 1 卷，人民出版社 1991 年版，第 65—66 页。
② 《毛泽东选集》第 1 卷，人民出版社 1991 年版，第 64 页。

作出的一系列决策，在军队建设上进行的许多重要的前所未有的探索，归根到底都是为了明确人民军队的性质。其中最主要的方面包括：在军队领导权问题上，进行组织领导体制的变革，坚持在部队中建立党的各级组织，改造个人掌握兵权、长官说了算的旧体制，初步确定了党对军队领导的制度，使军队真正掌握在无产阶级的忠实代表——中国共产党手中。在军队的思想建设上，坚持用无产阶级思想改造农民和小资产阶级的狭隘保守性，克服绝对平均主义、享乐主义、报复主义、流寇主义、盲动主义、小团体主义和雇佣思想等各种非无产阶级思想，教育官兵认清个人利益与阶级利益的一致性，懂得为人民利益而战的道理，树立全心全意为人民服务的思想。在军队内部的管理上，进行管理思想和管理方法的改革，彻底破除剥削阶级军队的各种腐朽观念和习气，废除打骂和肉刑等军阀主义作风，规定红军官兵都是阶级兄弟，在政治上是完全平等的，使官兵利益建立在阶级利益根本一致、目标一致的基础上。在对俘虏的政策上，坚持革命的人道主义，优待俘虏，不没收其财物，不侮辱其人格，并实行必要的思想教育，以争取敌军官兵的起义和投诚，使之站到人民方面来，壮大人民的力量，孤立和打击少数敌人。上述制度的建立，充分体现了人民军队的阶级属性，使这支军队真正成为无产阶级进行革命斗争的工具。

　　而人民军队的无产阶级的阶级性质也就决定了人民军队的宗旨。毛泽东把人民军队的任务同人民的根本利益直接相联系，强调人民军队不是为着少数人或狭隘集团的私利，而是为着广大人民群众和全民族的利益而结合、而战斗的。他认为，中国共产党领导的革命事业，是为人民求解放、求发展的事业，以人民的利益为最高利益是共产党及其所领导的军队的出发点和归宿，相信人民、依靠人民是革命事业取得胜利的根本保证。他明确提出："紧紧地和中国人民站在一起，全心全意地为中国人民服务，就是这个军队的唯一的宗旨。"①而这是毛泽东在我军建军之初就明确了的。1927 年，毛泽东提出红军建军目的是"挽救民众疾苦"，"为工农群众打仗"。1929 年 1 月，《红四军司令部政治部布告》对红军宗旨作了新的概括：红军受共产党的指导，执行民族革命三大任务，以帮助工人、农民及一切被压迫阶级得到解放。这个文告，已经明确提出了红军是为人民利益而战斗的思想。后来，毛泽东亲手制定的《古田会议决议》，从人民军队的性质、宗旨这个根本问题上划清了红军与旧军队的界限，

---

① 《毛泽东选集》第 3 卷，人民出版社 1991 年版，第 1039 页。

使红军官兵真正懂得这支军队是为自己和工农阶级而战的。从而在共同的阶级基础上建立起官兵一致的新型关系，形成无坚不摧的战斗集体；在外部，人民军队保持与人民群众的血肉联系，人民群众把这支军队看作是自己的军队，从而使人民军队获得了人民的广泛支援，将革命战争建立在最深厚的群众基础之上。1945 年，毛泽东在《论联合政府》中，对人民军队的宗旨作了系统的论述："这个军队之所以有力量，是因为所有参加这个军队的人，都具有自觉的纪律；他们不是为了少数人的或狭隘集团的私利，而是为着广大人民群众的利益，为着全民族的利益，而结合，而战斗的。紧紧地和中国人民站在一起，全心全意地为中国人民服务，就是这个军队的唯一宗旨。"正是在这个宗旨下面，我军具有"压倒一切敌人，而决不被敌人所屈服"的一往无前的革命精神，具有"很好的内部和外部的团结"，具有"正确的争取敌军官兵和处理俘虏的政策"，具有"为人民战争所必需的一系列的战略战术"，形成了"为人民战争所必需的一系列的政治工作"[1]，等等。因此，为人民服务成了人民军队一切工作的立足点和出发点，是人民军队能够得到拥护的根本原因，是人民军队生存发展的基础和力量的源泉。牢记为人民服务的宗旨，始终不渝地贯彻和实现这个宗旨，就无往而不胜。

（五）人民军队的三大任务

坚持人民军队的无产阶级性质和为人民服务的宗旨不是空洞的政治口号，毛泽东为人民军队规定的执行战斗队、工作队和生产队三大任务，是人民军队无产阶级性质和人民军队建军宗旨的具体体现。毛泽东认为，人民军队作为"执行革命的政治任务的武装集团"[2]，决不能把军队的职能局限于打仗。它除了打仗以外，还担负着做群众工作和生产等任务。建军之初，毛泽东规定红军必须执行三大任务：（1）打仗消灭敌人；（2）打土豪筹款子；（3）做群众工作。这就从军队的根本任务上划清了人民军队与旧军队的界限。在古田会议决议中，毛泽东进一步指出："红军决不是单纯地打仗的，它除了打仗消灭敌人军事力量之外，还要负担宣传群众、组织群众、武装群众、帮助群众建立革命政权以至于建立共产党的组织等项重大的任务。……离了对群众的宣传、组织

---

① 《毛泽东选集》第3卷，人民出版社1991年版，第1039、1040页。

② 《毛泽东选集》第1卷，人民出版社1991年版，第86页。

武装和建设革命政权等项目标，就是失去了打仗的意义，也就是失去了红军存在的意义。"①军队执行"战斗队"的任务，是为了消灭反革命的武装集团，推翻反动阶级的统治，实现夺取政权和保卫政权的革命目的，这是人民军队根本性任务和职能，对此不能有丝毫的误解和动摇。新民主主义革命胜利前夕，毛泽东在党的七届二中全会的报告中明确指出："人民解放军永远是一个战斗队。就是在全国胜利以后，在国内没有消灭阶级和世界上存在着帝国主义制度的历史时期内，我们的军队还是一个战斗队。"②

　　然而，革命战争是群众的战争，人民军队要完成战斗队的历史使命，需要依靠人民，动员和组织人民群众积极支援和参加战争，与人民建立鱼水相依、亲密无间的关系，否则也不能战胜强大的敌人。因此，我军除了打仗以外，必须兼做群众工作的任务。在不同的历史时期和革命阶段，群众工作的内容有所不同。我军创建初期，为了在农村立足和发展，实行"工农武装割据"，建立革命根据地，红军除了打仗以外，群众工作的主要内容是：组织群众打土豪、分浮财，建立党的组织及其他群众组织和赤卫队，成立苏维埃政权等项。在全民族抗日战争时期，八路军、新四军除了抗击日寇以外，还要承担打击汉奸卖国贼，建立和巩固抗日民族统一战线，建立抗日民主政权等任务。解放战争时期，随着革命战争的继续发展，人民解放军除了完成打仗任务以外，还要抽出大批人员从事领导土地改革，接管城市，恢复生产，维护社会秩序，建设政权等任务。新中国成立以后，支援国家的社会主义建设，抢险救灾，参与全民国防教育等等，也都是我军义不容辞的群众工作和任务。这已是我军的优良传统。

　　人民军队来自人民，服务于人民，无论战争年代，还是社会主义建设时期，为了减轻人民负担，克服自身的生活困难，还兼有"生产队"的任务。特别是在全民族抗日战争时期，在军队和人民群众生活极端困苦的情况下，为了坚持长期抗战，打破敌人的封锁，毛泽东发出"自己动手，丰衣足食"的伟大号召，开展声势浩大的大生产运动，提出一支军队要当两支用的口号："一方面打仗，一方面生产。"③毛泽东说："军队的生产自给，在我们的条件下，形式上是落后的、倒退的，实质上是进步的，具有重大历史意义的。在形式上，

① 《毛泽东选集》第 1 卷，人民出版社 1991 年版，第 86 页。
② 《毛泽东选集》第 4 卷，人民出版社 1991 年版，第 1426 页。
③ 《毛泽东选集》第 3 卷，人民出版社 1991 年版，第 928 页。

我们违背了分工的原则。但是，在我们的条件下——国家贫困、国家分裂（这些都是国民党主要统治集团所造成的罪恶结果）以及分散的长期的人民游击战争，我们这样做，就是进步的了。"因为它不但"使我们的军队克服了生活资料的困难，改善了生活，个个身强力壮，足以减轻同在困难中的人民的赋税负担，因而取得人民的拥护，足以支持长期战争，并足以扩大军队，因而也就能够扩大解放区，缩小沦陷区，达到最后地消灭侵略者、解放全中国的目的"①。而且还有其他的重要作用，对此，毛泽东总结为：改善官兵关系；增强劳动观念；增强纪律性；改善军民关系；改善军政关系；促进人民的大生产运动等等。②

毛泽东为我军规定的战斗队、工作队、生产队三位一体的任务，充分体现了人民军队的本质和特色，是对马克思列宁主义建军理论的新发展，是建立无产阶级新型人民军队的一个创举。

（六）政治工作是人民军队的生命线

建立强有力的革命政治工作，是毛泽东军事思想中最为丰富、最具特色的内容之一。毛泽东历来重视军队的政治工作，并把它作为人民军队的生命线来看待。政治工作在人民军队中的生命线地位，是指政治工作对于保证人民军队性质和生存、发展的无比重要的地位，一方面是由这支军队的性质和宗旨决定的，是政治工作的本质要求。正如谭政所概括的："政治工作的基本原则，是以民族民主革命的纲领教育军队，是以人民革命的精神教育军队，使革命军队内部趋于一致，使革命军队与革命人民、革命政府，趋于一致，使革命军队完全服从革命政党的政治领导，提高军队的战斗力，并进行瓦解敌军、协和友军的工作，达到团结自己、战胜敌人，解放民族、解放人民的目的。这就是我们的军队和其他军队的原则区别。我们说，共产党领导的革命的政治工作是革命军队的生命线，就是指的这个意思。"③另一方面，是因为中国共产党创立的军队，虽然一开始就具有无产阶级的性质，但由于军队的主要成分是农民，且长期处在农村的环境中，受到落后生产方式的局限，因此克服各种非无产阶级思想的影响，是这支军队能否保持无产阶级性质和完成革命任务的极其重要的条件。

---

① 《毛泽东选集》第 3 卷，人民出版社 1991 年版，第 1106、1106—1107 页。
② 参见《毛泽东选集》第 3 卷，人民出版社 1991 年版，第 1107 页。
③ 谭政：《在西北局高干会上关于军队政治工作问题的报告》，战士出版社 1983 年版，第 16 页。

克服非无产阶级思想，不能像旧军队那样采取处罚、打骂等粗暴手段，而主要是依靠强有力的政治思想工作。毛泽东起草的《古田会议决议》，集中解决了政治建军和在军内建立一系列民主制度问题，奠定了人民军队政治工作的基础。在长期的革命实践中，逐步形成人民军队政治工作的三项基本原则：官兵一致原则、军民一致原则、瓦解敌军和宽待俘虏原则。

官兵一致，就是在军队中废除打骂制度、建立自觉的纪律，肃清封建思想的影响，干部与士兵在政治上完全平等，实行同甘共苦的民主生活。军民一致，就是宣传群众、组织群众、武装群众，不拿群众一针一线，努力减轻人民群众的经济负担，坚决打击危害群众利益的汉奸、卖国贼、反动派。瓦解敌军，就是对敌军开展政治宣传和组织瓦解工作，争取更多的敌军投诚、起义或放下武器；对于俘虏，一律不准侮辱、虐待和杀害，不没收俘虏的私人财物。军队政治工作"三原则"的出发点就是尊重士兵，尊重群众和尊重已经放下武器的敌军的人格，这正体现了人民军队的无产阶级性质和全心全意为人民服务的宗旨。人民军队几十年的斗争实践充分证明，政治工作关系到人民军队的性质和发展方向，有了强有力的革命政治工作，才有可能建设一支新型的人民军队。离开它，人民军队建设就会偏离正确轨道。离开它，人民军队建设和各项任务的完成就会失去精神动力。

（七）规定民主制度和严格的纪律

既要充分发扬民主，又要规定严格的纪律，这是毛泽东关于人民军队建设理论中相辅相成的又一重要原则，是增强人民军队战斗力的重要因素。毛泽东对我军的民主制度和纪律问题有系统论述和明确规定。早在建军初期，为了与旧军队相区别，鼓舞士兵的革命积极性，肃清军阀主义残余，他明确指出了实行民主的必要性，他说："军队内的民主主义制度，将是破坏封建雇佣军队的一个重要的武器。"[①]1948年，毛泽东为中央军委起草的党内指示要求，"放手发动士兵群众、指挥员和一切工作人员，通过集中领导下的民主运动，达到政治上高度团结、生活上获得改善、军事上提高技术和战术的三大目的。"[②]并认为，只要这些目的达到了，就能增强军队的战斗力，就不怕不能支持长期的残

① 《毛泽东选集》第 1 卷，人民出版社 1991 年版，第 65 页。

② 《毛泽东选集》第 4 卷，人民出版社 1991 年版，第 1275 页。

酷的革命战争。为了实行民主制度，我军早在"三湾改编"时，就成立了"士兵委员会"，代表和维护士兵群众的利益。后来又发展到用整风的方法，召开各种民主评议会，检查官兵关系，纠正军阀主义倾向，广泛开展尊干爱兵等民主运动。随着军队内部民主运动的开展，毛泽东把它科学地概括为"政治民主"、"经济民主"和"军事民主"。这三大民主，充分反映和保证了人民军队内部的平等融洽关系，也是人民军队本质的一种生动体现。坚持"三大民主"，对于保持我军的集中统一，增强官兵之间、上下之间的内部关系，调动广大官兵的积极性，都起到了十分重要的作用。

在纪律问题上，毛泽东指出："军队要有统一领导和纪律，才能战胜敌人。"① 我们"这个军队之所以有力量，是因为所有参加这个军队的人，都具有自觉的纪律"。② 没有纪律，党就无法率领军队进行胜利的斗争。因此，早在我军建设初期，为了规范我军的行动，体现人民军队的本质，毛泽东亲自制定了"三大纪律"和"六项注意"，后又增加为"八项注意"。长期以来它一直作为我军行为规范的准则。随着我军建设的发展，为便于全军执行，1947 年 10 月 10 日又以训令的形式重新颁布。三大纪律是："（一）一切行动听指挥；（二）不拿群众一针一线；（三）一切缴获要归公。"八项注意是："（一）说话和气；（二）买卖公平；（三）借东西要还；（四）损坏东西要赔；（五）不打人骂人；（六）不损坏庄稼；（七）不调戏妇女；（八）不虐待俘虏。"③ 毛泽东多次强调，"必须提高纪律性，坚决执行命令，执行政策，执行三大纪律八项注意，军民一致，军政一致，官兵一致，全军一致，不允许任何破坏纪律的现象存在。"④ 在民主革命即将取得胜利时，毛泽东鲜明地提出："军队向前进，生产长一寸，加强纪律性，革命无不胜。"⑤ 人民军队严格的纪律是建立在整个阶级的利益、革命的利益和革命斗争需要的基础之上的；是官兵政治上一致遵守的；不是依靠打骂来维持，而是用自我批评的精神、教育的精神、互相监督和勉励的精神来自觉遵守的。严格遵守纪律是保证完成各项任务的政治基础，也是保证我军思想上、政治上和行动上一致成为一个高度集中统一的武装集团的必要条件。

---

① 《毛泽东文集》第 3 卷，人民出版社 1996 年版，第 209 页。
② 《毛泽东选集》第 3 卷，人民出版社 1991 年版，第 1039 页。
③ 《毛泽东选集》第 4 卷，人民出版社 1991 年版，第 1241 页。
④ 《毛泽东选集》第 4 卷，人民出版社 1991 年版，第 1239 页。
⑤ 《毛泽东文集》第 5 卷，人民出版社 1996 年版，第 194 页。

二、人民战争思想

（一）兵民是胜利之本

"兵民是胜利之本"①是毛泽东人民战争思想的基本观点，也是马克思主义基本原理同中国革命战争实践相结合的产物，是我们党的群众路线在革命战争中最充分的体现。它建立在人民是历史的创造者的基本原理之上，代表了广大人民群众的根本利益，从而在根本上揭示了人民战争的客观规律。

1. 战争之伟力存在于民众之中

历史唯物主义认为，人民群众是世界历史的创造者，是人类社会发展、变革的决定性力量。毛泽东把这一思想精辟地概括为："人民，只有人民，才是创造世界历史的动力。"②并把这一思想创造性地运用到战争领域，为人民战争理论奠定了坚实的基础。在土地革命战争时期，毛泽东就明确指出："真正的铜墙铁壁是什么？是群众，是千百万真心实意地拥护革命的群众。这是真正的铜墙铁壁，什么力量也打不破的，完全打不破的。反革命打不破我们，我们却要打破反革命。在革命政府的周围团结起千百万群众来，发展我们的革命战争，我们就能消灭一切反革命，我们就能夺取全中国。"③而在全民族抗日战争时期，面对日本帝国主义的猖狂侵略，毛泽东高瞻远瞩地指出："战争的伟力之最深厚的根源，存在于民众之中。日本敢于欺负我们，主要的原因在于中国民众的无组织状态。克服了这一缺点，就把日本侵略者置于我们数万万站起来了的人民之前，使它像一匹野牛冲入火阵，我们一声唤也要把它吓一大跳，这匹野牛就非烧死不可。"④解放战争开始后，毛泽东又鲜明地指出："决定战争胜败的是人民"，因为"从长远的观点看问题，真正强大的力量不是属于反动派，而是属于人民"⑤。

人民群众之所以是战争力量的源泉，是因为，战争作为人类社会活动的一种特殊过程，归根到底都离不开人民群众的参加。离开了人民群众的支持和参

---

① 《毛泽东选集》第 2 卷，人民出版社 1991 年版，第 509 页。
② 《毛泽东选集》第 3 卷，人民出版社 1991 年版，第 1031 页。
③ 《毛泽东选集》第 1 卷，人民出版社 1991 年版，第 139 页。
④ 《毛泽东选集》第 2 卷，人民出版社 1991 年版，第 511—512 页。
⑤ 《毛泽东选集》第 4 卷，人民出版社 1991 年版，第 1195 页。

与，离开了人民群众提供的人力和物力，战争就成了无源之水、无本之木，任何一场战争都无法取得胜利。直接参加战场作战的军队的士气，归根结底也取决于人民群众对战争的态度。革命战争代表着人民群众的根本利益，因此，它就能把广大人民群众团结在自己的旗帜之下，为着革命战争的胜利而英勇奋斗。正是从这一点出发，毛泽东指出："马克思列宁主义的基本原则，就是要使群众认识自己的利益，并且团结起来，为自己的利益而奋斗。"① 他一再强调，党领导的革命军队"完全是为着解放人民的，是彻底地为人民的利益工作的"②。"他们不是为着少数人的或狭隘集团的私利，而是为着广大人民群众的利益，为着全民族的利益，而结合，而战斗的。紧紧地和中国人民站在一起，全心全意地为中国人民服务，就是这个军队的唯一的宗旨。"③ 坚持为人民利益而战，全心全意为人民服务，革命战争就得到人民群众政治上的坚决拥护，物质上的大力支援，作战行动上的积极配合；而敌人则处于失道寡助、孤立无援，处处遇到抵抗，士气低落，消息闭塞的困难境地，最终归于失败。

2. 人在战争中的决定作用

人和武器在战争中的地位和作用问题是战争执导者必须回答的一个重大问题。毛泽东依据马列主义的基本观点，科学地回答了这一问题。他在这一问题上的主要观点有两个：一是人的因素和武器的因素相互依存，缺一不可；二是人和武器在战争中的地位和作用不是并列的，人的因素是起主导作用的，是决定性的因素。因为一定的物质条件是战争取得胜利的客观基础，但是要把胜利的可能性变为现实性，必须经过人的主观能动作用的发挥，所以，具备一定客观物质基础的人的主观能动性，就成为战争胜负的决定因素了。因此，毛泽东提出了"战争胜负的决定因素是人不是物"的著名论点。

在日本帝国主义发动全面侵华战争以后，国民党内的投降派认为，中国军队的武器不如日军，"抗战必亡"。毛泽东针锋相对地批判了这种"唯武器论"，指出敌我"力量对比不但是军力和经济力的对比，而且是人力和人心的对比。军力和经济力是要人去掌握的"④。"我们认为中国武器诚不如人，但武器是可

---

① 《毛泽东选集》第4卷，人民出版社1991年版，第1318页。
② 《毛泽东选集》第3卷，人民出版社1991年版，第1004页。
③ 《毛泽东选集》第3卷，人民出版社1991年版，第1039页。
④ 《毛泽东选集》第2卷，人民出版社1991年版，第469页。

以用人的努力增强的，战争胜负主要决定于人而不决定于物。"①后来伟大的抗日战争证明，武器装备处于劣势的中国人民，最终战胜了凶残的日本法西斯。在抗日战争结束之际，由于美国对日本使用了原子弹，在世界上出现一种对原子弹的恐惧症。这是一种新的"唯武器论"。毛泽东一针见血地指出："美国帝国主义是外强中干的。我们要有清醒的头脑，这里包括不相信帝国主义的'好话'和不害怕帝国主义的恐吓。""只有原子弹而没有人民的斗争，原子弹是空的。"②后来毛泽东在会见美国记者安娜·路易斯·斯特朗的谈话中，又进一步指出："原子弹是美国反动派用来吓人的一只纸老虎，看样子可怕，实际上并不可怕。当然，原子弹是一种大规模屠杀的武器，但决定战争胜败的是人民，而不是一两件新式武器。一切反动派都是纸老虎，看起来，反动派的样子是可怕的，但是实际上并没有什么了不起的力量。从长远的观点看问题，真正强大的力量不是属于反动派，而是属于人民。"③毛泽东还结合中国的具体情况说明："我们所依靠的不过是小米加步枪，但是历史最后将证明，这小米加步枪比蒋介石的飞机加坦克还要强些。虽然在中国人民面前还存在着许多困难，中国人民在美国帝国主义和中国反动派的联合进攻之下，将要受到长时间的苦难，但是这些反动派总有一天要失败，我们总有一天要胜利。"④毛泽东的预言仅仅过了三年就得到了历史的证明。

毛泽东强调人在战争中的作用时，并没有得出武器装备不重要的结论。他历来都把武器装备看作是进行战争的重要因素，强调不但兵要精，而且还要武器装备好，军队一旦得到了新式武器装备，它就会更加强大，这样才能打败敌人。毛泽东关于人是战争胜负决定因素的理论，是对马克思主义军事理论的又一发展，给武器装备处于劣势的广大被压迫人民和被压迫民族以强大的思想武器和精神动力，鼓舞他们信心百倍地去夺取革命战争的胜利。

3.进行普遍和深入的政治动员

毛泽东极其重视动员群众和依靠群众参加革命战争，并把它作为发挥人民战争威力的核心问题。毛泽东指出："革命战争是群众的战争，只有动员群众才

---

① 《毛泽东军事文集》（第2卷），军事科学出版社、中央文献出版社1993年版，第375页。
② 《毛泽东选集》第4卷，人民出版社1991年版，第1132、1133页。
③ 《毛泽东选集》第4卷，人民出版社1991年版，第1194—1195页。
④ 《毛泽东选集》第4卷，人民出版社1991年版，第1195页。

能进行战争，只有依靠群众才能进行战争。"① 因为这种革命的战争，是反抗阶级压迫和民族压迫的正义的进步的战争，代表着广大人民群众的根本利益，只有动员群众才能进行，只有依靠群众才能进行。因此，进行普遍和深入的政治动员，使群众知道进行战争的意义，从而把群众中蕴藏着的巨大的革命积极性激发出来，使他们自觉地投身到革命斗争中去，并建立必胜的信念，这是进行人民战争不可或缺的事项。毛泽东对此历来非常重视。早在土地革命战争时期，他就明确指出："政治动员是反'围剿'斗争中第一个重要问题。"② 在全民族抗日战争中，他反复强调："如此伟大的民族革命战争，没有普遍和深入的政治动员，是不能胜利的。"③"这个政治上动员军民的问题，实在太重要了。我们之所以不惜反反复复地说到这一点，实在是没有这一点就没有胜利。没有许多别的必要的东西固然也没有胜利，然而这是胜利的最基本的条件。"④"要胜利又忽视政治动员，叫做'南其辕而北其辙'，结果必然取消了胜利。"⑤ 新中国成立以后，毛泽东在总结小国可以打败大国的经验时，仍然重申这一重要思想："国家不分大小，只要充分动员人民，坚决依靠人民，进行人民战争，任何强大的敌人都是可以打败的。"⑥

毛泽东不仅强调政治动员的重要性，而且对如何进行政治动员，进行了科学的阐述：第一，要把战争的政治目的告诉军队和人民，使士兵和人民群众明白为什么要打仗，打仗和他们切身利益的关系；第二，要说明达到目的的步骤和政策，即要有一个政治纲领；第三，要依靠学校、依靠报纸书册、依靠民众团体等，广泛改动民众，并在方法上符合民众的口味；第四，要经常进行政治动员，联系战争发展的情况，联系士兵和老百姓的生活，把战争的政治动员变成经常的运动。⑦。

（二）建立三结合的武装力量体制

毛泽东在长期革命实践中，不但首先重视正规部队的建设和作用，而且把

---

① 《毛泽东选集》第 1 卷，人民出版社 1991 年版，第 136 页。
② 《毛泽东选集》第 1 卷，人民出版社 1991 年版，第 202 页。
③ 《毛泽东选集》第 2 卷，人民出版社 1991 年版，第 480 页。
④ 《毛泽东选集》第 2 卷，人民出版社 1991 年版，第 513 页。
⑤ 《毛泽东选集》第 2 卷，人民出版社 1991 年版，第 481 页。
⑥ 《建国以来毛泽东文稿》第 12 册，中央文献出版社 1998 年版，第 458 页。
⑦ 参见《毛泽东选集》第 2 卷，人民出版社 1991 年版，第 481 页。

地方武装和民兵游击队看作是革命武装力量的重要组成部分，创立了以人民军队为骨干，与地方武装、群众武装相结合的武装力量体制。

毛泽东认为，进行人民战争必须有一支人民军队作为骨干力量，同时还应把人民群众武装起来，直接参加和配合军队的作战，才能战胜强大的敌人。他首先肯定建立主力红军的重要性，指出："若只有地方性质的赤卫队而没有正式的红军，则只能对付挨户团，而不能对付正式的白色军队。所以虽有很好的工农群众，若没有相当力量的正式武装，便决然不能造成割据局面，更不能造成长期的和日益发展的割据局面。"[①] 这就是说，主力红军的存在是实行"武装割据"，进行武装斗争的首要条件。与此同时，毛泽东又十分重视建设地方性武装力量，正如后来他所总结的："这个军队之所以有力量，还由于有人民自卫军和民兵这样广大的群众武装组织，和它一道配合作战。"[②] 这里明确规定帮助地方武装力量的发展是红军的一大任务。在总结井冈山斗争的经验时，他说："经过一年多的时间，创造了富有斗争经验的地方武装，这是十分难得的；这个地方武装的力量，加上红军第四军的力量，是任凭什么敌人也不能消灭的。"[③]

在全民族抗日战争时期，毛泽东又进一步指出："这个军队之所以有力量，还由于它将自己划分为主力兵团和地方兵团两部分，前者可以随时执行超地方的作战任务，后者的任务则固定在协同民兵、自卫军保卫地方和进攻当地敌人方面。这种划分，取得了人民的真心拥护。如果没有这种正确的划分，例如说，如果只注意主力兵团的作用，忽视地方兵团的作用，那末，在中国解放区的条件下，要战胜敌人也是不可能的。"[④] 为此，毛泽东要求八路军、新四军每到一地，就要立即帮助当地人民组织以本地人民的干部为领导的地方部队和地方兵团。然后，就可以产生由本地人领导的主力部队和主力兵团。

实行"三种武装力量"相结合的体制，是毛泽东的一贯思想。在土地革命战争时期，他强调建立主力红军和地方赤卫队、工农暴动队相结合的武装力量体制。在全民族抗日战争时期，他提出划分主力兵团和地方兵团以及人民自卫军和民兵广大的群众武装组织。解放战争时期，实行了野战军、地方军和游击队、民兵相结合的体制。新中国成立后，在社会主义革命和建设时期，针对帝

① 《毛泽东选集》第 1 卷，人民出版社 1991 年版，第 50 页。
② 《毛泽东选集》第 3 卷，人民出版社 1991 年版，第 1040 页。
③ 《毛泽东选集》第 1 卷，人民出版社 1991 年版，第 79 页。
④ 《毛泽东选集》第 3 卷，人民出版社 1991 年版，第 1040 页。

国主义可能对我国发动侵略战争的形势,他又明确指出:"我们不但要有强大的正规军,我们还要大办民兵师"①,并且在不同的时期,根据敌我斗争态势的不同,毛泽东指示主力兵团和地方武装进行灵活的转换。如在全民族抗日战争最困难的时期,八路军、新四军根据中央的指示,精减主力军,把不少于三分之一的主力军下放给各军分区、独立团、游击大队等作骨干,以提高地方的军事、政治素质,巩固了根据地的建设。在全民族抗日战争后期,一部分地方军又在一定条件下集结起来,转化为主力兵团,去完成大规模的作战任务。解放战争时期,采取地方部队及时升级的办法,使人民解放军主力兵团迅速扩大到百万之众,为迅速夺取战争胜利创造了重要条件。

"三种武装力量"分工不同,任务各有侧重,形成有机整体。野战军可以随时执行超地方性的作战任务;地方军则在固定区域协同群众执行武装保卫地方和进攻当地的敌人的任务;群众武装则劳武结合,主要担负保卫家乡、掩护群众和配合军队作战等任务,同时它又是革命战争的最基层、最直接的宣传者和组织者,是紧密联系群众的纽带。毛泽东认为,"三种武装力量"的正确划分和互相配合,可以形成强大的武装力量体系,如敌人敢于进犯,我有人处则有武装,从而陷敌于到处挨打的困难境地。这正是适应人民战争所需要的武装力量组织形式,具有强大的威慑力,敌人视为畏途的主要也在这一点。

(三)以武装斗争为主,多种斗争形式相配合

毛泽东认为,人民战争不是一个孤立的武装斗争问题,在承认武装斗争是中国革命主要斗争形式的同时,必须把它同其他斗争形式配合起来,把武装斗争同政治、经济、思想文化等各条战线的斗争配合起来。他明确指出,没有武装斗争以外的各种形式和武装斗争相配合,武装斗争就不可能取得胜利,所以,必须"把武装斗争同工人的斗争,同农民的斗争(这是主要的),同青年的、妇女的、一切人民的斗争,同政权的斗争,同经济战线上的斗争,锄奸战线上的斗争,思想战线上的斗争,等等斗争形式,在全国范围内或者直接地或者间接地配合起来"②。这样就可以形成人民战争的整体威力,革命的胜利就有了保证。这一论断的正确性,已为中国革命的历史所证明。

---

① 《毛泽东军事文集》第6卷,军事科学出版社、中央文献出版社1993年版,第381页。
② 《毛泽东选集》第2卷,人民出版社1991年版,第609页。

土地革命战争时期的"工农武装割据"思想，就是一个以武装斗争为中心，集政治斗争、经济斗争、思想文化斗争和政权建设等斗争为一体的战略思想。当敌人进攻根据地时，全体军民一齐行动起来，直接地或间接地投入战争，以武装斗争粉碎敌人的"围剿"。当粉碎敌人的"围剿"后，便着手分兵发动武装斗争，从而为粉碎敌人的下一次"围剿"进行物质准备、精神准备。不仅如此，在坚持根据地反"围剿"斗争的同时，党继续坚持在白色区域内领导工人和其他劳动人民开展对敌斗争，并以白区的秘密斗争配合根据地的武装斗争，形成了以武装斗争为中心，武装斗争与各种非武装斗争相配合的斗争局面。在全民族抗日战争爆发后，毛泽东提出了全面的全民族的抗战路线，"长期而又广大的抗日战争，是军事、政治、经济、文化各方面犬牙交错的战争"。[①] 在各地包括海外开展形式多样内容丰富的抗日救亡运动，极大地激发了一切不甘心做亡国奴的同胞的抗日热情，形成有枪出枪、有钱出钱、有力出力的抗日热潮。而对于敌后抗日根据地处在敌人的包围之中，由于军事力量对比上敌强我弱，单靠军事手段很难保障根据地的生存。因此，综合运用各种斗争形式，开展对敌斗争，对于根据地和人民武装的生存和发展，具有特别重要的意义。解放战争时期，武装斗争与非武装斗争的配合，达到了空前的规模。在政治斗争方面，中国共产党充分发挥政治上进步的巨大优势，以各种政治斗争直接、间接地与军事斗争相配合，使之成为战胜国民党反动派的重要因素。例如，在战争爆发前夕和战争初期，中国共产党顺应全国人民迫切要求民主、坚决反对内战独裁的意愿，对国民党反动派在美国支持下挑起全国内战的罪恶予以彻底揭露，还主动让出部分南部的解放区，赢得了各民主党派和广大人民的支持。而在国统区内开展的农民抗租、抗捐、反抓丁、反恶霸斗争，城市中学生和工人的反饥饿、反内战、反迫害的民主爱国运动，左翼文人在文化战线的反美反蒋斗争，等等。这些武装斗争以外的辅助的斗争形式，可以起到宣传和动员群众，壮大革命声势，揭露敌人和削弱敌人力量甚至瓦解敌人的作用，形成多方面的、各条战线的、各种方式的波澜壮阔的对敌斗争局面，从而加速敌人的失败和革命的胜利。

（四）根据地是人民战争的战略基地

中国共产党领导的武装斗争走什么道路的问题，是关系中国革命成败的重

---

① 《毛泽东选集》第 2 卷，人民出版社 1991 年版，第 474 页。

大抉择，是进行人民战争首先要解决的问题。毛泽东从中国共产党独立领导武装斗争初期的挫折和教训中很快认识到，由于敌人的强大，工人阶级和革命武装力量的弱小，不可能夺取敌人统治力量强大的城市；弱小的革命力量为了生存和发展，必须先到敌人统治力量薄弱的农村立足，建立革命根据地，积蓄和锻炼自己的力量，然后待时机成熟时再夺取城市，以至全国政权。他明确指出，必须在农村建立巩固的革命根据地，"造成军事上、政治上、经济上、文化上的伟大的革命阵地，借以反对利用城市进攻农村区域的凶恶敌人，借以在长期战斗中逐步地争取革命的全部胜利。"[1]"游击战争的根据地是什么呢？它是游击战争赖以执行自己的战略任务，达到保存和发展自己、消灭和驱逐敌人之目的的战略基地。没有这种战略基地，一切战略任务的执行和战争目的的实现就失掉了依托。无后方作战，本来是敌后游击战争的特点，因为它是同国家的总后方脱离的。然而，没有根据地，游击战争是不能够长期地生存和发展的，这种根据地也就是游击战争的后方。"[2]即根据地是革命军队赖以执行自己的战略任务，达到保存和发展自己，消灭和驱逐敌人，支持长期革命战争的人力物力主要来源的战略基地。没有这种战略基地，一切战争任务的执行和战争目的的实现就失去了依托。建立巩固的农村革命根据地，必须同开展武装斗争和土地革命紧密结合。没有广大农民群众参加的武装斗争，根据地就难以开辟和发展，土地革命也无法进行；不积极开展土地革命，不解决农民的土地问题，不给农民以实际利益，就不可能把广大农民群众的积极性充分地调动起来，给革命战争以人力和物力的大力支援，并积极参加斗争，也就不可能不断积蓄和壮大革命力量，为夺取革命战争的全部胜利创造条件。

当然，强调建立农村革命根据地，"不是说可以放弃城市工作和尚在敌人统治下的其他广大农村中的工作；相反，没有城市工作和其他农村工作，农村根据地就处于孤立，革命就会失败。而且革命的最后目的，是夺取作为敌人主要根据地的城市，没有充分的城市工作，就不能达此目的。"[3]尤其是，当革命形势发生根本性转折以后，还要过渡到"由城市到乡村并由城市领导乡村的时期"[4]。解放战争辽沈、淮海、平津三大战略决战胜利之后，毛泽东在党的

① 《毛泽东选集》第 2 卷，人民出版社 1991 年版，第 635 页。
② 《毛泽东选集》第 2 卷，人民出版社 1991 年版，第 418 页。
③ 《毛泽东选集》第 2 卷，人民出版社 1991 年版，第 636 页。
④ 《毛泽东选集》第 4 卷，人民出版社 1991 年版，第 1427 页。

七届二中全会上就明确提出："从一九二七年到现在，我们的工作重点是在乡村，在乡村聚集力量，用乡村包围城市，然后取得城市。采取这样一种工作方式的时期现在已经完结。从现在起，开始了由城市到乡村并由城市领导乡村的时期。党的工作重心由乡村移到了城市。在南方各地，人民解放军将是先占城市，后占乡村。"① 因此，开辟与建立农村革命根据地，不仅仅是为了立足，为了求生存，而是为了今后的发展，完成由农村包围城市，最后夺取城市，进入由城市领导农村的转变。

（五）机动灵活的战略战术

毛泽东认为，战争的胜负主要取决于作战双方的军事、政治、经济、自然诸条件，同时还取决于作战双方的主要指导能力。"军事家不能超过物质条件许可的范围外企图战争的胜利，然而军事家可以而且必须在物质条件许可的范围内争取战争的胜利。军事家活动的舞台建筑在客观物质条件的上面，然而军事家凭着这个舞台，却可以导演出许多有声有色威武雄壮的活剧来。"② 人民战争的战略战术就是在认识中国革命战争的基本规律的基础上，产生出来的正确的战争指导原则。毛泽东关于人民战争的战略战术思想，概括起来有以下几个方面。

第一，人民军队作战的基本指导思想是着眼于消灭敌人的有生力量，而不在于土地的得失。在相当长的时间内，人民军队所面临的形势是敌强我弱。在这种形势下，如何战胜在数量上和装备上都占绝对优势的敌人，是人民军队经常面对的极其严峻的问题。毛泽东通过对革命战争实践经验的总结，创造性地制定了以弱胜强的积极防御的战略方针。他指出："积极防御，又叫攻势防御，又叫决战防御。消极防御，又叫专守防御，又叫单纯防御。消极防御实际上是假防御，只有积极防御才是真防御，才是为了反攻和进攻的防御。"③ 积极防御，就是在作战原则上，着眼于最大限度地消耗和消灭敌人的有生力量；在作战行动上，有效地避开敌人的进攻锐气，不同敌人打消耗性的阵地战，不与敌人争夺一城一地的得失。"首先而且严重的问题，是如何保存力量，待机破

---

① 《毛泽东选集》第 4 卷，人民出版社 1991 年版，第 1426—1427 页。
② 《毛泽东选集》第 1 卷，人民出版社 1991 年版，第 182 页。
③ 《毛泽东选集》第 1 卷，人民出版社 1991 年版，第 198 页。

敌。"①在与敌人周旋的过程中创造出有利于我而不有利于敌的作战条件，寻找敌人的弱点给予致命的打击，变战略上的劣势为战役和战斗上的优势，积小胜为大胜，夺取战争的最后胜利。

第二，人民军队的主要作战方式是游击战，或者是带游击性质的运动战。毛泽东指出："一切军事行动的指导原则，都根据于一个基本的原则，就是：尽可能地保存自己的力量，消灭敌人的力量。"②贯彻这一基本原则的作战形式是灵活机动地把运动战、阵地战、游击战三者结合起来。在敌强我弱的形势下，游击战就成为人民战争的主要作战方式，具有重要的战略地位。游击战的战略地位主要体现在四个方面。其一，主动地、灵活地、有计划地执行防御战中的进攻战、持久战中的速决战和内线作战中的外线作战。其二，和正规战争相配合。游击战和正规战的配合有战略的、战役的、战斗的配合，这些配合都能起到削弱敌人、钳制敌人、妨碍敌人运输的作用，同时给予全国军队和全国人民精神上的鼓励等。其三，在敌人占领区建立根据地和游击区域，有利于向敌占区步步渗透，也有利于发动群众。其四，向运动战发展。由于游击区和革命根据地的开辟，人民群众发动起来了，游击队的力量也会随之成长壮大，并上升为主力兵团，游击战也会随之逐步向运动战转变。

第三，人民军队战胜敌人的最好办法是集中优势兵力，各个歼灭敌人。毛泽东形象地指出，对于敌人来说，伤其十指不如断其一指。因此，每战务必将敌人全歼，不打或少打击溃战，更要反对打消耗战。

第四，在战略上藐视一切敌人，在战术上重视一切敌人。毛泽东指出："一切反动派都是纸老虎。看起来，反动派的样子是可怕的，但是实际上并没有什么了不起的力量。从长远的观点看问题，真正强大的力量不是属于反动派，而是属于人民。"③即革命者必须在战略上，在全体上藐视敌人，敢于和他们斗争，树立必胜信心，敢于夺取胜利。同时，要在战术上、策略上重视敌人，要讲究斗争艺术，根据不同时间、地点和条件，采取适当的斗争形式，以便一步步孤立和消灭敌人。

在毛泽东军事思想的指导下，人民军队从无到有，从小到大，人民战争的

---

① 《毛泽东选集》第 1 卷，人民出版社 1991 年版，第 197 页。
② 《毛泽东选集》第 2 卷，人民出版社 1991 年版，第 406 页。
③ 《毛泽东选集》第 4 卷，人民出版社 1991 年版，第 1195 页。

规模一步一步发展，逐步改变了敌我力量的对比，最终赢得了新民主主义革命的彻底胜利。

第四节　党的建设的理论

在无产阶级占少数的半殖民地半封建的社会中，毛泽东提出必须通过加强党的政治建设、思想建设、理论建设、组织建设和作风建设，来建立一个完全马克思主义的政党，以领导革命取得成功。

一、党的政治建设

党的建设对中国革命具有决定性意义。毛泽东指出："既要革命，就要有一个革命党。没有一个革命的党，没有一个按照马克思列宁主义的革命理论和革命风格建立起来的革命党，就不可能领导工人阶级和广大人民群众战胜帝国主义及其走狗。"[1]并把党的建设作为中国革命的三大法宝之一，"统一战线，武装斗争，党的建设，是中国共产党在中国革命中战胜敌人的三个法宝，三个主要的法宝。"[2]"统一战线和武装斗争，是战胜敌人的两个基本武器。统一战线，是实行武装斗争的统一战线。而党的组织，则是掌握统一战线和武装斗争这两个武器以实行对敌冲锋陷阵的英勇战士。"[3]为了更好地掌握和运用统一战线和武装斗争这两个基本武器，就必须紧紧把握住党的建设这个中心环节。以毛泽东同志为主要代表的中国共产党人，成功地解决了在半殖民地半封建社会环境中党的政治建设、思想建设、组织建设和作风建设问题，创造性地发展了马克思列

---

① 《毛泽东选集》第4卷，人民出版社1991年版，第1357页。
② 《毛泽东选集》第2卷，人民出版社1991年版，第606页。
③ 《毛泽东选集》第2卷，人民出版社1991年版，第613页。

宁主义建党学说。

党必须在政治上建党是无产阶级政党建设的根本，党的建设其他方面的工作都要围绕这个根本来进行。党的政治建设关系到党的先进性，直接决定着党在政治领导上的核心地位和作用。

第一，党的政治建设的基本前提是确定党的性质和宗旨。中国共产党是马克思主义同中国工人运动相结合的产物，这既表明工人阶级是党的阶级基础，又表明党是工人阶级自己的先锋队。而无产阶级只有解放全人类，才能解放自己。作为工人阶级先锋队的共产党，不仅代表了工人阶级的根本利益，而且代表了全体人民的根本利益。毛泽东深刻认识到，中国共产党不仅是中国工人阶级的先锋队，同时也是中华民族的先锋队。他在 1943 年时明确指出："二十二年的历史实践已经证明，我党奋斗的方向，是使中华民族起死回生的完全正确的方向，并将在今后的历史实践中继续坚持下去，直到完全胜利而后已。共产党员是一种特别的人，他们完全不谋私利，而只为民族与人民求福利。他们生根于人民之中，他们是人民的儿子，又是人民的教师，他们每时每刻地总是警戒着不要脱离群众，他们不论遇着何事，总是以群众的利益为考虑问题的出发点，因此他们就能获得广大人民群众的衷心拥护，这就是他们的事业必然获得胜利的根据。"①

正是由于中国共产党是中国人民的先锋队，所以毛泽东才将全心全意为中国人民服务确立为党的宗旨，确立为中国共产党领导的人民军队的宗旨。毛泽东一再强调，中国共产党除了中国人民的利益之外，没有自己的特殊利益。"共产党人的一切言论行动，必须以合乎最广大人民群众的最大利益，为最广大人民群众所拥护为最高标准。"②"共产党的唯一任务，就在团结全体人民，奋不顾身地向前战斗，推翻民族敌人，为民族与人民谋利益，绝无任何私利可言。"③

第二，党的政治建设的首要任务是制定正确的政治路线。党的建设是同党的政治路线密切联系着的，正确的政治路线能使党得到巩固和发展，而错误的政治路线则会使党的巩固和发展受到巨大的损害。政治路线是党的纲领的具体体现，是党在一定历史时期政治行动的总方向和总道路。党的纲领表现着

① 《毛泽东文集》第 3 卷，人民出版社 1996 年版，第 47 页。
② 《毛泽东选集》第 3 卷，人民出版社 1991 年版，第 1096 页。
③ 《毛泽东文集》第 2 卷，人民出版社 1993 年版，第 395 页。

党的性质和宗旨，而党的政治路线则体现了党为实现自己的纲领而在不同时期采取的政治行动。党的政治路线正确，"党的发展、巩固和布尔什维克化就前进一步"；党的政治路线不正确，"党的发展、巩固和布尔什维克化就要后退一步"。①党更加布尔什维克化了，党就能更正确地处理党的政治路线。

第三，确立正确的政治路线，必须正确开展党内政治斗争，在政治上巩固和发展党的团结。必须正确开展反对"左"和右的错误倾向的斗争。"左"的倾向主要表现为思想和行动上超越现实条件，并热衷于革命的口号。右的倾向主要表现为在思想和行动上落后于现实需要和现实条件，缺乏斗争的勇气，以及向落后势力作出无原则的让步。毛泽东针对当时党内存在的各种"左"的和右的错误倾向，反对自由主义以纠正右倾错误，反对主观主义以纠正"左"倾错误，澄清了党内错误认识，使中国共产党始终沿着一条正确的政治路线前进。毛泽东还总结了历史上党的斗争的经验，提出了"惩前毖后，治病救人"②的正确方针，达到了既弄清思想又团结同志这样两个目的。

第四，党的政治建设必须解决中国共产党在中国革命中的政治领导问题。这是毛泽东提出在政治上建党的最终目的。

二、党的思想建设

注重加强党的思想建设，注重从思想上建党，这是中国共产党的建设理论的基本内容和主要特点，也是毛泽东党的建设理论的基本内容和主要特点，也是毛泽东党的建设理论的基本原则。党的思想建设的重点是党员无产阶级思想意识的建设问题，即解决党员从思想上入党的问题。党内的非无产阶级思想最主要的是小资产阶级思想，如何克服这些思想是中国共产党自身建设中遇到的一个最大的难题。一方面，由于十月革命以来的国际国内形势的发展，特别是国共两党的发展，使中国社会不能形成强大的小资产阶级政党，因此就有大批的小资产阶级出身的人向无产阶级队伍寻求出路；另一方面，大革命失败

---

① 《毛泽东选集》第2卷，人民出版社1991年版，第605页。
② 《毛泽东选集》第3卷，人民出版社1991年版，第938页。

后，党的工作重心转向农村，在农村环境中要建设一个广大群众性的无产阶级政党，就必然要不断吸收农民和小资产阶级出身的革命分子。从中国革命的实际出发，毛泽东肯定大批农民和其他小资产阶级出身的革命分子（尤其是青年学生）参加共产党，是一件大好事，可以壮大党的队伍。实现党的群众性、广泛性。但另一方面，大量的非无产阶级思想被带入党内，使党内思想严重不纯，从而妨碍党的政治路线的执行。针对党内的这种思想状况，毛泽东指出："掌握思想教育，是团结全党进行伟大政治斗争的中心环节。如果这个任务不解决，党的一切政治任务是不能完成的。"① 党的建设中最主要的问题，就是党的思想建设问题，就是以马克思列宁主义这一无产阶级的科学思想，用党的路线、方针和政策去教育与改造全体党员，用无产阶级思想克服各种非无产阶级思想，使广大党员树立起辩证唯物主义和历史唯物主义的世界观，从根本上保证中国共产党的工人阶级先锋队性质。

第一，思想建设的首要任务是树立辩证唯物主义和历史唯物主义的思想路线。为了加强党的思想建设，提高广大党员的马克思主义水平，清算主观主义特别是教条主义的影响，毛泽东在1936年底写了《中国革命战争的战略问题》的基础上，又在1937年7月至8月间发表了《实践论》和《矛盾论》，科学地论述了无产阶级的世界观、认识论和方法论，对于广大党员树立起辩证唯物主义的思想路线起了重大作用。

第二，思想建设的重点是解决党员思想入党的问题。这是由于中国共产党所处的社会历史条件和党内的本质矛盾所决定的。中国是一个两头小、中间大的社会，即工人少、大地主大资产阶级少，而农民及小资产阶级人数众多。针对党的这一历史特点，毛泽东指出："我们现在有大批的新党员所形成的很多的新组织，这些新组织还不能说是广大群众性的，还不是思想上、政治上、组织上都巩固的，还不是布尔什维克化的。同时，对于老党员，也发生了提高水平的问题，对于老组织，也发生了在思想上、政治上、组织上进一步巩固和进一步布尔什维克化的问题。"② "有许多党员，在组织上入了党，思想上并没有完全入党，甚至完全没有入党。这种思想上没有入党的人，头脑里还装着许多剥削阶级的脏东西，根本不知道什么是无产阶级思想，什么是共产主义，什么

---

① 《毛泽东选集》第3卷，人民出版社1991年版，第1094页。
② 《毛泽东选集》第2卷，人民出版社1991年版，第603页。

是党。"①党的无产阶级先锋队性质，要求每一个党员都应成为无产阶级的先锋战士，党的先进性是党员先进性的集中体现。要做到这一点，就必须使共产党员具有无产阶级思想，清除自身的非无产阶级思想。解决这一问题的唯一正确的方法，就是在党内肃清各种非无产阶级思想，特别是小资产阶级思想，要求党员不仅在组织上入党，而且要在思想上入党。

第三，思想上建党的重要途径是学习。因为党内最本质的矛盾是无产阶级思想同非无产阶级思想的矛盾；最主要的矛盾是无产阶级思想同农民、小资产阶级思想的矛盾。解决这种矛盾最有效的措施是学习。延安时期，毛泽东针对党内情况，强调了三个方面的学习内容：学习马克思主义基本理论；学习历史，特别是中国共产党自身的历史；研究现状、研究国情。

第四，思想上建党的重要方式是通过整风运动等有效形式，开展积极的思想斗争，开展批评与自我批评，反对种种自由主义的思想和态度。自由主义取消思想斗争，主张无原则的和平，造成腐朽庸俗作风的发生。党内自由主义是一种腐蚀剂，使党失掉严密的组织和纪律，使小资产阶级思想流行起来。因此，我们要用马克思主义的积极精神，克服消极的自由主义。一个共产党员，应该是襟怀坦白，忠实的，积极的，以革命利益为第一生命，以个人利益服从革命利益；无论何时何地，能坚持正确的原则，同一切不正确的思想和行为作不疲倦的斗争，用以巩固集体生活；关心党和群众比关心个人为重，关心他人比关心自己为重。这样才算得一个共产党员。搞好党的思想建设必须开展经常性的批评和自我批评。积极的批评和自我批评就像"天天洗脸"，"天天扫地"一样，对于清除各种政治灰尘和政治微生物，保持党的肌体健康是非常必要的。毛泽东指出：有无认真的自我批评，也是中国共产党和其他政党相互区别的显著标志之一。"我们同志的思想，我们党的工作，也会沾染灰尘的，也应该打扫和洗涤。'流水不腐，户枢不蠹'，是说它们在不停的运动中抵抗了微生物或其他生物的侵蚀。对于我们，经常地检讨工作，在检讨中推广民主作风，不惧怕批评和自我批评，实行'知无不言，言无不尽'，'言者无罪，闻者足戒'，'有则改之，无则加勉'这些中国人民的有益的格言，正是抵抗各种政治灰尘和政治微生物侵蚀我们同志的思想和我们党的肌体的唯一有效的方法。"②而整风运动，是全

---

① 《毛泽东选集》第 3 卷，人民出版社 1991 年版，第 875 页。
② 《毛泽东选集》第 3 卷，人民出版社 1991 年版，第 1096 页。

党在自身发展的一定历史时期内，在主观和客观条件具备时，针对党内存在的主要错误倾向，有领导、有步骤、有目的地学习马克思主义，开展批评与自我批评，总结历史经验，纠正党内错误思想和错误倾向，达到统一思想认识，增强团结，提高党的战斗力的目的。在延安时期，中国共产党在全党开展了整风运动。这次整风的任务是反对主观主义以整顿学风，反对宗派主义以整顿党风，反对"党八股"以整顿文风。整风的中心内容是反对主观主义。这次全党整风，使党的领导机关和广大党员进一步掌握了马克思列宁主义的普遍真理和中国革命的具体实践相结合的基本方向，基本解决了长期以来党内存在的非无产阶级思想和无产阶级思想的矛盾。更重要的是它破除了党内把马克思主义教条化、把共产国际和苏联经验神圣化的迷信，使广大党员从教条主义特别是王明教条主义的精神枷锁下解放出来。全党整风运动，对于加强无产阶级政党的思想建设，是一次成功的实践，也是一个伟大的创举。

三、党的理论建设

党的思想建设和理论建设是紧密联系在一起的。如果思想建设不提到理论的高度，不从理论上解决问题，思想问题就难以真正解决。党的理论建设包括三个方面：一是确立马克思主义理论的指导地位；二是确立正确对待马克思主义的态度和风气即正确的学风，即确立一条把马克思主义普遍真理与中国实际相结合的思想路线；三是形成马克思主义与中国实际相结合的科学理论成果并作为党的指导思想。

中国共产党是在马克思主义理论指导下成立的，是马克思主义与中国工人运动相结合的产物。毛泽东一再强调，马克思主义的科学理论是无产阶级的思想体现，是党的指导思想。学习马克思列宁主义有一个学风问题。这个问题就是以什么态度来对待马克思列宁主义的问题，在某种意义上也就是党的思想路线的问题。毛泽东科学地阐述了如何对待马克思列宁主义的问题，提出了把马克思主义普遍真理与中国革命具体实践相结合的原则，这是党的思想理论建设的根本原则。

毛泽东从哲学上论证了把马克思主义普遍原理与中国革命实际相结合这一党的理论建设的根本原则。一方面，他在《矛盾论》中阐述了唯物辩证法的对立统一规律即矛盾规律，用矛盾问题的精髓即矛盾的普遍性和特殊性的关系的原理，说明了必须把马克思主义普遍原理与中国革命的具体实践结合起来。他认为，矛盾的普遍性寓于矛盾的特殊性之中，普遍不能脱离特殊而存在，对普遍的分析也不能代替对特殊的分析，而必须把一般与特殊结合起来，在一般的指导下，具体地分析具体的矛盾。另一方面，毛泽东在《实践论》中运用理论和实践相互关系的原理说明了必须把马克思主义普遍原理与中国革命的实践结合起来。他深刻地论述了理论与实践的关系，指出了实践是理论的来源和发展动力，是检验真理的标准。人们在实践中产生感性认识，并使感性认识上升到理性认识，形成理论，然后再用理论去指导实践，并接受实践的检验。后来毛泽东在《改造我们的学习》中把这个理论来源于实践，又反过来指导实践并接受实践检验的过程概括为"实事求是"。"实事求是"后来成为中国共产党表述自己的思想路线的经典语言，体现了毛泽东倡导的把马克思主义普遍原理与中国革命的具体实践相结合的原则。

在中国革命的过程中，以毛泽东同志为主要代表的中国共产党人把马克思主义普遍真理与中国革命的具体实践相结合，结出了丰硕的理论果实——毛泽东思想。在党的七大上，毛泽东思想与马克思列宁主义一起，被确立为党的指导思想。这是党的理论建设的伟大成就，是党的思想理论建设成熟的标志，同时也为党的思想理论建设指明了前进的方向。

四、党的组织建设和作风建设

党的组织建设是党的建设的物质基础，是实现党的各项任务的可靠保证。党的组织建设首先是扩大党的组织，为此，就必须向着符合条件的广大的革命分子敞开大门，而不是仅限于在工人中发展党员。民主革命早期，党内一些领导人教条主义地只靠书本和外国经验来决定我们党的建设，在党员的社会成分问题上错误地单纯从党员的社会成分构成来判断党的性质，片面地认为，只要在农民和知识分子中大量发展党员，就会改变党的性质，就有使党变成"小资产阶级农民党"的危险。毛泽东从井冈山时期开始，就解决了在农民中大量发展党员和保持党的先进性的问题。全民族抗日战争爆发前后，党中央紧紧抓住党从秘密状态走向公开的历史机遇，提出"建设一个全国范围的、广大群众性的、思想上政治上组织上完全巩固的布尔什维克化的中国共产党"① 的历史任务。毛泽东明确指出："为了克服困难，战胜敌人，建设新中国，共产党必须扩大自己的组织，向着真诚革命、信仰党的主义、拥护党的政策、并愿意服从纪律、努力工作的广大工人、农民和青年积极分子开门，使党成为一个伟大的群众性的党。在这里，关门主义倾向是不能容许的。"②

党的组织建设的基本原则是民主集中制。民主集中制对党的建设具有重要意义，它是实现党的政治路线、调动全体党员积极性，实现党在思想上政治上组织上一致的重要保证，是在党内建立起上下级之间，党员同党组织之间，党委内部成员之间正常关系的原则。民主集中制的基本要求是在民主基础上集中和在集中指导下的民主的结合。在民主和集中的关系上，毛泽东总是把民主放在前头。他说过，民主集中的方法，是一个群众路线的方法。先民主，后集中，从群众中来，到群众中去，领导同群众相结合，这是群众路线在党内的体现。民主是集中指导下的民主，只有在正确集中的指导下才能健全民主生活；集中是民主基础上的集中，只有在充分发扬民主的基础上才能实行正确的集中。离开民主讲集中，或者离开集中讲民主，都会破坏党组织的巩固和发展。民主集中制要求：个人服从组织，少数服从多数，下级服从上级，全党服从中央。

在长期的斗争中，中国共产党逐渐贯彻了民主集中制原则，使全党既有民主又有集中，既有纪律又有自由，既有权利又有义务，形成了党内团结、紧张、严肃、活泼的生动局面。正是因为真正贯彻了民主集中制的原则，中国共产党才能调动全党的积极性，集中全党的经验和智慧，从艰难困苦中开创了一条胜利之路。

党的作风集中体现着党的形象。毛泽东高度重视党风建设，并创造了延安整风这样党的建设的好形式。他认为党的作风好坏对于社会风气有直接影响。他说："只要我们党的作风完全正派了，全国人民就会跟我们学。党外有这种不良风气的人，只要他们是善良的，就会跟我们学，改正他们的错误，这样就会影响全民族。"③ 党的作风包括思想作风、工作作风和生活作风。1945 年 4 月，毛泽东在党的七大报告中指出：以马克思列宁主义的理论思想武装起来的中国共产党在

---

① 《毛泽东选集》第 2 卷，人民出版社 1991 年版，第 602 页。
② 《毛泽东选集》第 2 卷，人民出版社 1991 年版，第 523—524 页。
③ 《毛泽东选集》第 3 卷，人民出版社 1991 年版，第 812 页。

二十四年艰苦卓绝的斗争中形成了新的工作作风，"这主要的就是理论和实践相结合的作风，和人民群众紧密地联系在一起的作风以及自我批评的作风"①。

这三大作风是中国共产党区别于其他政党的显著标志，反映了中国共产党人对待马克思主义理论、对待人民群众和对待自己及周围同志的正确态度。

理论联系实际，是党的唯物主义的思想路线，也是党的一贯的思想作风。其实质是对待马克思主义的态度问题。只有发扬理论与实际相结合的作风，马克思列宁主义理论才能正确地指导中国革命和建设，马克思列宁主义理论也同时得到发展。

密切联系群众是党的群众路线在工作作风方面的体现。同时也是党为人民服务的宗旨在工作作风上的具体体现。与最广大的人民群众保持最密切的联系，是中国共产党强大的生命力之所在。为人民群众谋利益，全心全意为人民服务，是中国共产党一切工作的出发点和归宿。

批评与自我批评，既是正确进行党内斗争的方法，也是共产党人的优良作风。毛泽东一贯提倡开展积极的思想斗争，认为这是达到党内和革命团体的团结使之利于战斗的武器，只有这样，才能坚持真理，修正错误，克服各种非无产阶级思想，同党内的不良倾向作斗争，以积极的思想斗争来维护党的团结和统一。

理论联系实际、密切联系群众、批评与自我批评的三大优良作风，互相联系，互相促进，不可分割。只有全面坚持和发扬党的三大优良作风，才能提高党的战斗力，增强党在全国人民中的凝聚力，充分发挥党对各行各业的领导作用，不断夺取新的胜利。

第五节　毛泽东思想指导地位的确立

中国共产党第七次全国代表大会于 1945 年 4 月 23 日至 6 月 11 日在延安杨家岭中央大礼堂举行。"党的七大为建立新民主主义的新中国制定了正确路

---

① 《毛泽东选集》第 3 卷，人民出版社 1991 年版，第 1094 页。

线方针政策，使全党在思想上政治上组织上达到空前统一和团结。"① 毛泽东思想是马克思主义基本原理与中国革命实践相结合的产物，是马克思主义中国化飞跃的伟大理论成果，在党的七大上被确立为中国共产党的指导思想。

一、毛泽东思想概念的提出与科学概括

"毛泽东思想"概念的提出，是马克思主义普遍原理和中国革命具体实践日益结合的结果，是马克思主义中国化、具体化的必然结果。毛泽东思想被全党认识和接受，并确定为指导思想，经历了两个历史时期共约15年的历史进程。首先，毛泽东思想是在土地革命战争时期反"围剿"的残酷斗争中，经历革命实践的考验逐步为红军和全党所认识的，其代表作《中国革命战争的战略问题》、《实践论》和《矛盾论》，不仅对红军的军事斗争进行了总结，而且从哲学高度总结了党所领导的革命战争和思想路线斗争，为全党学习和运用毛泽东思想提供了系统而科学的教材。随后，毛泽东思想又在极其复杂的全民族抗日战争中多方面展开，日益表现出中国化马克思主义的巨大威力。如全民族抗日战争初期问世的《论持久战》，以其对抗日战争全过程的精辟分析和科学预见而成为光照历史的不朽篇章；1940年发表的《新民主主义论》，以其对全民族中国革命规律性的认识而成为指引中国革命胜利前进的纲领性文献；为开展全党整风运动而撰写的《改造我们的学习》、《整顿党的作风》等著作，以其对党内长期存在的非马克思主义思想作风的深刻分析与批判而成为全党学习和正确对待马克思主义的思想武器。在延安整风中，通过全党范围的对马克思主义理论的学习运动，通过对中国革命历史经验的总结和对以王明为代表的错误路线（土地革命战争时期的"左"倾教条主义、全民族抗日战争初期的"一切经过统一战线"的错误）的批判，党的高级干部和理论工作者普遍认识到，以毛泽东为代表的中国共产党的理论和实践贯穿着马列主义普遍原理和中国革命具体实践相结合的原则，认识到毛泽东是把马列主义普遍原理和中国革命具体实践相结合的典范，需要对主要由毛泽东提出的关于中国革命的理论以适当的命名和予以正确的评价，并在这一理论基础上达到更高程度的团结统一。

① 《中共中央关于党的百年奋斗重大成就和历史经验的决议》，《人民日报》2021年11月17日。

1941 年 3 月，党的理论工作者张如心（1908—1976）在《论布尔什维克的教育家》一文中，首次使用了"毛泽东同志的思想"这一提法，他说，毛泽东同志的言论、著作"是马列主义理论与中国革命实践结合典型的结晶体"，并提出要"研究毛泽东同志如何运用马列主义基本原则到中国环境来，如何发展创造性的马克思主义"①。1941 年 9、10 月间，中央政治局召开扩大会议，详尽检讨过去的路线问题。与会同志对毛泽东和他的思想理论都作了高度的评价。陈云同志指出："毛主席是中国革命的旗帜"；李维汉（1896—1984）指出："毛主席——创造的马克思主义者之模范、典型"；王稼祥指出："过去中国党毛主席代表了唯物辩证法"；叶剑英（1897—1986）指出："毛主席由实践到理论，这是我们应该学习的"。1942 年 2 月，张如心又在《学习和掌握毛泽东的理论和政策》的文章中指出："毛泽东同志的理论和策略正是马列主义理论和策略在殖民地半殖民地半封建社会中的运用和发展，毛泽东同志的理论就是中国马克思列宁主义。"②1942 年 7 月 1 日，朱德在《纪念党的二十一周年》一文中指出：我们党已经创造了指导中国革命的中国化的马列主义理论。他说："今天我们党已经积累下了丰富的斗争经验，正确地掌握了马列主义的理论。""我们党已经有了自己的最英明的领袖：毛泽东同志。他真正精通了马列主义理论，并且善于把这种理论用来指导中国革命步步走向胜利。"③同年 7 月，陈毅在《伟大的二十一年》中，从中国社会性质、革命动力、前途及革命战略和策略问题；革命战争问题；苏维埃政权问题；党的建设问题；思想方法问题等六个方面论述以毛泽东为领袖的中国共产党运用马列主义解决中国革命实际问题的新创造，并指出"毛泽东创造了正确的思想体系"④。1943 年 7 月 4 日刘少奇在《清算党内的孟什维主义思想》一文中，使用了"毛泽东同志的思想"和"毛泽东同志的思想体系"两个概念，指出："一切干部，一切党员，应该用心研究

---

① 中央文献研究室：《〈关于建国以来党的若干历史问题的决议〉注释本（修订）》，人民出版社 1985 年版，第 501 页。

② 中央文献研究室：《〈关于建国以来党的若干历史问题的决议〉注释本（修订）》，人民出版社 1985 年版，第 501 页。

③ 《朱德年谱（新编本）（一八八六——一九七六）》中，中央文献出版社 2006 年版，第 1105 页。

④ 中央文献研究室：《〈关于建国以来党的若干历史问题的决议〉注释本（修订）》，人民出版社 1985 年版，第 502 页。

二十二年来中国党的历史经验，应该用心研究与学习毛泽东同志关于中国革命的及其他方面的学说，应该用毛泽东同志的思想来武装自己，并以毛泽东同志的思想体系去清算党内的孟什维主义思想。"①

1943 年 7 月 5 日，王稼祥在《中国共产党与中国民族解放的道路》一文中第一次提出毛泽东思想这一概念，"中国民族解放整个过程中——过去现在与未来——的正确道路就是毛泽东同志的思想，就是毛泽东同志在其著作中与实践中所指出的道路。毛泽东思想就是中国的马克思列宁主义，中国的布尔什维主义，中国的共产主义。"② 他特别强调，毛泽东思想是马克思列宁主义与中国革命运动实际经验相结合的结果，这个理论还在继续发展中，这是引导中国民族解放和中国共产主义胜利前途的保证。1943 年 8 月，周恩来指出："我们党二十二年的历史证明：毛泽东同志的意见，是贯串着整个党的历史时期，发展成为一条马列主义中国化，也就是中国共产主义的路线！""毛泽东同志的方向，就是中国共产党的方向！""毛泽东同志的路线，就是中国的布尔什维克的路线！"③

毛泽东思想这个概念由王稼祥提出并公开使用后，在党内的一些文件和许多负责同志的讲话里，也陆续地使用和论述毛泽东思想和毛泽东同志的思想等概念了。1943 年 12 月邓小平在中共北方局党校整风动员会上的讲话中，不仅使用了毛泽东思想的概念，而且明确指出我们党及其中央是以毛泽东思想为指导的。他说："遵义会议之后，在以毛泽东为首的党中央领导之下，彻底克服了党内'左'右倾机会主义，一扫主观主义、宗派主义和党八股的气氛，把党的事业完全放在中国化的马列主义，即毛泽东思想的指导之下。……的确，在以毛泽东思想为指导的党中央的领导之下，我们回忆起过去机会主义领导下的惨痛教训，每个同志都会感觉到这九年是很幸福的"④。这一时期，彭真（1902—1997）、聂荣臻（1899—1992）、罗荣桓（1902—1963）等在文章或讲话中，也都广泛地使用了毛泽东思想的概念。1945 年 3 月 15 日党的六届七中全会闭会前夕，邓小平进一步提出每个党员要"更加学习马列主义与毛泽东思想"⑤。

---

① 《刘少奇选集》上卷，人民出版社 1981 年版，第 300 页。

② 《王稼祥选集》，人民出版社 1989 年版，第 344 页。

③ 《周恩来选集》上卷，人民出版社 1980 年版，第 138 页。

④ 《邓小平文选》第 1 卷，人民出版社 1994 年版，第 88 页。

⑤ 中央文献研究室：《〈关于建国以来党的若干历史问题的决议〉注释本（修订）》，人民出版社 1985 年版，第 506 页。

二、毛泽东思想被确立为党的指导思想

1945 年 4 月 23 日至 6 月 11 日，党的七大召开。党的七大在党的历史上具有极其重要的地位，为党后来不断从胜利走向胜利指明了正确方向、开辟了正确道路。同时，党的七大在党的历史上具有重要里程碑意义，标志着我们党在思想上政治上组织上走向了成熟。在政治上，党通过延安整风，使全党团结在毛泽东的旗帜下，实现了党的空前统一和团结。在思想上，党确立了毛泽东思想在全党的指导地位，把毛泽东思想写入了党章。在组织上，党形成了一支高举毛泽东旗帜的久经考验的政治家集团。①

经过六届七中全会的长期酝酿和讨论，1945 年刘少奇在党的七大上所作的关于修改党章的报告中，对毛泽东思想作了科学的概括和全面的阐述："毛泽东思想，就是马克思列宁主义的理论与中国革命的实践之统一的思想，就是中国的共产主义，中国的马克思主义。"②"毛泽东思想，就是马克思主义在目前时代的殖民地、半殖民地、半封建国家民族民主革命中的继续发展，就是马克思主义民族化的优秀典型。它是从中国民族与中国人民长期革命斗争中……生长和发展起来的。它是中国的东西，又完全是马克思主义的东西。"③ 毛泽东思想是"我们党的唯一正确的指导思想，唯一正确的总路线"④。"毛泽东思想，从他的宇宙观以至他的工作作风，乃是发展着与完善着的中国化的马克思主义，乃是中国人民完整的革命建国理论。这些理论，表现在毛泽东同志的各种著作以及党的许多文献上。这就是毛泽东同志关于现代世界情况及中国国情的分析，关于新民主主义的理论与政策，关于解放农民的理论与政策，关于革命统一战线的理论与政策，关于革命战争的理论与政策，关于革命根据地的理论与政策，关于建设新民主主义共和国的理论与政策，关于建设党的理论与政策，关于文化的理论与政策等。"⑤1945 年党的七大通过的党章明确规定："中

---

① 《习近平在瞻仰延安革命纪念地时强调　弘扬伟大建党精神和延安精神　为实现党的二十大提出的目标任务而团结奋斗》，《人民日报》2022 年 10 月 28 日。
② 《刘少奇选集》上卷，人民出版社 1981 年版，第 333 页。
③ 《刘少奇选集》上卷，人民出版社 1981 年版，第 333—334 页。
④ 《刘少奇选集》上卷，人民出版社 1981 年版，第 334 页。
⑤ 《刘少奇选集》上卷，人民出版社 1981 年版，第 335 页。

国共产党，以马克思列宁主义的理论与中国革命的实践之统一的思想——毛泽东思想，作为自己一切工作的指针。"①这标志着不仅马克思主义与中国的实际相结合达到新的历史高度，马克思主义中国化不但在理论上结出硕果，而且中国共产党通过总结经验教训，自觉地将中国化的马克思主义——毛泽东思想作为自己的指导思想。马克思主义在中国生根发芽，马克思主义中国化事业获得了坚实的组织基础。马克思主义结出了双重硕果，一个独具特色的马克思主义理论体系——毛泽东思想的成熟，与一个真正的马克思主义政党——中国共产党的成熟。从此，在毛泽东思想的指引下，中国共产党领导的中国革命的发展进入了不断取得新胜利的崭新历史阶段。

三、毛泽东思想的创立为夺取新民主主义革命胜利指明了正确方向

中国共产党经过二十四年的艰苦探索，终于将马克思主义与中国的实际结合起来，形成了自己的指导思想——毛泽东思想。"毛泽东思想是马克思列宁主义在中国的创造性运用和发展，是被实践证明了的关于中国革命和建设的正确的理论原则和经验总结，是马克思主义中国化的第一次历史性飞跃。"②

（一）毛泽东思想是马克思列宁主义的理论与中国革命的实践相统一的思想

中国人民自鸦片战争以来的革命斗争中积累了丰富的经验，必然也要形成自己的伟大理论，但是由于中国资产阶级在政治上、经济上的软弱性，不能代表人民的利益，缺乏与人民联系，思想眼界存在局限性，他们尽管能提出一种革命的纲领和一定的民主思想，却不能形成系统的科学的革命理论，这种理论只能由无产阶级的代表依据马克思主义的理论与中国革命实践相结合的原则创造出来，而其中最杰出最伟大的代表是毛泽东。

---

① 中央文献研究室：《〈关于建国以来党的若干历史问题的决议〉注释本（修订）》，人民出版社1985年版，第506页。

② 《中共中央关于党的百年奋斗重大成就和历史经验的决议》，《人民日报》2021年11月17日。

（二）毛泽东思想是马克思主义民族化的典范

毛泽东思想是以毛泽东同志为主要代表的中国共产党人，运用马克思主义的立场、观点和方法，来全面考察和分析中国社会、历史和民族特点；深入研究中国革命的客观实际问题，阐明中国革命的发展规律；同时把马克思列宁主义由欧洲的形式和语言转化为中国的风格和语言，去回答和说明中国革命的理论和政策，并从中国人民的长期斗争实践出发，总结这些斗争经验，加以科学概括，上升到理论形态，形成中国化的马克思主义，指导中华民族和中国人民取得民族民主解放战争的伟大胜利。这是马克思列宁主义在东方殖民地半殖民地国家传播、发展所产生的新理论，是"马克思主义民族化的优秀典型"[①]。

（三）毛泽东思想是中国共产党一切工作的指针

毛泽东思想不仅是在同国内外各种敌人的斗争中生长和发展起来的，而且是在同党内各种机会主义思想，如"左"倾冒险主义路线和右倾投降主义路线、经验主义等进行原则斗争中生长和发展起来的。在党内历次原则斗争中，毛泽东总是善于提出符合中国特点和中国革命发展规律的正确思想，成为正确路线的代表，一次又一次地挽救了中国革命和中国共产党。正如习近平总书记所指出的："毛泽东思想以独创性理论丰富和发展了马克思列宁主义。毛泽东思想教育了几代中国共产党人，它培养的大批骨干，不仅在新民主主义革命、社会主义革命、社会主义建设时期发挥了重要作用，也为新的历史时期开创和建设中国特色社会主义发挥了重要作用。"[②]

（四）毛泽东思想创造性地实现了马克思主义中国化这一极其艰难伟大的事业

毛泽东思想是在中国人民的长期革命斗争中产生和发展起来的，其间经历了大革命、土地革命战争和全民族抗日战争。它是在坚持马克思主义理论基础上，根据中华民族的特点对中国革命的经验进行科学总结的结果；是站在无产阶级和全体人民利益的立场上，应用马克思列宁主义的科学方法概括中国历

---

① 《刘少奇选集》上卷，人民出版社 1981 年版，第 333 页。

② 《十八大以来重要文献选编》（上），中央文献出版社 2014 年版，第 692 页。

史和中国革命经验的成果；它是中华民族和中国人民争取自身解放的唯一正确理论和政策。中国新民主主义革命的历史充分证明：当革命是在毛泽东思想指导下，革命就胜利，就发展；而当革命是脱离了毛泽东思想指导时，革命就失败，就倒退。所以说，马克思主义中国化是一件事关中国革命成败的极其艰难的事业。马克思主义产生于欧洲资本主义条件下，要把它从西方的形式变成中国的形式，使之符合中国的特点，能够解决中国革命的各种问题，绝不是熟读、背诵和摘引马克思主义经典著作就可以成功的。在一个半殖民地半封建的中国进行民族民主革命，所遇到的各种实际问题，有许多是世界上的马克思主义者未曾提出与解决的问题。这就需要中国共产党人既要坚持马克思主义的基本原则，又要运用马克思主义的立场、观点和方法，分析中国的国情、形势、矛盾和特点，提出新见解，总结新经验，形成新理论。只有这样，才能依据中国历史和中国革命发展的具体情况，发展马克思主义，并用中国人民通俗易懂的语言表达出来，成为中国人民和中华民族的思想武器。

在革命斗争中，以毛泽东同志为主要代表的中国共产党人，把马克思列宁主义基本原理同中国具体实际相结合，对经过艰苦探索、付出巨大牺牲积累的一系列独创性经验作了理论概括，开辟了农村包围城市、武装夺取政权的正确革命道路，创立了毛泽东思想，为夺取新民主主义革命胜利指明了正确方向。①

---

① 《中共中央关于党的百年奋斗重大成就和历史经验的决议》，《人民日报》2021 年 11 月 17 日。

参 考 文 献

列宁：《工人监督条例草案》，《列宁选集》第 3 卷，人民出版社 2012 年版。

列宁：《工人同被剥削劳动农民的联盟》，《列宁选集》第 3 卷，人民出版社 2012 年版。

列宁：《关于实行银行国有化及有关必要措施的法令草案》，《列宁选集》第 3 卷，人民出版社 2012 年版。

列宁：《全俄工兵农代表苏维埃第三次代表大会文献》，《列宁选集》第 3 卷，人民出版社 2012 年版。

列宁：《苏维埃政权的当前任务》，《列宁选集》第 3 卷，人民出版社 2012 年版。

列宁：《论"左派"幼稚性和小资产阶级性》，《列宁选集》第 3 卷，人民出版社 2012 年版。

列宁：《无产阶级革命和叛徒考茨基》，《列宁选集》第 3 卷，人民出版社 2012 年版。

列宁：《俄共（布）第八次代表大会文献》，《列宁选集》第 3 卷，人民出版社 2012 年版。

列宁：《为共产国际第二次代表大会准备的文件》，《列宁选集》第 4 卷，人民出版社 2012 年版。

列宁：《无产阶级专政时代的经济和政治》，《列宁选集》第 4 卷，人民出版社 2012 年版。

列宁：《俄共（布）第九次代表大会文献》，《列宁选集》第 4 卷，人民出版社 2012 年版。

列宁：《共产主义运动中的"左派"幼稚病》，《列宁选集》第 4 卷，人民出版社 2012 年版。

列宁：《共产国际第三次代表大会文献》，《列宁选集》第 4 卷，人民出版社 2012 年版。

列宁：《俄共（布）第十次代表大会文献》，《列宁选集》第 4 卷，人民出版社 2012

年版。

列宁:《论合作社》,《列宁选集》第 4 卷,人民出版社 2012 年版。

列宁:《论我国革命》,《列宁选集》第 4 卷,人民出版社 2012 年版。

列宁:《我们怎样改组工农检查院》,《列宁选集》第 4 卷,人民出版社 2012 年版。

列宁:《宁肯少些,但要好些》,《列宁选集》第 4 卷,人民出版社 2012 年版。

列宁:《工会在新经济政策条件下的作用和任务的提纲草案》,《列宁全集》第 42 卷,人民出版社 2017 年版。

列宁:《伟大的创举》,《列宁全集》第 37 卷,人民出版社 2017 年版。

列宁:《农民问题提纲初稿》,《列宁全集》第 40 卷,人民出版社 2017 年版。

列宁:《关于粮食税的报告》,《列宁全集》第 41 卷,人民出版社 2017 年版。

列宁:《论粮食税》,《列宁全集》第 41 卷,人民出版社 2017 年版。

列宁:《关于国家经济"计划"的几点想法》,《列宁全集》第 42 卷,人民出版社 2017 年版。

列宁:《论黄金在目前和在社会主义完全胜利后的作用》,《列宁全集》第 42 卷,人民出版社 2017 年版。

列宁:《新经济政策和政治教育委员会的任务》,《列宁全集》第 42 卷,人民出版社 2017 年版。

列宁:《共产国际第四次代表大会文献》,《列宁全集》第 43 卷,人民出版社 2017 年版。

列宁:《论苏维埃共和国所处的国际和国内形势》,《列宁全集》第 43 卷,人民出版社 2017 年版。

列宁:《致格·雅·索柯里尼柯夫(1922 年 2 月 11 日)》,《列宁全集》第 52 卷,人民出版社 2017 年版。

列宁:《致尼·伊·布哈林(1922 年 9 月 27 日)》,《列宁全集》第 52 卷,人民出版社 2017 年版。

列宁:《在尼·布哈林〈过渡时期经济学〉一书上作的批注和评论》,《列宁全集》第 60 卷,人民出版社 2017 年版。

斯大林:《和美国斯克里浦斯—霍华德报系总经理罗伊·霍华德先生的谈话》,《斯大林文集(1934—1952)》,人民出版社 1985 年版。

斯大林:《和美国共产党人士哈罗德·史塔生的谈话的记录》,《斯大林文集(1934—1952)》,人民出版社 1985 年版。

斯大林:《论辩证唯物主义和历史唯物主义》,《斯大林文集(1934—1952)》,人民出版社 1985 年版。

斯大林:《论党的工作缺点和消灭托洛茨基两面派及其他两面派的办法》,《斯大林文选》（上），人民出版社 1962 年版。

斯大林：《关于苏联宪法草案》，《斯大林文集（1934—1952)》，人民出版社 1985 年版。

斯大林：《和英国作家赫·乔·威尔斯的谈话》，《斯大林文集（1934—1952)》，人民出版社 1985 年版。

斯大林：《在党的第十八次代表大会上关于联共（布）中央工作的总结报告》，《斯大林文集（1934—1952)》，人民出版社 1985 年版。

斯大林：《在全苏斯达汉诺夫工作者第一次会议上的讲话》，《斯大林文集（1934—1952)》，人民出版社 1985 年版。

斯大林：《论列宁主义基础》，《斯大林选集》上卷，人民出版社 1979 年版。

斯大林：《十月革命和民族问题》，《斯大林选集》上卷，人民出版社 1979 年版。

斯大林：《论列宁主义的几个问题》，《斯大林选集》上卷，人民出版社 1979 年版。

斯大林：《新的环境和新的经济建设任务》，《斯大林选集》下卷，人民出版社 1979 年版。

斯大林：《胜利冲昏头脑（论集体农庄运动的几个问题)》，《斯大林选集》下卷，人民出版社 1979 年版。

斯大林：《大转变的一年》，《斯大林选集》下卷，人民出版社 1979 年版。

斯大林：《在粮食战线上》，《斯大林选集》下卷，人民出版社 1979 年版。

斯大林：《在全苏集体农庄突击队员第一次代表大会上的演说》，《斯大林选集》下卷，人民出版社 1979 年版。

斯大林：《托洛茨基主义还是列宁主义?》，《论反对派》，人民出版社 1963 年版。

斯大林：《悼列宁》，《斯大林选集》上卷，人民出版社 1979 年版。

斯大林：《俄共（布）第十次代表大会》，《斯大林全集》第 5 卷，人民出版社 1957 年版。

斯大林：《俄共（布）第十二次代表大会》，《斯大林全集》第 5 卷，人民出版社 1957 年版。

斯大林：《论党在民族问题方面的当前任务》，《斯大林全集》第 5 卷，人民出版社 1957 年版。

斯大林：《党和反对派》，《斯大林全集》第 10 卷，人民出版社 1954 年版。

斯大林：《和第一个美国工人代表团的谈话》，《斯大林全集》第 10 卷，人民出版社 1954 年版。

斯大林：《论苏联土地政策的几个问题》，《斯大林全集》第 12 卷，人民出版社 1955 年版。

斯大林：《联共（布）中央委员会向第十六次代表大会的政治报告的结论》，《斯大林全集》第 13 卷，人民出版社 1956 年版。

斯大林：《在党的第十七次代表大会上关于联共（布）中央工作的总结报告》，《斯大林全集》第 13 卷，人民出版社 1956 年版。

斯大林：《联共（布）中央委员会和中央监察委员会联席全会》，《斯大林全集》第 13 卷，人民出版社 1956 年版。

毛泽东：《中国社会各阶级的分析》，《毛泽东选集》第 1 卷，人民出版社 1991 年版。

毛泽东：《矛盾论》，《毛泽东选集》第 1 卷，人民出版社 1991 年版。

毛泽东：《论反对日本帝国主义的策略》，《毛泽东选集》第 1 卷，人民出版社 1991 年版。

毛泽东：《中国革命战争的战略问题》，《毛泽东选集》第 1 卷，人民出版社 1991 年版。

毛泽东：《新民主主义论》，《毛泽东选集》第 2 卷，人民出版社 1991 年版。

毛泽东：《反对本本主义》，《毛泽东选集》第 1 卷，人民出版社 1991 年版。

毛泽东：《井冈山的斗争》，《毛泽东选集》第 1 卷，人民出版社 1991 年版。

毛泽东：《战争和战略问题》，《毛泽东选集》第 2 卷，人民出版社 1991 年版。

毛泽东：《中国的红色政权为什么能够存在?》，《毛泽东选集》第 1 卷，人民出版社 1991 年版。

毛泽东：《湖南农民运动考察报告》，《毛泽东选集》第 1 卷，人民出版社 1991 年版。

毛泽东：《星星之火，可以燎原》，《毛泽东选集》第 1 卷，人民出版社 1991 年版。

毛泽东：《中国共产党在民族战争中的地位》，《毛泽东选集》第 2 卷，人民出版社 1991 年版。

毛泽东：《抗日游击战争的战略问题》，《毛泽东选集》第 2 卷，人民出版社 1991 年版。

毛泽东：《论持久战》，《毛泽东选集》第 2 卷，人民出版社 1991 年版。

毛泽东：《统一战线中的独立自主问题》，《毛泽东选集》第 2 卷，人民出版社 1991 年版。

毛泽东：《〈共产党人〉发刊词》，《毛泽东选集》第 2 卷，人民出版社 1991 年版。

毛泽东：《中国革命和中国共产党》，《毛泽东选集》第 2 卷，人民出版社 1991 年版。

毛泽东：《中国共产党在民族战争中的地位》，《毛泽东选集》第 2 卷，人民出版社 1991 年版。

毛泽东：《在延安文艺座谈会上的讲话》，《毛泽东选集》第 3 卷，人民出版社 1991 年版。

毛泽东：《整顿党的作风》，《毛泽东选集》第 3 卷，人民出版社 1991 年版。

毛泽东：《改造我们的学习》，《毛泽东选集》第 3 卷，人民出版社 1991 年版。

毛泽东：《抗日时期的经济问题和财政问题》，《毛泽东选集》第 3 卷，人民出版社 1991 年版。

邓小平：《在北方局党校整风动员会上的讲话》，《邓小平文选》第 1 卷，人民出版社 1994 年版。

习近平：《在纪念毛泽东同志诞辰一百二十周年座谈会上的讲话》，《十八大以来重要文献选编》（上），中央文献出版社 2014 年版。

刘少奇：《论党》，《刘少奇选集》上卷，人民出版社 1981 年版。

《陈独秀文章选编》（上），生活·读书·新知三联书店 1984 年版。

李大钊：《我的马克思主义观》，《李大钊全集》第 3 卷，人民出版社 2006 年版。

《瞿秋白文集（政治理论编）》第 2 卷，人民出版社 1988 年版。

王稼祥：《中国共产党与中国民族解放的道路》，《王稼祥选集》，人民出版社 1989 年版。

张闻天：《中华民族新文化的内容与性质》，《张闻天选集》，人民出版社 1985 年版。

国际共产主义运动史文献编辑委员会编：《共产国际第二次代表大会文件》，中国人民大学出版社 1988 年版。

国际共产主义运动史文献编辑委员会编：《共产国际第七次代表大会文件》Ⅰ，中国人民大学出版社 1991 年版。

国际共产主义运动史文献编辑委员会编：《共产国际第四次代表大会文件》，中国人民大学出版社 1990 年版。

国际共产主义运动史文献编辑委员会编：《共产国际第一次代表大会文件》，中国人民大学出版社 1988 年版。

苏联科学院经济研究所编：《苏联社会主义经济史》第 1 卷，生活·读书·新知三联书店 1979 年版。

苏联科学院经济研究所编：《苏联社会主义经济史》第 2 卷，生活·读书·新知三联书店 1980 年版。

苏联科学院经济研究所编：《苏联社会主义经济史》第 3 卷，生活·读书·新知三联书店 1982 年版。

苏联科学院经济研究所编：《苏联社会主义经济史》第 4 卷，生活·读书·新知三联书店 1982 年版。

苏联科学院历史所编：《苏联民族—国家建设史》，商务印书馆 1997 年版。

中共中央马克思恩格斯列宁斯大林著作编译局：《苏联共产党代表大会、代表会议和中央全会决议汇编》第 1 分册，人民出版社 1964 年版。

中共中央马克思恩格斯列宁斯大林著作编译局：《苏联共产党代表大会、代表会议和中央全会决议汇编》第 2 分册，人民出版社 1964 年版。

中共中央马克思恩格斯列宁斯大林著作编译局:《苏联共产党代表大会、代表会议和中央全会决议汇编》第 3 分册,人民出版社 1956 年版。

中共中央马克思恩格斯列宁斯大林著作编译局:《苏联共产党代表大会、代表会议和中央全会会议汇编》第 4 分册,人民出版社 1957 年版。

《托洛茨基自传》,国际文化出版公司 1996 年版。

王学东总主编:《国际共产主义运动历史文献》第 32 卷,中央编译出版社 2011 年版。

王学东总主编:《国际共产主义运动历史文献》第 35 卷,中央编译出版社 2012 年版。

王学东总主编:《国际共产主义运动历史文献》第 40 卷,中央编译出版社 2012 年版。

王学东总主编:《国际共产主义运动历史文献》第 42 卷,中央编译出版社 2013 年版。

王学东总主编:《国际共产主义运动历史文献》第 48 卷,中央编译出版社 2013 年版。

沈志华总主编:《苏联历史档案选编》第 13 卷,社会科学文献出版社 2002 年版。

沈志华总主编:《苏联历史档案选编》第 28 卷,社会科学文献出版社 2002 年版。

沈志华总主编:《苏联历史档案选编》第 2 卷,社会科学文献出版社 2002 年版。

中共中央宣传部理论局:《世界社会主义五百年》,学习出版社、党建读物出版社 2014 年版。

中央编译局国际共运室编:《托洛茨基言论》(下),生活·读书·新知三联书店 1979 年版。

中央编译局马克思恩格斯室编:《马克思恩格斯著作在中国的传播》,人民出版社 1983 年版。

中央档案馆编:《中共中央文件选集》第 1 册,中共中央党校出版社 1989 年版。

陈之骅、吴恩远、马龙闪主编:《苏联兴亡史纲》,中国社会科学出版社 2004 年版。

黄枬森、庄福龄主编:《马克思主义哲学史教学资料选编》(中),北京大学出版社 1984 年版。

陆南泉、姜长斌、徐葵、李静杰主编:《苏联兴亡史论》,人民出版社 2004 年版。

人民出版社资料组:《〈马克思恩格斯全集〉的编纂工作》,人民出版社 1977 年版。

邢书纲主编:《苏联是怎样引用和利用西方资金和技术的》,上海三联书店 1988 年版。

杨家荣、张森主编:《苏联怎样利用西方经济危机》,世界知识出版社 1984 年版。

中国人民大学马列主义发展史研究所编:《毛泽东思想发展史》,中国人民大学出版社 1995 年版。

中国人民大学马列主义发展史研究所编:《马克思主义史》第 3 卷,人民出版社 1996 年版。

黄楠森、庄福龄等:《马克思主义哲学史》第 5 卷,北京出版社 1996 年版。

中共中央文献研究室编,金冲及主编:《毛泽东传(1893—1949)》(全 2 册),中央文献出版社 1996 年版。

延安整风运动编写组编:《延安整风运动纪事》,求实出版社 1982 年版。

庄福龄:《中国马克思主义哲学传播史论》,中国人民大学出版社 2015 年版。

庄福龄等:《毛泽东哲学思想史》,中国人民大学出版社 2011 年版。

庄福龄等:《马克思主义中国化研究》第 1 卷,人民出版社 2008 年版。

赵培:《列宁晚年著作导读》,中共中央党校出版社 2014 年版。

邢广程主编:《列宁对社会主义的探索》,长春出版社 2009 年版。

向春阶:《列宁晚年思想研究》,湖南大学出版社 2001 年版。

黄立茀等著:《新经济政策时期的苏联社会》,社会科学文献出版社 2012 年版。

吴恩远:《苏联史论》,人民出版社 2007 年版。

杨瑞森等:《毛泽东哲学思想概论》,中国人民大学出版社 1985 年版。

雍涛等:《毛泽东哲学思想概论》,湖北人民出版社 1983 年版。

邱守娟:《毛泽东的思想历程》,人民出版社 2003 年版。

王金磊:《毛泽东经济哲学思想导论》,湖南人民出版社 2006 年版。

苑秀丽:《国际因素与斯大林的社会主义建设理论与实践》,中国社会科学出版社 2015 年版。

苑秀丽:《列宁社会主义观的当代解读》,中国社会科学出版社 2016 年版。

郑吉伟:《斯大林经济思想研究——兼评西方学者的观点》,北京出版社 2010 年版。

周尚文、叶书宗、王斯德:《苏联兴亡史》,上海人民出版社 2002 年版。

中共中央马克思恩格斯列宁斯大林著作编译局国际共运史研究所编:《布哈林文选》(上册),人民出版社 1981 年版。

中共中央马克思恩格斯列宁斯大林著作编译局国际共运史研究所编:《沃兹涅辛斯基经济论文选》,人民出版社 1983 年版。

[苏] 布哈林:《过渡时期经济学》,余大章、郑异凡译,生活·读书·新知三联书店 1981 年版。

[苏] 季诺维也夫:《列宁主义:列宁主义研究导论》,郑异凡、郑桥译,东方出版社 1989 年版。

[苏] 梁士琴科:《苏联国民经济史》第 3 卷,人民出版社 1960 年版。

[苏] 普列奥布拉任斯基:《新经济学》,纪涛、蔡恺民译,生活·读书·新知三联书店 1984 年版。

［苏］托洛茨基:《论列宁》,王家华、张海滨译,生活·读书·新知三联书店 1980 年版。

［苏］Л.Д.希罗格罗德:《论布鲁茨库斯及其专著〈社会主义制度下的国民经济问题〉》,《当代世界社会主义问题》1997 年第 1 期。

［苏］瓦尔加:《帝国主义经济与政治基本问题》,生活·读书·新知三联书店 1958 年版。

［苏］瓦尔加:《现代资本主义和经济危机》,生活·读书·新知三联书店 1975 年版。

［苏］叶拉格拉弗夫:《苏联哲学史》,萧正洪译,商务印书馆 1998 年版。

［苏］A.恰亚诺夫:《农民经济组织》,贾泽林等译,中央编译出版社 1996 年版。

［苏］列·阿·列文:《马克思恩格斯著作的发表和出版》,生活·读书·新知三联书店 1976 年版。

［苏］罗·亚·麦德维杰夫:《让历史来审判——斯大林主义的起源及其后果》(下),人民出版社 1981 年版。

［苏］米丁:《辩证法唯物论》,沈志远译,生活·读书·新知三联书店 1949 年版。

［美］埃德加·斯诺:《红星照耀着中国》,河北人民出版社 1992 年版。

［俄］鲍·布鲁斯库斯:《苏维埃俄国的计划经济》,《当代世界社会主义问题》2012 年第 3 期。

大 事 记

1917 年

11 月 7 日 （俄历 10 月 25 日）	俄国十月革命成功，建立世界上第一个苏维埃国家政权，并召开全俄工兵代表苏维埃第二次代表大会。
11 月 8 日 （俄历 10 月 26 日）	全俄工兵代表苏维埃第二次代表大会通过了《和平法令》和《土地法令》，重点围绕国际和平问题和土地问题作出了重要声明。
11 月 8 日或 9 日 （俄历 10 月 26 日或 27 日）	讨论并通过《工人监督条例草案》，列宁明确指出在企业中由工人或工人选举产生的委员会直接管理生产。

1918 年

1 月	李大钊应邀到北京大学工作，担任图书馆主任，并参加《新青年》编辑部工作，其间发表了大量宣传研究马克思主义的文章。
3 月 3 日	苏维埃俄国与德意志帝国及其同盟国签订《不列斯特和约》。
3 月 11 日	列宁在苏维埃政府迁往莫斯科的途中，撰写《当前的主要任务》一文。
3 月 31 日以前	《国家与革命》第一版由生活和知识出版社出版。
4 月 13 日—26 日	列宁写《苏维埃政权的当前任务》一文。
5 月 9 日、10 日和 11 日	列宁的《论"左派"幼稚性和小资产阶级性》一文在《真理报》第 88、89 和 90 号上发表。

8 月 20 日	列宁写《给美国工人的信》。列宁在信中向美国无产阶级介绍了俄国十月革命的真相。
10 月	毛泽东进入北京大学图书馆任助理员，开始接触马克思主义。
10 月 9 日	列宁开始撰写《无产阶级革命和叛徒考茨基》一文。

1919 年

1 月 11 日	人民委员会颁布了《关于在产粮省份中征集应归国家支配的粮食和饲料》的法令，即余粮征集制的法令。
3 月 18 日—23 日	俄共（布）第八次代表大会召开，列宁阐释了在经济落后国家还不让劳动人民直接管理国家机关的原因。
5 月 4 日	中国爆发了反帝反封建的五四运动。
9 月和 11 月	李大钊在《新青年》杂志第 6 卷第 5 号、6 号连载《我的马克思主义观》。
10 月 30 日	列宁写《无产阶级专政时代的经济和政治》一文。

1920 年

3 月 29 日—4 月 5 日	俄共（布）第九次代表大会召开。
4 月—5 月	列宁撰写《共产主义运动中的"左派"幼稚病》。
5 月	陈独秀等人在上海发起成立"马克思主义研究会"。
5 月 31 日	列宁写完对尼·伊·布哈林《过渡时期经济学》一书的评论。
6 月 5 日	列宁为共产国际第二次代表大会草拟《民族和殖民地问题提纲初稿》。
8 月	陈望道翻译的《共产党宣言》出版，这是第一个中文全译本。
9 月始	陈独秀发起组织上海共产党早期组织。

1921 年

2 月 16 日　　列宁出席俄共（布）中央政治局会议。会议讨论石油租让、在《真理报》上开展以实物税代替余粮收集制的讨论以及其他问题。

3 月 8 日—16 日　俄共（布）第十次代表大会召开，决定开始实施新经济政策。列宁总结党的建设工作的经验教训，并决定设立监察委员会。

4 月 21 日　　列宁撰写《论粮食税》，集中论述了实行新经济政策的意义和条件。

7 月 23 日　　中国共产党第一次全国代表大会在上海法租界望志路 106 号开幕。

1922 年

7 月　　中国共产党召开党的第二次全国代表大会，大会通过了《世界大势与中国共产党》、《国际帝国主义和中国共产党》等 9 个决议案和《中国共产党章程》，发表了《中国共产党第二次全国代表大会宣言》。

7 月 1 日　　苏共中央马克思恩格斯研究院成立。

12 月 23 日　　列宁撰写《给代表大会的信》，强调加强党内民主制度建设。

1923 年

1 月 2 日　　列宁口授《日记摘录》。

1 月 23 日　　列宁口授《我们怎样改组工农检查院》。

3 月 2 日　　列宁口授《宁肯少些，但要好些》。

6 月　　中国共产党第三次全国代表大会召开。毛泽东出席并当选为中央执行委员。

11 月 5 日　　共产国际第四次代表大会在彼得格勒开幕。大会讨论的中心
　　　　　　　问题是统一战线的策略问题，还讨论了制定共产国际纲领问
　　　　　　　题和东方问题等。

1924 年

1 月 17 日　　斯大林在俄共（布）第十三次代表会议上作《关于党的建设
　　　　　　　的当前任务》的报告。

1 月 21 日　　列宁逝世。

4 月初　　　斯大林发表《论列宁主义基础》。

11 月 19 日　斯大林发表《托洛茨基主义还是列宁主义?》。

1925 年

3 月 21 日—4 月 6 日　　共产国际执行委员会第五次扩大全会在莫斯科举行，农民问
　　　　　　　题成为主要议题之一。

5 月 9 日　　斯大林在俄共（布）第十四次代表会议的工作总结中系统阐
　　　　　　　述了“一国社会主义”思想。

12 月 15 日　斯大林主持俄共（布）中央全会的工作，并就俄共（布）改
　　　　　　　名为全苏联共产党（布尔什维克）——联共（布）作报告。

12 月 18 日—31 日　联共（布）第十四次代表大会召开，通过了斯大林提出的社
　　　　　　　会主义工业化的总路线。

1926 年

1 月 1 日　　斯大林在联共（布）中央全会会议上被选为中央政治局委员、
　　　　　　　中央组织局委员和中央书记处书记，并被批准为联共（布）
　　　　　　　中央委员会书记。

1 月 25 日　　斯大林写作《论列宁主义的几个问题》。

3 月 13 日　　共产国际执委会在第六次扩大全会第十八次会议上表决并通
　　　　　　　过《关于中国问题的决议》。

| 11 月 1 日 | 斯大林在联共（布）第十五次全国代表会议上作《论我们党内的社会民主主义倾向》的报告。 |
| 12 月 24 日 | 斯大林的《再论我们党内的社会民主主义倾向》出版。 |

1927 年

2 月 16 日	毛泽东写了《湖南农民运动考察报告》，并于 3 月 28 日发表在《中央副刊》第 7 号。
4 月 10 日—16 日	斯大林出席全俄苏维埃第十三次代表会议。
5 月 24 日	斯大林在共产国际执行委员会第八次全会上发表关于《中国革命和共产国际的任务》的报告。
8 月 1 日	在南昌打响了武装反抗国民党反动派的第一枪。南昌起义标志着中国共产党独立领导革命战争、创建人民军队和武装夺取政权的开端，开启了中国革命新纪元。
8 月 7 日	中共中央在武汉召开了紧急会议（即"八七会议"）。
9 月 9 日	毛泽东领导发动了湘赣边秋收起义。
9 月 29 日—10 月 3 日	毛泽东领导秋收起义剩余部队进行了"三湾改编"，确立了支部设在连上的原则。
10 月	毛泽东率领部队到达井冈山，开始创建中国第一个农村革命根据地。
12 月 2 日—19 日	斯大林主持联共（布）第十五次代表大会工作，确立了农业集体化方针。
12 月 11 日	中国共产党领导发动了广州起义。

1928 年

| 7 月 5 日 | 斯大林在联共（布）中央全会会议上发表《论共产国际纲领》的报告。 |
| 7 月 17 日—9 月 1 日 | 共产国际在莫斯科召开了第六次代表大会。大会的重要议题是总结殖民地半殖民地国家人民斗争的经验教训，制定以后的斗争策略方针。 |

10 月 5 日	毛泽东在《中国的红色政权为什么能够存在?》中首次提出"工农武装割据"重要思想。
11 月 25 日	毛泽东写《井冈山的斗争》一文,进一步阐明"工农武装割据"思想。

1929 年

1 月 5 日	毛泽东写了《星星之火,可以燎原》,发展了"工农武装割据"思想。
4 月	斯大林在《论联共(布)党内的右倾》一文中系统地批判了布哈林等人的经济主张。
4 月 23 日—29 日	联共(布)第十六次全国代表会议召开。
10 月	苏联公开发表了列宁《在尼·布哈林〈过渡时期经济学〉一书上作的批注和评论》。
11 月 3 日	斯大林写作《大转变的一年》,发表于《真理报》11 月 7 日第 259 号。

1930 年

3 月 2 日	斯大林发表《胜利冲昏头脑》一文。
5 月	毛泽东写《调查工作》(《反对本本主义》)一文,提出"没有调查,就没有发言权"。
5 月	毛泽东写了《寻乌调查》。
6 月 27 日	斯大林在联共(布)第十六次代表大会上作中央委员会的政治报告,宣布新经济政策进入"最后阶段",并确定了加速发展农业、轻工业,改善人民生活和适当放慢重工业发展速度的调整方针。
8 月 8 日	米丁在《真理报》上发表《为真正地研究列宁的哲学遗产而斗争》的文章。

1931 年

9 月 18 日	九一八事变爆发。此后,中日民族矛盾逐渐超越国内阶级矛盾上升为主要矛盾。

11 月	中华苏维埃共和国临时中央政府在江西省瑞金成立，毛泽东被选为中华苏维埃共和国主席。
11 月 25 日	联共（布）中央政治局决议批准斯大林为联共（布）第十七次代表会议《关于制定苏联国民经济第二个五年计划（1933 年至 1937 年）的指示》的决议草案起草委员会委员。

1932 年

1 月 30 日—2 月 4 日	斯大林主持联共（布）第十七次代表会议工作。
4 月 15 日	中华苏维埃共和国临时中央政府主席毛泽东发表《对日战争宣言》，对日本宣战。

1933 年

1 月 11 日	斯大林作《关于农村工作》的报告。
8 月 12 日	毛泽东作了《粉碎五次"围剿"与苏维埃经济建设任务》的报告，阐明了经济建设与革命战争的关系。
11 月	毛泽东分别写成《长冈乡调查》和《才溪乡调查》。

1934 年

1 月 26 日	斯大林在联共（布）第十七次代表大会上作了关于联共（布）中央工作的总结报告。
7 月 23 日	斯大林和英国作家赫·乔·威尔斯谈话。发表于《真理报》1936 年 1 月 27 日。
10 月	中央红军第五次反"围剿"失利，被迫撤离中央苏区，开始长征。

1935 年

1 月 15 日—17 日	中央政治局在遵义召开扩大会议，确立了以毛泽东为代表的新的中央领导。

7月25日—8月20日	共产国际在莫斯科召开第七次代表大会。
11月17日	斯大林在全苏斯达汉诺夫工作者第一次会议上讲话。
12月27日	毛泽东作了《论反对日本帝国主义》，批评了"左"倾关门主义，确立建立抗日民族统一战线的策略。

1936年

9月	联共（布）通过了《关于改革政治经济学讲授》的决定。
10月	红二、四方面军长征到达陕北，同红一方面军会师，长征胜利结束。
11月25日	斯大林在全苏苏维埃第八次非常代表大会上作《关于苏联宪法草案》的报告。
12月	毛泽东写《中国革命战争的战略问题》，对十年内战进行了系统总结。

1937年

3月3日—5日	斯大林在联共（布）中央全会上作《论党的工作特点和消灭托洛茨基两面派及其他两面派的办法》的报告。
7月7日	日本发动卢沟桥事变。中国革命进入了一个新的时期，即全民族抗日战争时期。
7月	毛泽东写作《实践论》。
8月25日	中共中央发布《抗日救国十大纲领》。
8月	毛泽东写作《矛盾论》。

1938年

5月	毛泽东发表《抗日游击战争的战略问题》，明确了游击战在全民族抗日战争中的战略地位和作用。
5月—6月	毛泽东发表《论持久战》的演讲。

9 月	斯大林发表《论辩证唯物主义和历史唯物主义》。《联共（布）党史简明教程》发表。
9 月 29 日—11 月 6 日	中共扩大的六届六中全会在延安召开。毛泽东作了《抗日民族战争与抗日民族统一战线发展的新阶段》（以《论新阶段》发表）的政治报告，明确提出了马克思主义中国化的命题。

1939 年

3 月 10 日	斯大林在党的第十八次代表大会上作关于联共（布）中央工作的总结报告。大会批准了 1938—1942 年发展苏联国民经济的第三个五年计划，并一致通过了联共（布）的新党章。
7 月	刘少奇发表《论共产党员的修养》。
12 月	毛泽东撰写了《中国革命和中国共产党》，阐述了中国革命的对象、任务、动力、性质、前途等问题。

1940 年

1 月	毛泽东发表《新民主主义的政治与新民主主义的文化》的演讲（后来改称《新民主主义论》），阐明了新民主主义革命与旧民主主义革命、社会主义革命的关系，以及新民主主义政治、经济、文化纲领。
3 月 6 日	毛泽东作了《抗日根据地的政权问题》的指示，提出建立抗日政权的"三三制原则"。
3 月 11 日	毛泽东在《目前抗日统一战线中的策略问题》中，提出了"发展进步势力，争取中间势力，孤立顽固势力"的方针，对顽固势力采取"有理、有利、有节"的斗争方针。

1941 年

5 月 19 日	毛泽东作了《改造我们的学习》的报告。
5 月	延安整风运动开始。

1942 年

2 月 1 日　毛泽东发表《整顿党的作风》，提出要反对主观主义、宗派主义和党八股。

2 月 8 日　毛泽东发表《反对党八股》，指出党八股的表现和危害。

5 月 2 日—23 日　延安文艺座谈会召开。毛泽东发表《在延安文艺座谈会上的讲话》，提出文艺为工农兵服务的方针以及文艺创作的原则等。

10 月 3 日　斯大林答美联社记者问。

1943 年

5 月 15 日　共产国际发表了《关于解散共产国际的提议书》，提交共产国际各支部讨论。提议书得到各国共产党的赞同和拥护。

5 月 28 日　斯大林答英国路透社首席记者问。

6 月 10 日　共产国际正式宣告解散。

1944 年

5 月 21 日　中共六届七中全会召开。本次会议历时 11 个月，讨论通过了《关于若干历史问题的决议》，系统总结自建党到全民族抗日战争爆发的经验和教训。1945 年 4 月 20 日，会议结束。

1945 年

4 月 23 日—6 月 11 日　党的七大召开。大会确立了毛泽东思想为党的指导思想。毛泽东当选为中国共产党中央委员会主席，全党在组织上达到空前的团结。

5 月 9 日　斯大林发布《告人民书》。

索　引

重要概念

人名索引

后　记

　　本书是《马克思主义发展史》（十卷本）的第六卷，主要阐述十月革命后到中国共产党第七次代表大会之间马克思主义在经济文化落后国家的发展。编写《马克思主义发展史》（十卷本），是由我国著名马克思主义理论家、哲学家、中国马克思主义哲学史和马克思主义发展史学科开拓者之一庄福龄教授提议，在时任中国人民大学党委书记靳诺教授指导和支持下，中国人民大学马克思主义学院早在2014年就启动的。本套书的总主编庄福龄教授、杨瑞森教授、梁树发教授、郝立新教授和张新教授多次召集大家讨论写作大纲，对第六卷的思路、大纲、写作队伍配置等都提出很多宝贵的意见。我于1995年进入中国人民大学马列主义发展史研究所政治经济学专业学习，在顾海良教授指导下主要从事马克思主义经济思想史的研究，获得博士学位后留校并一直在马克思主义学院工作。根据《马克思主义发展史》（十卷本）编委会和马克思主义学院的安排，本人负责组织第六卷的写作工作，对编委会和学院领导的信任和推荐心存感激，也深感责任在肩，使命重大。

　　本书的具体分工如下：

　　卷首语，第三章，第六章第一、二、三节：郑吉伟（中国人民大学马克思主义学院教授）

　　第一章，第五章第二、三、四、五、六节：姚晓红（河北农业大学马克思主义学院讲师）

　　第二章第一节，第六章第四、五节：苑秀丽（中国社会科学院马克思主义研究院研究员）

　　第二章第二节：苑秀丽、郑吉伟

　　第二章第三、四、五节，第五章第一节：张新（中国人民大学马克思主义学院教授）

第四章：郑吉伟、陈义军（河南大学濮阳工学院副教授）

第七章：高惠芳（北京联合大学马克思主义学院教授）

第八章：熊芳（中南民族大学马克思主义学院副教授）

第九、十一章：王金磊（中央民族大学马克思主义学院教授）

第十章：柳宁（中央党史和文献研究院副研究员）

本卷在写作过程中，吸收学术界的一些成果。同时，本卷在初稿完成之后，杨瑞森教授、梁树发教授、郝立新教授和张新教授进行了审读，提出了修改建议。杨瑞森教授既为本卷作出了高屋建瓴的理论分析，又提出了具体的修改意见。梁树发教授始终关注和支持本卷的写作，从敲定写作大纲、理论分析和历史脉络的把握到文字表述，无不凝结着他的良苦用心和智慧。

第六卷的写作人员基本上有副高以上职称和在中国人民大学马克思主义学院学习或工作的经历。2014 年写作大纲列出来之后，我们反复研讨，对个别章节进行多次推敲。本卷的初稿有 70 余万字，根据编委会和人民出版社的要求，又进行删减和多次修改。王金磊教授不仅承担了两章的写作，还帮助审读了马克思主义在中国发展部分的相关章节的初稿并提出了很多修改意见。熊芳副教授在本单位教学和科研压力比较大的情况下，欣然接受了本卷的写作任务，展现了扎实的理论基础和团结协作精神。熊芳副教授和王金磊教授还对"卷首语"部分提出很好的修改建议。中国人民大学哲学院陈世珍副教授参与本卷写作大纲的讨论。马克思主义学院的博士生郭发、张真真、苏娜、宋鑫、周晓博、苗瑞、张晶、何美美、喻蓉、李雪薇、张舒瑜、周燕玲、陶卓睿、张贝贝，参与了资料整理、文献校对和翻译等工作。

本卷始终得到马克思主义学院领导的指导和支持。齐鹏飞教授、王易教授对本卷的写作提出诸多中肯的意见。

我们在此向给予本卷指导和支持的诸位专家和各位同学致以衷心感谢！

由于水平所限，本卷还存在许多不完善的地方，敬请批评指正。

郑吉伟

2023 年 9 月于中国人民大学马克思主义学院

编　后　语

马克思主义是不断发展的开放的理论，始终站在时代前沿，引领时代发展。总结自马克思主义诞生以来的发展史，是全部马克思主义理论研究者的一件大事，更是一件难事。中国人民大学作为我国马克思主义教学与研究高地，始终重视这项工作。从 1996 年《马克思主义史》（四卷本）出版，历经了 27 年的光阴，在新时代的呼唤下，这部《马克思主义发展史》（十卷本）终于呈现在各位读者面前。这是一部由中国人民大学组织编写、以推进马克思主义中国化时代化为主旨的巨著，具有科研启动时间早、参研人数多、设计体量大、理论难度高、持续时间长等显著特点。这部书得到了中央有关部门和领导同志的高度重视，先后入选国家出版基金项目和国家出版"十三五"规划项目，受到来自中共中央党校、中国社会科学院、北京大学、中央民族大学等高校和研究机构同人的鼎力相助，更有中国人民大学党委和人民出版社的全力支持。在一路关注和支持下，人大人践行着人民大学的优良传统和红色基因，以高度的理论使命感为指引，以扎实的马克思主义理论功底为支柱，敢于担当、求真务实、团结协作，以"一马当先"精神完成了这部鸿篇巨著。

以责任担当精神书写理论创新的辉煌篇章。时代是思想之母，实践是理论之源，理论之树常青是源于其始终随着实践的变化而发展。人大人想要承担起"十卷本"的编写重任，也一定能够承担起这项历史重任。自学校诞生之日起，一代代人大人紧扣时代脉搏，根据时代变化和实践发展，不断深化认识，不断总结经验，不断推动理论创新和实践创新的良性互动，用思想之力量发社会之先声。我们在 2014 年作出编写这部书的决定绝不是一个偶然，而是历史的必然。党的十八大召开，标志着中国特色社会主义进入新时代。一年多之后，编写这套丛书作为重大科研课题正式获批立项。这一年多的时间虽然短暂，但新时代的精神已经鲜明彰显。此后，一些新理念新思想新战略不断涌现，其中所蕴含着的一些重大而崭新的理论问题已深刻展现出来，我国的社会生活也在发生着深刻变化。特别是党的十九大明确提出习近平新时代中国特色社会主义思想，实现了马克思主义中国化新的飞跃，更加充分证明开展《马克思主义发展史》（十卷本）的编写工作是一项非常正确的决定。这是中国人民大学及其马克思主义理论学者对时代精神强力召唤的真诚回应，是所肩负的崇高历史责任的自觉担当。

以求真务实精神描绘人大学派的精神底色。习近平总书记曾寄语哲学社会科学工作者，要"自觉以回答中国之问、世界之问、人民之问、时代之问为学术己任"。人大人始终以"立学为民、治学报国"为学术追求，以实事求是、求真务实的精神直面"世界怎么了"、"人类向何处去"的时代之题，创作出了一大批经世济民、历久弥新的学术成果。《马克思主义发展史》（十卷本）便是这样一部回应时代需要和现实国情的学术巨著。一方面，习近平新时代中国特色社会主义思想是马克思主义中国化时代化的原创性成果，是马克思主义发展史上又一里程碑式的重大发展。为了推进理论的体系化、学理化，本书在编写过程中坚持"两个结合"，坚守好马克思主义魂脉和中华优秀传统文化根脉，新设专章，从学科角度重点研究阐释我们党提出的新理念新论断中的原理性理论成果，把握相互的内在联系，不断深化对党的理论创新的规律性认识。另一方面，将马克思主义发展史与党的百年历史、党的二十大接轨，充分彰显马克思主义在当代中国的理论进展和思想伟力，系统阐释马克思主义中国化理论在哲学、政治经济学和科学社会主义等相关学科的最新成果，呈现马克思主义理论在中华大地上的勃勃生机。

以团结协作精神汇聚著书立言的磅礴力量。时光荏苒，一瞬九载春秋，这个过程虽然"道阻且长"，但人大人"行则将至"。我们常说，讲团结就是讲政治，服从集体、凝心聚力；讲协作就是讲效率，术业专攻、高效落实。自课题立项之日起，时任中国人民大学党委书记、本书编委会主任靳诺教授就高度关注并全力支持本书的编写工作；年逾八旬的庄福龄教授首倡编写十卷本《马克思主义发展史》，亲自主持本书的筹划和编写大纲的制定，病榻上仍心系本书编写直至逝世；杨瑞森教授临危受命"挑起大梁"，特别是在第十卷的编撰中，亲自召集一批知名专家发挥专长、打磨书稿；更有一大批中青年马克思主义理论学者参与到本书的编写工作之中。中国人民大学党委作为团结协作的"领头羊"，统筹各方面工作，不忘著书立说的初心使命；各位总主编、各卷主编及作者服从安排、相互协作，尽心竭力、数易其稿，才使如此鸿篇巨著得以优质、高效地产出。正是一代代人大人讲团结、重协作，汇聚成了人才荟萃、名家云集的中国人民大学马克思主义理论教学与研究高地，凝结成了《马克思主义发展史》（十卷本）这部心血之作。特别需要提到的是，人民出版社高度重视、全力支持本书出版工作，毕于慧编审全程参与本书的编写、出版等工作，为这套十卷本的高效优质出版提供了重要保证。

本书的编写工作即将告一段落，我们力求将马克思主义发展至今的历程、观点、人物、事件等完整地呈现于此书。这部书立足中国特色社会主义新时代，整合近年来最新的马克思恩格斯著作手稿、马克思主义理论最新研究观点，以整体性的视野详述马克思主义 170 余年来形成、发展和在新的实践中不断深化的历史过程。这既是几代人大人的心血之作，也期待能够成为马克思主义发展史研究的扛鼎之作。新征程上，人大人将以坚持党的领导为根本统领，以传承红色基因为文化血脉，以扎根中国大地为发展根基，以加快建设中国特色、世界一流的社会主义大学为目标使命，继续发扬"一马当先"精神，充分发挥中国人民大学马克思主义理论研究底蕴深厚的优势，始终担当起人大马理学派应有的历史使命，踔厉奋发，笃行不怠，为不断推动当代中国马克思主义和二十一世纪马克思主义发展作出应有的贡献！

本书编委会

2023 年 10 月

项目统筹：毕于慧
责任编辑：毕于慧
封面设计：石笑梦
版式设计：周方亚
责任校对：白　玥

图书在版编目（CIP）数据

马克思主义发展史 . 第六卷，十月革命后苏联的马克思主义与毛泽东思想的

　形成发展：1917—1945 / 郑吉伟 主编 . — 北京：人民出版社，2023.10

　（2025.7 重印）

ISBN 978 - 7 - 01 - 021765 - 9

I.①马⋯　Ⅱ.①郑⋯　Ⅲ.①马克思主义 - 历史　Ⅳ.① A81

中国版本图书馆 CIP 数据核字（2019）第 297580 号

马克思主义发展史（第六卷）
MAKESI ZHUYI FAZHANSHI (DILIUJUAN)
——十月革命后苏联的马克思主义与毛泽东思想的形成发展（1917—1945）

郑吉伟　主编　　王金磊　副主编

人民出版社 出版发行
（100706　北京市东城区隆福寺街 99 号）

北京中科印刷有限公司印刷　新华书店经销

2023 年 10 月第 1 版　2025 年 7 月北京第 3 次印刷
开本：710 毫米 ×1000 毫米 1/16　印张：46.5
字数：822 千字

ISBN 978 - 7 - 01 - 021765 - 9　定价：208.00 元

邮购地址 100706　北京市东城区隆福寺街 99 号
人民东方图书销售中心　电话（010）65250042　65289539

版权所有·侵权必究
凡购买本社图书，如有印制质量问题，我社负责调换。
服务电话：（010）65250042